1994년부터 시작된 《무작정 따라하기》 시리즈는
500만 명이 넘는 독자에게 사랑받고 있는 길벗의 대표 브랜드입니다.
독자의 1초를 아껴주는 정성으로
한 권 한 권 정성 들여 책을 만들겠습니다.

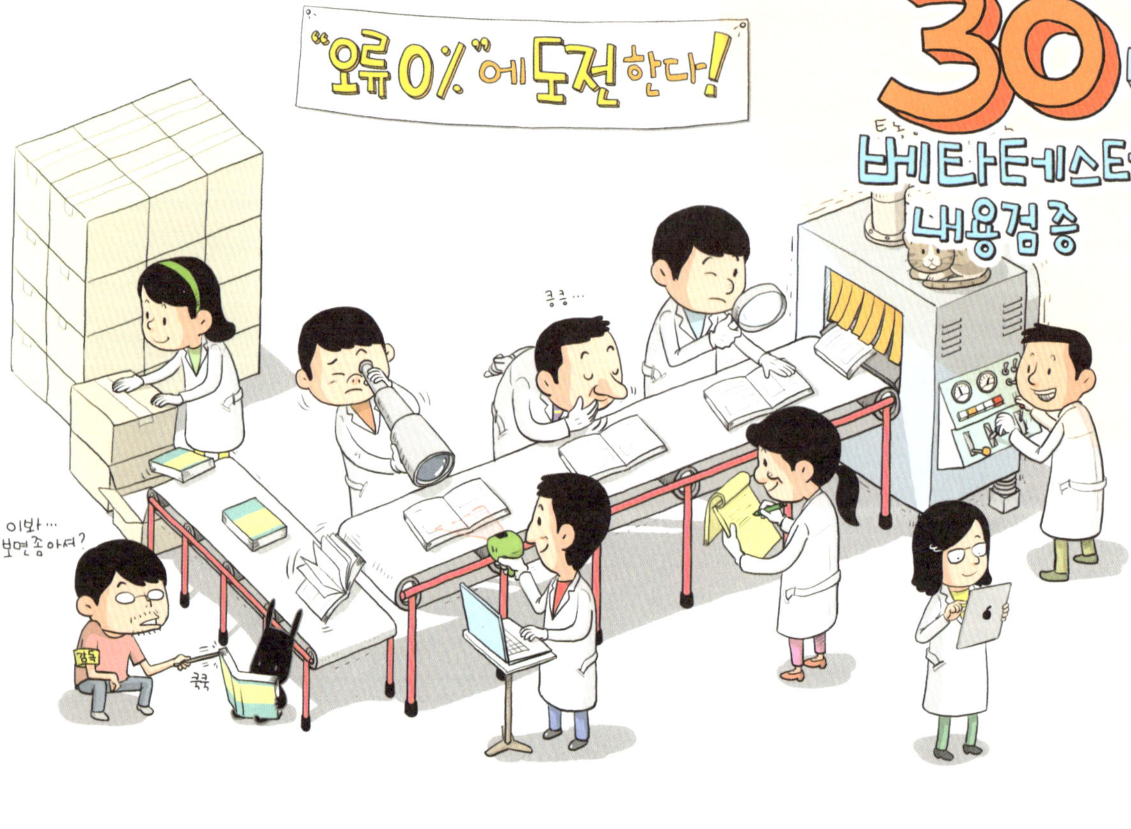

《엑셀&파워포인트 2016 무작정 따라하기》에 함께해주신
30인의 '베타테스터' 여러분께 진심으로 감사드립니다.

고은별, 곽진영, 김경주, 김대산, 김명수, 김미나, 김민희, 김보미, 김수림, 김윤경, 김은지, 김지연, 김현주, 백수진, 손미경, 심재진, 유용상, 유태종, 윤혜경, 이선주, 이소은, 이혜정, 정재욱, 주희진, 최소영, 최유진, 최진우, 최혜원, 한유진, 한혜경

베타테스터는 최초의 '무작정 따라하기' 시리즈인 《인터넷 무작정 따라하기》를 만들 때 시행한 제도로, 도서가 출간되기 전 원고를 먼저 읽어보고, 오류나 개선 사항 등을 알려주거나 제목 및 표지 등의 설문 조사에 참여하는 활동을 말합니다.

여러분도 길벗의 베타테스터에 참여해 보세요!

길벗 출판사는 독자의 소리와 평가를 바탕으로 더 나은 책을 만들려고 합니다. 원고를 미리 따라 해보면서 잘못된 부분은 없는지, 더 쉬운 방법은 없는지 길벗과 함께 책을 만들어 보면서 여러분의 소중한 의견을 전달해 주세요.

참여 방법

| 길벗 홈페이지(www.gilbut.co.kr) 회원 가입 후 로그인하기 | ➡ | 독자 광장 – 베타테스터 | ➡ | 베타테스터 모집 공고 확인 |

빠르고 정확한 데이터 처리 방법을 위한

엑셀 2016 우선순위 TOP 20 키워드

순위 ▲	키워드	간단하게 살펴보기	빠른 페이지 찾기
1 ▲	IF	조건에 따라 달라지는 값을 구하는 논리 함수	133, 142, 244~245
2 ▲	VLOOKUP	기준 값으로 다른 열의 값을 구하는 함수	153, 163
3 ▲	참조 유형	셀 참조 유형에 따라 달라지는 계산 이해	119~120
4 ▲	셀 복사	다양한 옵션 붙여넣기	43
5 ▲	데이터 정렬	크기, 색상 등 조건에 따라 정렬	180, 182, 199
6 ▲	자동 필터	데이터를 추출하는 가장 쉬운 방법	191, 200
7 ▲	데이터 입력	데이터 종류에 따른 입력 방법 이해	29~35
8 ▲	피벗 테이블	함수 없이도 빠른 데이터 요약 가능	203, 205, 216
9 ▲	페이지 인쇄	인쇄 전 용지 크기, 방향, 여백, 매수 등 설정 필요	55, 59
10	표시 형식	숫자 데이터를 다양한 방법으로 표시	78
11	사용자 지정 표시 형식	코드 값으로 숫자, 날짜, 시간 표시 형식 사용자 지정	81, 83
12	셀 범위 지정	셀 복사, 이동을 위한 빠른 셀 범위 선택 방법	45~46
13	시트 편집	작업 시트의 복사, 이동, 삭제, 삽입 등	49
14	차트 삽입	요약 데이터를 시각적으로 표현, 분석 보고서 필수 삽입	99, 100, 109, 111
15	자동 합계	셀 범위의 합계, 평균, 개수 등 자동 계산	125
16	RANK.EQ	순위를 매기는 함수, 매출, 점수, 비용 계산도 가능	133, 135
17	텍스트 나누기	텍스트 데이터에서 원하는 문자열 추출	223, 229
18	ROUND	계산 및 숫자값을 특정 위치까지 반올림하는 함수	139
19	SUMIF	조건에 맞는 값을 모두 더하는 함수	152, 154, 246
20	INDEX	특정 값을 가져오는 함수. MATCH 함수 사용	153, 167, 245

가장 많이 사용
현업 중요도 ↑
기본 기능
강력한 분석 도구
보고서 필수
필수 기능
분석 보고서 필수
요약 함수 기본
현업 활용도 ↑

성공적인 프레젠테이션 디자인을 위한

파워포인트 2016 우선순위 TOP 20 키워드

순위 ▲	키워드	간단하게 살펴보기	빠른 페이지 찾기
1 ▲	텍스트 입력, 서식	메시지 전달의 기본, 주요 텍스트 강조 필요	39~40
2 ▲	그림 삽입	그림 삽입 후 [그림 도구]에서 다양하게 편집	79~80, 82, 87
3 ▲	도형 서식	크기 및 회전, 테두리, 채우기 색 등 도형 꾸미기	62~65
4 ▲	슬라이드 쇼	F5 눌러 슬라이드 쇼 진행. 발표자 표시 도구 활용	165
5 ▲	도형 배치	겹쳐진 도형의 순서 변경. 맨 앞, 맨 뒤 등 설정 가능	60
6 ▲	스마트 가이드	개체의 간격과 줄을 빠르고 쉽게 정렬	61
7 ▲	스마트아트 그래픽	텍스트를 단숨에 비주얼 도해로 표현	69, 72~73
8 ▲	표 삽입	반복되는 텍스트를 일목요연하게 정리	78, 95
9 ▲	차트 삽입	수치 데이터를 한눈에 보이는 메시지로 시각화	103, 105
10	배경 음악 삽입	슬라이드 쇼가 진행되는 동안 음악 재생	115, 117
11	비디오 파일 삽입	동영상을 삽입해 청중 이목 주목	119, 121
12	비디오 원하는 구간 재생	비디오 트리밍으로 동영상 중 일부 구간만 재생	122
13	슬라이드 번호	삽입할 번호 위치와 서식 지정 가능	183
14	회사 로고 삽입	슬라이드 마스터로 일정 위치에 반복 삽입	179
15	그림 배경 제거	그림 테두리 투명하게 설정하여 배경 제거	82
16	슬라이드 마스터	슬라이드 마스터로 디자인 및 업무 능력 향상	173~174
17	화면 전환 효과	커튼 효과, 줌 아웃 등 다양한 연출 가능	157~158
18	애니메이션 효과	개체 나타내기, 강조, 이동 등 다양한 효과 적용	127, 129, 131
19	PDF 파일 형식	장치에 상관 없이 파일 열기 가능	193
20	회색조 인쇄	테스트용 인쇄, 컬러 잉크 절약 방법	206

- 메시지 전달의 필수
- 필수 기능
- 기본 기능
- 개체 정렬 기본
- 디자인 활용
- 현업 활용도↑
- 디자인 통일성
- 업무 꿀팁

엑셀편

엑셀
파워포인트
2016
무작정 따라하기

박미정, 박은진 지음

엑셀&파워포인트 2016 무작정 따라하기
The Cakewalk Series - Excel&PowerPoint 2016

초판 발행 · 2016년 2월 11일
초판 6쇄 발행 · 2020년 4월 6일

지은이 · 박미정, 박은진
발행인 · 이종원
발행처 · (주)도서출판 길벗
출판사 등록일 · 1990년 12월 24일
주소 · 서울시 마포구 월드컵로 10길 56(서교동)
대표 전화 · 02)332-0931 | **팩스** · 02)322-0586
홈페이지 · www.gilbut.co.kr | **이메일** · gilbut@gilbut.co.kr

기획 및 책임 편집 · 박슬기(sul3560@gilbut.co.kr) | **디자인** · 신세진 | **일러스트** · 김제도
제작 · 이준호, 손일순 | **영업마케팅** · 임태호, 전선하 | **웹마케팅** · 이승현 | **영업관리** · 김명자 | **독자지원** · 송혜란, 정은주
교정 교열 · 안혜희북스 | **전산편집** · An Design, 예다움 | **CTP 출력** · 벽호 | **제본** · 벽호 | **CD 제작** · 멀티미디어테크

· 잘못된 책은 구입한 서점에서 바꿔 드립니다.
· 이 책은 저작권법에 따라 보호받는 저작물이므로 무단전재와 무단복제를 금합니다. 이 책의 전부 또는 일부를 이용하려면 반드시 사전에 저작권자와 (주)도서출판 길벗의 서면 동의를 받아야 합니다.

ⓒ 박미정, 박은진, 2016

ISBN 979-11-86978-57-3 03000
(길벗 도서코드 006856)

가격 15,000원

독자의 1초를 아껴주는 정성 길벗출판사

길벗 | IT실용서, IT/일반 수험서, IT전문서, 경제실용서, 취미실용서, 건강실용서, 자녀교육서
더퀘스트 | 인문교양서, 비즈니스서
길벗이지톡 | 어학단행본, 어학수험서
길벗스쿨 | 국어학습서, 수학학습서, 유아학습서, 어학학습서, 어린이교양서, 교과서

페이스북 · www.facebook.com/gilbutzigy
네이버 포스트 · post.naver.com/gilbutzigy

작가의 말

스마트, 공유, 분석의 결정체 오피스 2016!

오피스 2013이 출시된 지 3년이 채 되기도 전에 더욱 강력해진 기능으로 무장한 오피스 2016으로 새롭게 출시되었습니다. 오피스 2016은 단순한 협업의 의미를 넘어 문서 동시 편집까지 가능한 강력한 도구가 되었습니다. 특히 엑셀 2016은 강력해진 분석 기능을 제공하고 있어서 고가의 전문적인 분석 솔루션을 사용했던 작업을 해결할 수 있게 되었습니다. 필자 또한 **빠르게 바뀌는 비즈니스 환경**에 맞춰 오피스 365의 협업 시스템 변화를 직접 경험해 보았습니다.

2015년 9월 말에 출시된 오피스 2016은 지속적인 업데이트를 통해 우리에게 새롭게 다가오고 있습니다. 이를 통해 독자 여러분의 업무 시간이 점차 단축되고 업무 효율성은 높아질 것입니다. 따라서 선택이 아닌 필수가 되어버린 오피스 2016의 새로운 세계를 마음껏 경험해 보시기 바랍니다.

집필 기간 동안 여러 고민을 함께 해 주셨던 박슬기 과장님, 안혜희 실장님을 비롯한 길벗의 모든 가족과 집필에 도움을 주셨던 여러 지인들, 그리고 항상 용기를 주었던 제 가족에게 감사를 드립니다.

저자 **박미정** 드림

더욱 업그레이드된 오피스 2016, 클라우드 세상으로 한 발짝 다가서 보세요!

오피스 2016은 하루가 다르게 변화하고 있는 업무 환경에 맞춰 온라인 저장 공간인 클라우드 서비스를 한층 더 강화하였습니다. 오피스 2016은 언제, 어디서나 문서를 공유하여 여러 사람들과 함께 작업할 수 있고, 검색 엔진 기능을 연동해서 업무 활용도 크게 개선되었습니다. 더불어 보안 강화, 다양한 장치에 대응한 유동성, 모바일 근무 환경 제공 등 오피스 2016은 사용자 중심의 프로그램으로 크게 업그레이드되었습니다.

아직은 빠른 기술의 변화가 다소 낯설게 여겨질 수 있지만, 머지않아 이러한 업무 환경이 익숙해질 것입니다. 한층 더 업그레이드된 오피스를 클라우드 환경에서 협업으로 업무의 효율성과 생산성을 높이는 방법을 익힘으로써 스마트 모바일 오피스 세상에 한 발짝 다가서 보세요. 또한 실무에서 사용된 다양한 예제와 디자인을 활용해 학습하고 실습하여 독자 여러분들의 시간을 보다 효율적으로 사용할 수 있게 되기를 희망합니다.

이 책이 나오기까지 애써주신 박슬기 과장님을 비롯한 길벗 가족과 김민경 디자인 팀장, 그리고 항상 응원해 주고 지원을 아끼지 않은 제 가족에게도 감사드립니다.

저자 **박은진** 드림

'검색보다 빠르고 동료보다 친절한'
엑셀&파워포인트 2016, 이렇게 활용하세요!

일단, 『무작정』 따라해 보세요!

실제 업무에서 사용하는 핵심 기능만 쏙 뽑아 실무 예제로 찾기 쉬운 구성으로 중요도별로 배치했기 때문에 **'무작정 따라하기'**만 해도 엑셀 사용 능력이 크게 향상됩니다. 'Tip'과 '잠깐만요'는 예제를 따라하는 동안 주의해야 할 점과 추가 정보를 친절하게 알려줍니다. 또한 '리뷰! 실무 예제'로 자신의 실력을 점검해 보고 **'핵심! 실무 노트'**로 활용 능력을 업그레이드해 보세요.

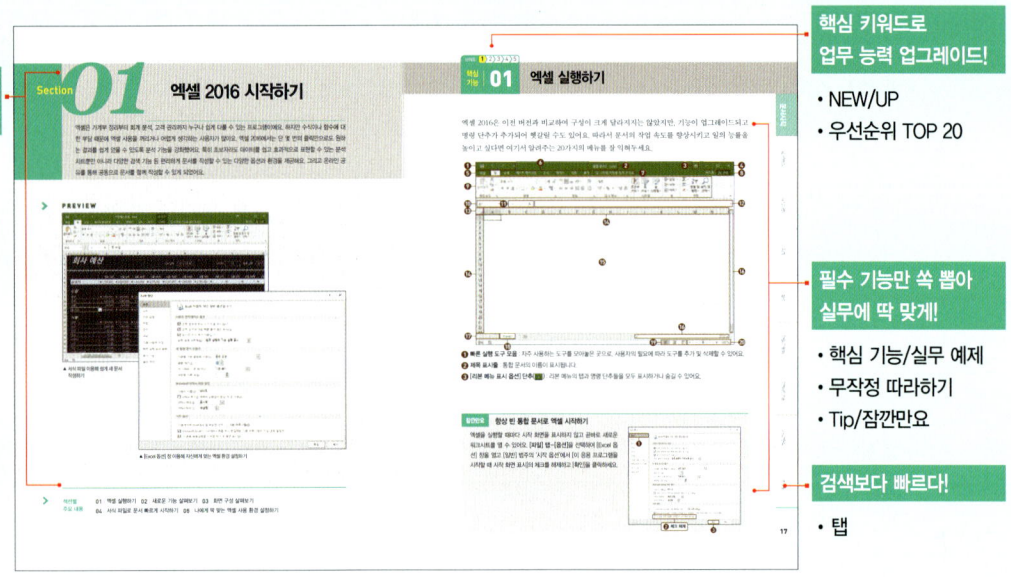

반드시 알고 넘어가야 할 주요 내용 소개!
- 학습안 제시
- 결과 미리 보기
- 섹션별 주요 기능 소개

핵심 키워드로 업무 능력 업그레이드!
- NEW/UP
- 우선순위 TOP 20

필수 기능만 쏙 뽑아 실무에 딱 맞게!
- 핵심 기능/실무 예제
- 무작정 따라하기
- Tip/잠깐만요

검색보다 빠르다!
- 탭

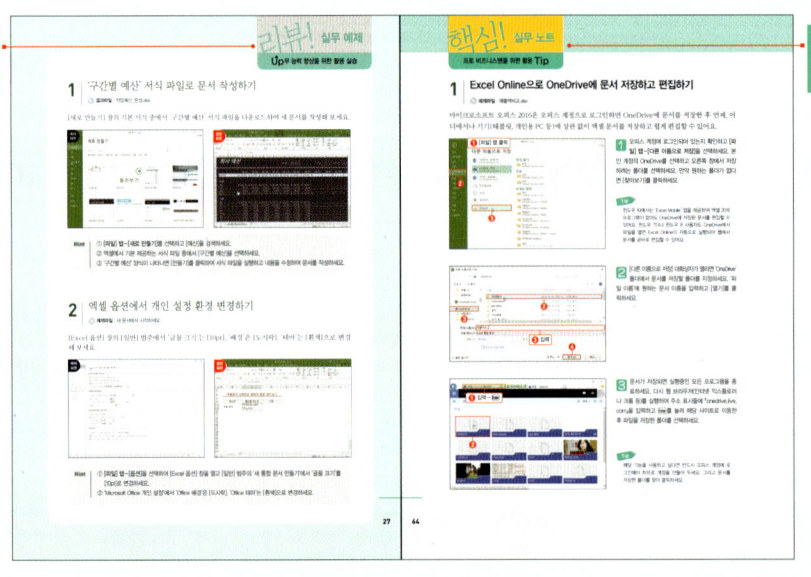

UP무 능력 향상을 위한 활용 실습
- 리뷰! 실무 예제

프로 비즈니스맨을 위한 활용 TIP!
- 핵심! 실무 노트

  자신의 『레벨에 맞는 학습법』을 찾아보세요!

엑셀을 최대한 쉽고 친절하게 알려주기 때문에 **초보 사용자**도 단기간에 **중급 사용자**로 **도약**할 수 있어요. **중, 고급 사용자**라도 실무에서 다루는 현장감 넘치는 예제를 업무에 바로 적용할 수 있어서 **업무 활용 능력**을 높일 수 있어요! 자신의 단계에 맞는 **체계적인 학습법**을 찾아보세요.

'엑셀' 사용 수준에 따른 학습 단계는?

기초 완성	실무 핵심	프로 비즈니스
Chapter 1과 Chapter 2의 예제를 꼼꼼하게 실습하고 혼자해 보기를 통해 기본 문서와 서식으로 통합 문서 작성 방법을 익힙니다.	Chapter 3에서 수식과 함수에 대한 이해와 계산의 기본을 탄탄히 하고 실무 함수로 복잡하고 다양한 예제를 통해 현장에서의 실무 감각을 익힙니다.	Chapter 4와 Chapter 5에서 피벗 테이블 및 강력한 시각적 분석 기능과 업무 자동화를 위한 매크로 작성법을 익혀 업무에 활용해 봅니다.

단기간에 끝내는 맞춤 학습 계획

하루에 한 장씩 일주일에 총 세 장을 공부하고 '리뷰! 실무 예제'와 '핵심! 실무 노트'로 복습하면 한 달 안에 이 책을 끝낼 수 있습니다. 만약 엑셀 기능을 급하게 익혀야 한다면 해당하는 기능을 찾아 익히세요. 만약 더 빠른 학습을 원한다면 New/Up 기능과 우선순위 TOP 20만 살펴보세요.

혼자가 아닌 여러 사람들과 스터디를 하거나 학생 대상 강의를 계획한다면 강의 계획표 중에서 '예습' 부분을 미리 공부한 후 함께 모여서(강의 시간에) 본문 예제를 따라해 봅니다. 수업 또는 스터디 이후에는 과제를 풀어보면서 배운 내용을 복습해 보세요.

주	해당 장	주제	예습	과제
1주	Chapter 1	엑셀 시작과 엑셀 데이터 다루기	Section 1~2	리뷰! 실무 예제
2주		워크시트 및 셀 편집과 인쇄 설정하기	Section 3~4	리뷰! 실무 예제, 핵심! 실무 노트
3주	Chapter 2	셀 서식과 조건부 서식 다루기	Section 1~2	리뷰! 실무 예제
4주		차트와 스파크라인으로 데이터 표현하기	Section 3	리뷰! 실무 예제, 핵심! 실무 노트
5주	Chapter 3	수식과 자동 함수 익히기	Section 1	리뷰! 실무 예제
6주		기본 함수 익히기	Section 2	리뷰! 실무 예제
7주		고급 실무 함수 익히기	Section 3	리뷰! 실무 예제, 핵심! 실무 노트
8주	Chapter 4	데이터베이스 작성, 데이터 검색과 추출하기	Section 1~2	리뷰! 실무 예제
9주		전문 분석 기능 다루기	Section 3	리뷰! 실무 예제, 핵심! 실무 노트
10주	Chapter 5	데이터 도구로 분석하기	Section 1	리뷰! 실무 예제
11주		가상 분석 도구로 예측하기	Section 2	리뷰! 실무 예제
12주		컨트롤과 매크로로 문서 자동화하기	Section 3	리뷰! 실무 예제, 핵심! 실무 노트

'검색보다 빠르고 동료보다 친절한'
엑셀&파워포인트 2016, 이렇게 활용하세요!

활용제안 3 『우선순위 TOP 20』과 『실무 난이도』를 적극 활용하세요!

엑셀 사용자들이 네이버 지식iN, 오피스 실무 카페 및 블로그, 웹 문서, 뉴스 등에서 **가장 많이 검색하고 찾아본 키워드를 토대로 우선순위 TOP 20**을 선정했어요. 이 정도만 알고 있어도 엑셀은 문제 없이 다룰 수 있답니다. 또한 각 예제마다 난이도를 표시하여 학습의 중요도를 살펴볼 수 있어요. 언제, 어디서든지 원하는 기능을 **금방 찾아 바로 적용**해 보세요!

순위 ▲	키워드	간단하게 살펴보기	빠른 페이지 찾기
1 ▲	IF	조건에 따라 달라지는 값을 구하는 논리 함수	133, 142, 244~245
2 ▲	VLOOKUP	기준 값으로 다른 열의 값을 구하는 함수	153, 163
3 ▲	참조 유형	셀 참조 유형에 따라 달라지는 계산 이해	119~120
4 ▲	셀 복사	다양한 옵션 붙여넣기	43
5 ▲	데이터 정렬	크기, 색상 등 조건에 따라 정렬	180, 182, 199
6 ▲	자동 필터	데이터를 추출하는 가장 쉬운 방법	191, 200
7 ▲	데이터 입력	데이터 종류에 따른 입력 방법 이해	29~35
8 ▲	피벗 테이블	함수 없이도 빠른 데이터 요약 가능	203, 205, 216
9 ▲	페이지 인쇄	인쇄 전 용지 크기, 방향, 여백, 매수 등 설정 필요	55, 59
10	표시 형식	숫자 데이터를 다양한 방법으로 표시	78
11	사용자 지정 표시 형식	코드 값으로 숫자, 날짜, 시간 표시 형식 사용자 지정	81, 83
12	셀 범위 지정	셀 복사, 이동을 위한 빠른 셀 범위 선택 방법	45~46
13	시트 편집	작업 시트의 복사, 이동, 삭제, 삽입 등	49
14	차트 삽입	요약 데이터를 시각적으로 표현, 분석 보고서 필수 삽입	99~100, 109, 111
15	자동 합계	셀 범위의 합계, 평균, 개수 등 자동 계산	125
16	RANK.EQ	순위를 매기는 함수, 매출, 점수, 비용 계산도 가능	133, 135
17	텍스트 나누기	텍스트 데이터에서 원하는 문자열 추출	223, 229
18	ROUND	계산 및 숫자값을 특정 위치까지 반올림하는 함수	139
19	SUMIF	조건에 맞는 값을 모두 더하는 함수	152, 154, 246
20	INDEX	특정 값을 가져오는 함수, MATCH 함수 사용	153, 167, 245

가장 많이 사용
현업 중요도 ↑
기본 기능
강력한 분석 도구
보고서 필수
필수 기능
분석 보고서 필수
요약 함수 기본
현업 활용도 ↑

 **활용 제안 4** 직접 먼저 따라해 본 『베타테스터』의 경험담을 들어보세요!

책이 출간되기 전, 베타테스터들이 원고를 직접 따라해 보면서 이해되지 않는 내용을 수정하고 잘못된 부분을 고쳐가면서 꼭 맞는 학습 방법을 제안해 주었습니다. 자신과 비슷한 연령, 작업 환경, 성별의 베타테스터들이 엑셀을 어떻게 공부하고 활용하고 있는지 먼저 경험해 본 사람들의 이야기를 듣고 참고해 보세요!

주부
김미나

초보도 따라하기 쉬운 구성과 간결한 설명으로 단숨에 이해할 수 있어요!
실무에서나 다룰 수 있는 현장감 넘치는 예제로 구성되어 있어 막연하게 어렵지 않을까 하는 두려움이 들었지만, 친절하면서도 이해하기 쉬운 설명으로 단숨에 기능을 파악할 수 있었습니다. 예제를 따라해 보고 '리뷰! 실습 예제'로 복습해 보면서 엑셀에 대한 자신감이 부쩍 생겼습니다. 2016년에는 가계부부터 일정 관리까지 엑셀로 무엇이든지 해낼 수 있을 것 같습니다.

컴퓨터 강사
김수림

새로워진 엑셀 2016, 필요한 기능을 빠르게 찾을 수 있어요!
'무작정 따라하기' 시리즈의 장점 중 하나인 자세하고 친절한 설명 덕분에 엑셀 2016의 새로운 기능을 쉽게 익힐 수 있었습니다. 'NEW' 또는 'UP'을 표시하여 달라진 기능이 무엇인지, 더 좋아진 기능이 무엇인지 한눈에 파악할 수 있었으며, 책의 오른쪽에 표시된 탭 덕분에 필요할 때마다 원하는 기능을 빠르게 찾아볼 수 있어 더 이상 인터넷에서 헤맬 필요가 없습니다. 엑셀 2016은 이 책 한 권이면 든든합니다.

기술 영업
윤혜경

실무에 딱! 배운 내용을 업무에 바로 써먹을 수 있어요!
실무에 정말 필요한 핵심 스킬이 꼼꼼하게 담겨 있습니다. 단지 몇 개의 노하우만 익혔을 뿐인데도 업무 실력이 한층 더 업그레이드된 느낌이 들었습니다. 특히 '핵심! 실무 노트'에서 다루는 내용은 진작에 알고 있었으면 업무의 질이 달라졌을 것이라는 생각이 들 만큼 알찬 팁이었습니다. 베타테스터로 활동하면서 나와 같은 실무자들에게 꼭 도움이 되기 바라는 마음을 담아 성실하게 따라하기를 하고 나니 뿌듯합니다.

무엇이든 물어보세요
책을 읽다 막히는 부분이 있으면 '길벗 홈페이지(www.gilbut.co.kr)' 회원으로 가입하고 '독자지원/자료실' → '자료/문의/요청' 게시판에 질문을 올리세요. 지은이와 길벗 독자지원센터에서 친절하게 답해 드립니다.

참여 방법

| 길벗 홈페이지(www.gilbut.co.kr) 회원 가입 후 로그인하기 | ▶ | 독자지원/자료실-자료/문의/요청-베타테스터 | ▶ | 질문 검색 또는 문의/요청하기 |

목차

NEW	엑셀 2016의 새로운 기능
UP	엑셀 2016의 업그레이드 기능
우선순위 TOP 20	실무 중요도에 따라 TOP01~TOP20까지 표시

CHAPTER 1 엑셀 기본 문서 작성하기

문서시작

Section 01 엑셀 2016 시작하기

- 01 엑셀 실행하기 … 17
- **NEW** 02 새로운 기능 살펴보기 … 19
- **UP** 03 화면 구성 살펴보기 … 22
- 04 서식 파일로 문서 빠르게 시작하기 … 24
- 05 나에게 딱 맞는 엑셀 사용 환경 설정하기 … 26
- 리뷰 실무 예제 / 서식 파일 / 개인 환경 설정 … 27

문서편집

Section 02 엑셀 데이터 정확하게 다루기

- **우선순위 TOP 07** 01 엑셀 데이터의 종류 알아보기 … 29
- 02 텍스트와 기호 입력하기 … 31
- 03 숫자와 날짜/시간 데이터 입력하기 … 33
- 04 한자로 변환하고 입력 지정하기 … 34
- 05 자동 채우기 핸들로 연속 데이터 입력하기 … 36
- 06 입력한 데이터 수정 및 삭제하기 … 38
- 리뷰 실무 예제 / 기본 데이터 입력 / 데이터 빠르게 채우기 … 41

Section 03 셀과 워크시트 자유롭게 다루기

- **우선순위 TOP 04** 01 셀 데이터 복사 및 이동하기 … 43
- **우선순위 TOP 12** 02 셀 범위 빠르게 선택하기 … 45
- 03 항목 위치 이동하고 열 너비 조정하기 … 47
- **우선순위 TOP 13** 04 시트 이름 변경하고 워크시트 편집하기 … 49
- 리뷰 실무 예제 / 데이터 복사 및 항목 편집 / 항목 이동 및 시트 탭 편집 … 51

Section 04 인쇄 환경 설정 및 통합 문서 저장하기

- 01 용지 방향과 여백 크기 지정하기 … 53
- **우선순위 TOP 09** 02 인쇄할 페이지와 인쇄 제목 지정하기 … 55
- 03 인쇄용지의 머리글/바닥글 지정하기 … 57
- 04 인쇄 매수와 크기 지정하기 … 59
- 05 암호를 지정해 문서 저장하기 … 60
- 06 PDF 문서로 만들어 OneDrive에 저장하기 … 62
- 리뷰 실무 예제 / 머리글 입력, 인쇄 설정 / 암호 지정, PDF 문서 게시 … 63

핵심 실무 노트
① Excel Online으로 OneDrive에 문서 저장하고 편집하기 … 64
② OneDrive의 문서 공유해 여러 사람들과 공동으로 작성하기 … 66

CHAPTER 2 데이터 시각적으로 표현하기

서식지정

Section 01 셀 서식 지정해 문서 꾸미기

- 01 제목과 텍스트에 서식 지정하기 … 71
- 02 맞춤과 서식 복사로 보고서 꾸미기 … 73
- 03 보고서에 테두리 지정하기 … 76
- [우선순위 TOP 10] 04 숫자와 날짜 데이터에 표시 형식 지정하기 … 78
- [우선순위 TOP 11] 05 사용자 지정 표시 형식 살펴보기 … 81
- 06 송장에 사용자 지정 표시 형식 지정하기 … 83
- [리뷰] 실무 예제 / 셀 서식과 셀 스타일 지정 / 표시 형식 지정 … 85

Section 02 조건부 서식 지정해 데이터 강조하기

- 01 특정 조건에 맞는 데이터 강조하기 … 87
- 02 상위/하위 20개 판매 수량에 서식 지정하기 … 89
- 03 수식으로 조건부 서식과 새 규칙 지정하기 … 91
- 04 색조와 데이터 막대 지정해 매출 분석하기 … 94
- [리뷰] 실무 예제 / 조건부 서식 지정으로 셀 강조
  / 색조와 아이콘 집합 지정으로 실적 비교 분석 … 97

차트

Section 03 차트와 스파크라인으로 데이터 표현하기

- 01 차트의 구성 요소와 빠른 차트 작성하기 … 99
- [우선순위 TOP 14] 02 추천 차트 이용해 빠르게 차트 삽입하기 … 100
- 03 차트의 종류와 차트 데이터 편집하기 … 102
- 04 차트에 세부 서식 지정하기 … 105
- 05 스파크라인 이용해 판매 추이 살펴보기 … 107
- 06 서로 다른 차트를 하나로 표현하기 — 콤보 차트 … 109
- [NEW] 07 데이터의 계층 구조 표현하기 — 선버스트 차트 … 111
- [리뷰] 실무 예제 / 차트 삽입 및 꾸미기
  / 스파크라인, 콤보 차트로 비용 처리 내용 분석 … 113

핵심 실무 노트
① 파레토 차트 이용해 데이터 분석하기 … 114
② 폭포 차트 이용해 손익계산서 분석하기 … 114

목차

NEW	엑셀 2016의 새로운 기능
UP	엑셀 2016의 업그레이드 기능
우선순위 TOP 20	실무 중요도에 따라 TOP01~TOP20까지 표시

함수

CHAPTER 3 수식 계산과 실무 함수 다루기

Section 01 수식과 자동 함수 익히기

- 우선순위 TOP 03 **01** 수식 작성과 셀 참조 유형 살펴보기 … 119
- **02** 기본 연산자 이용해 정산 내역 계산하기 … 120
- **03** 이름 정의해 수식 계산하기 … 122
- 우선순위 TOP 15 **04** 자동 합계 함수 이용해 합계/평균 구하기 … 125
- **05** 함수 라이브러리로 업체 수와 최고 금액 구하기 … 127
- 리뷰! **실무 예제** / 연산자와 이름으로 판매 계획 및 실적 비율 계산
  / 자동 합계, 함수 라이브러리로 보고서 완성 … 129

Section 02 기본 함수 익히기

- **01** 함수의 종류와 사용 방법 살펴보기 … 131
- 우선순위 TOP 16 **02** 분류별 판매 소계 및 순위 구하기 — RANK.EQ, SUBTOTAL 함수 … 135
- 우선순위 TOP 18 **03** 수수료와 매출 Top3 알아보기 — LARGE, ROUND 함수 … 139
- 우선순위 TOP 01 **04** 중첩 함수로 사원의 과락 여부 평가하기 — COUNT, IF, OR 함수 … 142
- **05** 고객 민원 처리 현황표 작성하기 — DATE, LEFT, TEXT 함수 … 146
- 리뷰! **실무 예제** / 요약 보고서 작성
  / 동호회 명단 관리 및 이벤트 초대 여부 표시 … 149

Section 03 고급 실무 함수 익히기

- **01** 실무에서 자주 사용하는 함수 살펴보기 … 151
- 우선순위 TOP 19 **02** 월별 매출 요약 보고서 작성하기 — COUNTIFS, SUMIFS 함수 … 154
- **03** 매출 평균과 개인별 매출 계산하기
  — AVERAGEIFS, IFERROR 함수 … 159
- 우선순위 TOP 02 **04** TF팀 명단과 주소 작성하기
  — COLUMN, CONCATENATE, VLOOKUP 함수 … 163
- 우선순위 TOP 20 **05** 직급별 프로젝트 수당 계산하기 — INDEX, MATCH 함수 … 167
- 리뷰! **실무 예제** / 판매수량, 총매출, 평균 매출 요약
  / 찾기/참조 함수로 명단 완성 … 169
- 핵심! **실무 노트**
  ① 중첩 함수 쉽게 작성하기 … 170
  ② 직급별 프로젝트 수장의 함수식 대치하기 … 170

CHAPTER 4 데이터베이스 관리와 데이터 분석하기

정렬과필터

Section 01 데이터베이스 다루기

	01 표 삽입하고 보기 좋게 꾸미기	175
	02 표 편집하고 요약 행 지정하기	177
우선순위 TOP 05	03 필드의 조건 이용해 데이터 정렬하기	180
	04 다중 조건 지정해 데이터 정렬하기	182
	05 부분합 이용해 요약 보고서 작성하기	184
	06 부분합 이용해 요약 보고서의 결과 복사하기	186
리뷰! 실무 예제	/ 표 삽입 및 요약 / 정렬과 부분합으로 요약 보고서 작성	189

Section 02 원하는 데이터만 검색하고 추출하기

우선순위 TOP 06	01 자동 필터 이용해 데이터 추출하기	191
	02 고급 필터와 조건식 이해하기	194
	03 고급 필터 이용해 데이터 추출하기	195
	04 함수식 적용한 데이터만 추출하기	197
	05 색상별로 데이터 정렬하고 추출하기	199
리뷰! 실무 예제	/ 직원명부에서 파견 직원 추출 / 함수식과 고급 필터로 명단 추출	201

피벗테이블

Section 03 엑셀 2016의 전문 분석 기능 활용하기

우선순위 TOP 08	01 추천 피벗 테이블 지정하고 꾸미기	203
	02 피벗 테이블 보고서에 요약 보고서 추가하기	205
	03 피벗 테이블에 값 요약하고 표시 형식 변경하기	208
	04 피벗 차트 이용해 보고서 작성하기	210
	05 슬라이서와 시간 표시 막대 삽입해 필터링하기	212
리뷰! 실무 예제	/ 요약 보고서 작성 / 피벗 차트와 슬라이서로 보고서 분석	215
핵심! 실무 노트	① 피벗 테이블의 분석 기능을 조건부 서식으로 업그레이드하기 ② 슬라이서와 시간 표시 막대로 대시보드 작성하기	216 216

목차

NEW	엑셀 2016의 새로운 기능
UP	엑셀 2016의 업그레이드 기능
우선순위 TOP 20	실무 중요도에 따라 TOP01~TOP20까지 표시

CHAPTER 5 가상 분석 도구와 매크로 작성하기

가상분석

Section 01 데이터 도구 활용해 데이터 분석하기

- 01 데이터의 규칙 이용해 빠르게 문서 완성하기 ... 221
- 우선순위 TOP 17 02 텍스트 나누기 이용해 데이터 분리하기 ... 223
- 03 유효성 검사 이용해 데이터 제한하기 ... 225
- 04 하나의 시트에 분기별 판매 데이터 통합하기 ... 227
- 리뷰 실무 예제 / 빠른 채우기와 텍스트 나누기
  / 지점별 매출 통합으로 보고서 작성 ... 229

Section 02 가상 분석 도구 이용해 미래 값 예측하기

- 01 가상 분석 이해하기 ... 231
- 02 목표값 이용해 이익률에 맞는 판매 수량 계산하기 ... 233
- 03 데이터 추세 이용해 예측 시트 작성하기 ... 234
- 04 비용에 따른 당기순이익 시나리오 작성하기 ... 235
- 05 예상 당기순이익에 대한 요약 보고서 작성하기 ... 237
- 리뷰 실무 예제 / 예측 시트와 차트 생성
  / 비율에 따른 시나리오와 요약 보고서 작성 ... 239

매크로

Section 03 컨트롤과 매크로 이용해 문서 자동화하기

- 01 [개발 도구] 탭과 양식 컨트롤 추가하기 ... 241
- 02 양식 컨트롤 이용해 요약 보고서 완성하기 ... 245
- 03 스파크라인 매크로 작성하기 ... 248
- 04 매크로 파일로 저장하고 실행하기 ... 250
- 05 비주얼베이직 편집기로 매크로 편집하기 ... 252
- 06 도형에 매크로 설정하고 실행하기 ... 255
- 07 필요 없는 매크로 삭제하기 ... 257
- 리뷰 실무 예제 / 양식 컨트롤 삽입해 요약 보고서 작성
  / 고급 필터와 삭제 매크로 도형에 연결 ... 259

찾아보기 ... 260

부록 CD 사용법

엑셀&파워포인트 2016 부록 CD 이렇게 사용하세요!

이 책의 부록 CD에는 실습을 따라할 수 있는 예제파일과 결과파일이 각 챕터와 섹션별로 나뉘어 수록되어 있습니다. 부록 CD의 예제파일 및 결과파일은 내 컴퓨터에 복사하여 사용할 것을 권장합니다.

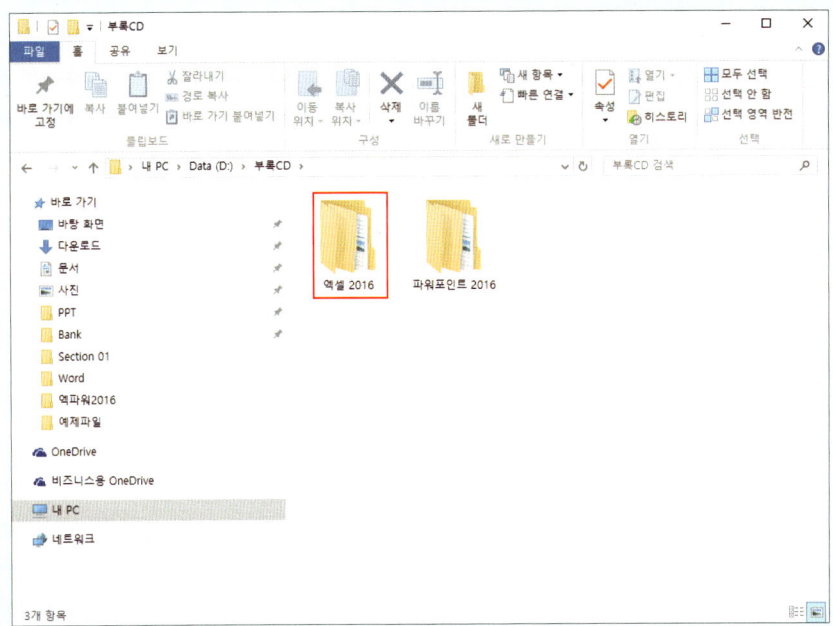

1 엑셀 2016

엑셀 2016에서 사용하는 예제파일과 결과파일이 각 챕터와 섹션별로 수록되어 있습니다. [핵심! 실무 노트]에 해당하는 예제파일 및 결과파일은 각 챕터의 '핵심실무노트' 폴더에 따로 담겨 있어요.

2 파워포인트 2016

파워포인트 2016에서 사용하는 예제파일과 결과파일이 각 챕터와 섹션별로 수록되어 있습니다. 실습에 필요한 사진과 음악도 섹션별로 나뉘어 담겨 있어요. [핵심! 실무 노트]의 예제파일 및 결과파일은 각 챕터의 '핵심실무노트' 폴더에서 찾으세요.

CHAPTER 1 엑셀 기본 문서 작성하기

엑셀 2016을 실행하면 리본 메뉴와 수백 개의 빈 셀만 표시됩니다. 아무런 서식도 지정되지 않은 새 통합 문서에서 무엇부터 시작해야 할지 고민된다면 엑셀 2016에서 제공하는 다양한 서식 파일을 활용해 보세요. 일정 관리뿐만 아니라 수익 분석, 판매 보고 등 목적에 맞는 서식을 선택하여 빠르게 문서 작성을 시작할 수 있어요. 만약 원하는 서식을 찾지 못했다면 온라인 서식 파일 검색에서 키워드를 입력하여 자신에게 꼭 맞는 다양한 서식을 찾아보세요. 이번 챕터에서는 엑셀 문서를 작성할 때 꼭 알고 있어야 할 데이터 입력과 셀 및 워크시트의 편집, 그리고 인쇄 설정에 대해 배워봅니다.

Excel & PowerPoint 2016

SECTION 01 엑셀 2016 시작하기

SECTION 02 엑셀 데이터 정확하게 다루기

SECTION 03 셀과 워크시트 자유롭게 다루기

SECTION 04 인쇄 환경 설정 및 통합 문서 저장하기

Section 01 엑셀 2016 시작하기

엑셀은 가계부 정리부터 회계 분석, 고객 관리까지 누구나 쉽게 다룰 수 있는 프로그램이에요. 하지만 수식이나 함수에 대한 부담 때문에 엑셀 사용을 꺼리거나 어렵게 생각하는 사용자가 많아요. 엑셀 2016에서는 단 몇 번의 클릭만으로도 원하는 결과를 쉽게 얻을 수 있도록 분석 기능을 강화했어요. 특히 초보자라도 데이터를 쉽고 효과적으로 표현할 수 있는 분석 차트뿐만 아니라 다양한 검색 기능 등 편리하게 문서를 작성할 수 있는 다양한 옵션과 환경을 제공해요. 그리고 온라인 공유를 통해 공동으로 문서를 함께 작성할 수 있게 되었어요.

PREVIEW

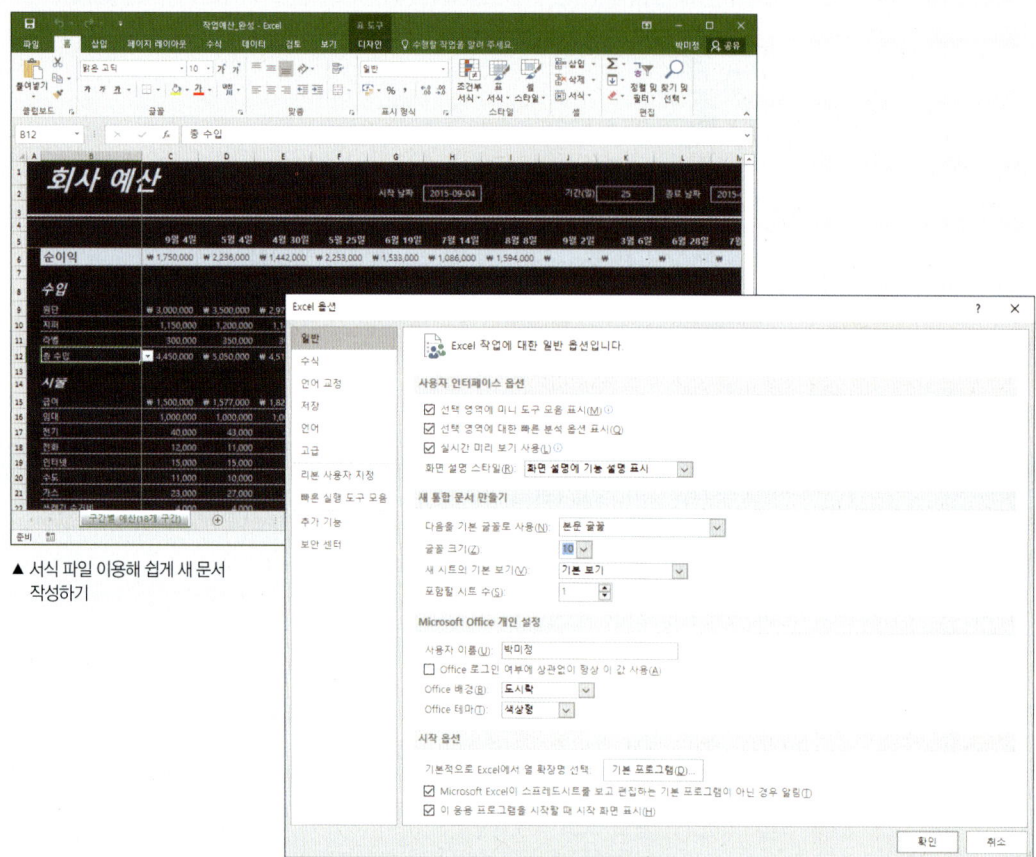

▲ 서식 파일 이용해 쉽게 새 문서 작성하기

▲ [Excel 옵션] 창 이용해 자신에게 맞는 엑셀 환경 설정하기

섹션별 주요 내용

01 | 엑셀 실행하기　02 | 새로운 기능 살펴보기　03 | 화면 구성 살펴보기
04 | 서식 파일로 문서 빠르게 시작하기　05 | 나에게 딱 맞는 엑셀 사용 환경 설정하기

난이도 1 2 3 4 5

핵심기능 01 엑셀 실행하기

1 | 윈도우 10에서 엑셀 2016 시작하기

윈도우 10이 설치된 데스크톱에서 엑셀 2016을 시작해 볼까요? 윈도우 바탕 화면에서 [시작] 단추(┇)를 클릭하고 [모든 앱]을 선택하세요. 앱 목록이 표시되면 [Excel 2016]을 선택하세요.

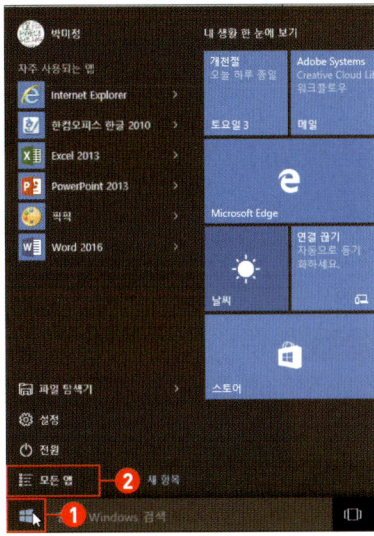

잠깐만요 **윈도우 7 또는 윈도우 8에서 엑셀 2016 실행하기**

윈도우 7 또는 윈도우 8에서는 다음과 같은 방법으로 엑셀 2016을 실행할 수 있어요.

- **윈도우 7 사용자** : [시작] 단추를 클릭하고 [모든 프로그램]-[Microsoft Office 2016]을 선택한 후 [Excel 2016]을 선택하세요.
- **윈도우 8 또는 윈도우 8.1 사용자** : 윈도우의 [시작]에서 [Excel 2016] 앱을 클릭하세요.

▲ 윈도우 7에서 엑셀 2016 실행하기

▲ 윈도우 8에서 엑셀 2016 실행하기

2 | 엑셀 2016의 시작 화면 살펴보기

엑셀 2016 프로그램을 실행하면 최근에 사용한 항목이나 서식 파일을 선택할 수 있는 시작 화면이 열리는데, [새 통합 문서]를 클릭하면 아무 서식도 적용되지 않은 빈 통합 문서를 열 수 있어요. 수식이나 함수, 표나 차트 등의 사용에 자신이 없다면 엑셀 2016에서 제공하는 서식 파일로 문서를 빠르게 시작해 보세요. '최근 항목'이나 [다른 통합 문서 열기]를 선택하여 기존에 작업했던 문서를 찾아 실행하세요.

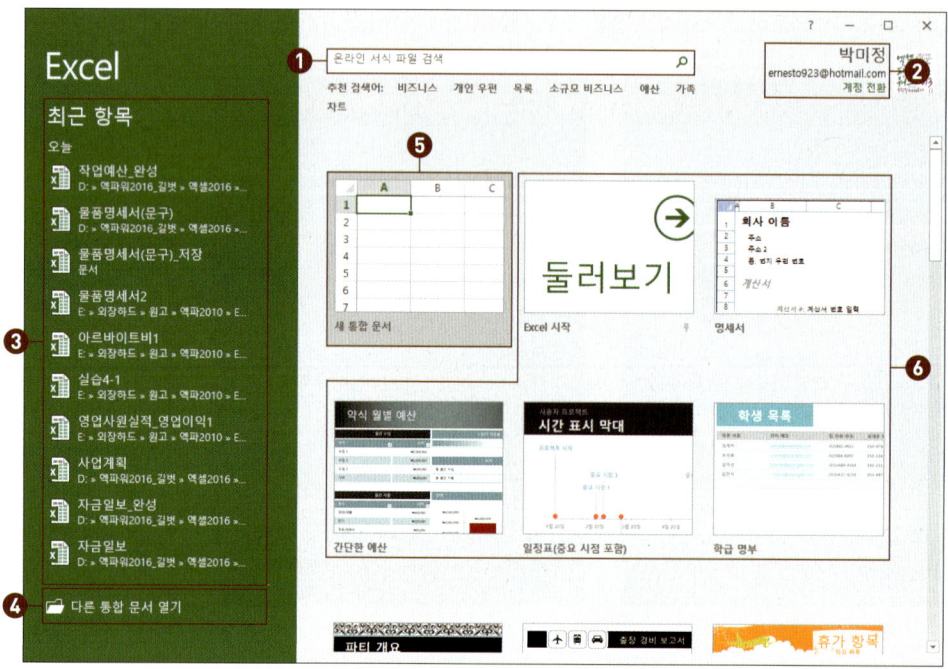

❶ **검색 입력 상자** : 찾으려고 하는 서식 파일의 검색어를 입력하여 원하는 문서를 검색한 후 다운로드할 수 있어요.
❷ **계정** : 사용하는 장치(PC, 태블릿 등)와 클라우드 서비스(OneDrive)에서 마이크로소프트 계정을 만들고 로그인하여 사용할 수 있어요.

> **Tip**
> 클라우드 서비스를 이용하면 온라인 공간에 파일이나 문서를 저장해 놓고 여러 사람들과 공동으로 작업할 수 있으며, 언제 어디서든 파일을 열어 볼 수 있어요.

❸ **최근 항목** : 최근에 작업한 파일 목록으로, 여기서 원하는 문서를 선택하여 빠르게 실행할 수 있어요.
❹ **다른 통합 문서 열기** : 최근에 사용한 통합 문서를 제외하고 다른 경로(내 컴퓨터, OneDrive 등)에 저장한 엑셀 문서를 열 수 있어요.
❺ **새 통합 문서** : 빈 셀과 워크시트로 구성된 통합 문서로, 사용자가 원하는 문서 형태를 직접 작성할 수 있어요.
❻ **서식 파일** : 엑셀 2016에서 기본적으로 제공하는 파일로, 목적과 필요에 따라 다양한 서식 파일을 선택할 수 있어요.

핵심기능 02 새로운 기능 살펴보기

오피스 2016의 주요 기능은 문서 공유와 저장을 위한 클라우드 기반의 협업 및 생산성 서비스입니다. 따라서 어떤 장치를 사용하든지 여러 사람들과 공동으로 문서를 작업할 수 있는 스마트워크 환경을 제공하고 있어요. 특히 윈도우 10에서는 모바일 엑셀도 제공하기 때문에 정식 버전의 엑셀 프로그램이 없어도 언제든지 엑셀 문서를 자유롭게 작성하고 편집할 수 있어요. 이 외에도 엑셀 2016에서는 표와 차트 등 분석 기능이 더욱 업그레이드되어 초보자도 원하는 결과를 쉽게 구할 수 있게 되었어요.

1 | 엑셀 도움말 검색하기

엑셀 2016을 사용하다가 헷갈리거나 모르는 기능이 있다면 설명 상자에 검색어를 입력해 보세요. 그러면 원하는 정보나 기능에 대한 도움말이 검색되어 궁금증을 해결하도록 도와줍니다.

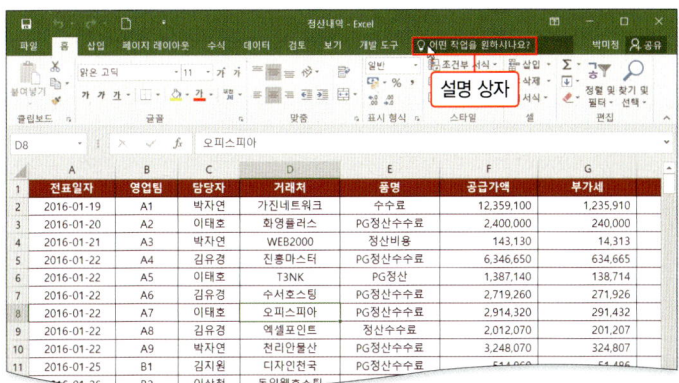

▲ 설명 상자 사용하기

Tip
'어떤 작업을 원하시나요?'는 엑셀 2016 버전에 추가된 설명 상자로, 영문명은 'tell me(텔미)'입니다. 해당 메뉴 이름은 프로그램 버전 업데이트 과정에서 변경될 수도 있습니다.

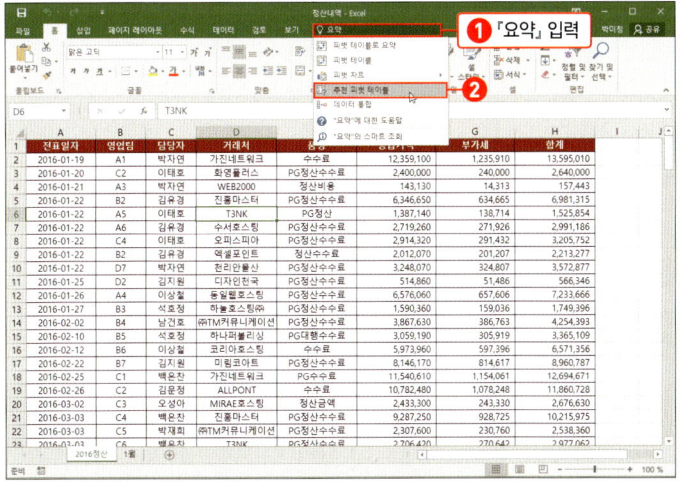

▲ 설명 상자에 검색어 『요약』 입력하여 추천 피벗 테이블 실행하기

2 | 스마트 조회로 검색한 내용 삽입하기

스마트 조회는 도움말 검색처럼 문서 작업 도중에 원하는 내용을 빠르게 검색하여 적용할 수 있는 기능이에요. 검색한 이미지 중에서 사용하고 싶은 이미지가 있다면 선택한 후 셀로 드래그하여 끌어오기만 해도 곧바로 문서에 삽입됩니다. 스마트 조회는 설명 상자에서 실행하거나 셀에 입력된 내용을 마우스 오른쪽 단추로 눌러 [스마트 조회]를 선택해서 실행할 수 있어요.

▲ 스마트 조회로 원하는 내용 찾아 셀로 드래그하여 바로 입력하기

3 | 공동으로 통합 문서 작업하기

엑셀뿐만 아니라 오피스 2016으로 작성한 모든 문서를 OneDrive에 저장하면 여러 명의 사용자들과 공동으로 작업할 수 있어요. 문서를 저장한 후 생성된 링크 주소를 복사하여 메일로 초대하거나 사용자 편집 권한을 부여하면 공동으로 문서를 수정하고 편집할 수 있습니다.

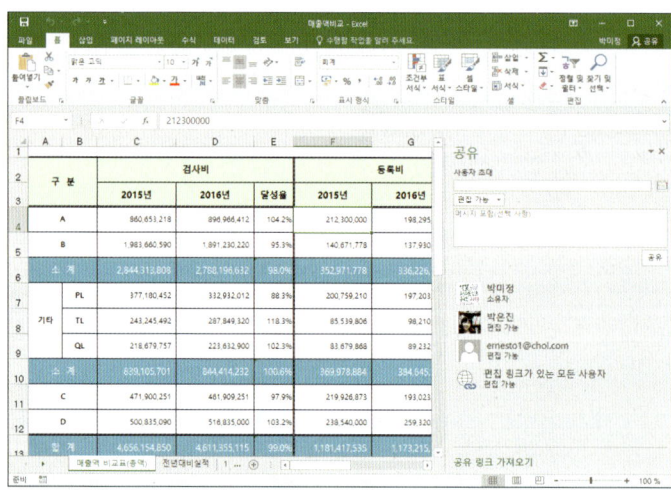

▲ OneDrive에서 공동 작업 문서 수정 및 편집하기

> **Tip**
>
> OneDrive(원드라이브)는 마이크로소프트(MS)에서 제공하는 클라우드 서비스로, 사용하는 장치에 상관없이 원하는 파일을 업로드하여 여러 사람들과 공유하면서 작업할 수 있는 저장 매체예요. 무료 제공 이상의 저장 공간(용량)이 필요하다면 추가로 요금을 결제하여 사용할 수도 있어요.

4 | 새롭게 추가된 여섯 가지 분석 차트 이용하기

엑셀 2016의 장점 중 하나는 바로 다양한 분석 차트입니다. 분석 차트는 데이터를 시각화해서 보여주기 때문에 전달하려는 핵심을 강조하여 표현할 수 있어요. 트리맵과 선버스트 형태로 데이터를 시각화해서 면적으로 나타내면 직관적 판단이 가능할 뿐만 아니라 데이터를 원하는 대로 쉽게 조작할 수 있어요. 특히 선버스트 형태는 방사형 원형으로 데이터를 시각화하여 역동적인 표현이 가능합니다.

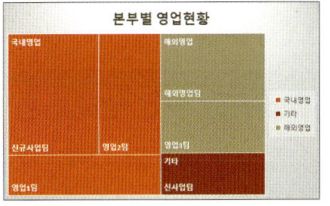 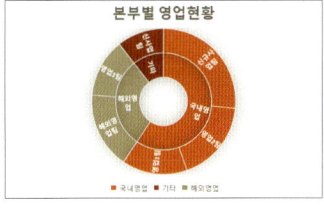 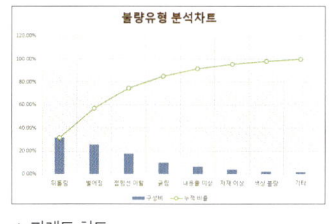

▲ 트리맵 차트   ▲ 선버스트 차트   ▲ 파레토 차트

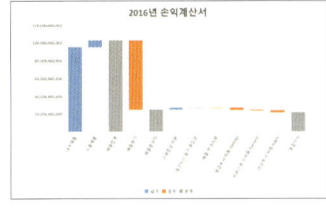 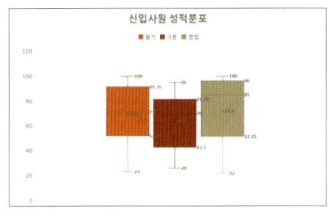 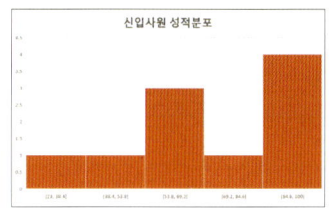

▲ 폭포 차트   ▲ 수염 상자 그림 차트   ▲ 히스토그램 차트

5 | 3D 맵 활용해 지리적 데이터 표시하기

마이크로소프트 엑셀용 3D 맵은 새로운 방법으로 정보를 확인할 수 있는 3D(3차원) 데이터 시각화 도구로, 기존의 2차원 표와 차트에는 나타나지 않는 정보까지 발견할 수 있습니다. 3D 맵을 사용하면 3D 지구본이나 사용자 지정 지도에 지리 및 시간에 따른 데이터를 그리고 시간의 경과에 따라 보여줄 수 있어요. 이렇게 만들어진 영화와 같은 가이드 비디오 투어는 다른 사용자와 공유하거나 스크린샷으로 캡처하여 문서에 삽입할 수 있습니다.

▲ 3D 맵으로 시도별 비디오 판매액 표시하기

핵심기능 03 화면 구성 살펴보기

엑셀 2016은 이전 버전과 비교하여 구성이 크게 달라지지는 않았지만, 기능이 업그레이드되고 명령 단추가 추가되어 헷갈릴 수도 있어요. 따라서 문서의 작업 속도를 향상시키고 일의 능률을 높이고 싶다면 여기서 알려주는 20가지의 메뉴를 잘 익혀두세요.

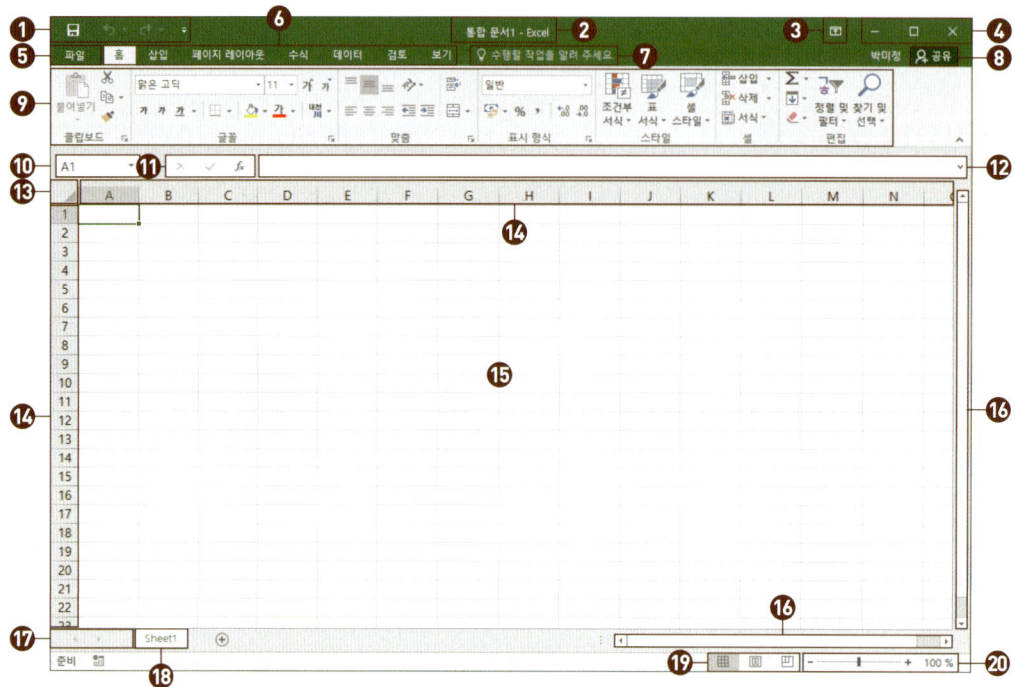

❶ **빠른 실행 도구 모음** : 자주 사용하는 도구를 모아놓은 곳으로, 사용자의 필요에 따라 도구를 추가 및 삭제할 수 있어요.

❷ **제목 표시줄** : 통합 문서의 이름이 표시됩니다.

❸ **[리본 메뉴 표시 옵션] 단추( )** : 리본 메뉴의 탭과 명령 단추들을 모두 표시하거나 숨길 수 있어요.

❹ **[최소화] 단추( ), [최대화] 단추( )/[이전 크기로 복원] 단추( ), [닫기] 단추( )** : 화면의 크기를 조정하는 단추로, 화면을 확대하거나 작업 표시줄에 아이콘으로 최소화할 수 있어요. 사용자가 창의 크기를 조정하면 최대화된 크기를 이전 크기로 복원시키고 [닫기] 단추( )를 클릭하면 프로그램이 종료됩니다.

❺ **[파일] 탭** : 파일을 열고 닫거나 저장 및 인쇄할 수 있으며 공유, 계정, 내보내기 등의 문서 관리도 가능합니다. 또한 다양한 엑셀 옵션도 지정할 수 있어요.

❻ **탭** : 클릭하면 기능에 맞는 도구 모음이 나타나요. 기본적으로 제공되는 탭 외에 그림, 도형, 차트 등을 선택하면 [그림 도구]나 [표 도구]와 같은 상황별 탭이 추가로 나타납니다.

❼ **설명 상자** : 엑셀 2016 기능에 대한 도움말을 실행할 수 있는데, 영문명은 'tell me(텔미)'입니다.

❽ **공유** : 해당 문서를 작업하고 있는 사용자를 확인하고 공유 옵션을 지정할 창을 열 수 있어요.

⑨ **리본 메뉴** : 선택한 탭과 관련된 명령 단추들이 비슷한 기능별로 묶인 몇 개의 그룹으로 구성되어 있어요.
⑩ **이름 상자** : 셀 또는 범위에 작성한 이름이 표시됩니다.
⑪ **[취소] 단추(✕), [입력] 단추(✓), [함수 삽입] 단추(ƒx)** : 데이터를 입력하거나 취소할 수 있고 [함수 삽입] 단추(ƒx)를 클릭하면 함수 마법사를 실행할 수 있어요.
⑫ **수식 표시줄** : 셀에 입력한 데이터 또는 계산한 수식이 표시됩니다.
⑬ **[시트 전체 선택] 단추(◢)** : 워크시트의 전체 범위를 한 번에 빠르게 선택할 수 있어요.
⑭ **행 머리글, 열 머리글** : 행 머리글은 워크시트에서 각 행의 맨 왼쪽에 표시되고 클릭하면 행 전체가 선택됩니다. 열 머리글은 워크시트에서 각 열의 맨 위에 표시되고 클릭하면 열 전체가 선택됩니다.
⑮ **워크시트** : 열과 행으로 구성된 셀로 이루어져 있어요. 데이터를 작업하는 공간으로, 항상 통합 문서에 저장됩니다.
⑯ **스크롤바** : 마우스로 가로로 또는 세로로 드래그하여 워크시트의 화면을 이동할 수 있어요.
⑰ **시트 이동 단추(,)** : 시트 이름을 스크롤할 때 사용해요. Ctrl을 누른 상태에서 마우스 왼쪽 단추를 누르면 처음 시트와 마지막 시트로 스크롤하고 마우스 오른쪽 단추를 누르면 [활성화] 대화상자가 열리면서 모든 시트 목록을 볼 수 있어요.
⑱ **시트 탭** : 기본적으로 워크시트의 이름이 [Sheet1], [Sheet2] 등으로 표시되지만, 사용자가 이름을 직접 지정할 수 있어요.
⑲ **화면 보기 단추** : 원하는 문서 보기 상태로 이동할 수 있는 단추입니다. [기본] 보기(▦), [페이지 레이아웃] 보기(▢), [페이지 나누기 미리 보기](▥) 등으로 화면 보기 상태를 선택할 수 있어요.
⑳ **확대/축소 슬라이드바** : 슬라이드바를 드래그하여 화면 보기 비율을 10~400%까지 확대 또는 축소할 수 있어요. 또한 비율 부분(100%)을 클릭하여 [확대/축소] 대화상자를 열고 비율을 직접 지정할 수도 있어요.

잠깐만요 　**빠른 실행 도구 모음에 자주 사용하는 명령 추가하기**

엑셀에서 자주 사용하는 기능을 매번 찾아 실행하기는 어렵습니다. 그러므로 빠른 실행 도구 모음에 자주 사용하는 명령을 추가하여 한 번의 클릭으로 실행해 보세요. 먼저 리본 메뉴에서 자주 사용하는 명령 단추에서 마우스 오른쪽 단추를 눌러 [빠른 실행 도구 모음에 추가]를 선택하세요.

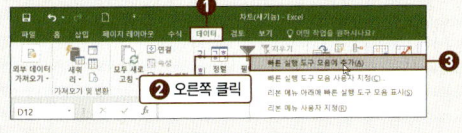

▲ [필터] 명령 단추에서 마우스 오른쪽 단추 누르기

이렇게 추가된 명령은 한 번만 클릭하여 빠르게 실행할 수 있어요.

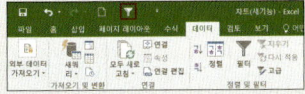

▲ 빠른 실행 도구 모음에 추가된 [필터] 도구

실무예제 04 서식 파일로 문서 빠르게 시작하기

> 예제파일 : 새 문서에서 시작하세요. 결과파일 : 판매 수수료 계산서_완성.xlsx

1 아무 것도 입력되어 있지 않은 빈 통합 문서가 아닌 엑셀 2016에서 제공하는 서식 문서로 시작해 볼까요? 시작 화면의 검색 입력 상자에 『계산서』를 입력하고 Enter 를 누르세요.

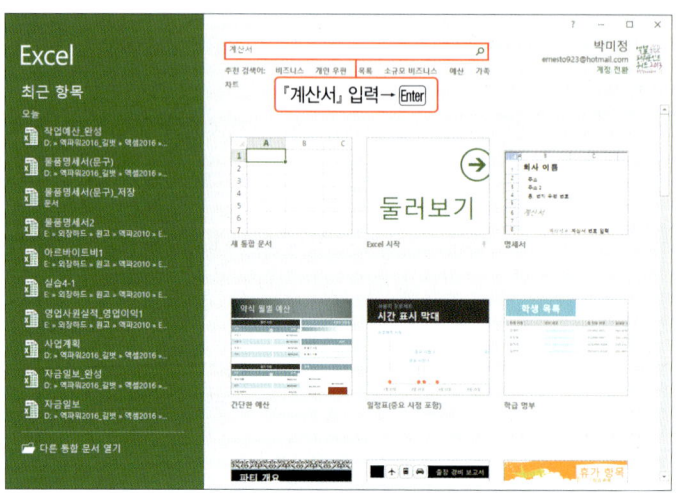

Tip
아직 엑셀로 문서를 만드는 데 자신이 없다면 다양한 스타일의 문서를 골라 사용할 수 있는 서식 파일을 적극 활용해 보세요. 그러면 초보자도 쉽게 고품질 엑셀 문서를 만들 수 있어요.

2 검색된 서식 파일 중에서 필요한 문서를 찾아 선택하세요. 여기서는 『판매 수수료 계산서』를 선택했어요.

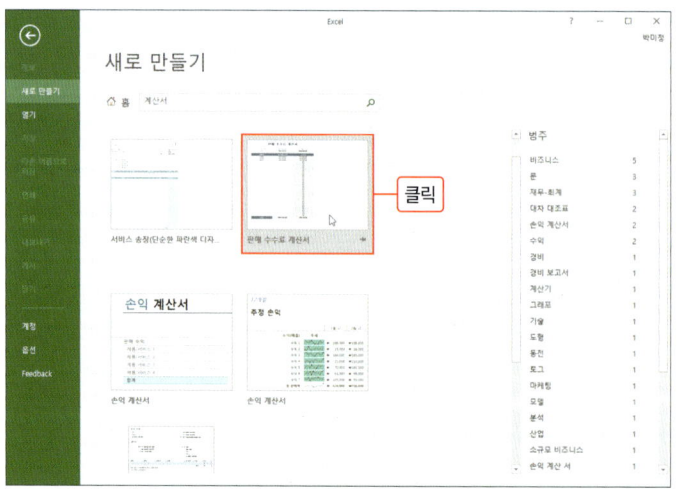

Tip
검색 입력 상자에 검색어를 입력하고 [검색 시작] 단추( )를 클릭해도 서식 파일 결과를 볼 수 있어요.

3 '판매 수수료 계산서' 양식이 나타나면 [만들기]를 클릭하세요.

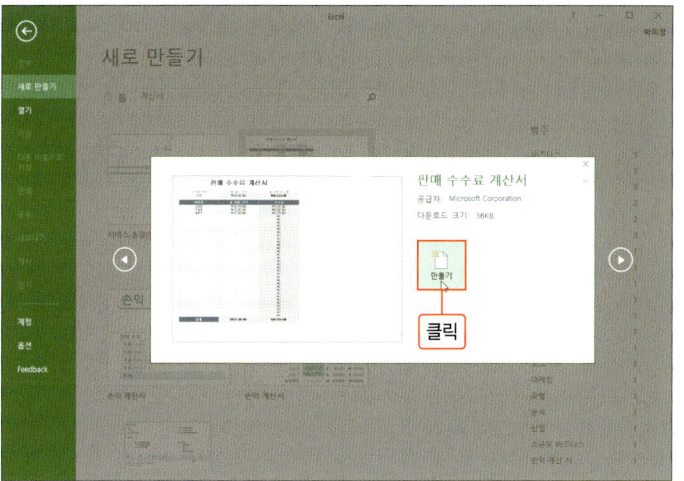

4 판매 수수료 계산서 서식 파일이 실행됩니다. 셀에 이미 입력된 값이나 수식을 원하는 내용으로 변경하여 문서를 완성해 보세요.

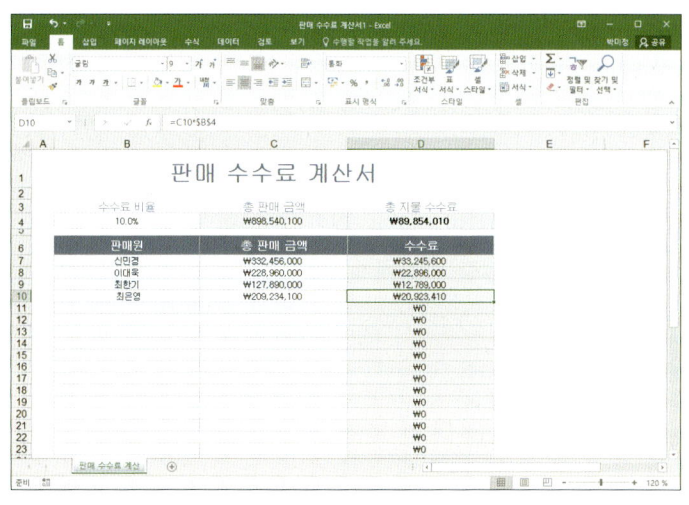

잠깐만요 항상 빈 통합 문서로 엑셀 시작하기

엑셀을 실행할 때마다 시작 화면을 표시하지 않고 곧바로 새로운 워크시트를 열 수 있어요. **[파일] 탭-[옵션]**을 선택하여 [Excel 옵션] 창을 열고 [일반] 범주의 '시작 옵션'에서 [이 응용 프로그램을 시작할 때 시작 화면 표시]의 체크를 해제하고 [확인]을 클릭하세요.

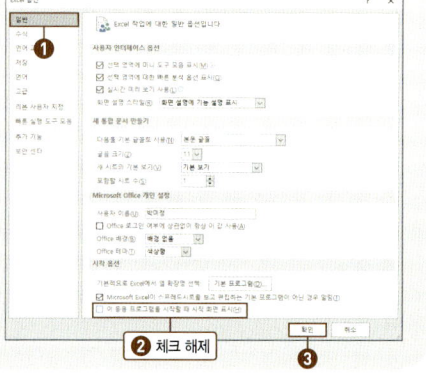

실무예제 05 | 나에게 딱 맞는 엑셀 사용 환경 설정하기

> 예제파일 : 새 문서에서 시작하세요.

1 엑셀 2016에서는 사용자의 작업 환경에 맞게 시트 수, 글꼴, 저장 형식 등을 지정할 수 있어요. **[파일] 탭-[옵션]**을 선택하세요.

2 [Excel 옵션] 창이 열리면 [일반] 범주의 '새 통합 문서 만들기'에서 '글꼴 크기'는 [12], '포함할 시트 수'는 [3]으로 지정하세요. 'Microsoft Office 개인 설정'의 'Office 배경'에서 [기하 도형]을 선택하고 [확인]을 클릭하세요. 글꼴 변경에 대한 안내 메시지 창이 열리면 [확인]을 클릭하세요.

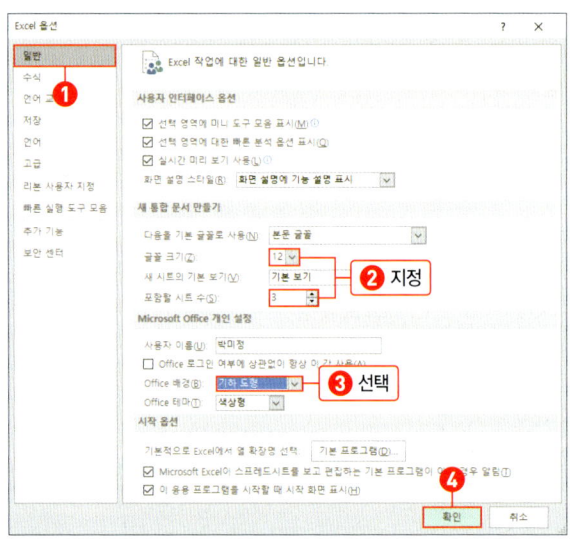

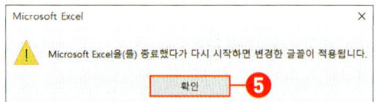

> **Tip**
> 현재 통합 문서를 닫고 다시 엑셀 2016을 실행하면 '기하 도형' 배경 화면의 이미지가 나타나고 기본적인 글꼴 크기가 '12pt'이면서 시트 탭이 세 개인 통합 문서가 열려요.

1 | '구간별 예산' 서식 파일로 문서 작성하기

결과파일 : 작업예산_완성.xlsx

[새로 만들기] 창의 기본 서식 중에서 '구간별 예산' 서식 파일을 다운로드하여 새 문서를 작성해 보세요.

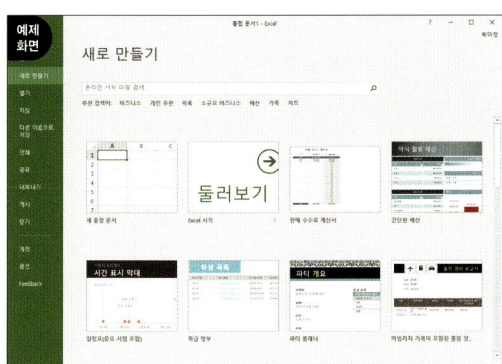
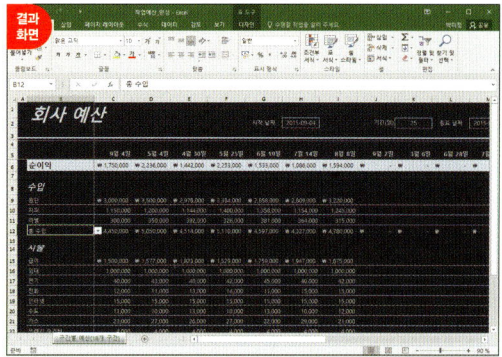

Hint
① [파일] 탭-[새로 만들기]를 선택하고 [예산]을 검색하세요.
② 엑셀에서 기본 제공하는 서식 파일 중에서 [구간별 예산]을 선택하세요.
③ '구간별 예산' 양식이 나타나면 [만들기]를 클릭하여 서식 파일을 실행하고 내용을 수정하여 문서를 작성하세요.

2 | 엑셀 옵션에서 개인 설정 환경 변경하기

예제파일 : 새 문서에서 시작하세요.

[Excel 옵션] 창의 [일반] 범주에서 '글꼴 크기'는 [10pt], '배경'은 [도시락], '테마'는 [흰색]으로 변경해 보세요.

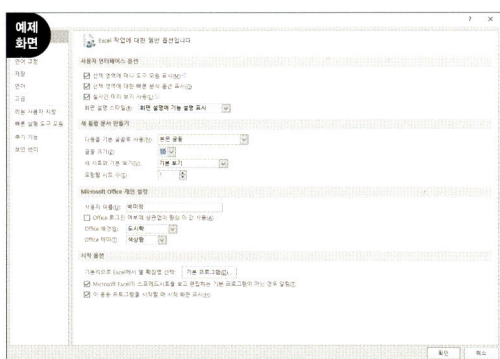
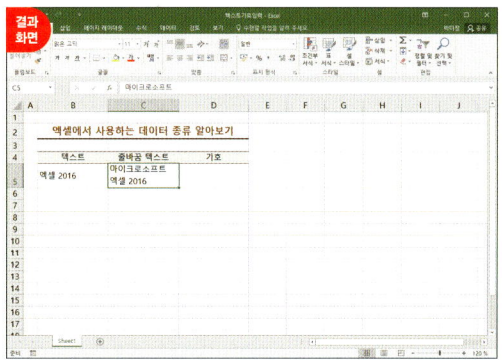

Hint
① [파일] 탭-[옵션]을 선택하여 [Excel 옵션] 창을 열고 [일반] 범주의 '새 통합 문서 만들기'에서 '글꼴 크기'를 [10pt]로 변경하세요.
② 'Microsoft Office 개인 설정'에서 'Office 배경'은 [도시락], 'Office 테마'는 [흰색]으로 변경하세요.

Section 02 엑셀 데이터 정확하게 다루기

엑셀을 사용하여 데이터를 계산 및 분석하려면 엑셀에서 사용할 수 있는 데이터의 종류에 대해 정확하게 이해하고 있어야 해요. 데이터를 잘못 입력하면 서식이나 수식을 제대로 적용할 수 없어서 정확한 결과를 얻을 수 없기 때문이죠. 그러므로 엑셀 데이터를 정해진 규칙에 맞게 입력하고 편집할 줄 알아야 합니다. 이번 섹션에서는 엑셀의 기초 중의 기초이면서도 자칫 실수하기 쉬운 데이터의 입력과 편집 방법에 대해 자세하게 배워보겠습니다.

PREVIEW

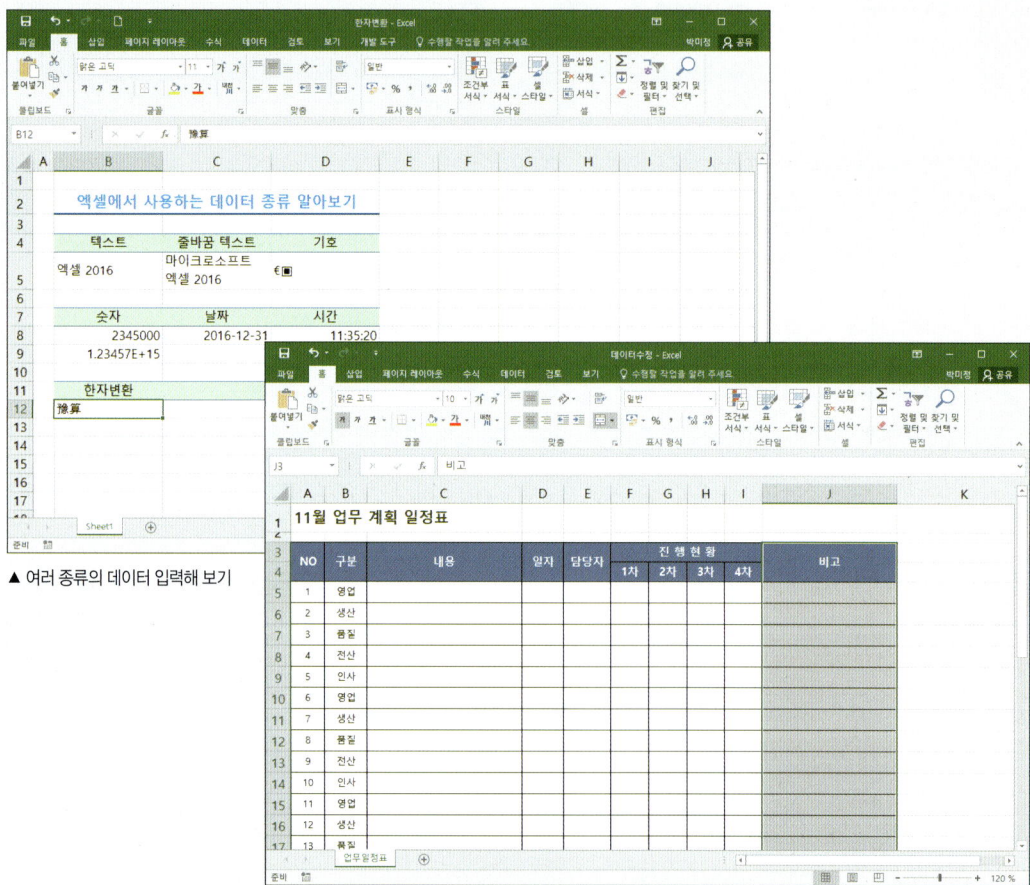

▲ 여러 종류의 데이터 입력해 보기

▲ 자동 채우기 핸들(+) 사용해 데이터 입력 및 수정, 삭제하기

> **섹션별 주요 내용**
> 01 | 엑셀 데이터의 종류 알아보기　02 | 텍스트와 기호 입력하기　03 | 숫자와 날짜/시간 데이터 입력하기
> 04 | 한자로 변환하고 입력 지정하기　05 | 자동 채우기 핸들로 연속 데이터 입력하기
> 06 | 입력한 데이터 수정 및 삭제하기

우선순위 TOP 07

핵심기능 01 | 엑셀 데이터의 종류 알아보기

1 | 데이터 구분하기

엑셀에서 사용하는 데이터는 크게 '텍스트'와 '숫자'로 나눌 수 있어요. 데이터의 종류에 따라 입력 방식이 조금씩 다르지만, 날짜와 시간 등의 데이터 속성을 미리 알고 있으면 데이터를 가공할 때 걸리는 시간을 줄일 수 있어요. 자, 그러면 입력한 데이터의 종류에 따라 달라지는 결과를 미리 살펴볼까요?

구분		설명	입력 결과
텍스트	텍스트	• 텍스트형 데이터로 입력됩니다. • 기본적으로 왼쪽 맞춤으로 정렬됩니다. • 숫자 데이터의 앞에 어포스트로피(')를 입력하면 텍스트로 변경되어 입력됩니다.	길벗, Microsoft
	기호		₩, €, £, ‰, /, @, ☎, ♨
	한자		計算, 分析(分析)
	숫자와 텍스트의 혼용		2016년
	숫자형 텍스트		'123
숫자	숫자	• 숫자형 데이터로 입력됩니다. • 기본적으로 오른쪽 맞춤으로 정렬됩니다. • 날짜와 시간 데이터는 표시 형식이 지정된 숫자 데이터입니다.	1234
	날짜		2016-12-31
	시간		12:50:20

2 | 데이터 종류 살펴보기

엑셀에서는 데이터의 종류에 따라 입력 방법이 다릅니다. 이것은 아주 기초적인 내용이지만, 엑셀을 잘 다루는 사용자도 실수하기 쉬우므로 데이터의 속성에 맞는 입력 방식을 반드시 정확하게 알고 있어야 합니다.

❶ 숫자 데이터

숫자 데이터는 엑셀에서 가장 기본이 되는 데이터로, 0~9 사이의 숫자를 부호 등과 함께 입력할 수 있어요. 입력한 데이터가 숫자로 인식되면 셀의 오른쪽에 자동으로 표시됩니다. 아주 큰 수나 세밀한 숫자는 지수 형식과 같은 과학용 표시 방식(1.23457E+13)으로 표시되기도 합니다.

숫자	입력 및 설명	맞춤
36000	형식을 포함하지 않고 숫자만 입력	오른쪽 맞춤
1.23456E+11	열 너비보다 긴 숫자는 지수값으로 표시	
123,456,789,000	열 너비보다 긴 숫자이면서 표시 형식이 지정된 경우	
1/4	분수는 대분수 형식으로 입력 **예** 0 1/4로 입력	
-100	부호를 포함하여 입력하거나 『(100)』으로 입력	

Tip
셀 너비가 좁을 때도 숫자 데이터는 지수 형식으로 표시되지만, 표시 형식이 추가되면 '######'으로 나타나요. 이 경우에는 행 머리글 사이의 경계선에 마우스 포인터를 올려놓고 ✥ 모양으로 변경되면 더블클릭하여 셀 너비를 늘려주세요.

❷ 텍스트 데이터

한글, 영문, 한자, 특수 문자 등의 데이터는 텍스트로 인식됩니다. 숫자와 텍스트를 혼합한 데이터나 어포스트로피(')와 같이 입력한 숫자도 모두 텍스트로 인식되어 왼쪽 맞춤으로 표시됩니다.

문자	입력 및 설명	맞춤
엑셀	입력한 그대로 결과 표시	왼쪽 맞춤
123	어포스트로피(')를 입력한 후 숫자를 입력한 경우	
2017년	숫자와 문자를 혼용한 데이터	
Microsoft Excel 2016	Alt + Enter를 눌러 한 셀 안에서 줄 바꿈	

❸ 날짜, 시간 데이터

날짜 데이터는 숫자로 인식되지만, 하이픈(-)이나 슬래시(/)로 년, 월, 일을 구분하여 입력하면 셀에 날짜 서식이 자동으로 적용되어 표시돼요. 날짜는 1900-1-1을 기준으로 입력한 날짜까지의 일련번호가 표시되고 표시 형식으로 서식을 변경할 수 있어요. 시간 데이터의 경우에는 콜론(:)을 사용하여 시간, 분, 초를 구분하여 입력하세요.

날짜와 시간	입력 및 설명	맞춤
2016-08-02	년월일을 하이픈(-), 슬래시(/)로 구분하고 오른쪽 맞춤이 기본	숫자형 데이터로 오른쪽 맞춤
01월 04일	연도를 빼고 1/4(월/일)로 입력	
12:50:30	시분초를 콜론(:)으로 구분하여 입력하고 오른쪽 맞춤이 기본	
2016-01-10	Ctrl + ;을 눌러 현재 날짜 입력	
12:30	Ctrl + Shift + :을 눌러 현재 시간 입력	

> **Tip**
> 엑셀 초보자라면 날짜와 시간 데이터 입력이 조금 어려울 수 있으므로 33쪽의 설명을 읽고 예제를 따라해 보세요.

❹ 기호, 한자 데이터

엑셀에서는 워드 프로세서만큼 기호나 한자 데이터를 많이 입력하지는 않아요. 하지만 문서의 제목이나 특정 데이터를 강조하기 위해 기호를 사용하거나 한글 이름을 한자로 변환해서 표시하는 경우가 종종 있으므로 입력 방법을 알아두면 좋아요.

기호와 한자	입력 및 설명	맞춤
▶, め, た	[삽입] 탭-[기호] 그룹에서 [기호]를 클릭하여 입력	문자형 데이터로 왼쪽 맞춤
ⓐ, ℃, ‰	한글의 자음을 입력한 후 한자를 눌러 변환	
朴昭玟	한글을 입력한 후 한자를 눌러 한 글자씩 변환	
家族	한글을 입력한 후 [검토] 탭-[언어] 그룹에서 [한글/한자 변환] 클릭	

| 난이도 1 2 3 4 5 | 예제파일 : 텍스트기호입력.xlsx   결과파일 : 텍스트기호입력_완성.xlsx |

실무예제 02 | 텍스트와 기호 입력하기

1. 엑셀의 가장 기본 데이터인 텍스트를 입력하기 위해 [Sheet1] 시트의 B5셀에 『엑셀 2016』을 입력하고 Enter를 누르세요. 텍스트가 왼쪽 맞춤으로 입력되면 C5셀에 『마이크로소프트』를 입력하고 Alt + Enter를 눌러보세요. C5셀에 두 번째 줄이 삽입되면 『엑셀 2016』을 입력하고 Enter를 눌러보세요. 이렇게 하면 한 셀에 두 줄의 텍스트를 입력할 수 있어요.

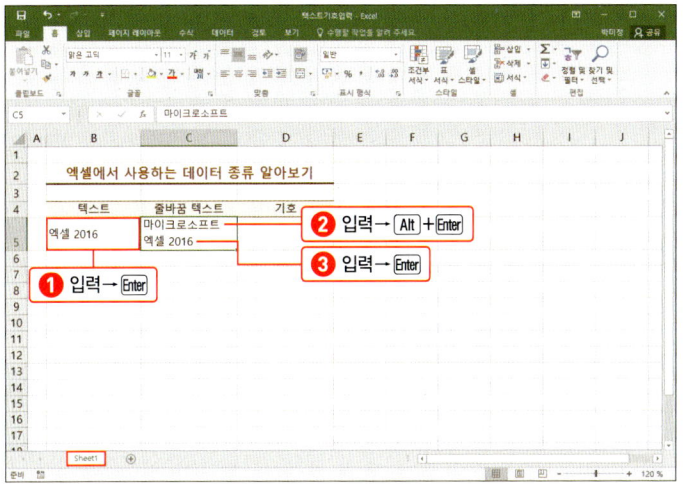

2. 기호를 입력해 보기 위해 D5셀을 클릭하고 [삽입] 탭-[기호] 그룹에서 [기호]를 클릭하세요. [기호] 대화상자가 열리면 [기호] 탭에서 '글꼴'에서는 [(현재 글꼴)], '하위 집합'에서는 [통화 기호]를 선택하고 원하는 기호를 선택한 후 [삽입]과 [닫기]를 차례대로 클릭하세요. 여기서는 [€]를 선택했어요.

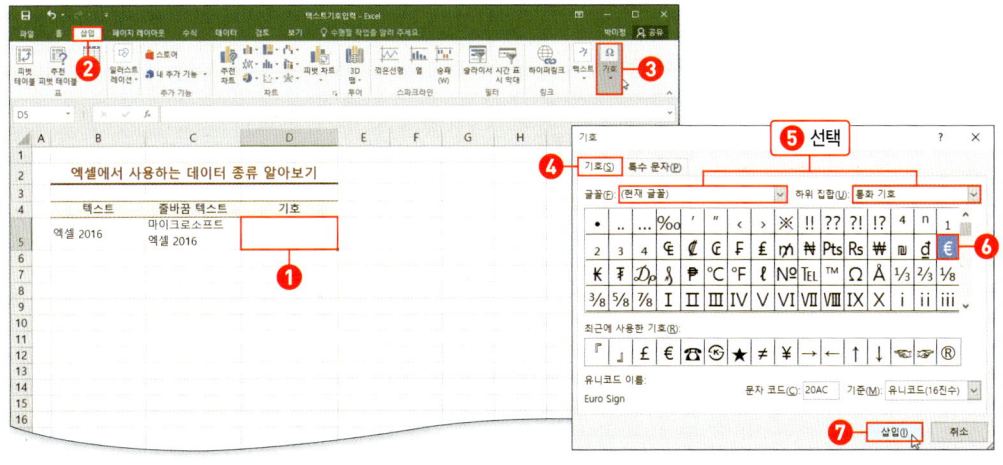

> **Tip**
> Alt + N + U를 누르면 [기호] 대화상자를 빠르게 열 수 있어요. 그리고 [기호] 대화상자에서 [삽입]을 클릭하면 [닫기]로 바뀝니다.

3 이번에는 [기호] 대화상자를 열지 않고 셀에 기호를 직접 입력해 볼게요. 한글 자음인 『ㅁ』을 입력하고 [한자]를 눌러 기호를 선택할 수 있는 목록이 펼쳐지면 원하는 기호를 선택하세요. 원하는 기호가 없다면 [보기 변경] 단추(»)를 클릭하세요.

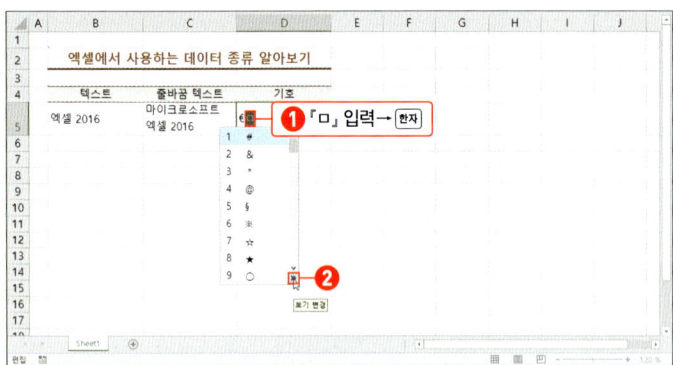

4 더 많은 기호가 나타나면 [■]를 선택하세요.

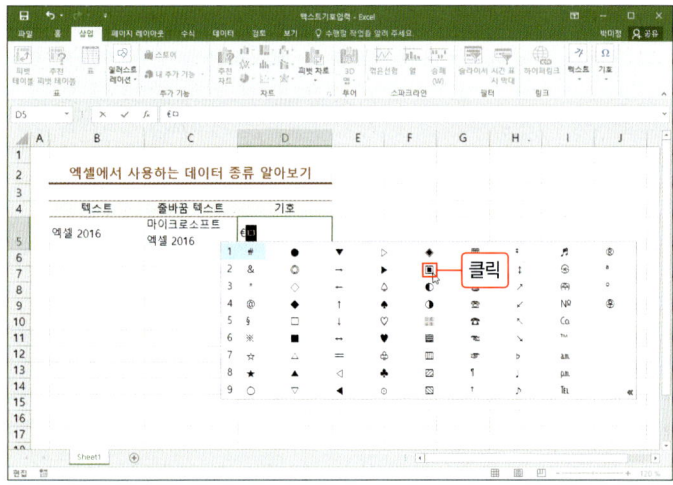

5 D5셀에 기호 ■가 삽입되었습니다.

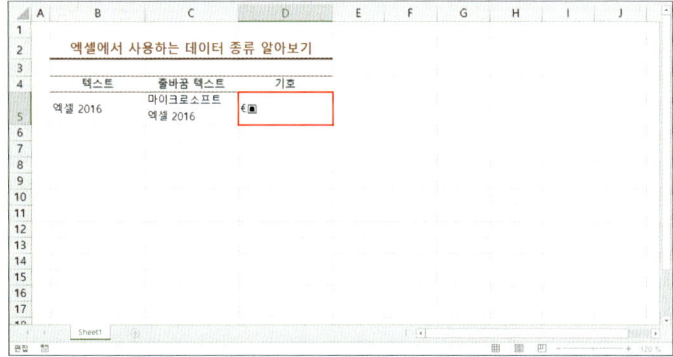

난이도 1 ② 3 4 5

실무 예제 | 03 예제파일 : 숫자형데이터.xlsx 결과파일 : 숫자형데이터_완성.xlsx

숫자와 날짜/시간 데이터 입력하기

1 숫자 데이터를 입력하기 위해 [Sheet1] 시트에서 B8셀에는 『2345000』을 입력하고 Enter 를, B9셀에는 『1234567890123456』을 입력하고 Enter 를 누르세요.

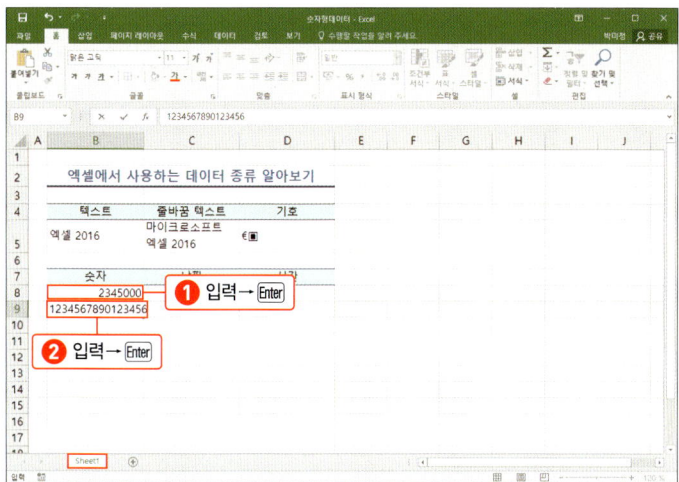

Tip
숫자는 열다섯 자리만 표시되므로 B9셀에 입력한 『1234567890123456』의 열여섯 번째 숫자인 숫자 '6'은 수식 표시줄에 '0'으로 바뀌어 표시됩니다.

2 B8셀과 B9셀 데이터가 모두 오른쪽 맞춤으로 입력되지만, B9셀에 입력한 숫자는 열다섯 자리 이상의 숫자이므로 지수 형태로 표시됩니다. 이번에는 C8셀에 『2016/12/31』을 입력하고 Enter 를 누르면 날짜 데이터이기 때문에 '2016-12-31'로 표시돼요. D8셀에는 시간 데이터인 『11:35:20』을 입력하고 Enter 를 누르면 날짜 데이터와 시간 데이터 모두 오른쪽 맞춤으로 입력됩니다.

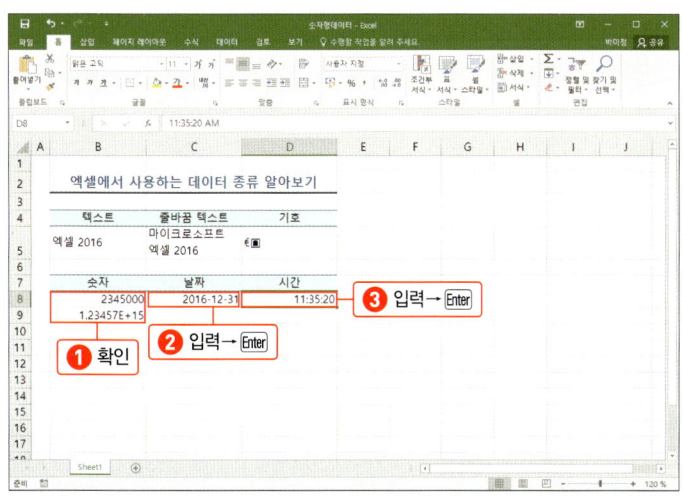

Tip
날짜 데이터를 입력하려면 하이픈(-)이나 슬래시(/)로 년, 월, 일을 구분해야 합니다. 현재 시간을 빠르게 입력하고 싶다면 Ctrl + : 을, 컴퓨터 시스템 날짜를 입력하려면 Ctrl + ; 을 누르세요. : 입력은 Shift 와 ; 을 동시에 누르면 됩니다.

실무예제 04 한자로 변환하고 입력 지정하기

1 [Sheet1] 시트에서 B12셀에 한자로 변환할 텍스트인 『예산』을 입력하고 [검토] 탭-[언어] 그룹에서 [한글/한자 변환]을 클릭하세요.

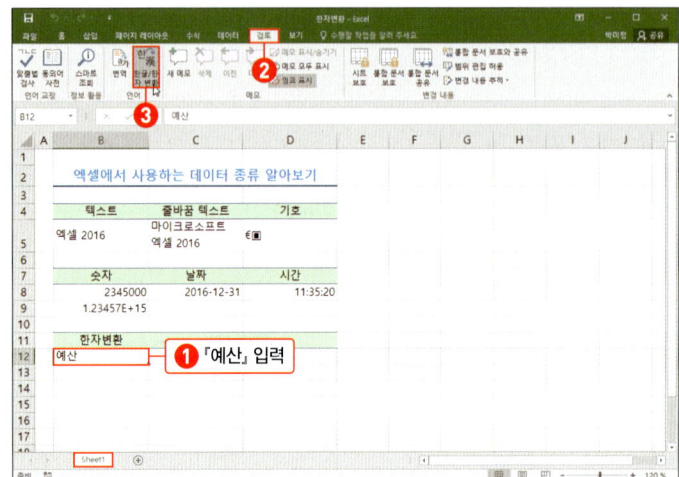

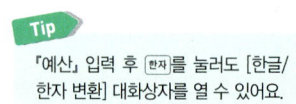

Tip
『예산』 입력 후 한자를 눌러도 [한글/한자 변환] 대화상자를 열 수 있어요.

2 [한글/한자 변환] 대화상자가 열리면 한자와 입력 형태를 선택할 수 있어요. 여기서는 '한자 선택'에서는 [豫算]을, '입력 형태'에서는 [한글(漢字)]를 선택하고 [변환]을 클릭하세요.

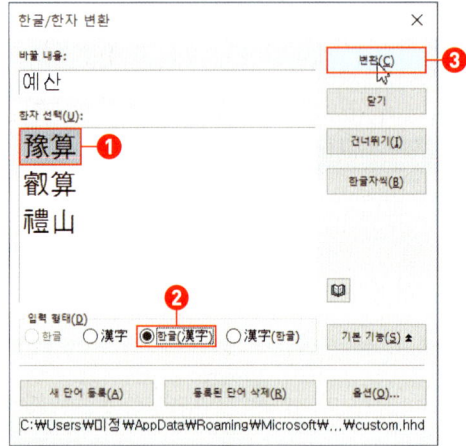

Tip
셀을 선택하고 한자 변환을 진행하면 한글 한자 변환을 계속 진행하겠는지 묻는 메시지 창이 열립니다. 이때 더 이상 변환할 문자가 없으면 [아니요]를 클릭하세요.

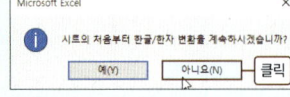

3 B12셀의 '예산'이 한자 '예산(豫算)'으로 제대로 변환되었는지 확인해 보세요.

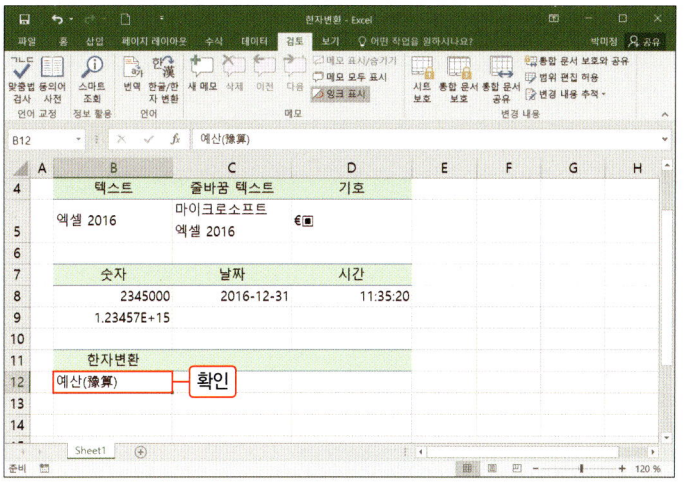

잠깐만요 '잉크 수식' 기능으로 복잡한 수식 직접 입력하기

[삽입] 탭-[기호] 그룹에서 [수식]의 [수식]을 클릭하면 목록에서 제공된 수식을 그대로 선택하여 삽입할 수 있어요. 이렇게 하면 수식이 개체로 입력되어 이미지처럼 크기와 위치를 조절할 수 있어요. 직접 수식을 입력하고 싶다면 [삽입] 탭-[기호] 그룹에서 [수식]의 [π]를 클릭하고 명령을 선택한 후 수식 기호 및 구조 라이브러리를 사용하여 텍스트 상자에 입력해야 합니다.

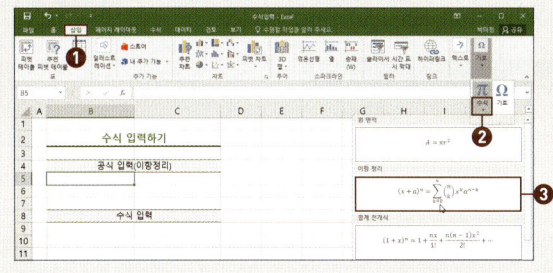

그러나 엑셀 2016의 새 기능인 '잉크 수식' 기능을 이용하면 더 쉽게 수식을 입력할 수 있어요. '잉크 수식'은 마우스나 펜으로 수식을 직접 입력한 후 엑셀 문서에 삽입하기 때문에 복잡한 수식도 쉽게 작성할 수 있어요.

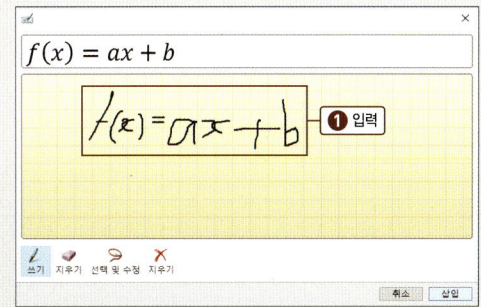
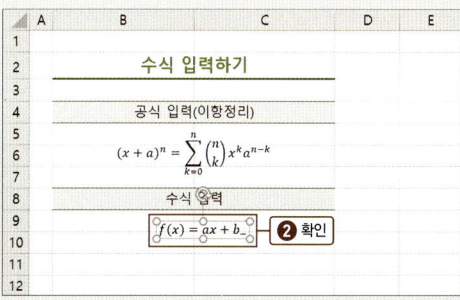

▲ 수식 직접 입력해 삽입하기

실무예제 05 | 자동 채우기 핸들로 연속 데이터 입력하기

난이도 1 2 3 4 5
예제파일 : 데이터채우기.xlsx 결과파일 : 데이터채우기_완성.xlsx

1. 엑셀에서는 연속된 데이터의 경우 규칙만 잘 활용해도 많은 양의 데이터를 순식간에 입력할 수 있어요. '12월 업무 계획 일정표'에 일련번호를 입력하기 위해 [업무일정표] 시트의 A5셀에 『1』을 입력한 후 A5셀의 자동 채우기 핸들(+)을 A34셀까지 드래그하세요.

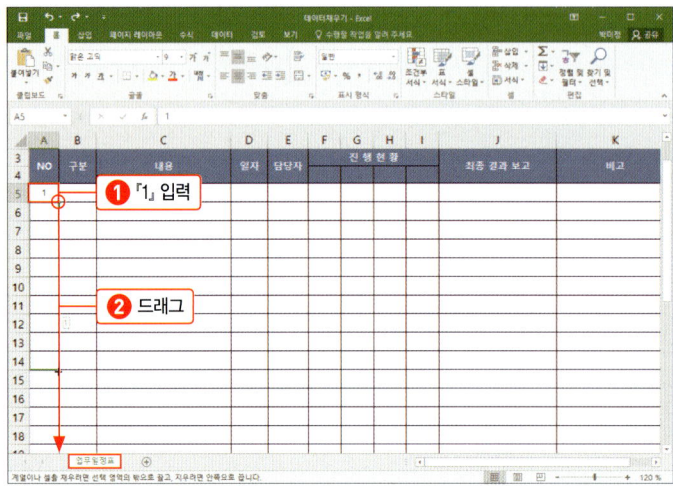

2. A5셀부터 A34셀까지 '1'이 복사되어 채워지면 1씩 증가하는 수로 변경해 볼까요? [자동 채우기 옵션] 단추(圖▼)를 클릭하고 [연속 데이터 채우기]를 선택하세요.

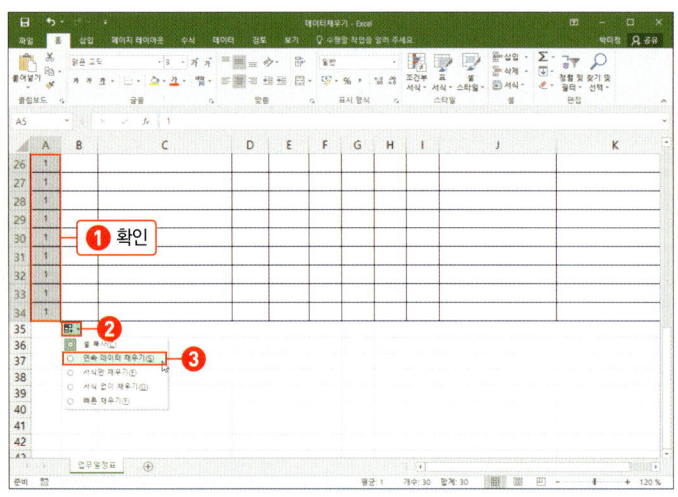

> **Tip**
> 숫자가 입력된 셀을 자동 채우기 핸들(+)로 드래그하면 똑같은 숫자로 복사되어 채워지지만, 날짜나 요일, 분기와 같은 데이터는 자동으로 연속 데이터로 채워집니다.

3 이번에는 반복되는 데이터를 빠르게 입력하기 위해 B5셀부터 아래쪽 방향으로 『영업』, 『생산』, 『품질』, 『전산』, 『인사』를 순서대로 입력하세요. B5:B9 범위를 드래그하여 선택하고 B9셀의 자동 채우기 핸들(＋)을 B34셀까지 드래그하세요.

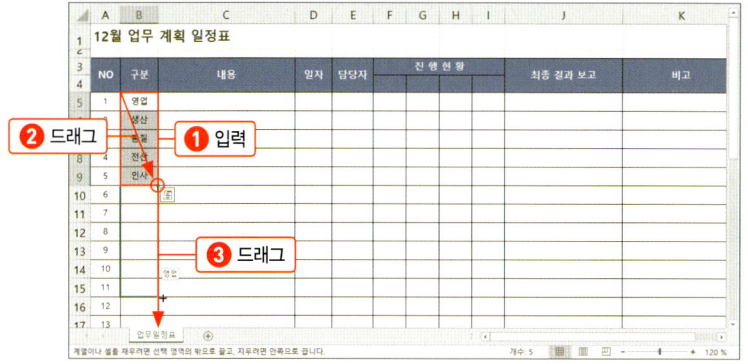

4 '구분' 항목에 데이터가 반복되어 채워졌는지 확인해 보세요. 이제 숫자와 문자가 섞인 데이터를 연속으로 입력해 볼게요. F4셀에 『1주』를 입력하고 F4셀의 자동 채우기 핸들(＋)을 I4셀까지 오른쪽 방향으로 드래그하세요.

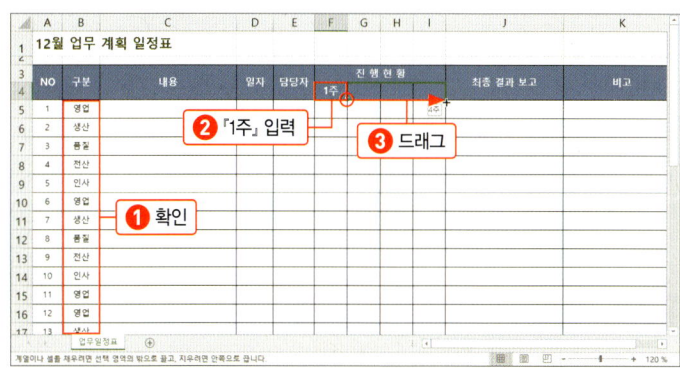

5 F4:I4 범위에 숫자가 하나씩 증가한 데이터가 자동으로 채워졌는지 확인해 보세요.

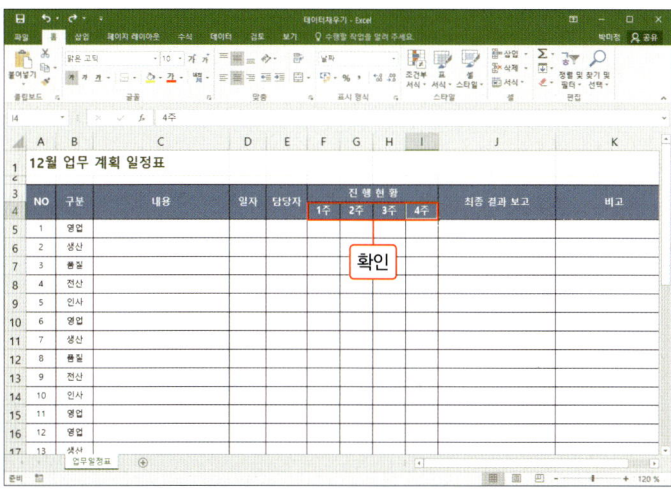

실무예제 06 입력한 데이터 수정 및 삭제하기

1 [업무일정표] 시트에서 '12월 업무 계획 일정표'의 '12'를 '11'로 수정하기 위해 A1셀을 클릭하세요. 수식 입력줄에서 '12'를 드래그하여 선택하고 『11』을 입력한 후 Enter 를 누르면 제목이 수정됩니다.

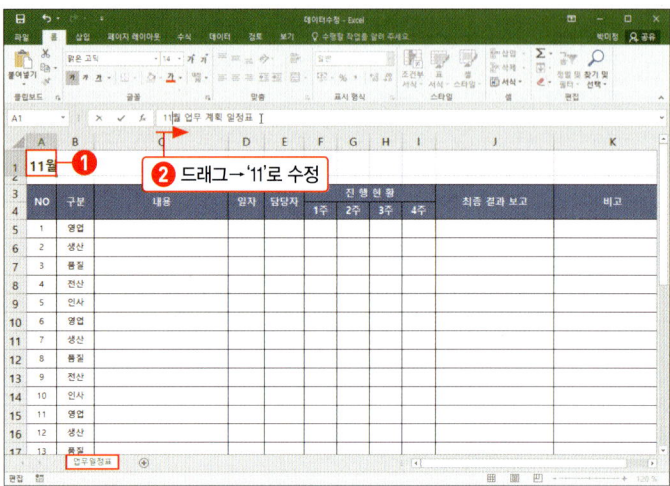

2 여러 셀들의 내용을 한꺼번에 수정하기 위해 F4:I4 범위를 드래그하여 선택하세요. [홈] 탭-[편집] 그룹에서 [찾기 및 선택]을 클릭하고 [바꾸기]를 선택하세요.

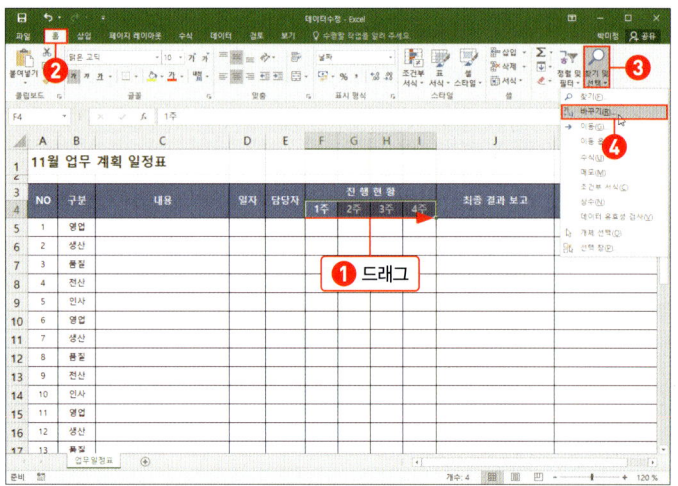

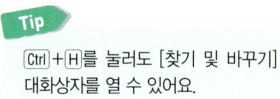

Tip
Ctrl + H 를 눌러도 [찾기 및 바꾸기] 대화상자를 열 수 있어요.

3 [찾기 및 바꾸기] 대화상자의 [바꾸기] 탭이 열리면 '찾을 내용'에는 『주』를, '바꿀 내용'에는 『차』를 입력하고 [모두 바꾸기]를 클릭하세요. 항목이 바뀌었다는 메시지 창이 열리면 [확인]을 클릭하세요.

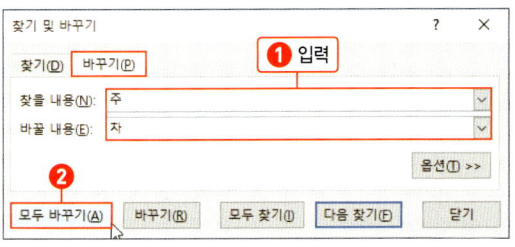
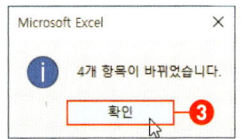

4 이번에는 '최종 결과 보고' 항목의 전체 데이터를 삭제하기 위해 J3:J34 범위를 드래그하여 선택하세요. 선택 영역에서 마우스 오른쪽 단추를 눌러 [삭제]를 선택하세요.

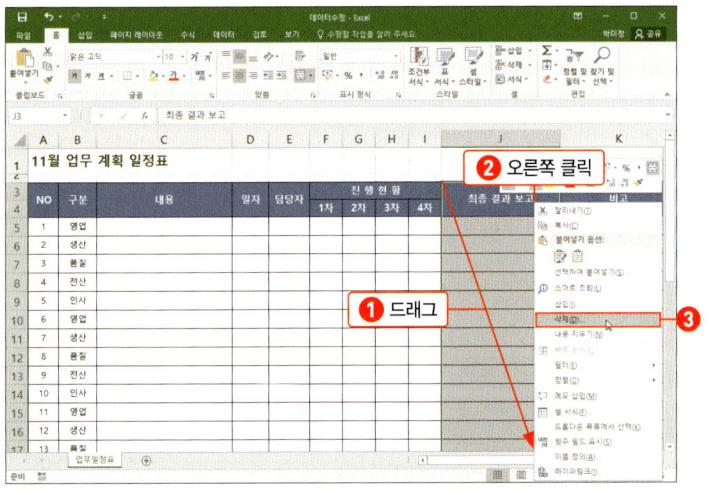

5 [삭제] 대화상자가 열리면 [셀을 왼쪽으로 밀기]를 선택하고 [확인]을 클릭하세요.

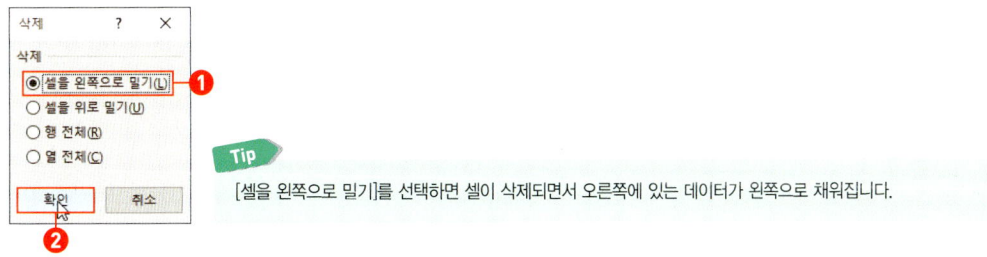

6 '최종 결과 보고' 항목이 삭제되면서 '비고' 항목이 왼쪽으로 이동되었습니다.

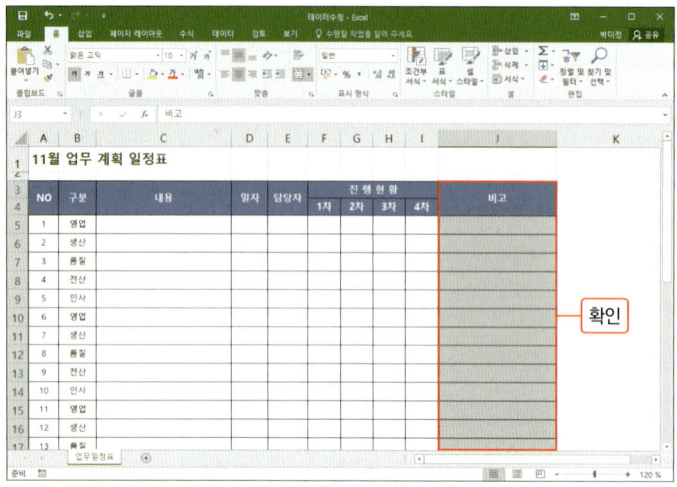

잠깐만요 | 셀에 입력된 데이터 깔끔하게 지우기

셀 또는 범위에 입력된 데이터를 삭제하는 가장 간단한 방법은 Delete를 누르는 것입니다. 하지만 이렇게 삭제하면 내용만 지워질 뿐 서식은 그대로 남거나 셀 또는 범위가 삭제되면서 다른 셀이 왼쪽이나 오른쪽으로 밀려 셀의 위치가 변경되기도 합니다. 따라서 셀에 입력된 데이터와 서식을 모두 깔끔하게 지우려면 **[홈] 탭-[편집] 그룹**에서 **[지우기]**를 클릭한 후 **[모두 지우기]**를 선택하세요.

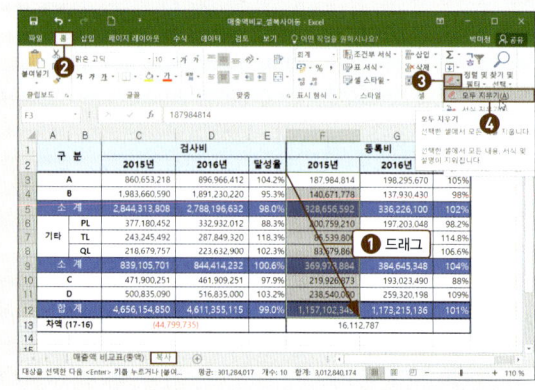

▲ '2015년' 항목 데이터 지우기

1 '상담직 파견 명단' 문서에 기본 데이터 입력하기

예제파일 : 상담직파견명단.xlsx　　**결과파일** : 상담직파견명단_완성.xlsx

문서에 텍스트, 기호, 날짜, 숫자 데이터를 입력하여 상담직 파견 명단을 완성해 보세요.

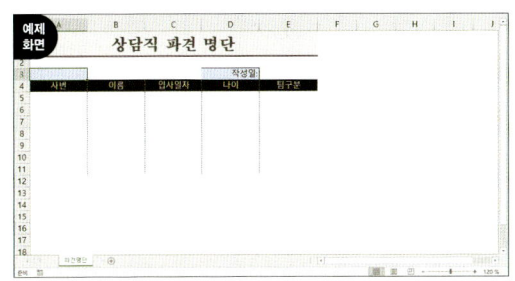
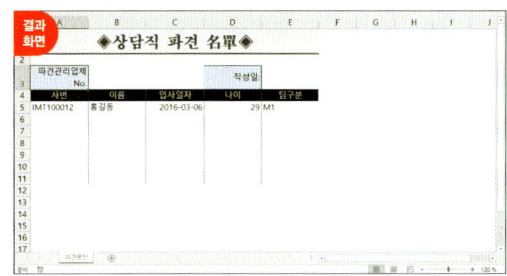

Hint
① 문서 제목의 앞에 기호 『◆』를 입력하세요.
② 제목의 '명단'을 한자 '名單'으로 변환하세요.
③ A3셀에 『파견관리업체』를 입력하고 [Alt]+[Enter]를 눌러 다음 줄로 이동한 후 『No.』를 입력하세요.
④ A5:E5 범위에 『IMT100012』, 『홍길동』, 『2016-3-6』, 『29』, 『M1』을 차례대로 입력하세요.

2 '실험실 환경 조건 점검표' 문서 데이터 빠르게 채우기

예제파일 : 실험실점검표.xlsx　　**결과파일** : 실험실점검표_완성.xlsx

자동 채우기 핸들(+)로 셀의 데이터를 복사하거나 연속 데이터를 입력하여 문서를 완성해 보세요.

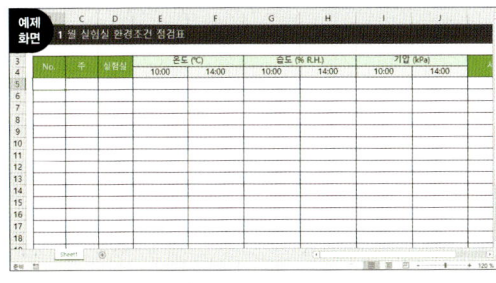
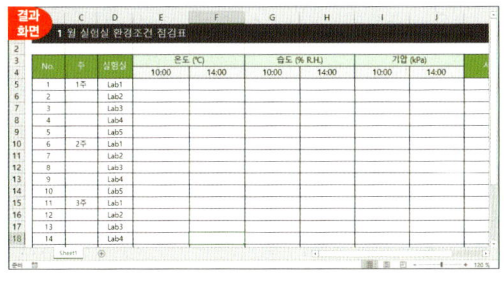

Hint
① 'No.' 항목에서 A5:A24 범위까지 일련번호를 입력하세요.
② '주' 항목에는 실험실이 반복되는 위치마다 새로운 주가 입력되도록 연속 데이터를 입력하세요.
③ '실험실' 항목에는 [Lab1]부터 [Lab5]까지 반복되도록 C24셀까지 복사하세요.

Section 03 셀과 워크시트 자유롭게 다루기

엑셀 학습을 시작하자마자 셀에 데이터를 입력하는 다양한 방법부터 배웠습니다. 왜냐하면 셀(cell)은 데이터를 입력하는 기본 단위이며, 작업 영역인 워크시트의 가장 중요한 구성 요소이기 때문이죠. 따라서 셀과 워크시트를 다루는 것은 엑셀 문서 편집의 기초 중의 기초라고 할 수 있습니다. 이번 섹션에서는 셀에 입력한 데이터를 자유자재로 다루기 위해 셀 범위의 선택부터 복사와 이동, 행과 열의 편집, 워크시트 기본 편집 기능까지 배워보겠습니다.

PREVIEW

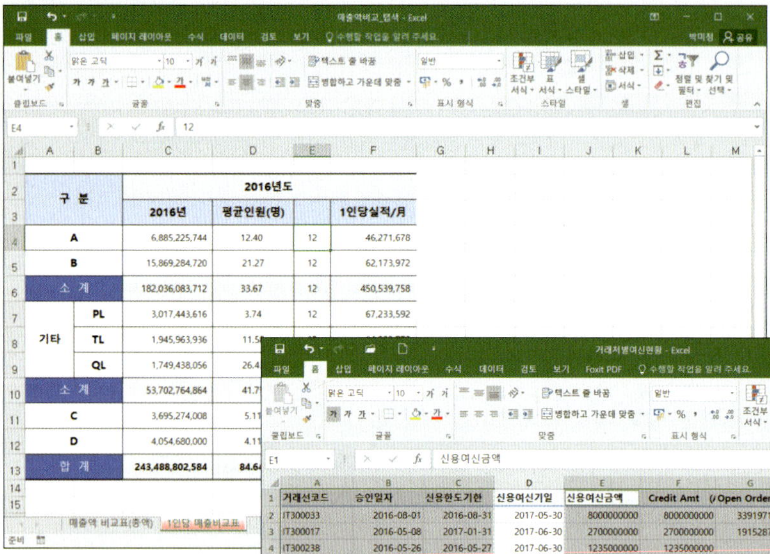

▲ 워크시트 이름 변경하고 시트 탭 다루기

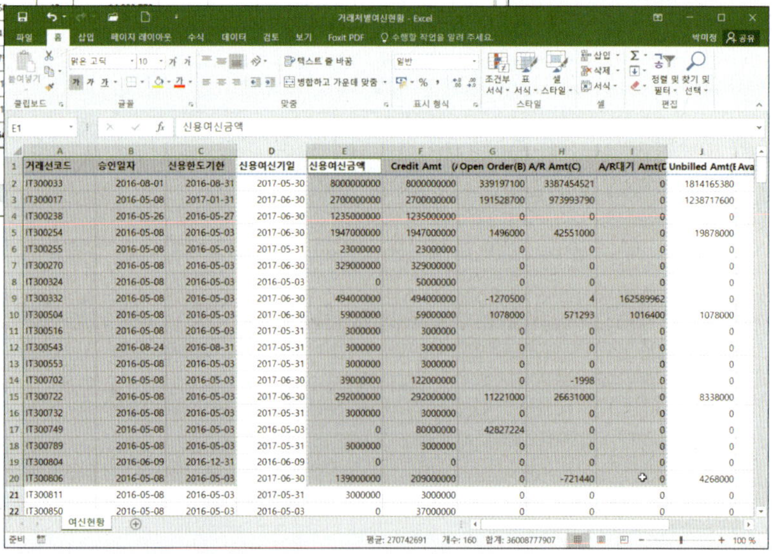

▲ 마우스와 키보드로 다중 범위 선택하기

섹션별 주요 내용

01 | 셀 데이터 복사 및 이동하기 02 | 셀 범위 빠르게 선택하기
03 | 항목 위치 이동하고 열 너비 조정하기 04 | 시트 이름 변경하고 워크시트 편집하기

|우선순위|
TOP 04
난이도 1 2 ③ 4 5

실무예제 | 01 | **셀 데이터 복사 및 이동하기**

● 예제파일 : 매출액비교_셀복사이동.xlsx   ● 결과파일 : 매출액비교_셀복사이동_완성.xlsx

1. [매출액 비교표(총액)] 시트에서 복사할 항목인 '구분' 항목부터 '검사비' 항목까지 A2:E14 범위를 드래그하여 선택하고 [홈] 탭-[클립보드] 그룹에서 [복사]를 클릭하세요.

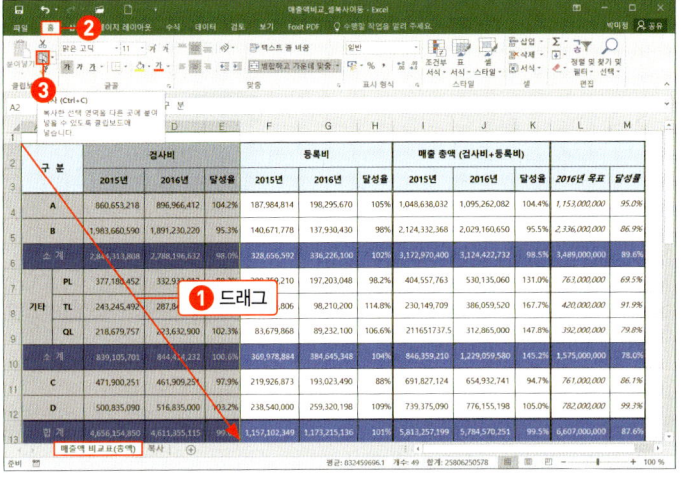

> **Tip**
> 데이터 복사의 단축키는 Ctrl+C이고 데이터 붙여넣기의 단축키는 Ctrl+V 입니다. 단축키를 사용하면 좀 더 빠르게 작업할 수 있어요.

2. [복사] 시트를 클릭하고 A2셀을 클릭한 후 [홈] 탭-[클립보드] 그룹에서 [붙여넣기]의 📋 를 클릭하세요. 1 과정에서 복사한 데이터가 A2셀부터 삽입되면 [붙여넣기 옵션] 단추(📋(Ctrl)▼)를 클릭하고 '붙여넣기'의 [원본 열 너비 유지](📋)를 클릭하세요.

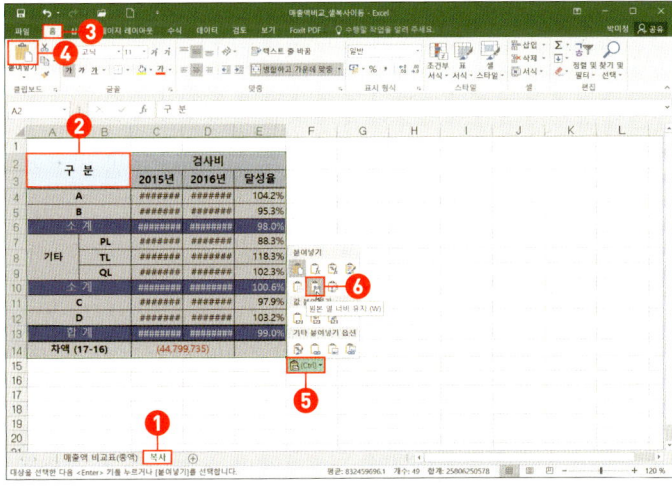

> **Tip**
> 열 너비에 대한 옵션은 지정할 수 있지만, 행 높이는 복사되지 않으므로 수동으로 조절해야 해요.

3 원본 데이터 범위의 열 너비까지 복사되었죠? 이번에는 복사한 데이터를 다른 셀로 이동하기 위해 범위가 선택된 상태에서 [홈] 탭-[클립보드] 그룹의 [잘라내기]를 클릭하세요.

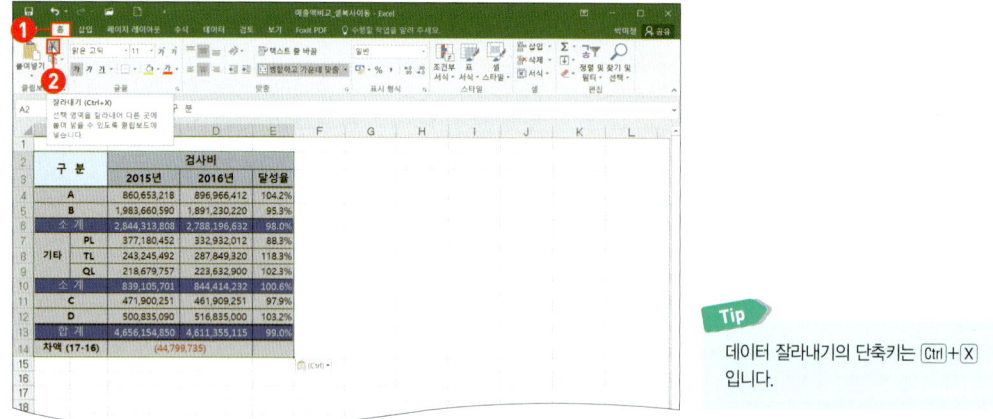

> **Tip**
> 데이터 잘라내기의 단축키는 Ctrl+X 입니다.

4 데이터를 이동하여 붙여넣을 위치인 G2셀을 클릭하고 [홈] 탭-[클립보드] 그룹에서 [붙여넣기]의 🖻를 클릭하거나 Ctrl+V를 누르세요.

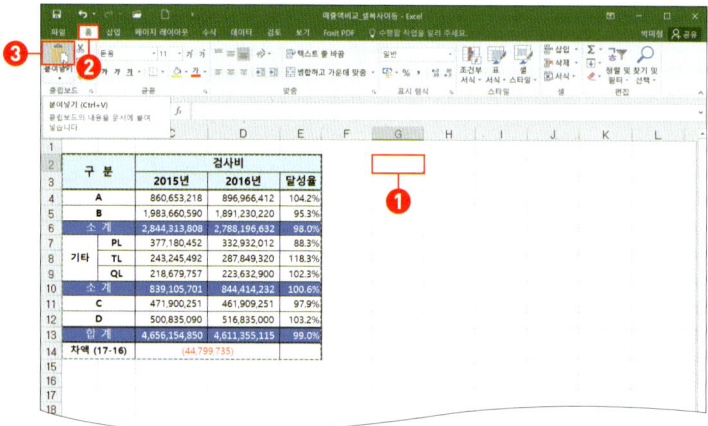

5 잘라낸 데이터 범위가 G2셀부터 이동되었습니다.

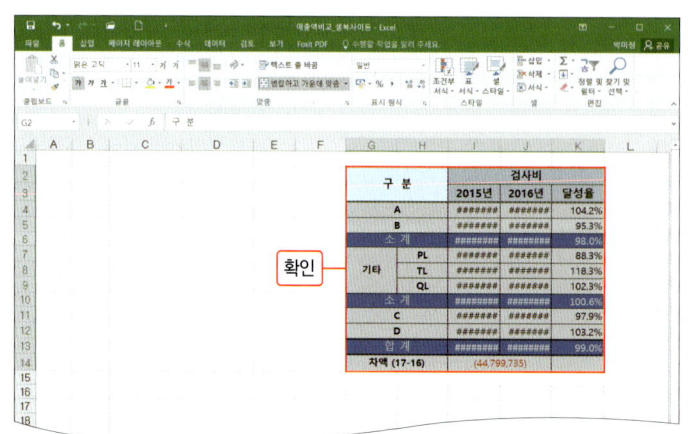

> **Tip**
> 셀 너비가 좁아서 데이터가 '######'으로 표시되었다면 열 머리글의 경계선을 드래그하여 셀 너비를 넓게 조정할 수 있어요. 자세한 내용은 29쪽을 참고하세요.

핵심기능 02 | 셀 범위 빠르게 선택하기

우선순위 TOP 12
난이도 1 **2** 3 4 5

셀에 입력한 데이터에 서식을 지정하거나 복사/이동과 같은 편집을 해야 한다면 해당 셀이나 범위를 선택해야 해요. 보통 셀 범위를 선택할 때는 해당 범위를 드래그하여 선택하는데, 여러 범위를 동시에 선택하거나 화면에서 벗어날 만큼 많은 양의 데이터를 선택할 때는 마우스만 사용하여 영역을 지정하는 것이 쉽지 않아요. 따라서 여기서는 키보드와 마우스를 사용하여 빠르고 다양하게 셀 범위를 선택하는 방법에 대해 알아보겠습니다.

1 | 마우스와 Shift 로 연속된 범위 지정하기

한 화면에 모두 보이지 않을 만큼 연속된 데이터의 범위를 선택해 볼까요? 선택해야 하는 전체 셀 범위에서 시작 셀을 클릭하고 화면 스크롤바를 아래쪽으로 드래그한 후 Shift 를 누른 상태에서 마지막 셀을 클릭하세요.

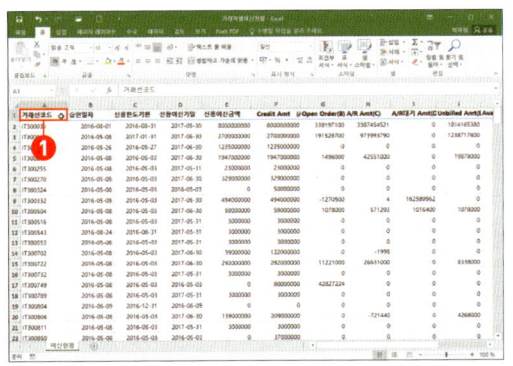
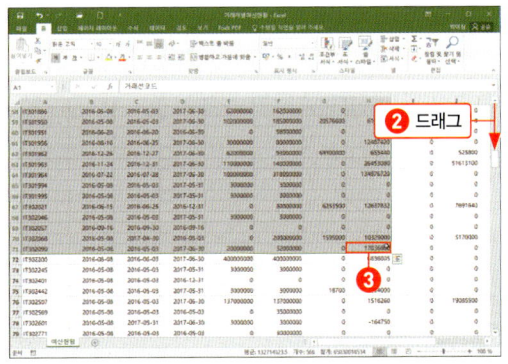

2 | 마우스와 Ctrl 사용해 떨어져 있는 범위 지정하기

서로 떨어져 있는 여러 범위를 동시에 선택하려면 먼저 첫 번째 범위를 드래그하여 선택하고 Ctrl 을 누른 상태에서 다른 범위를 드래그하여 선택하세요.

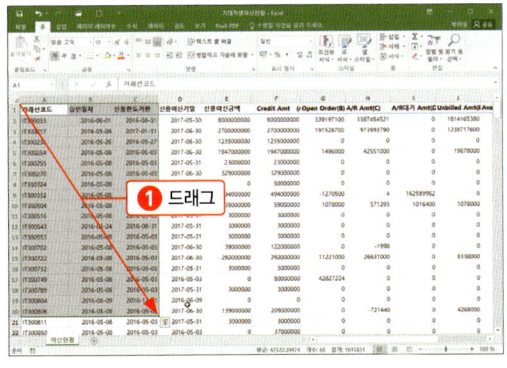
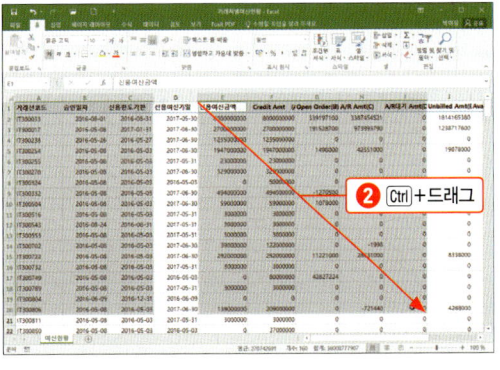

3 | 다중 열과 행 선택하기

열 머리글이나 행 머리글을 선택하면 열 전체 또는 행 전체를 선택할 수 있어요. 서로 떨어져 있는 다중 행을 범위로 지정하려면 먼저 선택할 행 머리글을 드래그하여 범위로 지정하고 Ctrl을 누른 상태에서 다른 행 머리글을 드래그하여 선택하세요. 이와 같은 방법으로 열 범위도 지정할 수 있어요. 워크시트의 전체 셀을 선택하려면 화면의 왼쪽 맨 위에서 A열과 1행 사이에 위치한 [시트 전체 선택] 단추(▨)를 클릭하세요.

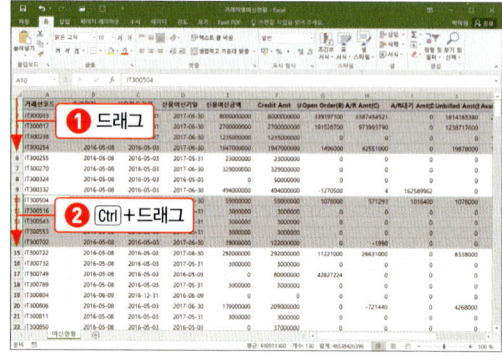
▲ 다중 행 선택하기

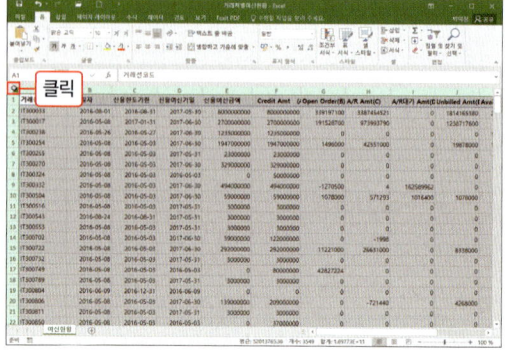
▲ 전체 셀 선택하기

4 | 키보드 사용해 범위 지정하기

한꺼번에 범위로 지정할 데이터가 많다면 마우스보다 키보드를 사용하는 것이 훨씬 더 편리합니다. 시작 범위를 드래그하여 선택하고 Ctrl + Shift 를 누른 상태에서 방향키(←, ↑, →, ↓)를 눌러 데이터 범위의 끝까지 한 번에 선택해 보세요. 전체 범위를 빠르게 선택하려면 데이터 범위에 있는 하나의 셀을 클릭하고 Ctrl + A 를 누르세요.

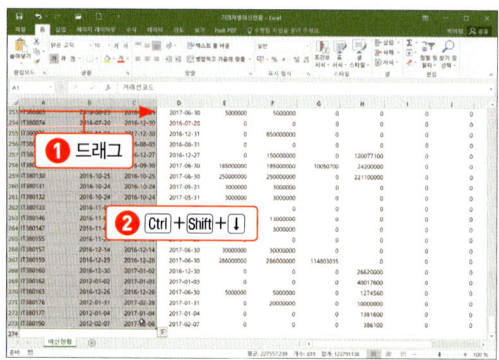
▲ 방향키로 데이터의 범위 선택하기

▲ 연속된 전체 범위 선택하기

> **Tip**
> Shift 는 연속된 셀을 하나씩 선택하고 Ctrl 은 데이터 범위의 끝으로 선택 셀을 이동시킵니다. 따라서 Ctrl 과 Shift 를 함께 누르면 해당 범위의 맨 끝까지 연속된 모든 범위를 선택할 수 있어요.

| 난이도 | 1 **2** 3 4 5 |

예제파일 : 매출액비교_항목이동.xlsx 결과파일 : 매출액비교_항목이동_완성.xlsx

실무예제 03 항목 위치 이동하고 열 너비 조정하기

1 [매출액 비교표(총액)] 시트에서 '매출 총액(검사비+등록비)' 항목을 '검사비' 항목의 앞으로 이동해 볼게요. I2:M14 범위를 드래그하여 선택하고 [홈] 탭-[클립보드] 그룹에서 [잘라내기]를 클릭하세요.

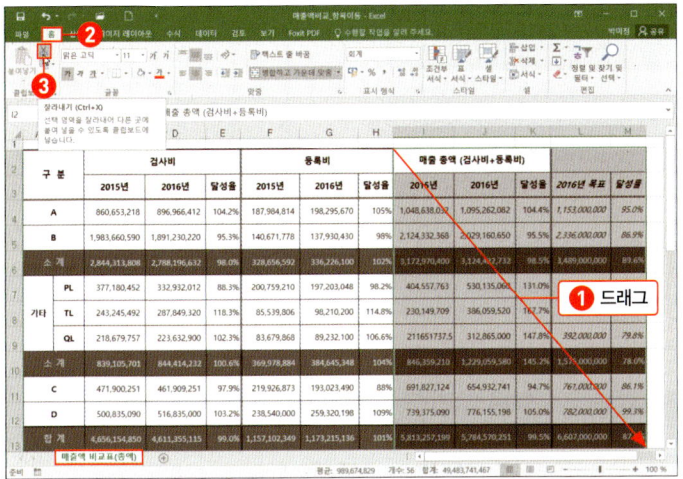

2 잘라낸 데이터를 삽입하기 위해 C2셀을 클릭하고 마우스 오른쪽 단추를 눌러 [잘라낸 셀 삽입]을 선택하세요.

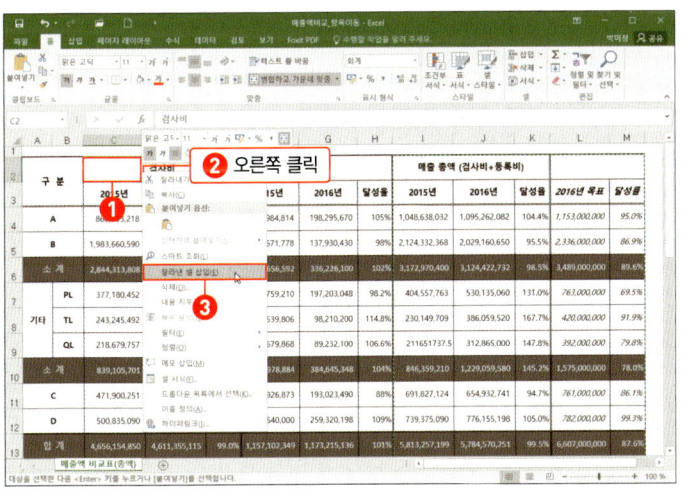

3 '매출 총액(검사비+등록비)' 항목의 모든 데이터가 '검사비' 항목의 앞으로 이동되었죠? 이번에는 달라진 열 너비를 조정하기 위해 F열 머리글부터 M열 머리글까지 드래그하여 선택하고 G열과 H열의 경계선에 마우스 포인터를 올려놓은 후 ✥ 모양으로 변경되면 더블클릭해 보세요.

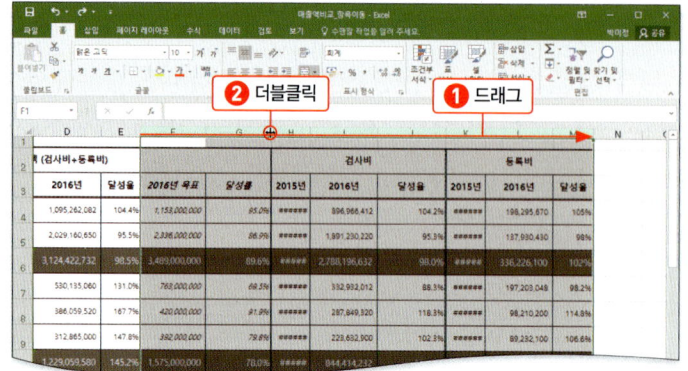

> **Tip**
> 데이터가 이동하면 열 너비는 해당 위치의 너비를 반영하기 때문에 셀에 데이터가 '######'과 같이 표시될 수 있어요. 이때 열 머리글을 선택하고 경계선을 더블클릭하면 셀의 크기에 맞게 선택된 모든 열의 너비가 자동으로 조정됩니다.

4 열 너비가 모두 조정되었으면 Ctrl을 이용해서 '달성율'에 해당하는 E열, G열, J열, M열 머리글을 차례대로 클릭하여 모두 선택하세요. 머리글의 경계선에 마우스 포인터를 올려놓고 ✥ 모양으로 변경되면 드래그하여 열 너비를 [7]로 조정하세요.

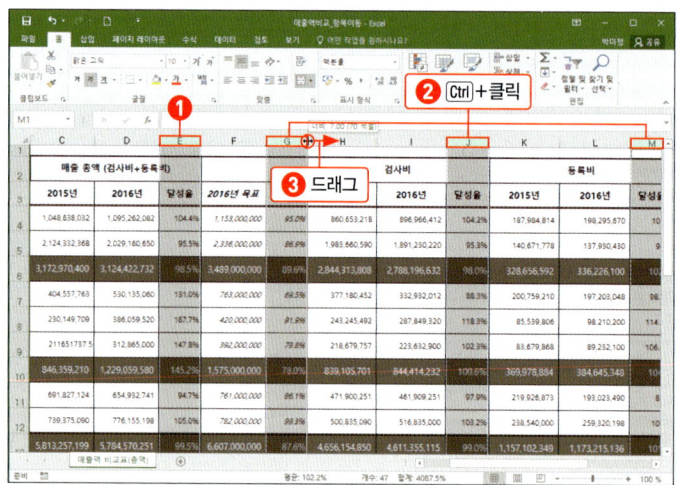

잠깐만요 | 시트 탭 색 지정하기

시트 탭 위에서 마우스 오른쪽 단추를 눌러 [탭 색]을 선택하고 '표준 색'의 [빨강]을 선택하세요. 그러면 선택한 색으로 시트 탭 색을 지정할 수 있어요.

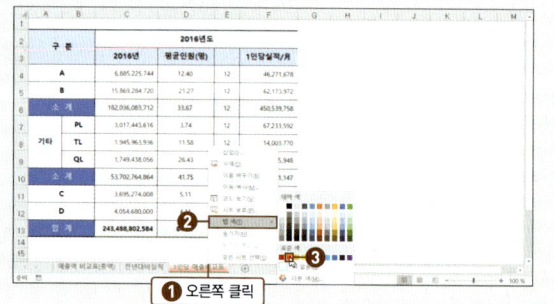

| 우선순위 TOP 13 |
| 난이도 1 2 ③ 4 5 |

실무예제 04 시트 이름 변경하고 워크시트 편집하기

> 예제파일: 매출액비교_시트편집.xlsx 결과파일: 매출액비교_시트편집_완성.xlsx

1. 시트를 편집하고 서식을 지정하려면 리본 메뉴에서 해당 명령을 찾는 것보다 시트 탭에서 바로 가기 메뉴를 사용하는 것이 훨씬 더 빠르고 편리해요. 시트 이름을 바꾸기 위해 변경할 시트 탭에서 마우스 오른쪽 단추를 눌러 [이름 바꾸기]를 선택하세요. 여기서는 [Sheet1] 시트 탭을 선택했어요.

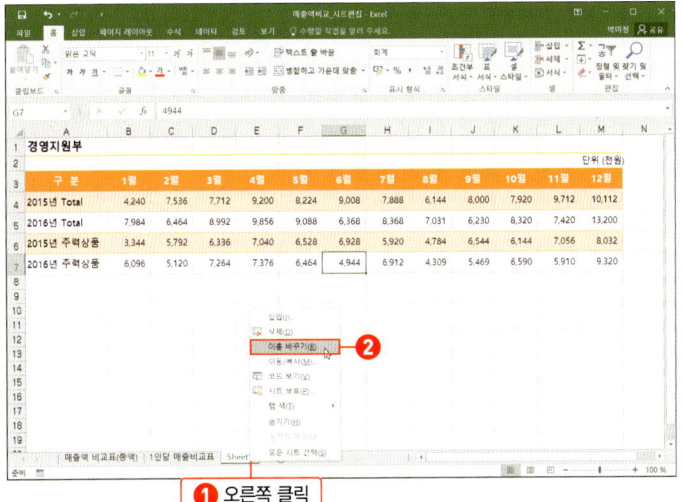

> **Tip**
> 시트 탭을 더블클릭해도 이름을 바꿀 수 있어요. 또한 [홈] 탭-[셀] 그룹에서 [서식]을 클릭하고 '시트 구성'의 [시트 이름 바꾸기]를 선택해도 됩니다.

2. 시트 탭에 『전년대비실적』을 입력하고 Enter를 누르세요.

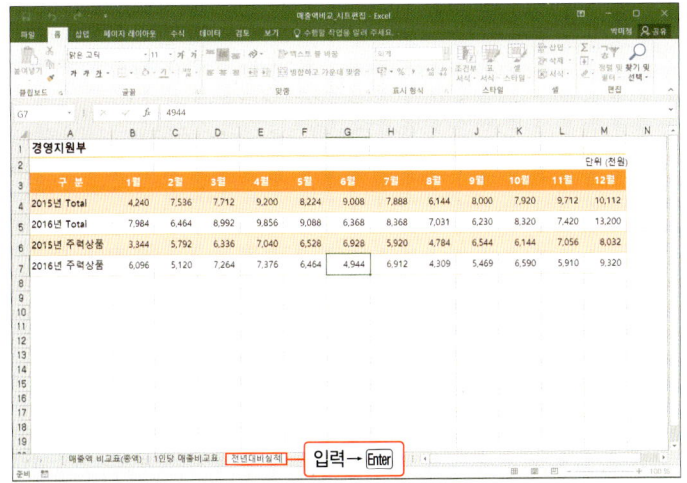

3 이번에는 시트의 위치를 이동해 볼까요? [전년대비실적] 시트 탭을 선택한 상태에서 왼쪽으로 드래그하여 [1인당 매출비교표] 시트 탭의 앞에 ▼ 표시가 위치하도록 합니다. [전년대비실적] 시트 탭의 위치가 원하는 곳으로 이동되었는지 확인해 보세요.

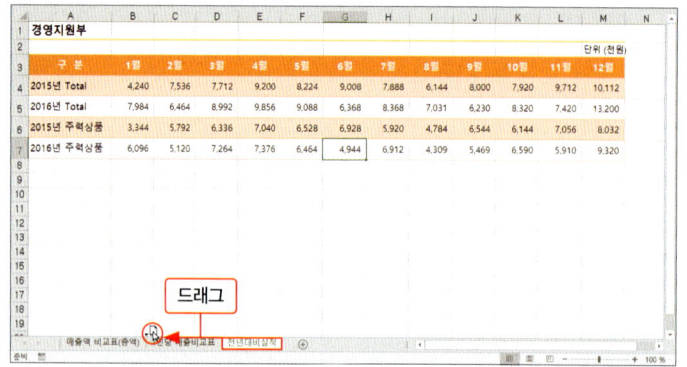

> **Tip**
> 이동할 시트 탭에서 마우스 오른쪽 단추를 눌러 [이동/복사]를 선택하고 [이동/복사] 대화상자가 열리면 원하는 시트의 앞 또는 뒤로 이동할 수 있어요.

잠깐만요 하나의 시트만 다른 통합 문서로 복사하기

여러 개의 시트가 포함된 엑셀 문서에서 원하는 하나의 시트만 복사하여 새로운 통합 문서로 열 수 있어요. 복사한 시트는 통합 문서로 저장하고 [**파일**] **탭**-[**공유**]를 선택하여 전자메일이나 OneDrive로 공유할 수 있어요.

❶ 복사할 시트 탭에서 마우스 오른쪽 단추를 눌러 [이동/복사]를 선택하세요.
❷ [이동/복사] 대화상자가 열리면 '대상 통합 문서'에서 [(새 통합 문서)]를 선택하고 [복사본 만들기]에 체크한 후 [확인]을 클릭하세요.

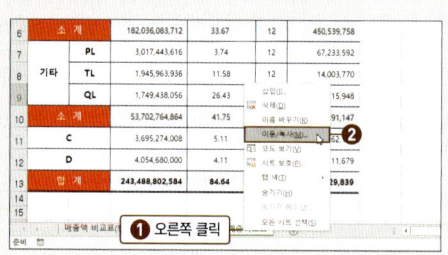 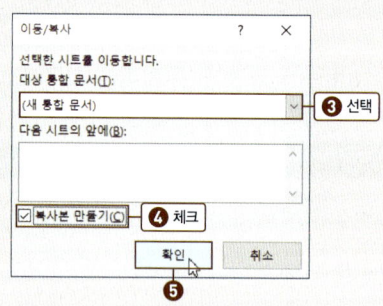

시트를 묶어 한 번에 숨기기

❶ 숨기려는 첫 번째 시트를 클릭하고 Shift를 누른 상태에서 다른 시트를 모두 선택하세요.
❷ [홈] 탭-[셀] 그룹에서 [서식]을 클릭하고 '표시 유형'의 [숨기기 및 숨기기 취소]-[시트 숨기기]를 선택하세요. 숨겨진 시트 중에서 다시 숨기기를 취소하려면 시트 탭에서 마우스 오른쪽 단추를 눌러 [숨기기 취소]를 선택해야 합니다.
❸ [숨기기 취소] 대화상자가 열리면 숨기고 싶은 시트를 선택하고 [확인]을 클릭하세요.

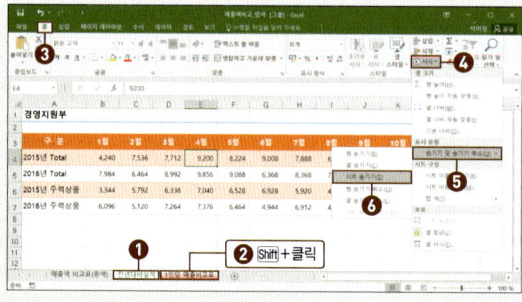 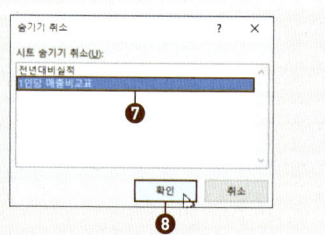

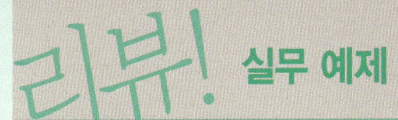

1 | '정산내역' 문서에 데이터 복사하고 항목 편집하기

📄 **예제파일** : 정산내역.xlsx   📄 **결과파일** : 정산내역_완성.xlsx

'1월' 항목의 데이터를 복사하고 일부 항목을 이동 및 삭제하여 문서를 완성해 보세요.

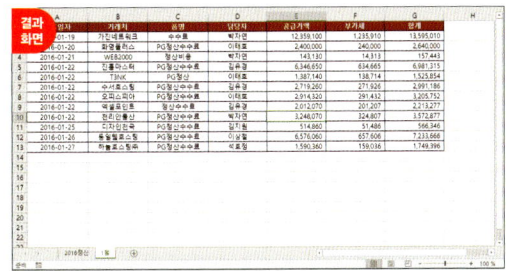

Hint
① [2016정산] 시트의 1월분 데이터를 [1월] 시트에 열 너비를 유지해 복사하세요.
② '팀명' 항목은 삭제하고 '담당자' 항목은 '공급가액' 항목의 앞으로 이동하세요.
③ 열 너비를 모두 [16]으로 지정하세요.

2 | '2개년도 사업계획 매출목표' 문서의 항목 이동하고 시트 탭 편집하기

📄 **예제파일** : 사업계획.xlsx   📄 **결과파일** : 사업계획_완성.xlsx

항목을 삭제하거나 이동하고 시트 탭의 이름을 변경하여 탭 색을 지정해 보세요. 또한 필요 없는 일부 시트는 숨겨서 문서를 완성해 보세요.

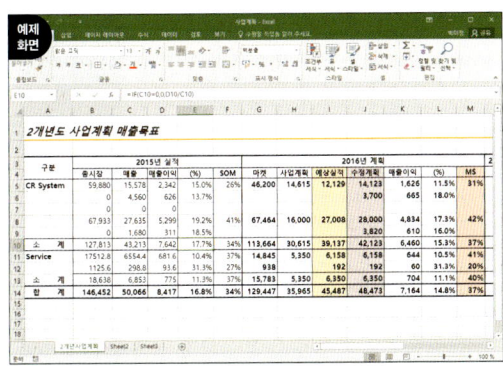
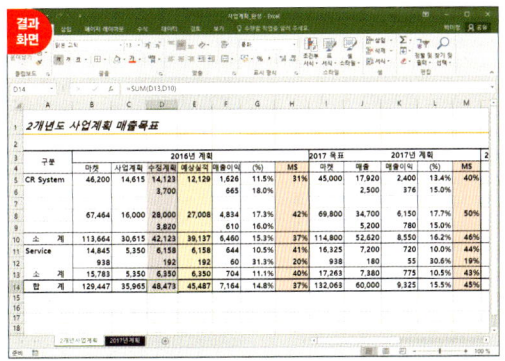

Hint
① '2015년 실적'의 전체 항목을 삭제하고 '2016년 계획'의 '예상실적' 항목을 '수정계획' 항목의 앞으로 이동하세요.
② [Sheet2], [Sheet3] 시트 탭의 이름을 각각 [2017년계획], [2018년계획]으로 변경하세요.
③ 시트 탭 색을 [진한 파랑]으로 변경하고 [2018년계획] 시트 탭을 숨겨보세요.

Section 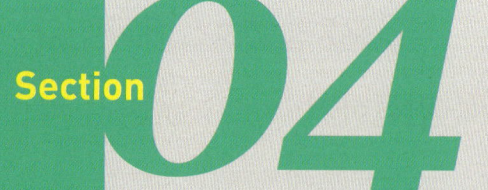 인쇄 환경 설정 및 통합 문서 저장하기

워크시트에 입력한 데이터나 양식 문서는 화면에 보이는 대로 인쇄되지 않는 경우가 많아요. 따라서 용지의 크기와 여백 등을 고려하여 여러 페이지로 나눠 인쇄해야 하거나 비율을 축소 또는 확대하는 등의 인쇄 설정 작업이 필요하죠. 또한 작업한 파일을 여러 사람들과 공유하거나 다른 컴퓨터에서 오류 없이 열어보려면 문서의 저장 형식도 중요해요. 이번 섹션에서는 인쇄에 필요한 환경 설정과 다양한 형식의 문서 저장 방법에 대해 배워보겠습니다.

> PREVIEW

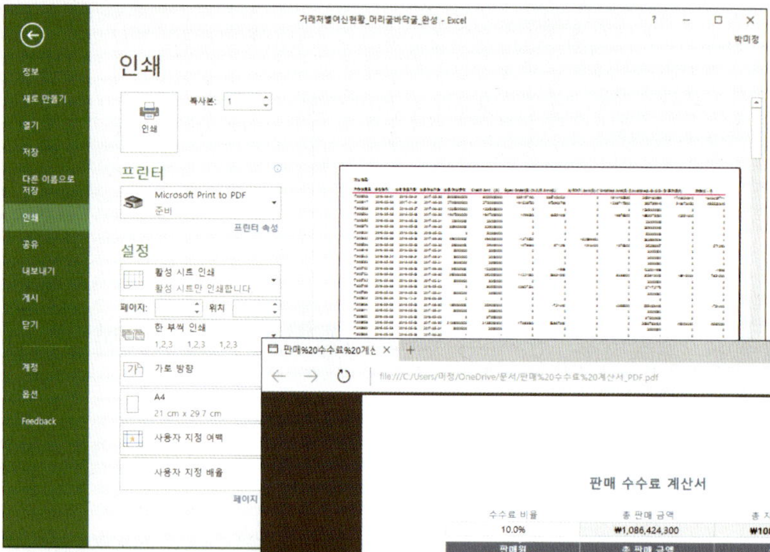

▲ 인쇄 환경 설정하고 머리글/바닥글 지정하기

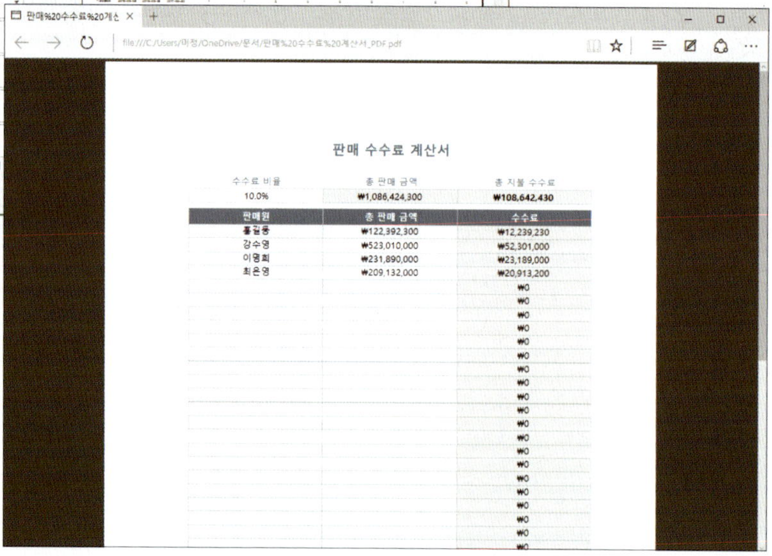

▲ 통합 문서 저장하고 PDF 문서로 게시하기

섹션별 주요 내용

01 | 용지 방향과 여백 크기 지정하기　02 | 인쇄할 페이지와 인쇄 제목 지정하기
03 | 인쇄용지의 머리글/바닥글 지정하기　04 | 인쇄 매수와 용지 크기 지정하기
05 | 암호 지정해 문서 저장하기　06 | PDF 문서로 만들어 OneDrive에 저장하기

난이도 1 2 3 4 5   예제파일 : 거래처별여신현황_용지.xlsx   결과파일 : 거래처별여신현황_용지_완성.xlsx

실무예제 **01** **용지 방향과 여백 크기 지정하기**

1 열에 입력한 항목이 많아 문서를 가로로 인쇄하려면 용지의 방향을 변경해야 해요. [여신현황] 시트에서 [페이지 레이아웃] 탭-[페이지 설정] 그룹의 [용지 방향]을 클릭하고 [가로]를 선택하세요.

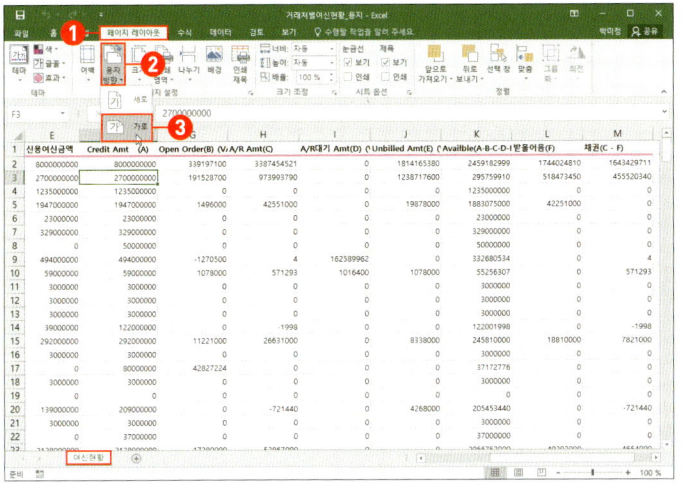

2 인쇄할 문서의 여백을 지정하기 위해 [페이지 레이아웃] 탭-[페이지 설정] 그룹에서 [여백]을 클릭하세요. 원하는 여백 스타일이 없다면 [사용자 지정 여백]을 선택해 보세요.

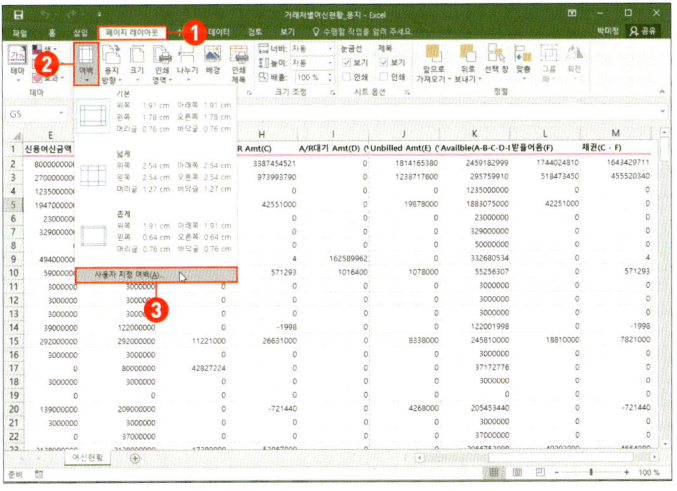

3 [페이지 설정] 대화상자의 [여백] 탭이 열리면 각 여백의 값을 변경해 보세요. 여기서는 '위쪽'과 '아래쪽'에는 『1.5』를, '왼쪽'과 '오른쪽'에는 『1.3』을 입력하고 [인쇄 미리 보기]를 클릭했어요.

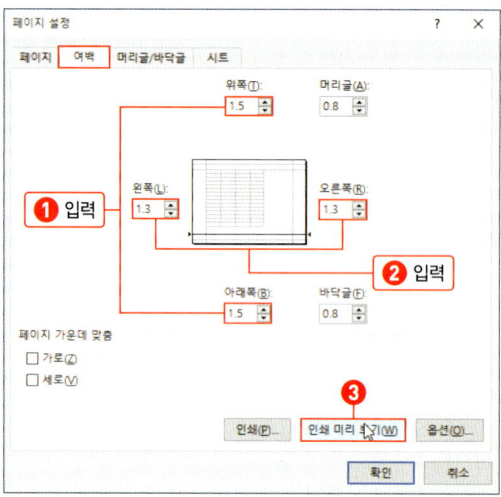

4 인쇄 미리 보기에서 [다음 페이지] 단추(▶)를 클릭하면 인쇄할 화면을 차례대로 확인해 볼 수 있어요.

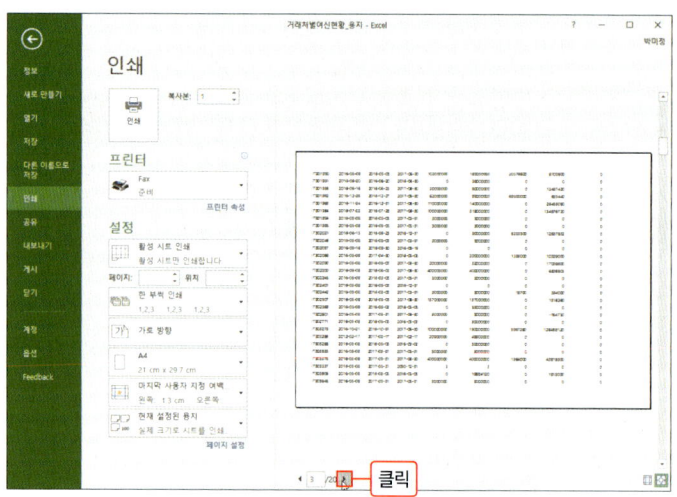

잠깐만요   인쇄용지의 여백 직접 조정하기

미리 보기 화면에서 용지 여백을 지정할 수 있어요. [파일] 탭-[인쇄]를 선택하고 인쇄 미리 보기 화면의 오른쪽 아래에 있는 [여백 표시] 단추(▫)를 클릭하세요. 미리 보기 화면에 여백을 나타내는 선과 점이 표시되면 원하는 여백 크기를 드래그하여 직접 조절해 보세요.

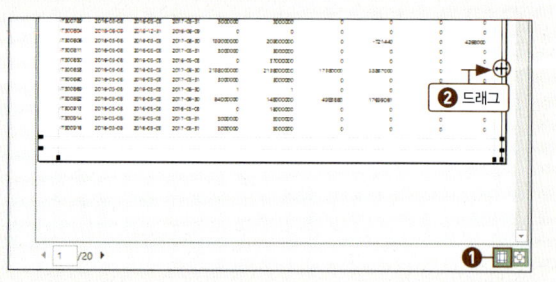

| 우선순위 |
| TOP 09 |
| 난이도 ① ② ③ ④ ⑤ |

| 실무예제 02 | 인쇄할 페이지와 인쇄 제목 지정하기 |

예제파일: 거래처별여신현황_페이지.xlsx **결과파일**: 거래처별여신현황_페이지_완성.xlsx

1 [여신현황] 시트에서 인쇄할 페이지를 쉽게 지정하기 위해 **[보기] 탭-[통합 문서 보기] 그룹**에서 **[페이지 나누기 미리 보기]**를 클릭하세요. 페이지 나누기 미리 보기 화면으로 변경되면 페이지를 구분하는 점선과 실선을 볼 수 있어요. '1페이지'를 구분하는 수직 점선을 오른쪽으로 드래그하여 1페이지의 영역을 '채권(C - F)' 항목까지 늘려보세요.

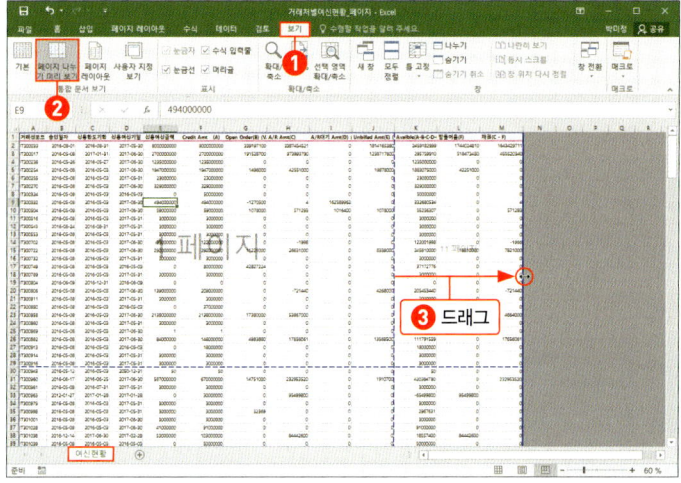

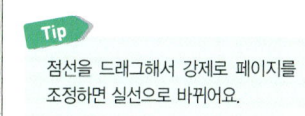

Tip
점선을 드래그해서 강제로 페이지를 조정하면 실선으로 바뀌어요.

2 이번에는 1페이지의 내용 중 36행부터 다음 페이지로 인쇄하기 위해 A36셀을 클릭하세요. **[페이지 레이아웃] 탭-[페이지 설정] 그룹**에서 **[나누기]**를 클릭하고 **[페이지 나누기 삽입]**을 선택하세요.

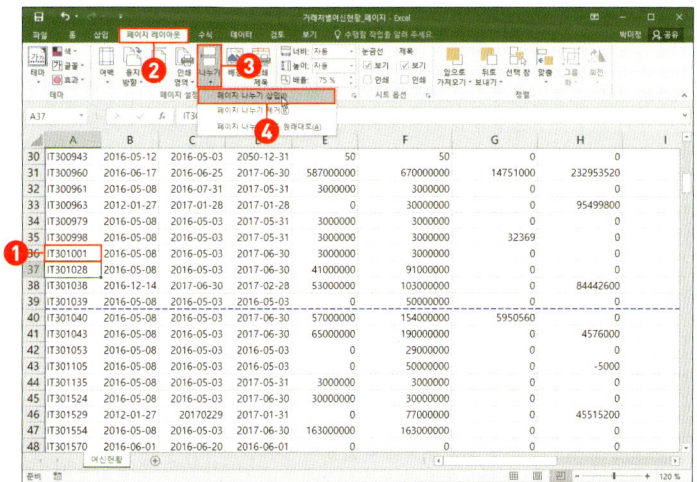

3 36행을 기준으로 인쇄 페이지가 2페이지로 조정되었습니다. 첫 페이지를 제외한 다음 페이지부터는 각 항목의 이름이 인쇄되지 않으므로 페이지가 바뀌어도 항목이 계속 표시되도록 [페이지 레이아웃] 탭-[페이지 설정] 그룹에서 [인쇄 제목]을 클릭하세요.

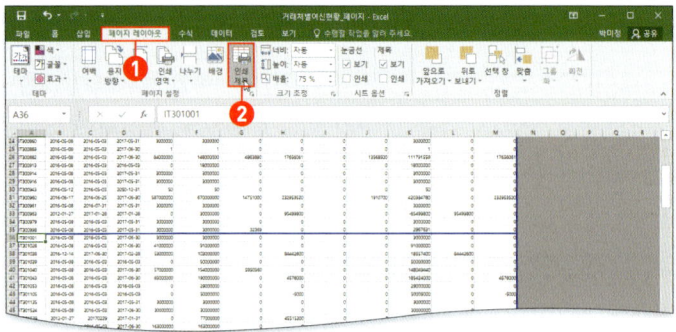

4 [페이지 설정] 대화상자가 열리면 [시트] 탭을 선택하고 '인쇄 제목'의 '반복할 행'에 커서를 올려놓은 후 제목 행인 1행 머리글을 클릭하세요. 제목 행에 『$1:$1』이 입력되면 [인쇄 미리 보기]를 클릭하세요.

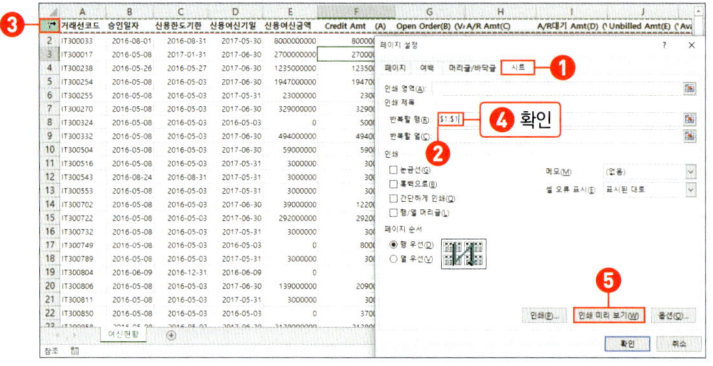

Tip
제목 행의 머리글 선택이 어렵다면 '반복할 행'에 직접 『$1:$1』을 입력해도 됩니다.

5 [이전 페이지] 단추(◀)나 [다음 페이지] 단추(▶)를 클릭해 페이지를 이동해 보면서 각 페이지마다 제목 행이 추가되었는지 확인해 보세요.

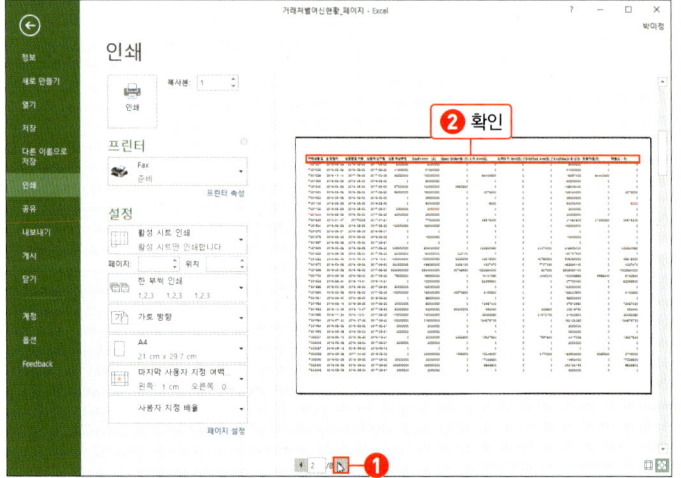

Tip
스크롤바를 이용해 페이지를 이동해도 됩니다.

난이도 1 2 ③ 4 5		예제파일 : 거래처별여신현황_머리글바닥글.xlsx 결과파일 : 거래처별여신현황_머리글바닥글_완성.xlsx

실무 예제 03 인쇄용지의 머리글/바닥글 지정하기

1 엑셀에서는 인쇄용지의 레이아웃을 미리 보면서 작업할 수 있어요. 머리글/바닥글의 위치를 직접 지정하기 위해 [여신현황] 시트에서 **[보기] 탭-[통합 문서 보기] 그룹**의 **[페이지 레이아웃]**을 클릭하세요.

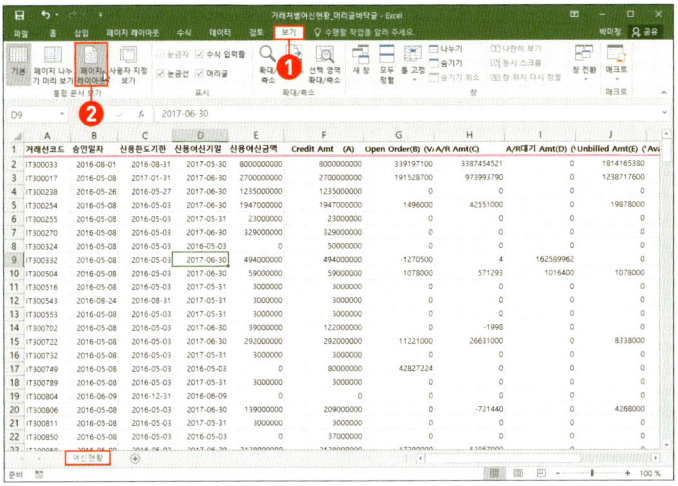

2 문서 보기가 변경되면서 A4용지 크기에 여백과 머리글/바닥글이 표시되면 머리글 영역의 왼쪽 부분을 클릭하고 『여신현황』을 입력하세요. 리본 메뉴에 [머리글/바닥글 도구]가 표시되면 **[디자인] 탭-[탐색] 그룹**에서 **[바닥글로 이동]**을 클릭하세요.

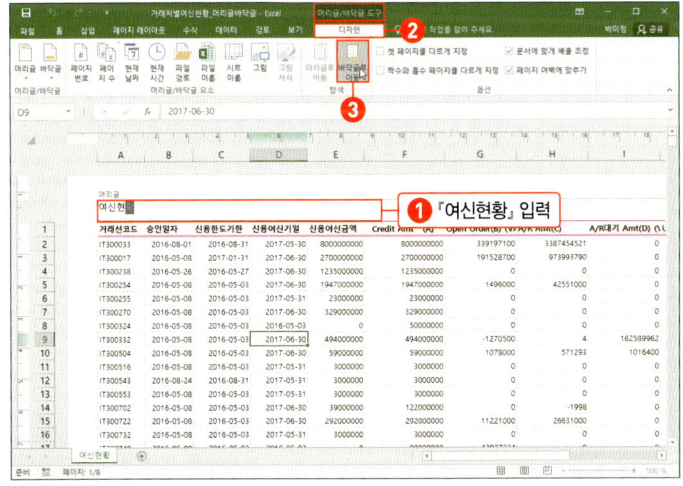

> **Tip**
> 표나 차트, 머리글/바닥글과 같이 특정 개체를 선택하면 리본 메뉴에 [표 도구], [차트 도구], [머리글/바닥글 도구]와 같은 상황별 탭이 나타나면서 추가 탭이 표시됩니다.

3 바닥글 영역의 가운데 부분을 선택하고 [머리글/바닥글 도구]의 [디자인] 탭-[머리글/바닥글 요소] 그룹에서 [페이지 번호]를 클릭하세요. 바닥글 영역에 '&[페이지 번호]'가 나타나면 그 뒤에 『/』를 입력하고 [페이지 수]를 클릭하세요.

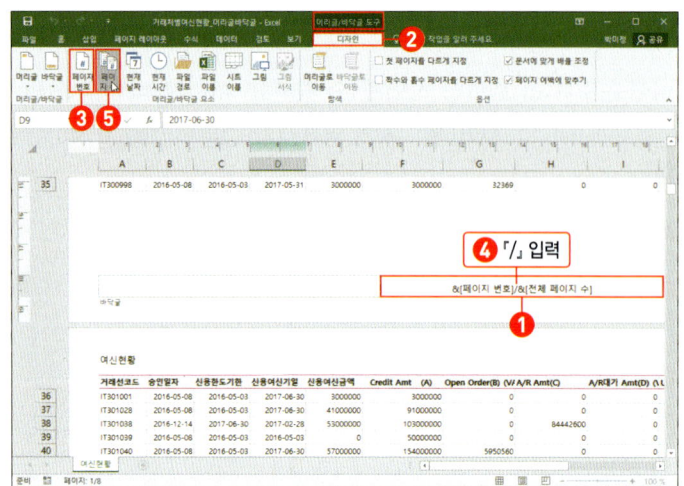

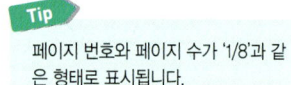

Tip
페이지 번호와 페이지 수가 '1/8'과 같은 형태로 표시됩니다.

4 워크시트에 있는 임의의 셀을 더블클릭하여 머리글/바닥글 영역을 빠져나온 후 모든 페이지에 머리글과 바닥글이 제대로 삽입되었는지 확인해 보세요.

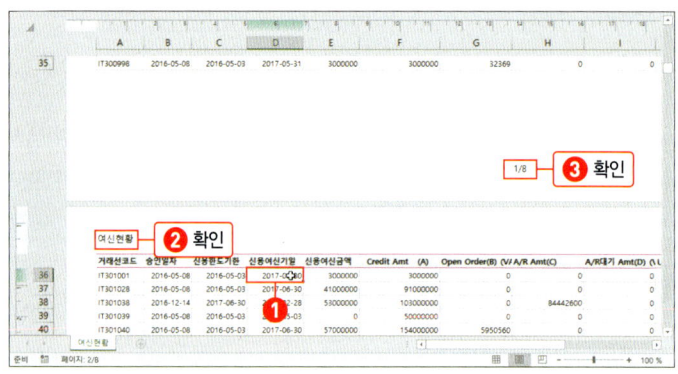

잠깐만요 　 인쇄용지의 가운데에 데이터 출력하기

문서의 데이터를 페이지의 가운데에 맞춰 인쇄하려면 [페이지 레이아웃] 탭-[페이지 설정] 그룹에서 [페이지 설정] 대화상자 표시 아이콘(□)을 클릭하세요. [페이지 설정] 대화상자가 열리면 [여백] 탭에서 '페이지 가운데 맞춤'의 [가로]에 체크하고 [확인]을 클릭하세요.

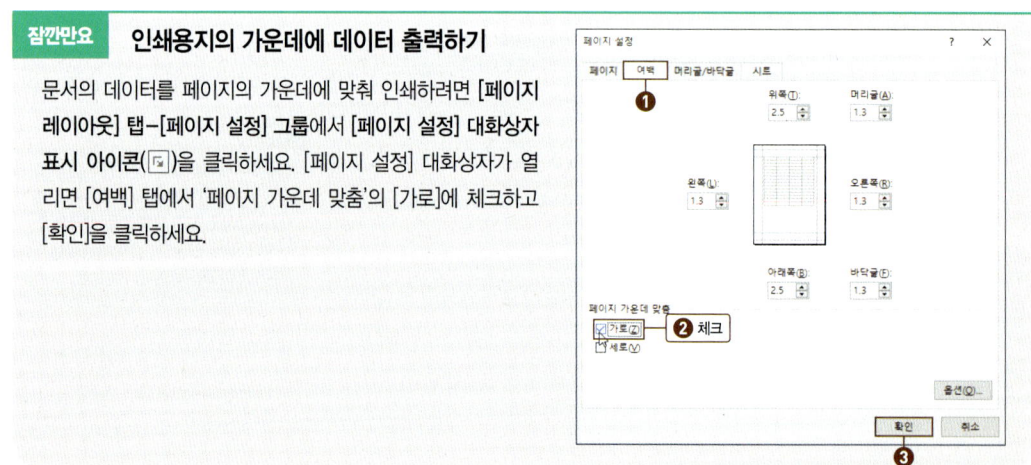

실무예제 04 인쇄 매수와 용지 크기 지정하기

1 [판매 수수료 계산] 시트에 있는 데이터를 한 장의 용지에 모두 인쇄하기 위해 [페이지 레이아웃] 탭-[크기 조정] 그룹에서 '너비'와 '높이'를 모두 [1페이지]로 선택하세요.

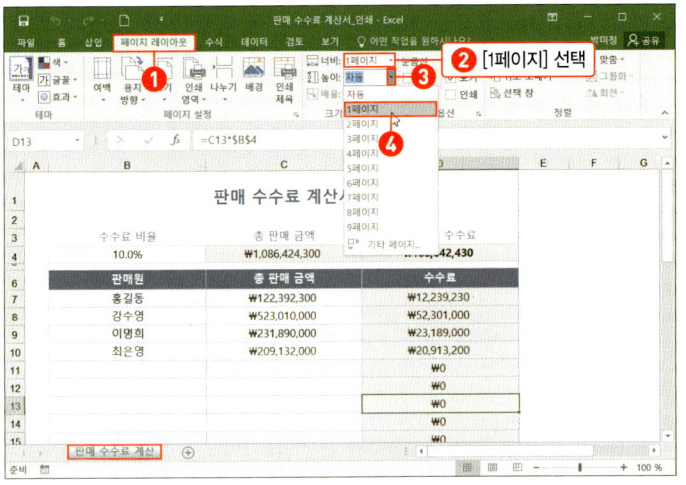

2 [파일] 탭-[인쇄]를 선택하고 인쇄 미리 보기 화면에서 문서가 한 장에 모두 인쇄되는지 확인해 보세요. '인쇄'의 '복사본'에 『3』을 입력하고 '용지 크기'를 [A5]로 지정한 후 [인쇄]를 클릭하세요.

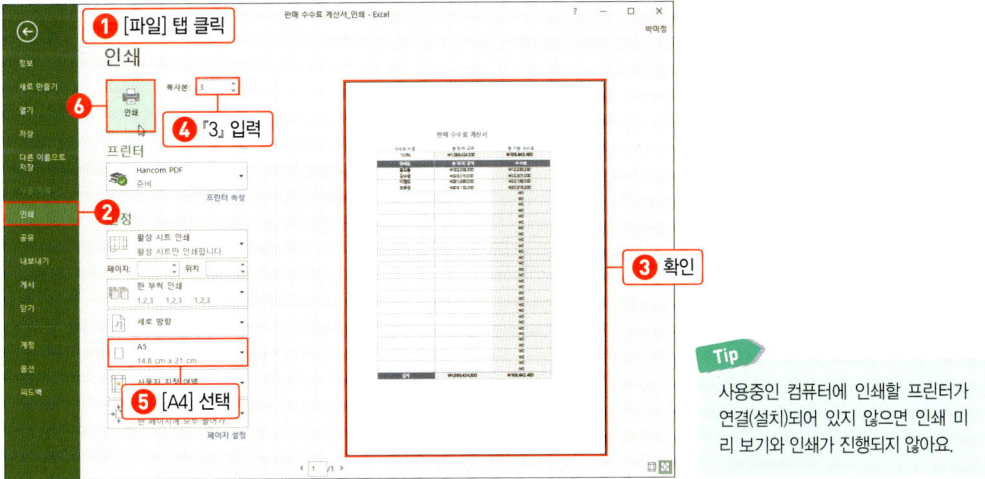

> **Tip**
> 사용중인 컴퓨터에 인쇄할 프린터가 연결(설치)되어 있지 않으면 인쇄 미리 보기와 인쇄가 진행되지 않아요.

난이도 1 2 **3** 4 5

예제파일 : 판매 수수료 계산서_저장.xlsx 결과파일 : 판매 수수료 계산서_저장_완성.xlsx

실무예제 05 | 암호 지정해 문서 저장하기

1 보안이 필요한 문서에 암호를 설정해 볼게요. **[파일] 탭-[다른 이름으로 저장]**을 선택하고 최근 폴더에 저장 폴더가 없는 경우 [찾아보기]를 클릭하세요.

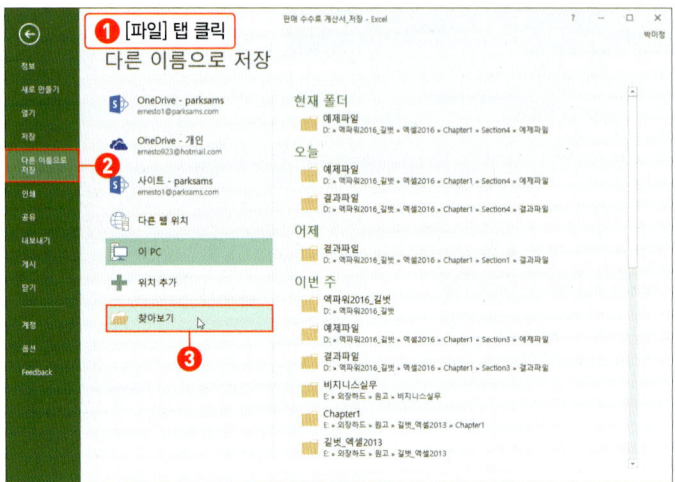

2 [다른 이름으로 저장] 대화상자가 열리면 저장하려는 폴더를 선택하고 파일 이름을 입력하세요. 여기에서는 '문서' 폴더를 선택하고 '파일 이름'에 『판매 수수료 계산서』를 입력한 후 읽기 암호를 지정하기 위해 [도구]-[일반 옵션]을 선택했어요.

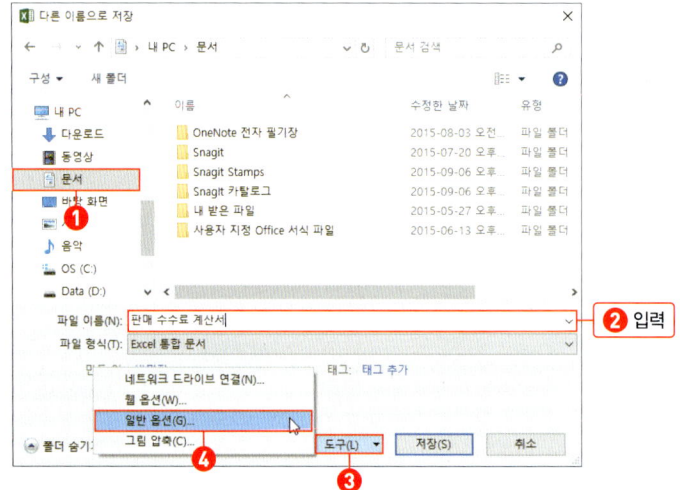

3 [일반 옵션] 대화상자에서 '열기 암호'에 『1234』를 입력하고 [확인]을 클릭하세요. [암호 확인] 대화상자가 열리면 다시 한 번 열기 암호 『1234』를 입력하고 [확인]을 클릭해 암호 지정을 완료하세요.

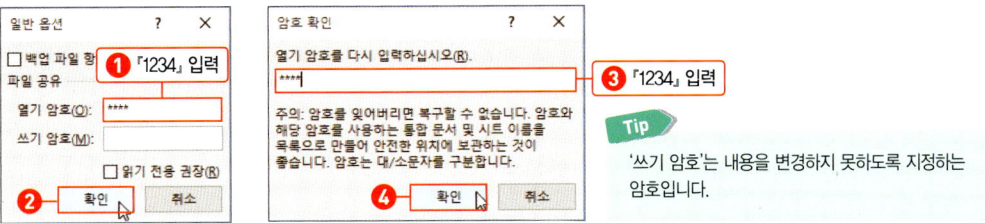

4 [다른 이름으로 저장] 대화상자로 되돌아오면 저장 폴더와 이름을 한 번 더 확인해 보고 [저장]을 클릭하세요.

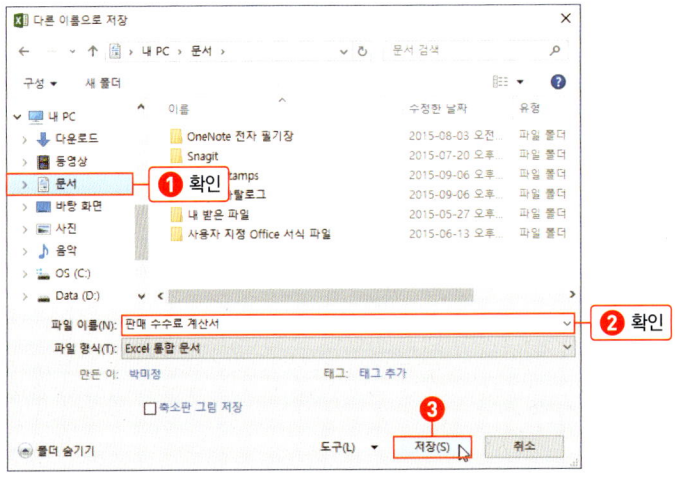

5 저장한 문서를 '문서' 폴더에서 더블클릭하면 문서가 보호되어 있다는 [암호] 대화상자가 열립니다. '암호'에 『1234』를 입력하고 [확인]을 클릭해야 문서를 열 수 있어요.

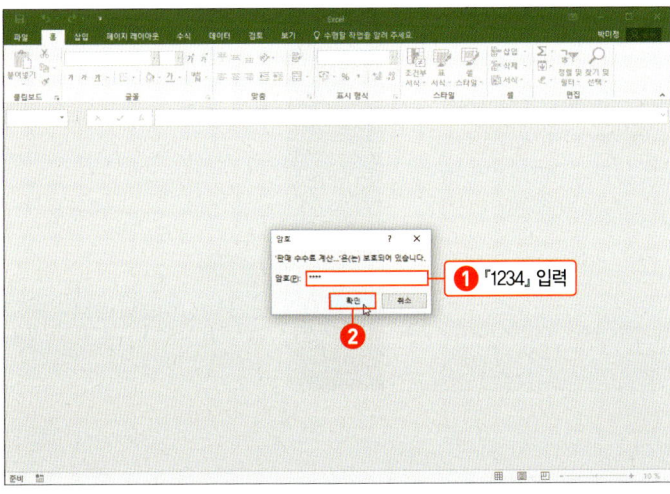

| 난이도 1 **2** 3 4 5 | 예제파일 : 판매 수수료 계산서_PDF.xlsx | 결과파일 : 판매 수수료 계산서_PDF.pdf

실무예제 06 PDF 문서로 만들어 OneDrive에 저장하기

1. 엑셀 2016에서는 파일을 PDF 문서로 쉽게 저장할 수 있어요. **[파일] 탭-[내보내기]**를 선택하고 [PDF/XPS 문서 만들기]-[PDF/XPS 만들기]를 클릭하세요. [PDF 또는 XPS로 게시] 대화상자가 열리면 'OneDrive' 폴더를 선택하고 '파일 이름'에 『판매 수수료 계산서_PDF』를 입력한 후 [게시]를 클릭하세요.

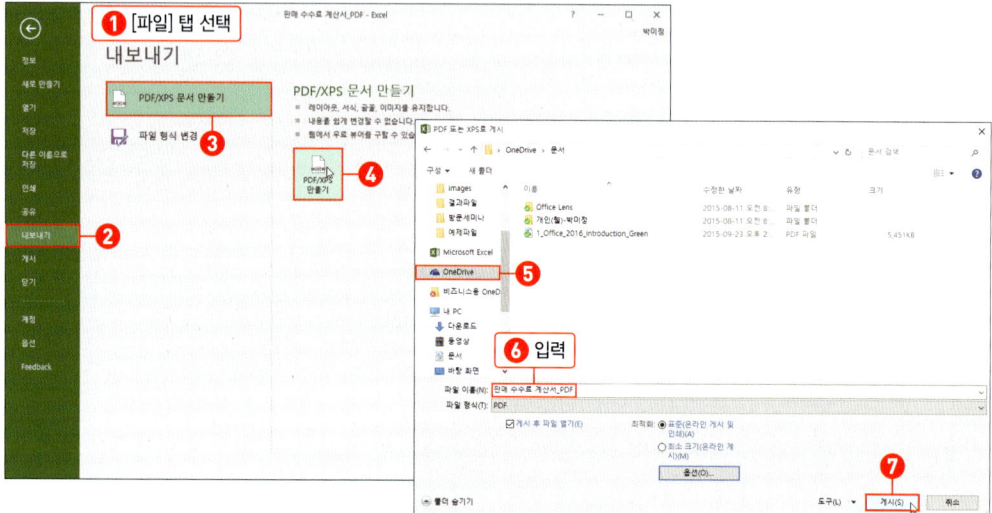

2. OneDrive에 PDF 파일로 저장되면 PDF 문서가 실행됩니다. 여기에서는 윈도우 10의 엣지(Edge) 브라우저가 실행되면서 PDF 문서가 열립니다.

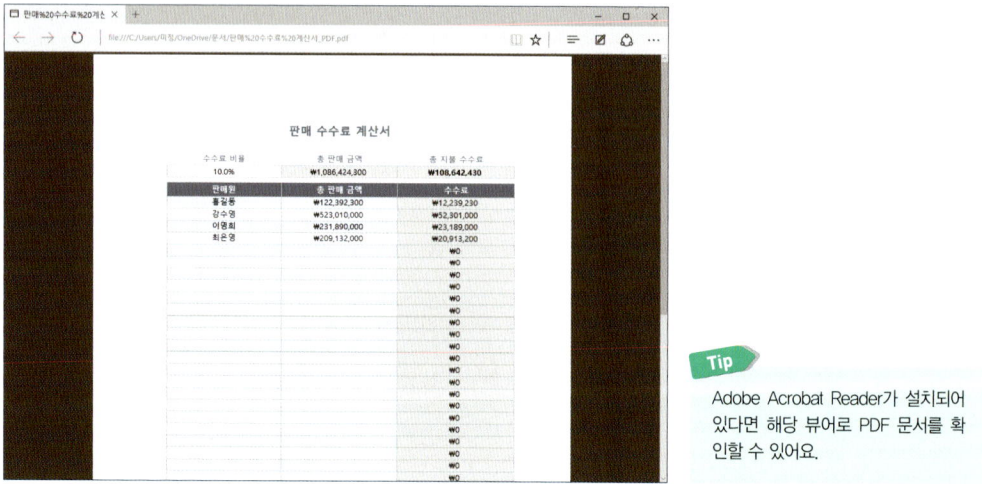

> **Tip**
> Adobe Acrobat Reader가 설치되어 있다면 해당 뷰어로 PDF 문서를 확인할 수 있어요.

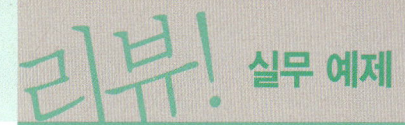

1 | '주간자금일보' 문서의 머리글 입력하고 인쇄 설정하기

예제파일 : 자금일보.xlsx   **결과파일** : 자금일보_완성.xlsx

여백과 맞춤을 조정하고 머리글에는 현재 날짜를 입력해 보세요. 또한 엑셀 데이터가 한 페이지에 모두 인쇄되도록 설정하고 복사본을 2매로 지정한 후 인쇄 미리 보기에서 확인해 보세요.

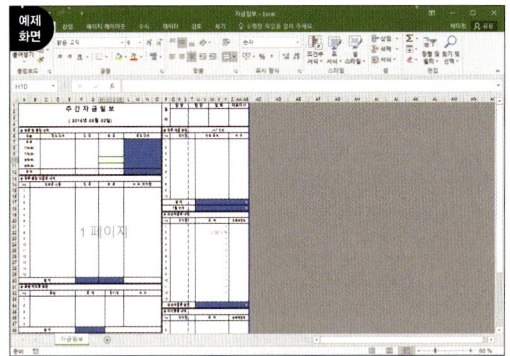
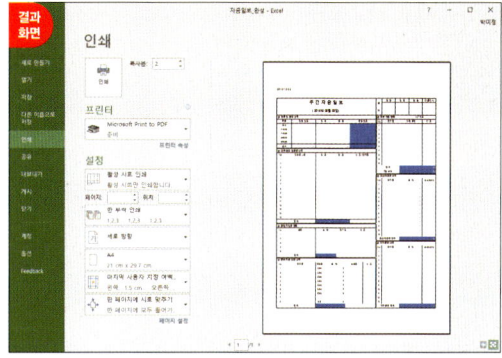

Hint
① 인쇄용지에서 왼쪽/오른쪽 여백은 [1.5]로, 위쪽 여백은 [4], 머리글 영역은 [2.8]로 지정하세요.
② 인쇄할 때 한 페이지에 모든 내용이 인쇄되도록 [페이지 레이아웃] 탭-[크기 조정] 그룹에서 '너비'와 '높이'를 모두 [1페이지]로 조정하세요.
③ 머리글의 왼쪽 영역에 현재 날짜를 설정하고 인쇄 복사본을 [2]로 지정하세요.

2 | '물품명세서'에 암호 지정하고 PDF 문서로 게시하기

예제파일 : 물품명세서(문구).xlsx   **결과파일** : 물품명세서(문구)_PDF.pdf

쓰기 암호를 지정하고 PDF 문서로 게시해 보세요.

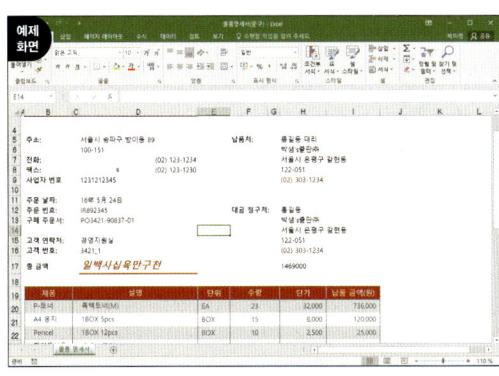

Hint
① 파일 이름은 『물품명세서_저장』으로, 쓰기 암호는 [3434]로 지정하고 통합 문서 형식으로 '문서' 폴더에 저장하세요.
② [파일] 탭-[내보내기]를 선택하고 [PDF/XPS 문서 만들기]-[PDF/XPS 만들기]를 클릭하세요.
③ 파일 이름을 『물품명세서_PDF』로 입력하고 [게시]를 클릭하여 PDF 문서를 실행하세요.

프로 비즈니스맨을 위한 활용 Tip

1 Excel Online으로 OneDrive에 문서 저장하고 편집하기

예제파일 : 매출액비교.xlsx

마이크로소프트 오피스 2016은 오피스 계정으로 로그인하면 OneDrive에 문서를 저장한 후 언제, 어디에서나 기기(태블릿, 개인용 PC 등)에 상관 없이 엑셀 문서를 저장하고 쉽게 편집할 수 있어요.

1 오피스 계정에 로그인되어 있는지 확인하고 [파일] 탭-[다른 이름으로 저장]을 선택하세요. 본인 계정의 OneDrive를 선택하고 오른쪽 창에서 저장하려는 폴더를 선택하세요. 만약 원하는 폴더가 없다면 [찾아보기]를 클릭하세요.

> **Tip**
> 윈도우 10에서는 'Excel Mobile' 앱을 제공하여 엑셀 2016 프로그램이 없어도 OneDrive에 저장된 문서를 편집할 수 있어요. 윈도우 7이나 윈도우 8 사용자도 OneDrive에서 파일을 열면 Excel Online이 자동으로 실행되어 웹에서 문서를 곧바로 편집할 수 있어요.

2 [다른 이름으로 저장] 대화상자가 열리면 'OneDrive' 폴더에서 문서를 저장할 폴더를 지정하세요. '파일 이름'에 원하는 문서 이름을 입력하고 [열기]를 클릭하세요.

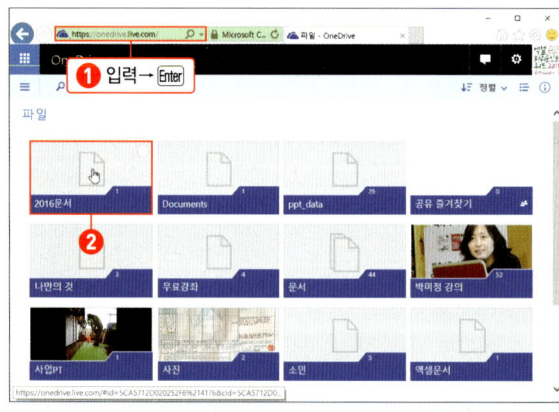

3 문서가 저장되면 실행중인 모든 프로그램을 종료하세요. 다시 웹 브라우저(인터넷 익스플로러나 크롬 등)를 실행하여 주소 표시줄에 『onedrive.live.com』을 입력하고 Enter를 눌러 해당 사이트로 이동한 후 파일을 저장한 폴더를 선택하세요.

> **Tip**
> 해당 기능을 사용하고 싶다면 반드시 오피스 계정에 로그인해야 하므로 계정을 만들어 두세요. 그리고 문서를 저장한 폴더를 찾아 클릭하세요.

4 실행할 파일을 선택하여 체크하고 [열기]-[Excel Online에서 열기]를 선택하세요.

> Tip
> 컴퓨터에 엑셀 프로그램이 설치되어 있지 않다면 Excel Online이 자동으로 실행됩니다.

5 Excel Online이 실행되면 [통합 문서 편집]-[Excel Online에서 편집]을 선택하세요.

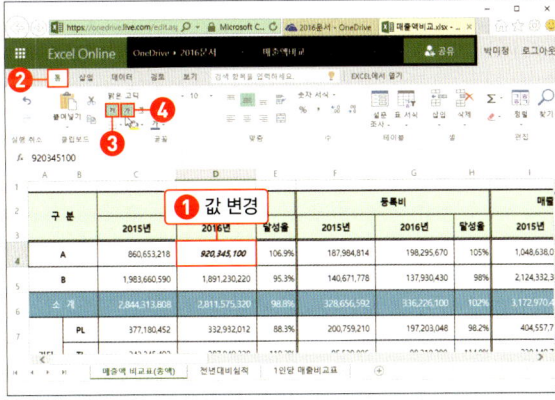

6 D4셀에 『920345100』을 입력하여 값을 변경해 보세요. [홈] 탭-[글꼴] 그룹에서 [굵게], [기울임꼴]을 차례대로 클릭하여 데이터를 강조해 보세요.

> Tip
> 편집하고 수정한 사항은 OneDrive에 자동으로 저장되므로 따로 저장 명령을 실행하지 않아도 돼요. 만약 컴퓨터에 복사본을 만들고 싶다면 [파일] 탭-[다른 이름으로 저장]을 선택하세요.

핵심! 실무 노트

프로 비즈니스맨을 위한 활용 Tip

2 | OneDrive의 문서 공유해 여러 사람들과 공동으로 작성하기

OneDrive에 저장된 문서는 '공유' 기능을 활용해 다른 사용자와 공동으로 작업할 수 있어요. 특히 Office365 Business 버전을 사용중이라면 회사 내의 팀원에게 문서 공유를 신청하여 문서를 동시에 편집할 수 있습니다. 또한 개인용 OneDrive 사용자라면 공유 링크를 메일로 보내 문서를 공유할 수도 있습니다.

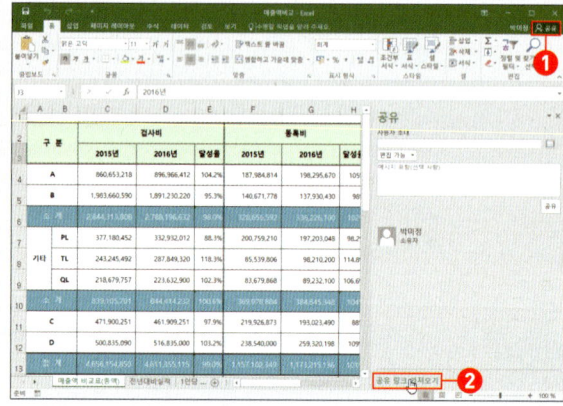

1 공유할 문서를 OneDrive에 저장하고 오피스 계정의 오른쪽에 있는 [공유]를 클릭하세요. 화면의 오른쪽에 [공유] 창이 열리면 [공유 링크 가져오기]를 클릭하세요.

> **Tip**
> 여기서는 개인용 OneDrive 사용자를 위한 이메일로 공유 주소 만들기를 알려줍니다.

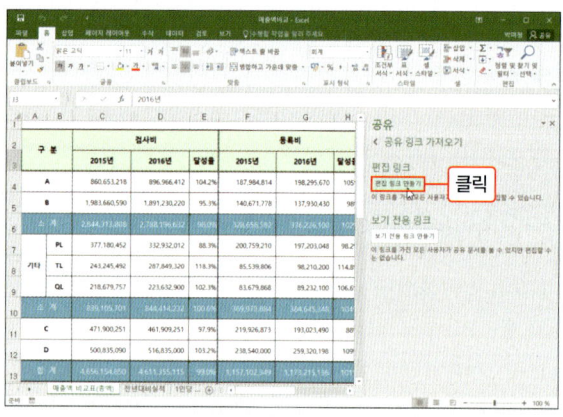

2 [공유] 창의 '편집 링크'에서 [편집 링크 만들기]를 클릭하세요.

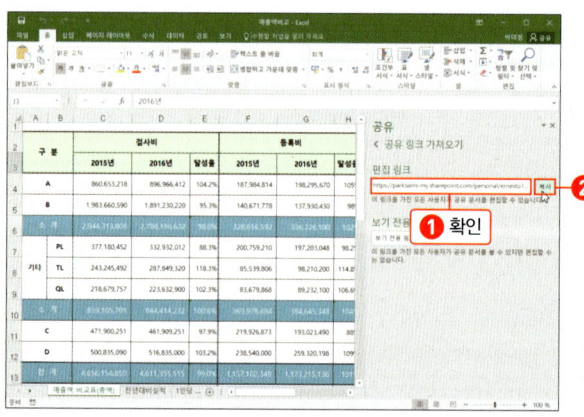

3 '편집 링크'에 공유 가능한 링크 주소가 만들어지면 [복사]를 클릭하세요.

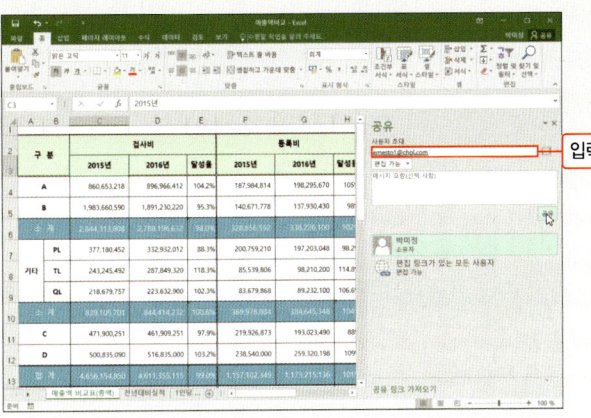

4 '사용자 초대'에 공유할 이메일 주소를 입력하고 [공유]를 클릭하세요.

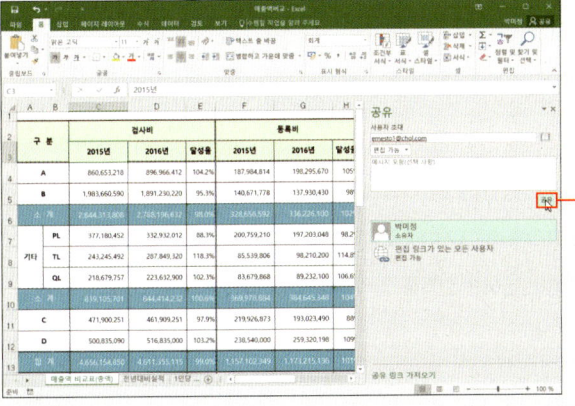

5 이메일 주소로 보낸 공유 링크를 클릭하면 참여자가 작성한 내용이 현재 화면에 표시됩니다.

> **Tip**
>
> Office 365 Business 버전 사용자의 경우 [공유]를 클릭하여 [공유] 창이 열리면 [주소록에서 연락처를 검색합니다.] 단추(🔲)를 클릭하세요. [주소록: 전체 주소 목록] 대화상자에서 문서를 공유하여 함께 편집할 대상자를 선택하고 [확인]을 클릭하면 OneDrive에 저장한 문서를 공동으로 편집할 수 있어요.

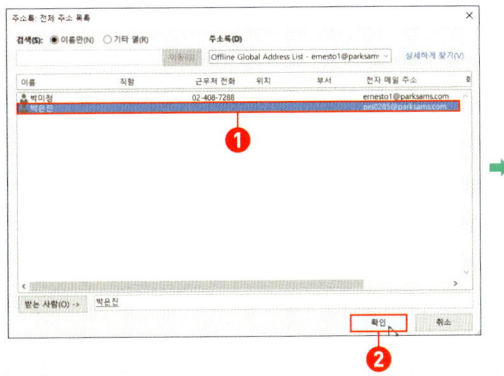
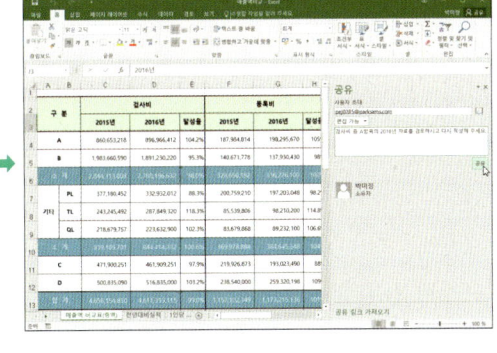

CHAPTER 2 데이터 시각적으로 표현하기

엑셀 워크시트에 입력한 데이터가 사용자가 원하는 대로 표현되지 않을 때가 많아요. 따라서 문서를 완성할 때까지 표시 형식, 글꼴, 맞춤, 채우기, 테두리, 보호 등의 기능을 이용해 데이터를 꾸미고 서식을 지정해야 하죠. 한 걸음 더 나아가 데이터를 좀 더 돋보이게 만들고 싶다면 엑셀의 시각화 기능을 적용해 보는 것도 좋아요. 엑셀 2016에서는 다양한 조건부 서식과 차트를 제공하고 있어서 전문 분석가가 아니어도 시각적으로 표현하여 원하는 결과를 쉽게 완성할 수 있어요.

Excel & PowerPoint 2016

SECTION 01   셀 서식 지정해 문서 꾸미기

SECTION 02   조건부 서식 지정해 데이터 강조하기

SECTION 03   차트와 스파크라인으로 데이터 표현하기

Section 01 셀 서식 지정해 문서 꾸미기

워크시트에 입력할 수 있는 데이터는 숫자, 문자, 날짜/시간 데이터입니다. 엑셀에서는 '셀(cell)'이라는 제한된 위치에서만 데이터를 표현할 수 있기 때문에 일반적인 워드프로세서와 다르게 결과가 보여지기도 하죠. 따라서 문서의 양식을 제대로 갖추려면 스타일을 적용하거나 셀 서식의 다양한 옵션을 이용해 데이터를 꾸밀 수 있어야 해요. 이번 섹션에서는 문서의 기본 서식인 글꼴과 맞춤 지정부터 표시 형식을 이용해 좀 더 다양하게 데이터를 표시하는 방법까지 배워보겠습니다.

> PREVIEW

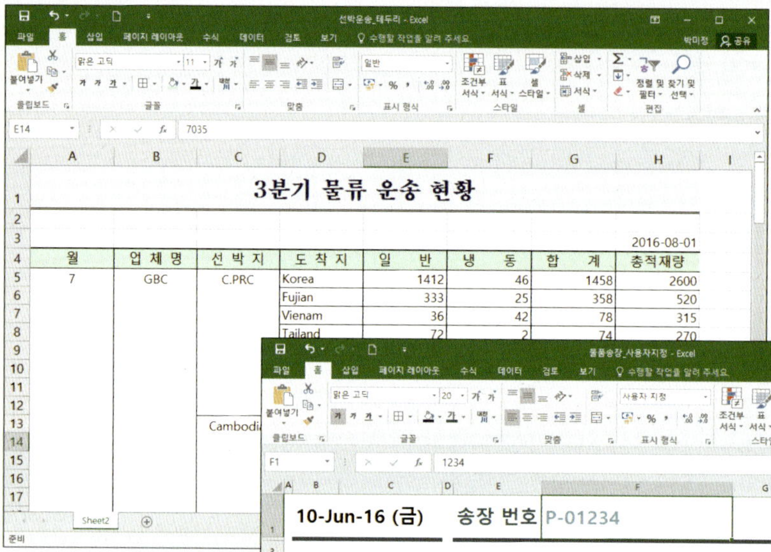

▲ 글꼴, 맞춤, 채우기, 테두리 지정하고 서식 복사로 문서 꾸미기

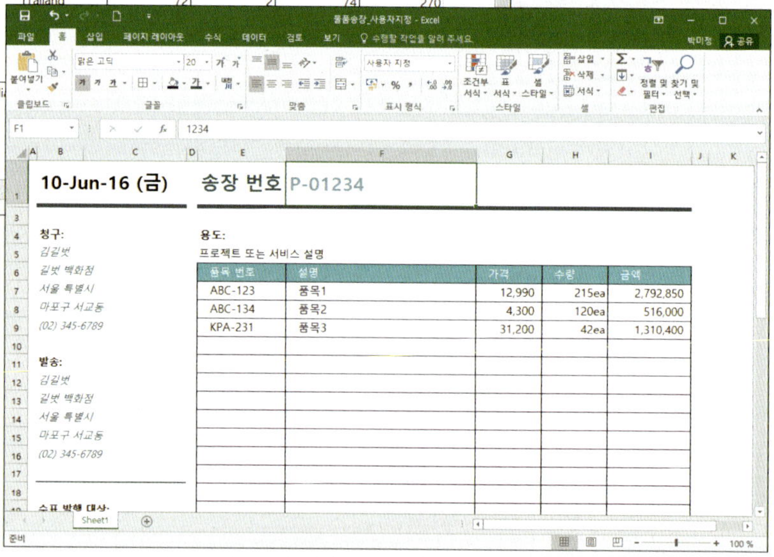

▲ 셀 스타일과 사용자 지정 표시 형식 지정해 송장 꾸미기

섹션별 주요 내용	01	제목과 텍스트에 서식 지정하기 02	맞춤과 서식 복사로 보고서 꾸미기 03	보고서에 테두리 지정하기
	04	숫자와 날짜 데이터에 표시 형식 지정하기 05	사용자 지정 표시 형식 살펴보기
	06	송장에 사용자 지정 표시 형식 지정하기

| 난이도 1 2 3 4 5 | 예제파일 : 선박운송_글꼴.xlsx   결과파일 : 선박운송_글꼴_완성.xlsx |

실무예제 01 제목과 텍스트에 서식 지정하기

1 [Sheet2] 시트에서 제목이 입력된 A1셀을 클릭하세요. [홈] 탭-[글꼴] 그룹에서 [글꼴]을 [HY견명조]로 선택하세요. [글꼴 크기]의 내림 단추(▼)를 클릭하고 '글꼴 크기'의 [20]을 선택하세요.

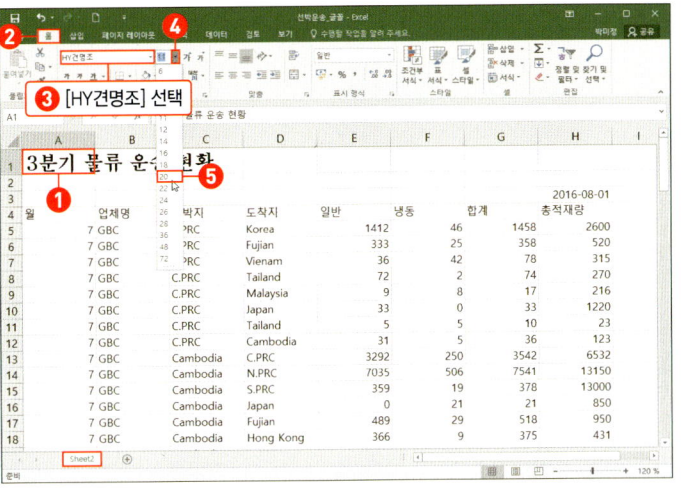

2 글꼴 스타일과 색을 지정하기 위해 A1셀을 클릭한 상태에서 [홈] 탭-[글꼴] 그룹의 [굵게]를 클릭하세요. [글꼴 색]의 내림 단추(▼)를 클릭하고 '표준 색'의 [진한 파랑]을 선택하세요.

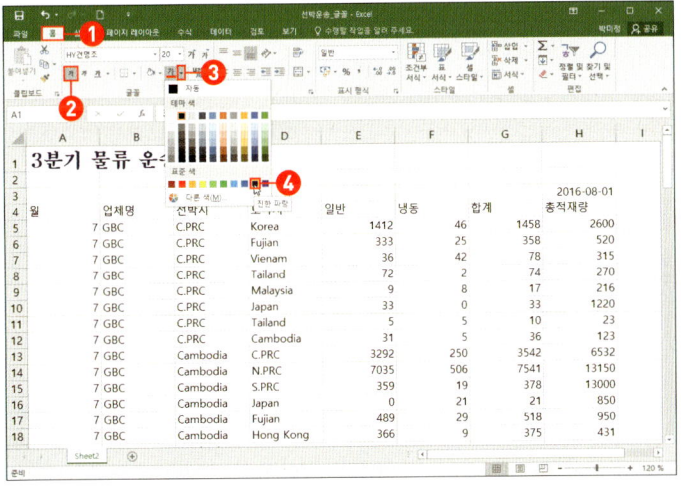

> **Tip**
> 내림 단추(▼)가 아닌 [글꼴 색](🅰)을 클릭하면 현재 셀에 지정된 색이 표시돼요.

3 제목에 해당하는 A1:H1 범위를 드래그하여 선택하세요. [홈] 탭-[글꼴] 그룹에서 [채우기 색]의 내림 단추(▼)를 클릭하고 '테마 색'의 [흰색, 배경 1, 5% 더 어둡게]를 선택하세요.

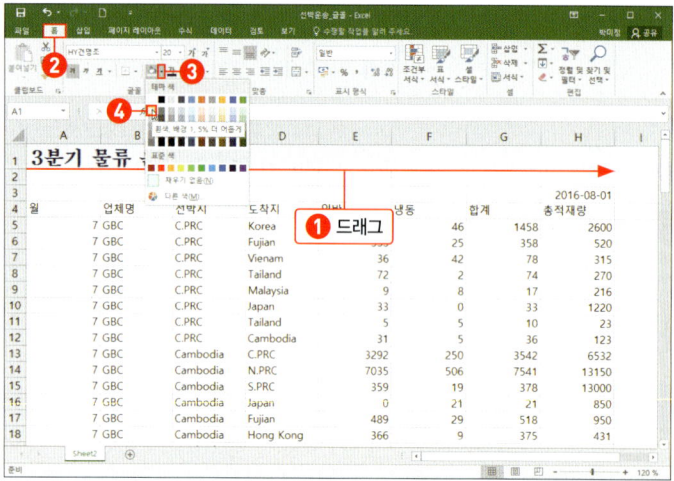

4 이번에는 데이터 범위의 제목 행인 A4:H4 범위를 드래그하여 선택하고 [홈] 탭-[글꼴] 그룹에서 [글꼴 크기 크게]를 한 번 클릭하여 1pt 더 큰 [12pt]로 지정하세요. 이어서 [채우기 색]의 내림 단추(▼)를 클릭하고 '테마 색'의 [녹색, 강조 6, 80% 더 밝게]를 선택하세요.

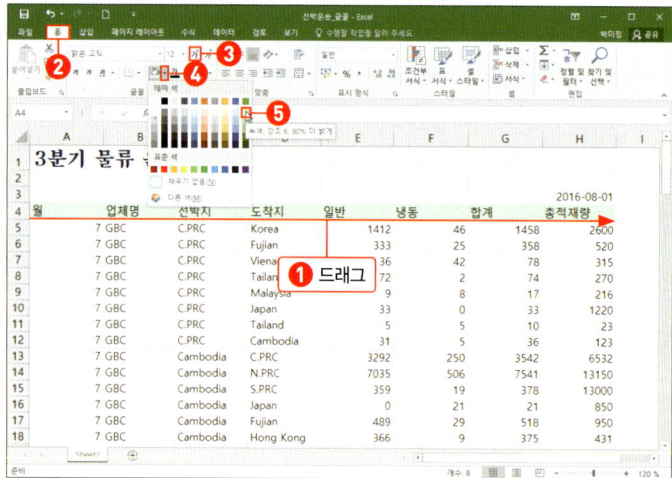

| 난이도 1 ② 3 4 5 | 예제파일 : 선박운송_맞춤.xlsx　　결과파일 : 선박운송_맞춤_완성.xlsx |

실무예제 02 맞춤과 서식 복사로 보고서 꾸미기

1 [Sheet2] 시트에서 제목과 텍스트 데이터의 맞춤을 지정하기 위해 A1:H1 범위를 드래그하여 선택하고 [홈] 탭-[맞춤] 그룹에서 [병합하고 가운데 맞춤]을 클릭하세요.

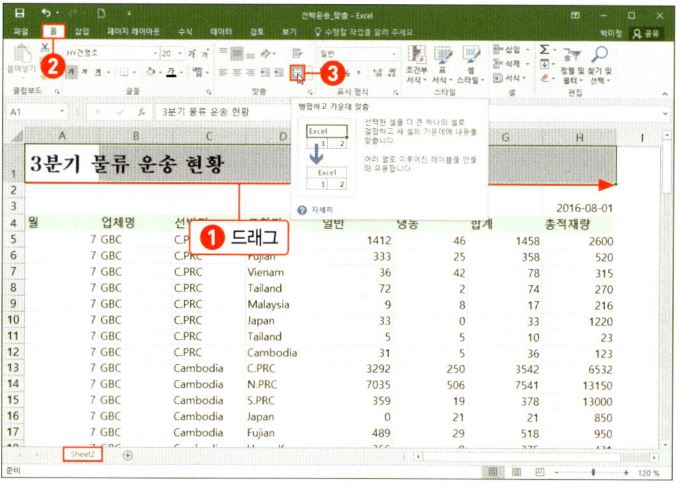

2 제목 행의 맞춤을 지정하기 위해 A4:H4 범위를 드래그하여 선택하고 [홈] 탭-[맞춤] 그룹에서 [맞춤 설정] 대화상자 표시 아이콘(　)을 클릭하세요. [셀 서식] 대화상자의 [맞춤] 탭이 열리면 '텍스트 맞춤'의 '가로'에서 [균등 분할 (들여쓰기)]를 선택하고 '들여쓰기' 값을 [1]로 지정한 후 [확인]을 클릭하세요.

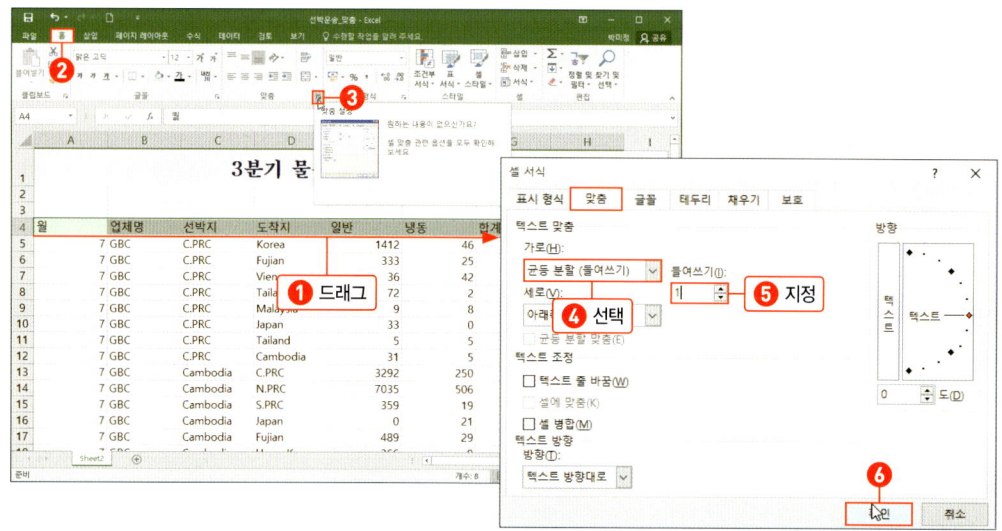

> **Tip**
> Ctrl + 1 을 눌러 [셀 서식] 대화상자를 열고 [맞춤] 탭을 클릭해도 됩니다. 들여쓰기를 지정하면 셀 안에 앞뒤로 여백이 생기면서 균등 분할 맞춤을 지정할 수 있습니다. 따라서 일부러 『업　체　명』이라고 띄어쓰기하여 입력할 필요가 없어요.

3 셀 너비에 맞게 제목이 균등 분할되어 지정되었으면 A5:A36 범위를 드래그하여 선택하고 [홈] 탭-[맞춤] 그룹에서 [병합하고 가운데 맞춤]을 클릭하세요. 셀이 블록 병합되면서 왼쪽 위의 값만 남고 나머지 값은 없어진다는 메시지 창이 열리면 [확인]을 클릭하세요.

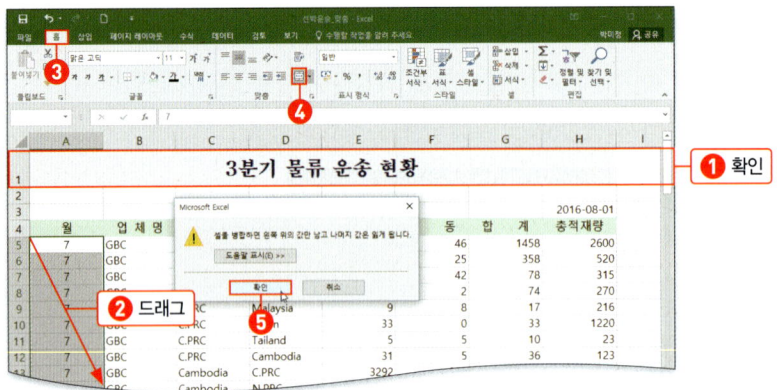

4 7월과 같이 병합되면 A5셀의 자동 채우기 핸들(+)을 A100셀까지 드래그하세요. 그러면 8월과 9월도 병합된 셀이 됩니다.

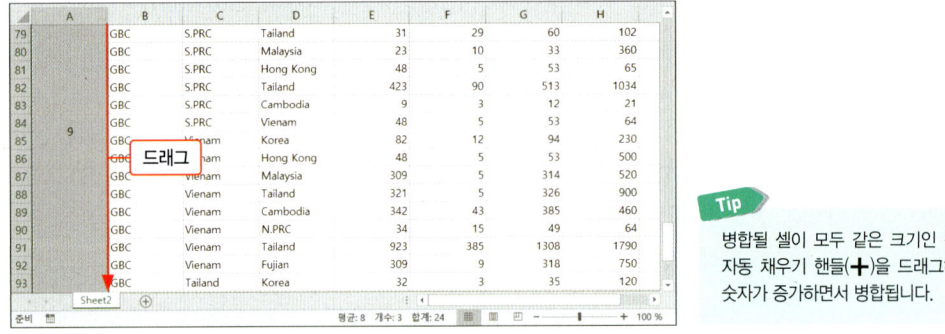

Tip
병합될 셀이 모두 같은 크기인 경우 자동 채우기 핸들(+)을 드래그하면 숫자가 증가하면서 병합됩니다.

5 '월' 항목의 전체 범위인 A5:A100을 선택하고 [홈] 탭-[맞춤] 그룹에서 [위쪽 맞춤]을 클릭하여 월을 셀의 위쪽 맞춤으로 지정하세요. 이와 같은 방법으로 '업체명' 항목에도 위쪽 맞춤을 복사하기 위해 [홈] 탭-[클립보드] 그룹에서 [서식 복사]를 클릭하고 B5셀을 클릭하세요.

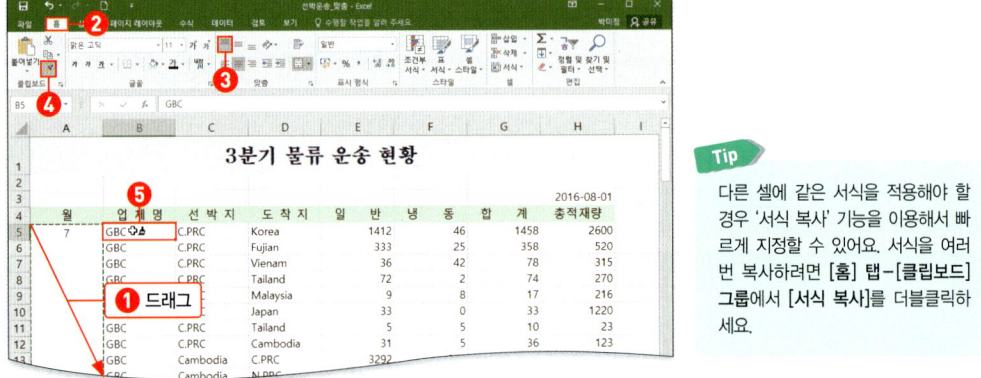

Tip
다른 셀에 같은 서식을 적용해야 할 경우 '서식 복사' 기능을 이용해서 빠르게 지정할 수 있어요. 서식을 여러 번 복사하려면 [홈] 탭-[클립보드] 그룹에서 [서식 복사]를 더블클릭하세요.

6 '업체명' 항목에도 하나의 셀에 위쪽 맞춤으로 서식이 복사되었어요. 이번에는 '선박지' 항목에서 텍스트가 같은 C5:C12 범위를 드래그하여 선택하고 [홈] 탭-[맞춤] 그룹에서 [병합하고 가운데 맞춤]을 클릭하세요. 셀이 블록 병합되면서 왼쪽 위의 값만 남고 나머지 값은 없어진다는 메시지 창이 열리면 [확인]을 클릭하세요.

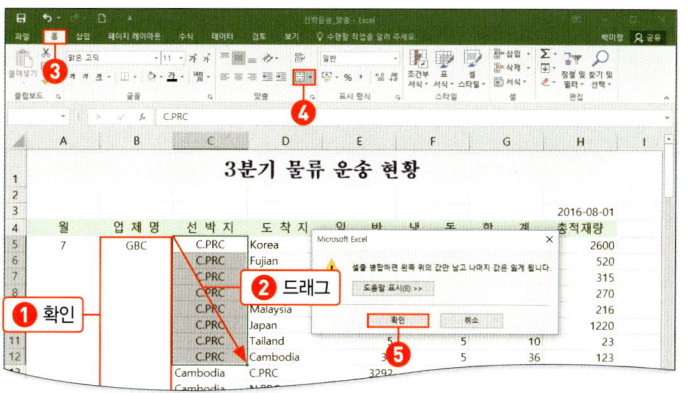

7 [홈] 탭-[맞춤] 그룹에서 [위쪽 맞춤]을 클릭하면 'C.PRC'가 셀에서 위쪽 맞춤으로 지정됩니다. 이와 같은 방법으로 다른 항목에도 위쪽 맞춤을 복사하기 위해 [홈] 탭-[클립보드] 그룹에서 [서식 복사]를 더블클릭하세요.

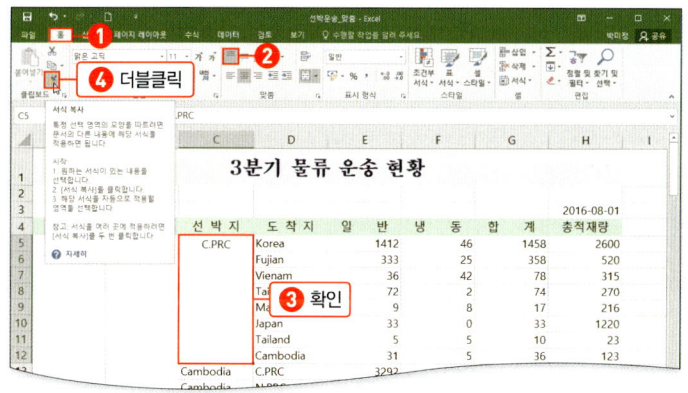

8 '선박지' 항목의 각 항목에서 첫 번째 셀(C13셀, C21셀, C29셀, C37셀, C45셀, C53셀, C61셀, C69셀, C77셀, C85셀, C93셀)을 차례대로 클릭하여 서식을 복사하세요.

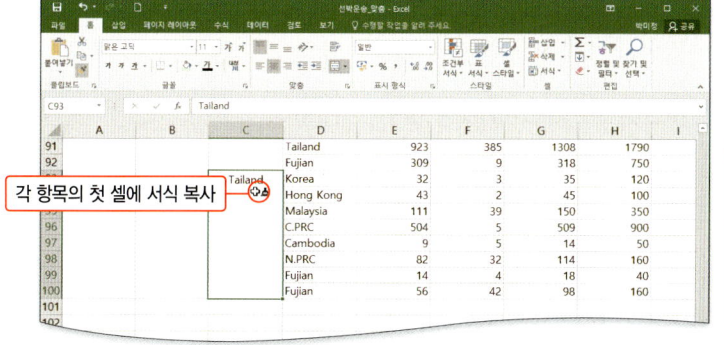

> **Tip**
> 모두 같은 크기에 대한 셀 병합과 맞춤이므로 [서식 복사]를 한 번 클릭하고 C13:C100 범위까지 드래그하여 선택해서 서식을 한 번에 복사해도 됩니다.

> 예제파일 : 선박운송_테두리.xlsx > 결과파일 : 선박운송_테두리_완성.xlsx

실무예제 03 | 보고서에 테두리 지정하기

1 [Sheet2] 시트에서 제목의 아래쪽에 테두리를 지정해 볼까요? A1셀을 클릭하고 [홈] 탭-[글꼴] 그룹에서 [테두리]의 내림 단추(▼)를 클릭한 후 '테두리'의 [아래쪽 이중 테두리]를 선택하세요.

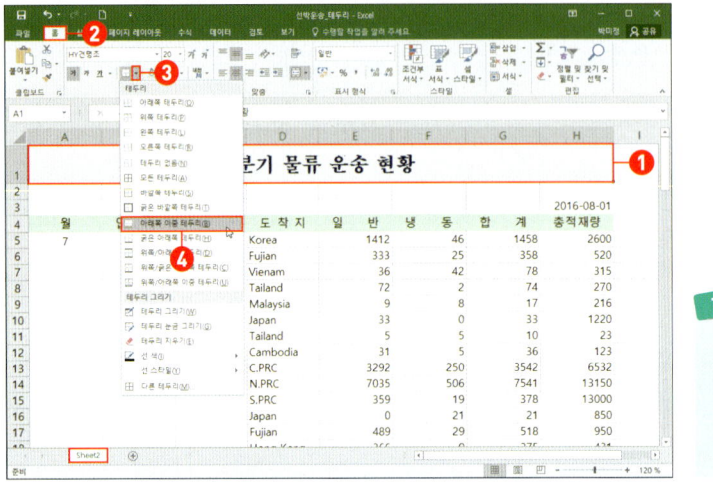

> **Tip**
> [테두리](□)를 클릭하면 최근에 지정된 테두리가 곧바로 적용되어요. 따라서 적용하려는 테두리 스타일이 아니면 내림 단추(▼)를 클릭하여 다른 테두리를 선택해야 해요.

2 제목의 아래쪽에 이중 테두리가 지정되었어요. 이번에는 내용의 전체 범위인 A4:H100을 드래그하여 선택하고 [홈] 탭-[글꼴] 그룹에서 [테두리]의 내림 단추(▼)를 클릭하세요. 원하는 테두리가 없다면 [다른 테두리]를 선택해 보세요.

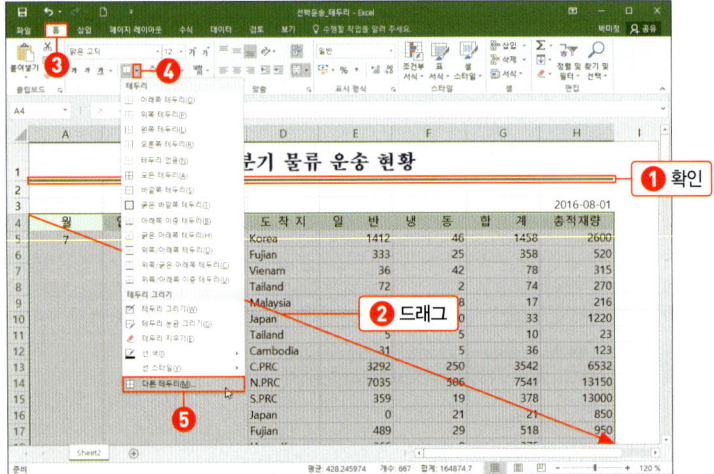

3 [셀 서식] 대화상자의 [테두리] 탭이 열리면 '선'의 '스타일'에서 [중간 실선]을 선택하고 '테두리'의 위쪽 테두리와 아래쪽 테두리를 클릭하세요.

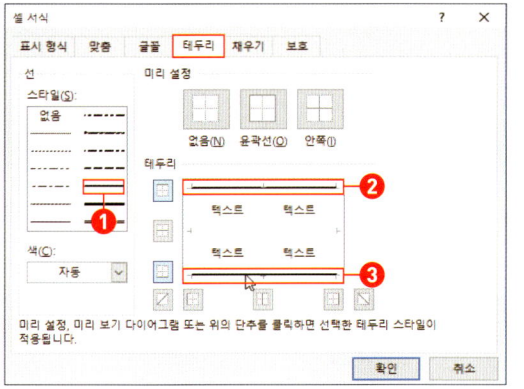

Tip
'테두리'에서 [위쪽 테두리] 단추(▫)와 [아래쪽 테두리 단추] (▫)를 클릭해도 됩니다.

4 '선'의 '스타일'에서 [가는 실선]을 선택하고 '미리 설정'에서 [안쪽]을 클릭한 후 [확인]을 클릭하세요.

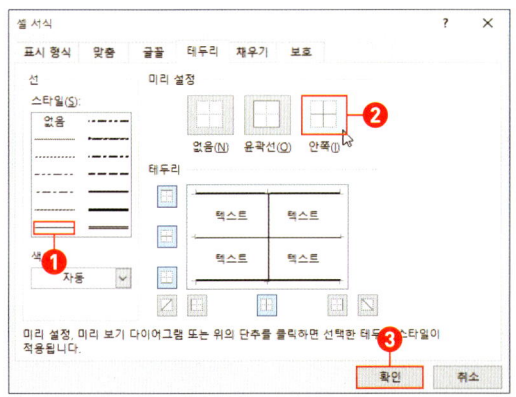

5 표에 테두리가 모두 지정되었는지 확인해 보세요.

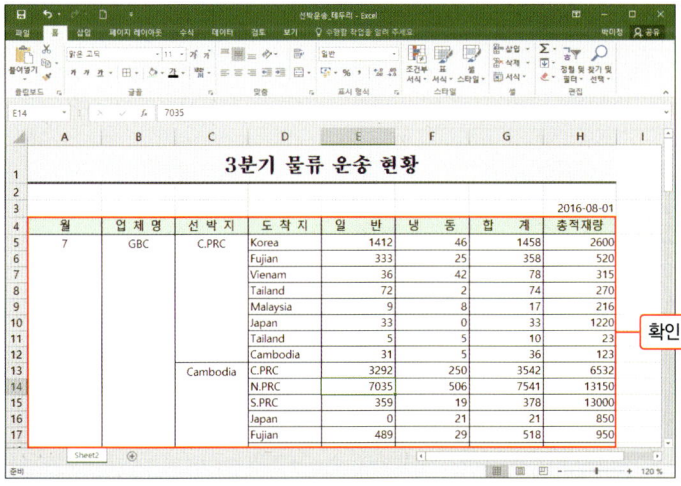

실무예제 04 | 숫자와 날짜 데이터에 표시 형식 지정하기

1 엑셀에서 숫자 데이터를 입력하면 쉼표나 통화 기호, 백분율 등이 자동으로 입력되지 않으므로 표시 형식을 직접 지정해야 합니다. [Sheet1] 시트에서 G7:I30 범위를 드래그하여 선택하고 Ctrl을 누른 상태에서 I33:I34를 드래그하여 선택한 후 [홈] 탭-[표시 형식] 그룹에서 [쉼표 스타일]을 클릭하세요.

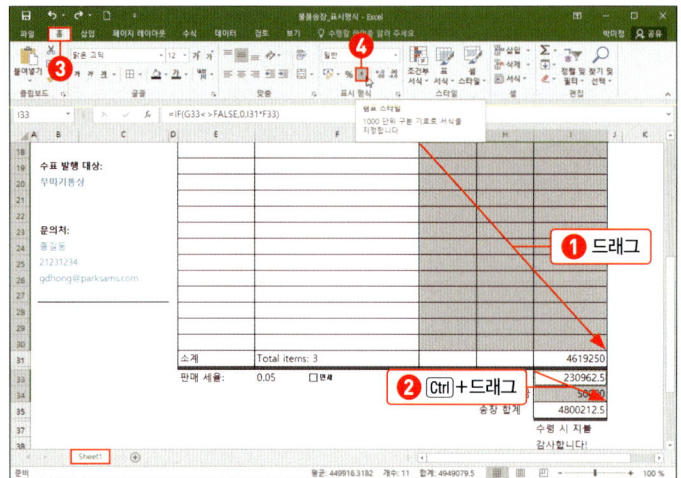

> **Tip**
> 다양한 숫자 표시 형식을 선택하고 싶다면 Ctrl+1을 눌러 [셀 서식] 대화상자를 열고 [표시 형식] 탭의 [숫자], [통화], [회계] 범주에서 원하는 표시 형식을 선택하세요.

2 '송장 합계'에 통화 기호를 표시하기 위해 I31셀을 클릭하고 Ctrl을 누른 상태에서 I35셀을 클릭한 후 [홈] 탭-[표시 형식] 그룹에서 [회계 표시 형식]을 클릭하세요.

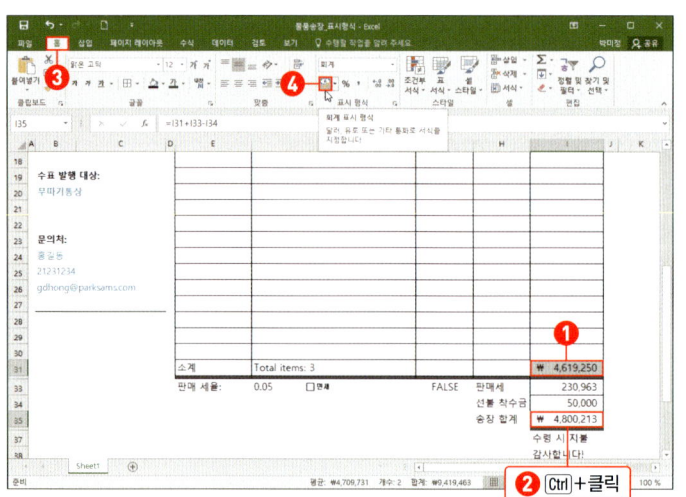

> **Tip**
> 원화(₩)가 아닌 달러($)나 그 밖의 통화 기호로 표시하려면 [홈] 탭-[표시 형식] 그룹에서 [회계 표시 형식]의 내림 단추(▼)를 클릭하고 다른 통화를 선택하면 됩니다.

3 F33셀을 클릭하고 [홈] 탭-[표시 형식] 그룹에서 [백분율]을 클릭하세요. F33셀 데이터가 백분율로 표시되면 소수점 이하 첫째 자리까지 표시하기 위해 [자릿수 늘림]을 클릭하세요.

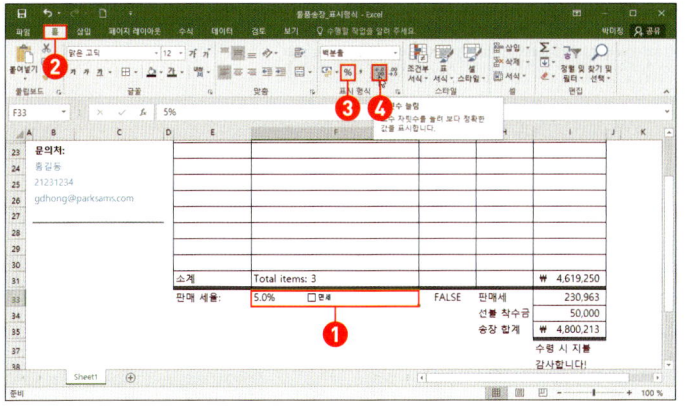

4 이번에는 날짜 데이터가 있는 B1셀을 클릭하고 [홈] 탭-[표시 형식] 그룹에서 [표시 형식]의 내림단추(▼)를 클릭하세요. 원하는 날짜 스타일이 없으면 [기타 표시 형식]을 선택하세요.

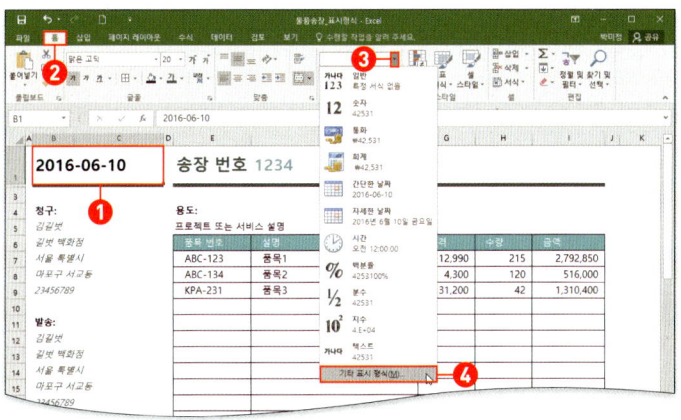

5 [셀 서식] 대화상자의 [표시 형식] 탭이 열리면 '범주'에서는 [날짜]를, '형식'에서는 [14-Mar-12]를 선택하고 [확인]을 클릭하세요.

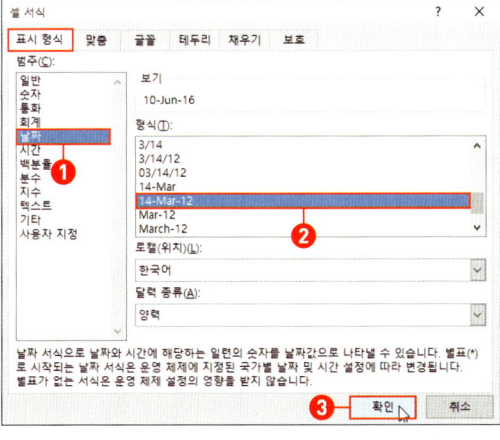

6 이번에는 전화번호에 표시 형식을 지정하기 위해 B9셀을 선택하고 Ctrl을 누른 상태에서 B16셀과 B25셀을 차례대로 클릭하여 모두 선택하세요. **[홈] 탭-[표시 형식] 그룹**에서 **[표시 형식] 대화상자 표시 아이콘( )**을 클릭하세요.

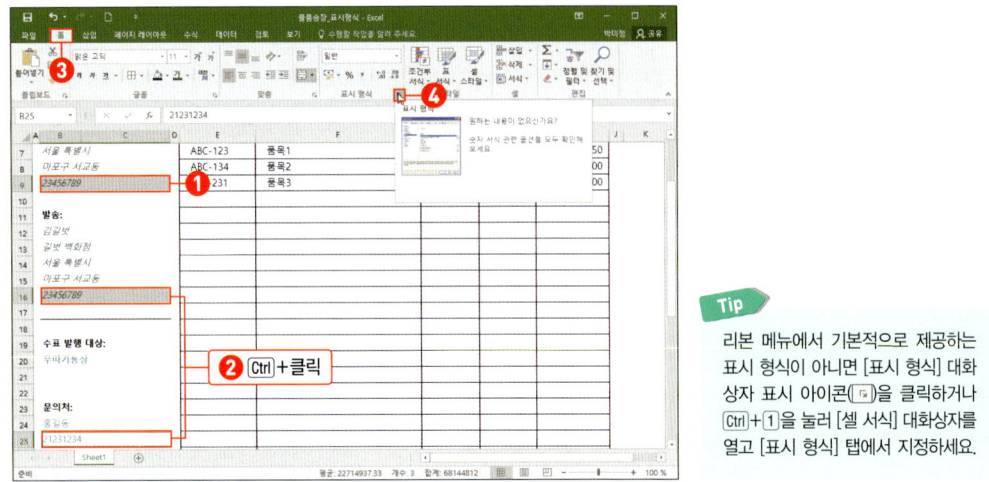

Tip

리본 메뉴에서 기본적으로 제공하는 표시 형식이 아니면 [표시 형식] 대화상자 표시 아이콘( )을 클릭하거나 Ctrl + 1 을 눌러 [셀 서식] 대화상자를 열고 [표시 형식] 탭에서 지정하세요.

7 [셀 서식] 대화상자의 [표시 형식] 탭이 열리면 '범주'에서 [기타]를 선택하고 '형식'에서 [전화 번호 (국번 3자리)]를 선택한 후 [확인]을 클릭하세요.

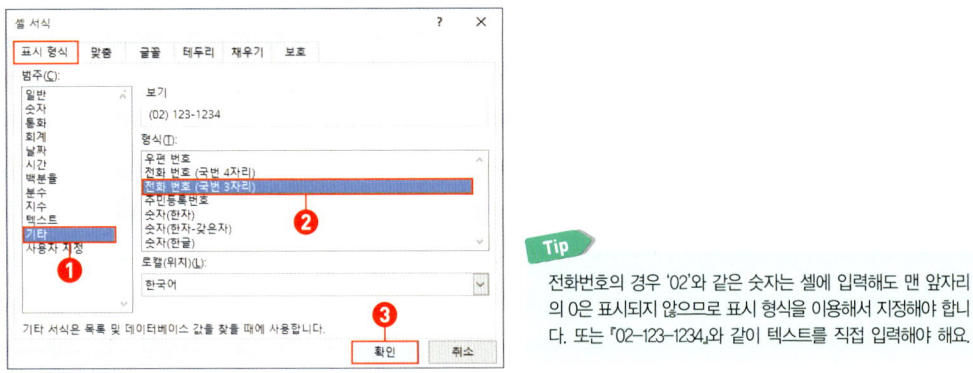

Tip

전화번호의 경우 '02'와 같은 숫자는 셀에 입력해도 맨 앞자리의 0은 표시되지 않으므로 표시 형식을 이용해서 지정해야 합니다. 또는 「02-123-1234」와 같이 텍스트를 직접 입력해야 해요.

8 B9셀과 B16셀, B25셀에 전화번호가 제대로 표시되었는지 확인해 보세요.

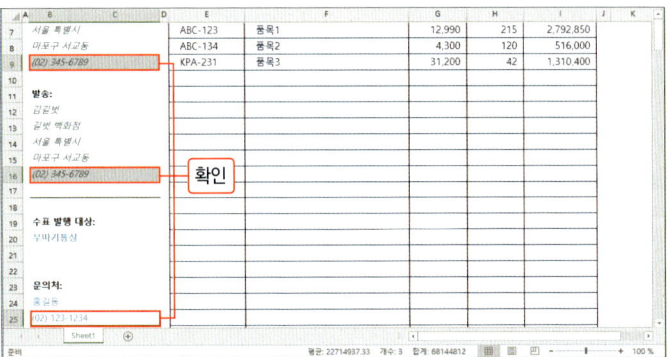

우선순위 TOP 11
난이도 1 2 **3** 4 5

핵심기능 05 사용자 지정 표시 형식 살펴보기

실무에서 사용하는 데이터 표시 형식은 엑셀 2016에서 제공하는 서식만으로는 표현하기 힘든 것이 많아요. 이때 사용자 지정 표시 형식을 사용하면 데이터를 좀 더 다양하게 표현할 수 있습니다. 다만 문자의 경우에는 표시 형식이 따로 없어요.

1 | 숫자와 문자 데이터에 사용하는 코드

엑셀 2016에서 제공하는 모든 표시 형식은 사용자가 코드를 사용해서 표시할 수 있어요. 백분율 표시 형식의 경우 사용자 지정 표시 형식을 이용하면 '0%'와 같이 표시되죠. 사용자 지정 표시 형식에 사용하는 대표적인 숫자 기호는 #과 0으로, 숫자의 위치와 대부분의 숫자 형식을 표현할 수 있습니다. 따라서 이들 기호로 사용하는 표시 형식만 잘 익혀두면 숫자를 다양한 형식으로 활용할 수 있어요.

기호	기능	결과값
#	숫자 표시 기호로, 유효하지 않은 0은 표시 안 함	12
0	숫자 표시 기호로, 유효하지 않은 0은 0으로 표시	012
?	소수점의 위나 아래에 있는 유효하지 않은 0 대신 공백을 추가해서 자릿수 맞춤	3/10
@	텍스트 표시 기호로, 입력한 텍스트 의미	길벗
소수점(.)	소수점 표시	1.00
쉼표(,)	세 자리마다 자릿수를 구분하고 숫자 기호의 뒤에 표시하면 3의 배수로 자릿수 숨김	1,234
" "	큰따옴표(" ") 안에 문자를 그대로 표시	1,234"원"
G/표준	표시 형식을 지정하지 않은 입력 상태 그대로 숫자 표시	1234
₩, $	통화 기호 표시	$ 1,234

2 | 날짜 데이터에 사용하는 코드

날짜를 표시하는 기호는 Y, M, D입니다. 이들 기호를 사용하여 날짜와 요일에 대한 표시 형식을 지정할 수 있어요.

기호	표시 형식	기능	결과값
Y	yy	날짜에서 두 자리로 연도 표시	16
	yyyy	날짜에서 네 자리로 연도 표시	2016
M	m	날짜에서 한 자리로 월 표시	1
	mm	날짜에서 두 자리로 월 표시	01
	mmm	날짜에서 영문 세 글자로 월 표시	Jan
	mmmm	날짜에서 전체 글자로 월 표시	January
	mmmmm	날짜에서 대문자 한 글자로 월 표시	J

기호	표시 형식	기능	결과값
D	d	날짜에서 한 자리로 일자 표시	9
	dd	날짜에서 두 자리로 일자 표시	09
	ddd	날짜에서 영문 세 글자로 요일 표시	Sun
	dddd	날짜에서 전체 글자로 요일 표시	Sunday
A	aaa	날짜에서 한글 요일 한 글자로 요일 표시	목
	aaaa	날짜에서 한글 요일 세 글자로 요일 표시	목요일

3 | 시간 데이터에 사용하는 코드

시간을 표시하는 기호는 H, M, S로, 시간에 대한 표시 형식을 지정할 수 있어요.

기호	표시 형식	설명	결과값
H	h	시간에서 시 표시	5:30
	hh	시간에서 두 자리로 시 표시	17:30
	[h], [hh]	총 경과 시간을 시로 표시하기	30:15
M	m	시간에서 한 자리로 분 표시	11:8
	mm	시간에서 두 자리로 분 표시	11:09
	[m], [mm]	총 경과 시간을 분으로 환산하여 표시	300
S	s	시간에서 한 자리로 초 표시	11:20:9
	ss	시간에서 두 자리로 초 표시	11:20:09
	[s], [ss]	총 경과 시간을 초로 환산하여 표시	1200
AM/PM	am/pm	오전, 오후를 영문 'am', 'pm'으로 표시	11:30 AM
	오전/오후	오전, 오후를 한글 '오전', '오후'로 표시	11:30 오후

잠깐만요 — 실무에서 자주 사용하는 사용자 지정 표시 형식 알아보기

숫자로 된 데이터를 워드처럼 원하는 형태로 바꾸려면 다음과 같은 표시 형식을 사용해 보세요.

❶ **너무 큰 숫자의 천 단위 숨기기(#,##0,,)** : 세 자리마다 콤마를 표시하고 오른쪽 여섯 자리를 생략하는 기호입니다. 맨 뒤에 있는 ','는 3의 배수로 숨기는 기호입니다.

❷ **전화번호 앞에 0 표시하기(000-0000-0000)** : 실제 입력된 숫자의 앞에 있는 0은 표시되지 않으므로 자릿수만큼 0으로 표시합니다.

❸ **빈 셀처럼 표시하기(;;;)** : 콜론(;)은 표시 형식의 조건을 구분하는 기호로, '양수;음수;0;문자'일 때 모두 빈 값으로 표시합니다.

사용예	입력값	표시 형식	결과값
천 단위, 백만 단위 숨기기	32139000000	#,##0,,	32,139
전화번호 앞에 0 표시하기	1012345678	000-0000-0000	010-1234-5678
빈 셀로 표시하기	모든 값	;;;	

실무예제 06 난이도 1 2 **3** 4 5

예제파일 : 물품송장_사용자지정.xlsx 결과파일 : 물품송장_사용자지정_완성.xlsx

송장에 사용자 지정 표시 형식 지정하기

1 '수량' 항목에서 숫자의 뒤에 단위를 표시해 볼까요? [Sheet1] 시트에서 H7:H30 범위를 드래그하여 선택하세요. **[홈] 탭-[스타일] 그룹**에서 **[표시 형식]**의 내림 단추(▼)를 클릭하고 **[기타 표시 형식]**을 선택하세요.

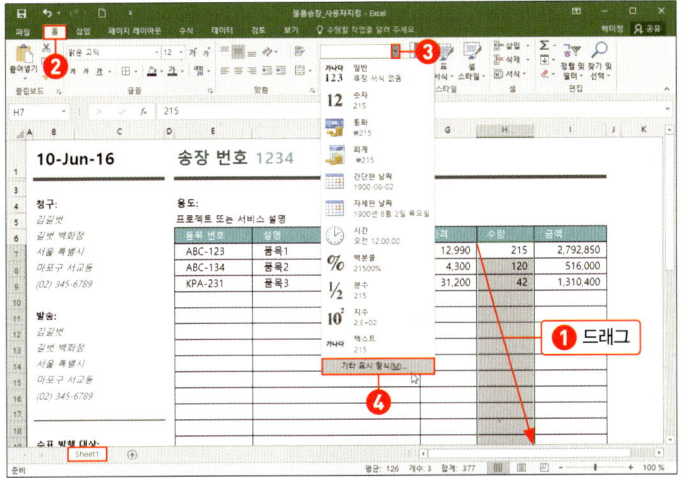

Tip
숫자 뒤에 단위를 직접 입력하면 텍스트 데이터가 되므로 숫자를 계산할 수 없어요. 하지만 숫자에 표시 형식으로 단위를 입력하면 숫자값은 변하지 않기 때문에 사용자 지정 표시 형식을 이용해서 숫자를 문자로 표시하는 것입니다.

2 [셀 서식] 대화상자의 [표시 형식] 탭이 열리면 기존 범주에는 없는 표시 형식이므로 '범주'에서는 [사용자 지정]을, '형식'에서는 [G/표준]을 선택하고 'G/표준' 뒤에 『"ea"』를 추가 입력한 후 [확인]을 클릭하세요.

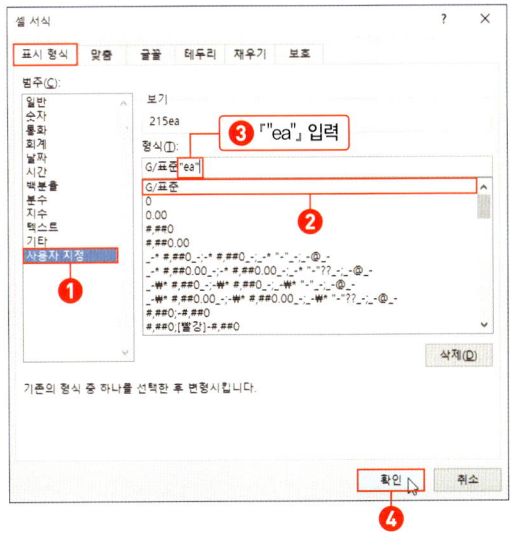

Tip
숫자값의 일반 표시 형식 코드는 'G/표준'입니다. 또한 사용자 지정 표시 형식으로 문자를 입력하려면 반드시 큰따옴표(" ") 안에 입력해야 해요.

3 '수량' 항목에서 숫자의 뒤에 'ea' 단위가 표시되었으면 날짜 데이터의 형식을 변경해 보겠습니다. B1셀을 클릭하고 [홈] 탭-[표시 형식] 그룹에서 [표시 형식] 대화상자 표시 아이콘( )을 클릭하세요. [셀 서식] 대화상자의 [표시 형식] 탭이 열리면 '범주'에서 [사용자 지정]을 선택하고 '형식'에 『dd-mmm-yy (aaa)』를 입력한 후 [확인]을 클릭하세요.

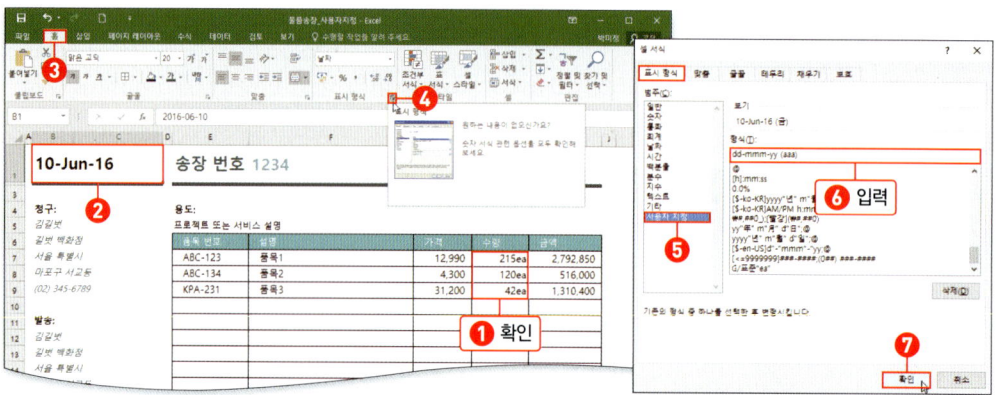

4 이제 송장 번호의 표시 형식을 변경하기 위해 F1셀을 클릭하고 [홈] 탭-[스타일] 그룹에서 [표시 형식] 대화상자 표시 아이콘( )을 클릭하세요. [셀 서식] 대화상자의 [표시 형식] 탭이 열리면 '범주'에서 [사용자 지정]을 선택하고 '형식'에 『"P-"00000』을 입력한 후 [확인]을 클릭하세요.

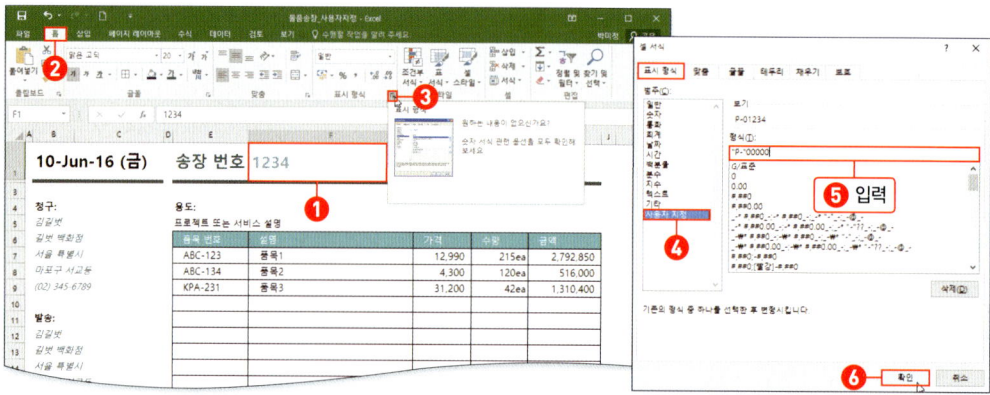

5 F1셀에 송장 번호가 'P-01234'로 표시되었습니다.

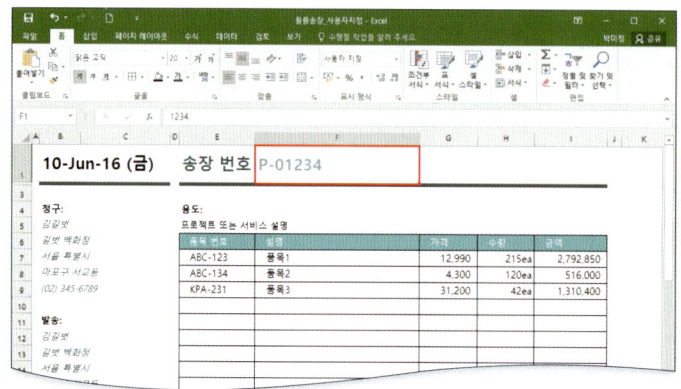

Tip
수식 입력줄을 확인해 보면 실제 값은 '1234'로 바뀌지 않았어요.

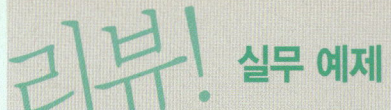

1 '손익계산서'에 셀 서식과 셀 스타일 지정해 꾸미기

> 예제파일 : 손익계산서_셀서식.xlsx 결과파일 : 손익계산서_셀서식_완성.xlsx

셀 스타일과 셀 서식(표시 형식, 맞춤, 글꼴, 테두리, 채우기)을 지정해 '손익계산서'를 작성해 보세요.

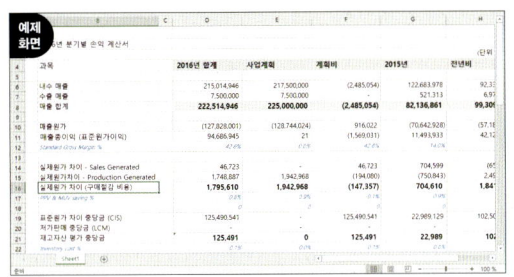
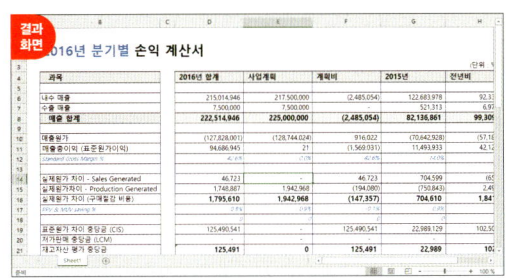

Hint
① B2셀의 글꼴 크기를 [22pt], [굵게] 지정하고 '2016년 분기별'의 글꼴 색을 [파랑]으로 지정하세요.
② '과목' 항목인 B4셀의 글꼴 크기는 [12pt], [굵게], [왼쪽 맞춤(들여쓰기 한 글자)]으로 지정하고 채우기 색은 '테마 색'의 [회색-25%, 배경 2]로 지정한 후 B8셀, B30셀, B39셀, B44셀에 서식 복사하세요.
③ 데이터가 있는 모든 셀에 가로 방향 테두리는 [가는 실선], 세로 방향 테두리는 [점선]으로 지정하세요.
④ 눈금선은 표시하지 마세요.

2 '매출 현황 보고서'에 셀 스타일과 표시 형식 지정하기

> 예제파일 : 지역별매출.xlsx 결과파일 : 지역별매출_완성.xlsx

지역/제품별 '매출 현황 보고서'에 셀 스타일과 사용자 지정 표시 형식을 보기 좋게 지정해 보세요.

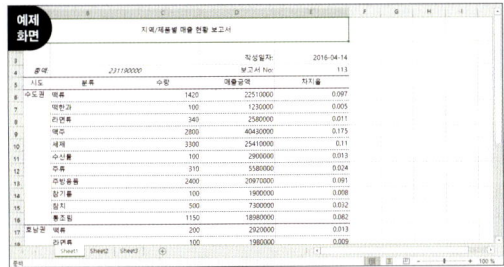
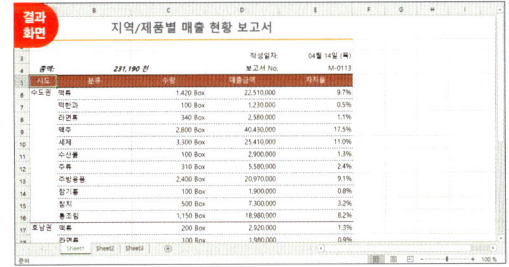

Hint
① 제목은 [제목1] 스타일, 글꼴 크기는 [20pt]로 지정하세요.
② 제목 행인 A5:E5 범위에 [강조색 6] 셀 스타일을 지정하세요.
③ '매출금액' 항목에는 [쉼표 스타일]을, '차지율' 항목에는 소수점 이하 첫째 자리까지 '백분율' 표시 형식을 지정하세요.
④ 날짜 데이터는 '04월 14일 (목)'이 되도록 '사용자 지정' 표시 형식으로 나타내세요.
⑤ '수량' 항목은 세 자리마다 쉼표 스타일을 지정하고 뒤에 단위 'Box'가 표시되도록 '사용자 지정' 표시 형식으로 나타내세요.
⑥ '총액' 항목에서 B4셀의 값은 천 단위를 생략하고 표시 형식의 뒤에 '천'을 붙여서 세 자리마다 쉼표가 표시되도록 '사용자 지정' 표시 형식으로 나타내세요.

Section

조건부 서식 지정해 데이터 강조하기

조건부 서식은 조건에 맞는 데이터만 서식으로 강조하는 기능으로, 제시한 조건에 맞는 데이터만 시각적으로 강조하면 차트를 만들지 않아도 값의 크기를 한눈에 비교할 수 있어서 기초 데이터를 분석할 때 매우 편리하죠. 따라서 조건부 서식은 실제 업무에서 가장 많이 쓰이는 기능 중 하나랍니다. 또한 조건부 서식을 활용하여 데이터를 시각화하면 숫자를 다양한 방법으로 표시할 수 있어서 정확한 분석과 문제 해결도 가능합니다. 이번 섹션에서는 방대한 양의 데이터 중에서 조건에 맞는 데이터만 골라 특정 서식을 적용하는 방법을 배워보겠습니다.

> PREVIEW

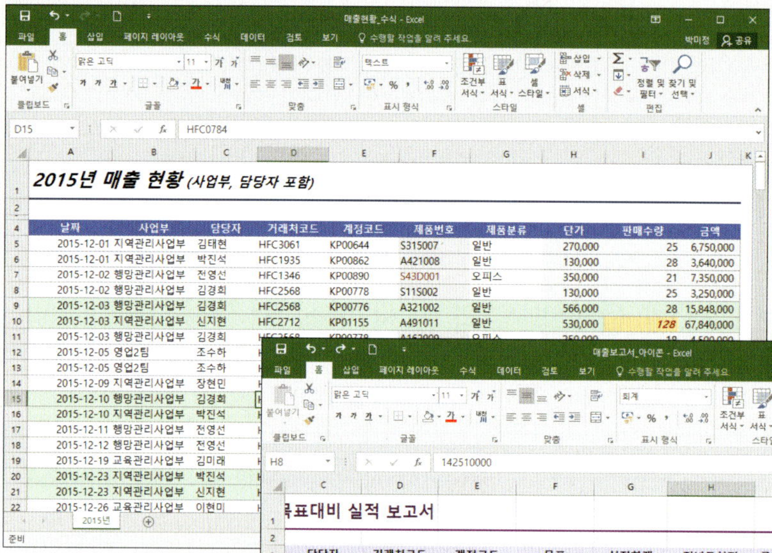

▲ 조건에 맞는 셀 강조하고 수식으로 서식 지정하기

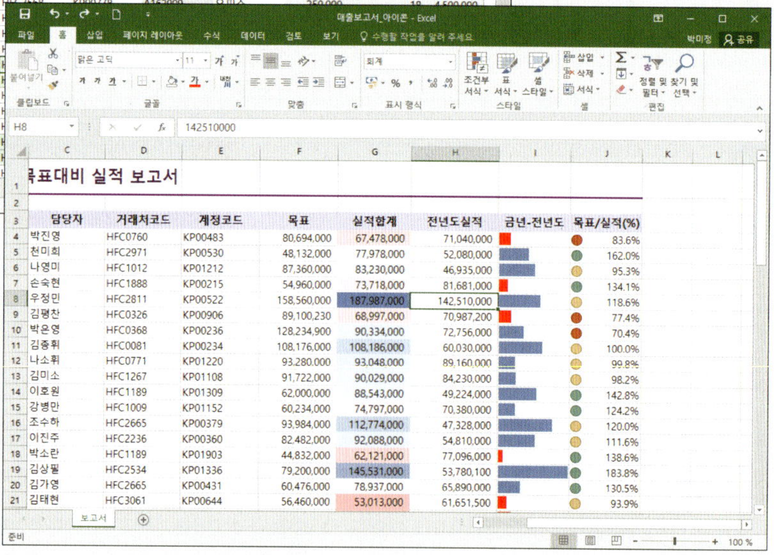

▲ 데이터 막대, 색조, 아이콘 집합으로 데이터 시각적으로 분석하기

섹션별 주요 내용

01 │ 특정 조건에 맞는 데이터 강조하기 02 │ 상위/하위 20개 판매 수량에 서식 지정하기
03 │ 수식으로 조건부 서식과 새 규칙 지정하기 04 │ 색조와 데이터 막대 지정해 매출 분석하기

실무예제 01 특정 조건에 맞는 데이터 강조하기

난이도 1 2 3 4 5

예제파일 : 매출현황_셀강조.xlsx 결과파일 : 매출현황_셀강조_완성.xlsx

1. 셀을 강조하려면 조건을 지정하여 특정 셀에 서식을 적용해야 해요. 여기서는 문자 'D'가 포함된 제품 번호에 서식을 지정하기 위해 [2015년] 시트에서 '제품번호' 항목인 F5:F262 범위를 드래그하여 선택하고 [홈] 탭-[스타일] 그룹에서 [조건부 서식]을 클릭한 후 [셀 강조 규칙]-[텍스트 포함]을 선택하세요.

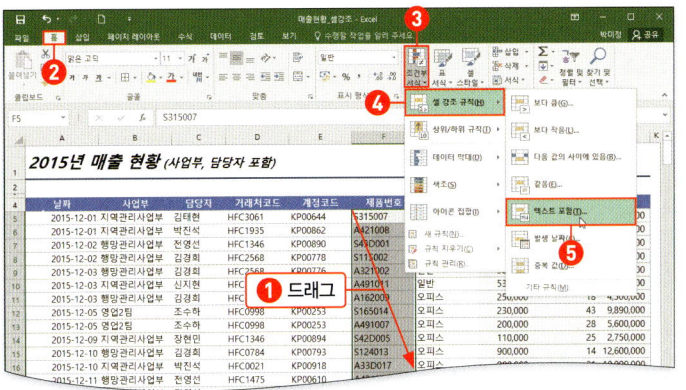

2. [텍스트 포함] 대화상자가 열리면 '다음 텍스트를 포함하는 셀의 서식 지정'에 『D』를 입력하고 '적용할 서식'에서 [빨강 텍스트]를 선택한 후 [확인]을 클릭하세요.

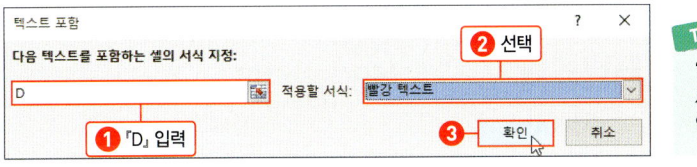

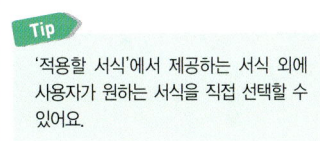

Tip
'적용할 서식'에서 제공하는 서식 외에 사용자가 원하는 서식을 직접 선택할 수 있어요.

3. 제품번호에 'D'가 포함된 데이터에 '빨강 텍스트' 서식이 지정되었어요. 이번에는 '판매수량' 항목인 I5:I262 범위를 드래그하여 선택하고 [홈] 탭-[스타일] 그룹에서 [조건부 서식]을 클릭한 후 [셀 강조 규칙]에서 원하는 조건이 없으므로 [기타 규칙]을 선택하세요.

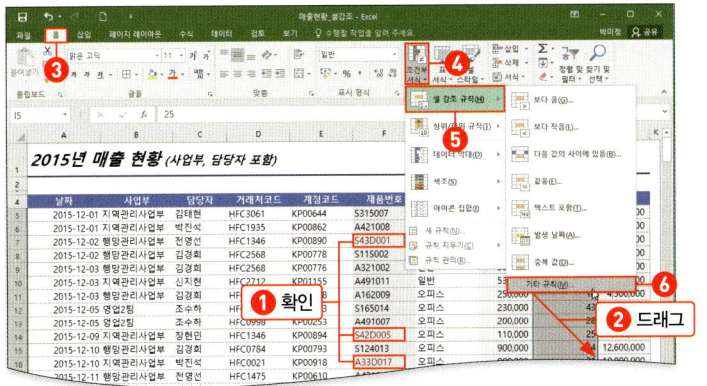

4 [새 서식 규칙] 대화상자가 열리면 '규칙 유형 선택'에서 [다음을 포함하는 셀만 서식 지정]을 선택하세요. '규칙 설명 편집'에서 [셀 값], [>=]를 선택하고 값에는 『100』을 입력한 후 [서식]을 클릭하세요.

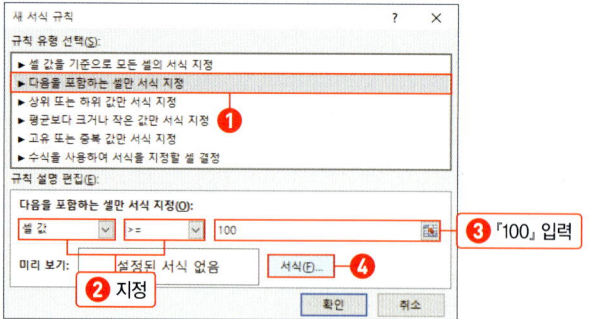

5 [셀 서식] 대화상자가 열리면 [글꼴] 탭에서 '글꼴 스타일'은 [굵게 기울임꼴]을, '색'은 '표준색'의 [진한 빨강]을 선택하고 [확인]을 클릭하세요. [새 서식 규칙] 대화상자로 되돌아오면 [확인]을 클릭하여 규칙 편집을 끝내세요.

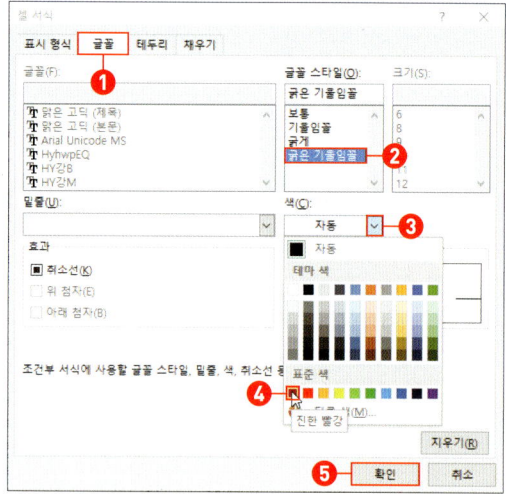
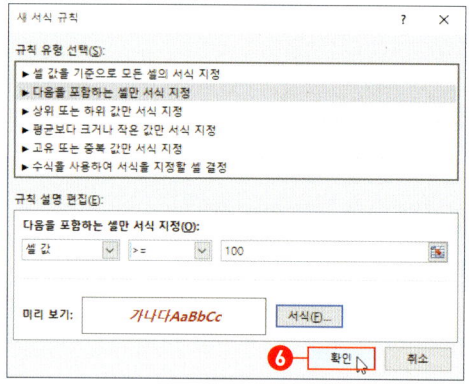

6 판매 수량이 100 이상인 데이터에 '굵은 기울임꼴', '진한 빨강' 서식이 적용되었습니다.

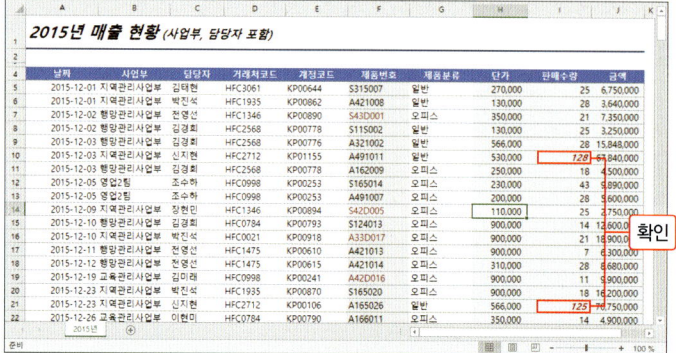

예제파일 : 매출현황_상위하위.xlsx   결과파일 : 매출현황_상위하위_완성.xlsx

실무예제 02 상위/하위 20개 판매 수량에 서식 지정하기

1 [2015년] 시트에서 상위 20개 항목에 해당하는 판매 수량을 알아보기 위해 I5:I262 범위를 드래그하여 선택하세요. [홈] 탭-[스타일] 그룹에서 [조건부 서식]을 클릭하고 [상위/하위 규칙]-[상위 10개 항목]을 선택하세요.

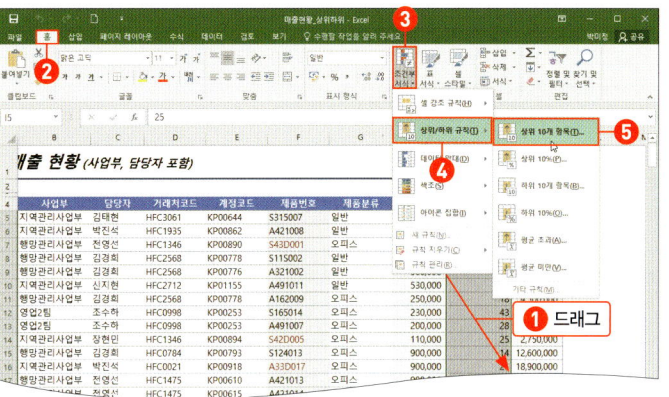

2 [상위 10개 항목] 대화상자가 열리면 '다음 상위 순위에 속하는 셀의 서식 지정' 값을 [20]으로 지정하세요. '적용할 서식'에서 [진한 노랑 텍스트가 있는 노랑 채우기]를 선택하고 [확인]을 클릭하세요.

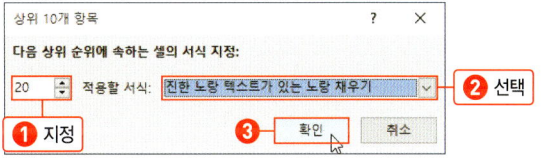

3 이번에는 하위 20개 항목에 대한 서식을 지정하기 위해 [홈] 탭-[스타일] 그룹에서 [조건부 서식]을 클릭하고 [상위/하위 규칙]-[하위 10개 항목]을 선택하세요.

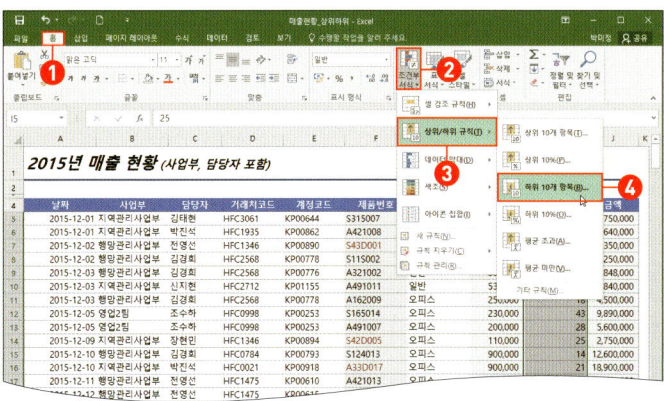

4 [하위 10개 항목] 대화상자가 열리면 '다음 하위 순위에 속하는 셀의 서식 지정' 값을 [20]으로 변경합니다. '적용할 서식'에서 [진한 빨강 텍스트가 있는 연한 빨강 채우기]를 선택하고 [확인]을 클릭하세요.

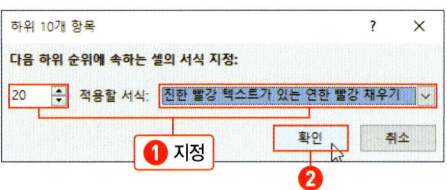

5 상위/하위 20개 항목에 해당되는 셀에 모두 지정한 서식이 적용되었습니다.

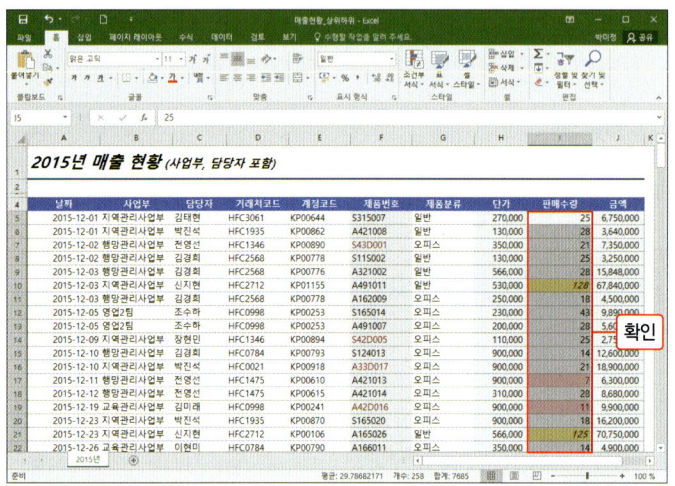

잠깐만요 조건부 서식의 범례 작성하기

보고서를 작성할 때는 어떤 조건으로 서식을 지정했는지, 무엇을 강조했는지 알려주는 범례를 같이 표시하는 것이 좋아요. 다음의 그림을 참고하여 보고서 분석을 위한 범례를 꼭 작성해 보세요.

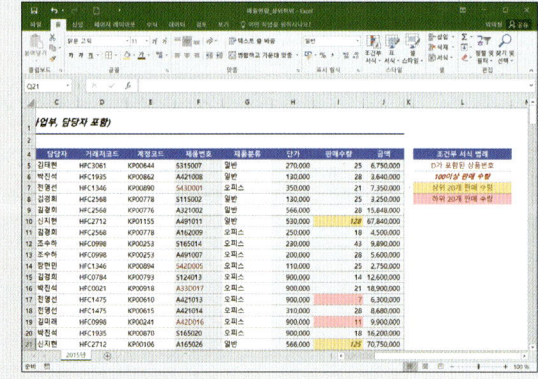

수식으로 조건부 서식과 새 규칙 지정하기

예제파일 : 매출현황_수식.xlsx   결과파일 : 매출현황_수식_완성.xlsx

1 조건에 해당하는 범위가 아닌 다른 범위에 서식을 지정해야 할 경우에는 수식을 사용해야 해요. [2015년] 시트의 전체 레코드에 서식을 지정하기 위해 A5:J262 범위를 드래그하여 선택하고 **[홈] 탭-[스타일] 그룹**에서 **[조건부 서식]**을 클릭한 후 **[새 규칙]**을 선택하세요.

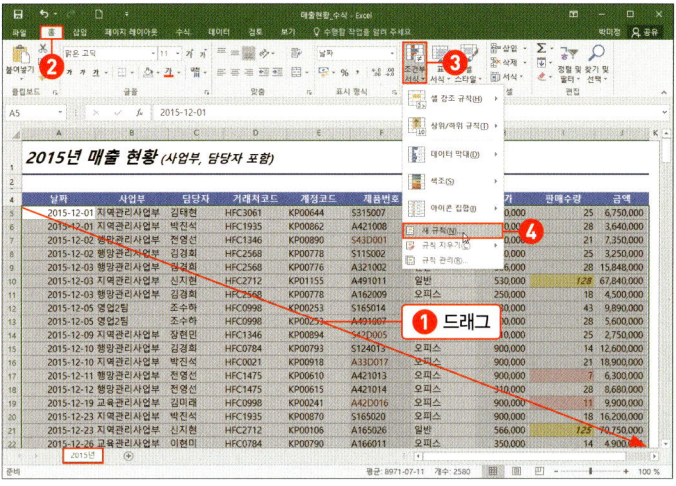

2 [새 서식 규칙] 대화상자가 열리면 '규칙 유형 선택'에서 [수식을 사용하여 서식을 지정할 셀 결정]을 선택하세요. '규칙 설명 편집'의 '다음 수식이 참인 값의 서식 지정'에 『=$J5>10000000』을 입력하고 [서식]을 클릭하세요.

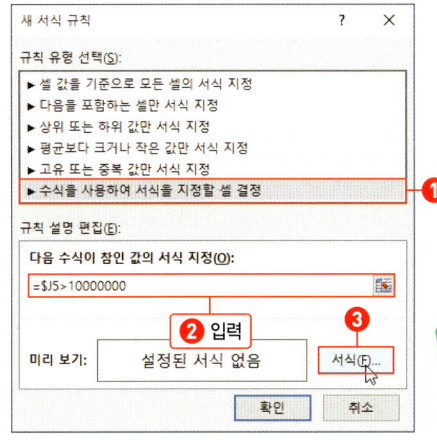

Tip

'=$J5>10000000'은 금액이 10,000,000 이상인 경우 행 전체에 서식을 지정하는 수식입니다. 여기서 'J5'에 $ 기호가 붙는 것에 주의하세요.

3 [셀 서식] 대화상자가 열리면 [채우기] 탭을 클릭하고 '배경색'에서 첫 번째 줄의 마지막 색을 선택한 후 [확인]을 클릭하세요.

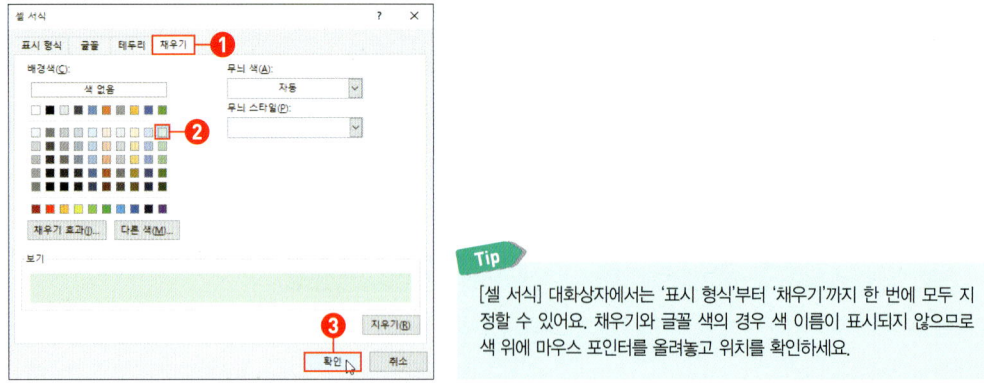

Tip
[셀 서식] 대화상자에서는 '표시 형식'부터 '채우기'까지 한 번에 모두 지정할 수 있어요. 채우기와 글꼴 색의 경우 색 이름이 표시되지 않으므로 색 위에 마우스 포인터를 올려놓고 위치를 확인하세요.

4 서식이 지정되었지만 같은 범위에 서식이 지정되어 조건이 겹치는 경우에는 이전 서식을 확인할 수 없으므로 규칙을 편집해야 해요. A5:J262 범위가 선택된 상태에서 [홈] 탭-[스타일] 그룹의 [조건부 서식]을 클릭하고 [규칙 관리]를 선택하세요.

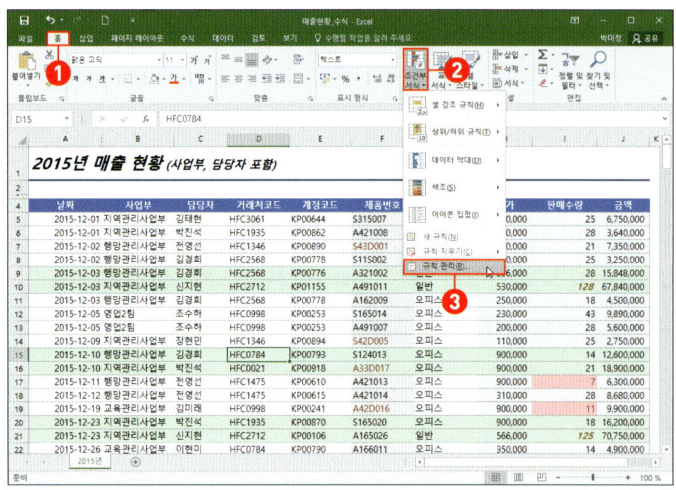

5 [조건부 서식 규칙 관리자] 대화상자가 열리면 '서식 규칙 표시'에서 [현재 워크시트]를 선택하고 [셀 값 >= 100]을 선택한 후 [위로 이동] 단추(▲)를 클릭하여 맨 위로 이동시키세요. [수식 =$J5)=10000000]을 선택하고 [아래로 이동] 단추(▼)를 클릭하여 맨 아래쪽으로 이동시킨 후 [확인]을 클릭하세요.

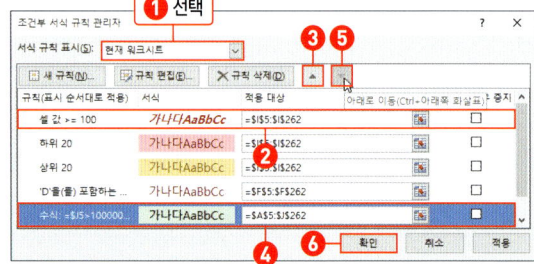

6   규칙 순서가 변경되면서 조건에 해당하는 모든 규칙이 제대로 표시되었는지 확인해 보세요.

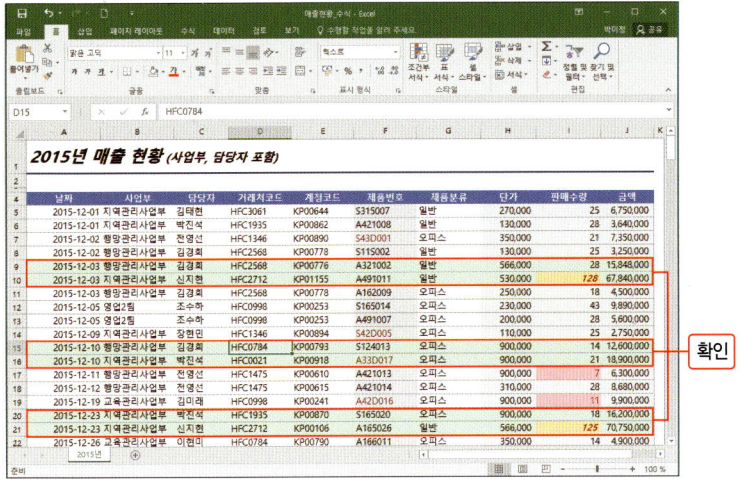

잠깐만요 　 조건부 서식에서 수식을 작성할 때의 주의 사항 알아보기

조건부 서식을 지정할 때 수식을 사용하면 좀 더 다양하게 조건을 지정할 수 있어요. 그러나 이 경우에는 반드시 주의해야 할 규칙이 있으므로 꼭 기억하세요.

❶ **셀 범위 지정** : 서식을 지정할 범위를 선택하는 방향에 따라 수식에서 사용할 셀이 결정됩니다. 예를 들어 A5:A262 범위에서 A5셀부터 드래그하여 범위를 지정하면 수식에 적용될 셀은 첫 번째 셀인 A5셀이 되고 반대로 드래그할 경우에는 A262셀이 됩니다.

❷ **수식의 참조 방법** : 수식에 적용하는 참조는 범위에서 첫 번째 셀만 지정하여 작성하므로 참조가 중요합니다. 만약 다중 항목인 A5:J262 범위의 경우 수식에서 사용할 참조는 '$J5'와 같이 열을 고정한 혼합 참조로 지정해야 행 단위로 서식이 지정됩니다. 다음의 서식 결과를 살펴보면 행(레코드) 단위로 지정된 것을 볼 수 있습니다.

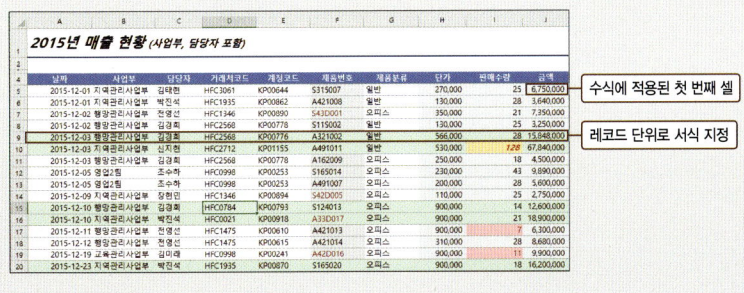

실무 예제 04

색조와 데이터 막대 지정해 매출 분석하기

예제파일 : 매출보고서_색조.xlsx 결과파일 : 매출보고서_색조_완성.xlsx

1 [보고서] 시트에서 금년도 실적 합계에 대한 크기를 시각적으로 강조해서 표시하기 위해 G4:G36 범위를 드래그하여 선택하세요. **[홈] 탭-[스타일] 그룹**에서 **[조건부 서식]**을 클릭하고 **[색조]-[파랑 – 흰색 – 빨강 색조]**를 클릭하세요.

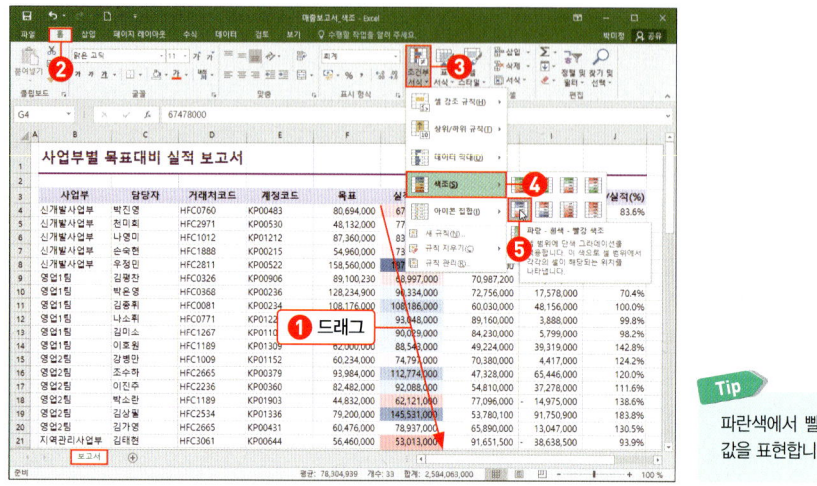

Tip
파란색에서 빨간색으로 갈수록 작은 값을 표현합니다.

2 '실적합계' 항목 값의 크기에 따라 색상이 지정되었으면 '금년-전년도' 항목의 차이 값과 값의 크기를 표시하기 위해 I4:I36 범위를 드래그하여 선택하세요. **[홈] 탭-[스타일] 그룹**에서 **[조건부 서식]**을 클릭하고 **[데이터 막대]**에서 '단색 채우기'의 **[파랑 데이터 막대]**를 클릭하세요.

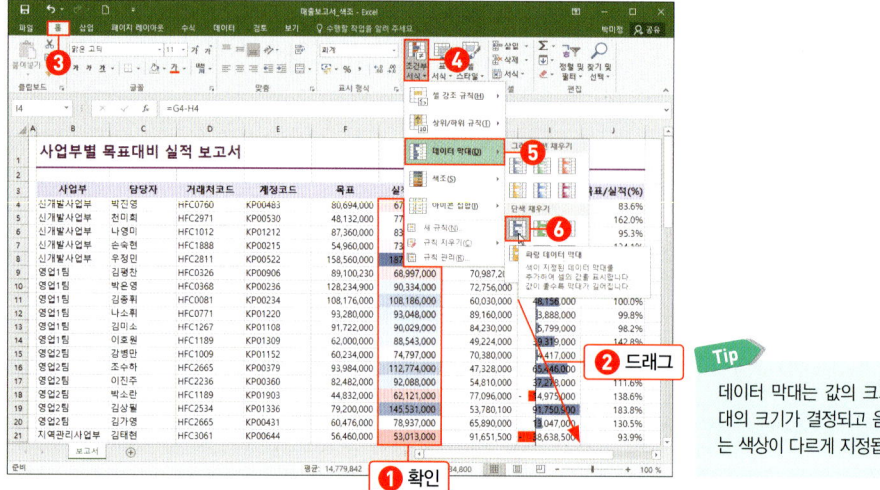

Tip
데이터 막대는 값의 크기에 따라 막대의 크기가 결정되고 음수인 경우에는 색상이 다르게 지정됩니다.

94

3 값의 크기와 양수/음수에 따라 막대의 색상과 크기가 지정되었습니다. 이제 작성된 규칙을 수정해 볼까요? '금년-전년도' 항목이 선택된 상태에서 [홈] 탭-[스타일] 그룹에서 [조건부 서식]을 클릭하고 [규칙 관리]를 선택하세요.

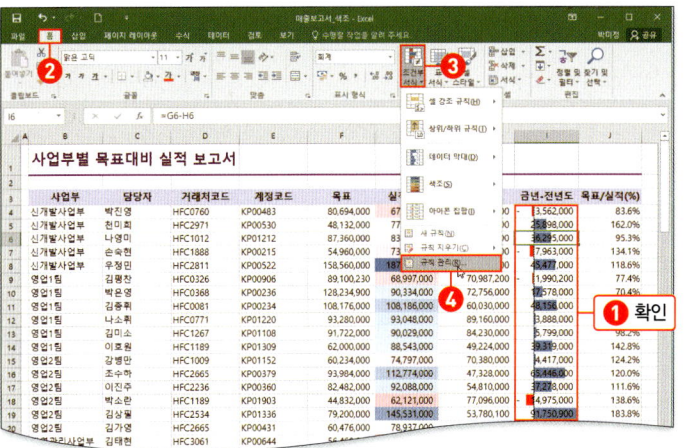

4 [조건부 서식 규칙 관리자] 대화상자가 열리면 [데이터 막대]를 선택하고 [규칙 편집]을 클릭하세요.

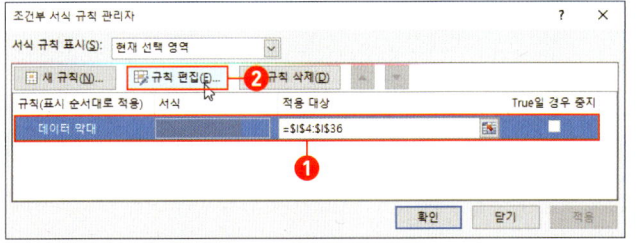

> **Tip**
> 워크시트에서 데이터 막대가 지정된 셀을 클릭한 후 규칙 편집을 실행해야 규칙을 곧바로 선택할 수 있어요.

5 [서식 규칙 편집] 대화상자가 나타나면 [음수 값 및 축]을 클릭하세요. [음수 값 및 축 설정] 대화상자가 열리면 '축 설정'에서 [없음]을 선택하고 [확인]을 클릭하세요.

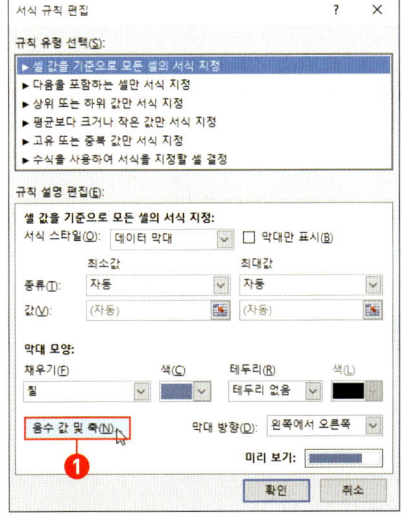
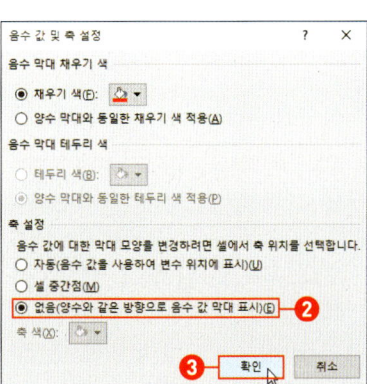

6 [서식 규칙 편집] 대화상자로 되돌아오면 '규칙 설명 편집'의 '서식 스타일'에서 [막대만 표시]에 체크하고 '막대 방향'에서 [왼쪽에서 오른쪽]을 선택한 후 [확인]을 클릭하세요. [조건부 서식 규칙 관리자] 대화상자로 되돌아오면 [확인]을 클릭하여 규칙 편집을 끝내세요.

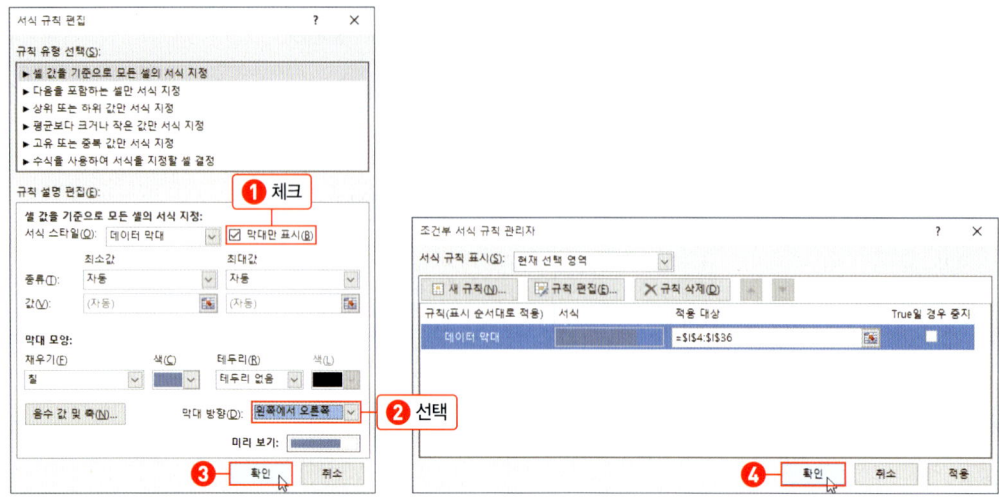

7 '금년-전년도' 항목의 데이터 막대의 규칙이 변경되었습니다.

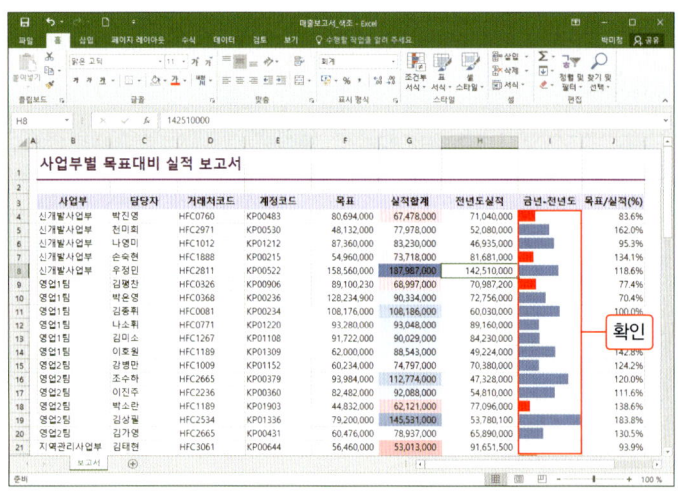

> **잠깐만요** '조건부 서식 규칙 관리자'에서 규칙 삭제하기
>
> 조건부 서식이 지정된 셀 범위를 선택하고 규칙을 삭제해도 되지만, 좀 더 편리하게 규칙을 삭제하려면 '조건부 서식 규칙 관리자'를 활용하는 것이 편리합니다. [조건부 서식 규칙 관리자] 대화상자에서 '현재 워크시트'에 있는 모든 규칙 중 원하는 규칙을 선택하고 [규칙 삭제]를 클릭해 삭제할 수 있어요.

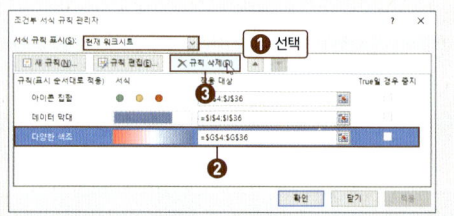

1 | '10월 판매 현황' 보고서에 조건부 서식 지정해 셀 강조하기

예제파일 : 10월매출.xlsx **결과파일** : 10월매출_완성.xlsx

조건부 서식의 다양한 규칙과 수식으로 조건을 설정하여 '10월 판매 현황' 보고서를 시각적으로 강조해 보세요.

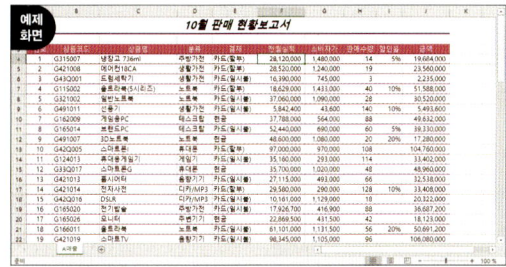
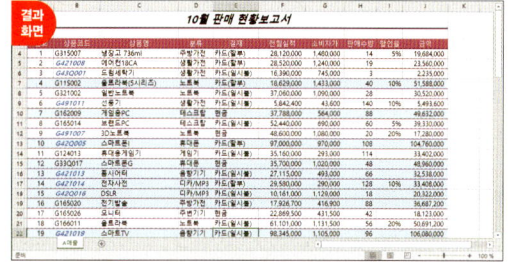

Hint
① '상품코드' 항목에서 'G4'가 포함된 셀에 [파랑], [굵게], [기울임꼴]을 지정하세요.
② 판매 금액이 하위 5% 이내인 경우 [진한 노랑 텍스트가 있는 노랑 채우기]를 지정하세요.
③ 수식을 사용해 전월 금액보다 금월 금액이 많으면 전체 행에 '테마 색'의 [파랑, 강조 3, 80% 더 밝게]로 채우세요.
④ 규칙의 순서에서 수식을 사용한 규칙을 맨 아래쪽으로 이동하세요.

2 | 색조와 아이콘 집합 지정해 전년 대비 실적 비교 분석하기

예제파일 : 전년대비실적비교.xlsx **결과파일** : 전년대비실적비교_완성.xlsx

'전년대비실적비교' 문서에 색조, 아이콘 집합으로 매출을 분석하고 편집해 보세요.

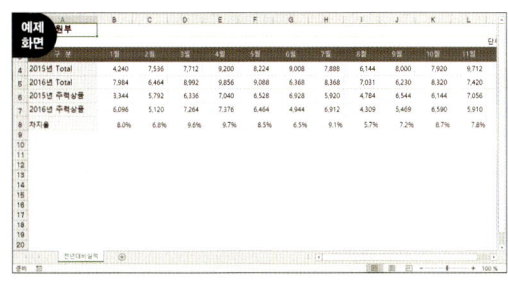
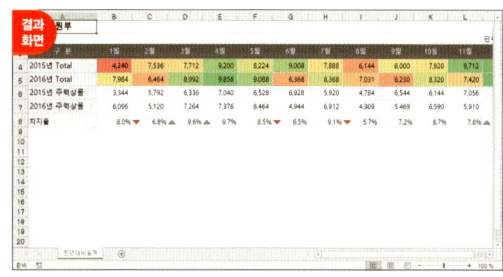

Hint
① '2015년 Total' 항목과 '2016년 Total' 항목에 3색조(녹색 – 노랑 – 빨강 색조)로 조건부 서식을 지정하고 최소값은 [5000], 최대값은 [10000]으로 변경하세요.
② '차지율' 항목에는 아이콘 집합(삼각형 세 개)을 지정하고 값을 9.5% 이상은 ▲으로, 7% 이상은 ━으로, 0%는 ▼로 변경하세요. 이때 7% 이상은 아이콘이 표시되지 않도록 지정하세요.

Section 03 차트와 스파크라인으로 데이터 표현하기

데이터를 시각화하는 가장 쉬운 방법은 차트를 사용하는 것입니다. 엑셀 2016에서는 분석 기능인 차트가 특히 강화되었는데, 입력된 데이터를 선택하기만 해도 다양하게 분석할 수 있는 도구를 제공하기 때문이죠. 또한 데이터에 적합한 추천 차트를 제공하고 있어서 쉽고 빠르게 분석 자료를 시각화하여 만들 수 있어요. 이번 섹션에서는 엑셀 2016에 추가된 선버스트 차트나 히스토그램과 같은 분석 차트에 대해 알아보고 데이터를 시각화하는 효율적인 방법에 대해 배워보겠습니다.

> PREVIEW

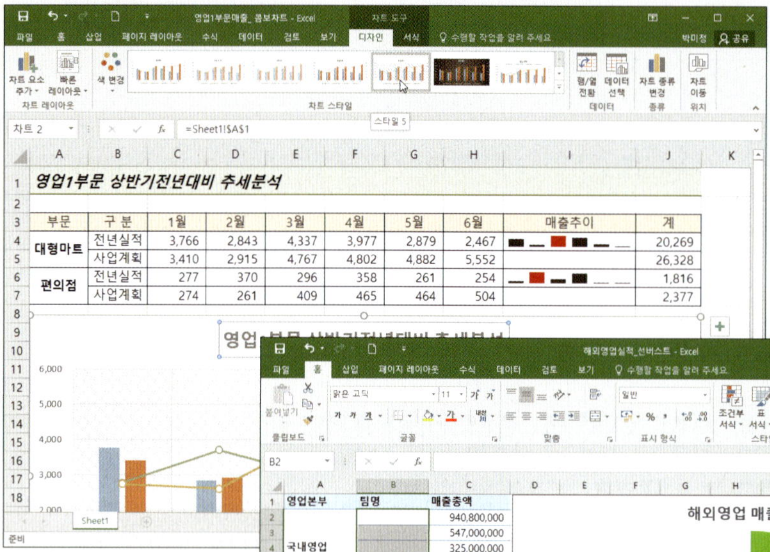

▲ 차트 삽입과 서식 지정해 데이터 시각화하기

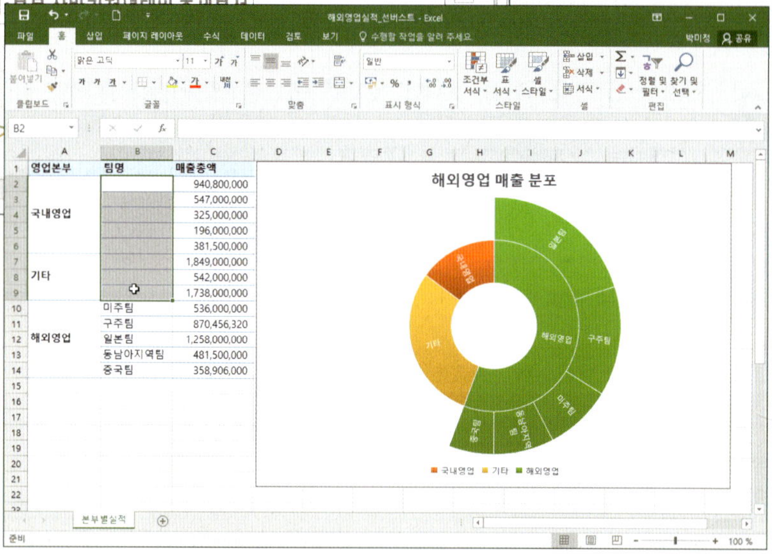

▲ 선버스트 차트로 계층 구조 표현하기

> 섹션별 주요 내용

01 | 차트의 구성 요소와 빠른 차트 작성하기 02 | 추천 차트 이용해 빠르게 차트 삽입하기
03 | 차트의 종류와 차트 데이터 편집하기 04 | 차트에 세부 서식 지정하기 05 | 스파크라인 이용해 판매 추이 살펴보기
06 | 서로 다른 차트 하나로 표현하기 — 콤보 차트 07 | 데이터의 계층 구조 표현하기 — 선버스트 차트

핵심기능 01 | 차트의 구성 요소와 빠른 차트 작성하기

1 | 차트의 구성 요소 알아보기

요약된 데이터를 차트로 표현하면 여러 개의 값을 동시에 시각적으로 비교해 볼 수 있어요. 따라서 원하는 분석 관점에 적합한 차트로 선택한 후 구성 요소를 편집하면 데이터를 좀 더 효율적으로 표현할 수 있어요. 차트의 구성 요소에는 차트 영역, 그림 영역, 각 계열과 요소, 범례 등이 포함되어 있는데, 차트에 따라 구성 요소가 다르게 나타날 수 있습니다.

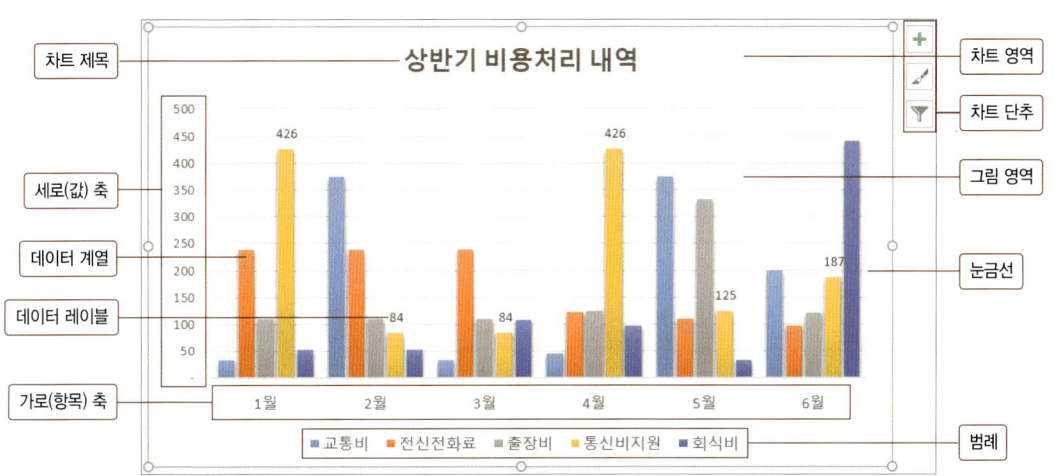

2 | 기본 차트 빠르게 그리기

워크시트에 차트를 삽입하려면 차트로 작성할 데이터 범위를 선택하고 [삽입] 탭-[차트] 그룹에서 원하는 차트를 선택해야 해요. 단축키를 사용하면 기본 차트를 좀 더 빠르게 삽입할 수 있어요.

같은 시트에 삽입한 차트

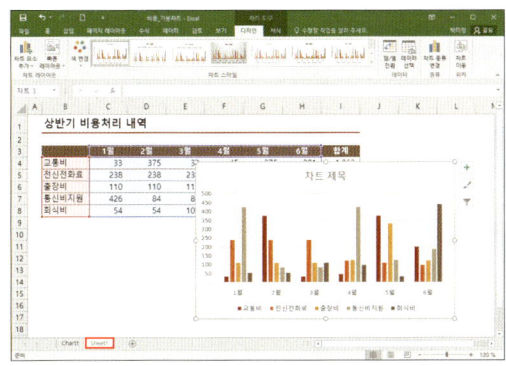

▲ 데이터 범위 선택 후 Alt + F1 을 눌러 같은 시트에 차트 삽입하기

새로운 시트에 삽입한 차트

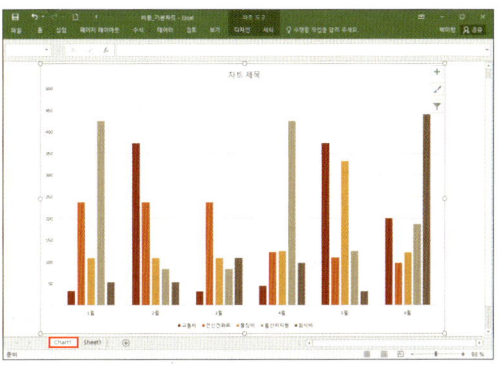

▲ 데이터 범위 선택 후 F11 을 눌러 새로운 시트에 차트 삽입하기

| 우선순위 TOP 14 | 예제파일 : 판매계획및실적_차트삽입.xlsx 결과파일 : 판매계획및실적_차트삽입_완성.xlsx |

실무예제 02 추천 차트 이용해 빠르게 차트 삽입하기

1 [Sheet1] 시트에서 차트로 표현하고 싶은 B4:E11 범위를 드래그하여 선택하고 [삽입] 탭-[차트] 그룹에서 [추천 차트]를 클릭하세요.

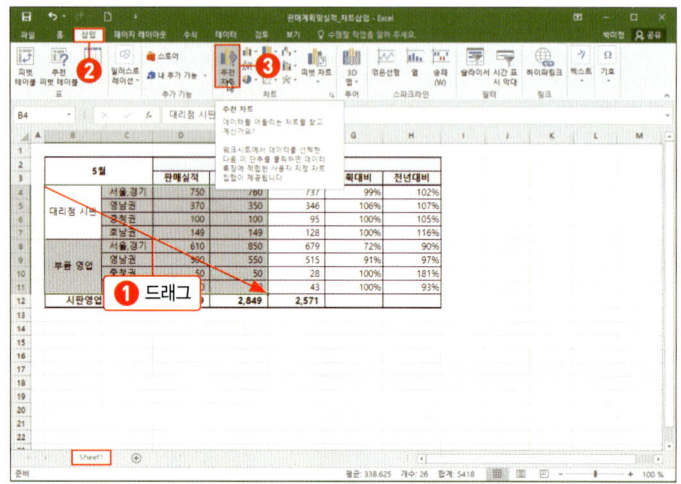

> Tip
> 계열 이름에 해당되는 '판매실적(D3셀)'과 '사업계획(E3셀)'은 병합된 셀 때문에 차트 표현 범위에 포함되지 않았습니다.

2 엑셀 2016에서는 데이터를 가장 잘 표현해 주는 다양한 스타일의 분석 차트를 제공하고 있어요. [차트 삽입] 대화상자가 열리면 [추천 차트] 탭에서 [묶은 세로 막대형]을 선택하고 [확인]을 클릭하세요.

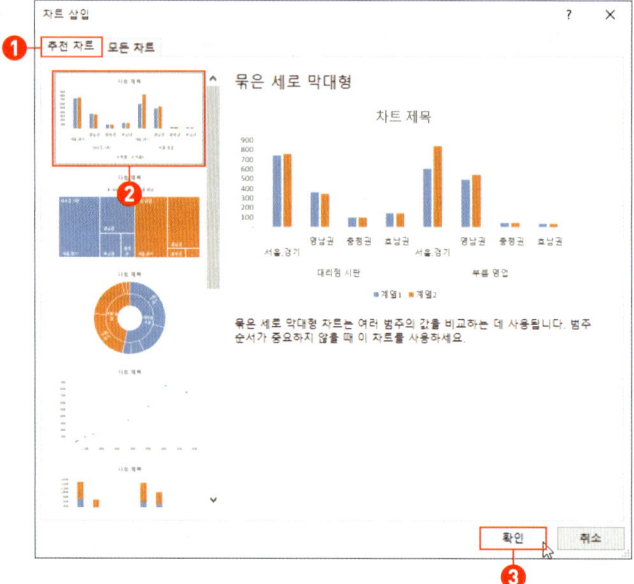

3 묶은 세로 막대형 차트가 삽입되면 B14셀의 아래쪽으로 드래그하여 위치를 이동하세요. 차트의 오른쪽 모서리에 마우스 포인터를 올려놓고 ┿ 모양으로 변경되면 드래그하여 원하는 크기로 변경해 보세요.

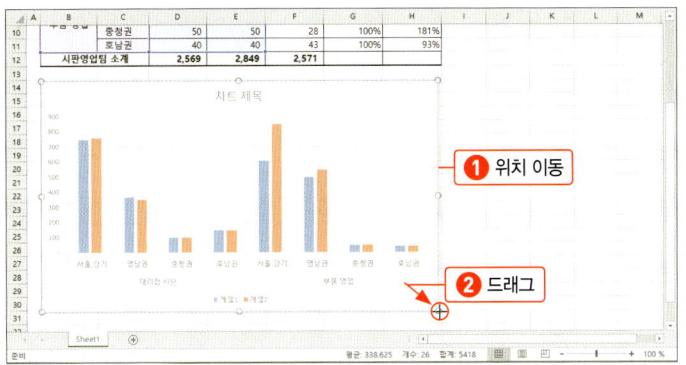

4 작성한 차트의 스타일을 빠르게 변경해 볼까요? 차트를 선택한 상태에서 차트의 오른쪽 위에 있는 [차트 스타일] 단추(🖌)를 클릭하고 '스타일'의 [스타일 6]을 선택하세요.

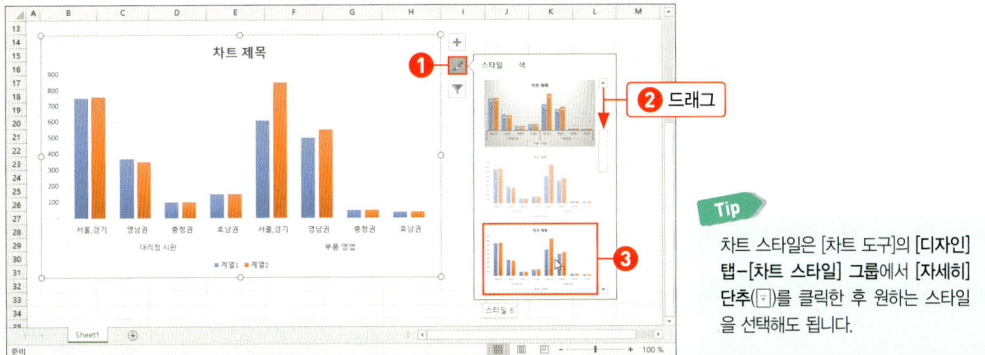

Tip
차트 스타일은 [차트 도구]의 [디자인] 탭-[차트 스타일] 그룹에서 [자세히] 단추(⛛)를 클릭한 후 원하는 스타일을 선택해도 됩니다.

5 차트의 구성 요소 중에서 차트의 오른쪽 위에 있는 [차트 요소] 단추(➕)를 클릭하고 [눈금선]의 [기본 주 세로]에 체크하여 세로 주 눈금선을 추가하세요.

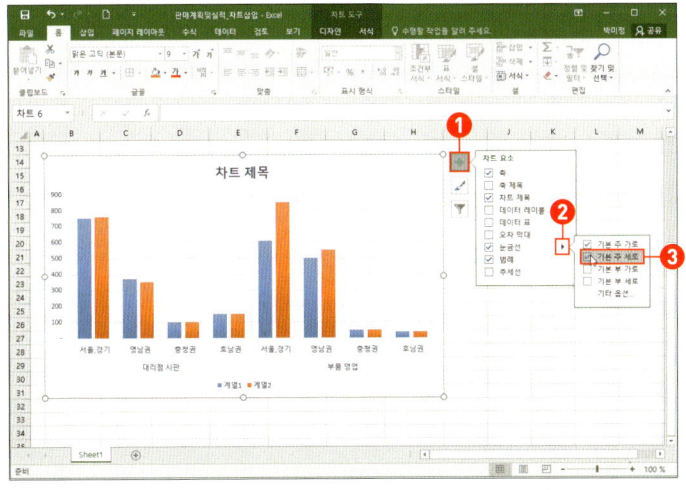

101

실무예제 03 차트의 종류와 차트 데이터 편집하기

1 이미 작성한 차트를 다른 차트로 변경해 볼게요. [Sheet1] 시트에서 차트를 선택하고 [차트 도구]의 [디자인] 탭-[종류] 그룹에서 [차트 종류 변경]을 클릭하세요.

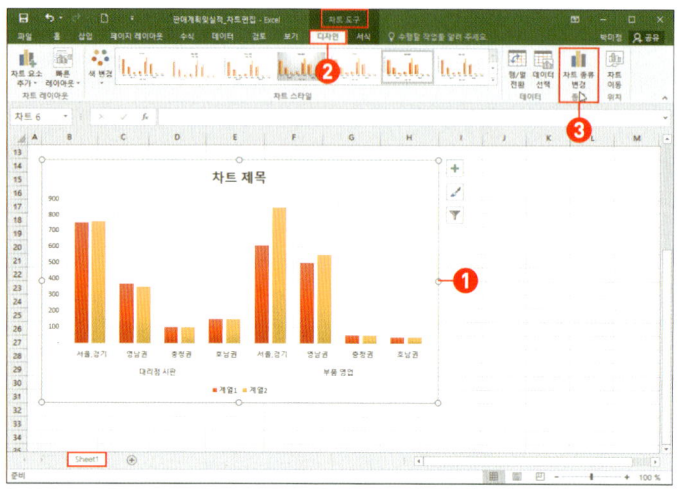

2 [차트 종류 변경] 대화상자가 열리면 [모든 차트] 탭에서 [가로 막대형]을 선택하고 오른쪽 창에서 [누적 가로 막대형]의 왼쪽 차트를 선택한 후 [확인]을 클릭하세요.

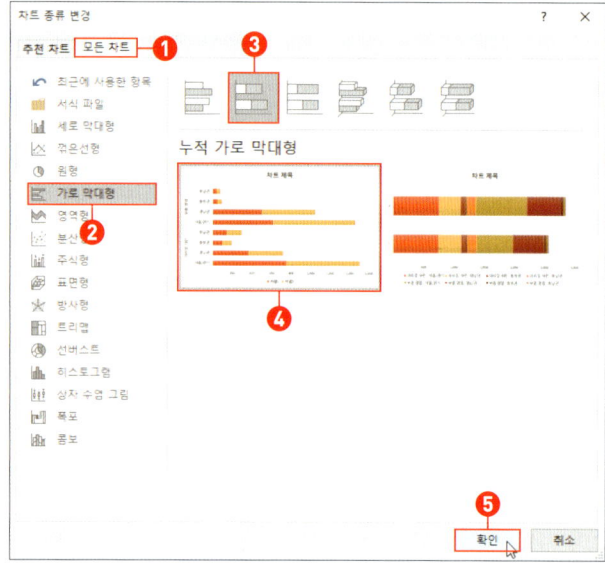

3 차트가 변경되었으면 '계열1', '계열2'로 표시된 계열 이름을 편집해 볼게요. 차트를 선택한 상태에서 [차트 도구]의 **[디자인] 탭-[데이터] 그룹**에서 **[데이터 선택]**을 클릭하세요.

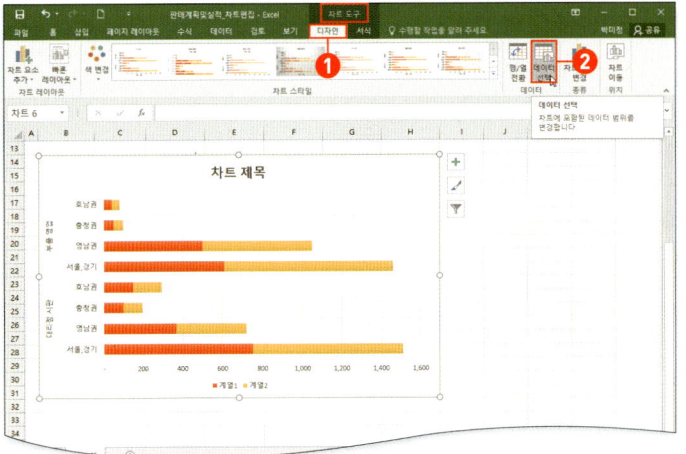

4 [데이터 원본 선택] 대화상자가 열리면 '범례 항목(계열)'의 [계열1]에 체크하고 [편집]을 클릭하세요. [계열 편집] 대화상자가 열리면 '계열 이름'에 『판매실적』을 입력하고 [확인]을 클릭하세요.

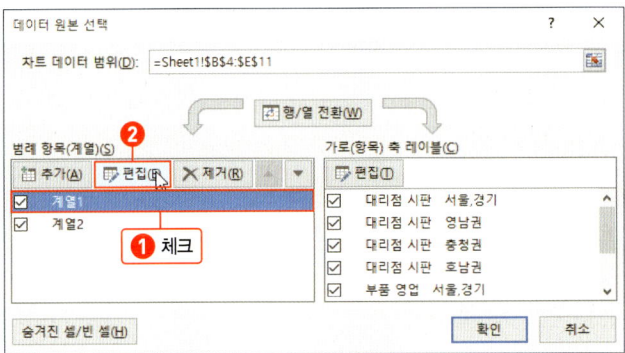
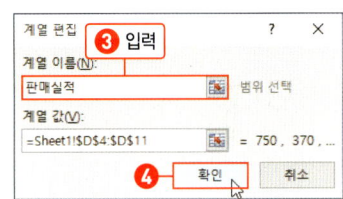

5 [데이터 원본 선택] 대화상자로 되돌아오면 4 과정과 같은 방법으로 [계열2]에 체크하고 [편집]을 클릭하세요. [계열 편집] 대화상자에서 '계열 이름'에 『사업계획』을 입력하고 [확인]을 클릭하세요.

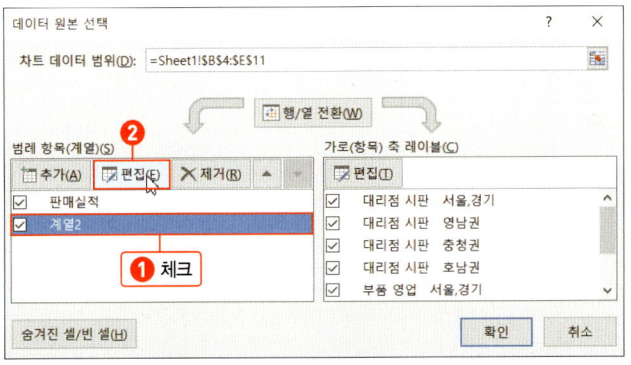
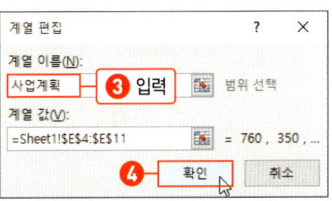

6 [데이터 원본 선택] 대화상자로 되돌아오면 '범례 항목(계열)'의 이름이 제대로 변경되었는지 살펴보고 [확인]을 클릭하세요.

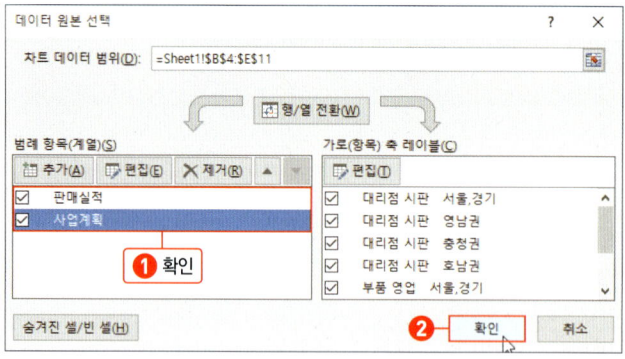

7 계열 이름이 변경되었는지 확인하고 차트 제목에 『계획대비 판매실적』을 입력하여 차트 편집을 완성하세요.

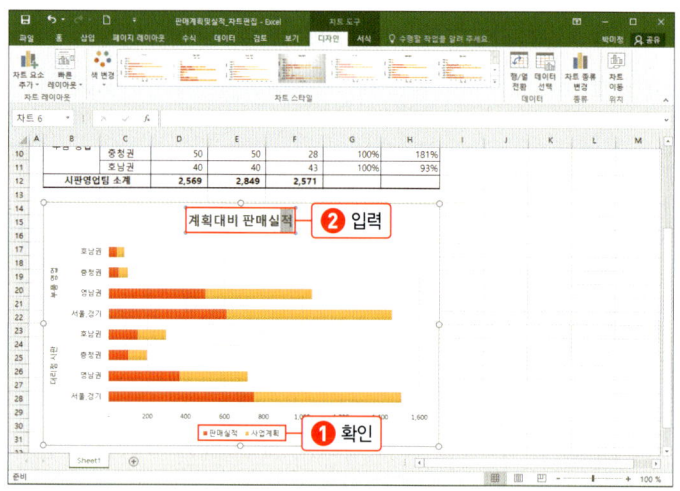

잠깐만요 차트의 특정 요소만 빠르게 편집하기

차트를 선택하면 차트의 오른쪽 위에 [차트 요소] 단추(+), [차트 스타일] 단추(✎), [차트 필터] 단추(▼)가 표시되는데, 이 단추들을 이용하여 구성 요소를 추가하고, 서식을 지정하며, 데이터 편집을 쉽고 빠르게 할 수 있어요. 차트에서 빼야 할 항목이 있다면 [차트 필터] 단추(▼)를 클릭하고 해당 항목의 체크를 해제한 후 [적용]을 클릭하면 됩니다.

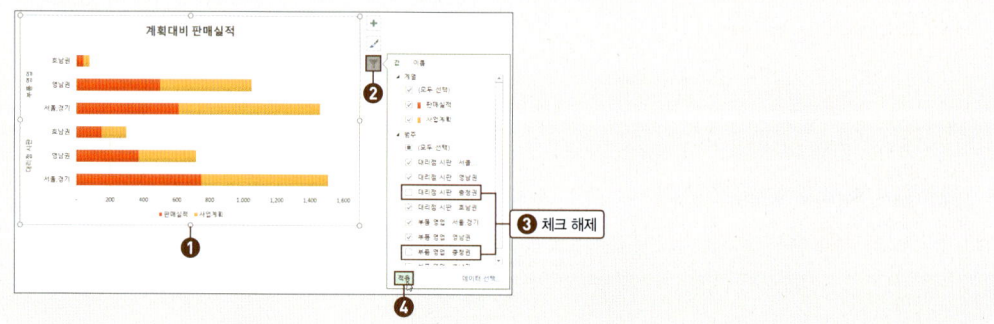

난이도 1 2 ③ 4 5

예제파일 : 판매계획및실적_차트서식.xlsx   결과파일 : 판매계획및실적_차트서식_완성.xlsx

실무예제 04 차트에 세부 서식 지정하기

1 차트 스타일을 적용하여 작성한 차트라도 세부 서식까지 지정하면 좀 더 보기 좋은 차트로 만들 수 있어요. [Sheet1] 시트에서 차트의 [가로(값) 축]을 선택하고 [차트 도구]의 **[서식] 탭-[현재 선택 영역] 그룹**에서 **[선택 영역 서식]**을 클릭하세요.

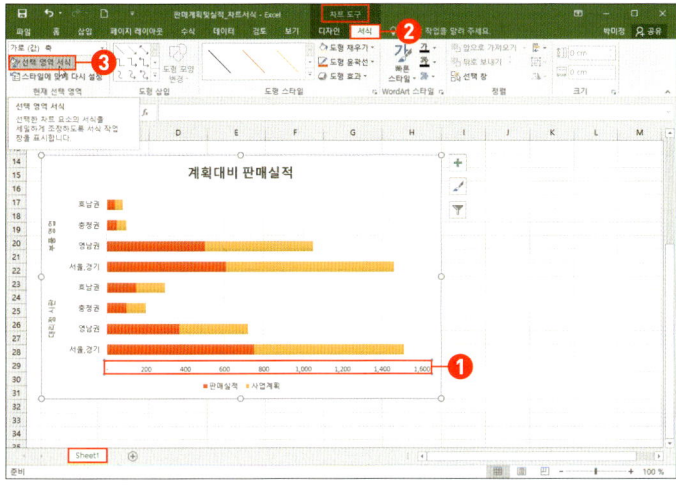

Tip
차트에서 가로(값) 축을 직접 선택하지 않고 [차트 도구]의 [서식] 탭-[현재 선택 영역] 그룹에서 [차트 요소]를 클릭한 후 [가로 (값) 축]을 선택해도 됩니다.

2 화면의 오른쪽에 [축 서식] 창이 열리면 [축 옵션] 단추(▮▮)를 클릭하고 '경계'의 '최대'는 [1800.00], '단위'의 '주'는 [300.00]으로 변경하세요.

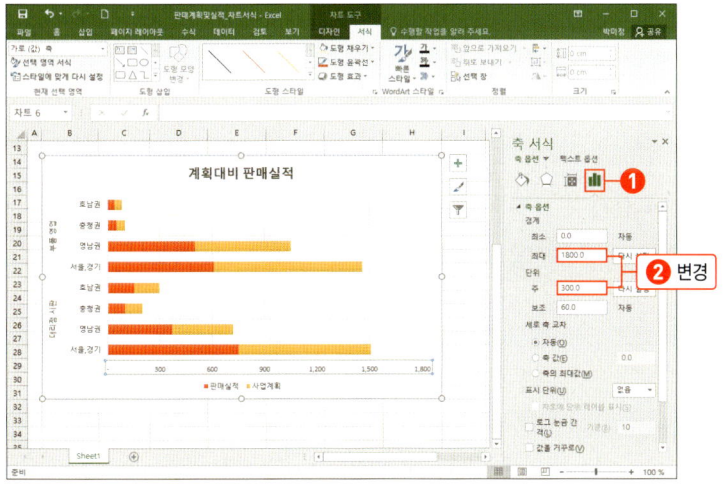

3 데이터 막대 중에서 하나의 계열(사업계획)을 선택하고 [데이터 계열 서식] 창에서 [계열 옵션] 단추(■)를 클릭한 후 '간격 너비'를 [60%]로 지정하세요. 이렇게 하면 각 항목 간의 간격이 좁아지면서 계열의 막대 너비가 넓어집니다.

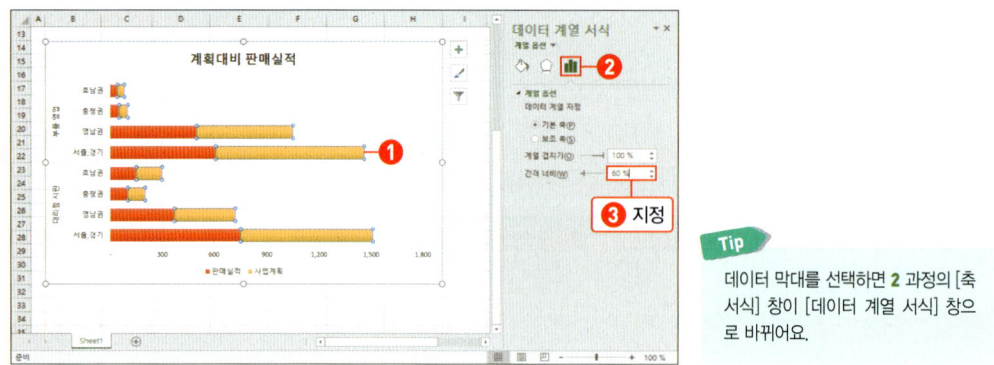

Tip
데이터 막대를 선택하면 2 과정의 [축 서식] 창이 [데이터 계열 서식] 창으로 바뀌어요.

4 차트에서 그림 영역을 선택하고 [그림 영역 서식] 창에서 [채우기 및 선] 단추(◇)를 클릭한 후 '채우기'의 [단색 채우기]를 선택하세요. '색'은 '테마 색'의 [황갈색, 배경 2]를 선택하고 '투명도'를 [50%]로 지정한 후 [닫기] 단추(×)를 클릭해 창을 닫으세요.

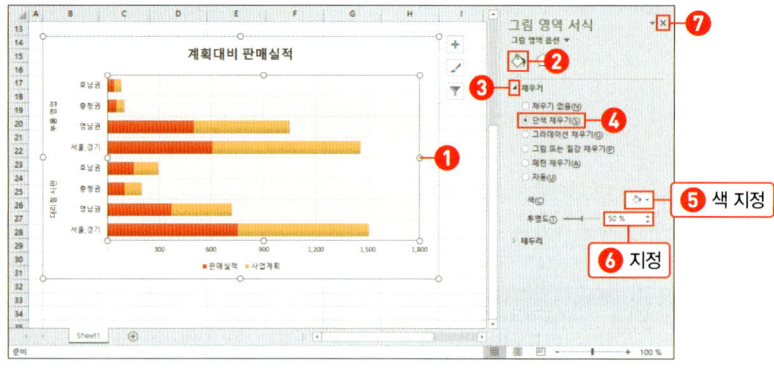

5 차트의 전체 색상을 변경하기 위해 [페이지 레이아웃] 탭-[테마] 그룹에서 [색]을 클릭하고 [보라 II]를 선택하세요. 이렇게 하면 차트를 포함한 전체 워크시트의 색상이 테마 색으로 변경됩니다.

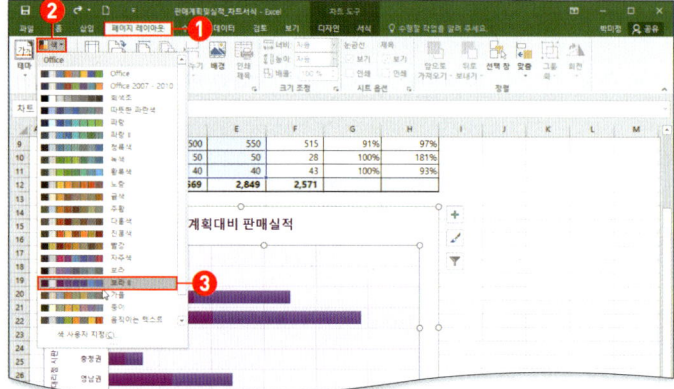

실무예제 05 스파크라인 이용해 판매 추이 살펴보기

1 스파크라인은 셀에 삽입되는 작은 차트로, 값의 추이를 하나의 셀에서 표현할 수 있어요. 먼저 [Sheet1] 시트에서 스파크라인을 삽입할 I4:I7 범위를 드래그하여 선택하고 [삽입] 탭-[스파크라인] 그룹에서 [꺾은선형]을 클릭하세요. [스파크라인 만들기] 대화상자가 열리면 '원하는 데이터 선택'의 '데이터 범위'에 『C4:H7』을 입력하고 [확인]을 클릭하세요.

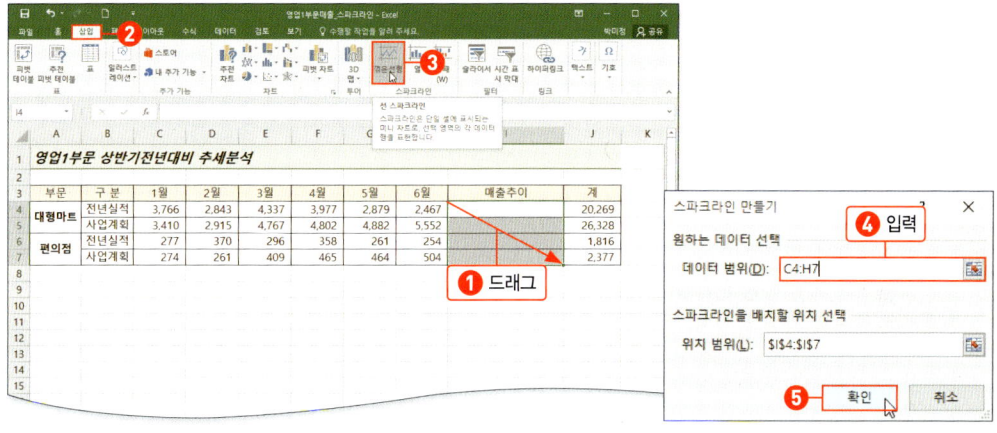

> **Tip**
> 스파크라인은 배경처럼 삽입되는 작은 차트이기 때문에 텍스트나 값이 입력된 셀에도 삽입할 수 있어요.

2 I4:I7 범위에 꺾은선형 스파크라인이 삽입되었으면 스파크라인의 디자인을 변경하기 위해 [스파크라인 도구]의 [디자인] 탭-[표시] 그룹에서 [높은 점]에 체크하세요. 다시 [디자인] 탭-[스타일] 그룹에서 [자세히] 단추(⏷)를 클릭하고 [스파크라인 스타일 어둡게 #3]을 선택하세요.

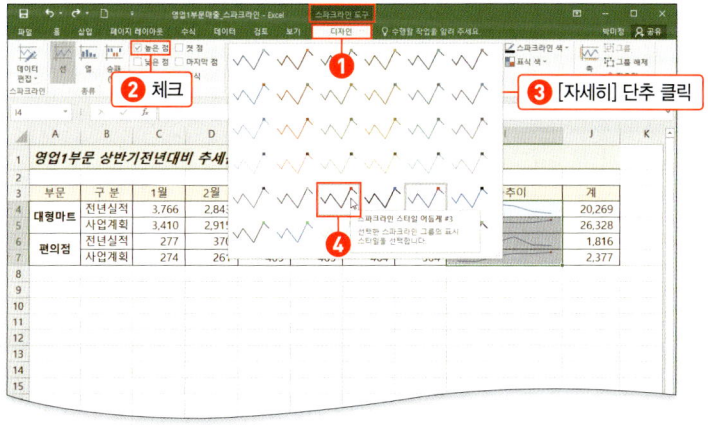

3 꺾은선형 스파크라인을 열 스파크라인으로 변경하기 위해 [스파크라인 도구]의 [디자인] 탭-[종류] 그룹에서 [열]을 클릭하세요.

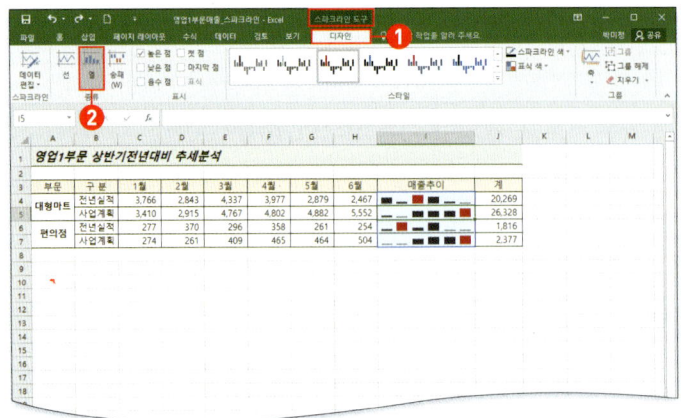

4 [스파크라인 도구]의 [디자인] 탭-[그룹] 그룹에서 [그룹 해제]를 클릭하세요. I5셀을 클릭하고 Ctrl을 누른 상태에서 I7셀을 클릭한 후 [디자인] 탭-[그룹] 그룹에서 [지우기]를 클릭하세요.

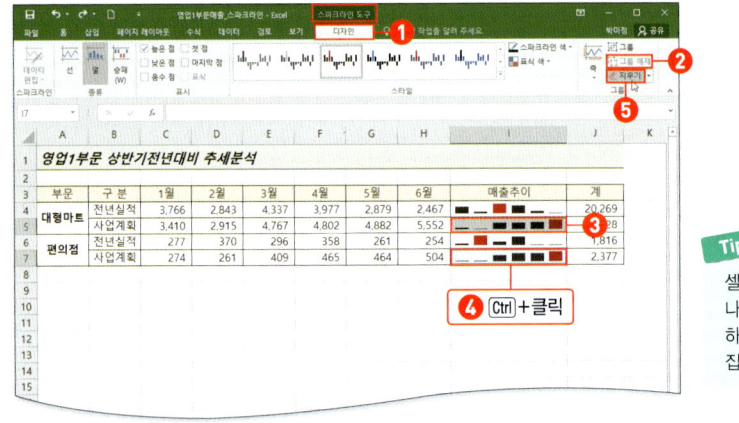

> **Tip**
> 셀에 삽입된 스파크라인은 전체가 하나의 그룹으로 지정되어 있기 때문에 하나의 셀에 삽입된 스파크라인을 편집하면 전체 셀에 똑같이 적용됩니다.

5 그룹이 해제되면서 '사업계획' 분야의 스파크라인이 삭제되었습니다.

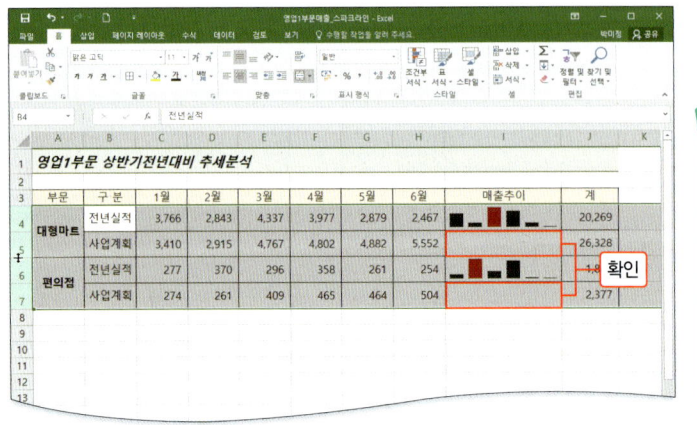

> **Tip**
> 스파크라인은 한 셀에 삽입하는 작은 차트로, 시간의 흐름에 따른 변화 추이 비교에 사용되는 '선 스파크라인'과 크기 데이터 비교를 위한 '열 스파크라인', 양수, 음수 표시도 이익 발생 여부 판단을 위한 '승패 스파크라인'이 있어요. 따라서 각 스파크라인의 기능에 따라 데이터의 특성에 맞게 적용하세요.

06 서로 다른 차트를 하나로 표현하기

— 콤보 차트

1 콤보 차트는 성격이 다른 데이터나 값 차이가 큰 데이터를 하나의 차트에 표현할 수 있어요. [Sheet1] 시트에서 차트에 포함할 A3:H7 범위를 드래그하여 선택하고 **[삽입] 탭-[차트] 그룹**에서 **[콤보 차트 삽입]**을 클릭한 후 **[사용자 지정 콤보 차트 만들기]**를 선택하세요.

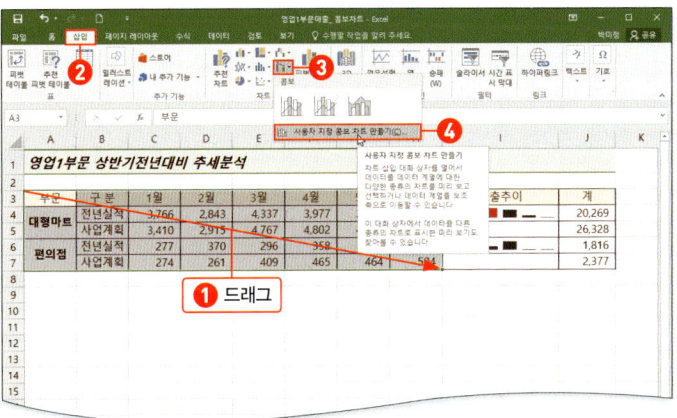

2 [차트 종류 변경] 대화상자가 열리면 [모든 차트] 탭에서 [콤보]를 선택하세요. 대화상자의 오른쪽 아래에 있는 '편의점 전년실적' 계열과 '편의점 사업계획' 계열의 차트 종류를 '꺾은선형'의 [표식이 있는 꺾은선형]으로 지정하고 [보조 축]에 체크한 후 [확인]을 클릭하세요.

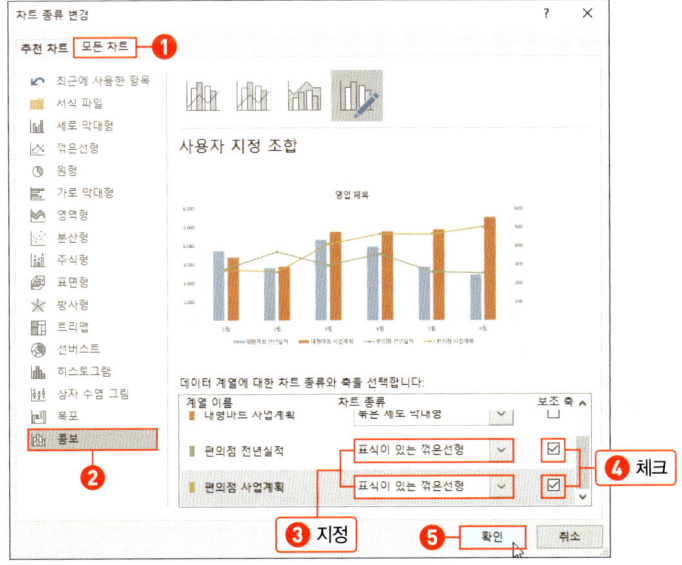

> **Tip**
> 콤보 차트는 서로 다른 종류의 차트를 사용해야 작성할 수 있어요. 값의 차이가 큰 경우에는 보조 축으로 표시하는 것이 좋습니다.

3 콤보 차트가 삽입되면 차트의 크기를 조정하고 표의 아래쪽으로 위치를 이동해 보세요.

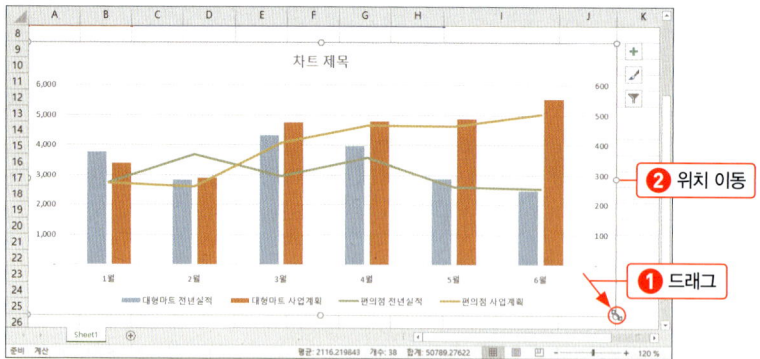

4 이번에는 제목을 변경하고 표의 데이터와 연동시켜 볼까요? 차트 제목을 선택하고 『=』을 입력한 후 『A1』을 클릭하고 Enter 를 누르세요.

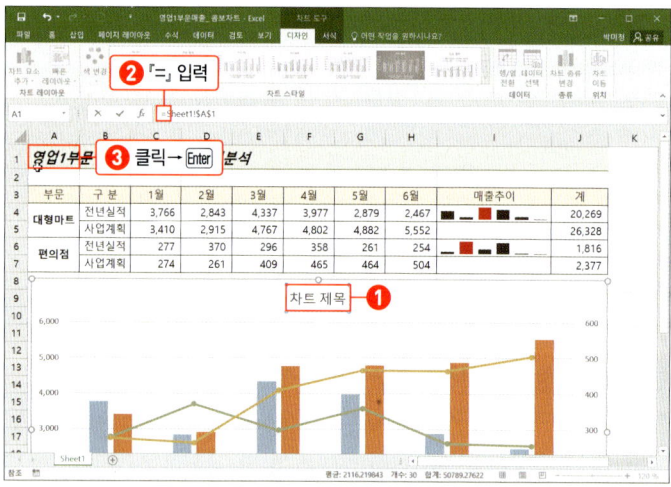

5 [차트 도구]의 [디자인] 탭-[차트 스타일] 그룹에서 [스타일 5]를 선택하여 차트를 완성하세요.

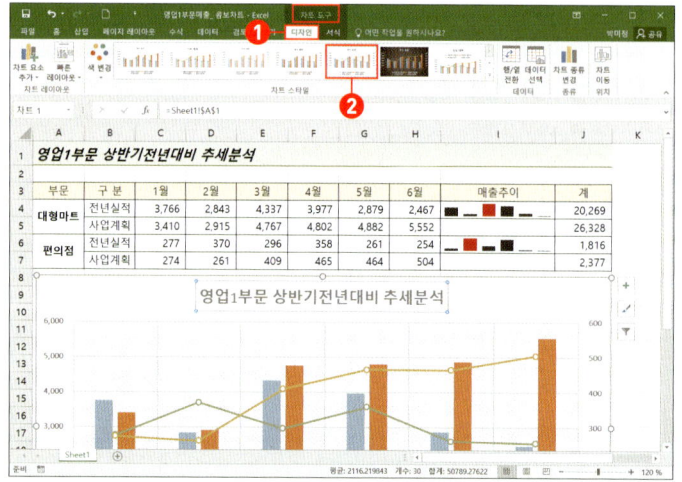

Tip
표식처럼 차트의 요소마다 서식을 따로 지정할 수 있어요.

NEW

실무예제 07 데이터의 계층 구조 표현하기

— 선버스트 차트

> 예제파일 : 해외영업실적_선버스트.xlsx
> 결과파일 : 해외영업실적_선버스트_완성.xlsx

1. 계층 구조로 된 데이터를 표현할 경우 엑셀 2016에 새롭게 추가된 트리맵과 선버스트 차트가 효과적입니다. [본부별실적] 시트에서 A1:C14 범위를 드래그하여 선택하고 [삽입] 탭-[차트] 그룹에서 [계층 구조 차트 삽입]을 클릭한 후 '선버스트'의 [선버스트]를 클릭하세요.

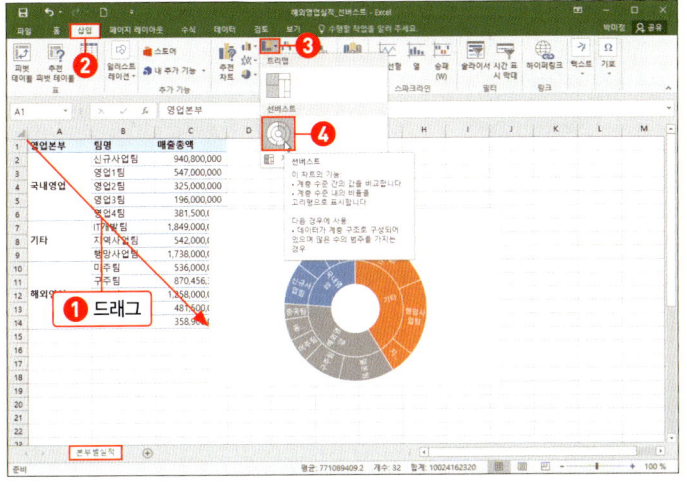

> **Tip**
> 선버스트 차트는 하나의 원이 계층 구조의 각 수준을 나타내면서 가장 안쪽에 있는 원이 계층 구조의 가장 높은 수준을 나타내는 차트로, 계층 구조 데이터를 표시하는 데 적합해요.

2. 선버스트 차트가 삽입되면 차트의 크기와 위치를 조정하고 [차트 도구]의 [디자인] 탭-[차트 스타일] 그룹에서 [스타일 5]를 선택하세요.

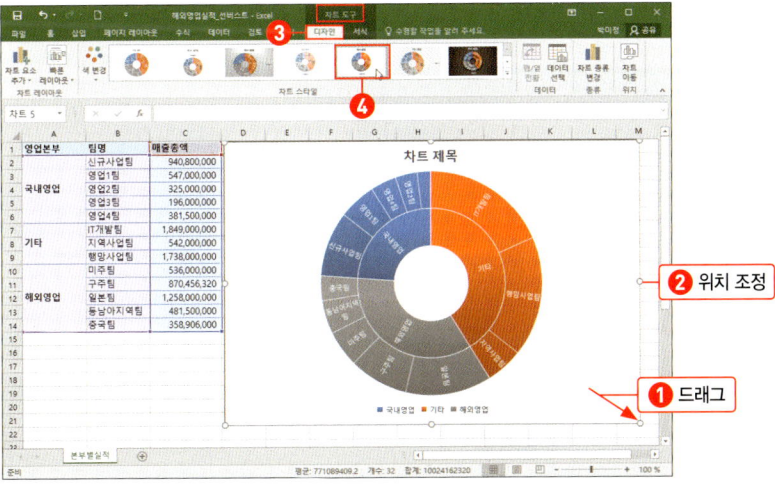

111

3 이번에는 차트의 색상 구조를 변경해 볼까요? [차트 도구]의 [디자인] 탭-[차트 스타일] 그룹에서 [색 변경]을 클릭하고 '색상형'의 [색 3]을 선택하세요.

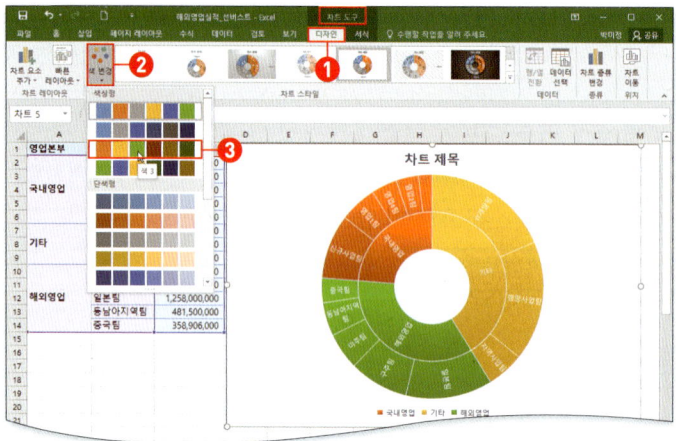

4 차트 제목에 『해외영업 매출 분포』를 입력하세요.

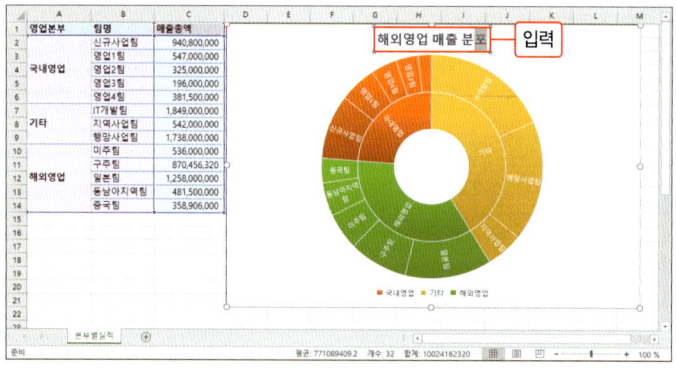

5 선버스트 차트는 계층 구조에 빈 셀이 있는 경우에만 그릴 수 있어요. 강조하려는 계층을 표현하기 위해 B2:B9 범위를 드래그하여 선택하고 Delete 를 눌러 내용을 지우세요.

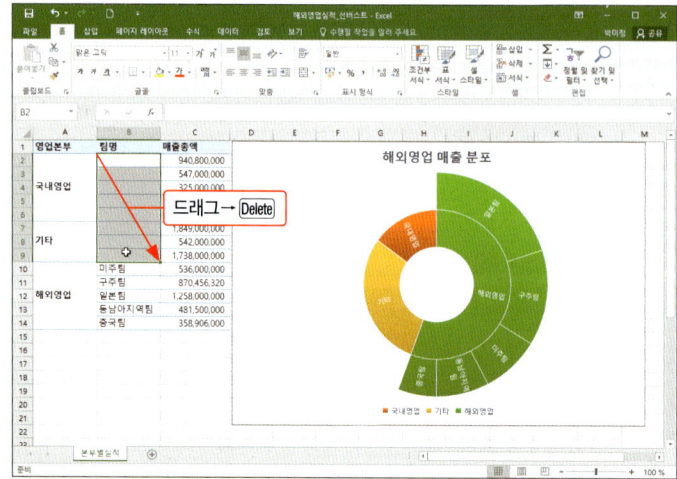

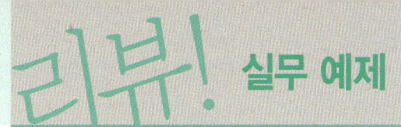

1 | '2016년 매출 보고서'에 차트 삽입하고 꾸미기

● 예제파일 : 영업매출.xlsx   ● 결과파일 : 영업매출_완성.xlsx

묶은 세로 막대형 차트로 주어진 매출 데이터를 삽입하고 요소별 서식으로 차트를 꾸며보세요.

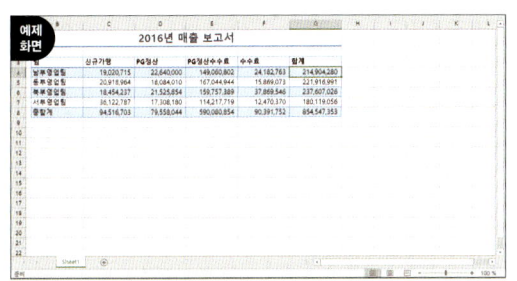
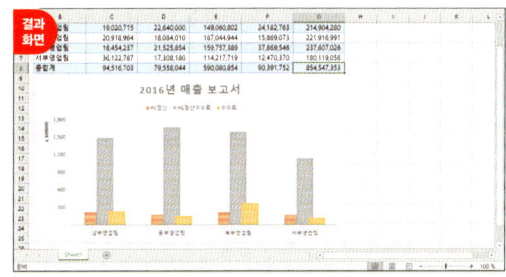

Hint
① 팀별 각 매출 데이터를 B9셀에 묶은 세로 막대형 차트로 삽입하고 크기를 조정하세요.
② 차트 스타일은 [스타일 3]으로 지정하고 제목은 B1셀의 제목과 연동하세요.
③ 데이터 계열 서식에서 '계열 겹치기'는 [30%], '간격 너비'는 [150%]로 지정하세요.
④ 값 축의 '주 단위'는 [3.0E7], '표시 단위'는 [100000]으로 지정하세요.

2 | 스파크라인과 콤보 차트 이용해 비용 처리 내역 분석하기

● 예제파일 : 비용_콤보차트.xlsx   ● 결과파일 : 비용_콤보차트_완성.xlsx

'비용차트' 문서에 열 스파크라인으로 사용 추이를 삽입하고 콤보 차트로 꾸며보세요.

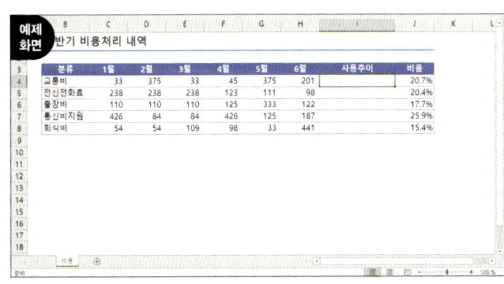
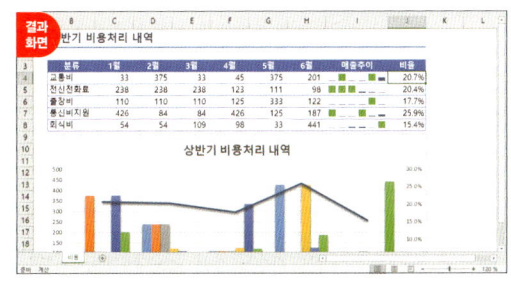

Hint
① '사용추이' 항목에 '1월'부터 '6월'까지의 추이를 열 스파크라인으로 삽입하고 높은 점은 [녹색, 강조 6]으로 표식을 지정하세요.
② '1월' 항목부터 '6월' 항목과 '합계' 항목의 데이터를 콤보 차트로 작성하세요.
③ '합계' 데이터만 꺾은선형 차트로 변경하고 보조 축을 사용하세요.
④ 차트 제목에 『상반기 비용처리 내역』을 입력하고 차트 스타일을 [스타일 8]로 변경하세요.

핵심! 실무 노트

프로 비즈니스맨을 위한 활용 Tip

1 | 파레토 차트 이용해 데이터 분석하기

● **예제파일**: 분석차트.xlsx   ● **결과파일**: 분석차트_완성.xlsx

'분석차트' 파일의 데이터에는 내림차순으로 정렬된 열과 총 누적 백분율을 나타내는 선이 모두 포함되어 있어요. 파레토 차트에서는 데이터 집합 중 가장 큰 요소가 강조 표시되어 몇 가지 중요한 항목만 집중해서 결과를 확인할 수 있어요. 이번에는 비용 지출이 가장 큰 항목이 무엇인지 파레토 차트로 알아보겠습니다.

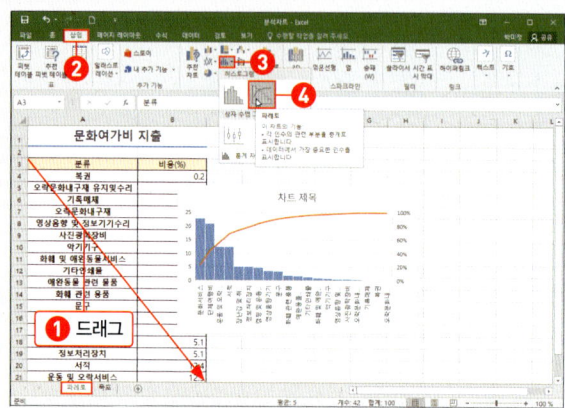

1 [파레토] 시트에서 A3:B23 범위를 드래그하여 선택하세요. [삽입] 탭-[차트] 그룹에서 [통계 차트 삽입]을 클릭하고 [파레토]를 선택하세요.

> **Tip**
>
> 이탈리아의 경제학자인 빌프레드 파레토(Vilfredo Federico Damaso Pareto)의 이름을 빌린 파레토 차트는 '현상이나 원인을 분류하여 크기 순서에 따라 막대 그래프와 누적 꺾은선형 그래프 형태로 표시한 차트'입니다.

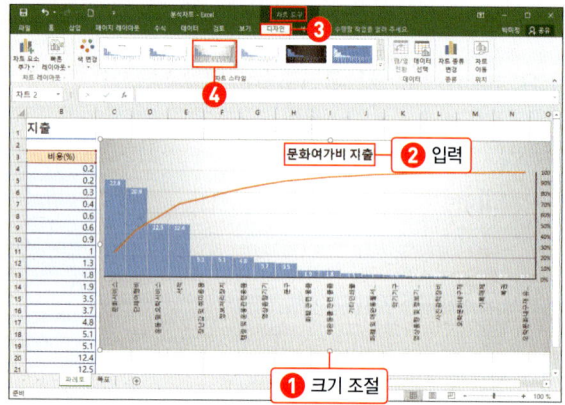

2 파레토 차트가 삽입되면 차트의 크기를 조절하고 차트 제목에 『문화여가비 지출』을 입력한 후 원하는 차트 스타일로 변경해 보세요. 차트를 작성해 보면 '문화여가비' 중에서 '문화서비스', '단체여행비', '운동 및 오락서비스', '서적' 항목에 지출이 많다는 것을 알 수 있어요.

2 | 폭포 차트 이용해 손익계산서 분석하기

● **예제파일**: 분석차트.xlsx   ● **결과파일**: 분석차트_완성.xlsx

폭포 차트는 값을 더하거나 뺄 때 누계를 나타내고 초기값(예 순수입)이 양의 값 및 음의 값에 의해 어떤 영향을 받았는지 이해하는 데 유용해요. 초기값 및 계산값 막대는 주로 가로 축에서 시작되지만, 다음 값은 중간부터 막대가 시작되므로 이러한 모양 때문에 폭포 차트를 '다리형 차트'라고도 부릅니다. 폭포 차트는 주로 재무 데이터와 같이 입·출입에 관련된 데이터를 표시하는 데 적합해요.

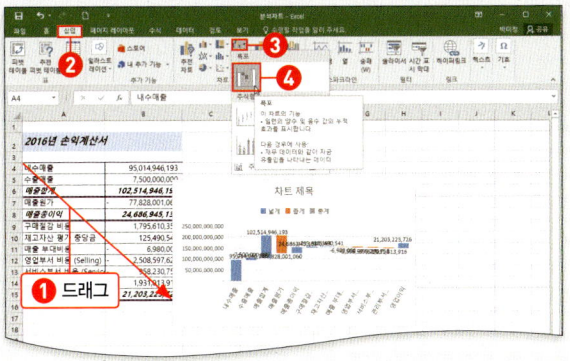

1. [폭포] 시트에서 손익계산서 범위인 A4:B15 범위를 드래그하여 선택하세요. [삽입] 탭-[차트] 그룹에서 [폭포 차트 또는 주식형 차트 삽입]을 클릭하고 [폭포]를 선택하세요.

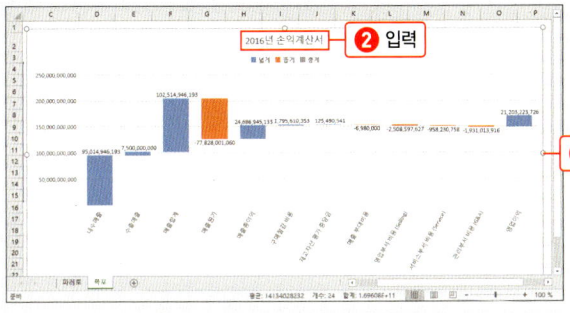

2. 폭포 차트가 삽입되면 차트의 크기와 제목을 변경해 보세요.

> **Tip**
> 차트 삽입 후 '행/열 전환'을 합니다.

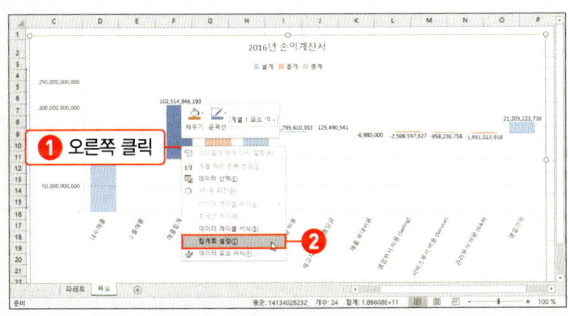

3. 차트에 사용된 데이터에는 SUBTOTAL 함수로 계산된 매출합계, 매출총이익과 같은 '소계'가 포함되어 있습니다. '합계' 부분을 표시하기 위해 [매출합계] 막대만 선택하고 마우스 오른쪽 단추를 눌러 [합계로 설정]을 선택하세요.

> **Tip**
> [매출합계] 막대는 두 번 클릭하여 선택하세요. 한 번 클릭하면 모든 막대가 선택됩니다.

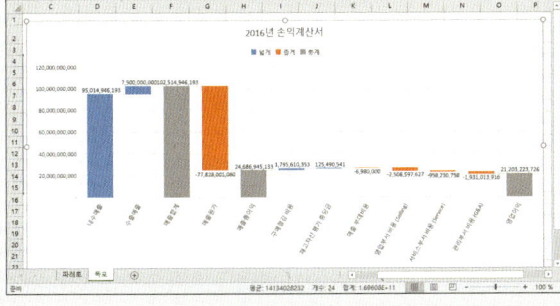

4. 나머지 [매출 총이익] 막대와 [영업이익] 막대도 [합계로 설정]을 지정하여 차트를 완성하세요. 이제 차트에서 이익과 비용에 대한 데이터가 분명하게 표시됩니다.

CHAPTER 3 수식 계산과 실무 함수 다루기

엑셀은 기본적으로 수식을 계산하고 데이터를 분석하는 프로그램으로, 연산자나 함수를 이용해 원하는 값을 구할 수 있어요. 또한 엑셀에서 제공하는 함수를 활용하면 숫자 데이터뿐만 아니라 텍스트 데이터에서도 원하는 값을 추출하거나 데이터끼리 연결하여 새로운 값을 얻을 수도 있고, 기간을 계산하거나 특정 위치의 값 또는 정보를 구할 수도 있어요. 이번 챕터에서는 수식에 필요한 연산자와 참조 등을 정확히 이해하면서 기본 함수 및 실무 함수를 통해 데이터를 원하는 형태로 완벽하게 구하는 방법에 대해 배워봅니다.

Excel & PowerPoint 2016

SECTION 01   수식과 자동 함수 익히기

SECTION 02   기본 함수 익히기

SECTION 03   고급 실무 함수 익히기

Section

수식과 자동 함수 익히기

워크시트에 입력할 수 있는 데이터에는 숫자, 문자, 날짜 또는 시간 데이터가 있어요. 하지만 엑셀은 일반적인 워드프로세서와는 다르게 데이터를 '셀(cell)'이라는 제한된 공간(위치)에만 입력할 수 있습니다. 그래서 모든 계산의 기본은 '셀'이 되고, 셀을 참조하는 것이 곧 '수식'이 되는 것이죠. 이번 섹션에서는 셀 참조 유형부터 수식의 사용법, 자동 합계 함수까지 수식을 작성할 때 필요한 기초적인 내용에 대해 알아보겠습니다.

PREVIEW

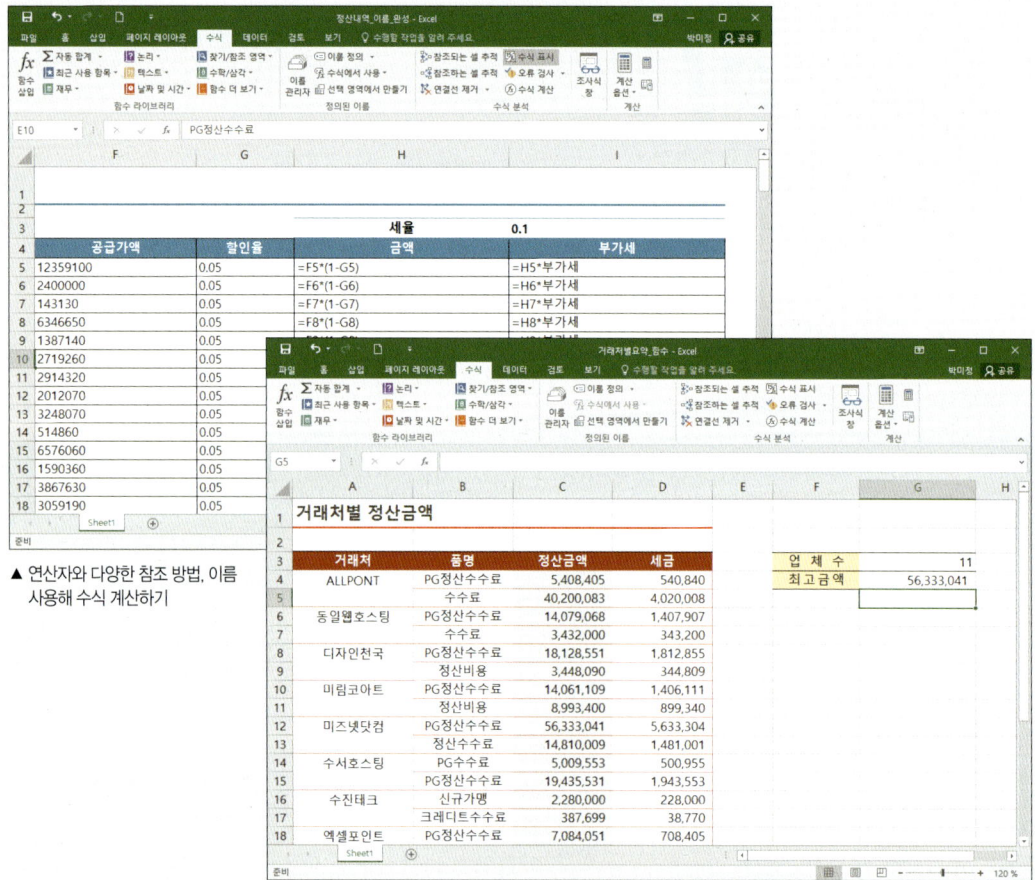

▲ 연산자와 다양한 참조 방법, 이름 사용해 수식 계산하기

▲ 자동 합계 함수와 함수 라이브러리 사용하기

> **섹션별 주요 내용**
> 01 | 수식 작성과 셀 참조 유형 살펴보기　02 | 기본 연산자 이용해 정산 내역 계산하기
> 03 | 이름 정의해 수식 계산하기　04 | 자동 합계 함수 이용해 합계/평균 구하기
> 05 | 함수 라이브러리로 업체 수와 최고 금액 구하기

핵심기능 01 수식 작성과 셀 참조 유형 살펴보기

1 | 수식 작성의 기본

수식을 작성하려면 반드시 등호(=)나 부호(+, −)로 시작해야 해요. 이렇게 시작한 수식에는 셀 주소가 포함되는데, 이것을 '셀을 참조한다'라고 합니다. 따라서 참조한 셀의 내용이 변경되면 수식의 결과값도 자동으로 변경되고 등호와 참조 주소, 그리고 연산자로 이루어진 수식의 결과값이 셀에 나타나요. 반면 수식은 수식 입력줄에 표시됩니다.

2 | 연산자의 종류

엑셀에서 사용하는 연산자는 크게 '산술 연산자', '비교 연산자', '연결 연산자'가 있고 범위를 표시하거나 계산 순서를 표시하는 '참조 연산자'의 기호가 있습니다.

연산자	기능	종류
산술 연산자	사칙연산자를 비롯하여 기본적인 엑셀의 수학 연산자가 포함	+, −, *, /, %, ^
비교 연산자	값을 서로 비교할 때 사용하는 연산자. 참(true)과 거짓(false)으로 나타남	=, >, <, >=, <=, <>, ><
연결 연산자	문자와 문자, 문자와 숫자, 문자와 수식 결과 등을 연결하는 연산자로, 결과는 반드시 텍스트가 됨	&
참조 연산자	주로 계산에 사용되는 셀이나 범위를 지정할 때 사용	콤마(,), 콜론(:), 소괄호(( ))

3 | 셀 참조 유형

셀을 수식에 참조하는 유형에는 '상대 참조'와 '절대 참조', 그리고 이들 두 방식을 혼합한 형태인 '혼합 참조'가 있습니다. F4 를 누르면서 참조 유형을 변경할 수 있습니다.

참조 유형	기능	사용예
상대 참조	선택한 셀을 기준으로 상대적인 위치를 반영	A1, B1
절대 참조	행과 열에 $ 기호를 붙여서 표시. 참조 위치가 변하지 않음	$A$1, $B$1
혼합 참조	상대 참조와 절대 참조 혼합. 계산 수식 방향에 따라 셀 주소 다르게 적용	$A1, A$1

4 | 다양한 유형의 참조 위치

다른 워크시트나 통합 문서의 셀을 참조할 경우 참조 형식이 다르게 표시됩니다.

위치	수식에서의 참조 방법	사용예
현재 워크시트	=셀 주소	=A1
다른 워크시트	=워크시트명!셀 주소	매출!A1
다른 통합 문서	=[전체 경로₩통합 문서명]워크시트명!셀 주소	='D:₩엑셀2016₩[매출액비교.xlsx]전년대비실적'!A1

실무예제 02 기본 연산자 이용해 정산 내역 계산하기

1 [Sheet1] 시트에서 할인된 금액으로 계산하기 위해 H5셀을 클릭하고 『=F5*(1-G5)』를 입력한 후 Enter를 누르세요.

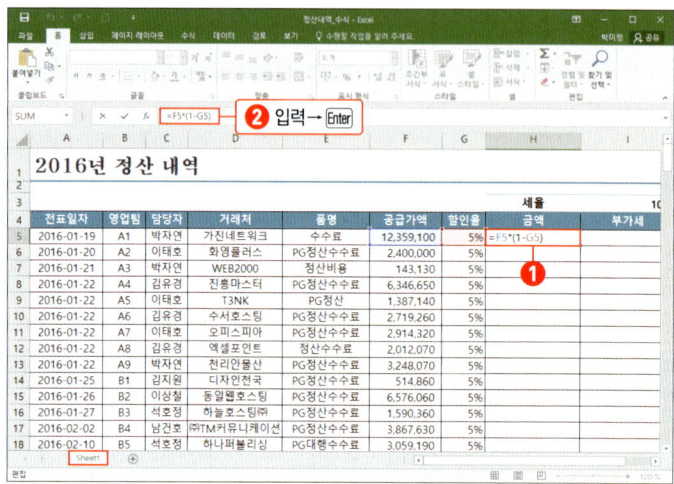

Tip
H5셀에 함수식을 작성할 때 참조할 주소를 직접 입력하지 않고 마우스로 F5셀과 G5셀을 클릭하면 함수식에 셀 주소가 자동으로 입력되어 편리합니다.

2 H5셀에 금액이 계산되면 다시 H5셀을 클릭하고 H5셀의 자동 채우기 핸들(+)을 더블클릭하여 H193셀까지 수식을 복사하세요. 이때 셀에 지정된 서식에 영향을 주지 않기 위해 [자동 채우기 옵션] 단추(📋)를 클릭하고 [서식 없이 채우기]를 선택하세요.

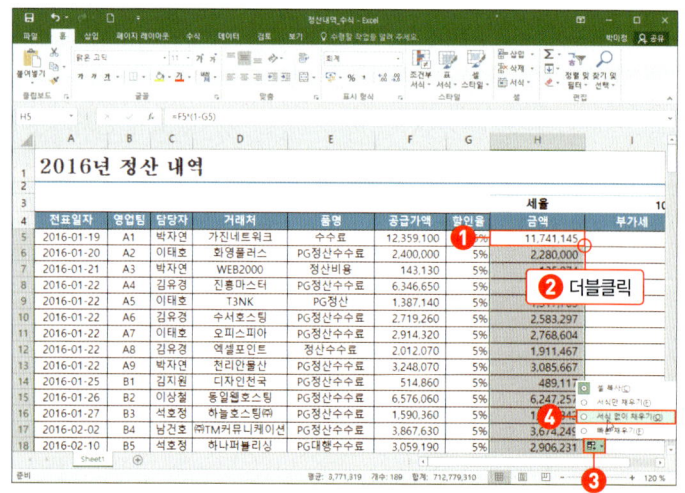

Tip
자동 채우기 핸들(+)로 나머지 수식을 채우면 수식뿐만 아니라 셀에 지정된 서식까지 복사되므로 무늬처럼 지정된 셀 색이 전체에 복사됩니다. 따라서 다른 서식을 제외한 수식만 복사하려면 [자동 채우기 옵션] 단추(📋)를 클릭하고 [서식 없이 채우기]를 선택해야 해요.

3 이번에는 부가세를 계산하기 위해 I5셀을 클릭하고 『=H5*』를 입력하세요. 이어서 I3셀을 클릭하고 F4 를 눌러 참조를 '$I$3'으로 변경한 후 Enter 를 누르세요.

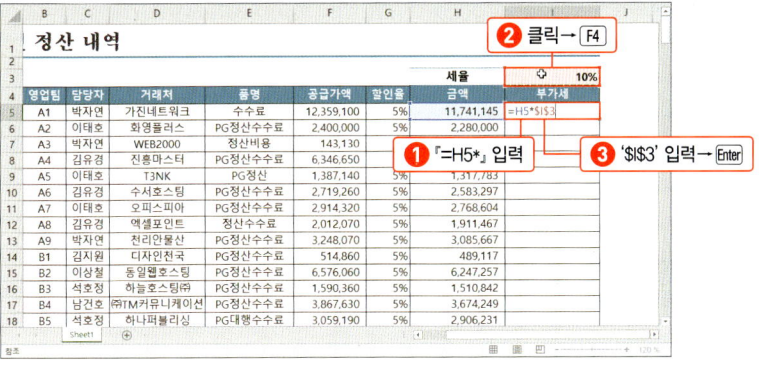

4 I5셀에 부가세가 구해지면 I3셀의 자동 채우기 핸들(+)을 I193셀까지 드래그하여 수식을 복사하세요.

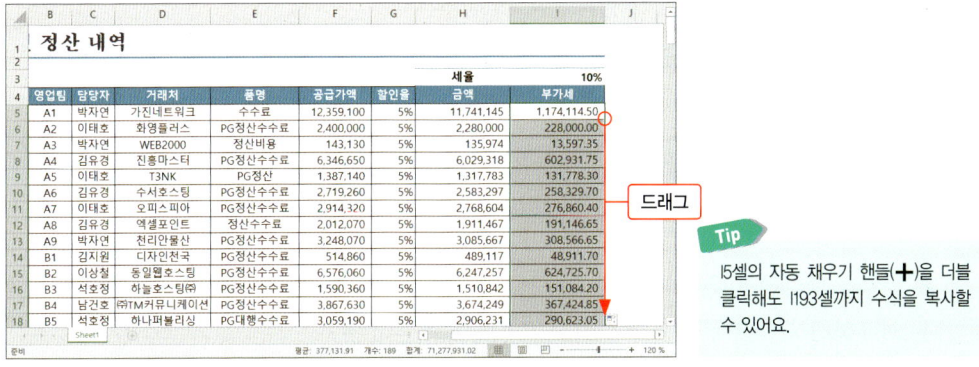

Tip
I5셀의 자동 채우기 핸들(+)을 더블 클릭해도 I193셀까지 수식을 복사할 수 있어요.

잠깐만요 | 상대 참조 수식과 절대 참조 수식을 사용해야 하는 이유 살펴보기

[수식] 탭-[수식 분석] 그룹에서 [수식 표시]를 클릭하여 워크시트에 수식을 표시하면 금액과 부가세가 입력된 수식을 확인해 볼 수 있어요. '금액' 항목의 경우에는 상대 참조로 입력된 수식으로 셀마다 참조가 달라지지만, '부가세' 항목에서는 I3셀이 고정되어 같은 참조로 입력되어 있습니다. 왜냐하면 $ 기호는 I열과 3행 앞에 붙어있어서 행과 열을 모두 고정시키기 때문이에요.

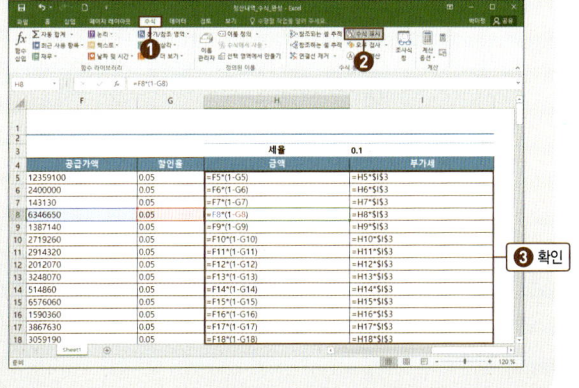

실무	03	이름 정의해 수식 계산하기

> 예제파일 : 정산내역_이름.xlsx　　결과파일 : 정산내역_이름_완성.xlsx

1　수식에 고정 범위를 반복해서 사용할 때는 절대 참조 대신 이름을 지정하는 것이 훨씬 더 편리해요. [Sheet1] 시트에서 I3셀을 클릭하고 수식 입력줄의 왼쪽에 있는 이름 상자에 『세율』을 입력한 후 Enter를 누르세요.

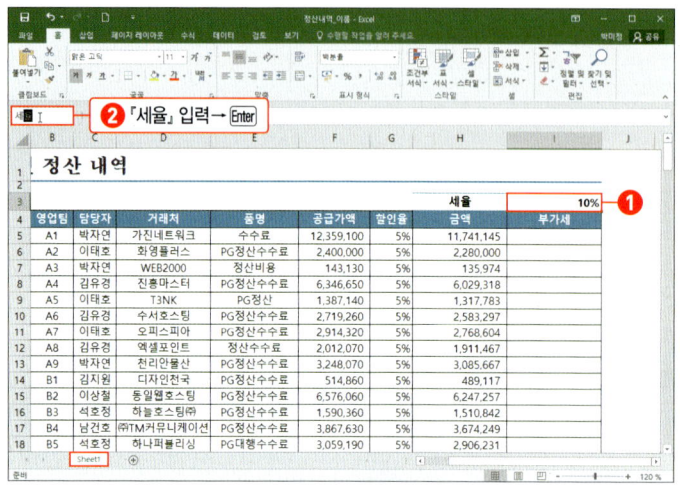

2　1 과정에서 작성한 이름은 통합 문서에서 마음껏 사용할 수 있어요. 부가세를 계산하기 위해 I5셀을 클릭하고 『=H5*세율』을 입력한 후 Enter를 누르세요.

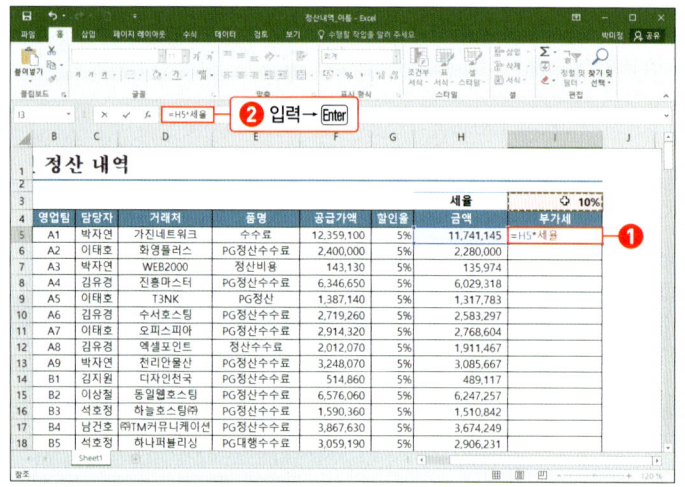

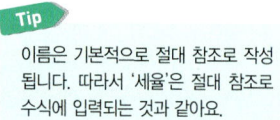

Tip
이름은 기본적으로 절대 참조로 작성됩니다. 따라서 '세율'은 절대 참조로 수식에 입력되는 것과 같아요.

3   I5셀에 부가세가 계산되면 I5셀의 자동 채우기 핸들(+)을 더블클릭하여 마지막 셀까지 수식을 복사하세요. 이름을 편집하기 위해 [수식] 탭-[정의된 이름] 그룹에서 [이름 관리자]를 클릭하세요.

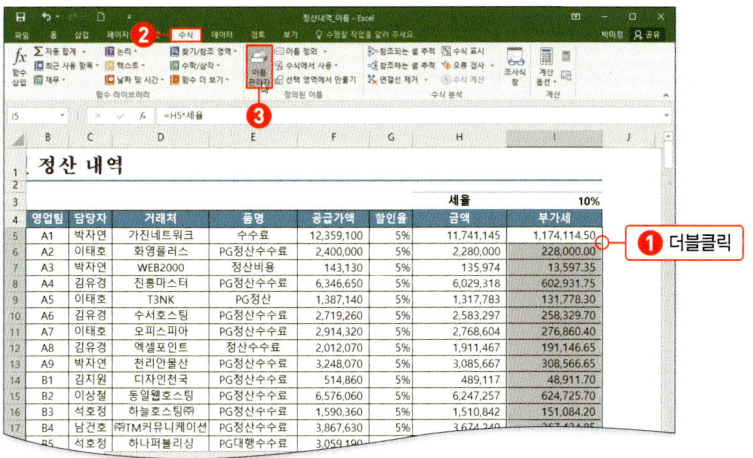

4   [이름 관리자] 대화상자가 열리면 [세율]을 선택하고 [편집]을 클릭하세요. [이름 편집] 대화상자가 열리면 '이름'에 『부가세』를 입력하고 [확인]을 클릭하세요.

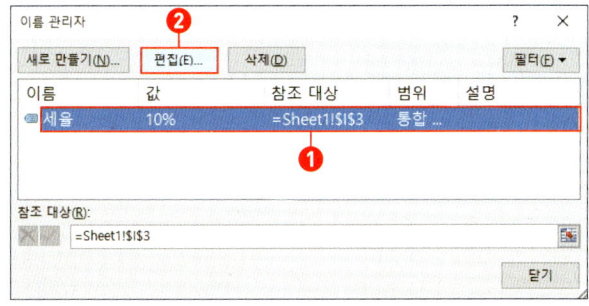
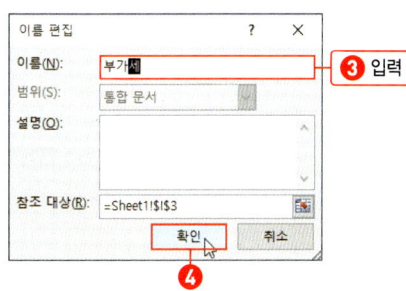

잠깐만요 | 이름 상자 살펴보기

이름 상자에는 다른 스타일의 이름도 포함되어 있어요. 이름 상자에서는 표를 관리할 수도 있고 워크시트에서만 사용되는 이름과 통합 문서 전체에 사용되는 이름으로 구별해서 사용할 수도 있어요.

이름은 셀이나 범위를 선택한 후 이름 상자에 직접 입력하거나 [수식] 탭-[정의된 이름] 그룹에서 [이름 정의]를 클릭하여 [이름 관리자] 대화상자를 열고 작성하면 됩니다. 하지만 이름을 삭제하려면 반드시 [이름 관리자] 대화상자에서 삭제하려는 이름을 선택하고 [삭제]를 클릭해야 해요. [이름 관리자] 대화

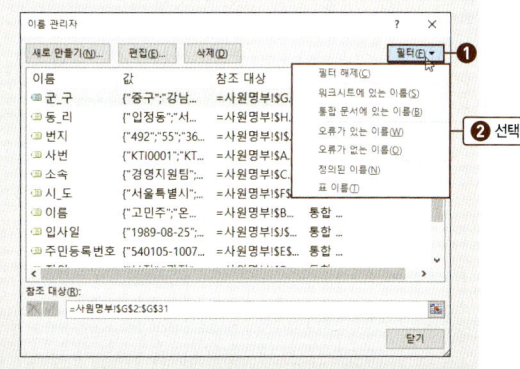

상자에서는 이름 정의, 편집, 삭제와 필터 기능을 사용할 수도 있고 셀 또는 범위 외에 수식을 이름으로 정의할 수도 있는데, [필터]를 클릭하면 다양한 스타일에 대한 이름을 선택하여 편집할 수 있어요. 이때 잘못된 이름은 필터로 추출하여 한 번에 삭제하는 것이 편리해요.

5 [이름 관리자] 대화상자로 되돌아오면 변경한 이름을 확인하고 [닫기]를 클릭하세요.

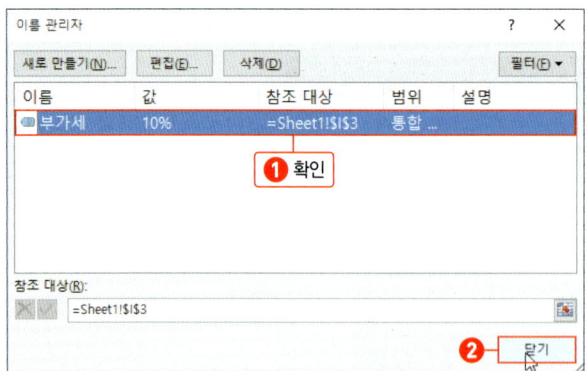

6 이름을 변경해도 수식 결과는 바뀌지 않아요. 이름이 잘 변경되었는지 확인하기 위해 I5셀을 더블클릭해 보면 수식에 '세율'이 아닌 '부가세'가 입력되어 있어요.

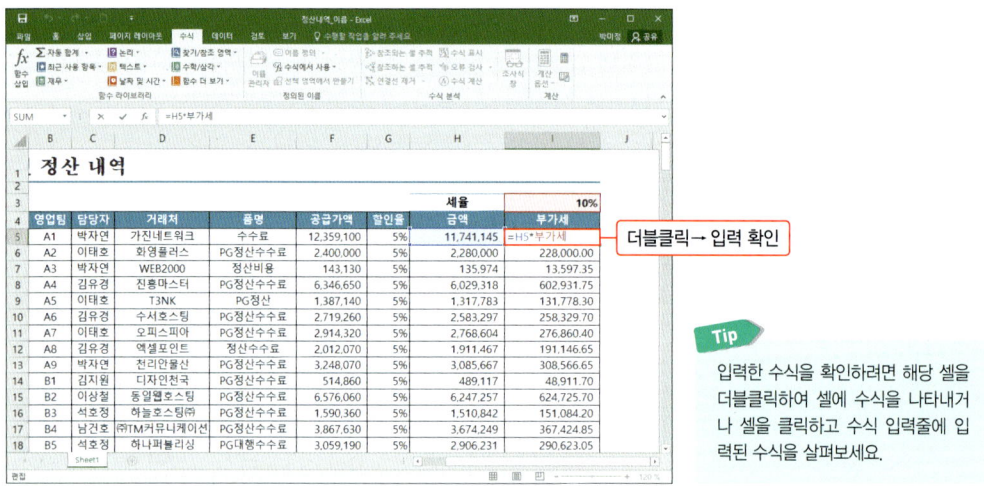

Tip
입력한 수식을 확인하려면 해당 셀을 더블클릭하여 셀에 수식을 나타내거나 셀을 클릭하고 수식 입력줄에 입력된 수식을 살펴보세요.

잠깐만요 이름 작성 규칙 살펴보기

이름을 작성할 때는 다음과 같은 규칙을 지켜야 합니다.

대상	작성 규칙
유효한 문자	• 이름의 첫 번째 문자는 문자, 밑줄(_) 또는 백슬래시(\)여야 합니다. • 이름의 나머지 문자는 문자, 숫자, 마침표 및 밑줄이 될 수 있습니다.
셀 참조 허용 안 함	이름이 'Z$100' 또는 'R1C1'과 같이 셀 참조와 같으면 안 됩니다.
공백 사용 못 함	공백은 사용할 수 없으므로 단어 구분 기호로 '거래처_수량'과 같이 밑줄(_)이나 마침표(.)를 사용해야 합니다.
이름	• 이름은 최대 255개의 문자로 지정할 수 있습니다. • 통합 문서에 유일한 이름이어야 하고 워크시트로 영역이 제한되면 시트마다 같은 이름을 부여할 수 있습니다.
영문자의 대소문자 구분 여부	엑셀의 이름에서는 영문자의 대문자와 소문자가 구별되지 않으므로 영문자의 대문자와 소문자를 포함해서 지정할 수 있습니다.

| 우선순위 TOP 15 |
| 난이도 1 **2** 3 4 5 |

실무예제 04 자동 합계 함수 이용해 합계/평균 구하기

> 예제파일: 거래처별요약_자동합계.xlsx 결과파일: 거래처별요약_자동합계_완성.xlsx

1 [Sheet1] 시트에서 '정산금액' 합계를 구하기 위해 C26셀을 클릭하고 [홈] 탭-[편집] 그룹에서 [자동 합계]를 클릭하세요.

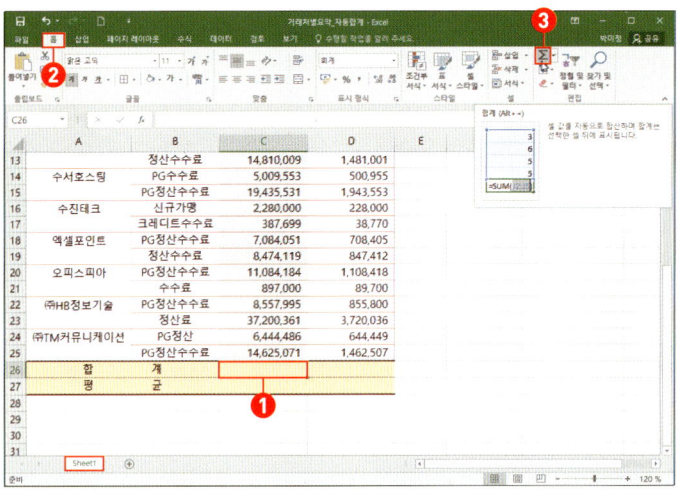

2 C26셀과 인접한 셀 범위인 C4:C25가 자동으로 선택되면 Enter를 눌러 합계를 계산하세요.

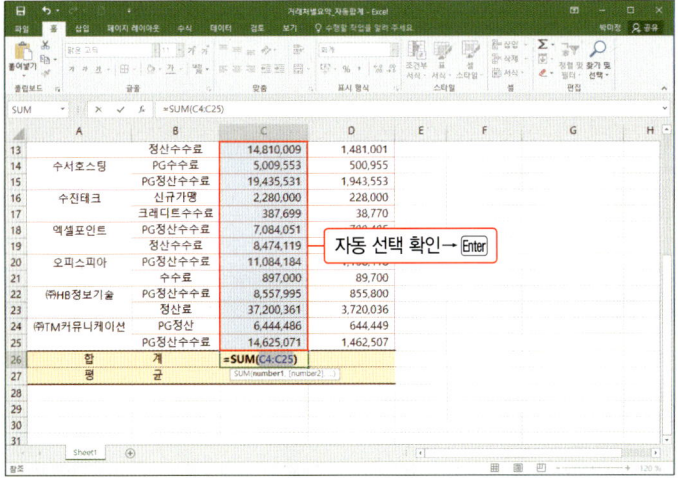

> **Tip**
> [자동 합계]를 클릭하면 선택한 셀로부터 인접한 숫자 범위가 모두 선택됩니다. 따라서 C26셀의 경우에는 바로 인접한 C4:C25 범위가 자동으로 선택돼요.

3 C26셀에 합계가 계산되면 평균을 구하기 위해 C27셀을 클릭하세요. **[홈] 탭-[편집] 그룹**에서 **[자동 합계]**의 내림 단추(▼)를 클릭하고**[평균]**을 선택하세요.

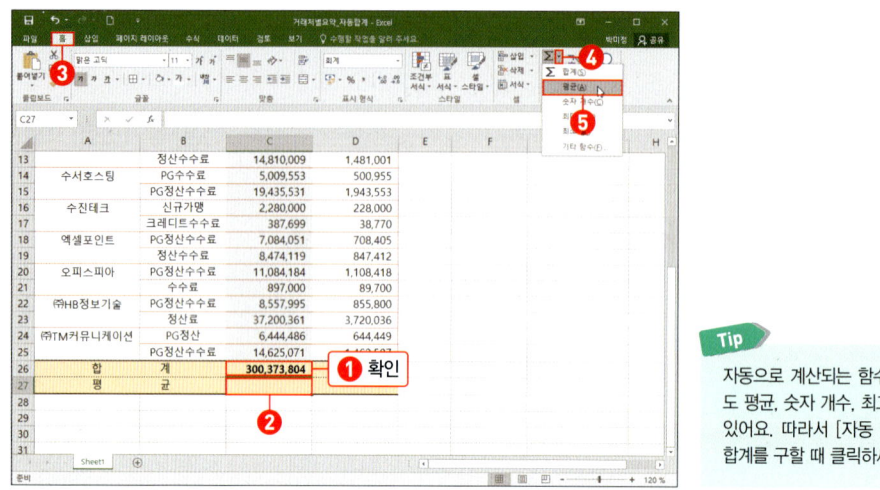

> **Tip**
> 자동으로 계산되는 함수는 합계 외에도 평균, 숫자 개수, 최고값, 최소값이 있어요. 따라서 [자동 합계]의 Σ는 합계를 구할 때 클릭하세요.

4 C27셀에 AVERAGE 함수가 입력되면서 인접한 숫자 범위가 자동으로 인식됩니다. 이때 '합계' 셀인 C26셀까지 선택되므로 C4:C25 범위를 다시 드래그하여 선택하고 Enter를 누르세요.

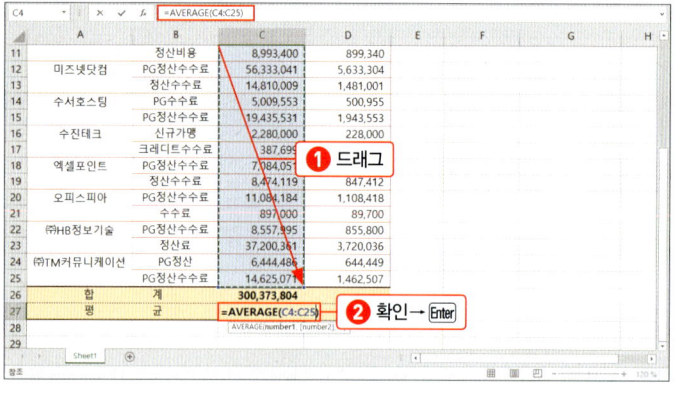

5 C27셀에 평균을 구했습니다. 세금도 수식이 같으므로 C26:C27 범위를 드래그하여 선택하고 C27셀의 자동 채우기 핸들(+)을 D27셀까지 드래그하여 함수식을 복사하세요.

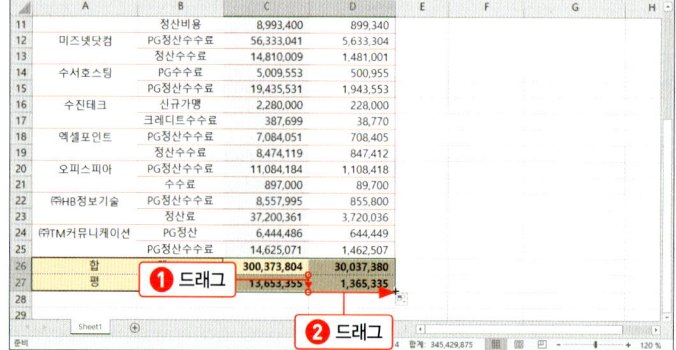

실무예제 05 | 함수 라이브러리로 업체 수와 최고 금액 구하기

예제파일: 거래처별요약_함수.xlsx   **결과파일**: 거래처별요약_함수_완성.xlsx

1. [Sheet1] 시트에서 G3셀을 클릭하고 [수식] 탭-[함수 라이브러리] 그룹에서 [함수 더 보기]를 클릭한 후 [통계]-[COUNTA]를 선택하세요.

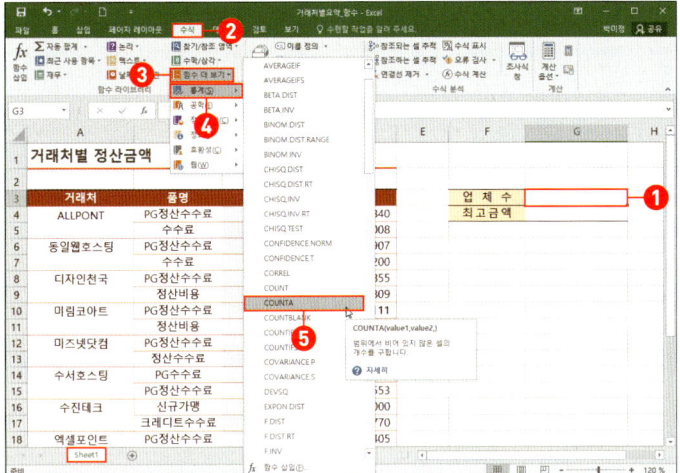

> **Tip**
> COUNT 함수는 숫자 셀만 계산하기 때문에 문자를 대상으로 셀을 셀 때는 COUNTA 함수를 사용해야 합니다.

2. COUNTA 함수의 [함수 인수] 대화상자가 열리면 'Value1'에 『A4:A25』를 입력하고 [확인]을 클릭하세요.

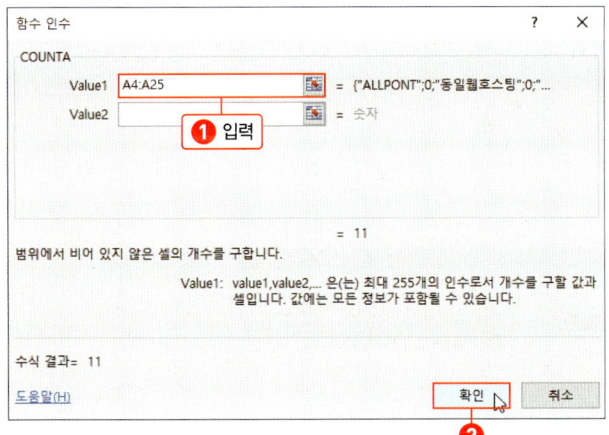

> **Tip**
> 함수 인수 상자가 열려있는 상태에서 A4:A25 범위를 직접 드래그하여 'Value1' 값에 『A4:A25』를 입력해도 됩니다.

127

3 G3셀에 업체 수가 계산되면 최고값을 계산하기 위해 G4셀을 클릭하고 『=MAX』를 입력하세요. 'MAX'로 시작하는 모든 함수가 목록으로 나타나면 목록에서 [MAX]를 더블클릭하거나 Tab 을 누르세요.

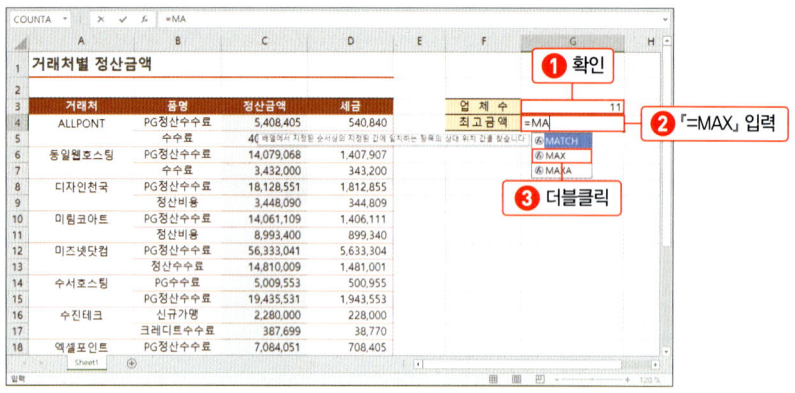

4 G4셀에 『=MAX(』가 입력되면 이어서 『C4:C25)』를 추가 입력하고 Enter 를 누르세요.

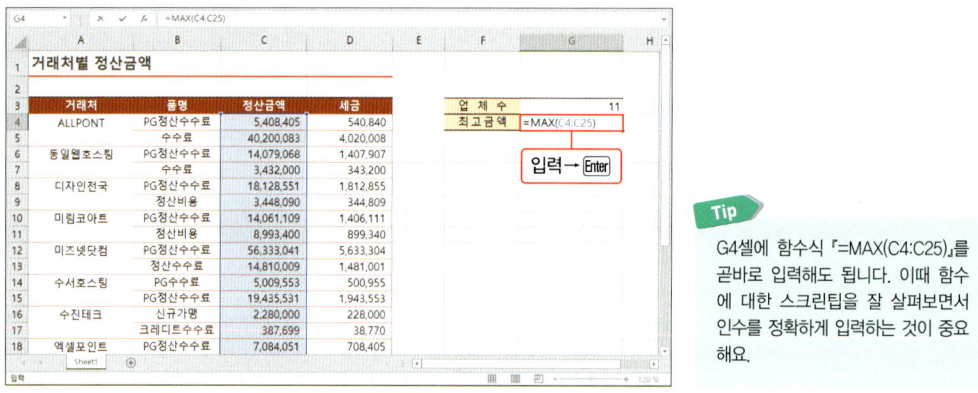

Tip

G4셀에 함수식 『=MAX(C4:C25)』를 곧바로 입력해도 됩니다. 이때 함수에 대한 스크린팁을 잘 살펴보면서 인수를 정확하게 입력하는 것이 중요해요.

5 함수 라이브러리에서 제공하는 함수를 이용해서 G3셀에는 업체 수를, G4셀에는 최고 금액을 계산했습니다.

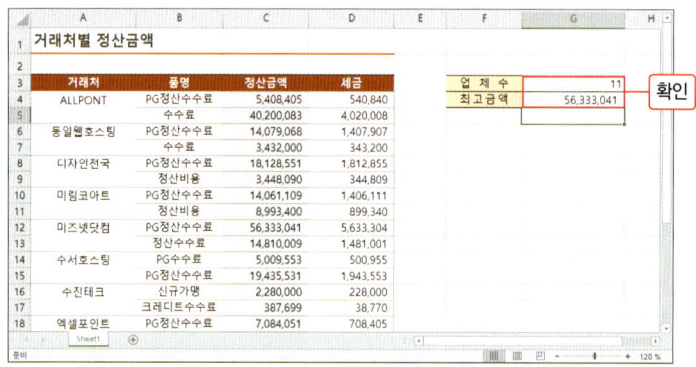

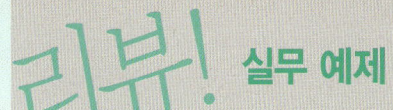

1 연산자와 이름 사용해 판매 계획 및 실적에 대한 비율 계산하기

● 예제파일: 판매계획및실적.xlsx ● 결과파일: 판매계획및실적_완성.xlsx

연산자와 이름을 사용해 각 실적 합계와 계획 대비 판매 비율, 전년 대비 판매 비율을 계산해 보세요.

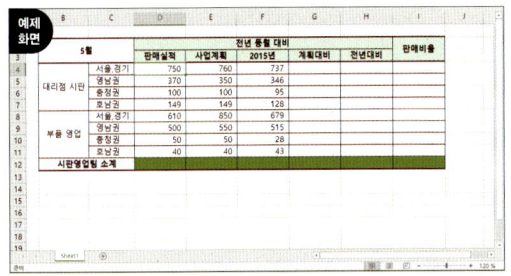
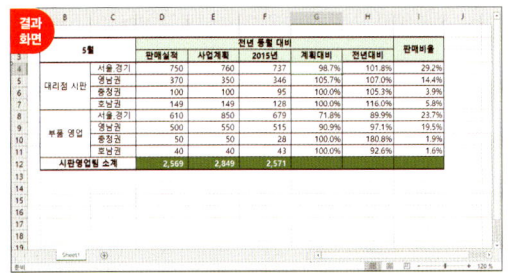

Hint
① '시판영업팀 소계' 항목은 '자동 합계'로 각 실적의 합계를 계산하세요.
② '계획대비' 항목은 '=판매실적/사업계획'으로, '전년대비' 항목은 '=판매실적/2015년'으로 계산하세요.
③ D12셀의 이름을 [실적]으로 지정하세요.
④ 이름을 사용해 각 판매 실적이 전체 판매 실적에서 차지하는 비율을 계산하세요.
⑤ G4:I11 범위에 백분율 표시 형식을 지정하세요. ❽ 0.0%

2 자동 합계와 함수 라이브러리로 '교육 평가 보고서' 완성하기

● 예제파일: 교육및평가.xlsx ● 결과파일: 교육및평가_완성.xlsx

'자동 합계' 기능과 함수 라이브러리의 함수를 이용해 '교육 평가 보고서'를 완성해 보세요.

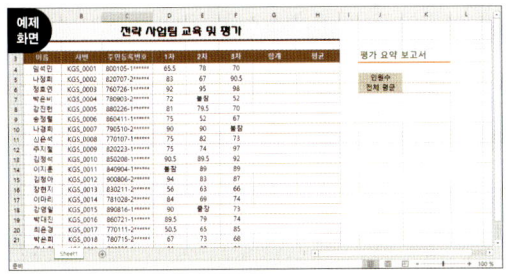
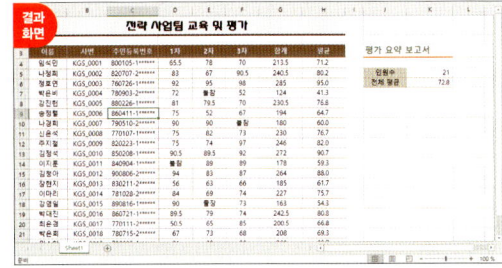

Hint
① '자동 합계(합계, 평균)'로 '합계' 항목을 계산하세요.
② 평균은 문자를 포함하고 있으므로 함수 라이브러리의 AVERAGEA 함수로 계산하세요.
③ '인원수' 항목은 함수 라이브러리의 COUNTA 함수로 계산하세요.
④ '전체 평균'은 '자동 합계'의 '평균'을 이용해 각 평균의 평균값을 계산하세요.

Section 02 기본 함수 익히기

연산자를 사용하는 것보다 엑셀에서 제공하는 함수를 사용하면 좀 더 쉽게 정확한 결과를 얻을 수 있어요. 함수는 미리 작성된 수식 프로그램으로, 함수에서 요구하는 인수만 정확히 입력하면 아무리 복잡한 연산이라도 원하는 결과를 빠르게 계산할 수 있습니다. 엑셀 2016에서는 데이터에 따라 적용할 수 있는 많은 함수를 제공합니다. 특히 수학/삼각 함수, 통계 함수, 텍스트 함수, 논리 함수, 정보 함수는 워크시트 계산에 꼭 필요한 기본 함수이기 때문에 정확하게 이해하고 사용하세요.

PREVIEW

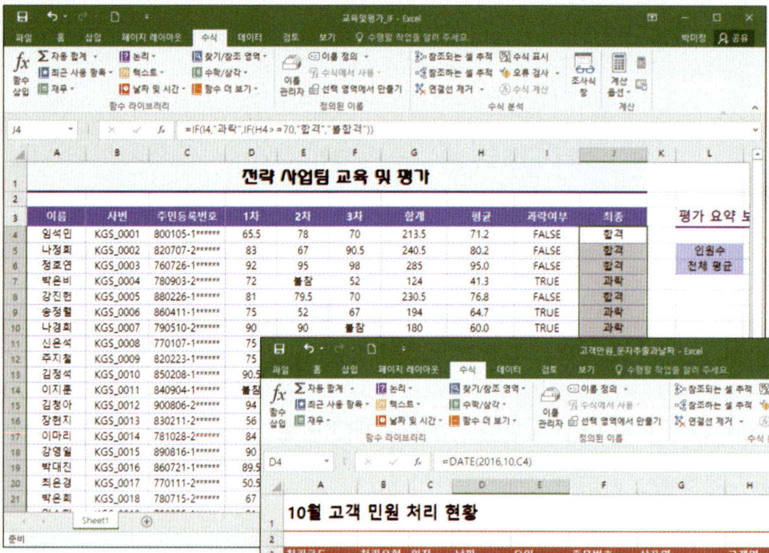

▲ 기본 통계 함수로 데이터 요약하고 평가하기

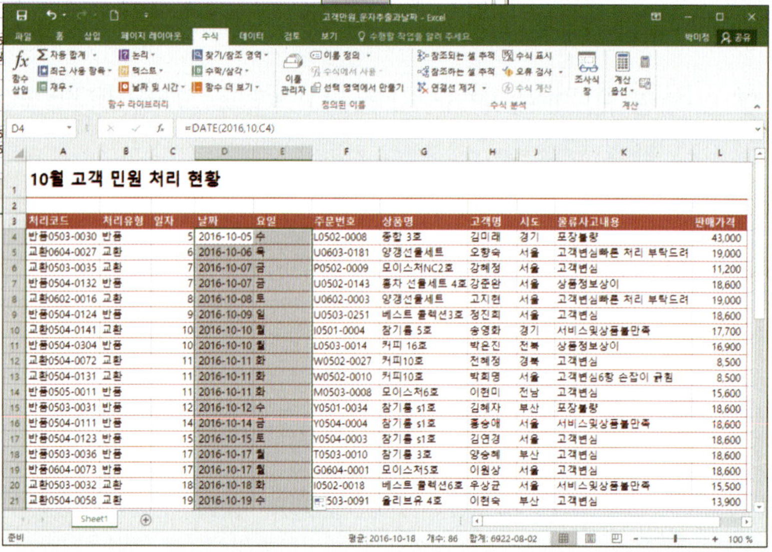

▲ 텍스트 함수와 날짜 함수로 고객 민원 처리 현황표 작성하기

> **섹션별 주요 내용**
> 01 | 함수의 종류와 사용 방법 살펴보기 02 | 분류별 판매 소계 및 순위 구하기 — RANK.EQ, SUBTOTAL 함수
> 03 | 수수료와 매출 Top3 알아보기 — LARGE, ROUND 함수
> 04 | 중첩 함수로 사원의 과락 여부 평가하기 — COUNT, IF, OR 함수
> 05 | 고객 민원 처리 현황표 작성하기 — DATE, LEFT, TEXT 함수

핵심기능 01 | 함수의 종류와 사용 방법 살펴보기

난이도 1 2 **3** 4 5

엑셀 2016에서 제공된 워크시트 함수는 해당 기능별로 분류됩니다. [수식] 탭-[함수 라이브러리] 그룹에서 찾으려는 함수의 범주를 클릭하거나 Shift + F3 을 누르고 함수의 처음 몇 글자나 찾으려는 함수를 설명하는 단어만 입력해도 원하는 함수를 쉽게 검색할 수 있어요.

1 | 함수의 구성 이해하기

함수는 일반 수식처럼 '등호(=)'로 시작하고 '함수 이름'과 '인수'로 구성되어 있어요.

❶ **등호(=)** : 수식은 반드시 등호로 시작하고 등호가 있어야 수식으로 인식해요.
❷ **함수 이름** : 원하는 계산의 함수 이름을 입력하세요.
❸ **괄호( )** : 인수를 표시할 수 있는 영역입니다. 인수가 없어도 함수 이름의 뒤에 반드시 괄호를 넣어서 함수를 표현해야 해요.
❹ **인수** : 인수는 쉼표(,)로 구분되는 함수의 중요한 요소입니다. 함수에 따라 정해진 인수가 있고 숫자, 텍스트, 수식 및 셀 참조, 논리값 등을 인수로 사용할 수 있어요. 인수는 최대 255개까지 사용할 수 있고 함수에 따라 인수가 없는 함수도 있어요.

2 | 실무에서 자주 사용하는 기본 함수

엑셀 실무에서 자주 사용하는 함수를 우선 순위별로 정리해 봤어요. 여기서 설명하는 열세 개의 함수만 제대로 알면 웬만한 엑셀 문서는 모두 다룰 수 있어요.

❶ SUBTOTAL 함수

- **형식** : SUBTOTAL(Function_num,Ref1,Ref2,…)
- **기능** : 그룹별 소계를 구하는 부분합의 함수로, 열한 개의 함수 번호에 따라 소계의 함수가 달라져요.
- **인수 설명**

Function_num	부분합을 계산할 때의 함수 번호로, 1~11까지 지정 가능 예 평균(Average) : 1, 합계(Sum) : 9
Ref1,Ref2,…	부분합을 계산하려는 목록이나 셀 범위의 주소로, 최대 254개까지 지정 가능

❷ ROUND 계열 함수

- **형식** : ROUND/ROUNDUP/ROUNDDOWN/TRUNC(Number,Num_digits)
- **기능** : ROUND 계열 함수는 숫자값을 특정 위치까지 반올림/올림/내림으로 값을 계산하는 함수입니다. 이 중에서 ROUNDDOWN 함수는 TRUNC 함수와 함수 형식이 같아요.
- **인수 설명**

Number	반올림(올림, 버림)하려는 숫자
Num_digits	소수점 이하 자릿수

❸ COUNT, COUNTA, COUNTBLANK 함수

- **형식** : COUNT/COUNTA/COUNTBLANK(Value1,Value2,…)
- **기능** : 숫자/비어있지 않은 셀/빈 셀의 개수를 셉니다.
- **인수 설명**

Value1,Value2,…	개수를 구할 값과 셀 범위로, 최대 255개의 인수 지정 가능

❹ COUNTIF 함수

- **형식** : COUNTIF(Range,Criteria)
- **기능** : 조건에 맞는 셀의 수를 셉니다.
- **인수 설명**

Range	조건을 검사할 셀 범위
Criteria	숫자, 식, 텍스트 형태의 조건 예 '100보다 크다'라는 조건을 식으로 작성하려면 『〉100』 입력

❺ LARGE, SMALL 함수

- **형식** : LARGE/SMALL(Array,k)
- **기능** : 데이터 집합에서 k번째로 큰/작은 값을 구해요.
- **인수 설명**

Array	k번째로 큰/작은 값을 결정할 집합 또는 배열
k	배열 또는 셀 범위에서 몇 번째로 큰/작은 값을 구할지 결정

❻ RANK.EQ, RANK.AVG 함수

- **형식** : RANK.EQ/RANK.AVG(Number,Ref,Order)
- **기능** : 숫자 목록에서 지정한 수의 크기 순위를 반환해요. RANK.AVG 함수는 둘 이상의 값이 순위가 같으면 평균 순위를 반환해요.
- **인수 설명**

Number	순위를 구하려는 수
Ref	수 목록 또는 배열 또는 셀 범위
Order	생략 가능하고 0이면 내림차순, 0이 아니면 오름차순으로 순위 지정

❼ PERCENTRANK.EXC, PERCENTRANK.INC 함수

- **형식** : PERCENTRANK.EXC/PERCENTRANK.INC(Array,X,Significance)
- **기능** : 데이터 집합에서 관측값의 상대적인 백분율 순위를 구해요. PERCENTRANK.EXC 함수는 0과 1 사이의 경계를 포함하지 않고 PERCENTRANK.INC 함수는 0과 1 사이의 경계를 포함하여 유효 자릿수(생략하면 세 자리)로 백분율 순위를 계산해요.
- **인수 설명**

Array	상대 순위를 구할 데이터 범위 또는 배열
X	순위를 알려는 값
Significance	유효 자릿수로 생략하면 소수점 이하 셋째 자리까지 표시

❽ FREQUENCY 함수

- **형식** : FREQUENCY(Data_array,Bins_array)
- **기능** : 도수 분포를 세로 배열 형태로 구해요.
- **인수 설명**

Data_array	빈도수를 계산하려는 값이 있는 셀 주소 또는 배열
Bins_array	순위를 알려는 값

❾ IF 함수

- **형식** : IF(Logical_test,Value_if_true,Value_if_false)
- **기능** : 조건식의 결과에 따라 참(TRUE)일 때와 거짓(FALSE)일 때의 값을 각각 반환해요.
- **인수 설명**

Logical_test	조건식으로 참과 거짓의 논리값 계산
Value_if_true	조건식의 결과가 참일 때 되돌려줄 값이나 식
Value_if_false	조건식의 결과가 거짓일 때 되돌려줄 값이나 식

⑩ OR 함수

- **형식** : OR(Logical1,Logical2,…)
- **기능** : 조건의 결과가 하나라도 참이면 TRUE를 반환해요.
- **인수 설명**

Logical1,Logical2,…	조건식으로 1~255까지 조건 입력 가능

⑪ LEFT, RIGHT 함수

- **형식** : LEFT/RIGHT(Text,Num_char)
- **기능** : 문자열의 왼쪽 또는 오른쪽에서 지정된 글자 수만큼 추출해요.
- **인수 설명**

Text	왼쪽이나 오른쪽에서부터 되돌려줄 문자가 포함된 문자열
Num_char	추출할 문자열 개수

⑫ TEXT 함수

- **형식** : TEXT(Value,Format_text)
- **기능** : 숫자에 서식을 지정하고 텍스트로 변환해요. 숫자 표시 형식의 코드 기호를 이해하고 표시 형태 그대로 텍스트가 되는 함수입니다. 숫자를 날짜처럼 표시하여 텍스트로 변경하려면 'yy-mm-dd'처럼 'Format_text' 값을 표시해야 해요.
- **인수 설명**

Value	텍스트로 변환할 숫자값
Format_text	[셀 서식] 대화상자의 [표시 형식] 탭에 있는 범주의 표시 형식

⑬ DATE 함수

- **형식** : DATE(Year,Month,Day)
- **기능** : 년, 월, 일을 나타내는 값을 이용해 새로운 날짜를 만들어요.
- **인수 설명**

Year	1900부터 9999 사이의 값을 가진 숫자로, 연도를 나타내는 숫자
Month	1부터 12 사이의 숫자로 월을 나타내는 숫자
Day	1부터 31 사이의 숫자로 일을 나타내는 숫자

우선순위 TOP 16
실무예제 02 분류별 판매 소계 및 순위 구하기
— RANK.EQ, SUBTOTAL 함수

예제파일 : 판매요약_소계와순위.xlsx   결과파일 : 판매요약_소계와순위_완성.xlsx

1. 합계를 구할 때 흔히 사용하는 SUM 함수가 아닌 SUBTOTAL 함수로 제품별 판매 요약 보고서의 각 소계를 구해볼게요. [Sheet1] 시트에서 '오피스 소계'인 D10셀을 클릭하고 [수식] 탭-[함수 라이브러리] 그룹에서 [수학/삼각]을 클릭한 후 [SUBTOTAL]을 선택하세요.

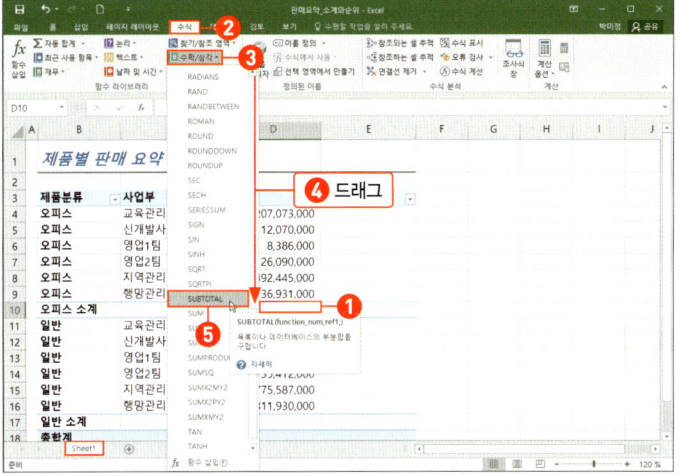

2. SUBTOTAL 함수의 [함수 인수] 대화상자가 열리면 'Function_num'에는 합계인 『9』를, 'Ref1'에는 '오피스' 금액의 전체 범위인 『D4:D9』를 입력하고 [확인]을 클릭하세요.

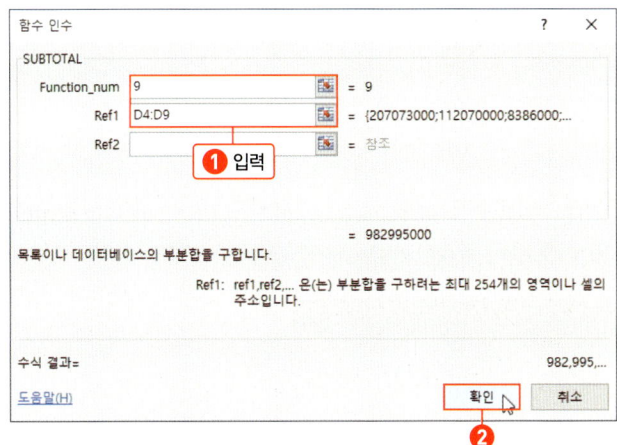

Tip
'Function_num'에는 1부터 11까지 소계에 필요한 함수가 지정되어 있는데, 9는 SUM 함수에 해당합니다. 함수 번호에 대해서는 138쪽의 '잠깐만요'를 참고하세요.

135

3 D10셀에 '오피스' 금액의 소계가 계산되면 D10셀을 선택한 상태에서 Ctrl+C를 눌러 데이터를 복사한 후 D17셀에서 Ctrl+V를 눌러 붙여넣기하세요. D10셀의 함수식이 상대 참조로 계산되었으므로 D17셀의 소계는 D11:D16 범위까지 계산된 값으로 자동 변경됩니다.

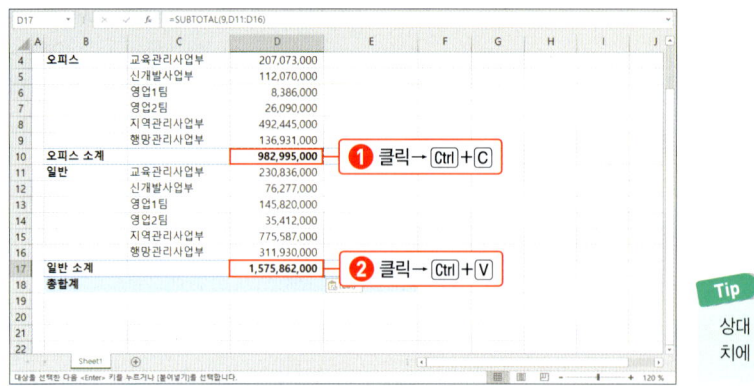

Tip
상대 참조가 지정된 함수식은 셀 위치에 따라 참조 위치가 달라져요

4 이번에는 함수식을 직접 입력해서 '총합계'를 구해볼까요? D18셀을 클릭하고 『=SUBTOTAL(9, D4:D17)』을 입력한 후 Enter를 누르세요. 그러면 D18셀에 D10셀과 D17셀의 부분합이 빠진 SUBTOTAL 함수로 구한 총합계가 계산됩니다.

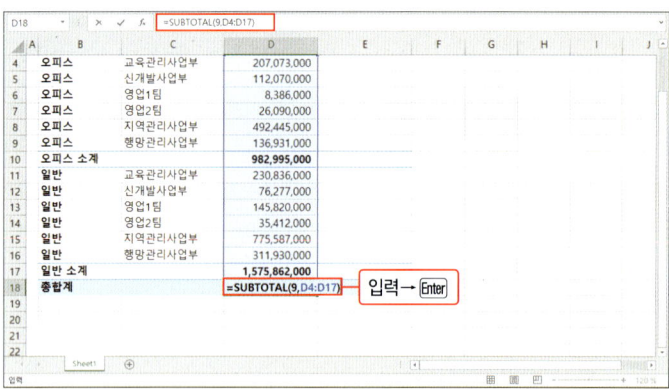

5 각 제품 분류별 사업부의 매출 순위를 구하기 위해 E4셀을 클릭하고 [수식] 탭-[함수 라이브러리] 그룹에서 [함수 더 보기]를 클릭한 후 [통계]-[RANK.EQ]를 선택하세요.

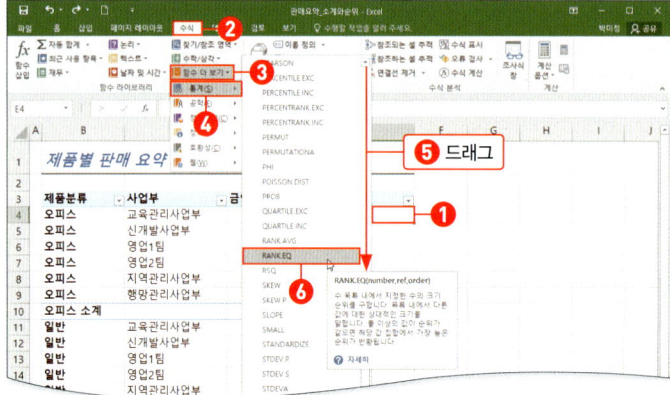

6 RANK.EQ 함수의 [함수 인수] 대화상자가 열리면 'Number'에는 순위를 구하려는 값인 『D4』를, 'Ref'에는 금액의 범위인 『D4:D9』를 입력하고 F4 를 눌러 절대 참조로 변경하세요. 'Order'에는 인수 지정을 생략하고 [확인]을 클릭하세요.

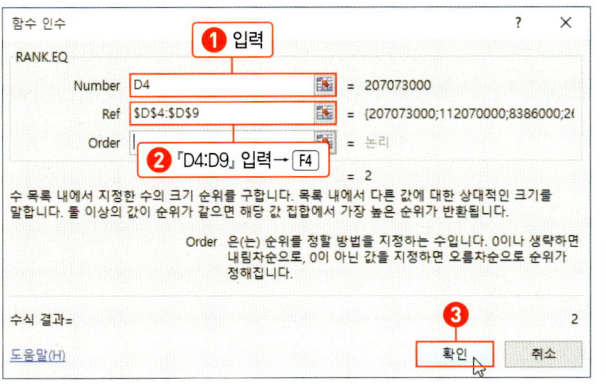

Tip

'Order'를 생략하면 기본값 0과 같으므로 값이 큰 것부터 작은 값으로 순위를 매기는 내림차순으로 순위가 정해져요.

7 E4셀에 '오피스' 제품의 순위가 계산되면 E4셀의 자동 채우기 핸들(✚)을 E9셀까지 드래그하여 나머지 셀에 함수식을 복사하세요.

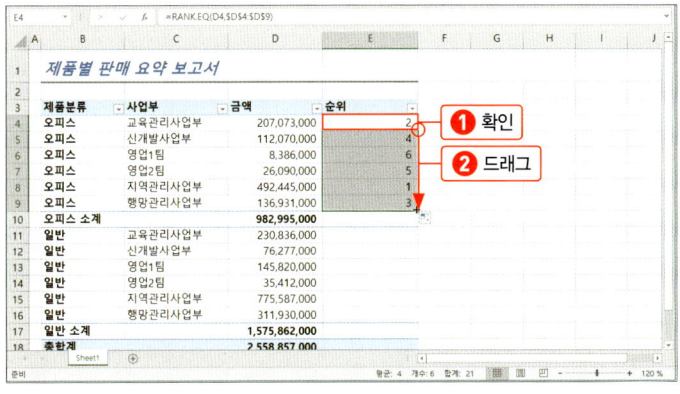

8 이번에는 함수식을 직접 입력해 볼까요? '일반' 제품의 순위를 계산하기 위해 E11셀을 클릭하고 『=RANK.EQ(D11,$D$11:$D$16)』을 입력한 후 Enter 를 누르세요.

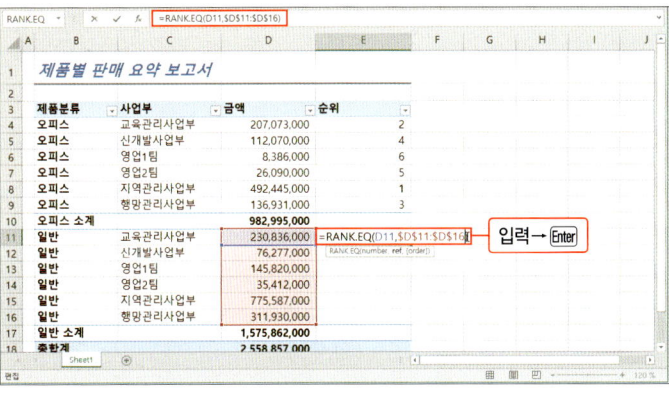

9 E11셀에 순위가 계산되면 E11셀의 자동 채우기 핸들(+)을 E16셀까지 드래그하여 함수식을 복사하세요.

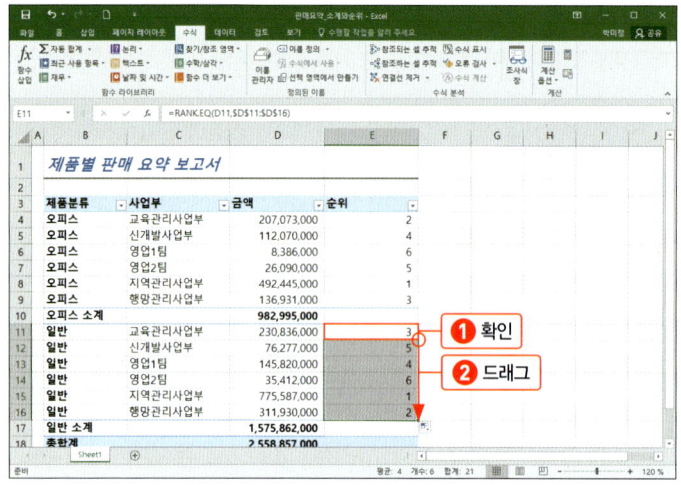

잠깐만요 SUBTOTAL 함수에서 함수 번호의 의미 알아보기

SUBTOTAL 함수에서 함수 번호 1~11은 자동 필터를 이용해 추출된 데이터만 계산하지만, 강제로 숨긴 데이터는 예외입니다. 따라서 수동으로 숨긴 데이터를 무시하고 계산하려면 함수 번호는 101~111 사이의 값으로 사용해야 해요.

Function_num (숨겨진 값 포함)	Function_num (숨겨진 값 무시)	함수명	Function_num (숨겨진 값 포함)	Function_num (숨겨진 값 무시)	함수명
1	101	AVERAGE	7	107	STDEV
2	102	COUNT	8	108	STDEVP
3	103	COUNTA	9	109	SUM
4	104	MAX	10	110	VAR
5	105	MIN	11	111	VARP
6	106	PRODUCT			

▲ SUBTOTAL 함수 번호의 의미

필터의 결과에서 총합계를 살펴보면 값이 달라졌습니다.

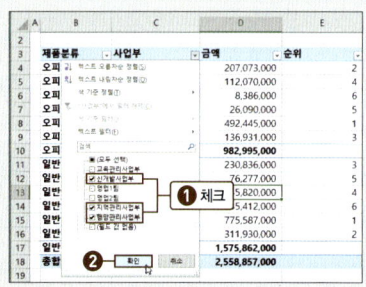
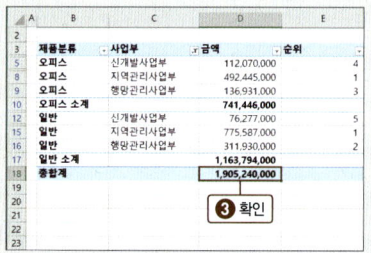

▲ 필터에 따라 달라진 값

우선순위
TOP 18

난이도 1 2 **3** 4 5

예제파일 : 매출_수수료와크기.xlsx 결과파일 : 매출_수수료와크기_완성.xlsx

실무예제 03 수수료와 매출 Top3 알아보기

— LARGE, ROUND 함수

1 영업사원에게 지급할 매출 수수료(2%)를 계산해 볼까요? [보고서] 시트에서 H4셀을 클릭하고 [수식] 탭-[함수 라이브러리] 그룹에서 [수학/삼각]을 클릭한 후 [ROUND]를 선택하세요.

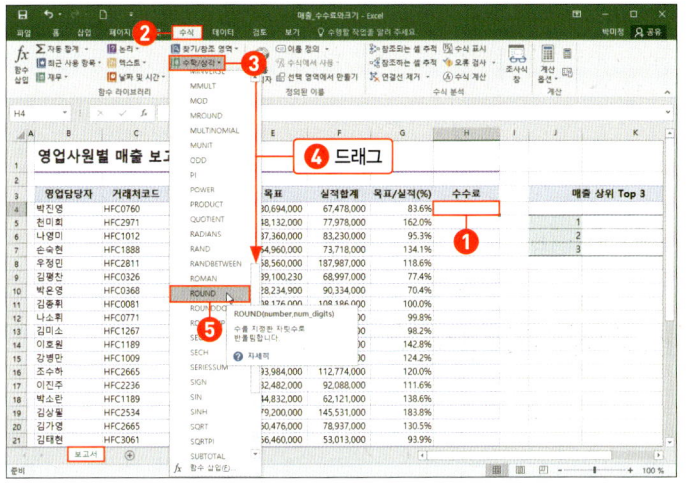

2 ROUND 함수의 [함수 인수] 대화상자가 열리면 'Number'에는 매출의 2%인 값인 『F4*0.02』를, 'Num_digits'에는 100의 자리까지 표시하기 위해 『-2』를 입력하고 [확인]을 클릭하세요.

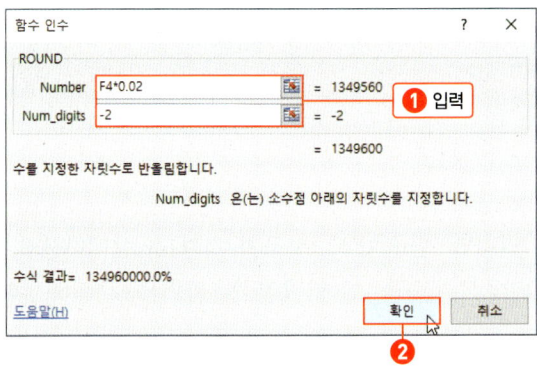

> **잠깐만요** 기타 반올림, 올림, 버림 함수와 Num_digits 이해하기
>
> Num_digits 인수에서 양수 값은 소수점 아래 위치를 의미하고 1의 자리는 0을 기준으로 왼쪽으로 1씩 감소하는 값으로 지정합니다.
>
> | Number \ Num_digits | 1 | 0 | -1 | -2 |
> | --- | --- | --- | --- | --- |
> | 123456.463 | 123456.5 | 123456 | 123460 | 123500 |
>
> ▲ Num_digits의 자릿수

3 H4셀에 수수료가 계산되면 H4셀의 자동 채우기 핸들(+)을 더블클릭하여 나머지 셀에 함수식을 복사하세요.

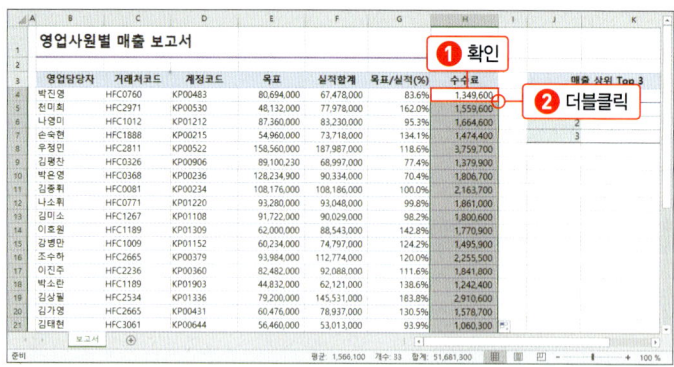

4 이번에는 매출 순위를 나타내는 셀에 표시 형식을 지정해 볼까요? J5:J7 범위를 드래그하여 선택하고 [홈] 탭-[표시 형식] 그룹에서 [표시 형식] 대화상자 표시 아이콘(⬚)을 클릭하세요.

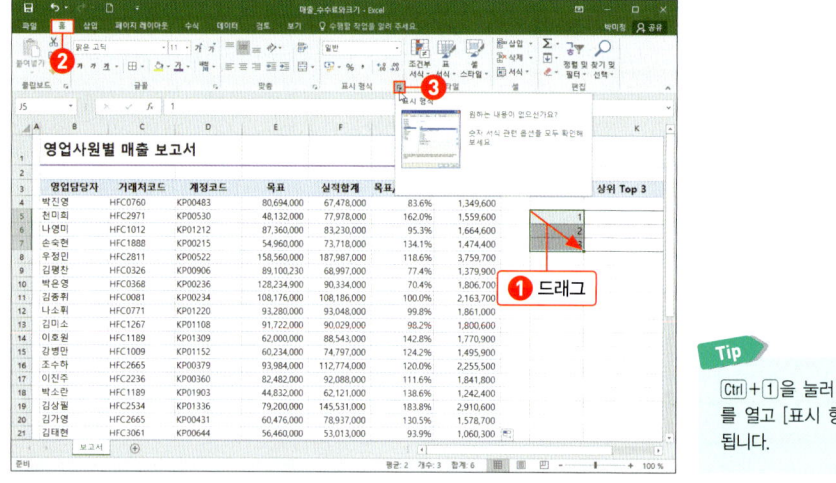

Tip
Ctrl + 1 을 눌러 [셀 서식] 대화상자를 열고 [표시 형식] 탭을 선택해도 됩니다.

5 [셀 서식] 대화상자의 [표시 형식] 탭이 열리면 '범주'에서 [사용자 지정]을 선택하세요. '형식'에서 [G/표준]을 선택하고 'G/표준' 뒤에 『"위 매출"』을 입력한 후 [확인]을 클릭하세요.

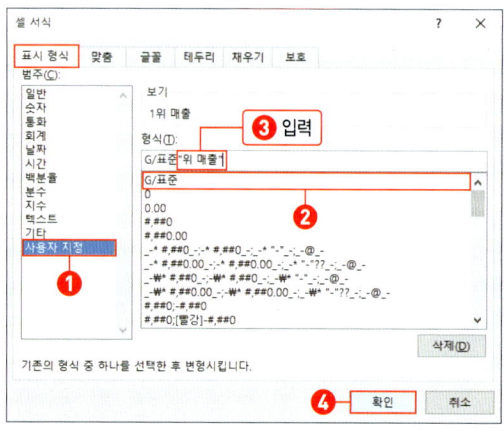

Tip
1위 매출을 문자로 직접 입력하면 LARGE 함수에서 'K' 값의 인수로 사용할 수 없기 때문에 숫자를 사용해서 '1위 매출'로 표시했어요.

6 J5:J7 범위에 순위별 매출 항목을 지정했으면 K5셀에 순위별 매출을 계산해 볼게요. K5셀을 클릭하고 [수식] 탭-[함수 라이브러리] 그룹에서 [함수 더 보기]를 클릭한 후 [통계]-[LARGE]를 선택하세요.

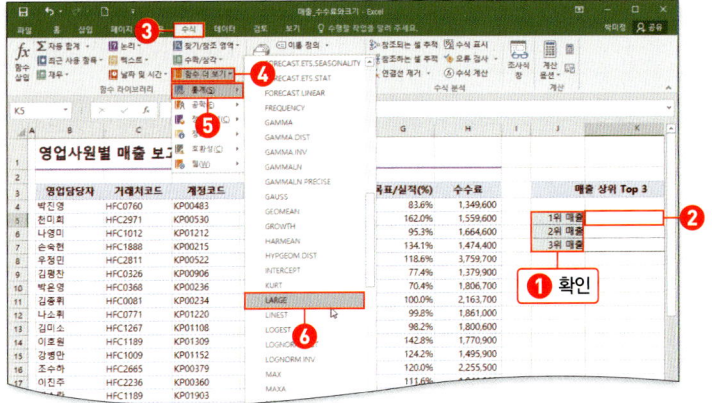

7 LARGE 함수의 [함수 인수] 대화상자가 열리면 'Array'에 마우스 커서를 올려놓고 '실적 합계' 항목인 F4:F36 범위를 드래그하여 선택한 후 F4 를 눌러 절대 참조를 변경하세요. 'K'에 마우스 커서를 올려놓고 순위인 J5셀을 클릭하거나 직접 『J5』를 입력한 후 [확인]을 클릭하세요.

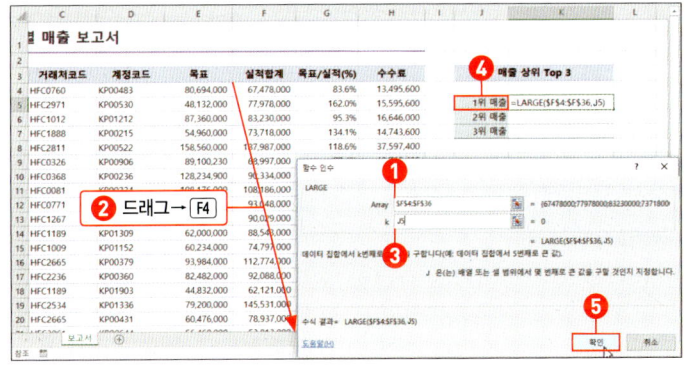

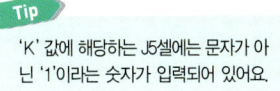

Tip
'K' 값에 해당하는 J5셀에는 문자가 아닌 '1'이라는 숫자가 입력되어 있어요.

8 K5셀에 1위 매출이 계산되면 나머지 순위의 매출도 계산하기 위해 K5셀의 자동 채우기 핸들 (+)을 더블클릭하여 나머지 셀에 함수식을 복사하세요. 이 경우 테두리 서식이 달라지므로 [자동 채우기 옵션] 단추(📋)를 클릭하고 [서식 없이 채우기]를 선택하세요.

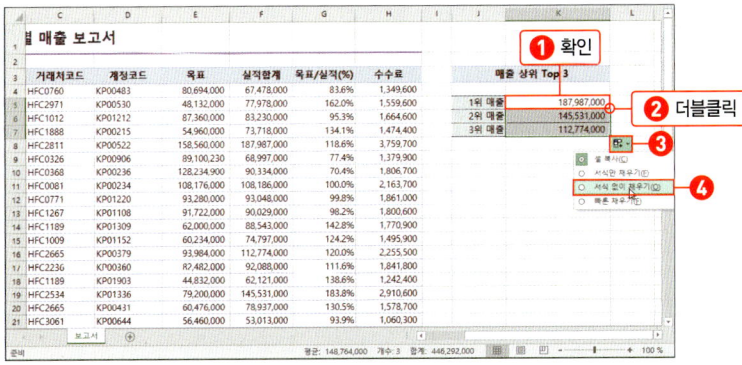

141

실무예제 04 중첩 함수로 사원의 과락 여부 평가하기

— COUNT, IF, OR 함수

1 [Sheet1] 시트에서 '과락여부'를 알아보기 위해 I4셀을 클릭하고 [수식] 탭-[함수 라이브러리] 그룹에서 [논리]를 클릭한 후 [OR]을 선택하세요.

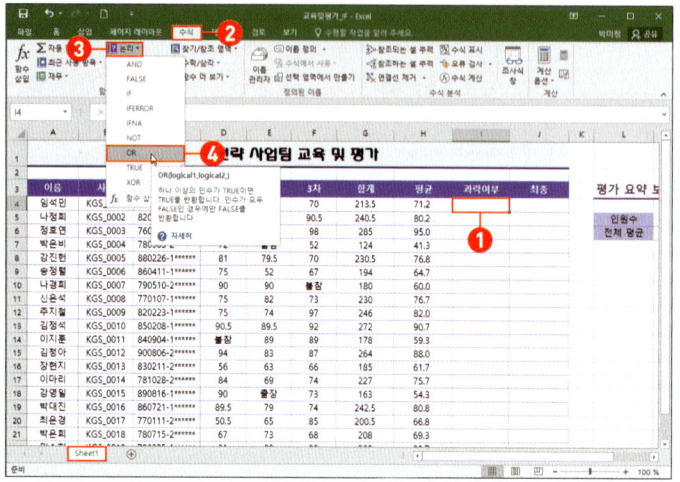

2 각 차수의 점수가 60 미만이거나 점수가 없는 경우(불참, 출장) 과락으로 지정해 볼까요? OR 함수의 [함수 인수] 대화상자가 열리면 'Logical1'에는 『D4<60』을, 'Logical2'에는 『E4<60』을, 'Logical3'에는 『F4<60』을 입력하세요.

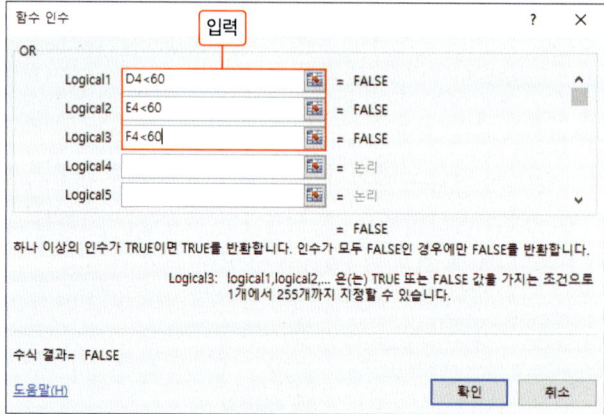

3 'Logical4'에는 다른 함수를 중첩하기 위해 커서를 올려놓은 상태에서 수식 입력줄 왼쪽에 위치한 함수 상자의 내림 단추(▼)를 클릭하고 [COUNT] 함수를 선택하세요. 만약 목록에 찾는 함수가 없다면 [함수 추가]를 선택하세요.

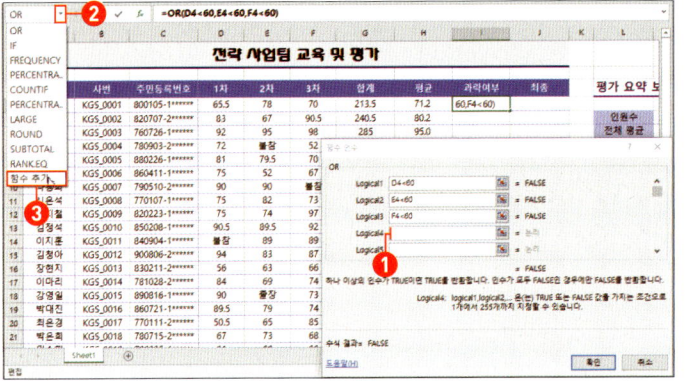

4 [함수 마법사] 대화상자가 열리면 '범주 선택'에서 [통계]를 선택하세요. '함수 선택'에 [COUNT]가 나타나면 선택하고 [확인]을 클릭하세요.

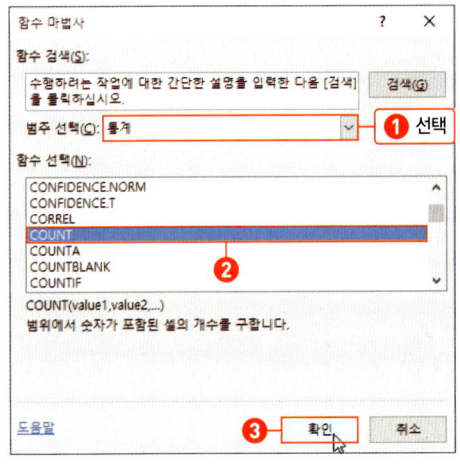

5 COUNT 함수의 [함수 인수] 대화상자가 열리면 'Value1'에 『D4:F4』를 입력하세요. 다시 OR 함수로 되돌아가기 위해 수식 입력줄에서 [OR]을 클릭하세요.

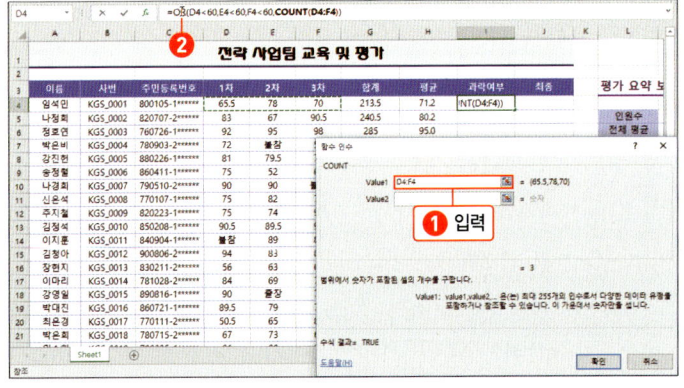

Tip
COUNT 함수는 숫자가 있는 셀만 세어주므로 문자는 제외됩니다. 만약 COUNTA 함수를 사용하면 '불참'이나 '출장' 셀도 포함됩니다.

6 OR 함수의 [함수 인수] 대화상자가 열리면 'Logica4'의 'COUNT(D4:F4)'의 뒤에 『<3』을 추가 입력하고 [확인]을 클릭하세요.

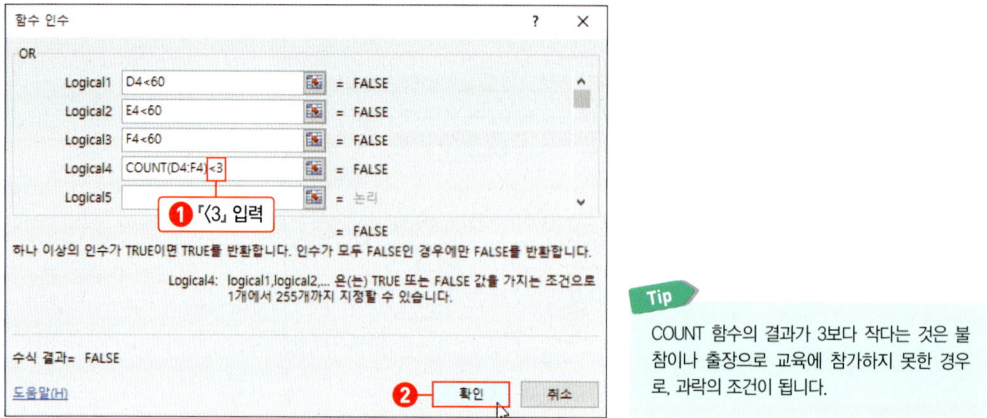

> **Tip**
> COUNT 함수의 결과가 3보다 작다는 것은 불참이나 출장으로 교육에 참가하지 못한 경우로, 과락의 조건이 됩니다.

7 I4셀에 과락 여부가 표시되면 I4셀의 자동 채우기 핸들(+)을 더블클릭하여 나머지 셀에 함수식을 복사하세요.

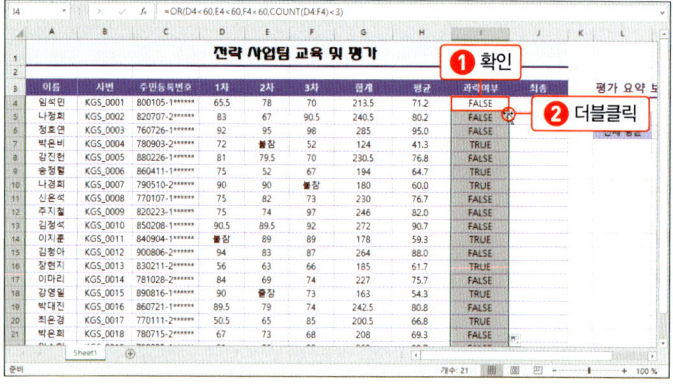

8 이번에는 최종 평가를 표시하기 위해 J4셀을 클릭하고 [수식] 탭-[함수 라이브러리] 그룹에서 [논리]를 클릭한 후 [IF]를 선택하세요.

9 IF 함수의 [함수 인수] 대화상자가 열리면 'Logical_test'에는 과락 여부의 값인 『I4』를, 'Value_if_true'에는 『"과락"』을 입력합니다. 'Value_if_false'에는 다른 함수를 중첩하기 위해 커서를 올려놓은 상태에서 수식 입력줄 왼쪽에 위치한 함수 상자의 내림 단추(⋅)를 클릭하고 [IF] 함수를 선택하세요.

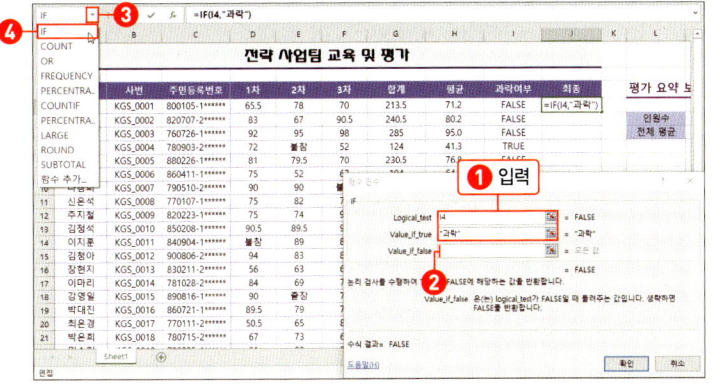

Tip
IF 함수는 조건에 따라 결과가 두 가지(참, 거짓)일 때 사용하는 함수입니다. 지금처럼 세 가지 결과(합격, 불합격, 과락)를 구분해야 하는 경우에는 IF 함수를 중첩해서 사용하세요.

10 중첩된 IF 함수의 [함수 인수] 대화상자가 열리면 'Logical_test'에는 『H4>=70』을, 'Value_if_true'에는 『"합격"』을, 'Value_if_false'에는 『"불합격"』을 입력하고 [확인]을 클릭하세요.

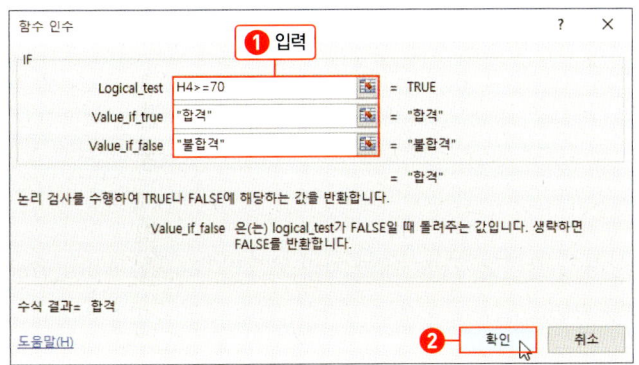

Tip
중첩 함수의 경우 다시 앞의 함수로 빠져나가기 위해 수식 입력줄의 함수식에서 [IF]를 클릭해야 합니다. 하지만 처음 IF 함수의 마지막 인수인 'Value_if_false'의 값이 모두 입력되었으므로 [확인]을 클릭하여 함수를 종료해도 됩니다.

11 J4셀에 최종 결과가 표시되면 J4셀의 자동 채우기 핸들(+)을 더블클릭하여 나머지 셀에 함수식을 복사하세요.

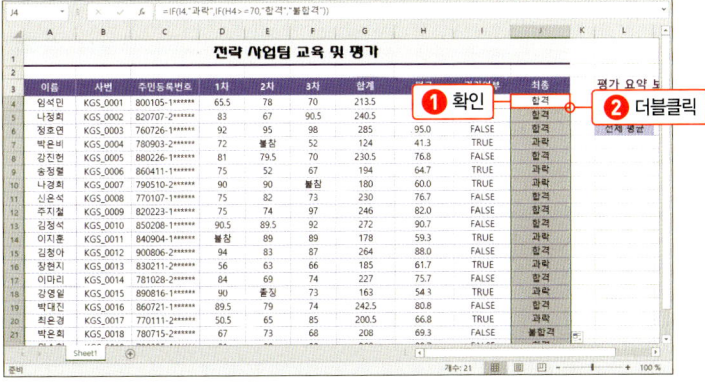

난이도 1 2 **3** 4 5

실무
예제 | **05**   고객 민원 처리 현황표 작성하기

예제파일 : 고객민원_문자추출과날짜.xlsx   결과파일 : 고객민원_문자추출과날짜_완성.xlsx

— DATE, LEFT, TEXT 함수

1 [Sheet1] 시트에서 고객 민원 처리 내용을 완성하기 위해 '처리 유형' 항목의 B4셀을 클릭하세요. [수식] 탭-[함수 라이브러리] 그룹에서 [텍스트]를 클릭하고 [LEFT]를 선택하세요.

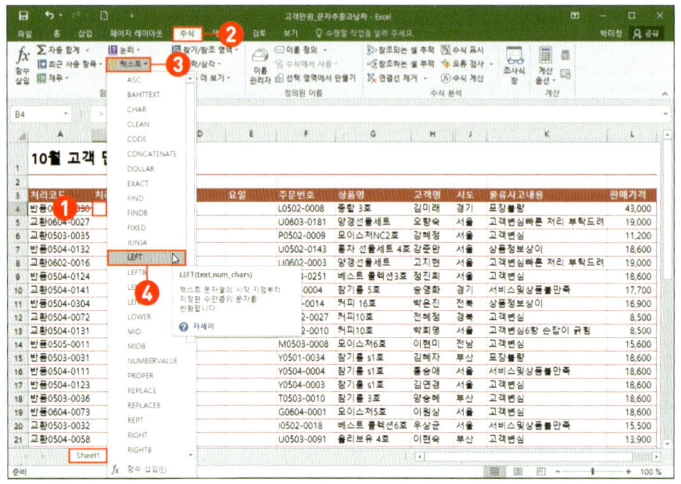

> **Tip**
> LEFT 함수는 문자열에서 왼쪽부터 지정한 개수만큼 문자를 추출하는 함수로, '처리코드' 항목에서 왼쪽에 있는 두 글자를 처리 유형으로 계산합니다.

2 LEFT 함수의 [함수 인수] 대화상자가 열리면 'Text'에는 처리 코드인 『A4』를, 'Num_char'에는 『2』를 입력하고 [확인]을 클릭하세요.

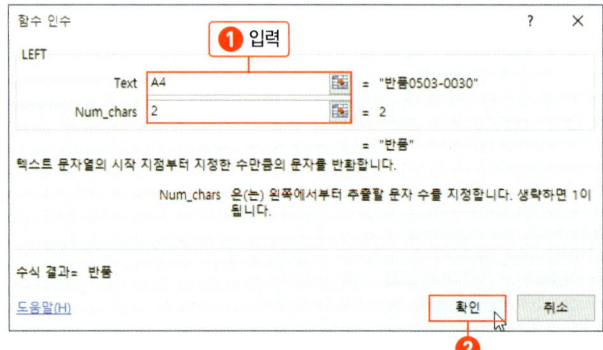

3 B4셀에 처리 유형이 표시되면 B4셀의 자동 채우기 핸들(+)을 더블클릭하여 나머지 셀에 함수식을 복사하세요.

4 이번에는 처리일자를 작성하기 위해 D4셀을 클릭하고 [수식] 탭-[함수 라이브러리] 그룹에서 [날짜 및 시간]을 클릭한 후 [DATE]를 선택하세요.

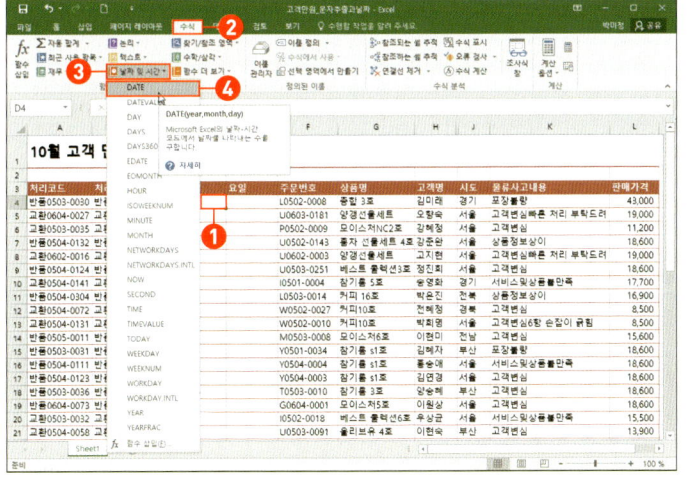

Tip

현재 문서에는 10월의 현황으로 일자만 표시되어 있지만, DATE 함수를 사용하여 연월일이 모두 표시된 날짜 데이터를 완성해 보겠습니다.

5 DATE 함수의 [함수 인수] 대화상자가 열리면 'Year'에는 『2016』을, 'Month'에는 『10』을, 'Day'에는 일에 해당하는 『C4』를 입력하고 [확인]을 클릭하세요.

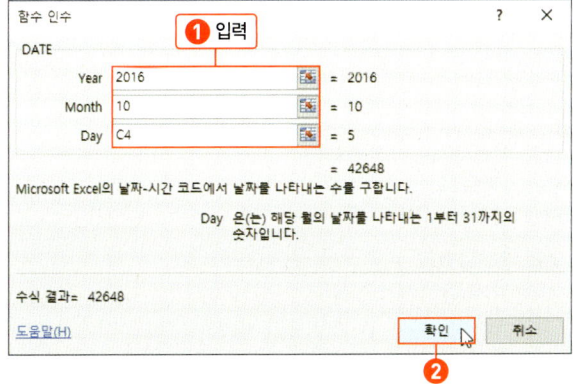

147

6 완성된 날짜의 요일을 계산하기 위해 E4셀을 클릭하고 [**수식**] **탭**-[**함수 라이브러리**] **그룹**에서 [**텍스트**]를 클릭한 후 [TEXT]를 선택하세요.

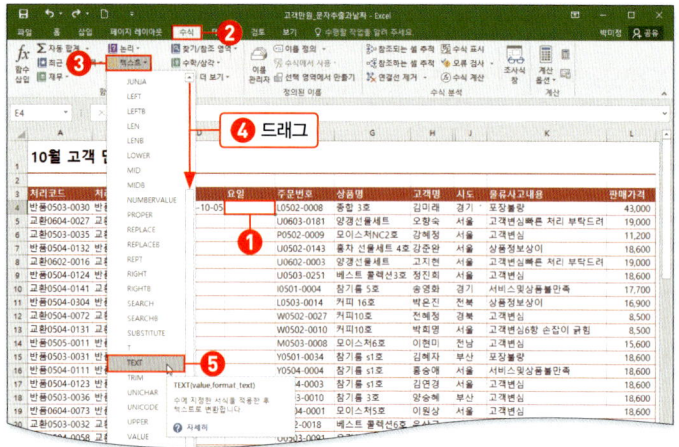

7 TEXT 함수의 [함수 인수] 대화상자가 열리면 'Value'에는 처리 날짜인 『D4』를, 'Format_text'에는 한글로 요일을 표시하는 서식 코드인 『"aaa"』를 입력하고 [확인]을 클릭하세요.

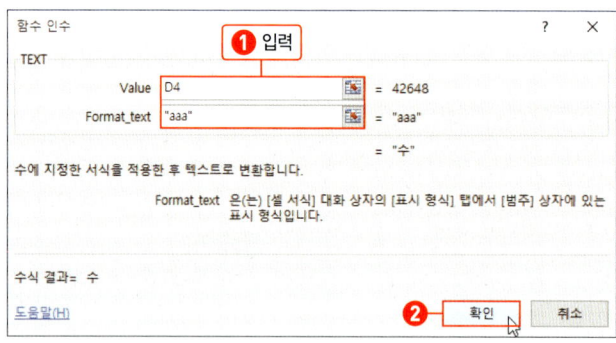

Tip
TEXT 함수는 숫자 데이터를 문자로 바꾸는 함수로, 날짜에서 요일의 형식의 숫자 데이터를 문자로 바꿔줍니다. 이와 반대로 문자를 숫자로 변경하는 함수는 VALUE 함수입니다.

8 E4셀에 요일이 표시되면 D4:E4 범위를 드래그하여 선택하고 E4셀의 자동 채우기 핸들(+)을 더블클릭하여 나머지 셀에 함수식을 복사하세요.

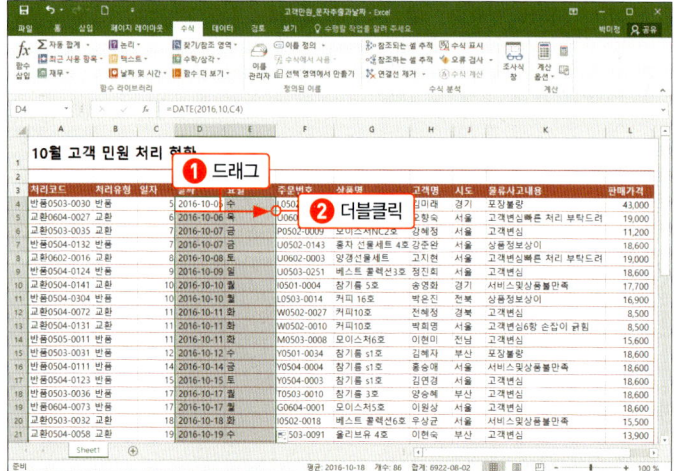

리뷰! 실무 예제

Up무 능력 향상을 위한 활용 실습

1 | 10월 판매 현황에 대한 요약 보고서 작성하기

📁 예제파일 : 10월매출_요약통계.xlsx　　📁 결과파일 : 10월매출_요약통계_완성.xlsx

함수를 사용하여 10월 판매 매출에 대한 여러 가지 요약 값을 계산해 보세요.

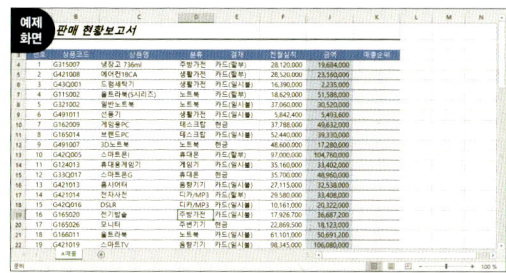 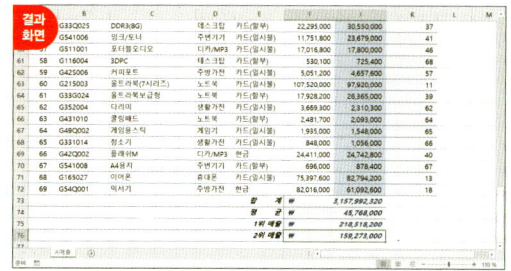

Hint
① '매출순위' 항목에 전체 금액에 대한 각 금액의 순위를 구하세요(RANK.EQ 함수).
② '합계' 항목에는 SUM이 아닌 부분합으로 계산하세요(SUBTOTAL 함수).
③ '평균' 항목에는 부분합 계산 방법으로 F74셀에 계산하고 그 값을 이용해 백의 자리까지 버림하여 계산하세요 (ROUNDDOWN 함수, SUBTOTAL 함수).
④ 1위 매출과 2위 매출을 구하세요(LARGE 함수).

2 | 동호회 명단 관리하고 이벤트 초대 여부 표시하기

📁 예제파일 : 동호회명단.xlsx　　📁 결과파일 : 동호회명단_완성.xlsx

함수를 사용해 동호회 회원의 생일과 이벤트 초대 여부를 표시해 보세요.

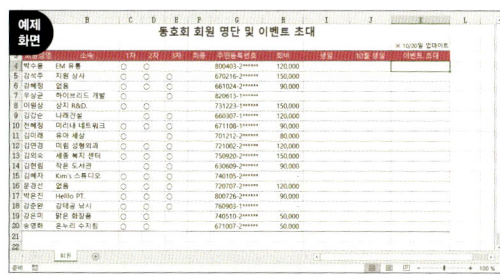 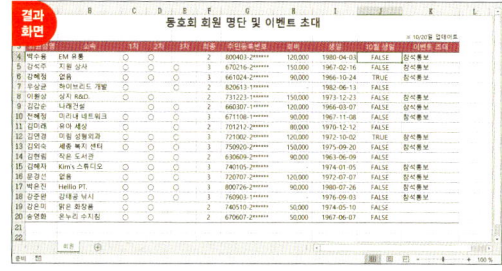

Hint
① '최종' 항목에는 1차부터 3차까지의 참석 횟수를 계산하세요(COUNTA 함수).
② '생일' 항목은 주민등록번호의 년/월/일을 함수로 추출하여 완성하세요(DATE 함수, LEFT 함수, MID 함수).
③ '10월 생일' 항목은 계산된 생일이 10월인지 여부를 판단하세요(MONTH 함수).
④ '이벤트 초대' 항목에는 최종 참석이 3회이거나 회비를 10만 원 이상 또는 생일이 10월인 경우에 '참석통보'를 표시하고 아닌 경우는 표시하지 않도록 계산하세요(IF 함수, OR 함수).

149

Section 03 고급 실무 함수 익히기

비즈니스 데이터를 깊이 있게 분석하여 결과 보고서를 작성하려면 요약에 필요한 함수나 찾기/참조 함수 등의 실무 함수를 적절하게 사용할 수 있어야 합니다. 또한 하나의 함수가 아닌 여러 가지 함수를 중첩하여 사용하면 복잡하게 계산하지 않아도 다양한 형태의 분석을 단 하나의 셀에서 처리할 수 있습니다. 따라서 이번 섹션에서는 업무의 효율성을 높여주고 시간을 절약할 수 있는 다양한 실무 고급 함수에 대해 배워보겠습니다.

> **PREVIEW**

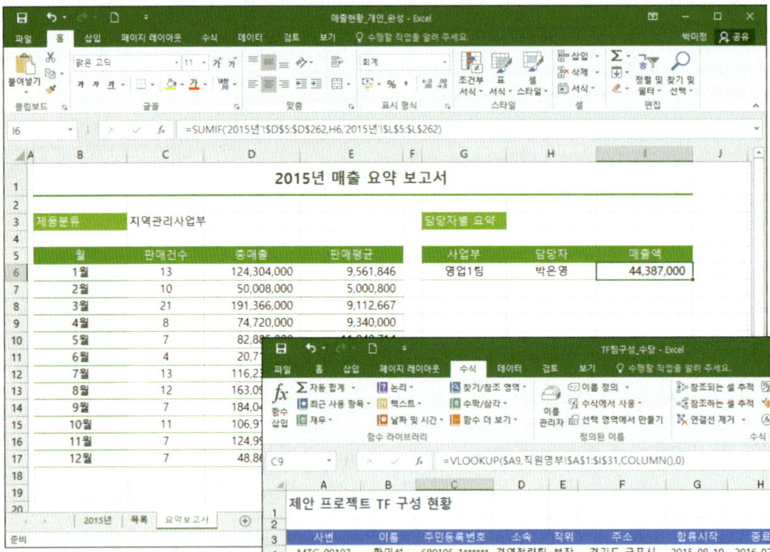

▲ 찾기/참조와 집계 함수로 요약 보고서 완성하기

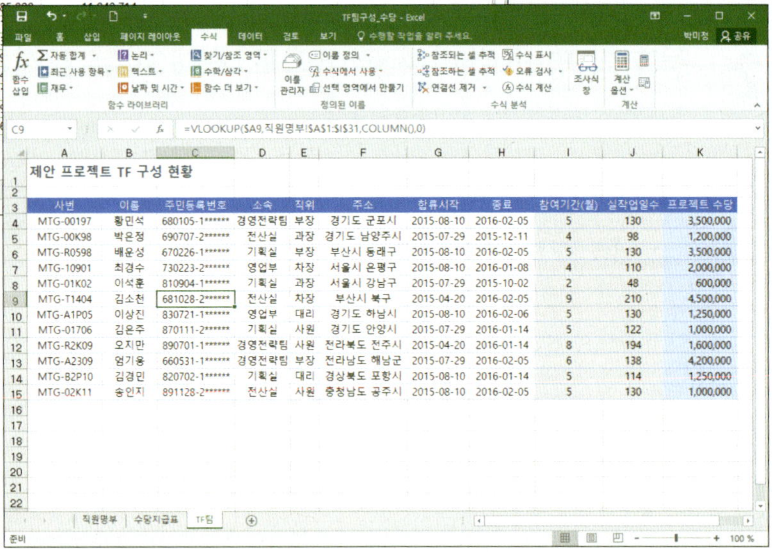

▲ 날짜와 참조 함수로 작업 기간과 수당 구하기

> 섹션별 주요 내용

01 | 실무에서 자주 사용하는 함수 살펴보기   02 | 월별 매출 요약 보고서 작성하기 — COUNTIFS, SUMIFS 함수
03 | 매출 평균과 개인별 매출 계산하기 — AVERAGEIFS, IFERROR 함수
04 | TF팀 명단과 주소 작성하기 — COLUMN, CONCATENATE, VLOOKUP 함수
05 | 직급별 프로젝트 수당 계산하기 — INDEX, MATCH 함수

핵심기능 01 실무에서 자주 사용하는 함수 살펴보기

난이도 1 > 2 > **3** > 4 > 5

실제 업무에서는 데이터의 종류나 보고서의 목적에 따라 다양한 함수를 여러 가지 방법으로 사용해요. 이 중에서 찾기/참조 영역 함수와 기간을 구하는 함수, 그리고 요약할 수 있는 집계 함수를 꼭 익혀야 해요. 이들 함수를 중첩하여 사용하면 수식을 여러 셀에 나누어 계산하지 않아도 되므로 매우 깔끔하게 결과를 구할 수 있어요.

다음은 실무 사용 빈도 순으로 고급 함수를 정리해 놓았어요. 함수의 사용 목적을 잘 이해하고 제대로 익혀두어야 데이터를 손쉽게 정리하고 원하는 분석 결과를 정확하게 도출할 수 있어요.

❶ YEAR, MONTH, DAY 함수

- **형식** : YEAR/MONTH/DAY(Serial_number)
- **기능** : 날짜 데이터에서 년(1900~9999)/월(1~12)/일(1~31) 사이의 숫자를 구해요.
- **인수 설명**

Serial_number	년/월/일의 값을 계산할 날짜의 일련번호

❷ ROW, COLUMN 함수

- **형식** : ROW/COLUMN(Reference)
- **기능** : 참조의 행/열 번호를 구해요.
- **인수 설명**

Reference	행 번호를 구할 셀 또는 셀 범위로, 생략하면 현재 셀 참조

❸ COUNTIF 함수

- **형식** : COUNTIF(Range,Criteria)
- **설명** : 조건에 맞는 셀의 수를 셉니다.
- **인수 설명**

Range	조건을 검사할 셀 범위
Criteria	숫자, 식, 텍스트 형태의 조건 예 '100보다 크다'라는 조건을 식으로 작성하려면 ")100"으로 입력

❹ COUNTIFS 함수

- **형식** : COUNTIFS(Criteria_range1,Criteria1,…)
- **기능** : 여러 가지 조건에 맞는 셀들의 개수를 구해요.
- **인수 설명**

Criteria_range1,Criteria_range2,…	특정 조건에 따라 계산할 셀 범위로, 조건의 범위(범위1,범위2,…)
Criteria1,Criteria2,…	숫자, 식, 텍스트 형태의 조건(조건1,조건2,…)

❺ SUMIFS 함수

- **형식** : SUMIFS(Sum_range,Criteria_range1,Criteria1,…)
- **기능** : 여러 가지 조건에 맞는 셀들의 합을 구해요.
- **인수 설명**

Sum_range	합계를 구하는 데 사용할 실제 셀 범위
Criteria_range1,Criteria_range2,…	특정 조건에 따라 계산할 셀 범위로, 조건의 범위(범위1,범위2,…)
Criteria1,Criteria2,…	숫자, 식, 텍스트 형태의 조건(조건1, 조건2, …)

❻ AVERAGEIFS 함수

- **형식** : AVERAGEIFS(Average_range,Criteria_range1,Criteria1,…)
- **기능** : 여러 가지 조건에 맞는 셀의 평균을 구해요.
- **인수 설명**

Average_range	평균을 구하는 데 사용할 실제 셀 범위
Criteria_range1,Criteria_range2,…	특정 조건에 따라 계산할 셀 범위로, 조건의 범위(범위1,범위2,…)
Criteria1,Criteria2,…	숫자, 식, 텍스트 형태의 조건(조건1,조건2,…)

❼ IFERROR 함수

- **형식** : IFERROR(Value,Value_if_error)
- **기능** : 계산식의 결과에 오류가 발생하면 'Value_if_error'의 값을 반환하고 오류가 발생하지 않으면 계산식 결과가 그대로 반환됩니다.
- **인수 설명**

Value	값, 식 또는 참조식
Value_if_error	Value 값이 오류일 때 반환할 식이나 참조값

❽ VLOOKUP 함수

- **형식** : VLOOKUP(Lookup_value,Table_array,Col_index_num,Range_lookup)
- **기능** : 표의 첫 열에서 값을 찾아 지정한 열의 같은 행의 값을 되돌려줍니다.
- **인수 설명**

Lookup_value	표의 첫 열에서 찾는 값
Table_array	데이터를 검색하고 참조할 셀 범위
Col_index_num	Table_array의 열 번호로, 값을 추출할 열 지정
Range_lookup	값을 찾을 방법으로, 0이면 정확하게 일치하는 값을 찾고 1이나 생략하면 비슷하게 일치하는 값 찾음

❾ CONCATENATE 함수

- **형식** : CONCATENATE(Text1,Text2,…)
- **기능** : 여러 개의 텍스트를 결합하여 하나의 텍스트로 만듭니다. & 연산자를 대체하는 함수로, 수식의 결과로 인수를 사용하면 숫자도 텍스트로 인식됩니다. 여러 개의 셀에 나뉘어진 주소를 하나의 셀로 연결하거나 수식의 결과를 문자로 묶을 때 사용해요.
- **인수 설명**

Text1,Text2,…	하나의 셀로 연결하려는 텍스트로, 255개까지 지정 가능

❿ INDEX 함수

- **형식** : INDEX(Array,Row_num,Column_num)
- **기능** : 표의 범위 안에서 지정한 행과 열이 교차되는 위치값을 되돌려줍니다.
- **인수 설명**

Array	배열로 입력된 셀 범위
Row_num	값을 되돌려줄 배열 또는 셀 범위의 행 번호 지정
Column_num	값을 되돌려줄 배열 또는 셀 범위의 열 번호 지정

⓫ MATCH 함수

- **형식** : MATCH(Lookup_value,Lookup_array,Match_type)
- **기능** : 배열에서 지정된 값과 일치하는 항목의 상대적 위치값을 찾습니다.
- **인수 설명**

Lookup_value	배열이나 참조 범위에서 찾는 값
Lookup_array	배열 또는 연속된 셀 범위
Match_type	• 되돌릴 값을 표시하는 숫자로, -1, 0, 1이 있음 • 0이면 MATCH는 'Lookup_value'와 일치하는 값들 중 첫 번째 값을 찾음

실무예제 02 월별 매출 요약 보고서 작성하기

— COUNTIFS, SUMIFS 함수

1 [목록] 시트에서 A2:A7 범위를 드래그하여 선택하고 이름 상자에 『사업부』를 입력한 후 Enter 를 눌러 이름을 작성하세요.

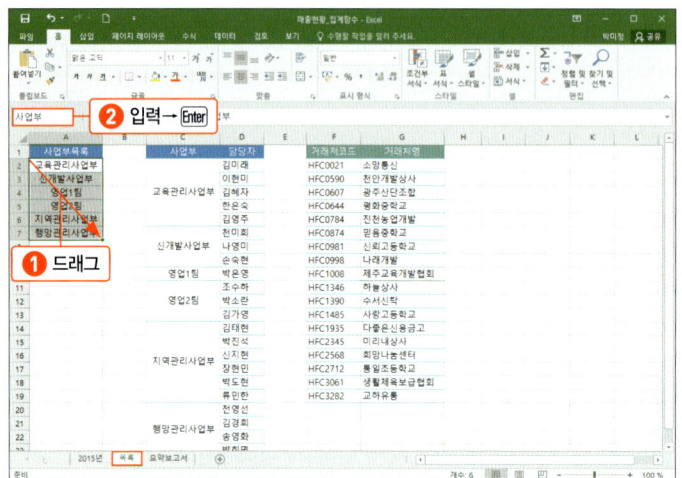

Tip

[수식] 탭–[정의된 이름] 그룹에서 [이름 정의]를 클릭하여 새 이름으로 작성해도 됩니다.

2 [요약보고서] 시트로 이동하여 C3셀을 클릭하고 [데이터] 탭–[데이터 도구] 그룹에서 [데이터 유효성 검사]를 클릭하세요.

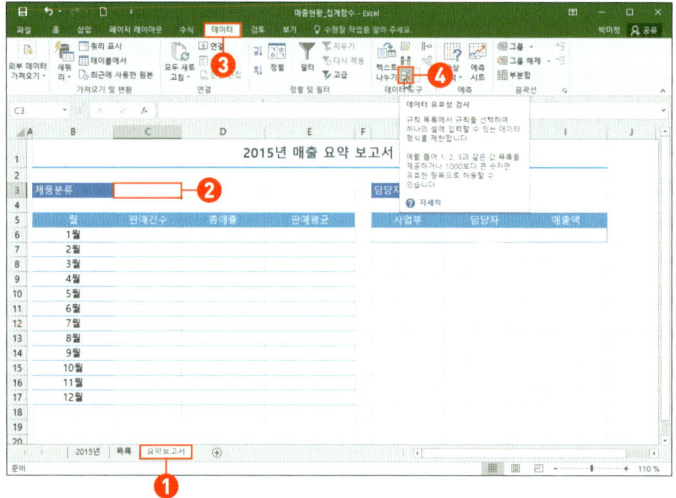

3 [데이터 유효성] 대화상자가 열리면 [설정] 탭의 '제한 대상'에서 [목록]을 선택하고 '원본'에 『=사업부』를 입력한 후 [확인]을 클릭하세요.

'원본'에 A2:A7 범위에 있는 사업부 목록을 직접 입력해도 됩니다.

4 C3셀을 클릭하여 목록이 나타나면 [지역관리사업부]를 선택하세요.

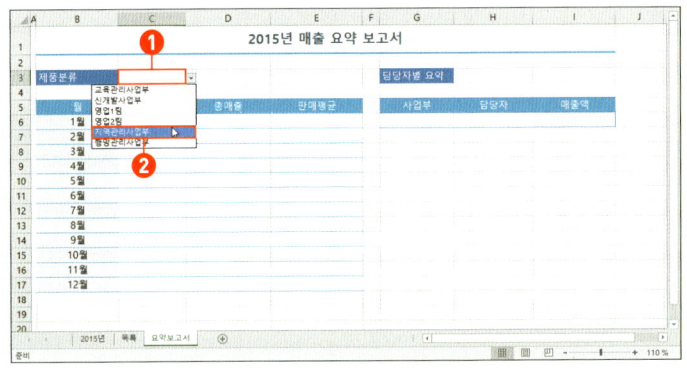

5 '지역관리사업부'의 1월 판매 건수를 알아볼까요? C6셀을 클릭하고 [수식] 탭-[함수 라이브러리] 그룹에서 [함수 더 보기]를 클릭한 후 [통계]-[COUNTIFS]를 선택하세요.

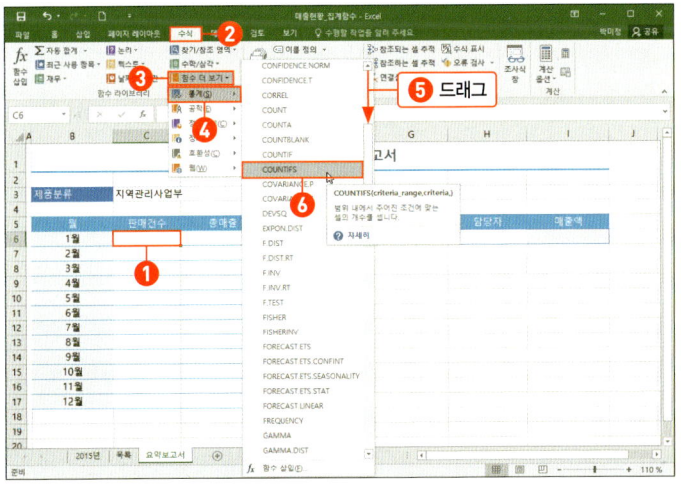

COUNTIF 함수는 조건이 하나인 경우에, COUNTIFS 함수는 조건이 두 개 이상인 경우에 사용합니다. 만약 COUNTIFS 함수에서 하나의 조건만 지정하면 COUNTIF 함수와 결과가 같아요.

155

6 COUNTIFS 함수의 [함수 인수] 대화상자가 열리면 다음과 같이 지정하세요.

- Criteria_range1 : 커서를 올려놓고 [2015년] 시트로 이동 → '월' 항목인 B5:B262 범위를 드래그하여 선택 → F4 눌러 절대 참조로 변경
- Criteria1 : 조건에 해당하는 『B6』 입력

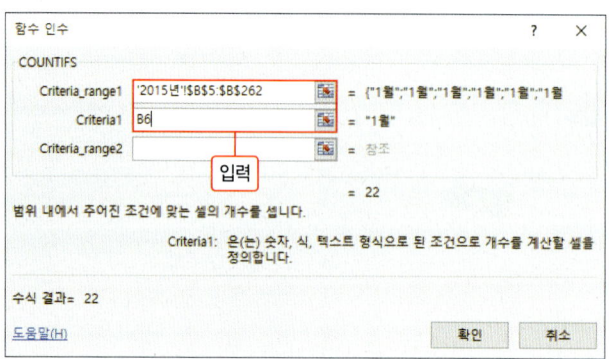

7 두 번째 조건에 대한 인수를 다음과 같이 지정하고 [확인]을 클릭하세요.

- Criteria_range2 : 커서를 올려놓고 [2015년] 시트로 이동 → '사업부' 항목인 C5:C262 범위를 드래그하여 선택 → F4 눌러 절대 참조로 변경
- Criteria2 : 『C3』 입력 → F4 눌러 절대 참조로 변경

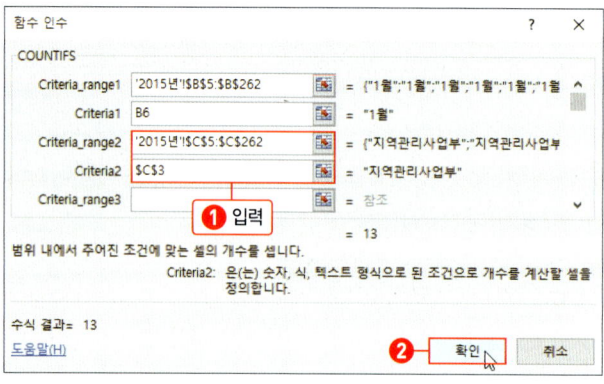

Tip

두 번째 조건인 C3셀의 '지역관리사업부'는 함수식을 복사할 때 위치를 고정시켜야 하므로 F4를 눌러 절대 참조($C$3)나 혼합 참조(C$3)로 지정해야 해요.

8 C6셀에 1월의 판매 건수가 계산되면 총 매출을 계산해 볼까요? D6셀을 클릭하고 [수식] 탭-
[함수 라이브러리] 그룹에서 [수학/삼각]을 클릭한 후 [SUMIFS]를 선택하세요.

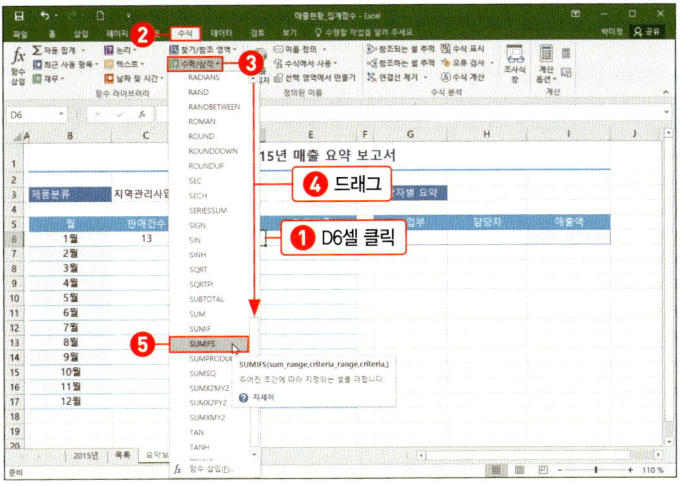

9 SUMIFS 함수의 [함수 인수] 대화상자가 열리면 다음과 같이 지정하세요.

- Sum_range : 커서를 올려놓고 [2015년] 시트로 이동 → '금액' 항목인 L5:L262 범위를 드래그하여 선택
  → F4 눌러 절대 참조로 변경
- Criteria_range1 : 커서를 올려놓고 [2015년] 시트로 이동 → '월' 항목인 B5:B262 범위를 드래그하여 선택
  → F4 눌러 절대 참조로 변경
- Criteria1 : 조건에 해당하는 『B6』 입력

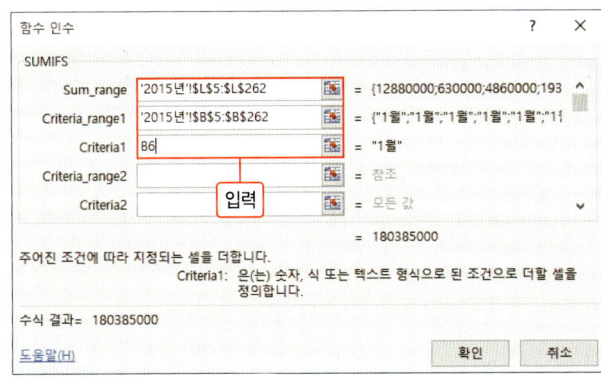

Tip
'Sum_range'를 제외한 나머지 인수는 조건에 대한 인수이므로 6~7 과정의 COUNTIFS 함수의 인수와 같아요.

157

10 두 번째 조건에 대한 인수를 다음과 같이 지정하고 [확인]을 클릭하세요.

- Criteria_range2 : 커서를 올려놓고 [2015년] 시트로 이동 → '사업부' 항목인 C5:C262 범위를 드래그하여 선택 → F4 눌러 절대 참조로 변경
- Criteria2 : 『C3』 입력 → F4 눌러 절대 참조로 변경

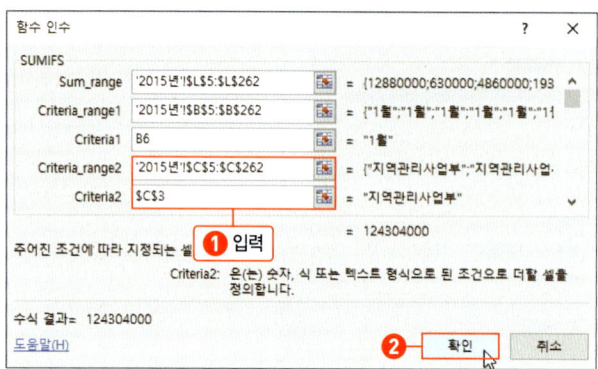

11 C6셀과 D6셀에 1월의 판매건수와 총매출이 계산되면 C6:D6 범위를 드래그하여 선택하세요. D6셀의 자동 채우기 핸들(✚)을 더블클릭하여 나머지 셀에 함수식을 복사하세요.

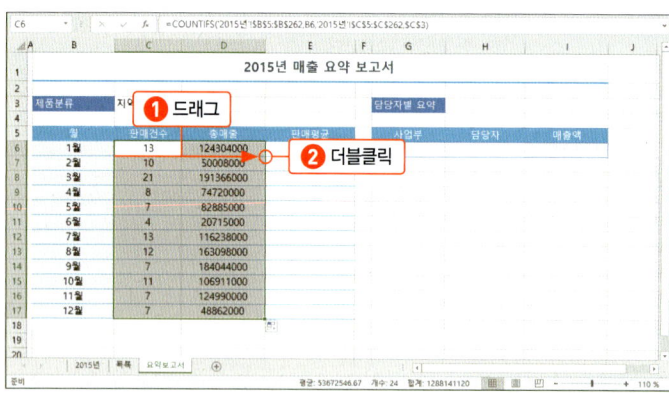

| 난이도 1 2 3 **4** 5 | 예제파일 : 매출현황_개인.xlsx　　결과파일 : 매출현황_개인_완성.xlsx |

실무예제 03 매출 평균과 개인별 매출 계산하기

— AVERAGEIFS, IFERROR 함수

1 요약 보고서에서 판매 평균 조건에 대한 맞는 값이 없으면 '#DIV/0' 오류가 발생하므로 고려하여 수식을 작성해야 해요. [요약보고서] 시트에서 1월의 판매 평균값을 계산하기 위해 E6셀을 클릭하고 [수식] 탭-[함수 라이브러리] 그룹에서 [논리]를 클릭한 후 [IFERROR]를 선택하세요.

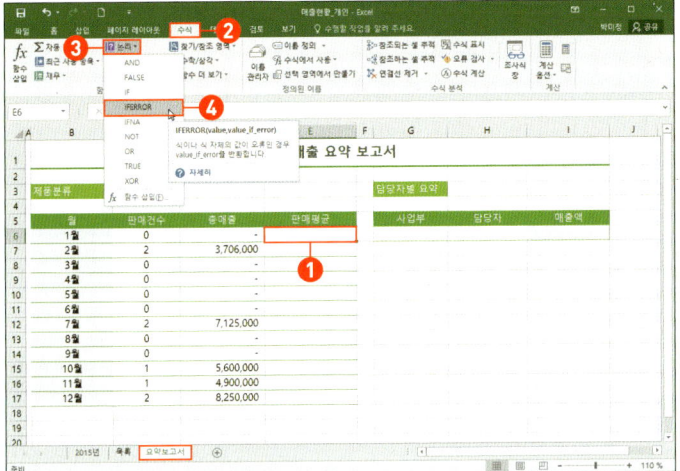

Tip
IFERROR 함수는 함수식의 결과가 오류일 경우 되돌려줄 값을 포함하는 함수입니다.

2 IFERROR 함수의 [함수 인수] 대화상자가 열리면 'Value'에 평균값을 계산하기 위한 함수를 지정하기 위해 함수 상자의 내림 단추(▼)를 클릭하고 [AVERAGEIFS]를 선택하세요.

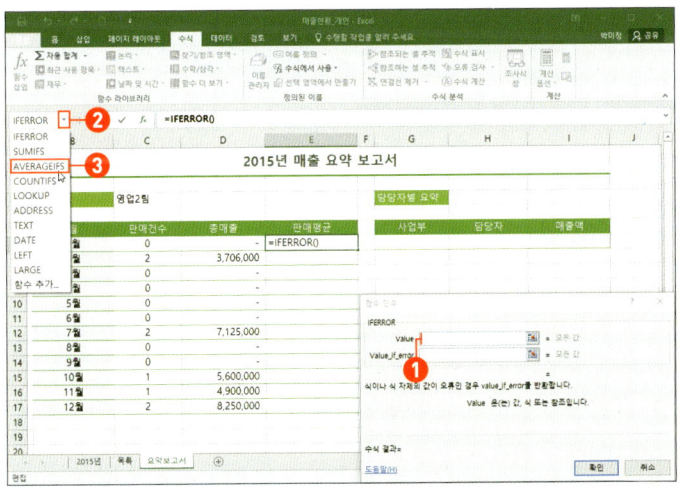

Tip
AVERAGEIFS 함수를 처음 사용한다면 함수 목록에 없을 수도 있어요. 이 경우에는 [함수 추가]를 선택하여 함수 마법사에서 AVERAGEIFS 함수를 찾아 추가해야 해요.

159

3 AVERAGEIFS 함수의 [함수 인수] 대화상자가 열리면 다음과 같이 지정하세요.

> • Average_range : 커서를 올려놓고 [2015년] 시트로 이동 → '금액' 항목인 L5:L262 범위를 드래그하여 선택 → F4 눌러 절대 참조로 변경
> • Criteria_range1 : 커서를 올려놓고 [2015년] 시트로 이동 → '월' 항목인 B5:B262 범위를 드래그하여 선택 → F4 눌러 절대 참조로 변경
> • Criteria1 : 조건에 해당하는 『B6』 입력

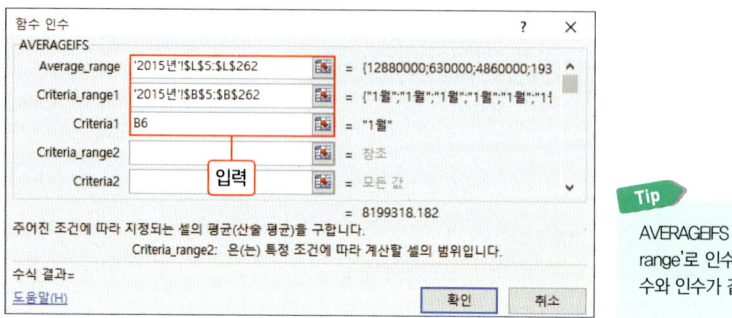

Tip
AVERAGEIFS 함수는 'Sum_range' 대신 'Average_range'로 인수 이름만 변경되었을 뿐 SUMIFS 함수와 인수가 같습니다.

4 두 번째 조건에 대한 인수를 다음과 같이 지정하고 다시 IFERROR 함수로 되돌아가기 위해 수식 입력줄에서 [IFERROR]를 클릭하세요.

> • Criteria_range2 : 커서를 올려놓고 [2015년] 시트로 이동 → '사업부' 항목인 C5:C262 범위를 드래그하여 선택 → F4 눌러 절대 참조로 변경
> • Criteria2 : 『C3』 입력 → F4 눌러 절대 참조로 변경

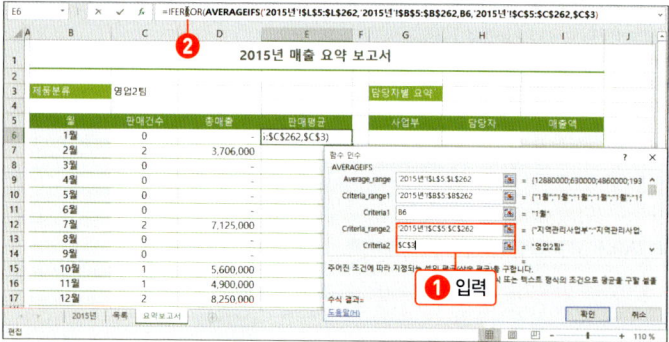

5 IFERROR 함수의 [함수 인수] 대화상자로 되돌아오면 'Value_if_error'에 오류일 때 값인 『0』을 입력하고 [확인]을 클릭하세요.

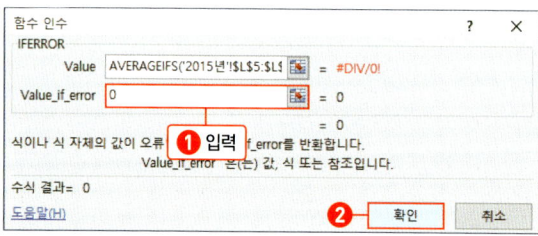

Tip
지금 계산중인 영업2팀의 1월 평균값에 '#DIV/0' 오류가 발생합니다. 이때 오류값 대신 '0'으로 처리되도록 계산하는 함수식이에요.

6 E6셀에 1월의 판매 평균값이 계산되면 E6셀의 자동 채우기 핸들(╋)을 더블클릭하여 나머지 셀에 함수식을 복사하세요. [홈] 탭-[표시 형식] 그룹에서 [쉼표 스타일]을 클릭하여 천 단위 숫자마다 쉼표를 넣으세요.

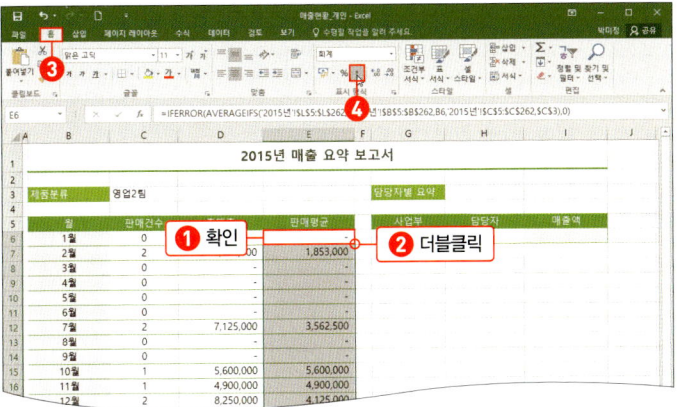

7 이번에는 담당자별 판매 매출을 계산하기 위해 사업부별 담당자 그룹에 이름을 지정하려고 합니다. [목록] 시트에서 D2:D6 범위를 드래그하여 선택하고 이름 상자에 『교육관리사업부』를 입력한 후 Enter를 누르세요. 이와 같은 방법으로 그룹별 이름을 모두 지정해 보세요.

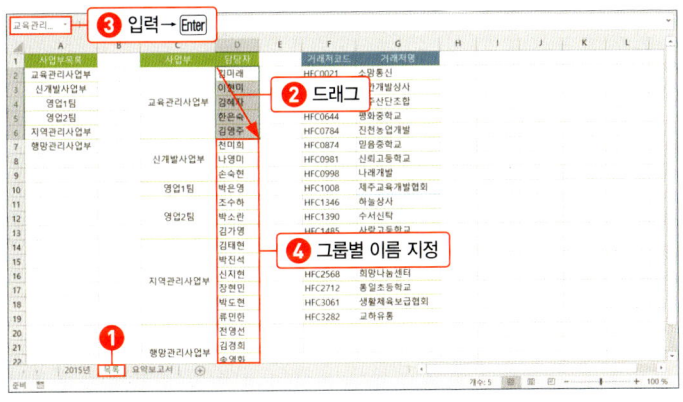

8 이름을 모두 지정했으면 이름 상자의 내림 단추(▼)를 클릭하여 작성한 이름을 확인하세요.

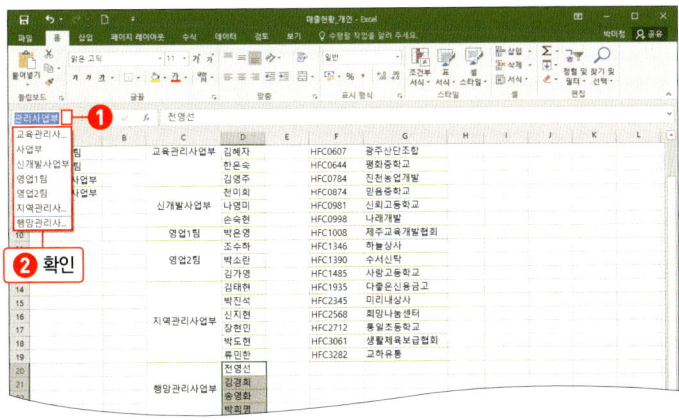

9 G6셀을 클릭하고 [데이터] 탭-[데이터 도구] 그룹에서 [데이터 유효성 검사]를 클릭하세요. [데이터 유효성] 대화상자가 열리면 [설정] 탭의 '제한 대상'에서 [목록]을 선택하고 '원본'에 『=사업부』를 입력한 후 [확인]을 클릭하세요.

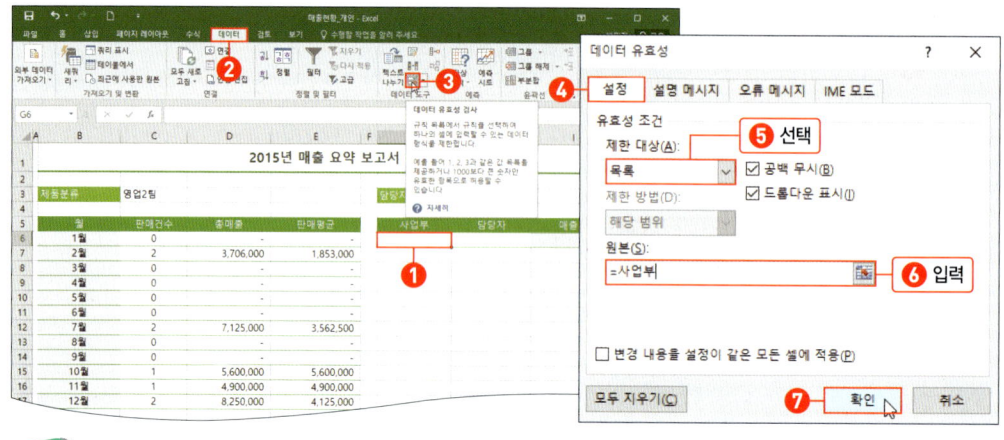

Tip

데이터 유효성 검사의 기능 중에서 목록으로 데이터를 입력할 수 있는 '목록' 기능을 사용하면 목록 외에 다른 데이터가 입력되지 않도록 제한할 수 있어요. '원본'에 『=』를 빼고 『사업부』를 입력하면 일반 텍스트로 인식하지만, '=사업부'라고 입력하면 참조 범위를 그대로 목록 데이터로 가져옵니다.

10 이제 유효성 검사를 이용해 개인별 목록을 작성하기 위해 목록을 선택해 볼게요. G6셀을 선택하고 내림 단추(▼)를 클릭해 원하는 사업부 목록을 선택해 보세요.

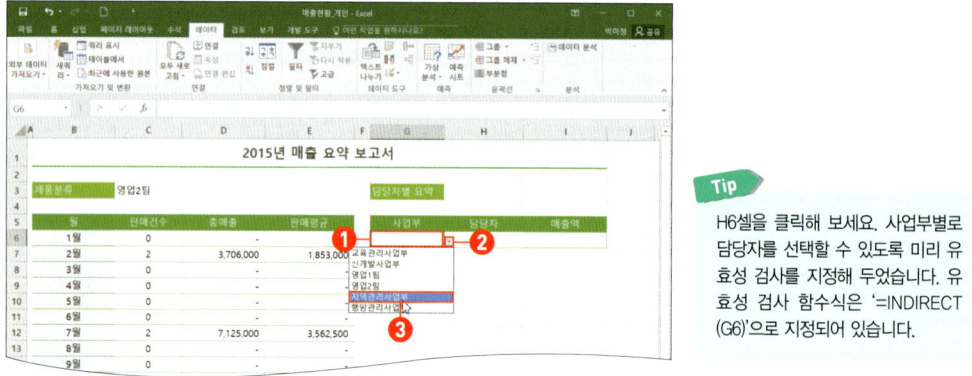

Tip

H6셀을 클릭해 보세요. 사업부별로 담당자를 선택할 수 있도록 미리 유효성 검사를 지정해 두었습니다. 유효성 검사 함수식은 '=INDIRECT(G6)'으로 지정되어 있습니다.

우선순위
TOP 02

난이도 1 2 3 **4** 5

| 실무 예제 | 04 |

TF팀 명단과 주소 작성하기

— COLUMN, CONCATENATE, VLOOKUP 함수

예제파일 : TF팀구성_명단.xlsx   결과파일 : TF팀구성_명단_완성.xlsx

1 **[TF팀] 시트**의 직원명부에서 특정 인원을 뽑아 새로운 TF팀의 명단을 작성해 볼게요. **B4셀**을 클릭하고 **[수식] 탭-[함수 라이브러리] 그룹**에서 **[찾기/참조 영역]**을 클릭한 후 **[VLOOKUP]**을 선택하세요.

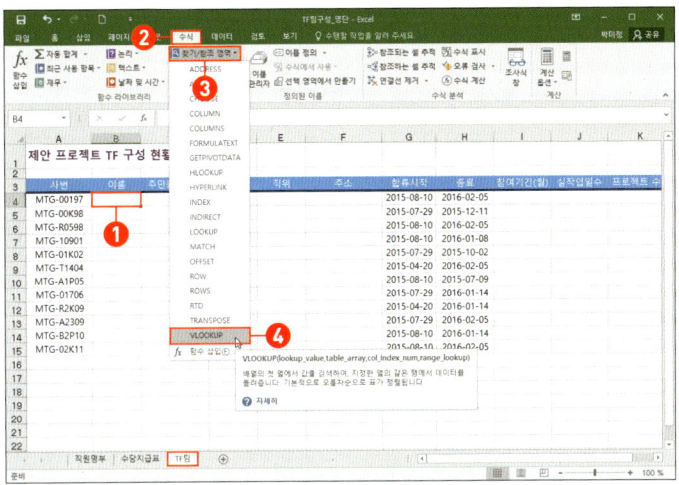

2 VLOOKUP 함수의 [함수 인수] 대화상자가 열리면 다음과 같이 지정하고 [확인]을 클릭하세요.

- Lookup_value : 『$A4』 입력
- Table_array : 커서를 올려놓고 [직원명부] 시트로 이동 → 전체 범위인 A1:I31을 드래그하여 선택 → F4 눌러 절대 참조로 변경
- Col_index_num : [직원명부] 시트의 두 번째 열(이름)을 계산식으로 작성하기 위해 『COLUMN()』 입력
- Range_lookup : 『0』 입력

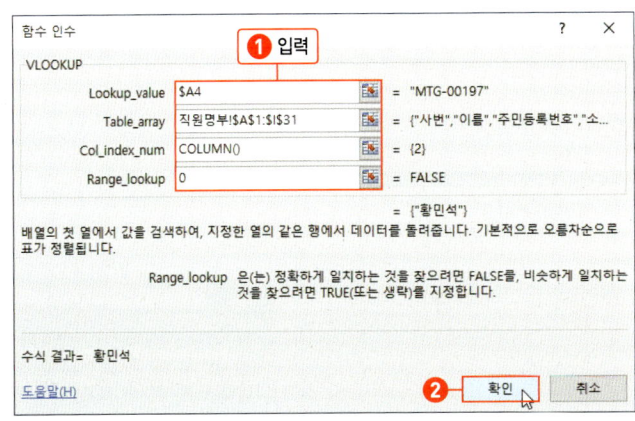

> **Tip**
> 'Lookup_value'에 커서를 올려놓고 A4셀을 클릭한 후 F4를 연속으로 세 번 눌러 혼합 참조로 변경해도 됩니다. 혼합 참조로 지정하는 이유는 166쪽의 '잠깐만요'를 참고하세요.

3 B4셀에 사번에 해당하는 사원 이름이 표시되면 B4셀의 자동 채우기 핸들(➕)을 E4셀까지 드래그하세요. E4셀의 자동 채우기 핸들(➕)을 더블클릭하여 E15셀까지 함수식을 복사하세요.

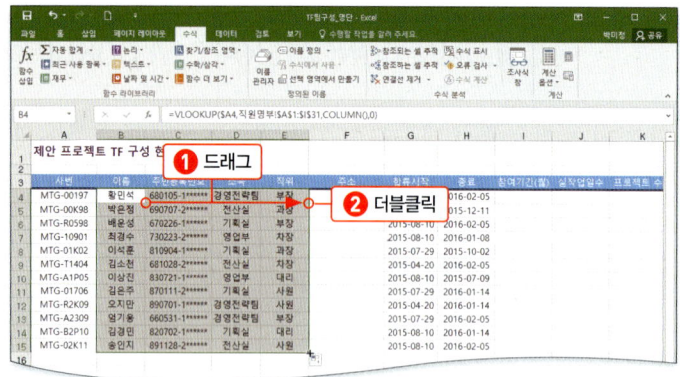

4 이번에는 주소를 구해볼까요? F4셀을 클릭하고 [수식] 탭-[함수 라이브러리] 그룹에서 [텍스트]를 클릭한 후 [CONCATENATE]를 선택하세요.

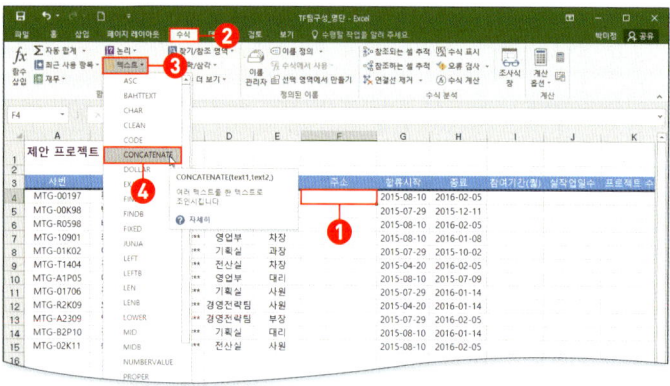

5 CONCATENATE 함수의 [함수 인수] 대화상자가 열리면 'Text1'에 커서를 올려놓고 함수 상자의 내림 단추(▼)를 클릭한 후 [VLOOKUP]을 선택하여 함수를 중첩하세요.

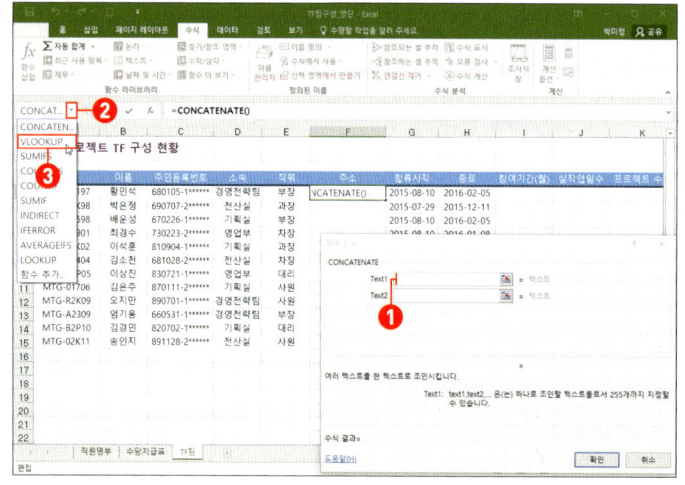

Tip
함수에서 중첩한다는 것은 함수식 안에 다른 함수를 추가로 삽입하는 것을 말해요. 여기에서는 CONCATENATE 함수 안에 VLOOKUP 함수를 중첩하게 됩니다.

6 다시 VLOOKUP 함수의 [함수 인수] 대화상자로 바뀌면 다음과 같이 지정하세요.

- Lookup_value : 『A4』 입력
- Table_array : 커서를 올려놓고 [직원명부] 시트로 이동 → 전체 범위인 A1:I31을 드래그하여 선택 → F4 눌러 절대 참조로 변경

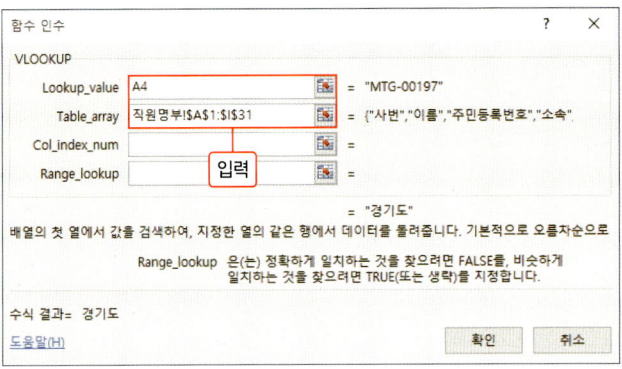

7 'Col_index_num'에는 『8』을, 'Range_lookup'에는 『0』을 입력하세요. 다시 이전 함수로 되돌아가기 위해 수식 입력줄에서 [CONCATENATE]를 클릭하세요.

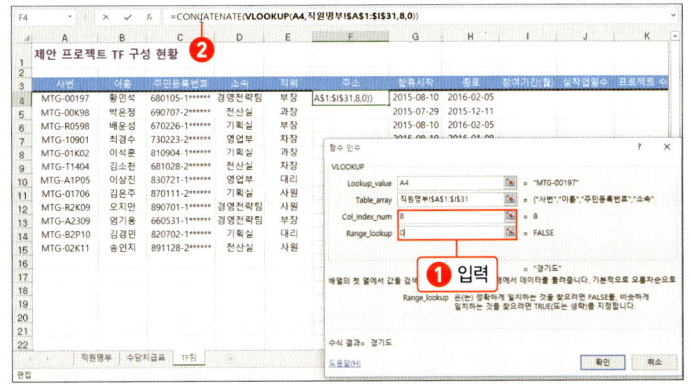

Tip
VLOOKUP 함수의 계산 결과로 '시/도' 항목의 주소를 가져옵니다.

8 CONCATENATE 함수의 [함수 인수] 대화상자로 되돌아오면 'Text2'에 공백 문자인 『" "』를 입력합니다. 'Text3'에 'Text1'의 함수식을 복사하여 붙여넣기하고 인수 '8'을 '9'로 변경한 후 [확인]을 클릭하세요.

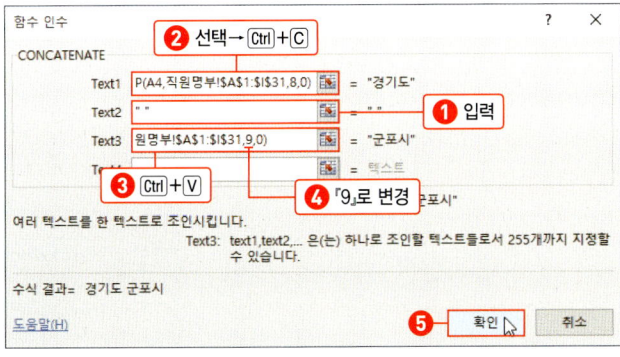

Tip
'Text1'과 'Text3'은 주소를 구하는 함수식으로, VLOOKUP 함수에서 세 번째 인수인 열 번호만 다릅니다. 'Text2'는 주소와 주소 사이에 공백을 지정하기 위한 것으로, 큰따옴표 사이에 반드시 공백 문자를 넣어야 해요.

165

9 F4셀에 주소가 표시되면 F4셀의 자동 채우기 핸들(+)을 더블클릭하여 나머지 셀에 함수식을 복사하세요.

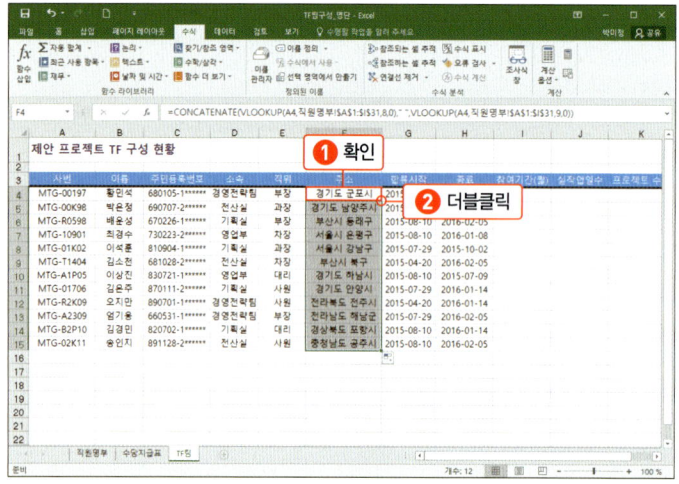

잠깐만요 혼합 참조와 COLUMN 함수의 유용성 살펴보기

❶ 혼합 참조로 지정해야 하는 이유

수식에 참조 방식을 변경하는 이유는 딱 한 가지 경우입니다. 계산된 수식을 다른 셀에 복사할 때 셀이 이동하면서 위치가 바뀌기 때문에 F4를 눌러 절대 참조나 혼합 참조로 변경해야 해요. 이 경우에는 좌우로 수식을 복사하는데, 위의 실습에서 행 방향으로는 사번에 따라 변하므로 상대 참조로 지정해야 해요. 하지만 열 방향으로 복사할 때는 사번이 이름(B열)으로 변경되지 않도록 해야 하므로 163쪽의 ❷ 과정에서 'Lookup_value'에 열 고정/행 변환의 참조인 '$A4'를 지정해야 해요.

❷ COLUMN 함수로 열 번호 정하기

VLOOKUP 함수의 세 번째 인수는 참조할 열의 번호를 입력해야 합니다. '이름'이 아닌 '주민등록번호'를 구하는 수식이 되면 참조 범위의 세 번째 열로 값이 바뀌어야 하는데, 상수값 『2』를 입력하면 다음 수식을 오른쪽으로 복사해도 값도 변경되지 않아요. 따라서 이런 수식을 자연스럽게 해결할 수 있는 계산식이 바로 COLUMN 함수나 ROW 함수입니다. 행이나 열이 바뀔 때마다 숫자가 증가하는 값을 지정하려면 COLUMN 함수나 ROW 함수를 사용해 보세요. COLUMN 함수의 경우 '이름' 항목에서는 '2'로, '주민등록번호' 항목에서는 '3'이 됩니다.

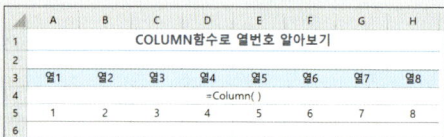

실무예제 05 직급별 프로젝트 수당 계산하기

— INDEX, MATCH 함수

1. 수식에 참조할 범위를 미리 이름으로 정의하기 위해 [수당지급표] 시트에 있는 B3:F3 범위를 드래그하여 선택하고 이름 상자에 『직급』을 입력한 후 Enter 를 누르세요. 이와 같은 방법으로 B4:F6 범위를 드래그하여 선택하고 '수당'이라는 이름을 지정하세요.

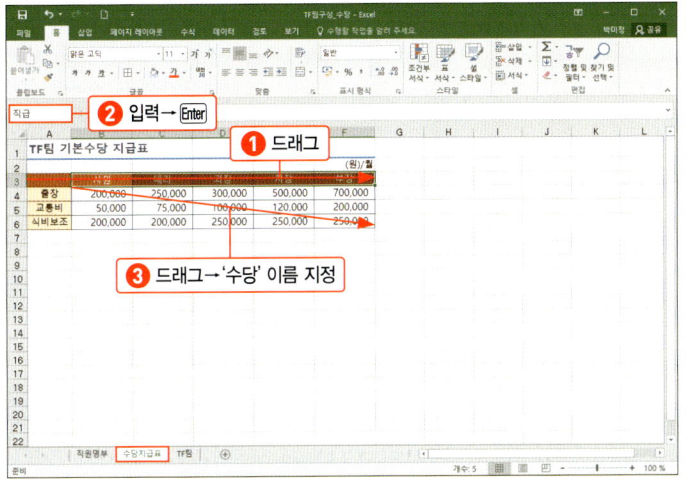

> **Tip**
> '직급' 이름은 MATCH 함수에서 같은 직급의 위치를 알아내기 위해, '수당' 이름은 직급에 따른 출장 수당을 계산하기 위해 INDEX 함수에서 사용됩니다.

2. [TF팀] 시트로 이동하여 K4셀에 『=I4*』를 입력하고 [수식] 탭-[함수 라이브러리] 그룹에서 [찾기/참조 영역]을 클릭한 후 [INDEX]를 선택하세요. INDEX 함수의 [인수 선택] 대화상자가 열리면 [array,row_num,column_num]을 선택하고 [확인]을 클릭하세요.

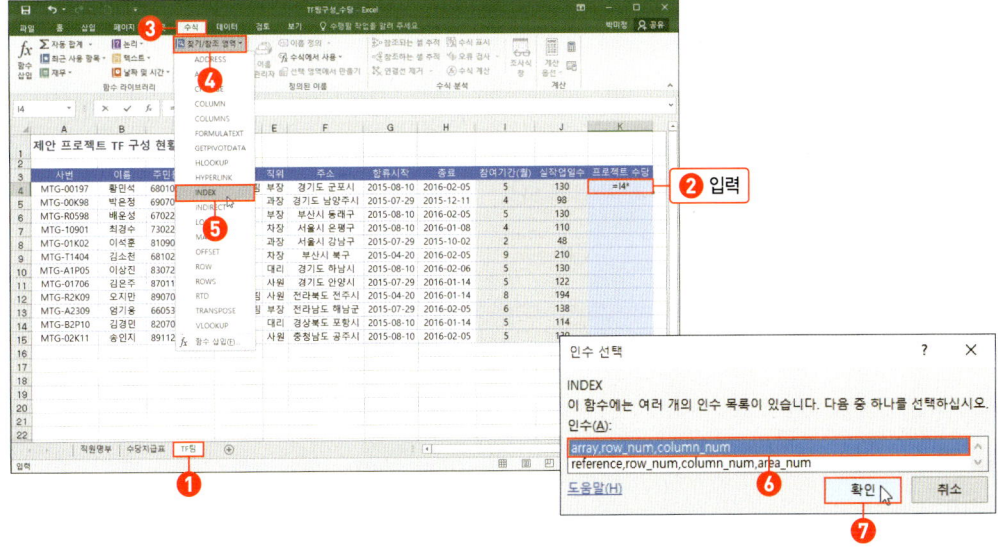

3 INPEX 함수의 [함수 인수] 대화상자가 열리면 'Array'에는 『수당』을, 'Row_num'에는 『1』을 입력하세요. 'Column_num'에 커서를 올려놓고 함수 상자의 내림 단추( )를 클릭한 후 목록에 MATCH 함수가 없으면 [함수 추가]를 선택하세요. [함수 마법사] 대화상자가 열리면 '범주 선택'에서는 [찾기/참조 영역]을, '함수 선택'에서는 [MATCH]를 선택하고 [확인]을 클릭하세요.

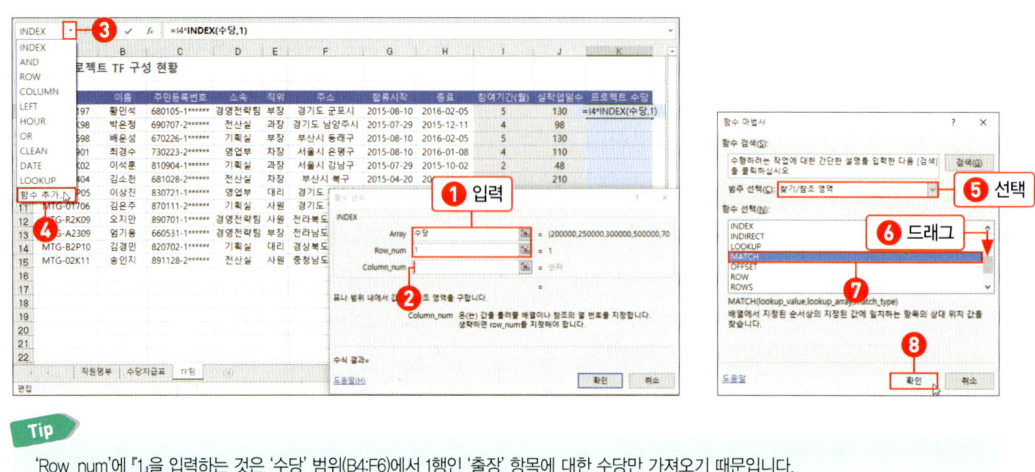

Tip
'Row_num'에 『1』을 입력하는 것은 '수당' 범위(B4:F6)에서 1행인 '출장' 항목에 대한 수당만 가져오기 때문입니다.

4 MATCH 함수의 [함수 인수] 대화상자가 열리면 'Lookup_value'에는 『E4』를, 'Lookup_array'에는 『직급』을, 'Match_type'에는 『0』을 입력하고 [확인]을 클릭하세요.

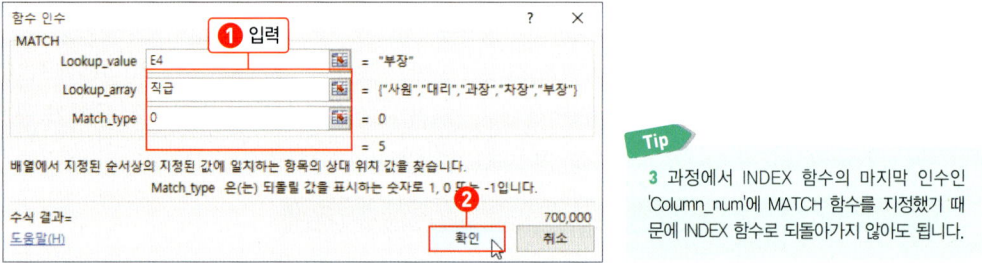

Tip
3 과정에서 INDEX 함수의 마지막 인수인 'Column_num'에 MATCH 함수를 지정했기 때문에 INDEX 함수로 되돌아가지 않아도 됩니다.

5 K4셀에 참여 개월 수와 출장 수당을 곱한 값이 계산되면 K4셀의 자동 채우기 핸들(+)을 더블클릭하여 나머지 셀에 함수식을 복사하세요.

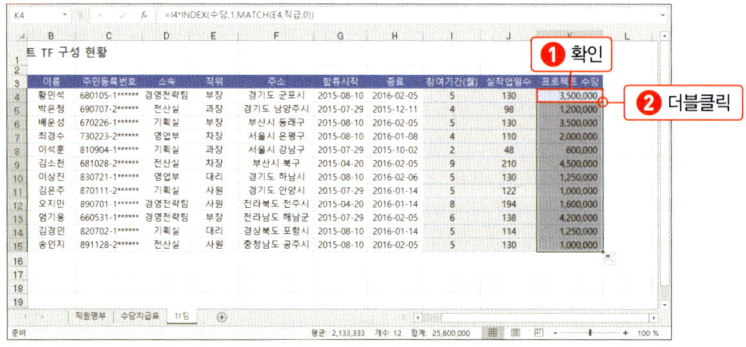

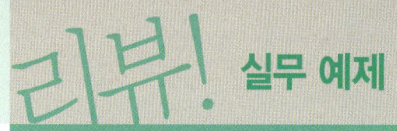

1 | '행사 매출 보고서'에서 라인별로 판매수량, 총매출, 평균 매출 요약하기

● 예제파일 : 행사매출_요약.xlsx ● 결과파일 : 행사매출_요약_완성.xlsx

함수와 참조표를 사용하여 분류와 라인명에 따른 판매수량, 총매출, 평균 매출을 계산해 보세요.

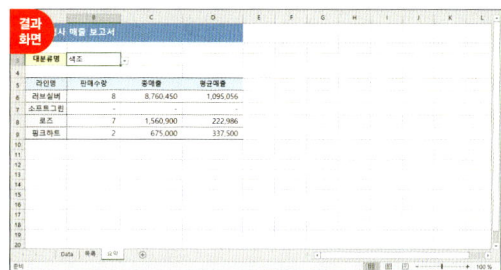

Hint
① [목록] 시트의 A2:A4 범위를 '분류'라는 이름으로 정의하세요.
② [요약] 시트의 B3셀에 목록으로 유효성 검사를 지정하세요.
③ [요약] 시트에서 '판매수량' 항목과 '총매출' 항목에 분류와 라인명에 해당하는 판매수량과 총매출을 계산하세요(COUNTIFS 함수, SUMIFS 함수).
④ [요약] 시트의 '평균 매출' 항목에 분류와 라인명에 해당하는 평균 매출을 계산하고 오류가 발생할 경우 '0'으로 처리하세요(IFERROR 함수, AVERAGEIFS 함수).

2 | 찾기/참조 함수로 학회파견 명단 완성하기

● 예제파일 : 학회명단.xlsx. ● 결과파일 : 학회명단_완성.xlsx

이름과 VLOOKUP, INDEX, MATCH 함수를 사용하여 각 항목을 계산해 보세요.

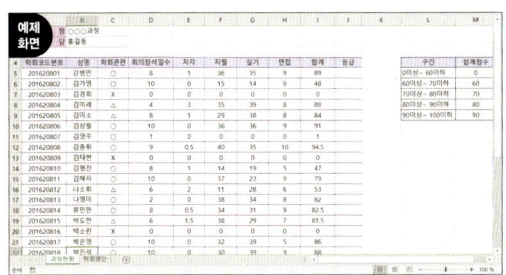
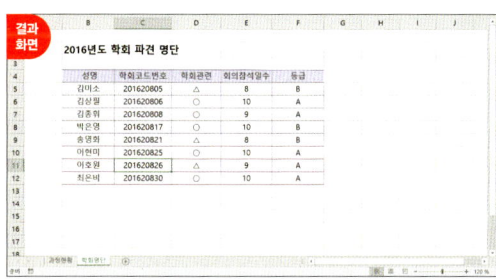

Hint
① [과정현황] 시트에서 '등급' 항목은 구간별 등급표를 사용해서 계산하세요(VLOOKUP 함수).
② [과정현황] 시트에서 B5:B35 범위는 '성명'으로, C4:J4 범위는 '제목'으로 이름을 지정하세요.
③ [학회명단] 시트에서 이름에 대한 각 항목을 이름과 찾기/참조 함수를 사용하여 명단을 완성하세요(INDEX 함수, MATCH 함수).

핵심! 실무 노트

프로 비즈니스맨을 위한 활용 Tip

1 | 중첩 함수 쉽게 작성하기

함수를 중첩해서 사용하면 수식을 여러 개의 셀에 나누어 계산하지 않고 하나의 셀에 깔끔하게 작성할 수 있어서 매우 유용해요. 그러나 함수식이 복잡해지면 어떤 함수로 시작하고 인수의 어느 부분에 다른 함수를 중첩해야 하는지 모를 수 있기 때문에 대부분 수식을 계산하고 해당 결과를 다른 셀에 참조하는 방법으로 계산해야 해요. 이 경우 다음에서 제시하는 방법으로 함수를 중첩하면 아무리 복잡한 중첩 함수도 정말 쉽게 이용할 수 있어요.

❶ 함수식은 일반 계산 순서의 반대 순대로 입력해라!

만약 금액의 평균을 구하고 반올림할 경우 함수식에서는 ROUND 함수를 먼저 실행하고 그 안에 AVERAGE 함수를 중첩해야 합니다. 좀 더 많은 함수를 한 번에 입력하려면 순서가 무척 복잡하겠지만, 계산의 작업 순서를 반대로 생각하면 간단해질 수 있어요.

❷ 다른 함수식에 참조한 함수식을 대치해라!

생각했던 계산 순서대로 다른 셀에 계산하고 처음 함수식을 복사한 후 해당 값을 참조하고 있는 또 다른 함수식에 복사한 함수식을 대치하세요. 예를 들어 B2셀에 '=AVERAGE(A2:A10)'으로 계산된 함수식이 있고 C3셀에 '=ROUND(B2)'로 계산된 함수식이 있다면 B2셀의 'AVERAGE(A2:A10)'을 복사하여 '=ROUND(B2)'의 'B2' 대신 '=AVERAGE(A2:A10)'으로 작성하세요.

2 | 직급별 프로젝트 수당의 함수식 대치하기

📂 **예제파일** : TF팀구성_수당(실무노트).xlsx   📂 **결과파일** : TF팀구성_수당(실무노트)_완성.xlsx

이번에는 167쪽의 '05 직급별 프로젝트 수당 계산하기 — INDEX, MATCH 함수'의 함수식에 다른 함수식을 대치하여 다시 계산해 보겠습니다.

1 직급의 열 위치를 알아내기 위해 [TF팀] 시트의 M4셀에 『=MATCH(E4,직급,0)』을 입력하고 Enter를 누르세요.

2 이번에는 수당 지급표에서 직급에 따른 출근 수당을 계산하기 위해 N4셀에 『=INDEX(수당,1,M4)』를 입력하고 Enter를 누르세요.

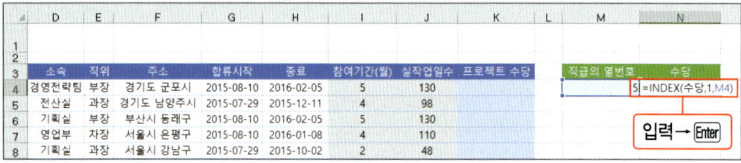

3 이렇게 작성한 결과로 프로젝트 수당을 계산하기 위해 K4셀을 클릭하고 『=I4*N4』를 입력한 후 Enter를 누르세요.

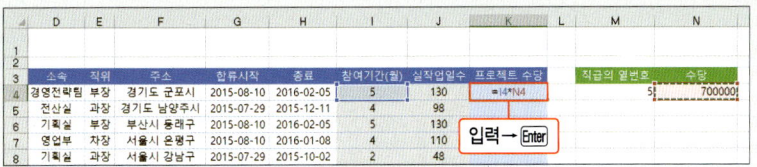

4 작성한 수식을 '프로젝트 수당' 항목의 수식에 대치해 볼까요? 먼저 첫 번째 수식인 M4셀을 더블클릭하여 함수식을 나타내고 '='를 제외한 'MATCH(E4,직급,0)'을 드래그하여 복사한 후 Enter를 누르세요.

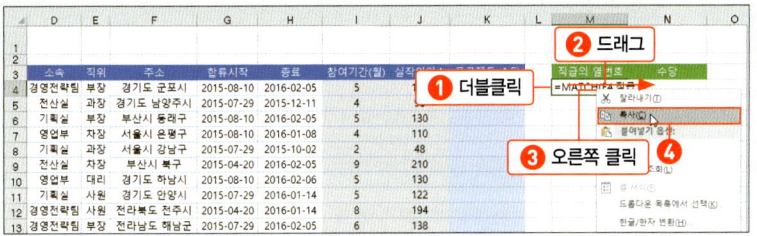

5 '수당' 셀인 N4셀을 더블클릭하여 함수식을 나타내고 'M4'를 삭제한 후 4에서 복사한 함수식을 붙여넣기하세요.

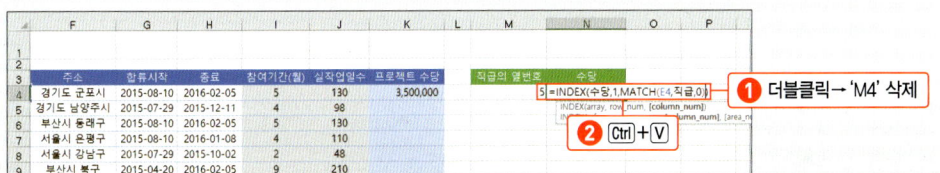

6 이와 같은 방법으로 INDEX 함수 전체인 'INDEX(수당,1,MATCH(E4,직급,0))'을 복사하고 Enter를 누르세요.

7 '프로젝트 수당' 항목의 함수식을 열고 'N4'를 삭제한 후 6에서 복사한 함수식을 붙여넣기하세요. 그러면 전체 함수식이 완성되면서 M4셀과 N4셀을 삭제해도 문제가 되지 않습니다.

CHAPTER 4 데이터베이스 관리와 데이터 분석하기

엑셀을 사용하는 가장 큰 이유는 바로 '계산'과 '분석' 기능 때문이죠. '분석' 기능을 제대로 사용하려면 '데이터베이스(database)'라고 부르는 다량의 데이터 집합을 규칙에 맞게 저장하고 관리할 수 있어야 해요. 따라서 엑셀에서는 데이터베이스를 쉽고 빠르게 다룰 수 있는 '표' 기능을 제공합니다. 표를 활용하면 데이터의 검색 및 추가, 삭제 등을 한 번에 해결할 수도 있고 데이터베이스를 다양한 형태로 정렬하거나 필터, 부분합, 피벗 테이블 기능으로 분석할 수도 있어요. 이번 챕터에서는 표를 사용하여 데이터베이스를 정렬해 보고 '분석의 꽃'이라고 부르는 '피벗 테이블 분석' 기능까지 배워봅니다.

Excel & PowerPoint 2016

SECTION 01 데이터베이스 다루기

SECTION 02 원하는 데이터만 검색하고 추출하기

SECTION 03 엑셀 2016의 전문 분석 기능 활용하기

Section 01 데이터베이스 다루기

데이터베이스(database)란, 규칙에 맞게 데이터의 구성 요소를 작성 및 저장해 놓은 데이터 집합체를 말해요. 따라서 데이터만 잘 정리해 놓아도 다양한 보고서나 분석 자료에 매우 유용하게 활용할 수 있죠. 특히 엑셀 2016에서 제공하는 '표' 기능은 데이터베이스를 쉽게 다룰 수 있도록 도와줍니다. 이번 섹션에서는 데이터베이스를 작성하고, 정렬하며, 부분합으로 소계를 구하는 방법까지 알아보겠습니다. 데이터 분석을 위한 기초 단계이므로 예제를 꼭 따라해 보세요.

> **PREVIEW**

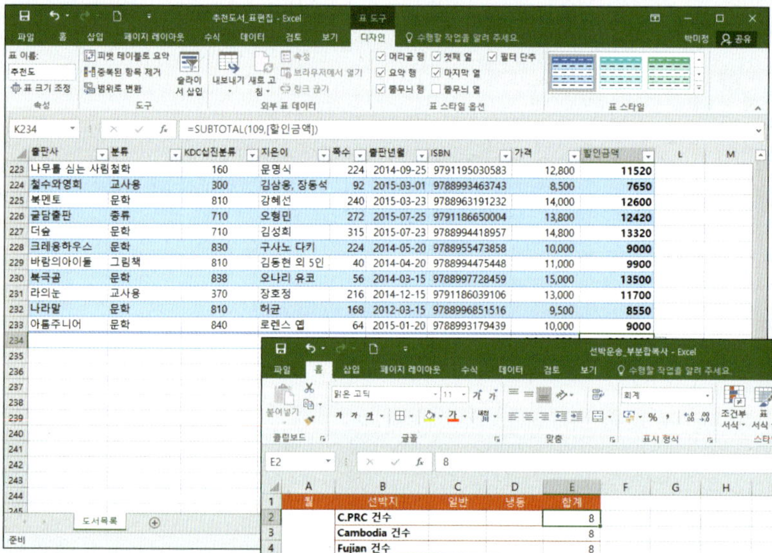

▲ 표 작성하고 요약 행과 구조적 참조로 계산하기

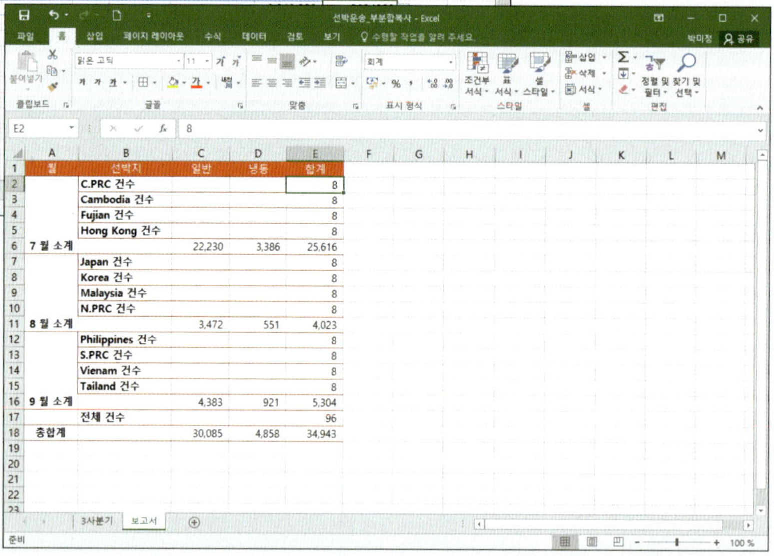

▲ 정렬된 데이터로 부분합 계산하고 결과만 복사하기

섹션별 주요 내용		
01	표 삽입하고 보기 좋게 꾸미기	02	표 편집하고 요약 행 지정하기
03	필드의 조건 이용해 데이터 정렬하기	04	다중 조건 지정해 데이터 정렬하기
05	부분합 이용해 요약 보고서 작성하기	06	부분합 이용해 요약 보고서의 결과 복사하기

실무예제 01 표 삽입하고 보기 좋게 꾸미기

예제파일 : 추천도서_표.xlsx 결과파일 : 추천도서_표_완성.xlsx

1 [도서목록] 시트에 표를 삽입하기 위해 데이터 범위에 있는 하나의 셀을 클릭하고 [삽입] 탭 – [표] 그룹에서 [표]를 클릭하세요.

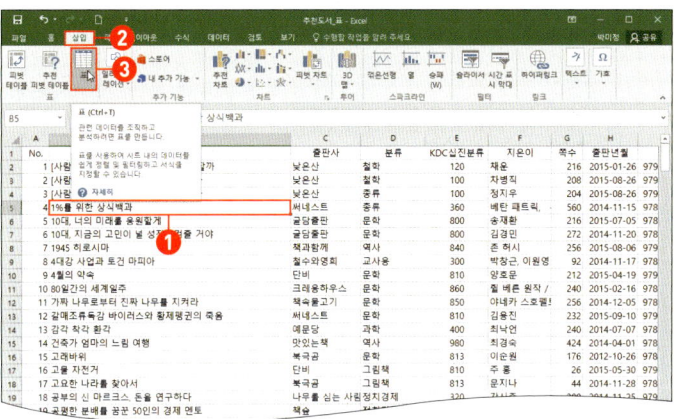

2 [표 만들기] 대화상자가 열리면 [머리글 포함]에 체크되어 있는지 확인하고 [확인]을 클릭하세요.

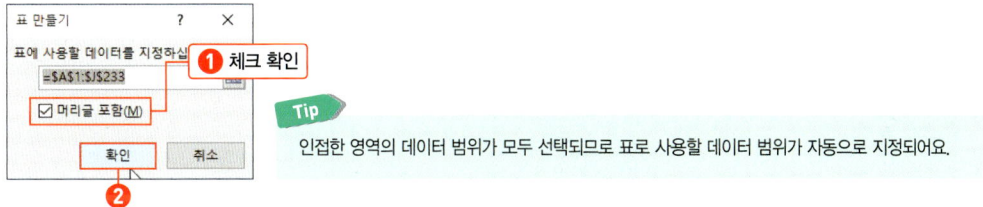

Tip
인접한 영역의 데이터 범위가 모두 선택되므로 표로 사용할 데이터 범위가 자동으로 지정돼요.

3 데이터베이스에 표 서식이 적용되면서 표가 삽입되었어요. 다른 스타일의 표 서식을 적용하기 위해 [표 도구]의 [디자인] 탭-[표 스타일] 그룹에서 [자세히] 단추(▼)를 클릭하세요.

Tip
표를 선택하면 리본 메뉴에 [표 도구]가 표시됩니다.

175

4 표 스타일 갤러리 목록이 나타나면 '보통'의 [표 스타일 보통 3]을 선택하세요.

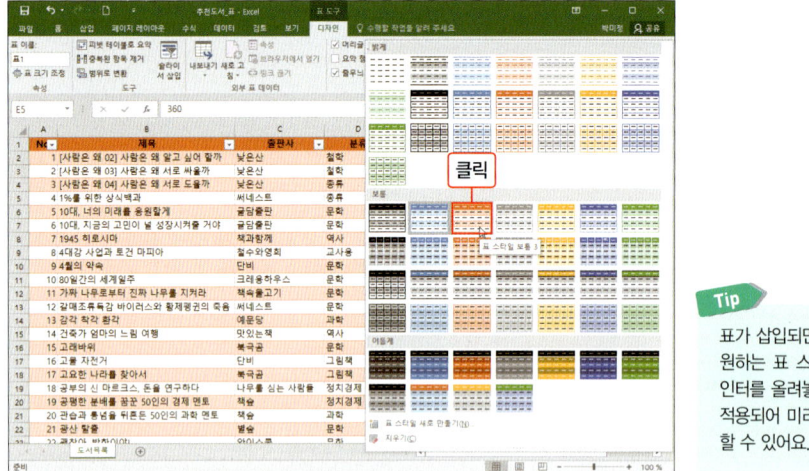

Tip
표가 삽입되면 표 스타일 갤러리에서 원하는 표 스타일의 위에 마우스 포인터를 올려놓을 때마다 표 스타일이 적용되어 미리 보기로 편리하게 확인할 수 있어요.

5 표가 지정한 표 스타일로 변경되면 [표 도구]의 **[디자인] 탭-[표 스타일 옵션]** 그룹에서 **[마지막 열]**에 체크하며 표를 꾸미세요.

Tip
표 스타일 옵션을 지정하면 다른 행이나 열과 구분되는 서식이 스타일마다 다르게 지정되어요.

실무예제 02 표 편집하고 요약 행 지정하기

1 표가 삽입되면 표에 '표1', '표2'와 같은 이름이 붙는데, 표 이름을 변경해 볼까요? [도서목록] 시트에서 표 안에 있는 하나의 셀을 클릭하고 [표 도구]의 **[디자인] 탭-[속성] 그룹**에서 '표 이름'에 『추천도서』를 입력한 후 Enter를 누르세요.

> **Tip**
> 표 이름은 표가 작성된 순서에 따라 '표1', '표2'와 같은 순서로 표시됩니다.

2 새 필드를 추가하기 위해 K1셀에 『할인금액』을 입력하고 Enter를 누르세요. 그러면 표 서식이 유지된 상태로 표가 확장됩니다.

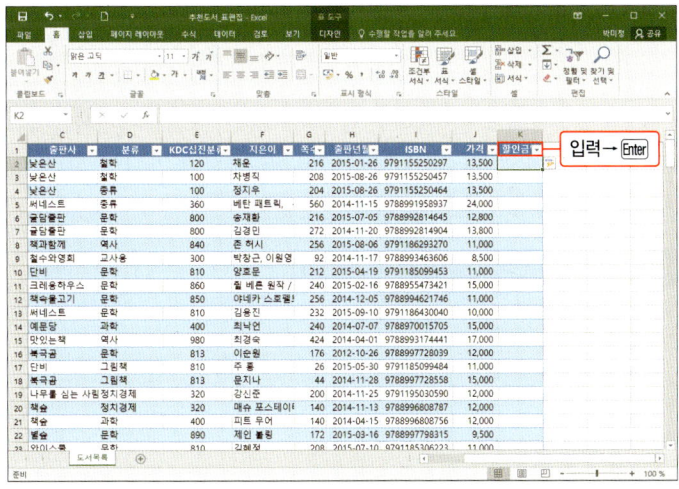

> **Tip**
> 이와 같은 방법으로 표의 아래쪽 행(레코드)에 데이터를 입력해도 표 서식이 그대로 유지되면서 행이 추가됩니다.

3 추가한 필드(항목)의 할인 금액을 계산해 볼까요? K2셀에 『=』를 입력하고 J2셀을 클릭하여 『[@가격]』을 입력한 후 이어서 『*0.9』를 입력하고 Enter를 누르세요.

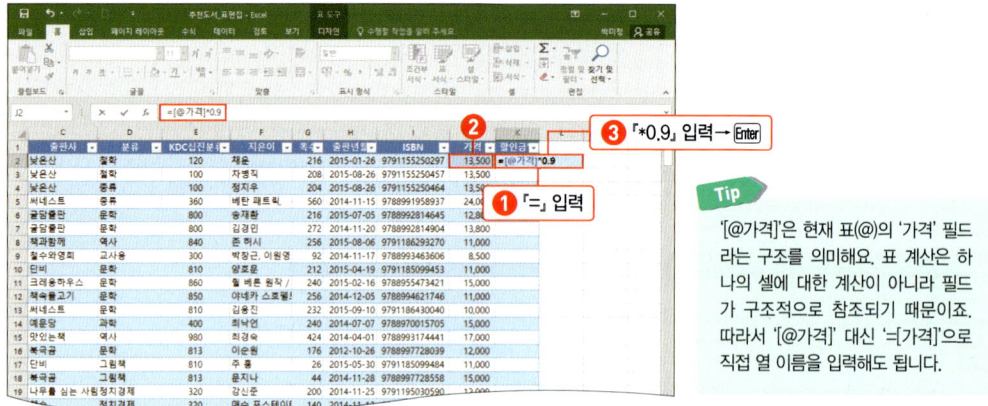

Tip
'[@가격]'은 현재 표(@)의 '가격' 필드라는 구조를 의미해요. 표 계산은 하나의 셀에 대한 계산이 아니라 필드가 구조적으로 참조되기 때문이죠. 따라서 '[@가격]' 대신 '=가격'으로 직접 열 이름을 입력해도 됩니다.

4 수식이 구조적으로 참조되면서 결과가 한 번에 계산되었습니다.

5 이번에는 표에 대한 요약을 계산하기 위해 표를 선택한 상태에서 [표 도구]의 **[디자인] 탭-[표 스타일 옵션] 그룹**에서 **[요약 행]**에 체크하세요. 표의 아래쪽에 '요약' 행이 추가되면 '제목' 필드에서 '요약' 행의 내림 단추(▼)를 클릭하고 [개수]를 선택하세요.

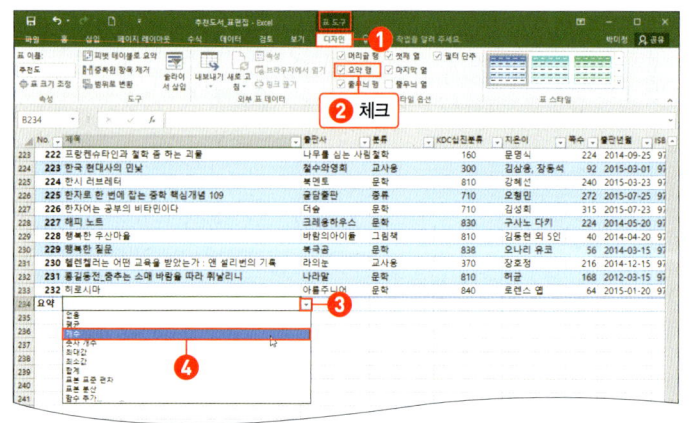

Tip
숫자가 아닌 셀을 세는 함수는 개수 함수인 COUNTA 함수입니다.

6 마지막 필드인 '할인금액' 항목의 '요약' 행을 클릭하고 [합계]를 선택하면 금액에 대한 소계가 표시됩니다.

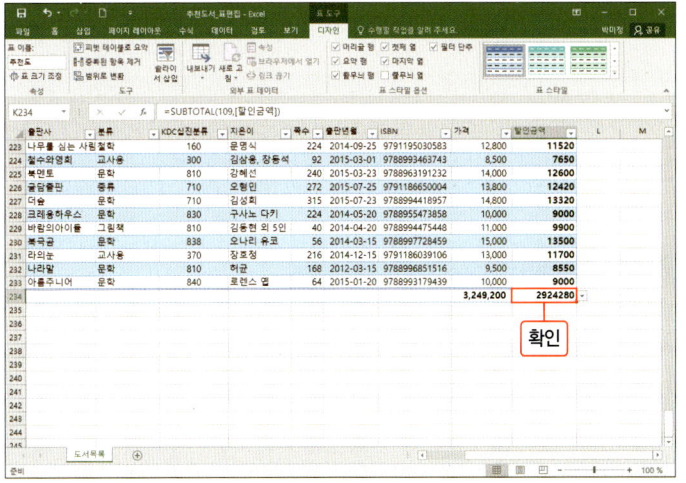

> **잠깐만요** 계산된 열이 자동으로 채워지지 않을 때의 해결 방법 살펴보기

표에서 구조적 참조 방법으로 계산된 열은 자동으로 계산된 열이 만들어져서 모든 셀에 수식이 채워져요. 그런데 해당 기능이 중지되어 실행되지 않는다면 계산된 셀의 끝에 나타난 [자동 고침 옵션] 단추( )를 클릭하고 [이 수식이 있는 이 열의 모든 셀 덮어쓰기]를 선택하세요.

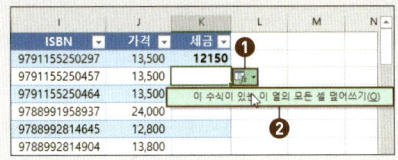

모든 셀의 수식이 채워지지 않은 것은 자동 고침 옵션에서 일부 옵션이 지정되지 않았거나 수식 작성 후 [자동으로 계산된 열 만들기 중지]를 선택했기 때문이에요. 그러므로 다시 해당 기능을 변경하려면 다음과 같이 진행하세요.

❶ [파일] 탭-[옵션]을 선택하여 [Excel 옵션] 창을 열고 [언어 교정] 범주를 선택한 후 [자동 고침 옵션]을 클릭하세요.

❷ [자동 고침] 대화상자가 열리면 [입력할 때 자동 서식] 탭에서 '작업할 때 자동으로 서식 설정'의 [표에 수식을 채워 계산된 열 만들기]에 체크하고 [확인]을 클릭하세요.

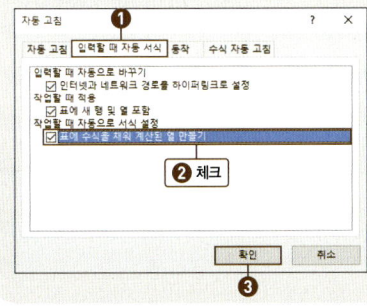

필드의 조건 이용해 데이터 정렬하기

예제파일 : 추천도서_정렬.xlsx   결과파일 : 추천도서_정렬_완성.xlsx

1 엑셀에서 가장 단순한 정렬 방법은 해당 필드에서 직접 정렬하는 방법입니다. [도서목록] 시트에서 '출판사' 필드에 있는 하나의 셀을 클릭하고 마우스 오른쪽 단추를 눌러 [정렬]-[텍스트 오름차순 정렬]을 선택하세요.

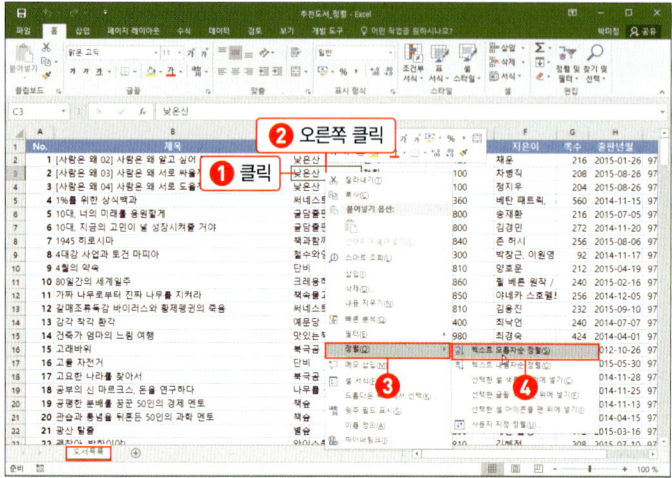

2 ㄱ, ㄴ, ㄷ, …의 순서대로 출판사 이름이 정렬되었습니다.

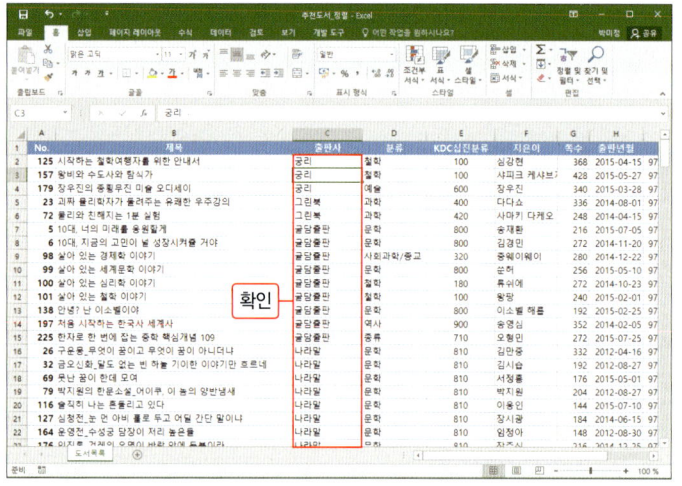

> **Tip**
> 오름차순 정렬일 때 텍스트는 사전 순서(ㄱㄴㄷ, abc)대로 정렬됩니다.

3 이번에는 리본 메뉴를 사용해 데이터를 정렬해 볼까요? 출판일자별로 데이터를 정렬하기 위해 '출판년월' 항목에 있는 하나의 셀을 클릭하고 [홈] 탭-[편집] 그룹에서 [정렬 및 필터]를 클릭한 후 [날짜/시간 내림차순 정렬]을 선택하세요.

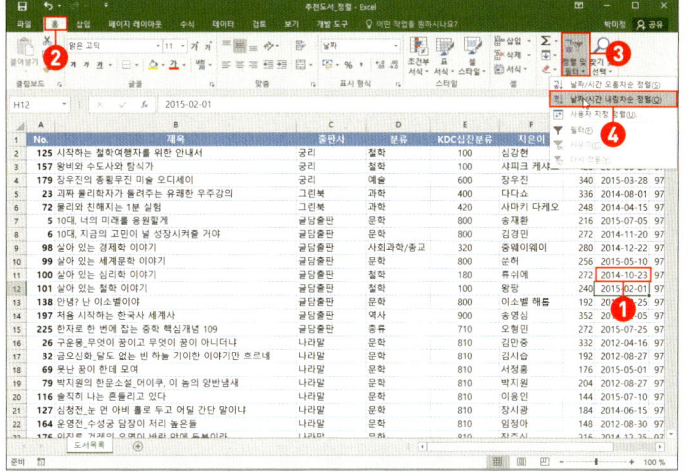

> **Tip**
> 각 필드의 성격에 따라 텍스트, 숫자, 날짜/시간에 대한 정렬 목록이 표시됩니다.

4 '출판년월'이 가장 최근인 데이터부터 정렬되었습니다.

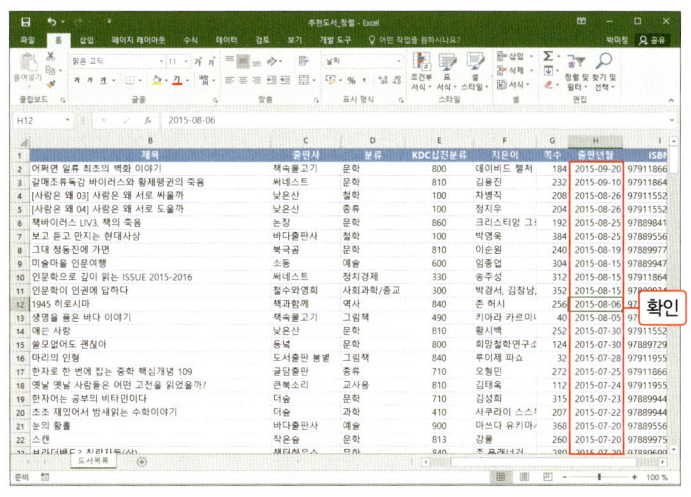

실무예제 04 다중 조건 지정해 데이터 정렬하기

1 데이터에 여러 가지 조건을 적용하여 정렬해 봅시다. [도서목록] 시트에서 데이터 범위에 있는 하나의 셀을 클릭하고 [데이터] 탭-[정렬 및 필터] 그룹에서 [정렬]을 클릭하세요.

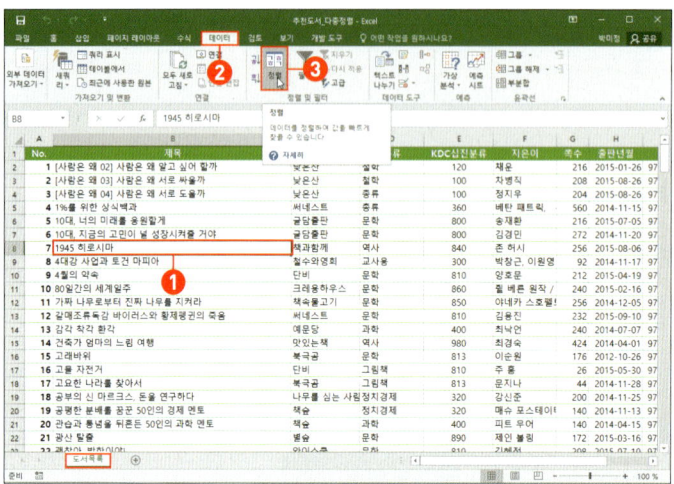

2 [정렬] 대화상자가 열리면 분류에 대한 정렬 방식을 지정하기 위해 '열'에서는 [분류]를, '정렬 기준'에서는 [값]을 지정하고 '정렬'에서 [사용자 지정 목록]을 선택하세요.

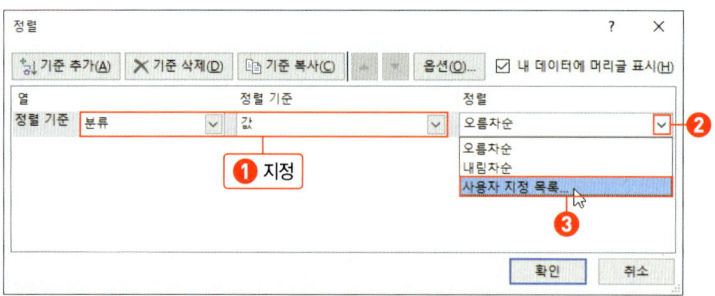

> **Tip**
> 사용자가 원하는 정렬 순서로 지정하기 위해 [사용자 지정 목록]을 선택하세요.

3 [사용자 지정 목록] 대화상자가 열리면 '사용자 지정 목록'에서 [새 항목]을 선택하세요. '목록 항목'에 다음과 같은 순서대로 목록을 입력하고 [추가]와 [확인]을 차례대로 클릭하세요.

문학, 철학, 총류, 예술, 역사, 과학, 정치경제, 사회과학/종교, 그림책, 교사용

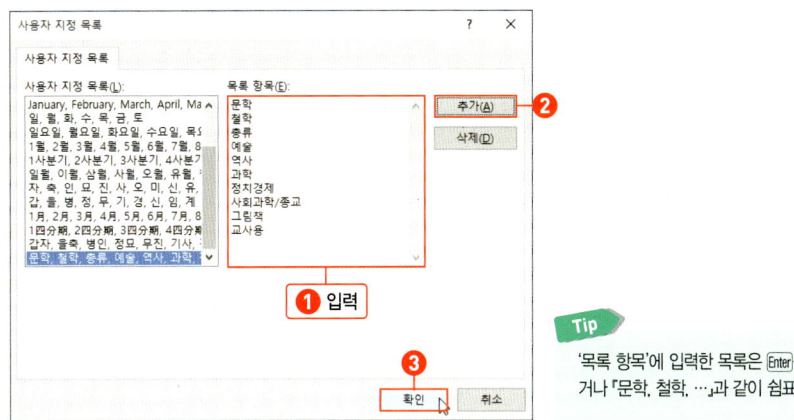

Tip
'목록 항목'에 입력한 목록은 Enter를 눌러 줄을 바꾸어 입력하거나 「문학, 철학, …」과 같이 쉼표로 구분하여 입력하세요.

4 [정렬] 대화상자로 되돌아오면 [기준 추가]를 클릭하고 '다음 기준'은 [출판사], '정렬 기준'은 [값], '정렬'은 [오름차순]으로 지정하세요. 이와 같은 방법으로 [기준 추가]를 클릭하고 [제목], [값], [오름차순]으로 지정한 후 [확인]을 클릭하세요.

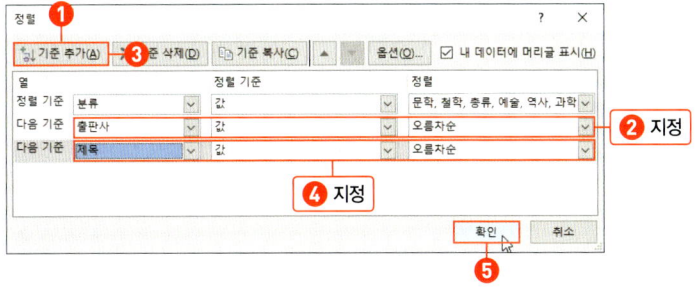

5 '분류', '출판사', '제목' 순으로 데이터가 정렬되었습니다.

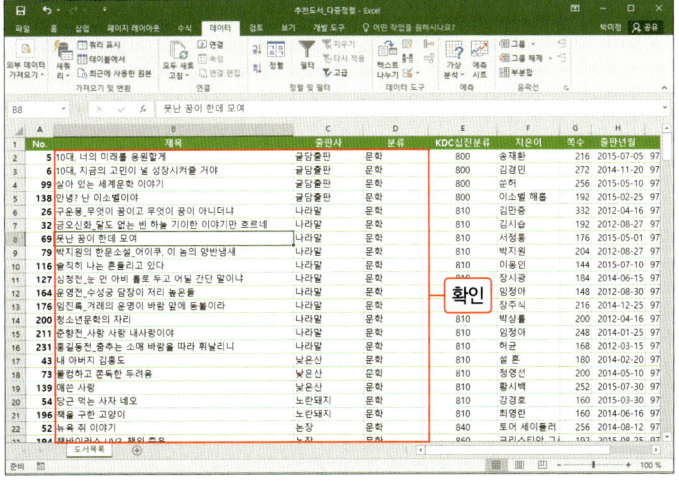

난이도 1 2 **3** 4 5

실무
예제 **05** 부분합 이용해 요약 보고서 작성하기

예제파일 : 선박운송_부분합.xlsx   결과파일 : 선박운송_부분합_완성.xlsx

1 조건에 맞춰 그룹별 소계를 구해볼까요? [3사분기] 시트에서 데이터 범위에 있는 하나의 셀을 클릭하고 [데이터] 탭-[윤곽선] 그룹에서 [부분합]을 클릭하세요.

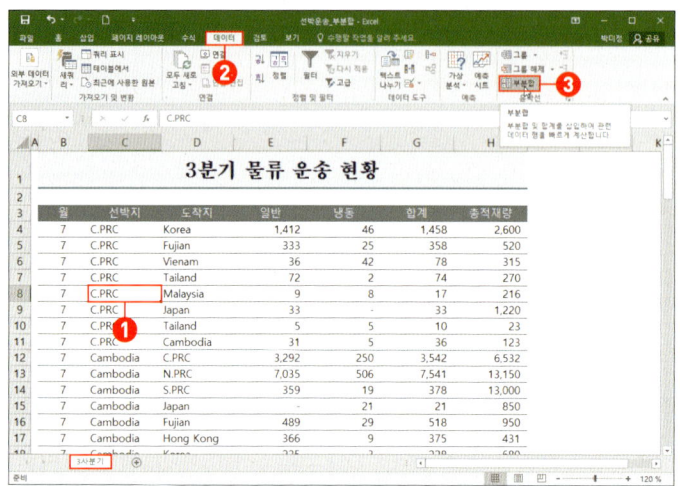

2 [부분합] 대화상자가 열리면 '그룹화할 항목'에서는 [월]을, '사용할 함수'에서는 [합계]를 선택하고 '부분합 계산 항목'에서 [일반], [냉동], [합계]에 체크한 후 [확인]을 클릭하세요.

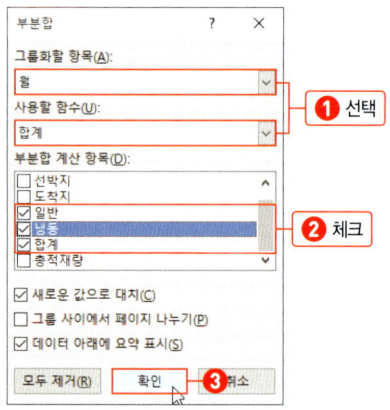

> **Tip**
> '부분합 계산 항목'은 소계를 계산할 필드이기 때문에 숫자로 된 항목이어야 합니다. 따라서 텍스트 항목인 경우에는 [개수]만 체크할 수 있죠. 여기서는 월별 '일반', '냉동', '합계' 항목의 부분합을 요약할 수 있어요.

3 부분합이 계산되면서 7월과 8월, 9월의 아래쪽에 '요약' 행이 추가되었습니다. 다른 항목에 대한 요약을 추가하려면 [데이터] 탭-[윤곽선] 그룹에서 [부분합]을 클릭하세요.

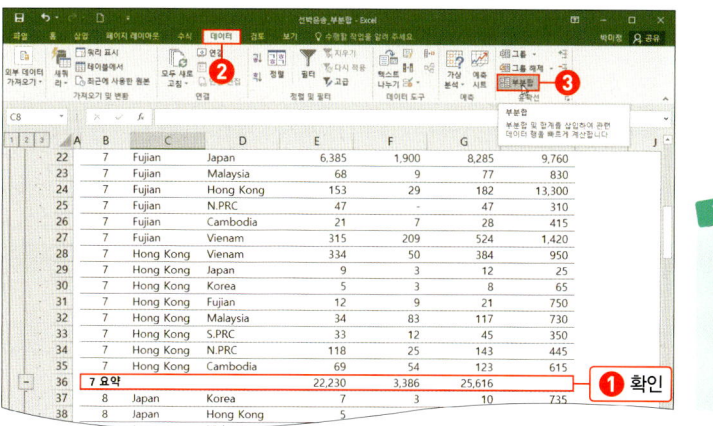

Tip
부분합이 계산되면 요약 결과를 볼 수 있는 워크시트의 왼쪽에 윤곽 단추(1 2 3)가 생겨요. + 단추나 - 단추를 클릭하여 내용을 확대 및 축소해서 요약 내용을 펼쳐보거나 숨길 수 있어요.

4 [부분합] 대화상자가 열리면 '그룹화할 항목'에서는 [선박지]를, '사용할 함수'에서는 [개수]를 선택하세요. '부분합 계산 항목'의 [합계]에 체크하고 [새로운 값으로 대치]의 체크를 해제한 후 [확인]을 클릭하세요.

Tip
[새로운 값으로 대치]에 체크하면 부분합은 매번 새로운 요약으로 바뀝니다.

5 월별 요약과 함께 선박지별 개수가 제대로 요약되었는지 확인해 보세요.

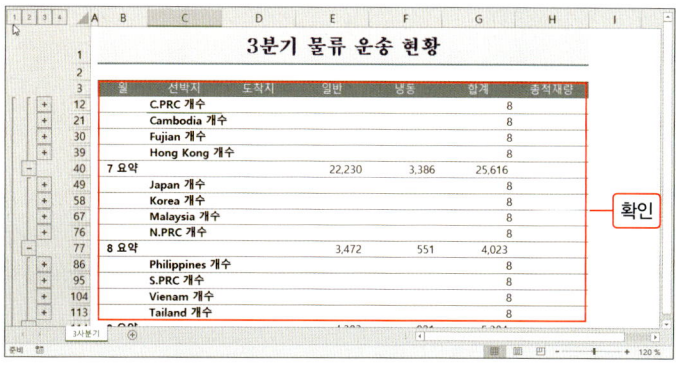

> **예제파일** : 선박운송_부분합복사.xlsx **결과파일** : 선박운송_부분합복사_완성.xlsx

실무예제 06 | 부분합 이용해 요약 보고서의 결과 복사하기

난이도 1 2 3 **4** 5

1. 부분합 부분만 다른 시트에 복사해 볼까요? [3사분기] 시트에서 D열 머리글을 클릭하여 D열 전체를 선택하세요. Ctrl 을 누른 상태에서 H열 머리글을 클릭하여 H열 전체를 선택하고 마우스 오른쪽 단추를 눌러 [숨기기]를 선택하세요.

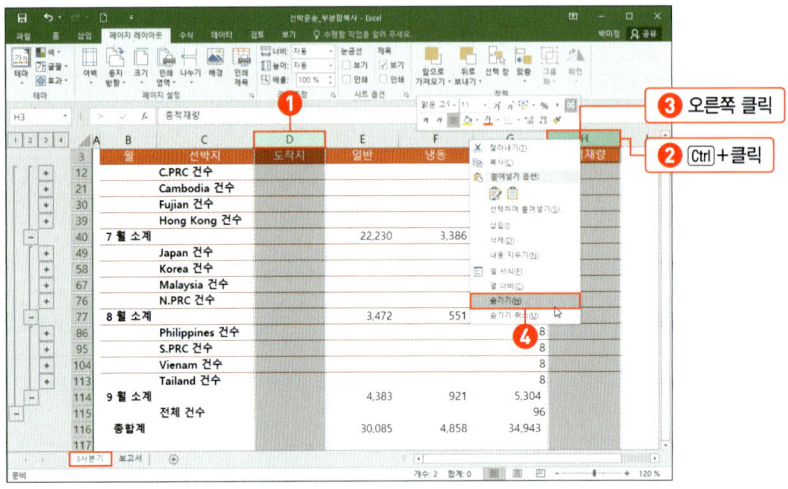

2. 화면에 보이는 내용만 복사하기 위해 B3:G116 범위를 드래그하여 선택하고 [홈] 탭-[편집] 그룹에서 [찾기 및 선택]을 클릭한 후 [이동 옵션]을 선택하세요. [이동 옵션] 대화상자가 열리면 [화면에 보이는 셀만]을 선택하고 [확인]을 클릭하세요.

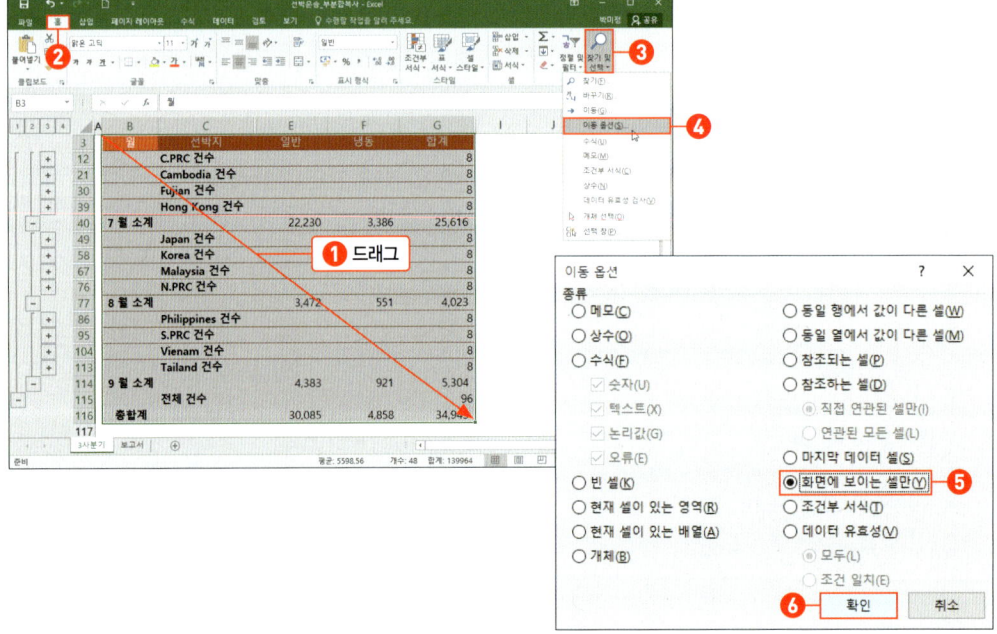

3 화면에 보이는 모든 셀이 선택되면 [홈] 탭-[클립보드] 그룹에서 [복사]([Ctrl]+[C])를 클릭하세요.

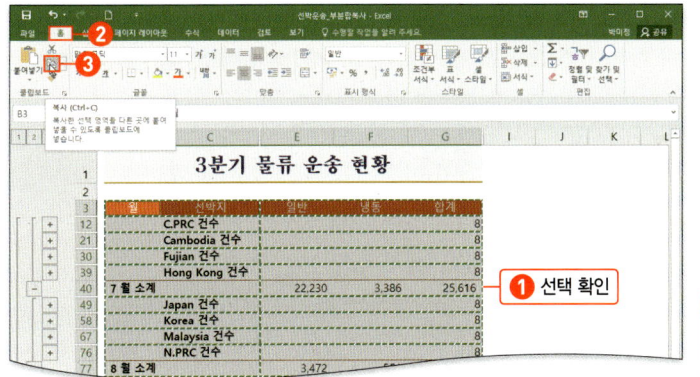

① 선택 확인

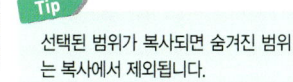

Tip

선택된 범위가 복사되면 숨겨진 범위는 복사에서 제외됩니다.

4 복사한 데이터를 붙여넣기 위해 [보고서] 시트로 이동하여 A1셀을 클릭하고 [홈] 탭-[클립보드] 그룹에서 [붙여넣기]([Ctrl]+[V])의 🗐를 클릭하세요.

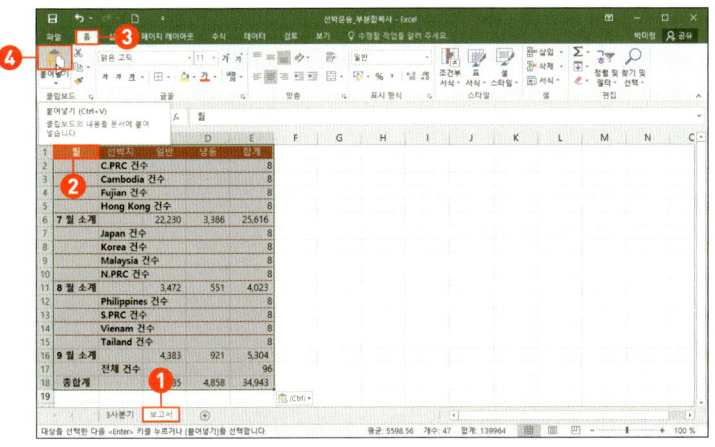

5 다음의 사항을 참고하여 복사한 보고서의 열 너비와 맞춤, 테두리 등의 서식을 꾸며보세요.

- **열 너비** : 데이터에 맞춰 지정
- **맞춤** : '7월 소계', '8월 소계', '9월 소계'는 병합하고 가운데 맞춤, 아래쪽 맞춤으로 지정
- **테두리** : 기존의 테두리와 같은 색상으로 모든 범위에 가로 선을 그리고 건수 요약 셀의 왼쪽에 세로 선 지정

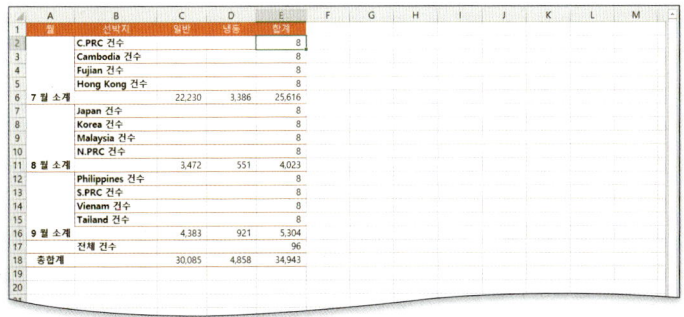

6 [3사분기] 시트로 되돌아와서 **[데이터] 탭-[윤곽선] 그룹**에서 **[부분합]**을 클릭하여 [부분합] 대화 상자를 열고 [모두 제거]를 클릭하세요. 숨겨진 열의 머리글이 포함된 C열 머리글부터 E열 머리글까지 드래그하여 선택하고 마우스 오른쪽 단추를 눌러 [숨기기 취소]를 선택하세요.

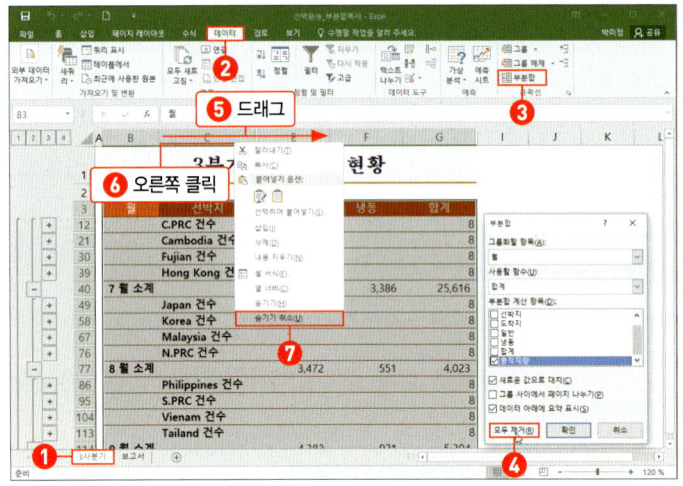

7 요약된 보고서에서 [3사분기] 시트의 데이터는 부분합이 취소되면서 원래의 데이터베이스로 되돌아옵니다.

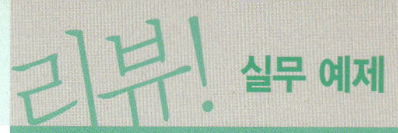

1 행사 매출 데이터베이스를 표로 삽입하고 요약하기

🔘 **예제파일** : 행사매출_표.xlsx   🔘 **결과파일** : 행사매출_표_완성.xlsx

표를 삽입하여 화장품 행사 매출에 대한 비율과 요약 값을 계산해 보세요.

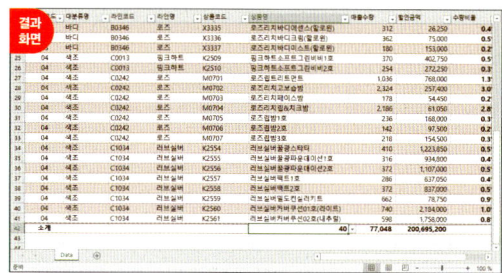

Hint
① 표 서식은 [표 스타일 보통 4]로 지정하고 '행사'라는 이름으로 표를 작성하세요.
② '수량비율' 항목은 전체 수량에 대한 비율로 계산하고 '0.0%'의 표시 형식으로 표시하세요.
   예 =[@매출수량]/SUM([매출수량])
③ [표 도구]의 [디자인] 탭-[표 스타일 옵션] 그룹에서 [요약 행]과 [마지막 열]에 체크하세요.
④ '요약'은 '소계'로 수정하고 '상품명' 항목은 [개수]로, '매출수량' 항목과 '할인금액' 항목은 [합계]로 요약하세요.

2 정렬과 부분합 이용해 간단한 요약 보고서 작성하기

🔘 **예제파일** : 상반기판매.xlsx   🔘 **결과파일** : 상반기판매_완성.xlsx

정렬과 부분합을 이용해 분류별, 대리점별 상반기 판매에 대한 소계를 계산해 보세요.

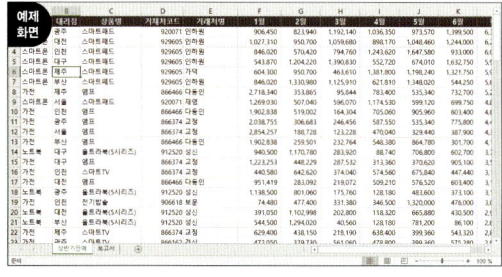
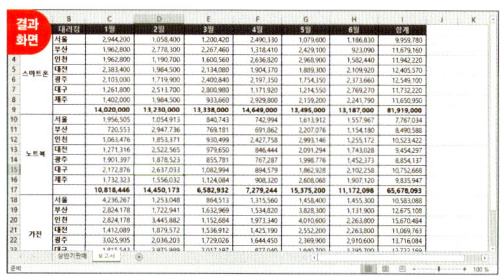

Hint
① 분류별, 대리점별(서울, 부산, 인천, 대전, 광주, 대구, 제주 순)로 데이터를 정렬하세요.
② 분류별, 대리점별로 '1월'부터 '합계' 항목까지의 합계를 부분합을 이용해 소계로 구하세요.
③ 요약 부분만 복사하여 [보고서] 시트에 복사하고 '텍스트 요약'을 삭제하세요.
④ 복사된 보고서에서 열 너비를 조정하고 '분류' 항목은 [병합하고 가운데 맞춤] 정렬하세요.
⑤ '요약' 행의 글꼴은 [굵게], [전체 실선]으로 테두리를 지정하여 결과 화면처럼 꾸미세요.

189

Section **02**

원하는 데이터만 검색하고 추출하기

방대한 양의 데이터베이스에서 원하는 데이터만 검색하고 추출해야 한다면 너무 막연할 것입니다. 하지만 엑셀에서 제공하는 '필터' 기능을 활용하면 쉽게 해결할 수 있어요. 수백 개나 수만 개의 데이터라도 각 필드에 저장된 자료에 조건이나 수식을 지정하면 사용자가 원하는 결과를 쉽게 얻을 수 있어요. 이번 섹션에서는 단순 조건을 지정하는 자동 필터부터 중첩 조건이나 수식을 대입해야 하는 고급 필터까지 지정해 보면서 다양한 데이터를 검색하고 추출하는 방법에 대해 배워봅니다.

> **PREVIEW**

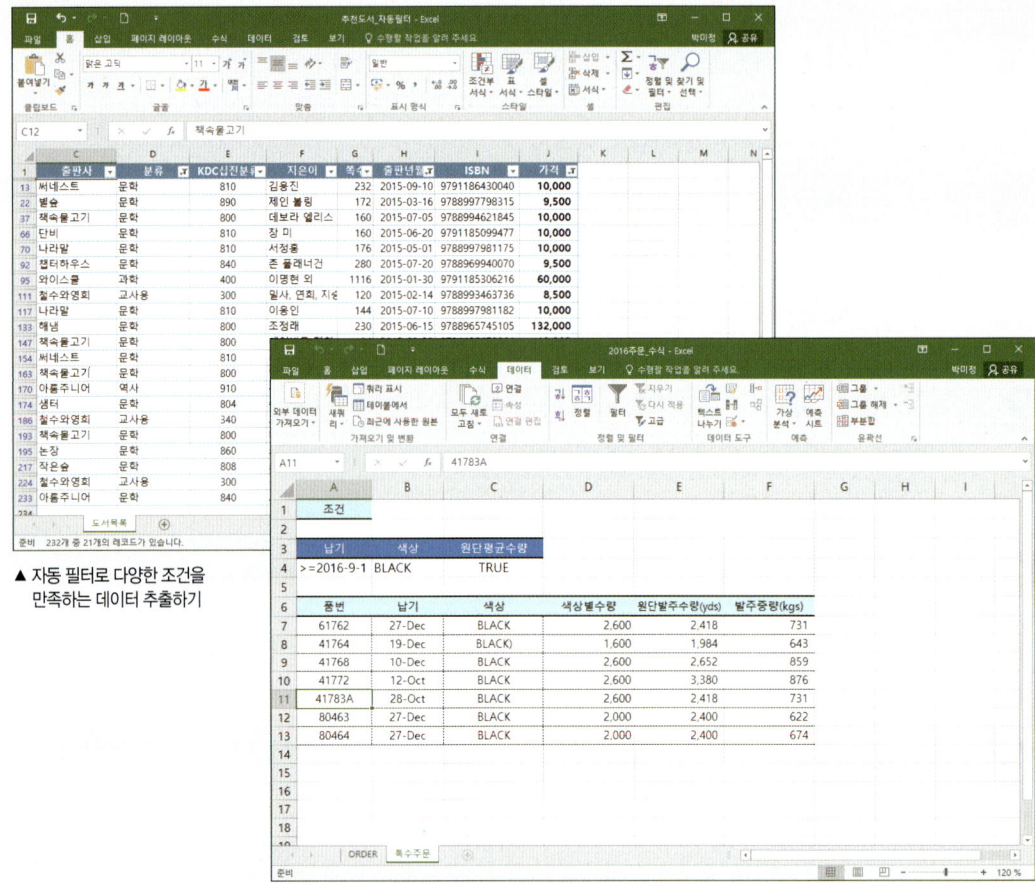

▲ 자동 필터로 다양한 조건을 만족하는 데이터 추출하기

▲ 고급 필터로 데이터 추출하고 원하는 항목만 복사하기

> 섹션별 주요 내용

01 | 자동 필터 이용해 데이터 추출하기   02 | 고급 필터와 조건식 이해하기
03 | 고급 필터 이용해 데이터 추출하기   04 | 함수식 적용한 데이터만 추출하기
05 | 색상별로 데이터 정렬하고 추출하기

| 우선순위 |
| TOP 06 |
| 난이도 1 2 3 4 5 |

실무예제 01 자동 필터 이용해 데이터 추출하기

> 예제파일 : 추천도서_자동필터.xlsx   결과파일 : 추천도서_자동필터_완성.xlsx

1. 엑셀에서 제공하는 매우 편리한 기능 중 하나인 자동 필터를 이용하여 데이터를 추출해 볼까요? [도서목록] 시트에서 특정 출판사의 도서만 필터링하기 위해 데이터 범위에 있는 하나의 셀을 클릭하고 **[홈] 탭-[편집] 그룹**에서 **[정렬 및 필터]**를 클릭한 후 **[필터]**를 선택하세요.

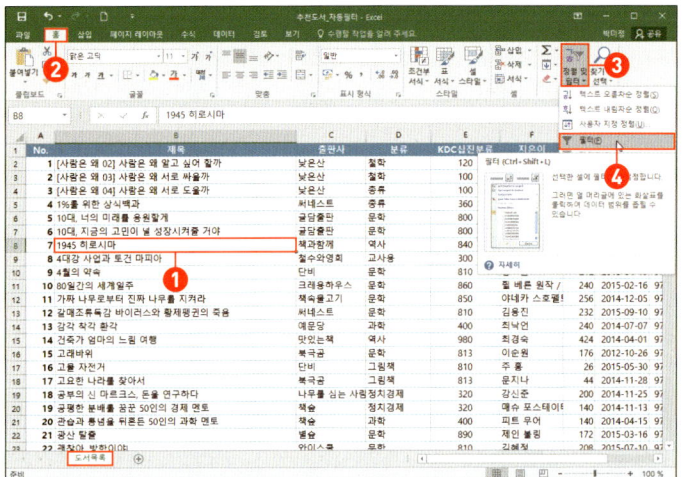

> **Tip**
> [데이터] 탭-[정렬 및 필터] 그룹에서 [필터]를 클릭해도 됩니다.

2. '분류' 항목의 필터 단추(▼)를 클릭하고 [(모두 선택)]의 체크를 해제하세요. '분류' 항목 중에서 [과학], [교사용], [문학], [역사]에 체크하고 [확인]을 클릭하세요.

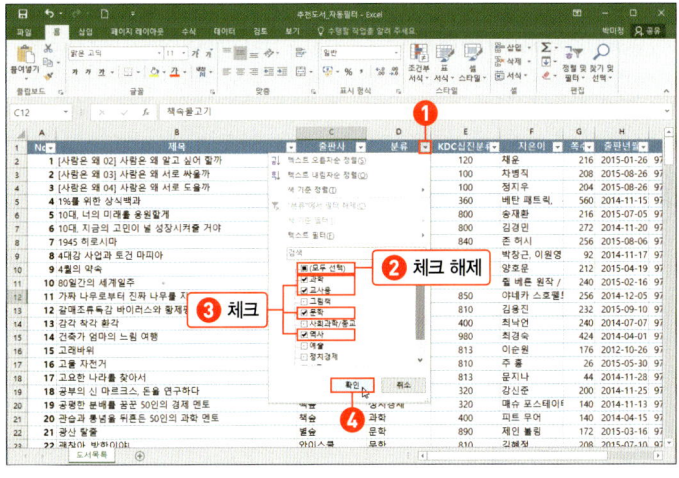

> **Tip**
> 필요 없는 항목의 체크를 일일이 없애는 것보다 [(모두 선택)]의 체크를 해제하여 전체 항목의 체크를 한 번에 해제하고 원하는 항목에만 체크하는 것이 훨씬 더 빨라요.

3 선택한 분류 항목에 대한 데이터만 추출되었으면 '출판년월'이 2015년 이후인 데이터만 추출해 봅시다. '출판년월' 항목의 필터 단추(▼)를 클릭하고 [날짜 필터]-[이후]를 선택하세요.

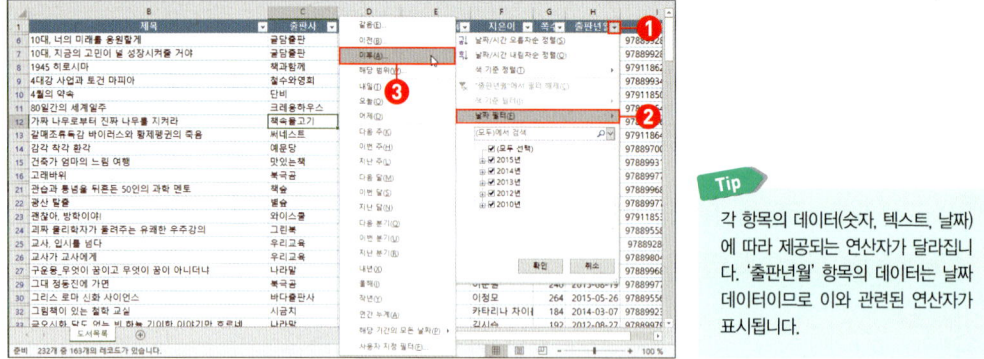

Tip

각 항목의 데이터(숫자, 텍스트, 날짜)에 따라 제공되는 연산자가 달라집니다. '출판년월' 항목의 데이터는 날짜 데이터이므로 이와 관련된 연산자가 표시됩니다.

4 [사용자 지정 자동 필터] 대화상자가 열리면 '출판년월'에서 [이후]가 선택되었는지 확인하고 『2015-1-1』을 입력한 후 [확인]을 클릭하세요.

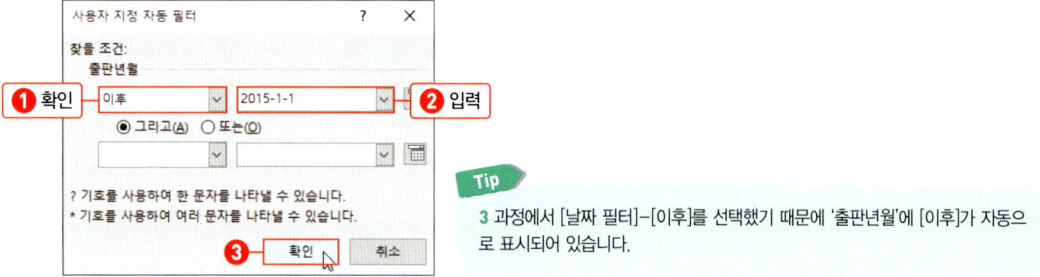

Tip

3 과정에서 [날짜 필터]-[이후]를 선택했기 때문에 '출판년월'에 [이후]가 자동으로 표시되어 있습니다.

5 첫 번째 '분류' 조건(과학, 교사용, 문학, 역사)과 2015년 이후인 '출판년월' 조건을 만족하는 데이터가 필터링되었어요. 이번에는 가격이 10,000 이하이거나 50,000 이상인 도서만 필터링하기 위해 '가격' 항목의 필터 단추(▼)를 클릭하고 [숫자 필터]-[사용자 지정 필터]를 선택하세요.

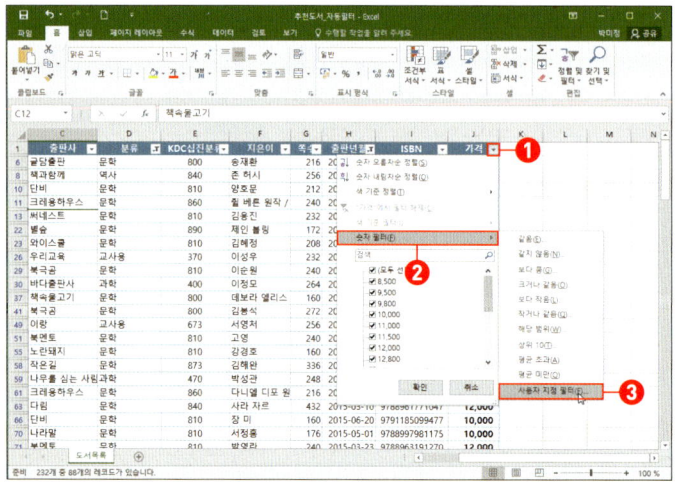

6 [사용자 지정 자동 필터] 대화상자가 열리면 '찾을 조건'의 '가격'에서 [<=] 연산자를 선택하고 값에는 『10000』을 입력한 후 [또는]을 선택하세요. 두 번째 조건에서는 [>=] 연산자를 선택하고 『50000』을 입력한 후 [확인]을 클릭하세요.

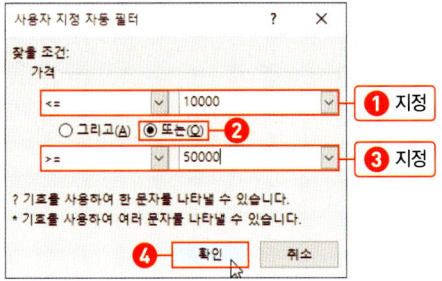

7 모든 조건에 만족하는 데이터가 필터링되었습니다.

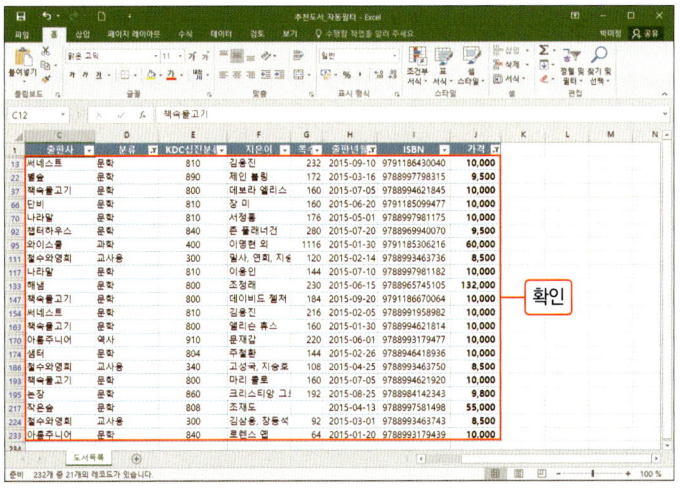

잠깐만요 필터 단추(▼, ▼)의 모양 살펴보기

필터가 적용된 필드는 필터 단추의 모양이 ▼에서 ▼으로 바뀌어요. 해당 필터 단추(▼)의 위에 마우스 포인터를 올려놓으면 조건에 대한 정보가 스크린팁으로 표시됩니다.

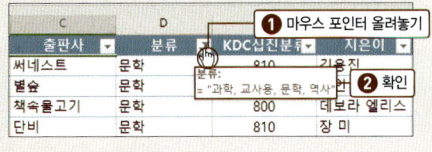

02 고급 필터와 조건식 이해하기

난이도 1 2 **3** 4 5

자동 필터와 달리 고급 필터를 사용할 경우 데이터를 검색하고 추출하기 위한 조건식을 입력해야 해요. 고급 필터는 조건 지정 방법만 제대로 알고 있으면 자동 필터만큼 쉽게 활용할 수 있어요.

1 | 고급 필터를 사용해야 하는 경우
① 필드(항목) 간에 OR 조건으로 데이터를 추출할 때
② 수식을 포함한 조건으로 데이터를 추출할 때

2 | AND 조건으로 지정하기
필드와 필드 간의 조건을 AND 조건으로 지정하려면 같은 행에 조건을 입력해야 해요. 먼저 조건을 지정할 필드명을 입력하고 해당 필드에 조건값을 차례대로 입력하세요.

분류	판매일자
과일류	>=2016-4-1

예 '과일류'이면서 '2016년 4월 1일' 이후에 판매된 데이터

3 | OR 조건으로 지정하기
필드와 필드 간의 조건을 OR 조건으로 지정하려면 서로 다른 행에 조건을 입력해야 해요.

분류	판매일자
과일류	
	>=2016-4-1

예 '과일류'이거나 '2016년 4월 1일' 이후 판매된 데이터

4 | AND와 OR 조건 혼합해 지정하기
필드 간에 AND 조건과 OR 조건이 혼합되어 있는 경우 조건 간의 관계를 정확히 이해해야 해요.

분류	판매량
과일류	>=500
공산품	>=500

예 '과일류'이면서 판매량이 '500' 이상이거나 '공산품'이면서 판매량이 '500' 이상인 데이터

5 | 수식으로 조건 지정하기
수식으로 조건을 지정할 때는 수식의 결과가 TRUE이거나 FALSE로 표시되어야 하고 필드명은 데이터베이스의 필드명과 다르게 입력하거나 생략해야 해요.

분류	평균 판매 이상
과일류	FALSE

예 '과일류'이면서 평균 판매량 이상인 데이터

실무예제 03 고급 필터 이용해 데이터 추출하기

예제파일 : 2016주문_고급필터.xlsx 결과파일 : 2016주문_고급필터_완성.xlsx

1 고급 필터는 다른 위치에 조건식을 작성해야 해요. 다음의 표를 참고하여 [ORDER] 시트의 M5:O7 범위에 조건식을 작성하세요. 조건식은 품번이 'Q'로 끝나면서 납기일이 2016년 9월 1일 이후이거나 발주 중량이 800kgs 이상인 주문만 필터링하고 있어요.

품번	납기	발주중량(kgs)
*Q	>=2016-9-1	
		>=800

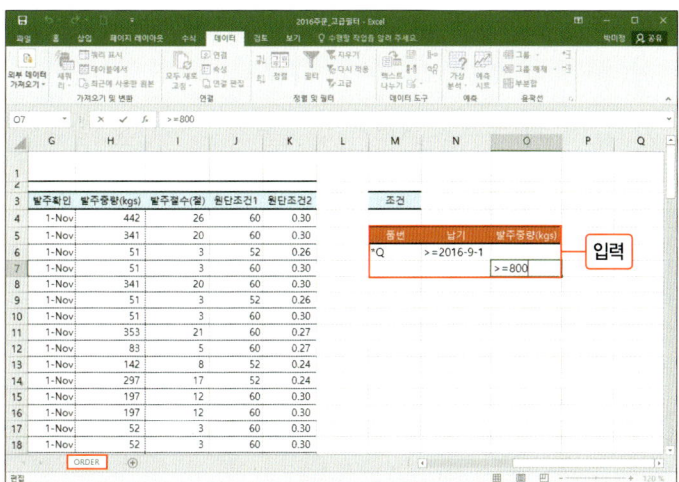

2 데이터 범위에 있는 하나의 셀을 클릭하고 [데이터] 탭-[정렬 및 필터] 그룹에서 [고급]을 클릭하세요.

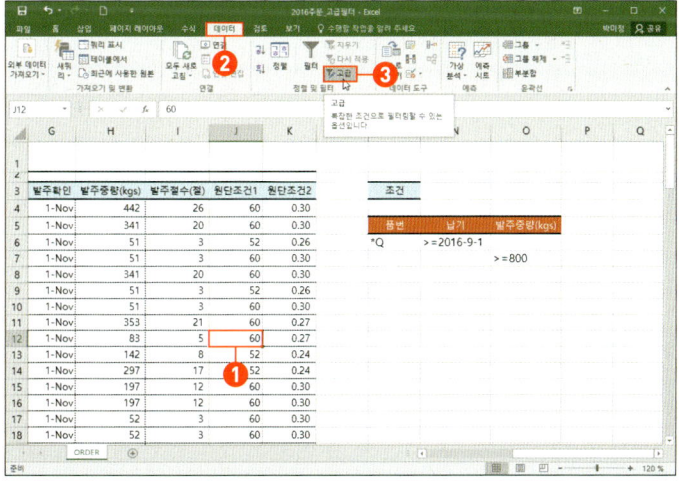

> Tip
> 조건식이 모두 같은 행에 있다면 자동 필터만으로도 충분히 원하는 데이터를 추출할 수 있어요.

3 [고급 필터] 대화상자가 열리면 '목록 범위'에 자동으로 전체 범위가 잘 지정되었는지 확인해 보세요. '조건 범위'에 커서를 올려놓고 M5:O7 범위를 드래그하여 선택한 후 [확인]을 클릭하세요.

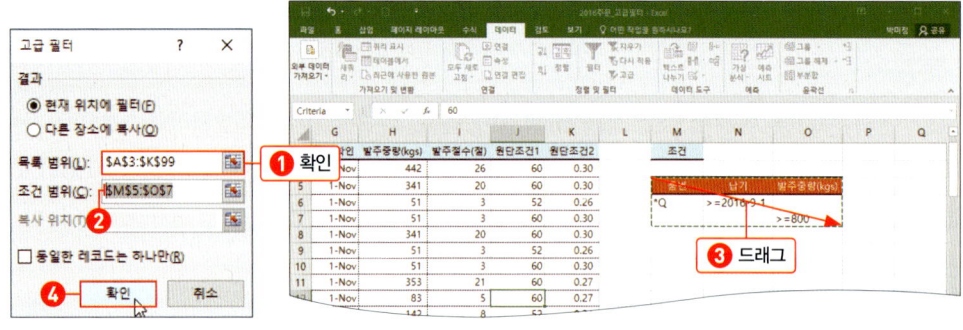

Tip
'복사 위치'는 현재 위치에 필터링되기 때문에 따로 지정할 필요가 없어요.

4 고급 필터로 조건을 지정한 결과를 확인해 보세요. 품번이 'Q'로 끝나면서 2016년 9월 이후의 주문이거나 발주 중량이 800kgs 이상인 주문만 추출된 것을 알 수 있어요.

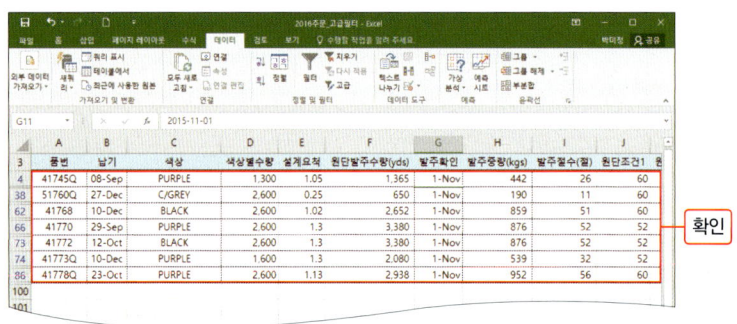

잠깐만요 다양한 필터 옵션 살펴보기

필터 단추(▼)를 클릭하면 데이터의 종류에 따라 선택 가능한 여러 가지 필터 조건이 나타납니다. 텍스트, 날짜, 숫자에 따라 다르게 필터 조건을 선택할 수도 있고, 직접 필터 항목을 선택하거나 검색 창에 필터 조건을 입력해서 원하는 조건을 지정할 수도 있어요.

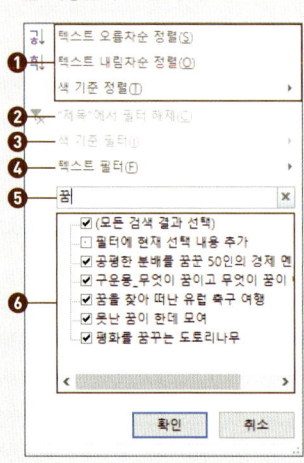

❶ 기준에 따른 정렬
❷ 필터 해제
❸ 셀에 색이 지정된 경우 색 기준으로 필터링
❹ 데이터의 종류에 따라 변경되는 필터 조건
❺ 검색어(조건) 직접 입력
❻ 해당 항목 직접 선택

실무예제 04 함수식 적용한 데이터만 추출하기

예제파일 : 2016주문_수식.xlsx 결과파일 : 2016주문_수식_완성.xlsx

1 [특수주문] 시트에서 A3:B4 범위에 납기와 색상에 대해 조건을 다음의 그림과 같이 입력하세요. C3셀에는 『원단평균수량』을, C4셀에는 『=ORDER!F4>=AVERAGE(ORDER!F4:F99)』를 입력하고 Enter를 누르세요.

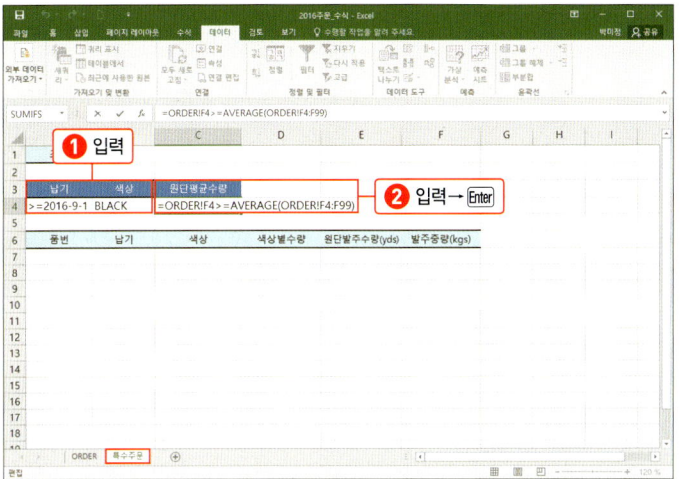

Tip
조건식은 '품번', '납기일'이 2016년 9월 1일 이후이면서 '색상'은 'BLACK', '원단발주수량'은 평균 이상인 주문건에 대해 지정하는 함수식입니다. C3 셀의 이름은 [ORDER] 시트의 원본 데이터의 필드명과 다르게 지정해야 해요.

2 조건식에 함수식을 지정하면 '원단평균수량'이 [TRUE]나 [FALSE]로 표시됩니다. 이와 같은 조건으로 데이터를 필터링하기 위해 워크시트에 있는 빈 셀 하나를 클릭하고 [데이터] 탭-[정렬 및 필터] 그룹에서 [고급]을 클릭하세요.

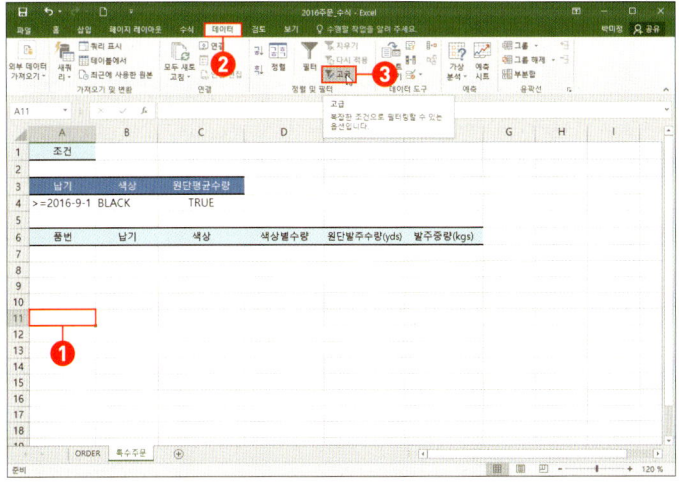

Tip
필터링된 결과를 다른 시트에 복사하려면 결과를 표시할 시트에서 '고급 필터' 명령을 실행해야 해요.

3 [고급 필터] 대화상자가 열리면 '목록 범위'에 커서를 올려놓고 [ORDER] 시트의 전체 범위인 A3:K99 범위를 드래그하여 선택하세요. 이와 같은 방법으로 '조건 범위'에 커서를 올려놓고 [특수주문] 시트의 A3:C4 범위를 드래그하여 선택하세요.

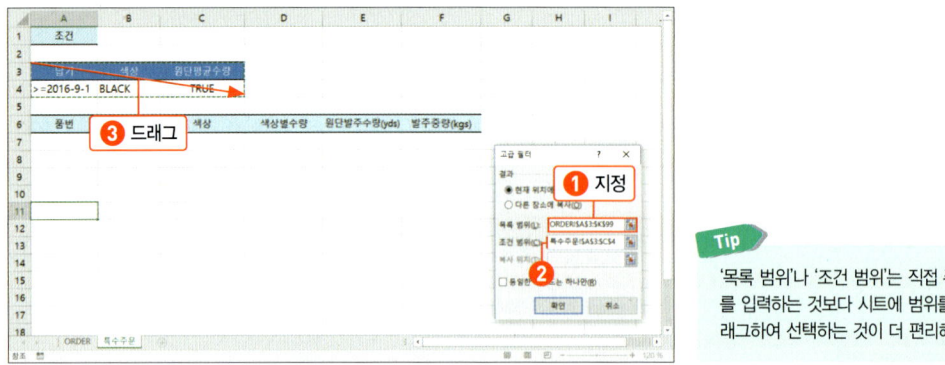

Tip
'목록 범위'나 '조건 범위'는 직접 주소를 입력하는 것보다 시트에 범위를 드래그하여 선택하는 것이 더 편리해요.

4 [고급 필터] 대화상자의 '결과'에서 [다른 장소에 복사]를 선택하세요. '복사 위치'에 커서를 올려놓고 [특수주문] 시트에 미리 입력해 놓은 머리글 행인 A6:F6 범위를 드래그하여 선택한 후 [확인]을 클릭하세요.

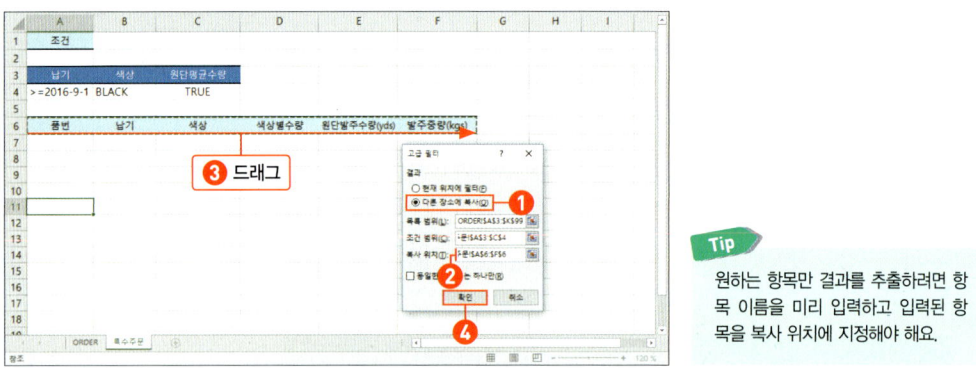

Tip
원하는 항목만 결과를 추출하려면 항목 이름을 미리 입력하고 입력된 항목을 복사 위치에 지정해야 해요.

5 필드명에 해당하는 데이터만 지정한 조건에 맞게 추출되었습니다.

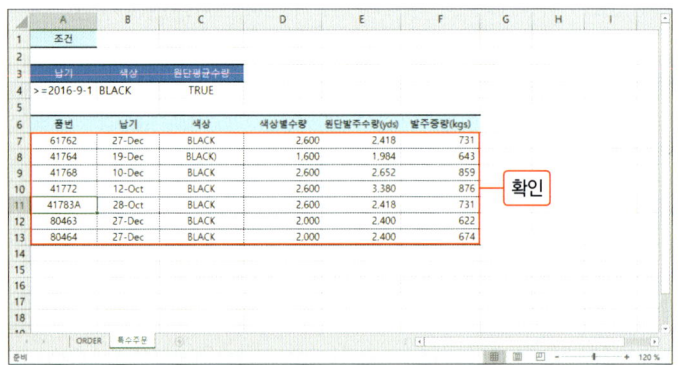

실무예제 05 색상별로 데이터 정렬하고 추출하기

1 조건부 서식이 지정된 데이터를 색상별로 정렬해 볼까요? [A매출] 시트에서 데이터 범위에 있는 하나의 셀을 클릭하고 [홈] 탭-[편집] 그룹에서 [정렬 및 필터]를 클릭한 후 [사용자 지정 정렬]을 선택하세요.

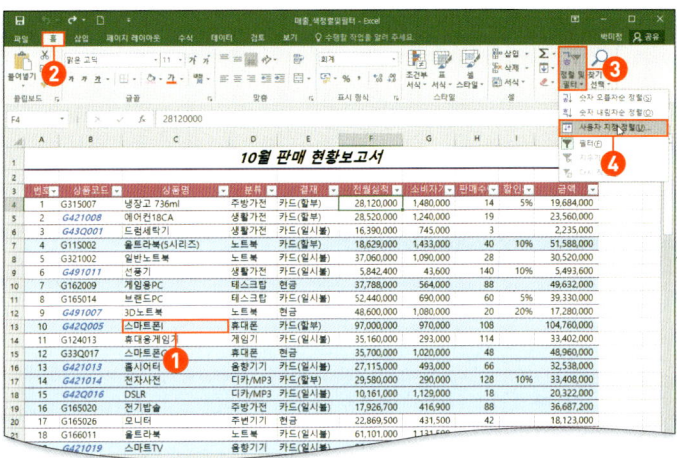

2 [정렬] 대화상자가 열리면 첫 번째 '정렬 기준'은 [금액]과 [셀 색]을, '색'은 [연한 파랑]을 선택하세요. [기준 복사]를 클릭하여 두 번째 정렬 기준을 추가하고 '다음 기준'을 [금액], [값], [내림차순]으로 선택하세요.

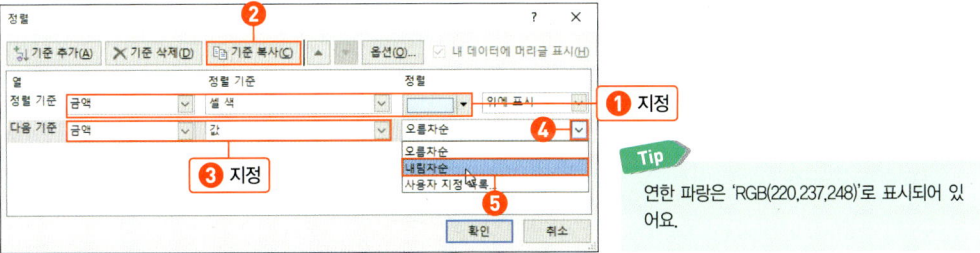

Tip
연한 파랑은 'RGB(220,237,248)'로 표시되어 있어요.

3 세 번째 기준을 추가하기 위해 [기준 복사]나 [기준 추가]를 클릭하세요. '다음 기준'이 나타나면 [금액], [셀 색]을 선택하고 '색'을 [노랑]으로 지정한 후 [확인]을 클릭하세요.

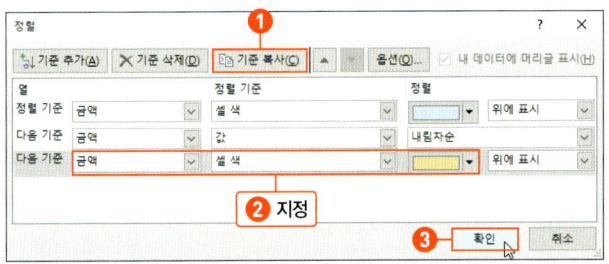

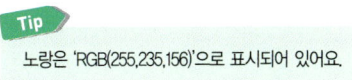

Tip
노랑은 'RGB(255,235,156)'으로 표시되어 있어요.

4 앞의 과정에서 지정한 기준대로 데이터가 정렬되었습니다.

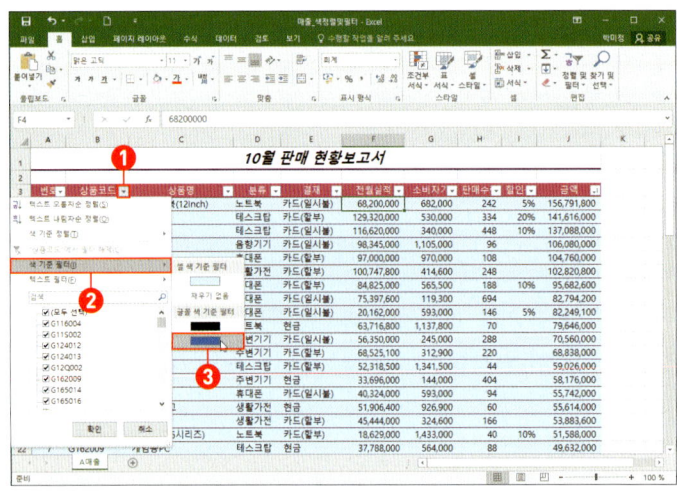

5 이번에는 상품 코드의 색상이 파랑인 경우만 추출해 볼까요? '상품코드' 항목의 필터 단추(▼)를 클릭하고 [색 기준 필터]를 선택한 후 '글꼴 색 기준 필터'의 [파랑]을 클릭하세요.

6 정렬된 데이터에서 상품 코드가 파란색인 데이터만 추출되었습니다.

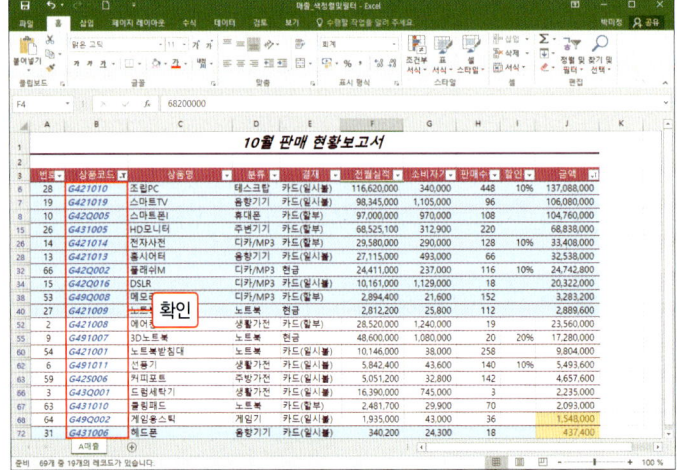

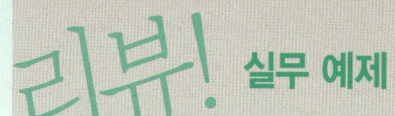

1 직원명부에서 외주업체 파견 직원 추출하기

📄 **예제파일** : 외주업체파견.xlsx 📄 **결과파일** : 외주업체파견_완성.xlsx

사번에 'K'나 'B'가 포함되고 '전산실' 소속의 직원만 추출하여 다른 시트에 복사해 보세요.

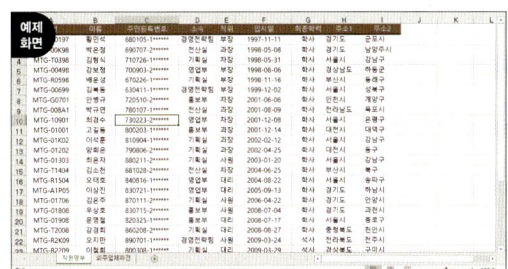

Hint
① 사번에 'K'나 'B'가 포함된 경우 글꼴 색을 [파랑]으로 지정하는 조건부 서식을 지정하세요.
② 자동 필터를 사용해서 '전산실'이면서 사번의 글꼴 색이 [파랑]인 데이터만 추출하세요.
③ 추출한 데이터를 [외주업체파견] 시트의 A1셀에 열 너비를 유지하여 복사하세요.
④ [직원명부] 시트에서 '지우기'로 데이터 필터링을 해제하세요.

2 함수식과 고급 필터 이용해 고객 초대 명단 추출하기

📄 **예제파일** : 고객명단.xlsx 📄 **결과파일** : 고객명단_완성.xlsx

고급 필터와 함수식을 사용해 10월생이거나 사용 금액이 천만 원이면서 월 평균 방문 횟수가 10회 이상인 고객을 추출해 보세요.

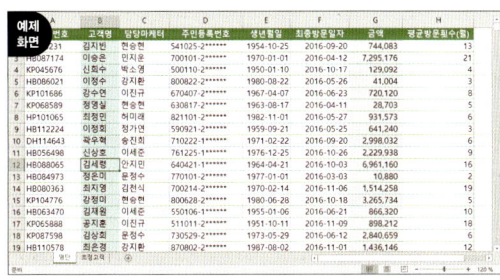

Hint
① [초청고객] 시트에 조건을 입력하고 고객 명단을 작성하세요.
② 10월생이거나 사용 금액이 천만 원 이상이면서 월 방문 횟수가 10회 이상인 고객으로 조건을 지정하세요(10월생은 『=MONTH(명단!E2)=10』으로 입력).
③ [초청고객] 시트에서 주어진 필드명에 맞게 고급 필터를 사용해 필터링하세요.

Section **03**

엑셀 2016의 전문 분석 기능 활용하기

엑셀 2016에서 크게 향상된 기능 중 하나는 바로 '강력한 분석' 기능입니다. 또한 대량의 데이터를 사용자가 권하는 관점에 따라 요약하고 비교 및 탐색까지 할 수 있는 '피벗 테이블'뿐만 아니라 슬라이서와 시간 표시 막대로 데이터를 시각적으로 분석할 수 있는 '필터' 기능까지 제공합니다. 이 밖에도 3차원 맵에서 시간이 지남에 따라 가상으로 표현되는 지리적 데이터 연출도 가능합니다. 이번 섹션에서는 피벗 테이블과 다양한 필터로 요약하는 기능에 대해 배워봅니다.

> **PREVIEW**

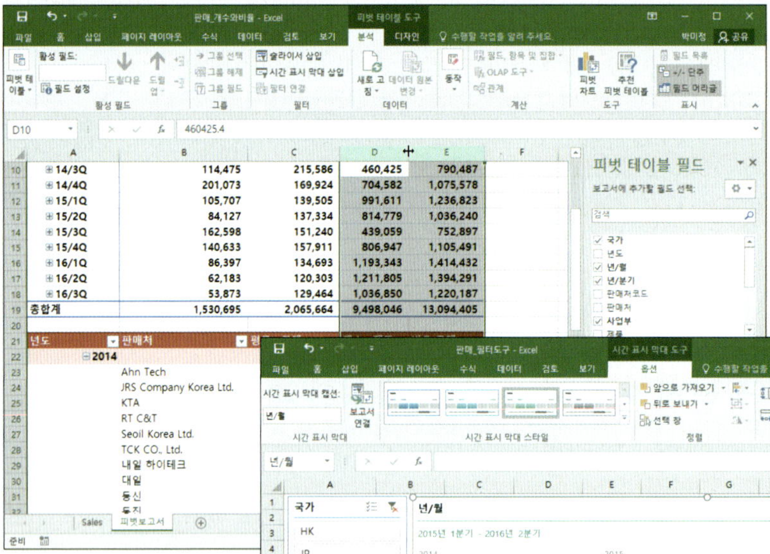

▲ 피벗 테이블로 요약 변경하고 값 표시 형식으로 비율 표시하기

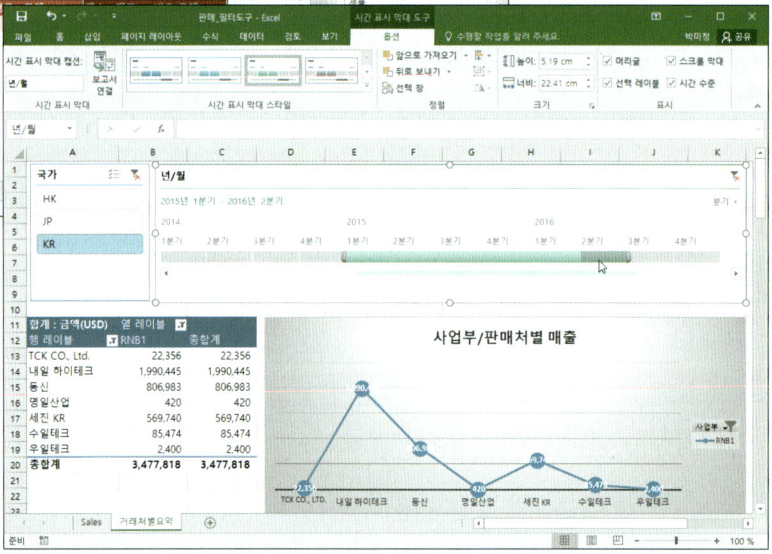

▲ 시간 도구 막대와 슬라이서를 포함한 피벗 테이블 작성하기

> 섹션별 주요 내용

01 | 추천 피벗 테이블 지정하고 꾸미기 02 | 피벗 테이블 보고서에 요약 보고서 추가하기
03 | 피벗 테이블에 값 요약하고 표시 형식 변경하기 04 | 피벗 차트 이용해 보고서 작성하기
05 | 슬라이서와 시간 표시 막대 삽입해 필터링하기

실무예제 01 추천 피벗 테이블 지정하고 꾸미기

예제파일: 판매_추천피벗.xlsx　　**결과파일**: 판매_추천피벗_완성.xlsx

1 [Sales] 시트에서 판매 데이터를 요약하기 위해 데이터 범위에 있는 하나의 셀을 클릭하고 [삽입] 탭-[표] 그룹에서 [추천 피벗 테이블]을 클릭하세요.

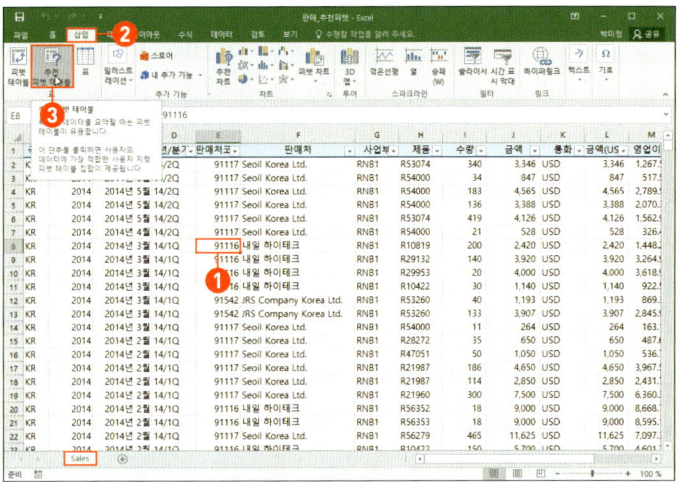

> **Tip**
> 피벗 테이블을 사용하면 대량의 데이터를 몇 번의 마우스 클릭만으로도 쉽게 요약할 수 있어요.

2 [권장 피벗 테이블] 창이 열리면 [합계 : 금액(USD), 합계 : 금액, 합계 : 수량(년/분기(+) 기준)]을 선택하고 [확인]을 클릭하세요.

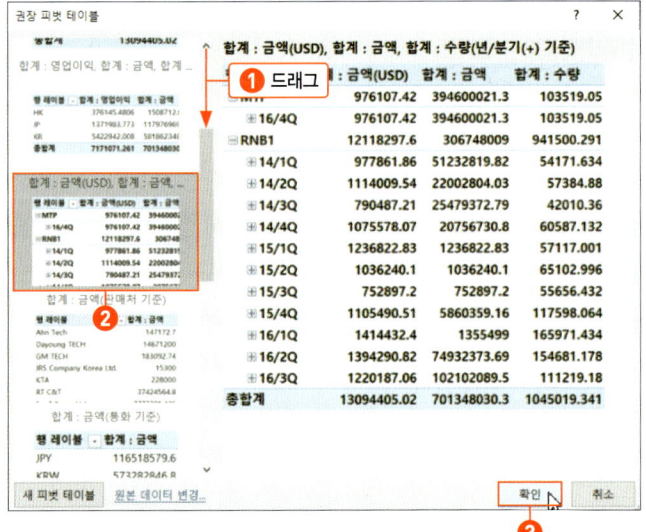

3 추천 피벗 테이블로 사업부와 년/분기별 금액(USD), 수량, 금액 합계가 요약되었어요. 화면의 오른쪽에 있는 [피벗 테이블 필드] 창에서 [수량]과 [금액]의 체크를 해제하여 보고서에서 제외하고 필드목록에서 [국가] 필드를 '열' 영역으로 드래그하여 추가하세요.

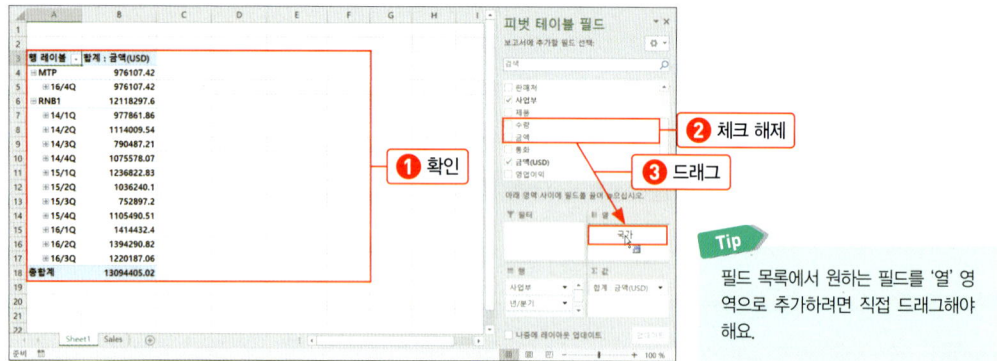

Tip
필드 목록에서 원하는 필드를 '열' 영역으로 추가하려면 직접 드래그해야 해요.

4 피벗 테이블 보고서를 꾸미기 위해 [피벗 테이블 도구]의 [디자인] 탭-[피벗 테이블 스타일] 그룹에서 [자세히] 단추(▼)를 클릭하고 '밝게'의 [피벗 스타일 밝게 9]를 선택하세요.

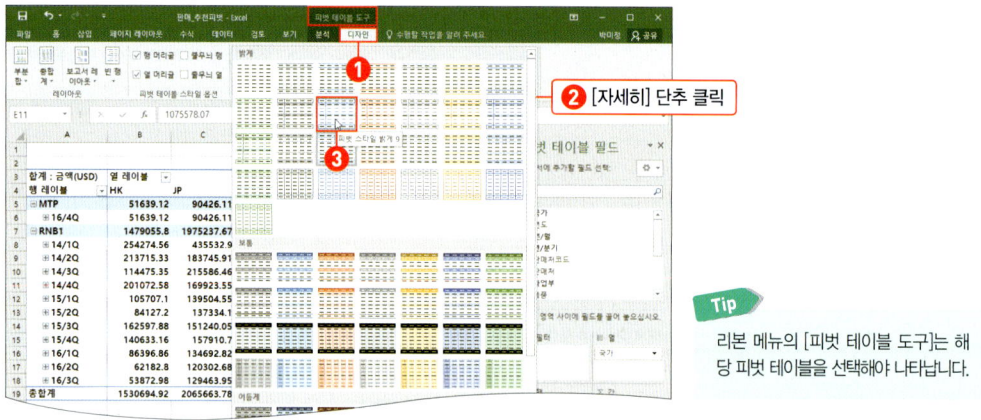

Tip
리본 메뉴의 [피벗 테이블 도구]는 해당 피벗 테이블을 선택해야 나타납니다.

5 '합계 : 금액(USD)'의 데이터 범위를 드래그하여 선택하고 [홈] 탭-[표시 형식] 그룹에서 [쉼표 스타일]을 클릭하여 보고서를 완성하세요.

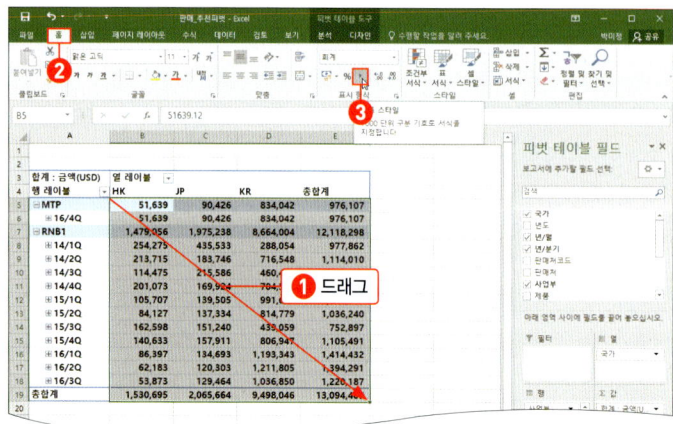

난이도 1 2 ③ 4 5

실무예제 02 피벗 테이블 보고서에 요약 보고서 추가하기

예제파일 : 판매_피벗보고서.xlsx   결과파일 : 판매_피벗보고서_완성.xlsx

1 기존의 피벗 테이블 보고서에 새로운 요약 보고서를 추가해 볼까요? [Sales] 시트에서 데이터 범위에 있는 하나의 셀을 클릭하고 **[삽입] 탭-[표] 그룹**에서 **[피벗 테이블]**을 클릭하세요.

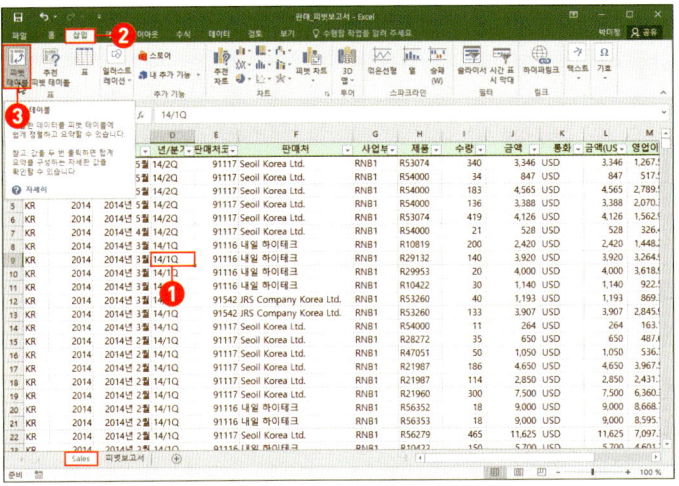

2 [피벗 테이블 만들기] 대화상자가 열리면 '표 또는 범위 선택'의 '표/범위'에 자동으로 전체 범위가 잘 지정되었는지 확인하고 피벗 테이블 보고서를 넣을 위치에서 [기존 워크시트]를 선택하세요. '위치'에 커서를 올려놓고 [피벗보고서] 시트의 A21셀을 클릭하여 지정한 후 [확인]을 클릭하세요.

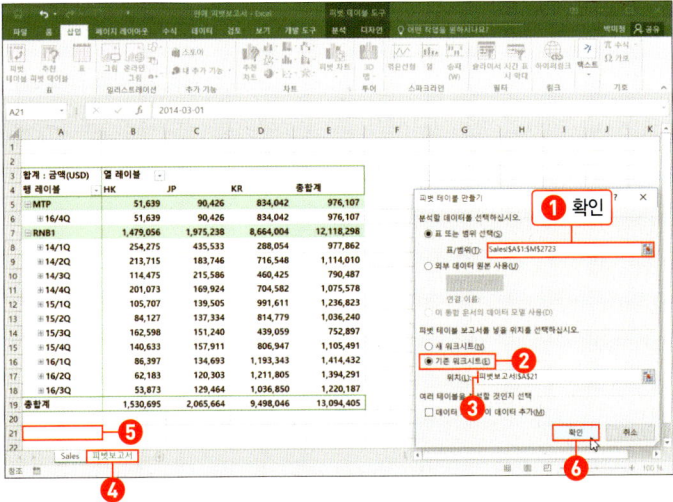

205

3 이미 작성된 피벗 테이블 보고서의 아래쪽에서 A21셀부터 새로운 보고서가 삽입되었습니다. 화면의 오른쪽에 있는 [피벗 테이블 필드] 창에서 [판매처], [금액(USD)], [영업이익]에 순서대로 체크하면 [판매처]는 '행' 영역으로, [금액(USD)]와 [영업이익]은 '값' 영역으로 추가됩니다.

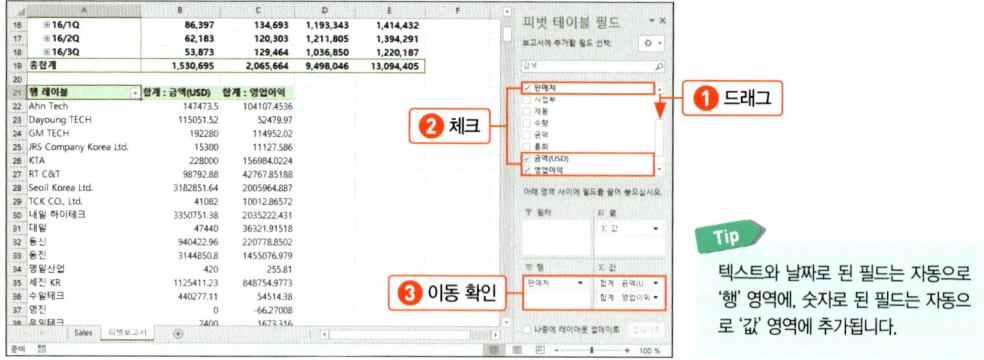

Tip
텍스트와 날짜로 된 필드는 자동으로 '행' 영역에, 숫자로 된 필드는 자동으로 '값' 영역에 추가됩니다.

4 [피벗 테이블 필드] 창의 필드 목록 중에서 [년도]를 '행' 영역으로 드래그하여 추가하세요. '행' 영역에서 [년도]를 선택하고 [처음으로 이동]을 선택하세요.

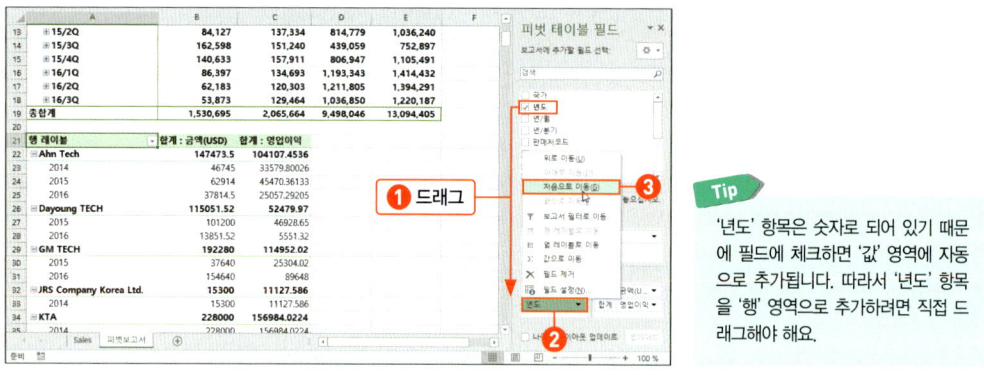

Tip
'년도' 항목은 숫자로 되어 있기 때문에 필드에 체크하면 '값' 영역에 자동으로 추가됩니다. 따라서 '년도' 항목을 '행' 영역으로 추가하려면 직접 드래그해야 해요.

5 피벗 테이블 보고서를 꾸미기 위해 [피벗 테이블 도구]의 [디자인] 탭-[피벗 테이블 스타일] 그룹에서 '밝게'의 [피벗 스타일 밝게 14]를 선택하세요. [디자인] 탭-[레이아웃] 그룹에서 [보고서 레이아웃]을 클릭하고 [개요 형식으로 표시]를 선택하세요.

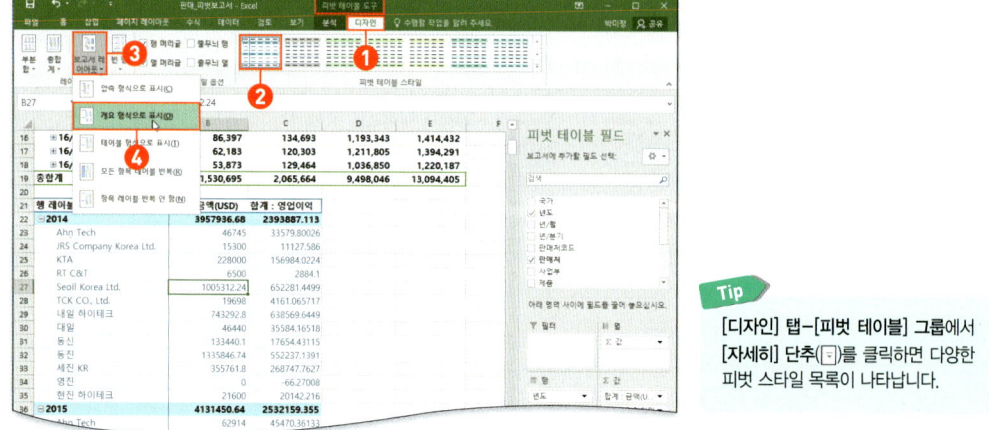

Tip
[디자인] 탭-[피벗 테이블] 그룹에서 [자세히] 단추(▼)를 클릭하면 다양한 피벗 스타일 목록이 나타납니다.

206

6 '합계 : 금액(USD)' 항목과 '합계 : 영업이익' 항목의 데이터 범위를 드래그하여 모두 선택하고 [홈] 탭-[표시 형식] 그룹에서 [쉼표 스타일]을 클릭하여 보고서를 완성해 보세요.

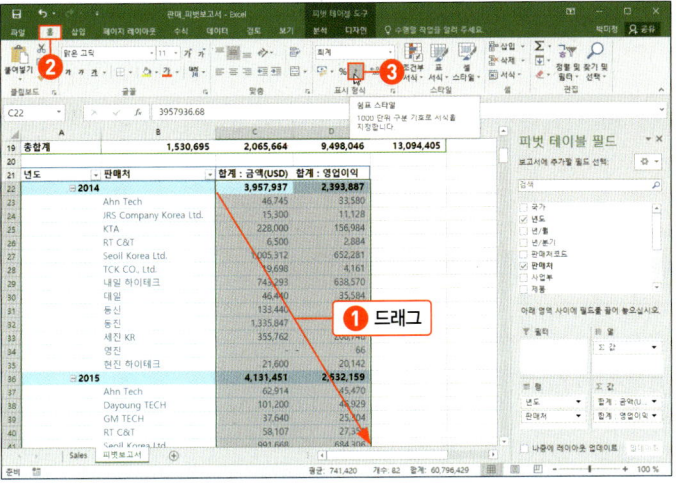

잠깐만요 | 피벗 테이블에서 데이터 그룹화하고 그룹 해제하기

피벗 테이블의 데이터를 그룹화하면 분석할 데이터의 하위 집합을 표시하는 데 매우 유용해요. 예를 들어 날짜 및 시간, 숫자 필드는 분기 및 월 단위로 그룹화할 수 있어요. 특히 엑셀 2016에서는 날짜 및 시간의 경우 '시간 그룹화'라는 기능에 의해 자동으로 그룹화됩니다. [피벗 테이블 필드] 창에서 [년/월]에 체크하면 '행'에 '연', '분기', '년/월'이라는 항목으로 그룹화됩니다.

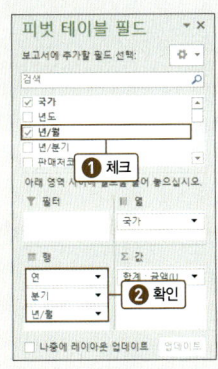

이 밖의 그룹화는 [피벗 테이블 도구]의 [분석] 탭-[그룹] 그룹에서 [그룹 선택]을 클릭하여 [그룹화] 대화상자를 열고 '시작'과 '끝', 그리고 '단위'를 지정할 수 있어요.

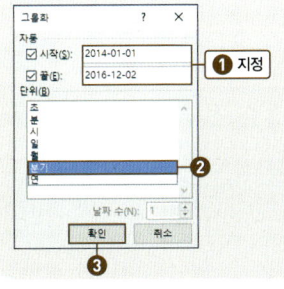

실무예제 03 피벗 테이블에 값 요약하고 표시 형식 변경하기

1 [피벗보고서] 시트에서 [피벗 테이블 필드] 창의 '보고서에 추가할 필드 선택'에서 [영업이익]의 체크를 해제하세요. 요약 방법을 변경하기 위해 '합계 : 금액(USD)' 항목에 있는 하나의 셀을 클릭하고 마우스 오른쪽 단추를 눌러 [값 요약 기준]-[평균]을 선택하세요.

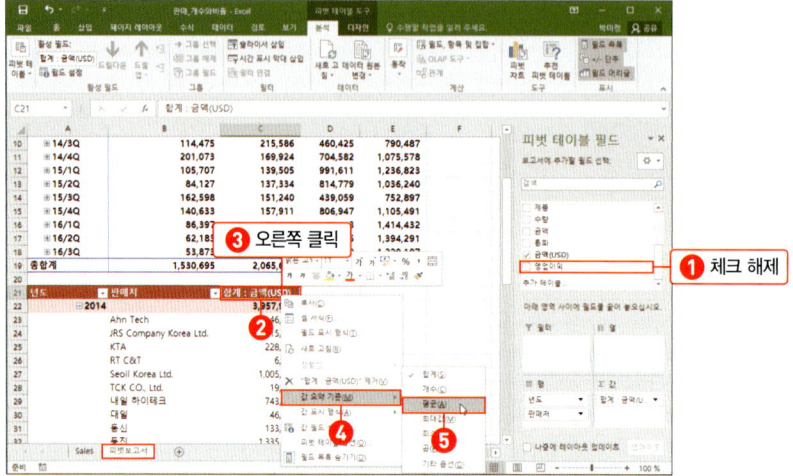

2 '합계'가 '평균'으로 변경되었으면 [피벗 테이블 필드] 창의 '보고서에 추가할 필드 선택'에서 [제품]과 [금액(USD)]을 '값' 영역으로 드래그하여 추가하세요.

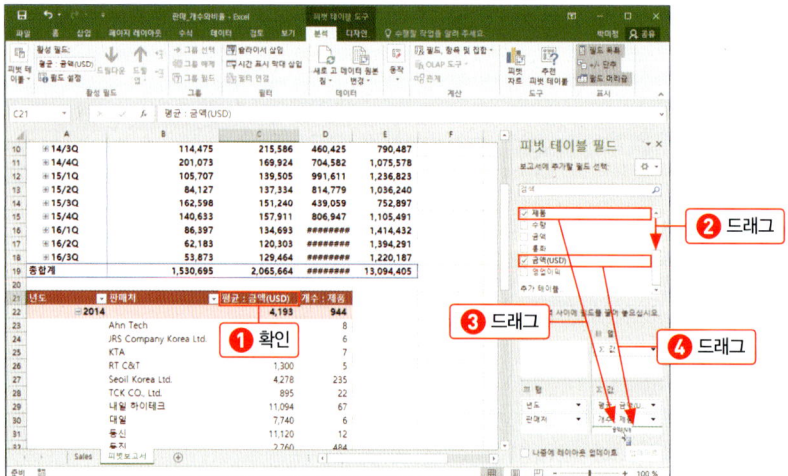

3 추가한 '합계 : 금액(USD)' 항목을 편집하기 위해 E21셀을 클릭하고 [피벗 테이블 도구]의 [분석] 탭-[활성 필드] 그룹에서 [필드 설정]을 클릭하세요.

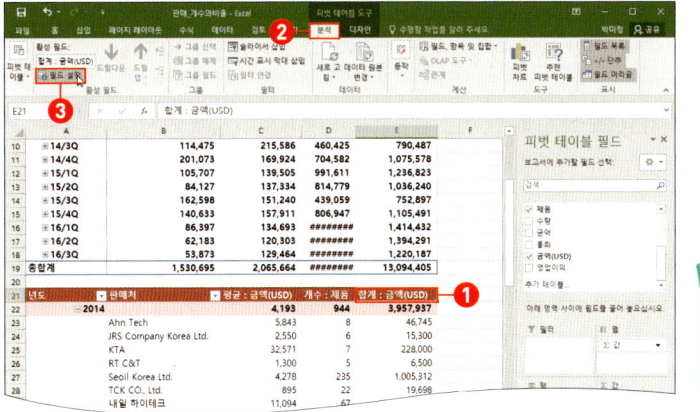

Tip
보고서의 항목 이름에서 마우스 오른쪽 단추를 눌러 [값 표시 형식]-[상위 행 합계 비율]을 선택해도 됩니다.

4 [값 필드 설정] 대화상자가 열리면 '사용자 지정 이름'을 [비율(금액)]으로 변경하세요. [값 표시 형식] 탭의 '값 표시 형식'에서 [상위 행 합계 비율]을 선택하고 [확인]을 클릭하세요.

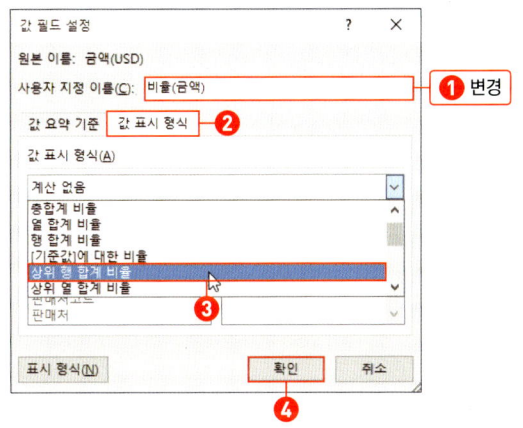

5 항목 이름이 '비율(금액)'으로 변경되고 부분합 비율이 100% 기준으로 계산됩니다. 이와 같이 평균, 개수, 합계로 요약한 보고서가 작성되면 열 너비를 조정하여 보고서를 완성하세요.

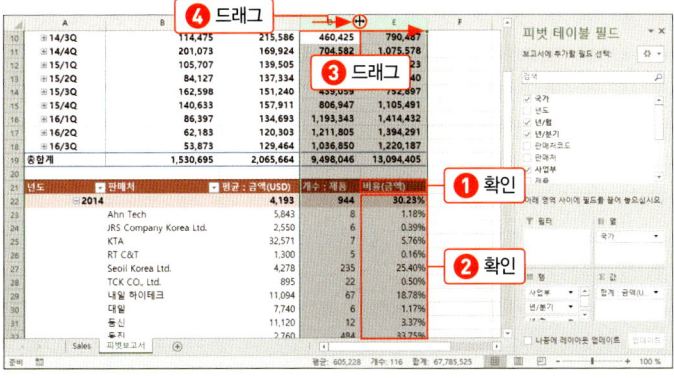

실무예제 04 피벗 차트 이용해 보고서 작성하기

1 작성한 보고서를 바탕으로 차트를 작성해 볼까요? [거래처별요약] 시트에서 피벗 테이블 보고서에 있는 하나의 셀을 클릭하고 [피벗 테이블 도구]의 **[분석] 탭-[도구] 그룹**에서 **[피벗 차트]**를 클릭하세요.

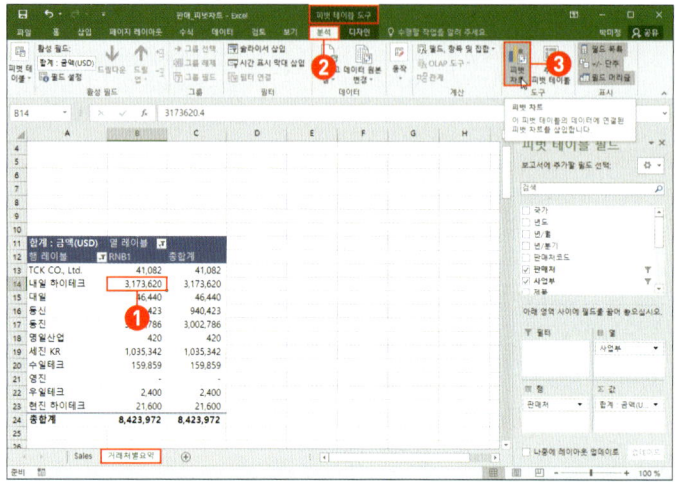

2 [차트 삽입] 대화상자가 열리면 [모든 차트] 탭에서 [꺾은선형]을 선택하고 [표식이 있는 꺾은선형]을 선택한 후 [확인]을 클릭하세요.

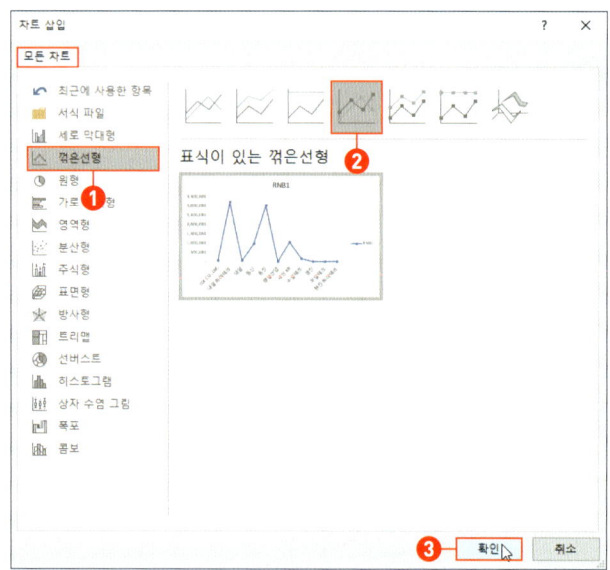

3 표식이 있는 꺾은선형 차트가 삽입되면 차트의 위치를 피벗 테이블 보고서의 오른쪽으로 이동하고 차트의 크기를 K24셀 위치까지 조정해 보세요.

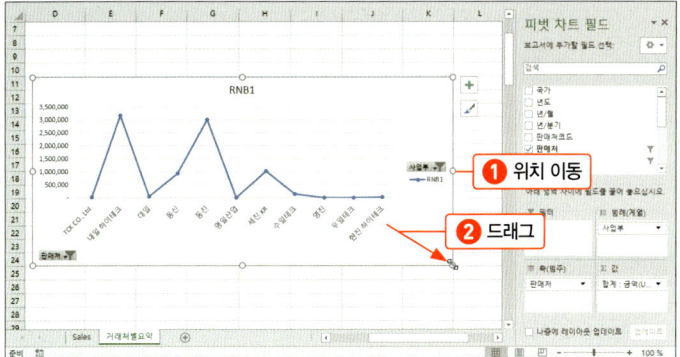

4 삽입한 차트를 꾸미기 위해 차트 제목에 『사업부/판매처별 매출』을 입력하세요. 차트를 선택한 상태에서 [피벗 차트 도구]의 [디자인] 탭-[차트 스타일] 그룹에서 [자세히] 단추(▼)를 클릭하고 [스타일 2]를 선택하세요.

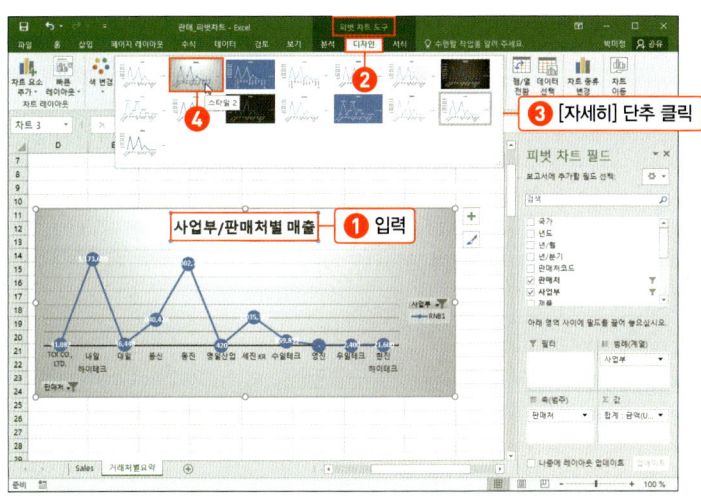

5 피벗 테이블 보고서와 연동되는 차트가 보기 좋게 완성되었습니다.

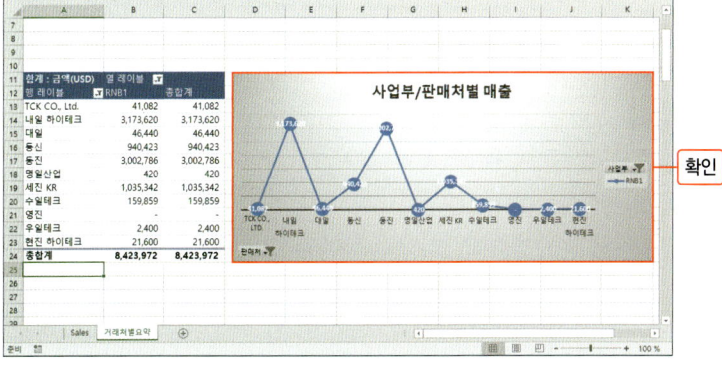

실무예제 05 슬라이서와 시간 표시 막대 삽입해 필터링하기

1 [거래처별요약] 시트에 작성된 피벗 테이블과 차트에 필터 기능을 추가해 봅시다. 피벗 테이블 보고서에 있는 하나의 셀을 클릭하고 [피벗 테이블 도구]의 **[분석] 탭-[필터] 그룹**에서 **[슬라이서 삽입]**을 클릭하세요.

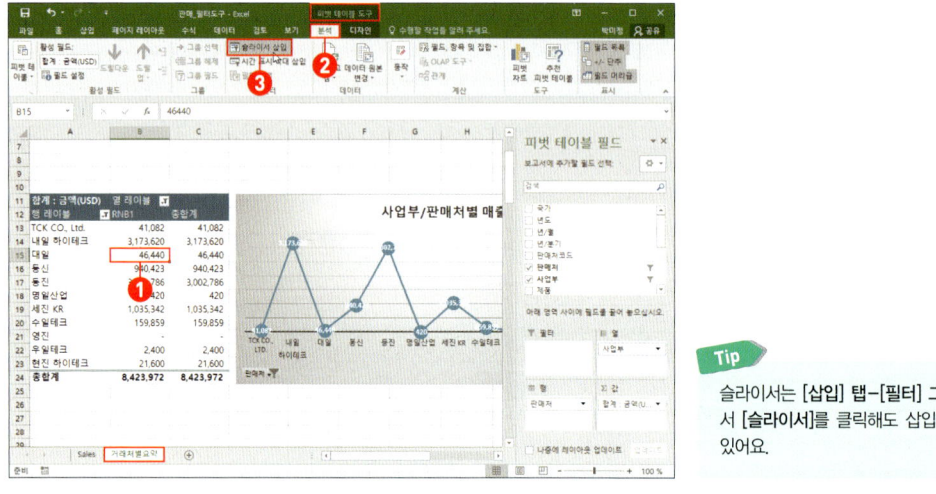

Tip
슬라이서는 [삽입] 탭-[필터] 그룹에서 [슬라이서]를 클릭해도 삽입할 수 있어요.

2 [슬라이서 삽입] 대화상자가 열리면 여러 가지 필드 항목 중에서 필터로 사용할 [국가]에 체크하고 [확인]을 클릭하세요.

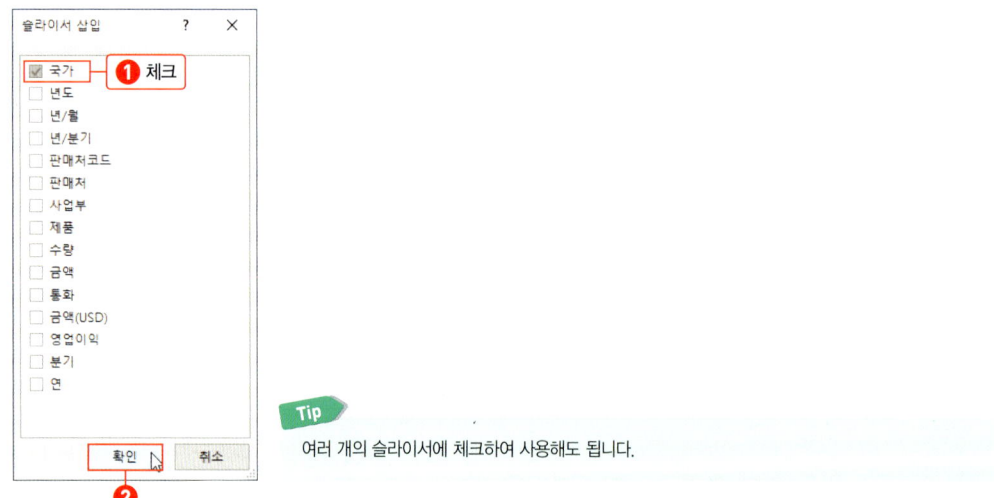

Tip
여러 개의 슬라이서에 체크하여 사용해도 됩니다.

3 [국가] 슬라이서가 삽입되면 A1셀에 맞춰 위치를 이동하고 슬라이서의 크기를 조절해 보세요.

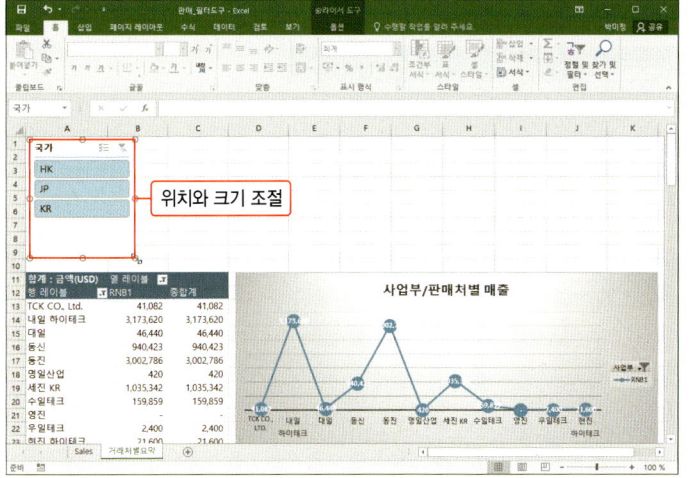

4 이번에는 또 다른 필터를 추가해 볼까요? 피벗 테이블 보고서에 있는 하나의 셀을 클릭하고 [피벗 테이블 도구]의 [분석] 탭-[필터] 그룹에서 [시간 표시 막대 삽입]을 클릭하세요.

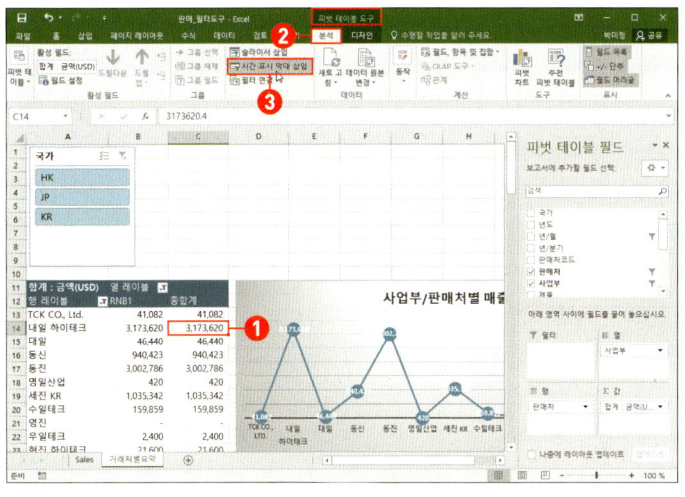

5 [시간 표시 막대 삽입] 대화상자가 열리면 [년/월]에 체크하고 [확인]을 클릭하세요.

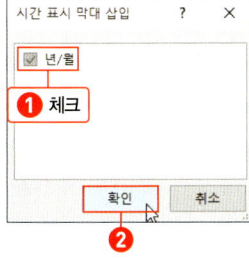

> Tip
> 시간 표시 막대는 날짜나 시간 데이터를 가진 필드에만 지정할 수 있어요.

6 시간 표시 막대의 위치와 크기를 슬라이서와 차트에 맞춰 조절하세요. [시간 표시 막대 도구]의 [옵션] 탭-[시간 표시 막대 스타일] 그룹에서 [시간 표시 막대 스타일 밝게 3]을 클릭하세요.

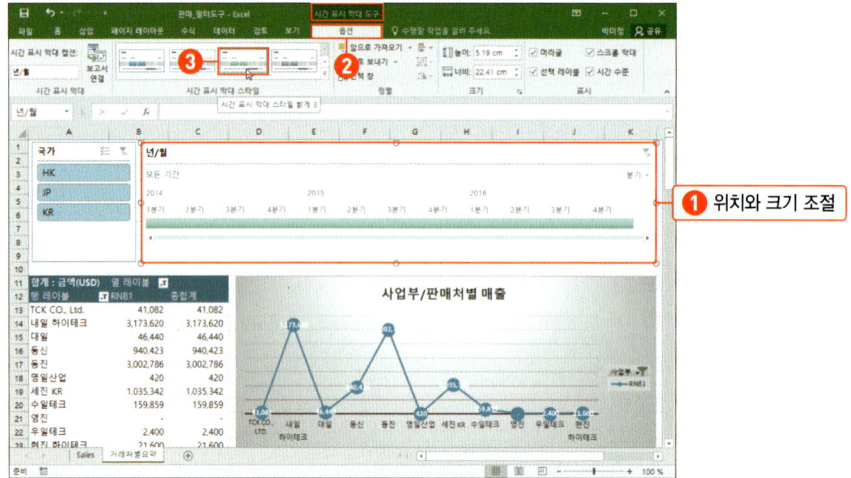

7 이제 보고서와 차트에 필터를 적용해 볼까요? [국가] 슬라이서에서 [KR]을 선택하고 시간 표시 막대의 '2015년 1분기'부터 '2016년 2분기'까지 드래그하세요. 이렇게 하면 필터에 대한 값이 적용되면서 피벗 테이블 보고서의 값과 피벗 차트의 모양이 변경됩니다.

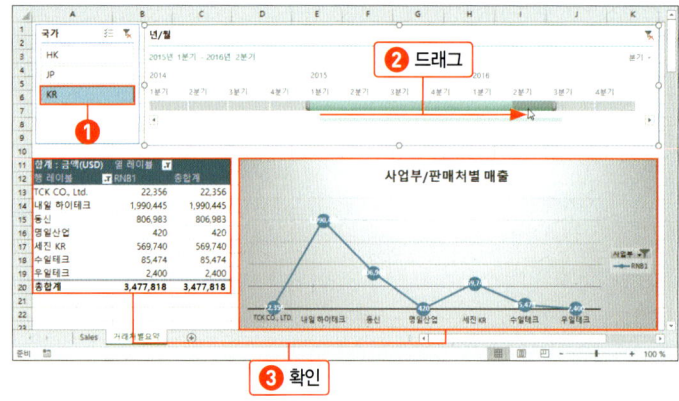

> **잠깐만요** **피벗 테이블 이동하기**
>
> 작성한 피벗 테이블을 다른 위치로 이동하려면 [피벗 테이블 도구]의 [분석] 탭-[동작] 그룹에서 [피벗 테이블 이동]을 클릭하여 이동 기능을 실행합니다. [피벗 테이블 이동] 대화상자가 열리면 원하는 위치를 입력하거나 셀을 직접 클릭하여 이동 위치를 지정하세요.
>
>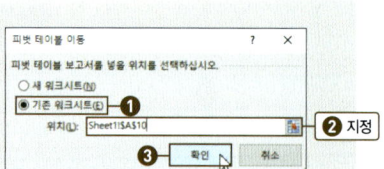
>
> ▲ [Sheet1] 시트의 A10셀로 피벗 테이블 이동하기

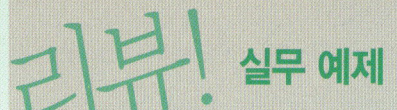

1 | 고객 현황에 대한 요약 보고서 작성하기

● 예제파일 : 고객현황.xlsx   ● 결과파일 : 고객현황_완성.xlsx

고객 현황을 고객 등급과 담당 마케터별로 합계, 고객 수, 합계에 대한 순위를 이용해 요약해 보세요.

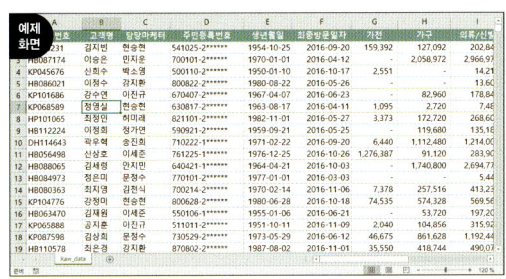
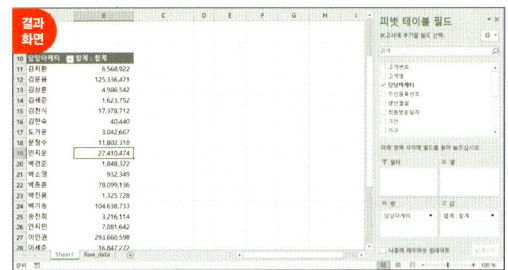

Hint
① '고객등급' 항목과 '담당마케터' 항목은 '행' 영역이고 '고객명' 항목과 '합계' 항목은 '값' 영역인 피벗 테이블을 작성하세요.
② 보고서 레이아웃은 개요 형식으로 표시하고 피벗 스타일은 [피벗 스타일 보통 8]로 지정하세요.
③ '합계' 필드를 한 번 더 추가하고 필드 설정에서 이름을 [순위]로 변경한 후 [내림차순 순위 지정]으로 값 표시 형식을 변경하세요.

2 | 피벗 차트와 슬라이서로 보고서 분석하기

● 예제파일 : 고객현황_차트와필터.xlsx   ● 결과파일 : 고객현황_차트와필터_완성.xlsx

피벗 테이블을 이용해 피벗 차트를 추가하고 슬라이서를 이용해 지역별로 담당 마케터별 매출을 분석해 보세요.

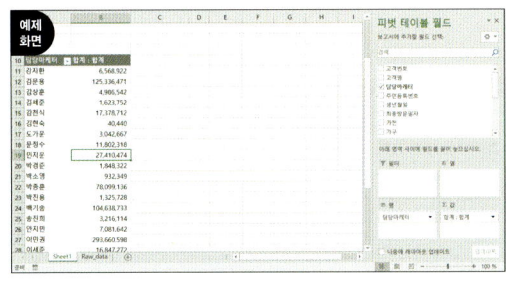
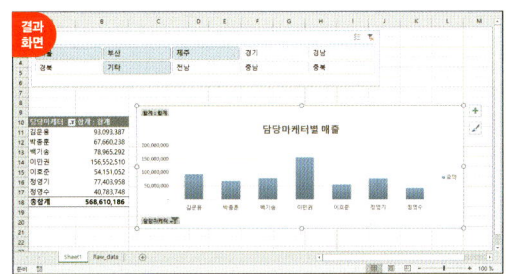

Hint
① 필터 단추(▼)를 이용해 담당 마케터는 [김문용], [박종훈], [백기송], [이민권], [이호준], [정영기], [정영수]에만 체크하세요.
② 보고서에 대한 피벗 차트를 작성하고 차트의 위치와 크기를 조정한 후 [차트 스타일 7]을 지정하세요.
③ 슬라이서를 [지역]으로 작성하고 슬라이서 열을 [5]로 지정한 후 [슬라이서 스타일 밝게 1]을 지정하세요.
④ 슬라이서에서 Ctrl 을 이용해 [서울], [부산], [제주], [기타]를 선택하세요.

215

1 피벗 테이블의 분석 기능을 조건부 서식으로 업그레이드하기

예제파일 : 판매_보고서연결.xlsx   **결과파일** : 판매_보고서연결_완성.xlsx

피벗 테이블로 작성한 보고서에 조건부 서식과 같은 기능이나 필터 등을 사용하면 보고서를 더욱 효과적으로 분석 및 관리할 수 있습니다. 일반적인 데이터 범위에 지정하는 조건부 서식과는 달리 부분합이 포함된 데이터에 데이터 막대나 색조 등을 지정하려면 값의 일부분에 서식을 적용한 후 같은 항목에 서식을 다시 지정해야 합니다.

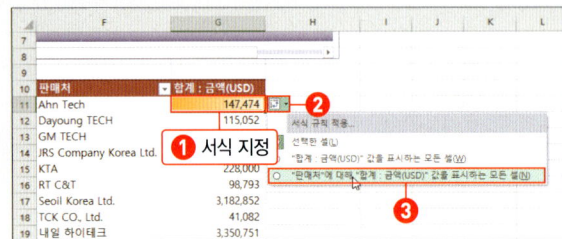

1 '합계 : 금액(USD)' 항목에 데이터 막대 서식을 지정해 볼게요. [서식 옵션] 단추(📋)를 클릭하고 ["판매처"에 대해 "합계 : 금액(USD)" 값을 표시하는 모든 셀]을 선택하세요.

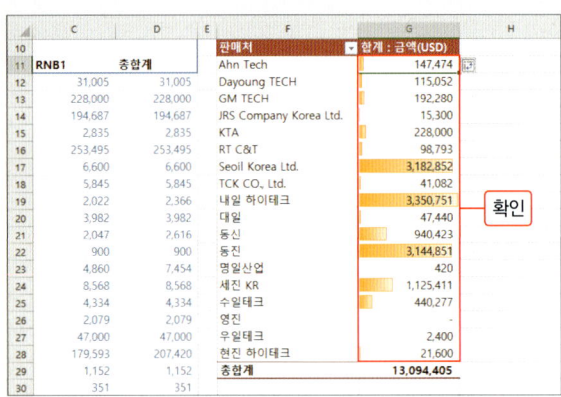

2 상품명 전체에 같은 조건부 서식이 적용되지만, 부분합에는 서식이 적용되지 않습니다. 왜냐하면 부분합과 일반 상품명에 대한 판매 가격은 동일하게 비교할 대상이 아니기 때문에 부분합을 제외한 나머지 값에만 서식이 적용됩니다.

2 슬라이서와 시간 표시 막대로 대시보드 작성하기

예제파일 : 판매_보고서연결.xlsx   **결과파일** : 판매_보고서연결_완성.xlsx

하나의 워크시트에 다양한 관점의 보고서를 작성하고 한눈에 파악할 수 있도록 정리한 상태를 '대시보드(dashboard)'라고 합니다. 전체 보고서의 슬라이서와 시간 표시 막대를 '보고서 연결' 기능을 이용해 다양한 피벗 테이블에 연결하면 하나의 필터로 여러 개의 보고서를 컨트롤할 수 있는 대시보드를 만들 수 있어요.

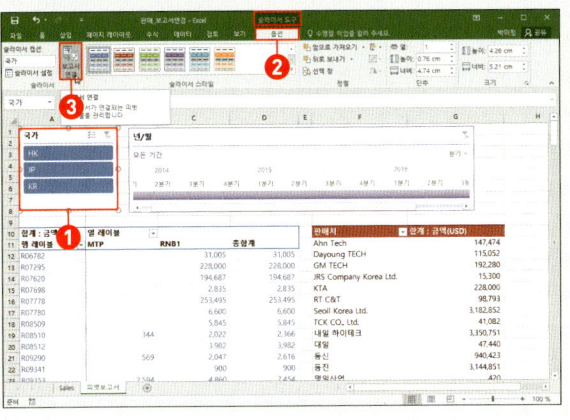

1 서로 다른 관점에서 작성된 두 개의 요약 보고서를 하나의 필터로 연결해 볼까요? 우선 [국가] 슬라이서를 선택하고 [슬라이서 도구]의 **[옵션] 탭-[슬라이서] 그룹**에서 **[보고서 연결]**을 클릭하세요.

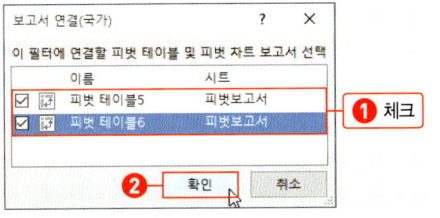

2 [보고서 연결(국가)] 대화상자가 열리면 연결할 피벗 테이블에 체크하고 [확인]을 클릭하세요. 이때 같은 워크시트의 모든 피벗 테이블을 선택하면 됩니다.

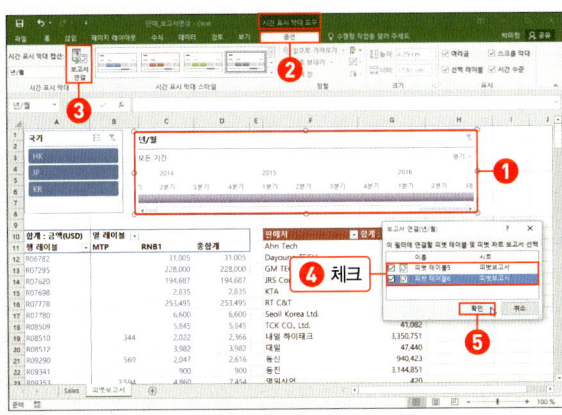

3 슬라이서가 두 개의 피벗 테이블에 모두 연결되었습니다. 이와 같은 방법으로 시간 표시 막대를 선택하고 [시간 표시 막대 도구]의 **[옵션] 탭-[시간 표시 막대]** 그룹에서 **[보고서 연결]**을 클릭하세요. [보고서 연결(년/월)] 대화상자가 열리면 연결할 피벗 테이블에 체크하고 [확인]을 클릭하세요.

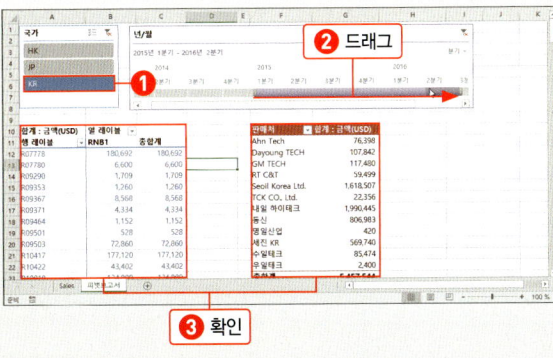

4 [국가] 슬라이서와 시간 표시 막대에서 원하는 국가와 기간을 선택하면 두 개의 보고서에서 모두 요약 내용이 변경됩니다.

217

CHAPTER 5 가상 분석 도구와 매크로 작성하기

엑셀 2016에서는 데이터 도구 통합 및 중복된 항목 제거부터 유효성 검사까지 데이터를 쉽게 다루고 통합하는 다양한 기능을 제공하고 있어요. 가상 분석 도구에는 예측 시트가 새롭게 추가됨에 따라 시간의 흐름에 따라 추세 파악도 가능해졌어요. 또한 매크로를 사용해 사용자 중심의 맞춤형 기능을 만들 수도 있고 반복 작업을 자동화하여 시간을 단축시키고 업무 효율을 높일 수도 있어요. 이번 챕터에서는 데이터 도구부터 예측, 문서 자동화에 관련된 엑셀의 고급 기능에 대해 꼼꼼하게 배워봅니다.

Excel & PowerPoint 2016

SECTION 01   데이터 도구 활용해 데이터 분석하기

SECTION 02   가상 분석 도구 이용해 미래 값 예측하기

SECTION 03   컨트롤과 매크로 이용해 문서 자동화하기

Section 01 데이터 도구 활용해 데이터 분석하기

엑셀 2016의 데이터 도구를 이용하면 데이터를 빠르고 효율적으로 가공 및 입력할 수 있어요. 특히 '텍스트 나누기'와 '채우기' 기능을 이용하면 복잡한 수식을 거치지 않아도 쉽게 문자를 분리할 수 있고 '유효성 검사'를 이용하면 잘못된 데이터를 제한하는 기능으로 사용할 수 있어요. 또한 '통합' 기능을 이용해서 여러 개의 시트나 범위로 나뉘어진 데이터를 하나의 데이터베이스로 모아서 요약할 수도 있습니다.

> PREVIEW

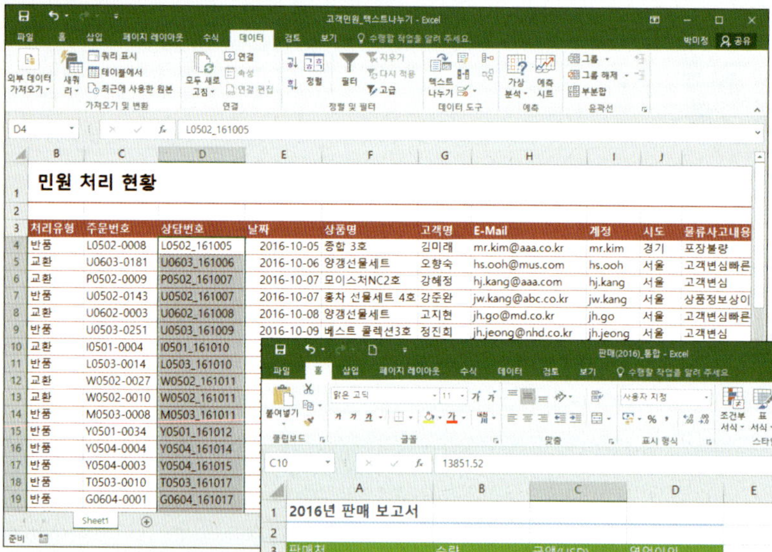

▲ '빠른 채우기'로 문자 입력하고 '텍스트 나누기'로 문자 분리하기

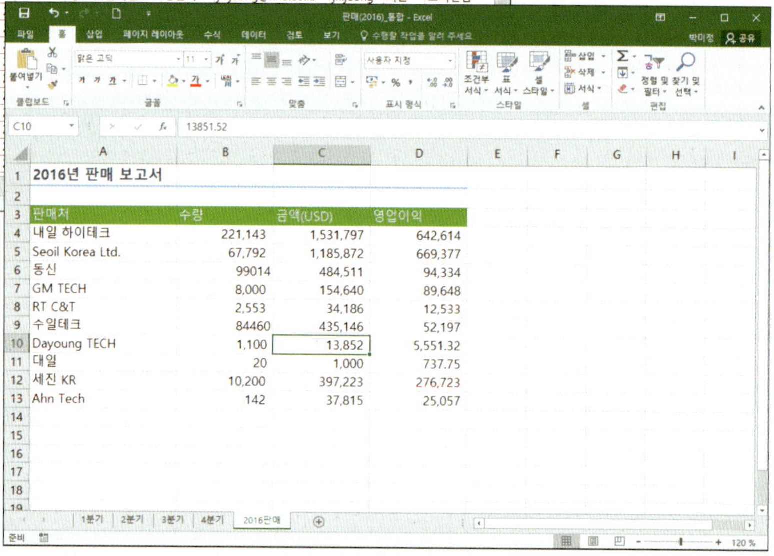

▲ 하나의 시트에 분기별 판매 데이터 통합하기

> 섹션별 주요 내용

01 | 데이터의 규칙 이용해 빠르게 문서 완성하기 02 | 텍스트 나누기 이용해 데이터 분리하기
03 | 유효성 검사 이용해 데이터 제한하기 04 | 하나의 시트에 분기별 판매 데이터 통합하기

실무예제 01 | 데이터의 규칙 이용해 빠르게 문서 완성하기

1 [Sheet1] 시트의 '처리코드' 항목에서 규칙적으로 포함된 '반품' 또는 '교환'이라는 두 글자를 추출해 볼까요? B4셀에 『반품』을 입력하고 Enter를 누르세요. B5셀에 『교』를 입력했을 때 자동으로 『교환』이 입력되면서 나머지 셀에 텍스트가 자동으로 표시되면 Enter를 누르세요.

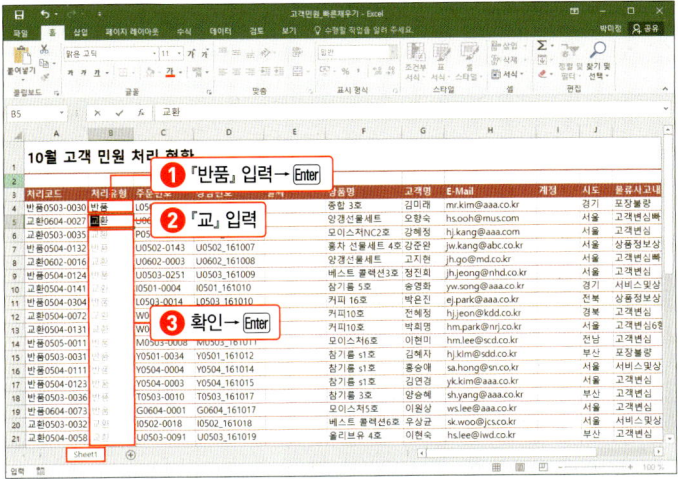

2 나머지 셀에도 같은 규칙을 가진 값이 자동으로 채워졌어요.

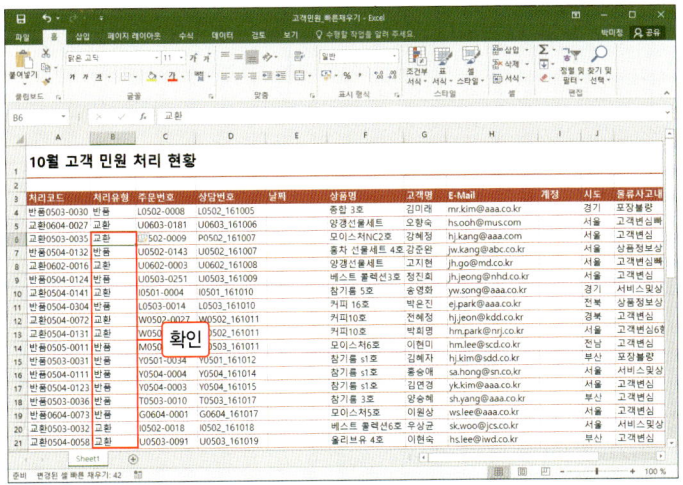

3 이번에는 'E-Mail' 항목에서 앞의 계정(ID) 부분만 데이터로 작성하려고 해요. 규칙(@ 앞의 ID)이 모두 같으므로 I4셀에 『mr.kim』을 입력하고 Enter 를 누르세요.

4 이와 같은 규칙으로 나머지 셀에 데이터를 채워볼게요. I4:I46 범위를 드래그하여 선택하고 [홈] 탭-[편집] 그룹에서 [채우기]를 클릭한 후 [빠른 채우기]를 선택하세요.

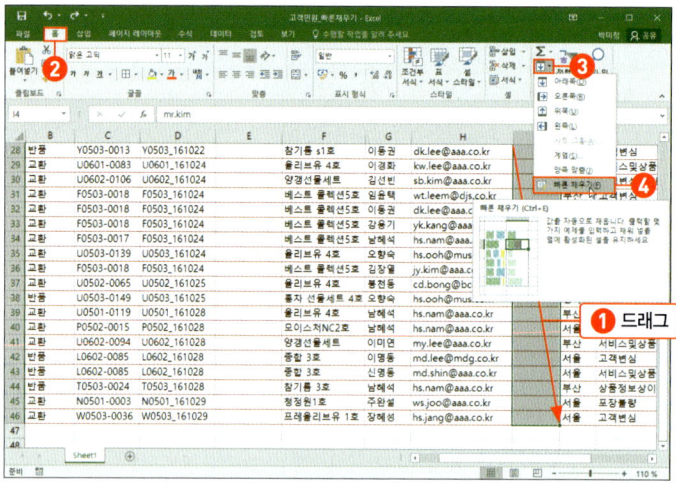

5 I4:I46 범위에 'E-Mail' 항목의 주소 계정이 한 번에 입력되었습니다.

우선순위 TOP 17

난이도 1 2 ③ 4 5

실무예제 02 텍스트 나누기 이용해 데이터 분리하기

> 예제파일 : 고객민원_텍스트나누기.xlsx 결과파일 : 고객민원_텍스트나누기_완성.xlsx

1 [Sheet1] 시트의 '상담번호' 항목에서 '_' 뒤의 여섯 자리는 상담 날짜를 의미하는데, 날짜만 추출해 볼게요. D4:D46 범위를 드래그하여 선택하고 [데이터] 탭-[데이터 도구] 그룹에서 [텍스트 나누기]를 클릭하세요.

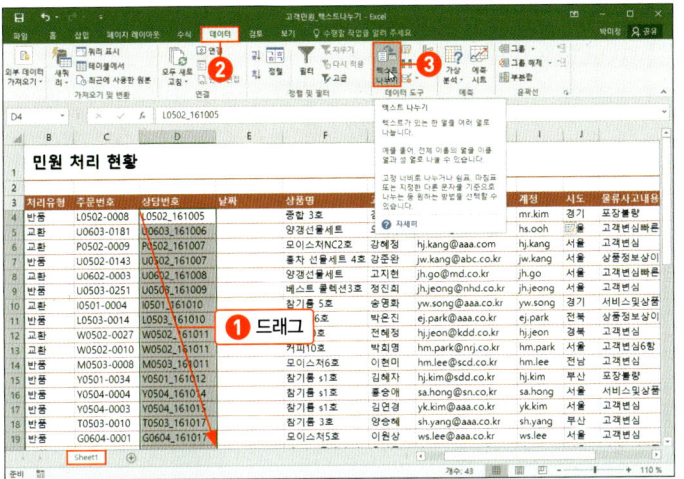

Tip
'텍스트 나누기'는 한 셀의 데이터를 다른 셀로 분리하는 기능입니다.

2 [텍스트 마법사 - 3단계 중 1단계] 대화상자가 열리면 '원본 데이터 형식'에서 [구분 기호로 분리됨]을 선택하고 [다음]을 클릭하세요. [텍스트 마법사 - 3단계 중 2단계] 대화상자에서는 구분 기호를 지정하는데, 원하는 기호가 없으므로 [기타]에 체크하고 『_』를 입력한 후 [다음] 을 클릭하세요.

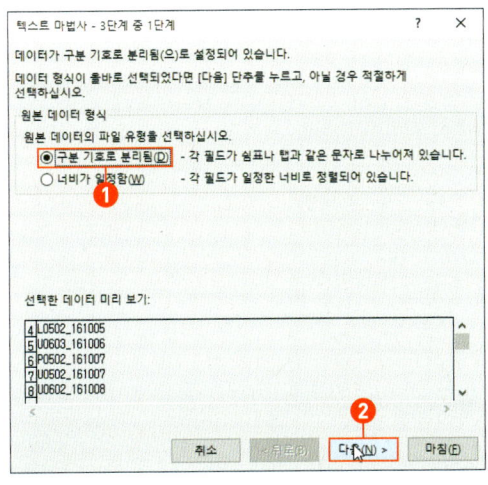
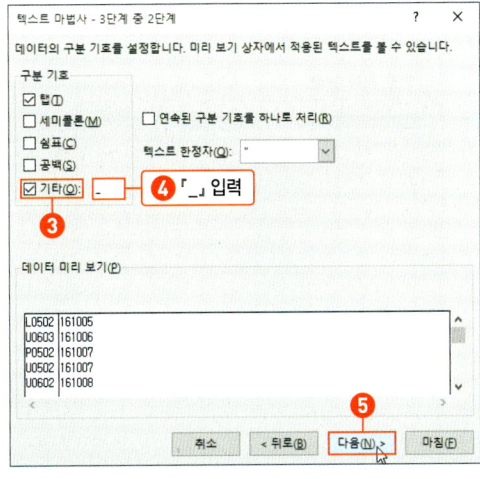

> Tip
> 해당 데이터에는 언더바(_)가 포함되어 있고 언더바 기호의 뒤에 있는 뒤의 여섯 자리 숫자를 분리해야 하므로 [너비가 일정함]을 선택해도 됩니다. 언더바 기호를 구분 기호로 지정하면 이것을 기준으로 두 개의 셀로 분리되는 것을 '데이터 미리 보기'에서 확인할 수 있어요.

3 각 셀의 서식을 지정하는 [텍스트 마법사 - 3단계 중 3단계] 대화상자가 나타나면 '데이터 미리 보기'에서 첫 번째 열을 선택하고 '열 데이터 서식'에서 [열 가져오지 않음(건너뜀)]을 선택하세요. '데이터 미리 보기'에서 두 번째 열을 선택하고 '대상'에 커서를 올려놓은 후 E4셀을 클릭하여 『=$E$4』를 입력하세요. '열 데이터 서식'에서는 [날짜]의 [년월일]을 선택하고 [마침]을 클릭하세요.

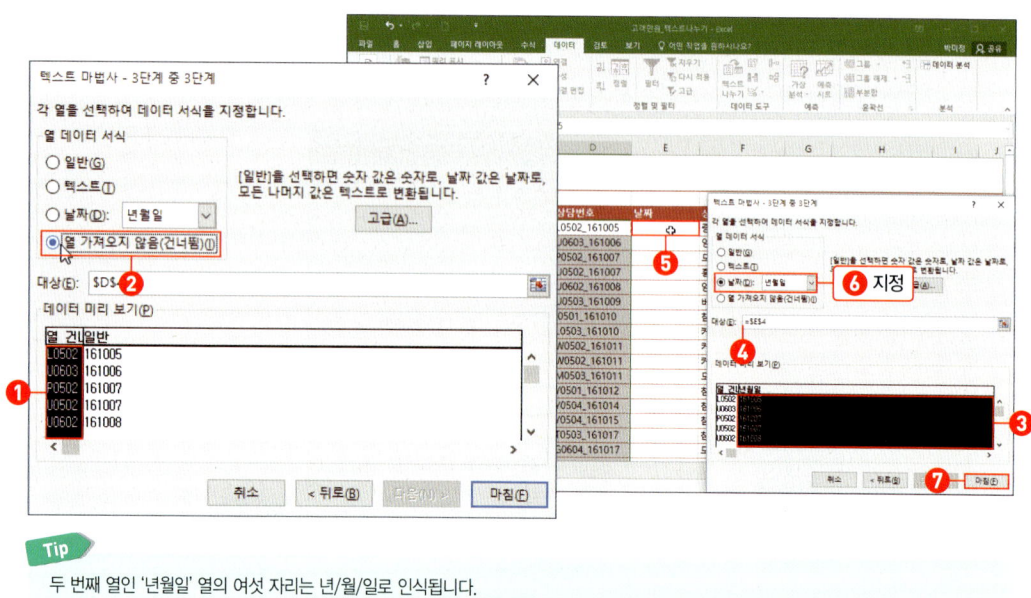

Tip
두 번째 열인 '년월일' 열의 여섯 자리는 년/월/일로 인식됩니다.

4 '상담번호' 항목에서 언더바(_) 기호를 기준으로 뒷자리의 내용이 분리되면서 '날짜' 항목인 E4셀부터 날짜가 입력되었습니다.

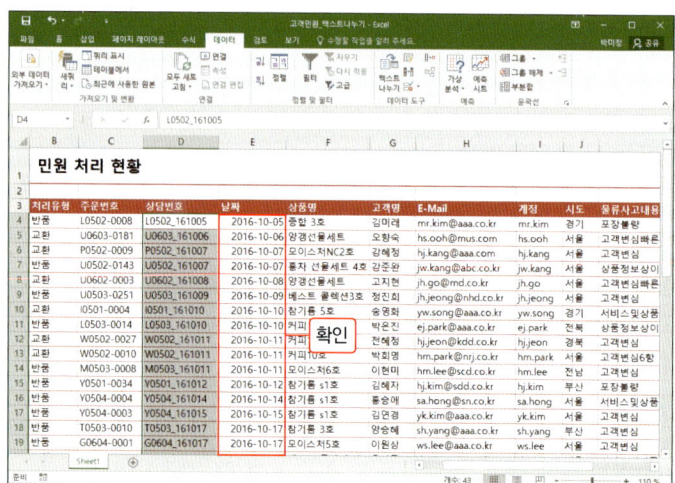

난이도 1 2 **3** 4 5

> 예제파일 : 특가전_유효성.xlsx 결과파일 : 특가전_유효성_완성.xlsx

실무예제 03 유효성 검사 이용해 데이터 제한하기

1 '매출수량' 항목과 '할인금액' 항목에 값이 잘못 입력되지 않도록 데이터를 제한하려고 해요. [유효성검사] 시트에서 F2:G42 범위를 드래그하여 선택하고 [데이터] 탭-[데이터 도구] 그룹에서 [데이터 유효성 검사]를 클릭하세요.

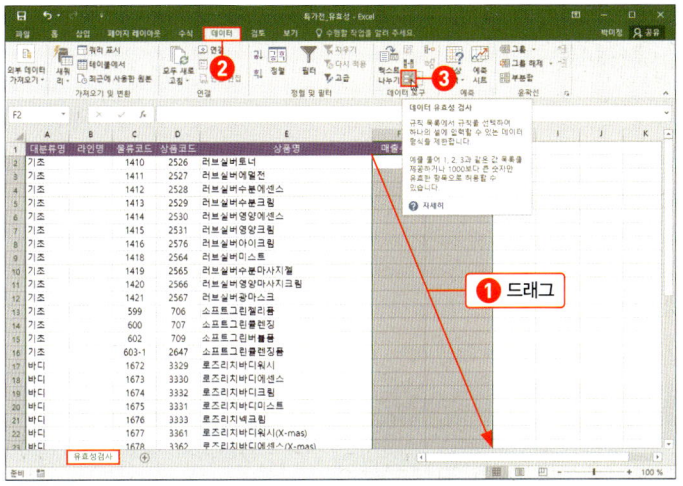

2 [데이터 유효성] 대화상자가 열리면 [설정] 탭의 '제한 대상'에서는 [정수]를, '제한 방법'에서는 『>=』를 선택하고 '최소값'에 『0』을 입력하세요. [오류 메시지] 탭을 클릭하고 스타일이 입력되지 않도록 '스타일'에서 [중지]를 선택하세요. '오류 메시지'에 『0보다 큰 값을 입력해야 합니다.』를 입력하고 [확인]을 클릭하세요.

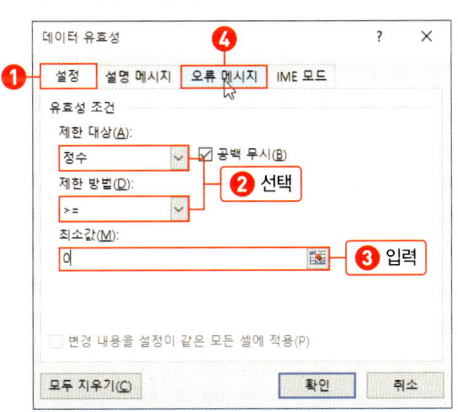 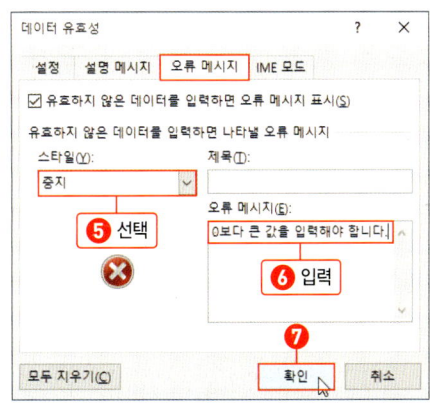

> **Tip**
> 기본 오류 스타일은 '중지'입니다. 이렇게 셀에 유효성 검사를 지정하면 유효한 데이터 외에는 입력할 수 없어요.

3 매출 수량인 F2셀에는 『120』을, 할인 금액인 G2셀에는 『345000』을 입력하면 문제 없이 입력됩니다. 하지만 F3셀에 숫자가 아닌 『없음』을 입력하면 값 입력이 중지되면서 메시지 알림 창이 열립니다. 이때 [다시 시도]나 [취소]를 클릭하여 입력을 멈추세요.

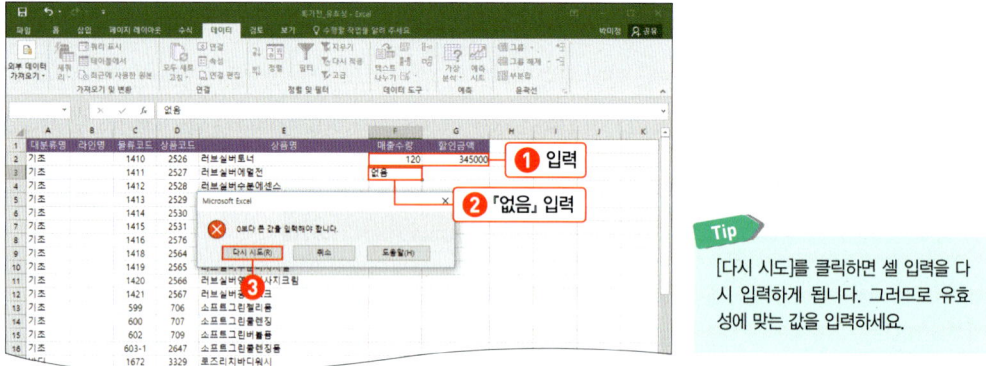

Tip
[다시 시도]를 클릭하면 셀 입력을 다시 입력하게 됩니다. 그러므로 유효성에 맞는 값을 입력하세요.

4 '라인명' 항목의 유효성 검사를 지정하기 위해 B2:B42 범위를 드래그하여 선택하고 [데이터] 탭-[데이터 도구] 그룹에서 [유효성 검사]를 클릭하세요. [데이터 유효성] 대화상자가 열리면 [설정] 탭의 '제한 대상'에서 [목록]을 선택하고 '원본'에 『러브실버,소프트그린,로즈』를 입력한 후 [확인]을 클릭하세요. 이제 '원본'으로 입력된 '러브실버', '소프트그린', '로즈' 외에는 입력이 제한됩니다.

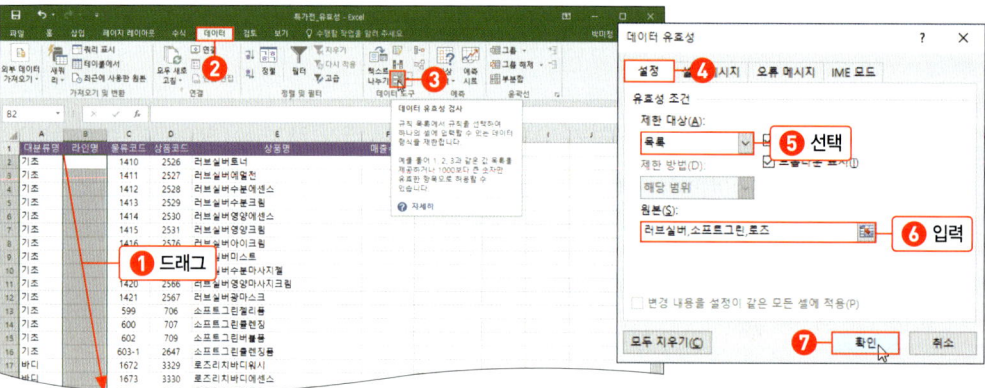

5 '라인명' 항목의 셀을 클릭하면 4 과정에서 '원본'에 입력한 값이 목록으로 나타나므로 원하는 라인명을 목록에서 선택하거나 직접 입력하면 됩니다. 원본 값 외에 다른 텍스트를 입력하면 입력이 중단되면서 메시지 알림 창이 열립니다.

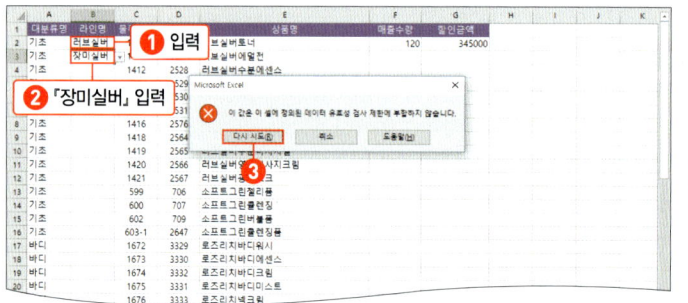

Tip
오류 메시지를 따로 입력하지 않았기 때문에 일반적인 메시지 알림 창이 열립니다.

실무예제 04 하나의 시트에 분기별 판매 데이터 통합하기

난이도 1 2 **3** 4 5

예제파일 : 판매(2016)_통합.xlsx   결과파일 : 판매(2016)_통합_완성.xlsx

1 '통합'은 여러 개의 시트나 데이터 범위를 요약하여 단일 출력 범위에 결과를 합치는 기능입니다. [2016판매] 시트에서 1분기부터 4분기까지 각 시트에 분리된 판매 자료를 합치기 위해 A3셀을 클릭하고 **[데이터] 탭-[데이터 도구] 그룹**에서 **[통합]**을 클릭하세요.

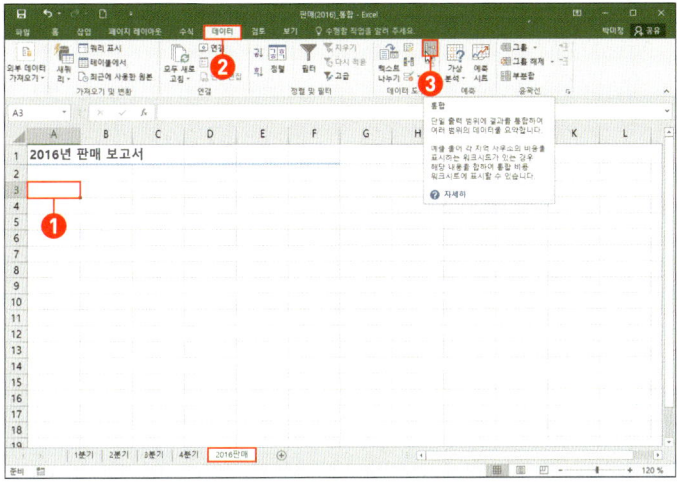

2 [통합] 대화상자가 열리면 '함수'에서 [합계]를 선택하고 '참조'에 커서를 올려놓은 후 [1분기] 시트로 이동하여 전체 범위를 선택하세요. '참조'에 『'1분기'!$A$1:$F$140』이 입력되면 **[추가]**를 클릭하세요.

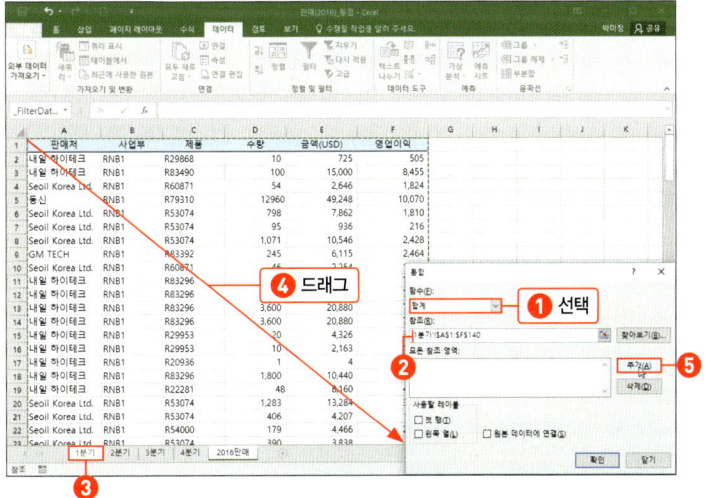

227

3 이와 같은 방법으로 [2분기] 시트와 [3분기] 시트, [4분기] 시트의 전체 범위를 '모든 참조 영역'에 추가하세요. '사용할 레이블'의 [첫 행]과 [왼쪽 열]에 체크하고 [확인]을 클릭하세요.

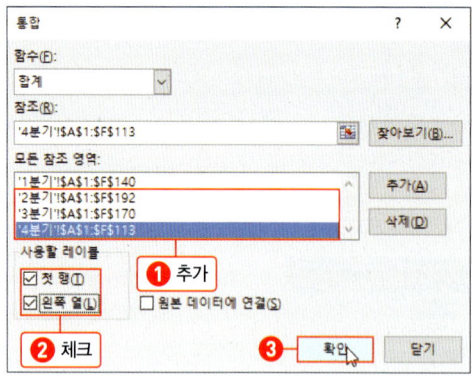

4 데이터가 [2016판매] 시트에 하나로 통합되었습니다. A3셀에 『판매처』를 입력하고 B열 머리글부터 C열 머리글을 드래그하여 선택한 후 선택 영역에서 마우스 오른쪽 단추를 눌러 [삭제]를 선택하세요.

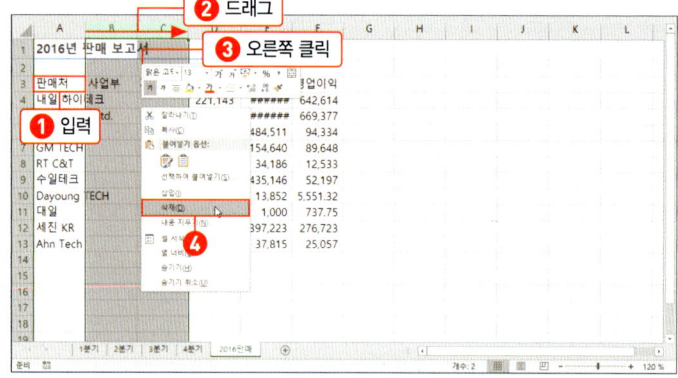

5 열 너비와 제목 행에 스타일을 지정하여 완성해 보겠습니다. A3:D3 범위를 드래그하여 선택하고 [홈] 탭-[스타일] 그룹에서 [셀 스타일]을 클릭한 후 '테마 셀 스타일'의 [강조색6]을 선택하세요.

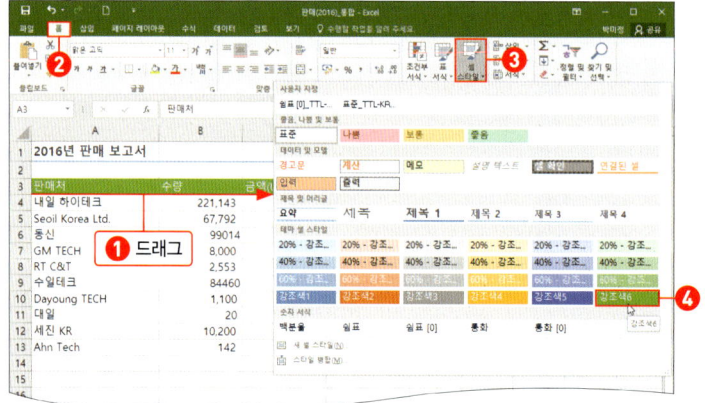

1 '빠른 채우기'와 '텍스트 나누기'로 계정과 생일, 성별 입력하기

• 예제파일 : 동호회명단.xlsx   • 결과파일 : 동호회명단_완성.xlsx

이메일에서 계정 ID를 입력하여 빠르게 채우고 주민등록번호에서 생일을 분리해 보세요.

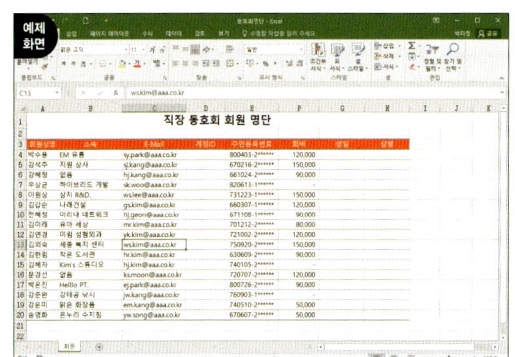 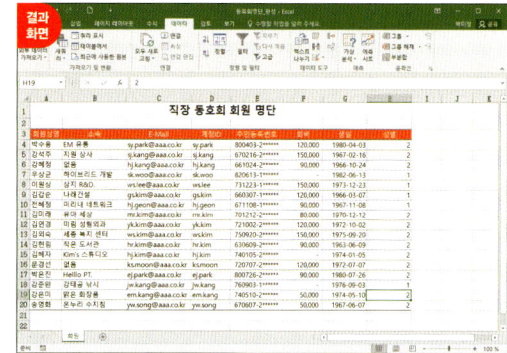

Hint
① '계정ID'는 이메일 주소의 @ 앞에 텍스트를 입력하여 '빠른 채우기' 기능으로 작성하세요.
② '생일' 항목은 '텍스트 나누기' 기능을 이용해서 주민등록번호 앞의 여섯 자리를 구분자(-)로 분리하고 '년월일' 데이터 서식으로 지정하세요.
③ '성별' 항목은 '주민등록번호' 항목에서 '텍스트 나누기' 기능으로 분리하세요. 원본 데이터의 파일 유형을 [너비가 일정함]으로 지정하고 성별을 제외한 나머지 열은 가져오지 마세요.

2 지점별 매출 통합해 '매출 보고서' 작성하기

• 예제파일 : 지점매출.xlsx   • 결과파일 : 지점매출_완성.xlsx

'통합' 기능으로 전 지점 매출을 하나의 시트로 통합하여 보고서를 완성해 보세요.

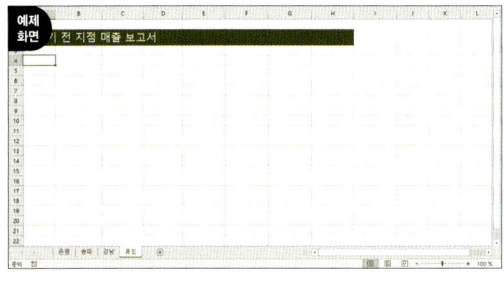 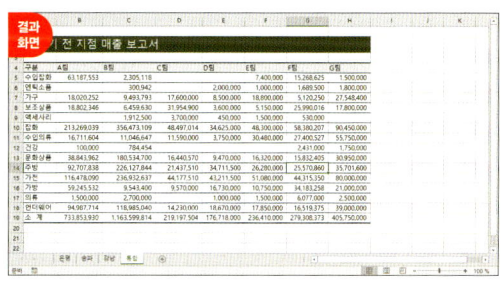

Hint
① [통합] 시트의 A4셀에 모든 시트의 내용을 통합하세요.
② 첫 번째 행과 첫 번째 열을 레이블로 지정하여 통합하고 통합된 자료의 A4셀에 『구분』을 입력하세요.
③ 제목 행에 [20% - 강조 3] 셀 스타일을 지정하고 범위의 위/아래는 중간 굵기의 실선을, 안쪽 가로 선은 실선으로 테두리를 지정하세요.

Section 02

가상 분석 도구 이용해 미래 값 예측하기

엑셀에서는 과거의 데이터를 바탕으로 자료를 분석할 수 있을 뿐만 아니라 미래의 상황에 맞게 예측하는 '가상 분석 도구'를 제공하고 있어요. 이 도구를 사용하면 한 개 이상의 수식에 서로 다른 여러 값의 집합을 대입하여 다양한 결과값을 도출하고 어떻게 변화되는지 살펴볼 수 있죠. 이번 섹션에서는 가상 분석으로 미래 값을 예측하는 방법에 대해 알아보고 결과값에 따른 시나리오 작성과 요약 보고서 작성법에 대해서도 배워봅니다.

PREVIEW

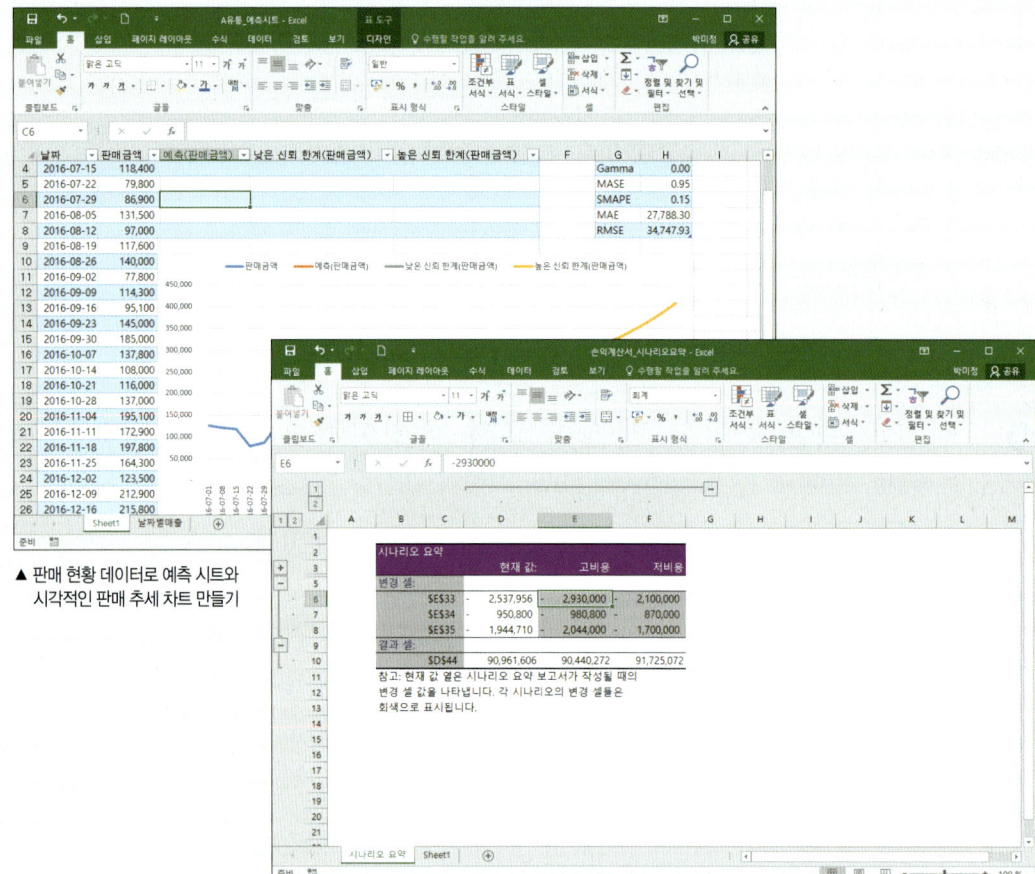

▲ 판매 현황 데이터로 예측 시트와 시각적인 판매 추세 차트 만들기

▲ 두 가지 비용에 따른 시나리오와 요약 보고서 작성하기

섹션별 주요 내용

01 | 가상 분석 이해하기 02 | 목표값 이용해 이익률에 맞는 판매 수량 계산하기
03 | 데이터 추세 이용해 예측 시트 작성하기 04 | 비용에 따른 당기순이익 시나리오 작성하기
05 | 예상 당기순이익에 대한 요약 보고서 작성하기

01 가상 분석 이해하기

1 | 가상 분석이란

가상 분석은 셀 값을 변경했을 때 워크시트의 수식 결과에 미치는 영향을 확인하기 위한 과정이에요. 가상 분석의 목표는 계획을 최종 승인하기 전에 다양한 요인의 변화가 어떤 영향을 주는지 파악하면서 민감도를 분석하여 다양한 비즈니스 매개변수의 영향력을 평가하는 것입니다.

2 | 일반적으로 예측하는 분석의 문제점

가상 분석이 아닌 일반적인 분석은 다음과 같은 문제점이 있어요.

❶ 수작업으로 일일이 매개변수를 변경하려면 시간이 매우 오래 걸려요.
❷ 매개변수를 변경하면 이전 값이 손실되어 서로 다른 매개변수 값에 따른 영향을 비교하기가 어려워요.
❸ 실제로 실험은 한 번만 수행할 수 있어요.

3 | 목표값과 시나리오, 예측 시트 이용한 가상 분석 기능으로 문제점 해결하기

엑셀에서 제공되는 가상 분석 도구를 사용하면 미래 값을 쉽게 구하고 문제점을 쉽게 찾아 해결할 수 있어요.

❶ 목표값 찾기 사용해 원하는 결과를 얻는 방법 찾기

결과를 얻기 위해 수식에 필요한 입력값이 무엇인지 하나의 변수를 사용해서 결과를 찾아봅니다.

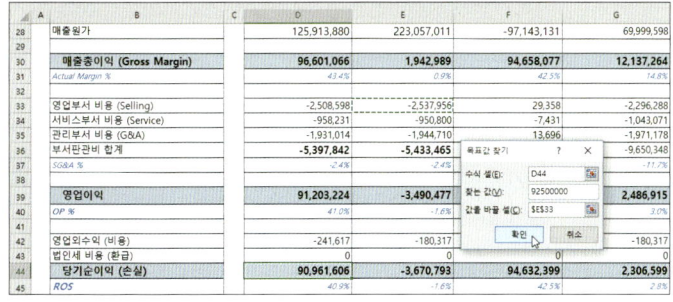

▲ 목표값 찾기로 당기순이익 목표에 대한 비용 예측하기

❷ 시나리오 사용해 서로 다른 여러 가지 변수 검토하기

시나리오는 엑셀을 사용하여 저장하고 워크시트의 셀에서 자동으로 대체할 수 있는 값 집합입니다. 시나리오 관리자에 두 가지 이상의 시나리오를 저장하고 새 시나리오 중 하나로 전환해서 서로 다른 결과를 확인하거나 요약 보고서를 작성할 수 있어요.

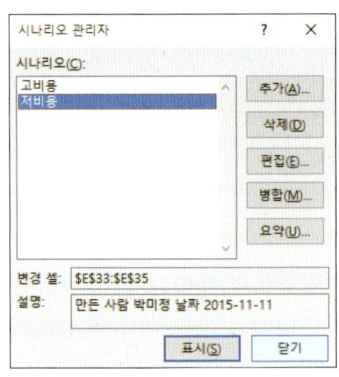
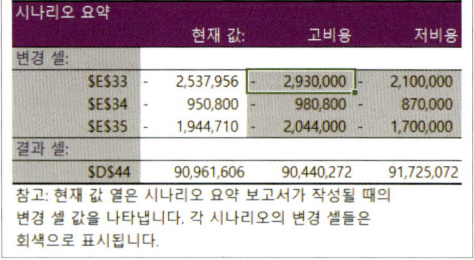

▲ '고비용'과 '저비용'에 대한 시나리오 작성하기

❸ 예측 시트로 판매 추이 예측하기

예측을 만들면 기록 및 예측값에 대한 표와 이것을 나타내는 차트가 포함된 새 워크시트가 작성됩니다. 예측을 사용하면 향후 판매량이나 재고 필요량 또는 소비자 추세 등을 예측할 수 있어요.

▲ 3개월 간의 판매 예측 시트

잠깐만요   리본 메뉴에 [해 찾기] 도구 추가하기

가상 분석 도구의 하나인 [해 찾기]는 수식에 대한 최적의 값을 구할 수 있는 도구입니다. 해 찾기는 목표 값과 비슷하지만, 여러 셀에 변수를 지정할 수도 있고, 제한 조건을 적용할 수도 있어요.

❶ [파일] 탭-[옵션]을 선택하고 [Excel 옵션] 창의 [추가 기능] 범주에서 [이동]을 클릭하세요.
❷ [추가 기능] 대화상자가 열리고 '사용 가능한 추가 기능'의 [해 찾기 추가 기능]에 체크하고 [확인]을 클릭하세요.
❸ [데이터 도구] 탭-[분석] 그룹에 추가된 [해 찾기]를 확인하세요.

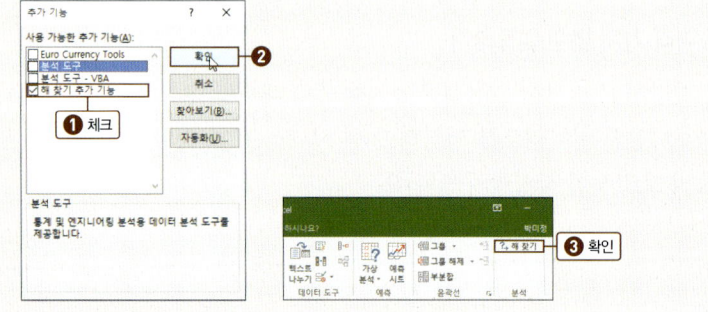

| 난이도 1 2 ③ 4 5 | 예제파일 : 손익계산서_목표값.xlsx 결과파일 : 손익계산서_목표값_완성.xlsx |

실무예제 02 목표값 이용해 이익률에 맞는 판매 수량 계산하기

1 2016년 '당기순이익'을 좀 더 올리기 위해 '영업부서 비용'을 얼마나 줄여야 하는지 알아볼게요. [Sheet1] 시트에서 D44셀을 클릭하고 [데이터] 탭-[예측] 그룹에서 [가상 분석]을 클릭한 후 [목표값 찾기]를 선택하세요.

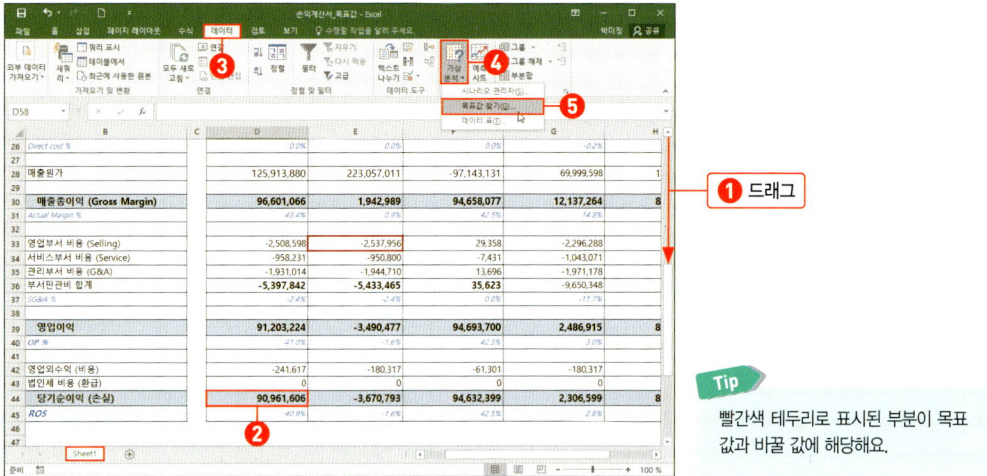

Tip
빨간색 테두리로 표시된 부분이 목표값과 바꿀 값에 해당해요.

2 [목표값 찾기] 대화상자가 열리면 '수식 셀'에 『$D$44』가 입력되어 있는지 확인하세요. '찾는 값'에 『92500000』을 입력하고 '값을 바꿀 셀'에 커서를 올려놓은 후 E33셀을 클릭하여 『$E$33』을 입력하고 [확인]을 클릭하세요. D44셀에 대한 값을 찾았다는 [목표값 찾기 상태] 대화상자가 열리면 [확인]을 클릭하세요.

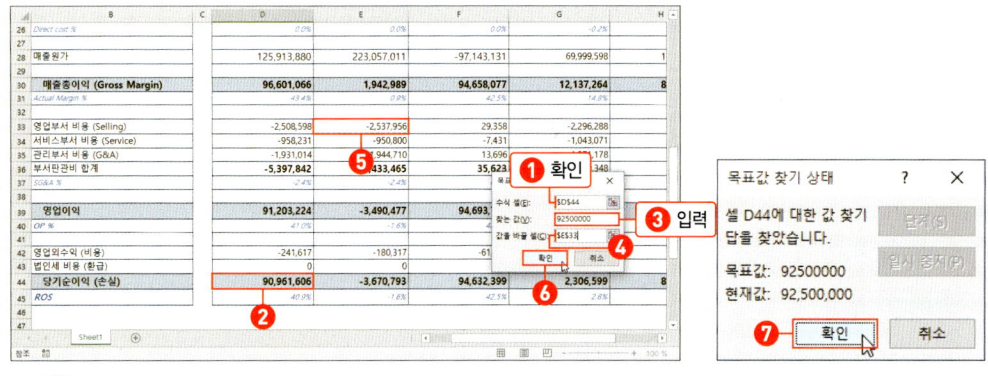

Tip
값을 바꾸지 않고 변경된 셀의 값만 확인하려면 [취소]를 클릭하세요. '영업부서 비용'의 사업 계획값(E33셀)이 '-2,537,956'에서 '-999,562'로 변경되었는지 확인해 보세요.

233

난이도 1 2 **3** 4 5

실무예제 03 # 데이터 추세 이용해 예측 시트 작성하기

예제파일 : A유통_예측시트.xlsx 결과파일 : A유통_예측시트_완성.xlsx

1 [날짜별매출] 시트에서 데이터 범위에 있는 하나의 셀을 클릭하고 [데이터] 탭-[예측] 그룹에서 [예측 시트]를 클릭하세요. [예측 워크시트 만들기] 대화상자가 열리면 '옵션'의 ▷ 단추를 클릭하여 하위 항목을 나타내고 [예측 통계 포함]에 체크한 후 [만들기]를 클릭하세요.

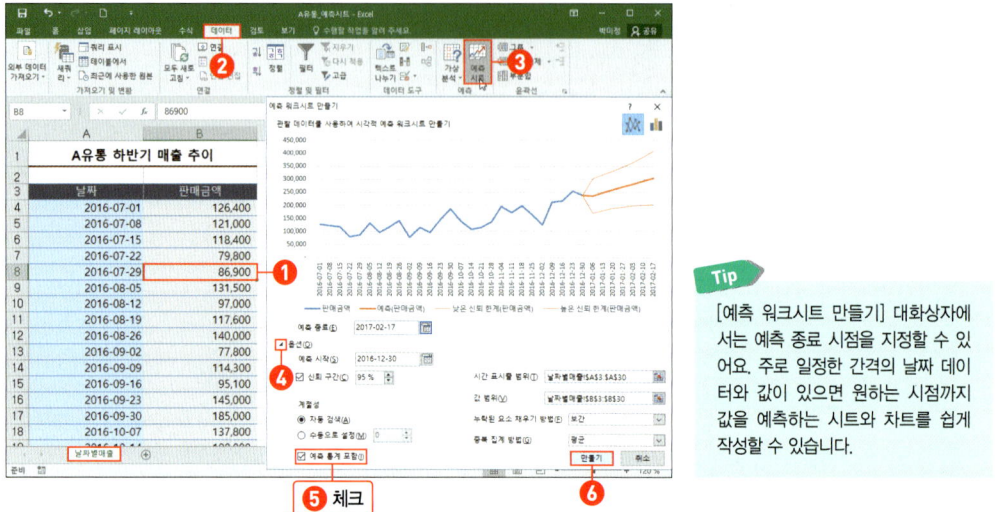

Tip
[예측 워크시트 만들기] 대화상자에서는 예측 종료 시점을 지정할 수 있어요. 주로 일정한 간격의 날짜 데이터와 값이 있으면 원하는 시점까지 값을 예측하는 시트와 차트를 쉽게 작성할 수 있습니다.

2 새로운 워크시트가 작성되면서 차트가 삽입되고 '옵션'에서 지정한 예측 통계값이 함께 표시됩니다. 작성한 차트를 꾸미기 위해 차트를 선택하고 [차트 도구]의 [디자인] 탭-[차트 스타일] 그룹에서 [자세히] 단추(▼)를 클릭한 후 [스타일 8]을 선택하면 2017년 2월 17일까지의 매출을 예측해 볼 수 있어요.

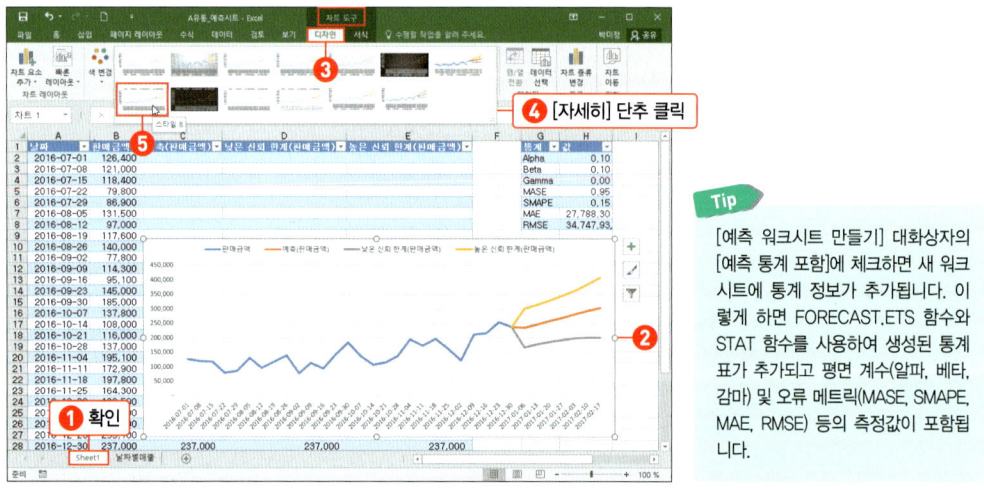

Tip
[예측 워크시트 만들기] 대화상자의 [예측 통계 포함]에 체크하면 새 워크시트에 통계 정보가 추가됩니다. 이렇게 하면 FORECAST.ETS 함수와 STAT 함수를 사용하여 생성된 통계표가 추가되고 평면 계수(알파, 베타, 감마) 및 오류 메트릭(MASE, SMAPE, MAE, RMSE) 등의 측정값이 포함됩니다.

| 난이도 1 2 3 **4** 5 | 예제파일 : 손익계산서_시나리오.xlsx 결과파일 : 손익계산서_시나리오_완성.xlsx |

실무예제 04 비용에 따른 당기순이익 시나리오 작성하기

1 손익 계산서의 당기순이익이 고비용과 저비용일 때 어떻게 변하는지 시나리오로 나누어서 작성해 볼까요? [Sheet1] 시트에서 [데이터] 탭-[예측] 그룹의 [가상 분석]을 클릭하고 [시나리오 관리자]를 선택하세요. [시나리오 관리자] 대화상자가 열리면 [추가]를 클릭하세요.

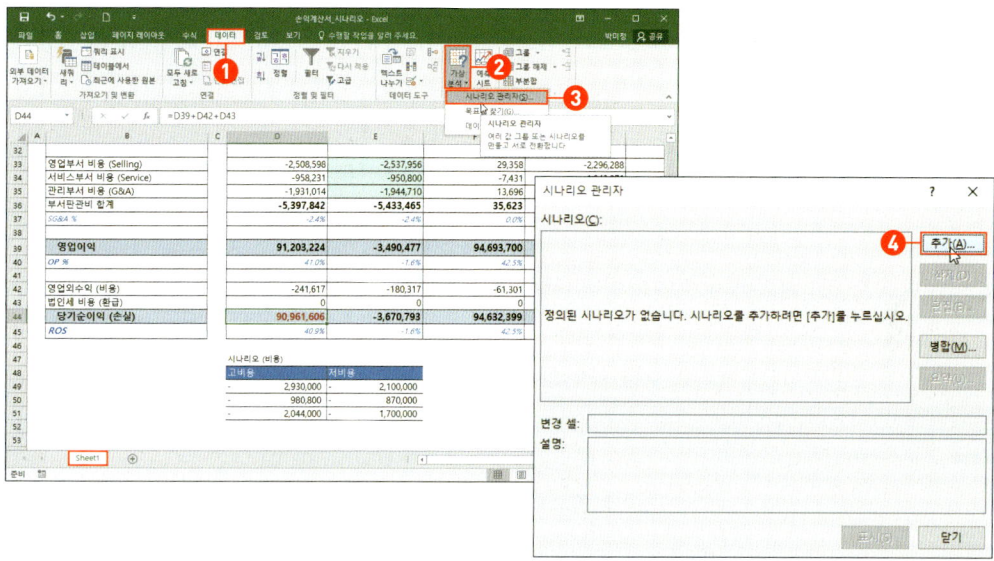

2 [시나리오 편집] 대화상자가 열리면 '시나리오 이름'에 『고비용』을 입력하세요. '변경 셀'에 커서를 올려놓고 비용의 사업 계획 범위인 E33:E35를 드래그하여 선택한 후 [확인]을 클릭하세요.

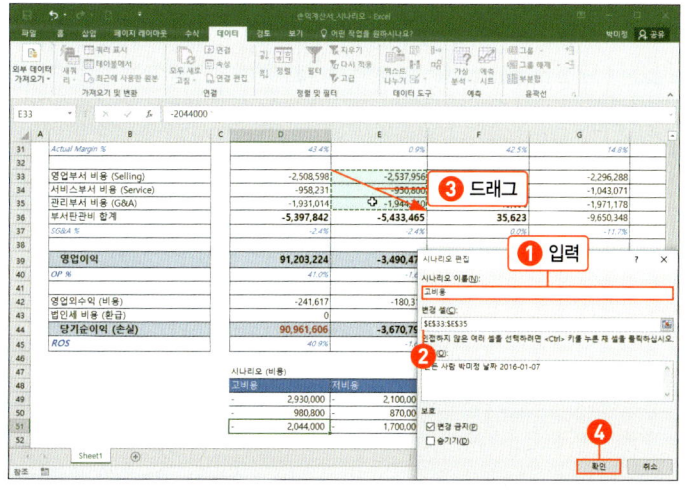

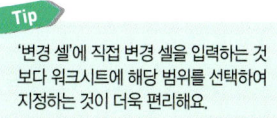

Tip
'변경 셀'에 직접 변경 셀을 입력하는 것보다 워크시트에 해당 범위를 선택하여 지정하는 것이 더욱 편리해요.

3 [시나리오 값] 대화상자로 되돌아오면 각 셀에 왼쪽의 그림과 같이 값을 입력하고 다른 시나리오를 작성하기 위해 [추가]를 클릭하세요. [시나리오 추가] 대화상자가 열리면 '시나리오 이름'에 『저비용』을 입력하고 [확인]을 클릭하세요.

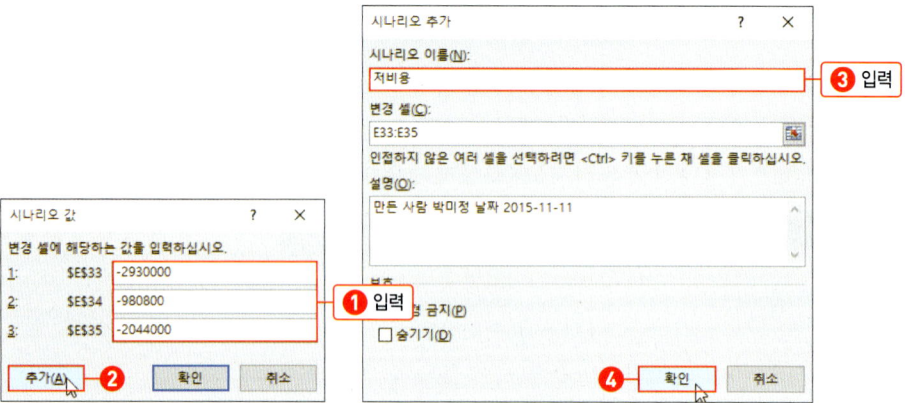

4 [시나리오 값] 대화상자가 열리면 각 셀에 왼쪽의 그림과 같이 값을 입력하고 더 이상 추가 시나리오가 없다면 [확인]을 클릭하세요. [시나리오 관리자] 대화상자로 되돌아오면 '시나리오'에서 추가된 두 개의 시나리오를 확인하고 [닫기]를 클릭하세요.

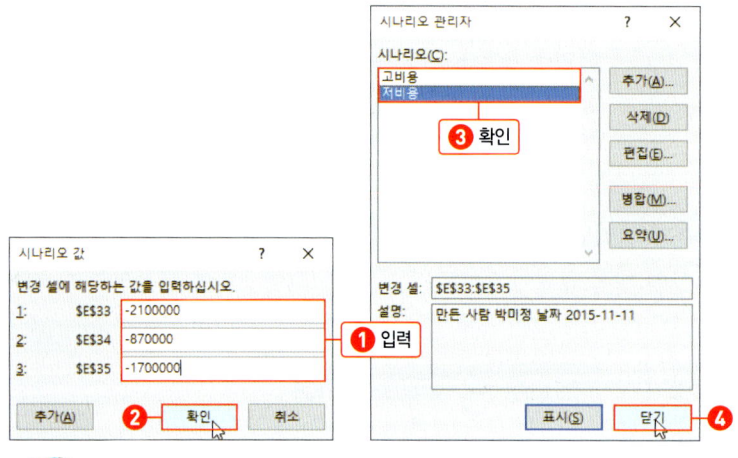

Tip

'시나리오'에서 [고비용]이나 [저비용]을 선택하고 [표시]를 클릭하면 워크시트의 해당 셀에 값이 변경되면서 당기순이익의 값이 다시 계산됩니다.

예상 당기순이익에 대한 요약 보고서 작성하기

1 [Sheet1] 시트에 추가된 시나리오에 대한 요약 보고서를 작성해 볼까요? [데이터] 탭-[예측] 그룹에서 [가상 분석]을 클릭하고 [시나리오 관리자]를 선택하세요.

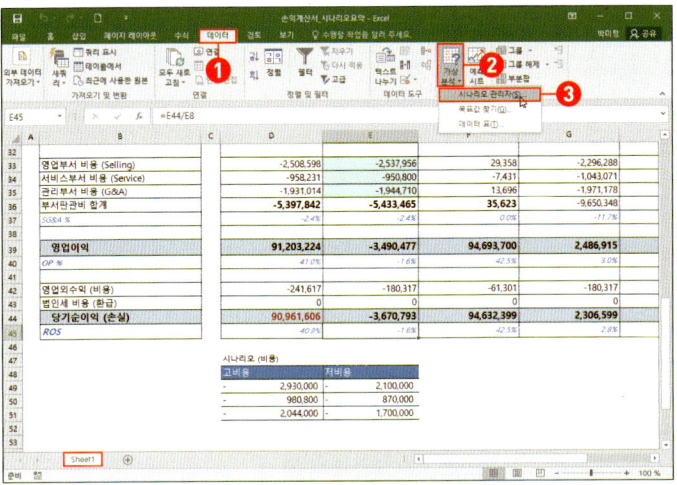

2 [시나리오 관리자] 대화상자가 열리면 '고비용'과 '저비용' 시나리오가 저장되어 있습니다. 이들 시나리오의 내용을 보고서로 작성하기 위해 [요약]을 클릭하세요.

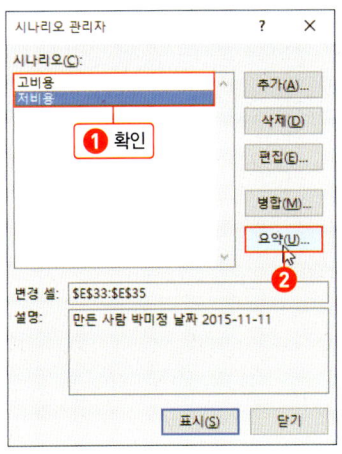

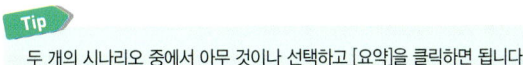

두 개의 시나리오 중에서 아무 것이나 선택하고 [요약]을 클릭하면 됩니다.

3 [시나리오 요약] 대화상자가 열리면 '보고서 종류'에서 [시나리오 요약]을 선택하세요. '결과 셀'에 커서를 올려놓고 D44셀을 클릭하여 『=$D$44』를 입력하고 [확인]을 클릭하세요.

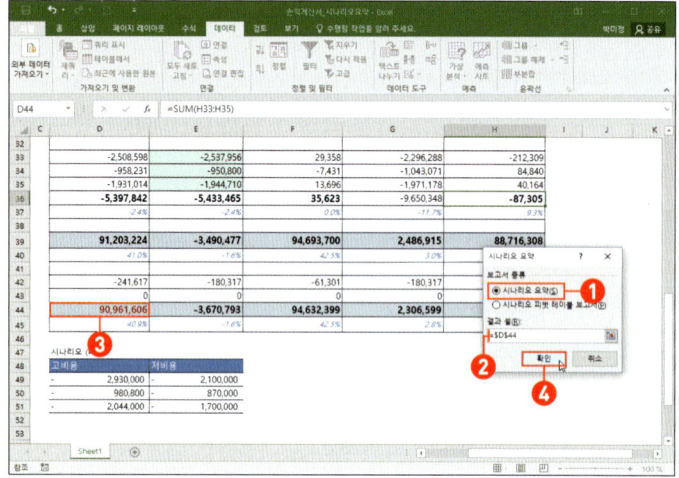

4 새로운 시트인 [시나리오 요약] 시트가 나타나면서 보고서가 작성되면 '고비용' 시나리오와 '저비용' 시나리오에 따라 당기순이익의 결과값이 어떻게 달라지는지 확인해 보세요.

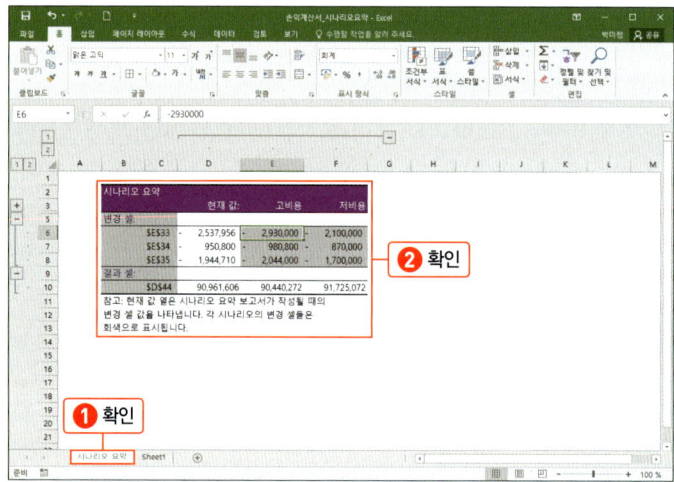

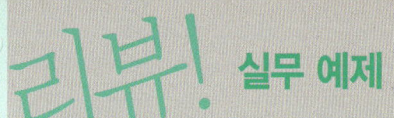

1 | 날짜별 판매 데이터로 예측 시트와 차트 만들기

● **예제파일** : 국향세트판매현황.xlsx   ● **결과파일** : 국향세트판매현황_완성.xlsx

'예측 시트' 기능을 이용해서 국향 세트의 2016년 6월부터 7월까지의 판매액을 차트와 표로 예측해 보세요.

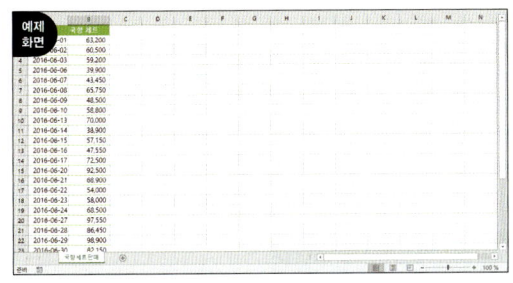
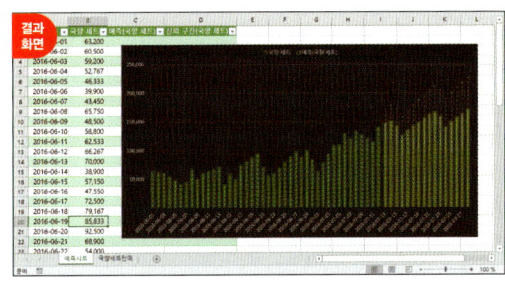

Hint ① [국향세트판매] 시트의 날짜별 판매 데이터로 예측 시트를 작성하세요.
② [예측 워크시트 만들기] 대화상자에서 세로 막대형 차트를 선택하고 예측 종료일을 '7월 28일'로 지정하세요.
③ 차트의 크기와 위치를 조절하고 [차트 스타일 12]로 차트를 꾸미세요.

2 | 비용 비율에 따른 시나리오와 요약 보고서 작성하기

● **예제파일** : 비용과이익.xlsx   ● **결과파일** : 비용과이익_완성.xlsx

전자제품의 비용 비율에 따라 값이 달라지는 시나리오와 요약 보고서를 작성해 보세요.

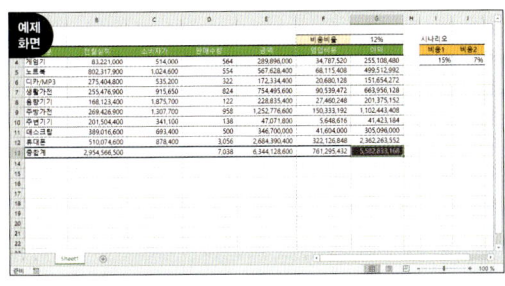
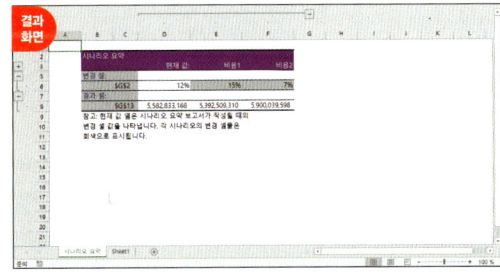

Hint ① 전자제품의 비용 비율에 따른 시나리오를 [비용1], [비용2]로 작성하세요.
② 시나리오 관리자의 이름을 [비용1(15%)], [비용2(7%)]로 작성하고 변경 셀은 G2셀로, 결과 셀은 G13셀로 지정하세요.
③ 작성한 시나리오에 대한 요약 보고서를 작성하세요.

Section 03
컨트롤과 매크로 이용해 문서 자동화하기

매크로(macro)는 매번 반복되는 작업을 자동으로 처리하거나 엑셀에서 제공하지 않는 기능을 만들어야 할 때 사용합니다. 쉽게 말해서 매크로는 다양한 명령들의 모음으로, 이들 명령을 작성하는 언어가 바로 VBA(Visual Basic for Application)인 것이죠. 양식 컨트롤과 문서를 자동화하는 매크로를 연결하면 한층 업그레이드된 문서를 작성할 수 있습니다. 이번 섹션에서는 양식 컨트롤을 삽입하여 문서를 자동화하고 매크로를 기록하여 VBA로 간단히 편집하는 과정에 대해 배워보겠습니다.

> PREVIEW

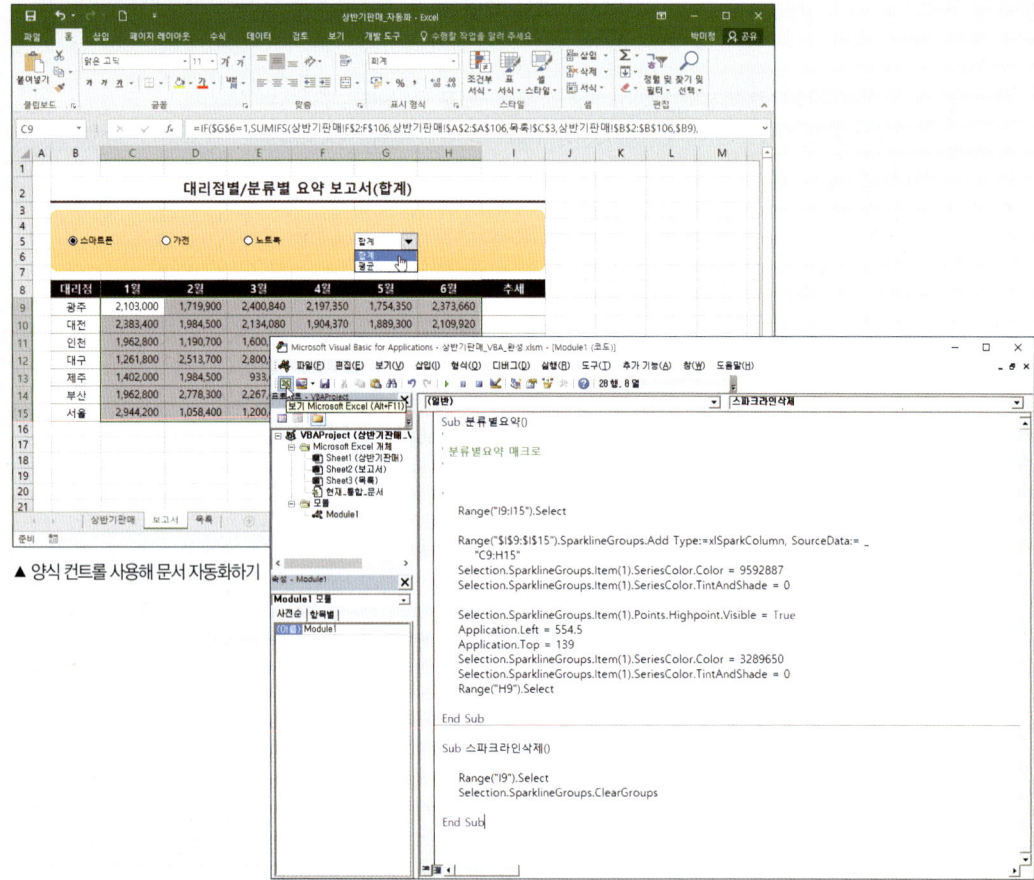

▲ 양식 컨트롤 사용해 문서 자동화하기

▲ 자동 매크로와 VBA 편집기로 매크로 완성하고 실행하기

> 섹션별 주요 내용

01 | [개발 도구] 탭과 양식 컨트롤 추가하기 02 | 양식 컨트롤 이용해 요약 보고서 완성하기
03 | 스파크라인 매크로 작성하기 04 | 매크로 파일로 저장하고 실행하기
05 | 비주얼베이직 편집기로 매크로 편집하기 06 | 도형에 매크로 설정하고 실행하기
07 | 필요 없는 매크로 삭제하기

난이도 1 2 **3** 4 5

예제파일 : 상반기판매_양식컨트롤.xlsx   결과파일 : 상반기판매_양식컨트롤_완성.xlsx

실무예제 01 [개발 도구] 탭과 양식 컨트롤 추가하기

1. 문서에 양식 컨트롤을 삽입하려면 리본 메뉴에 [개발 도구] 탭을 추가해야 해요. **[파일] 탭-[옵션]**을 선택하여 [Excel 옵션] 창을 열고 [리본 사용자 지정] 범주를 선택하세요. '리본 메뉴 사용자 지정'에서 [기본 탭]을 선택하고 [개발 도구]에 체크한 후 [확인]을 클릭하세요.

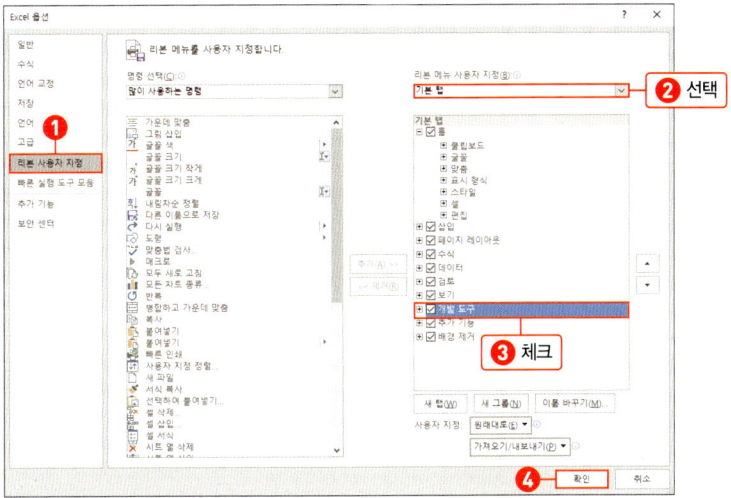

2. 컨트롤을 삽입하면 한층 업그레이드된 보고서를 작성할 수 있어요. [보고서] 시트에서 전자제품의 종류를 선택할 수 있는 양식 컨트롤을 삽입하기 위해 **[개발 도구] 탭-[컨트롤]** 그룹에서 **[삽입]**을 클릭하고 **'양식 컨트롤'**의 **[옵션 단추]**(⦿)를 클릭하세요. 마우스 포인터가 + 모양으로 변경되면 제목의 아래쪽에서 다음의 오른쪽 같이 드래그하여 옵션 단추를 삽입하고 크기를 조절해 보세요.

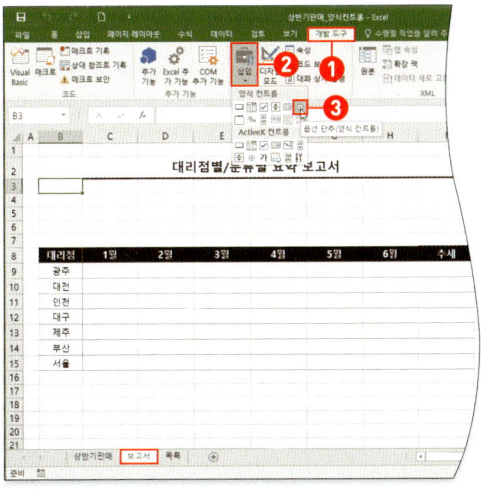 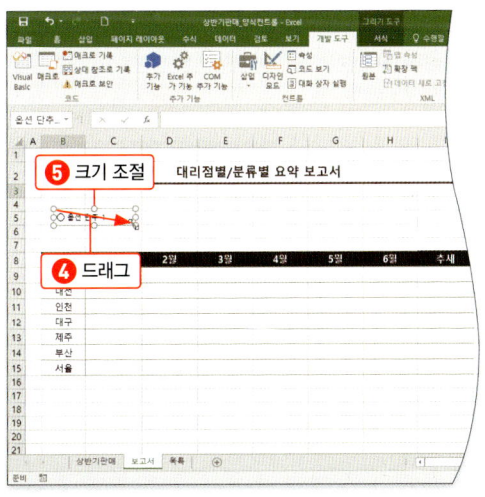

241

3 삽입한 옵션 단추를 선택하고 [Ctrl]+[Shift]를 누른 상태에서 오른쪽으로 드래그하여 복사하세요. 이와 같은 작업을 다시 한 번 더 반복하여 총 세 개의 옵션 단추를 만드세요.

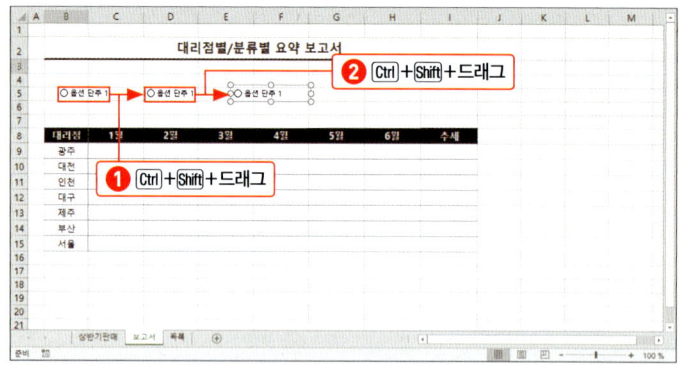

4 첫 번째 옵션 단추를 마우스 오른쪽 단추로 눌러 [텍스트 편집]을 선택하세요.

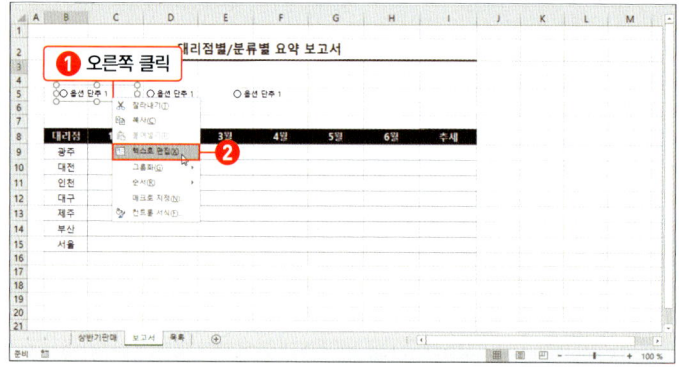

5 세 개의 옵션 단추에 각각 『스마트폰』, 『가전』, 『노트북』을 순서대로 입력하고 첫 번째 옵션 단추를 마우스 오른쪽 단추로 눌러 [컨트롤 서식]을 선택하세요. [컨트롤 서식] 대화상자의 [컨트롤] 탭이 열리면 '셀 연결'에 『$B$6』을 입력하고 [확인]을 클릭하세요.

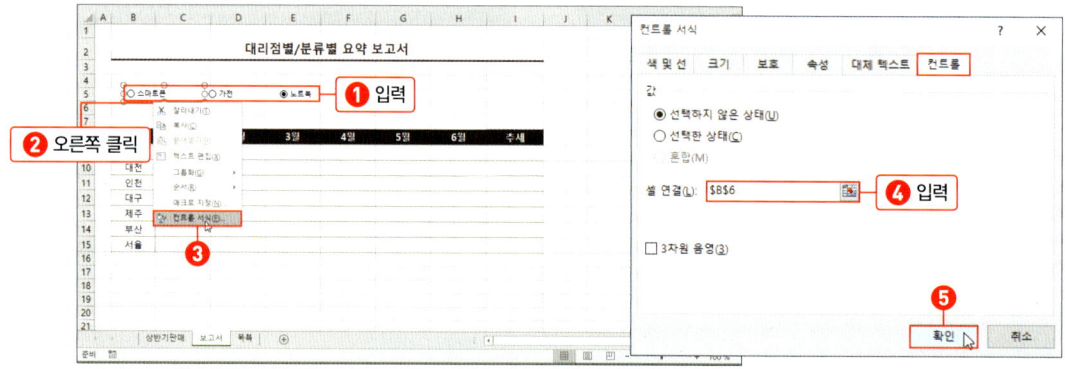

Tip
개체는 셀에 입력되지 않아요. 모든 계산이 셀 데이터로 이루어지는 엑셀에서는 반드시 셀에 값이 있어야 하므로 '셀 연결'에는 개체의 값이 입력되어야 해요.

6 옵션 단추의 선택을 바꾸면 값이 연결된 셀의 값이 매번 변경되므로 실제 수식에서는 B6셀의 값으로 계산됩니다. 이번에는 콤보 상자 컨트롤을 추가하기 위해 [개발 도구] 탭-[컨트롤] 그룹에서 [삽입]을 클릭하고 '양식 컨트롤'의 [콤보 상자](📋)를 클릭하세요.

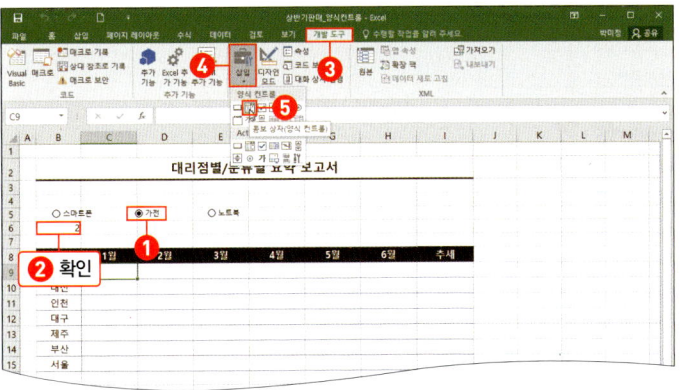

7 마우스 포인터가 + 모양으로 변경되면 다음의 그림과 같이 드래그하여 콤보 상자를 삽입하세요. 삽입한 콤보 상자 컨트롤에서 마우스 오른쪽 단추를 눌러 [컨트롤 서식]을 선택하세요.

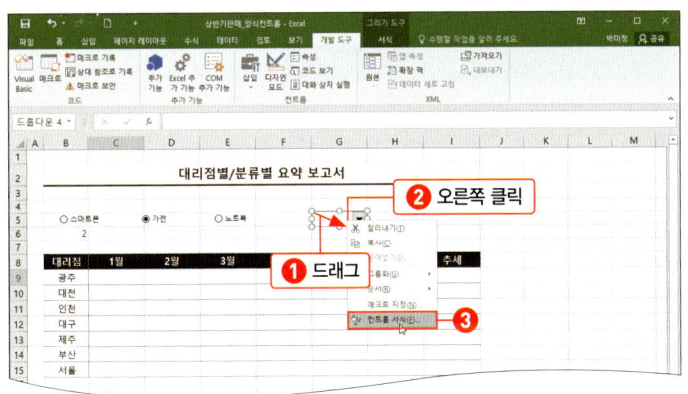

8 [컨트롤 서식] 대화상자의 [컨트롤] 탭이 열리면 '입력 범위'에 커서를 올려놓고 [목록] 시트에서 A7:A8 범위를 드래그하여 선택하세요. '셀 연결'에 커서를 올려놓고 G6셀을 클릭하여 『$G$6』을 입력한 후 [확인]을 클릭하세요.

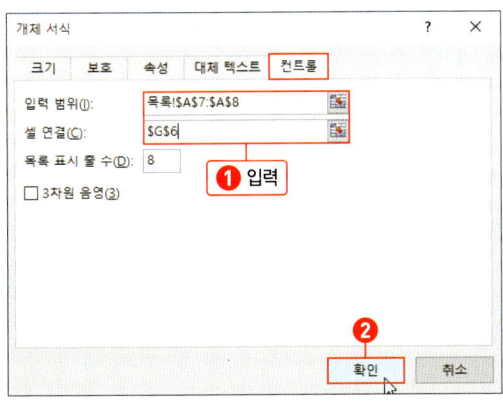

Tip

[컨트롤 서식] 대화상자는 [컨트롤] 탭의 '입력 범위'에 범위를 지정하면 [개체 서식] 대화상자로 이름이 변경됩니다.

9 콤보 상자의 내림 단추(▼)를 클릭하고 목록에서 [합계]를 선택하세요.

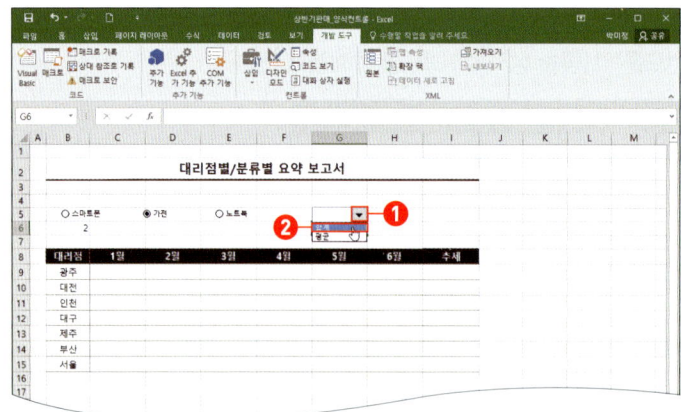

10 G6셀의 값이 '1'로 입력되면서 즉 첫 번째 목록이 선택된 것입니다. 이번에는 삽입된 콤보 상자 컨트롤의 값을 이용해 함수식으로 문서의 제목을 작성해 볼게요. B2셀의 제목을 Delete를 눌러 삭제하고 『="대리점별/분류별 요약 보고서"&IF(G6=1,"(합계)","(평균)")』을 입력한 후 Enter를 누르세요.

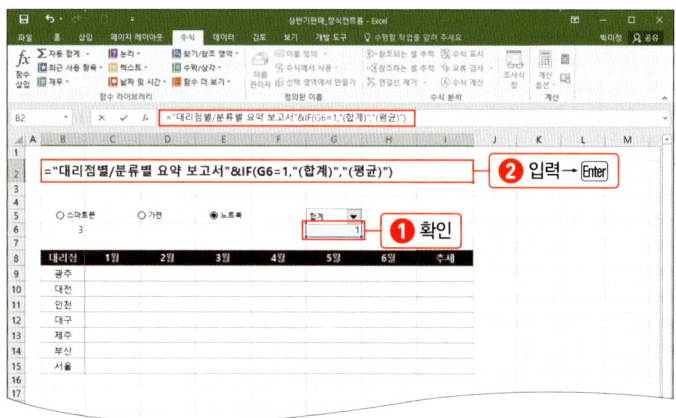

11 콤보 상자의 값이 바뀔 때마다 제목도 함께 변경됩니다.

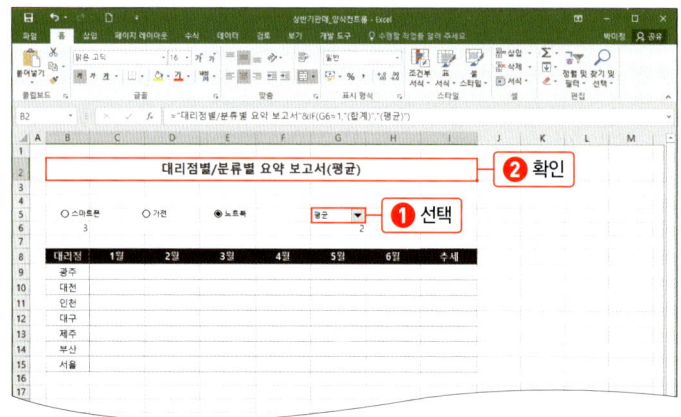

Tip
컨트롤에 연결된 B6셀과 G6셀은 문서에서 보이지 않게 서식을 지정하거나 다른 개체로 덮어서 깔끔하게 문서를 작성하는 것이 좋아요.

실무예제 02 양식 컨트롤 이용해 요약 보고서 완성하기

> 예제파일 : 상반기판매_자동화.xlsx 결과파일 : 상반기판매_자동화_완성.xlsx

1 [목록] 시트에서 C3셀에 『=INDEX(A3:A5,보고서!B6,1)』을 입력하고 Enter 를 누르세요.

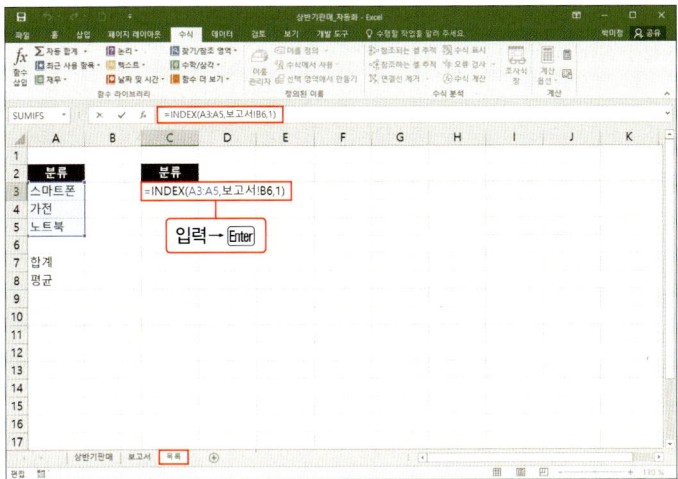

> **Tip**
> C3셀의 함수식에 A3:A5 범위에서 선택된 옵션 단추를 번호의 해당하는 값을 이용해서 계산하는 함수식으로, 『3』이 입력되면 '노트북'이 계산됩니다. 즉 A3:A5 범위에서 세 번째 목록의 값이 표시되는 것입니다.

2 [보고서] 시트로 이동해서 조건을 사용해 1월 광주 지역의 '노트북' 판매 평균을 구해볼게요. C9셀을 클릭하고 [수식] 탭-[함수 라이브러리] 그룹에서 [논리]를 클릭한 후 [IF]를 선택하세요. IF 함수의 [함수 인수] 대화상자가 열리면 'Logical_test'에 『$G$6=1』을 입력하세요. 'Value_if_true'에 커서를 올려놓고 함수 상자의 내림 단추(▼)를 클릭한 후 [SUMIFS]를 선택하세요.

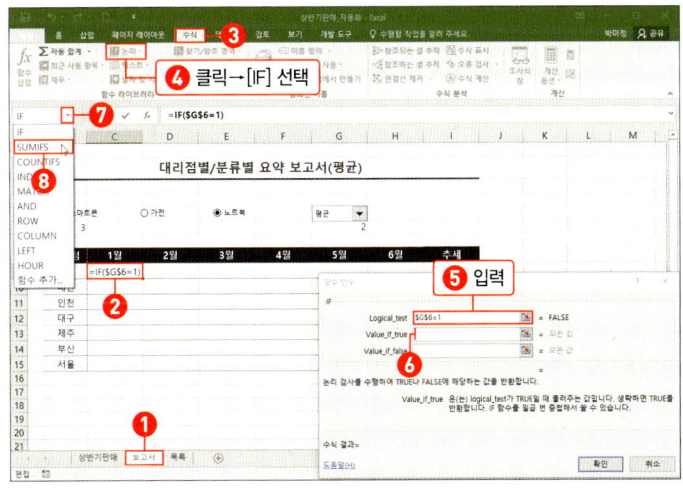

> **Tip**
> SUMIFS 함수가 없으면 [함수 추가]를 선택하세요.

3 SUMIFS 함수의 [함수 인수] 대화상자가 열리면 다음과 같이 입력하고 다시 수식 입력줄의 [IF]를 클릭하세요.

- Sum_range : 상반기판매!F$2:F$106
- Criteria1 : 목록!$C$3
- Criteria2 : $B9
- Criteria_range1 : 상반기판매!$A$2:$A$106
- Criteria_range2 : 상반기판매!$B$2:$B$106

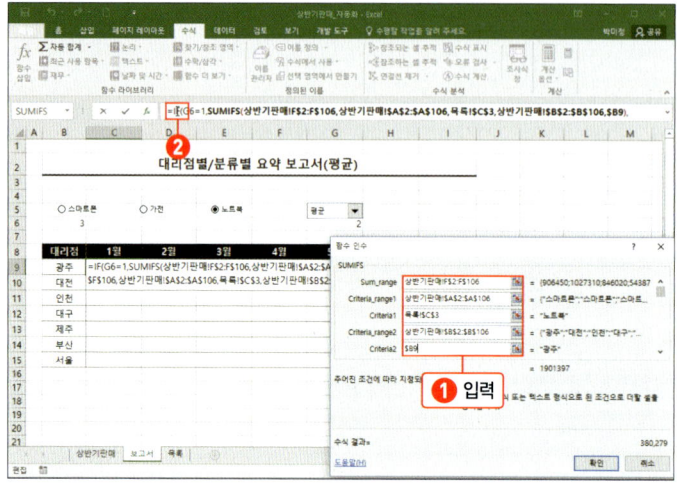

4 IF 함수의 [함수 인수] 대화상자로 되돌아오면 'Value_if_false'에 커서를 올려놓고 함수 상자의 내림 단추(▼)를 클릭한 후 [AVERAGEIFS]를 선택하세요.

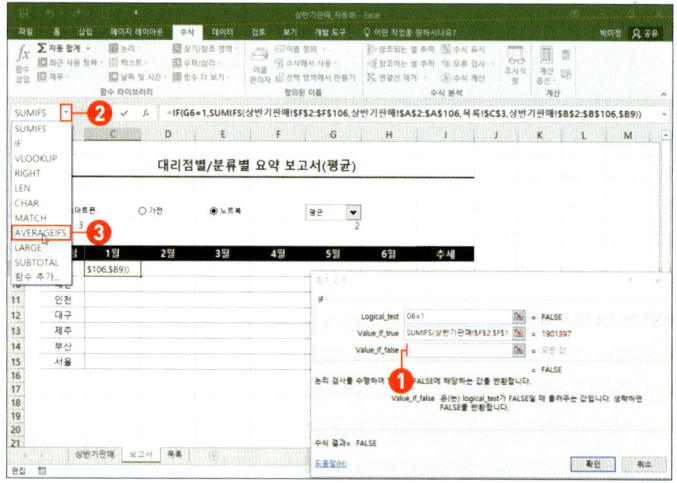

Tip
AVERAGEIFS 함수가 없으면 [함수 추가]를 선택하세요.

5 AVERAGEIFS 함수의 [함수 인수] 대화상자가 열리면 3 과정의 SUMIFS 함수와 동일하게 인수를 입력하고 다시 수식 입력줄의 [IF]를 클릭하세요.

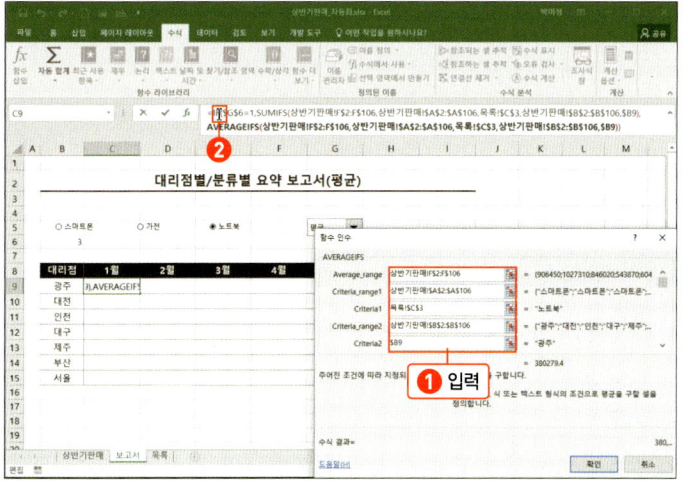

6 IF 함수의 전체 인수가 다음의 그림과 같이 입력되면 [확인]을 클릭하여 함수식을 완성하세요.

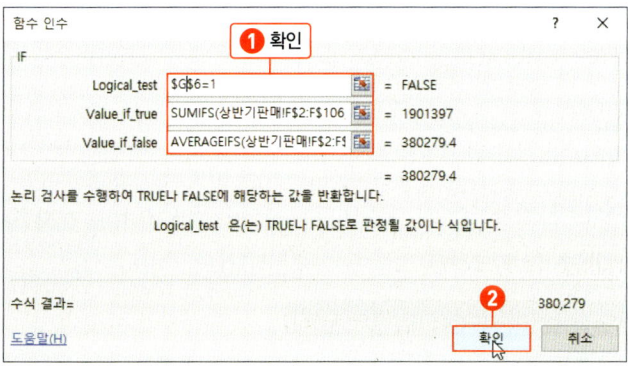

7 C9셀에 1월 광주 지역의 '노트북'에 대한 평균을 구했으면 C9셀의 자동 채우기 핸들(+)을 H9셀까지 드래그하여 함수식을 복사하세요. 다시 H9셀의 자동 채우기 핸들(+)을 H15셀까지 드래그하여 전체 요약 보고서를 완성하세요.

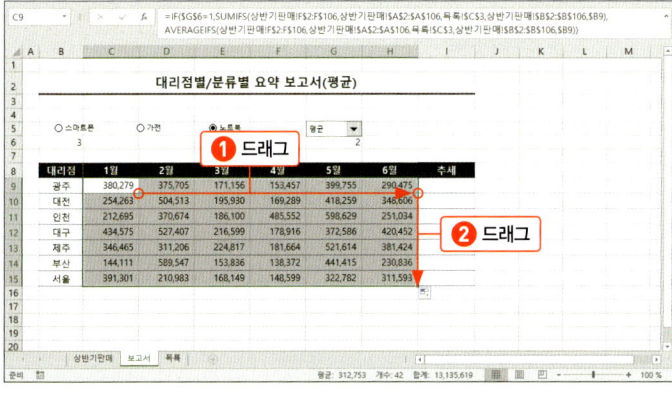

247

난이도 ① ② ③ **④** ⑤

예제파일 : 상반기판매_자동매크로.xlsx

실무 예제 03 스파크라인 매크로 작성하기

1 [보고서] 시트에서 [개발 도구] 탭-[코드] 그룹의 [매크로 기록]을 클릭하세요. [매크로 기록] 대화상자가 열리면 '매크로 이름'에 『분류별요약』을 입력하고 '매크로 저장 위치'에서 [현재 통합 문서]를 선택한 후 [확인]을 클릭하세요.

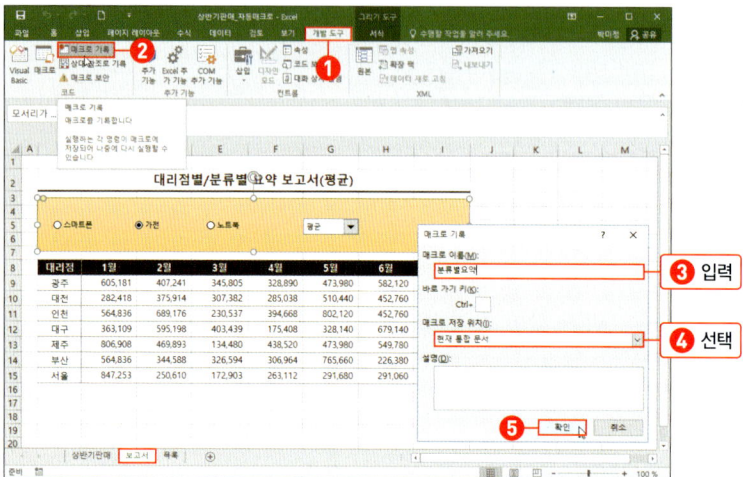

2 매크로 기록이 시작되면서 지금부터 작성하는 모든 작업이 매크로에 기록됩니다. 먼저 I9:I15 범위를 드래그하여 선택하고 [삽입] 탭-[스파크라인] 그룹에서 [꺾은선형]을 클릭하세요.

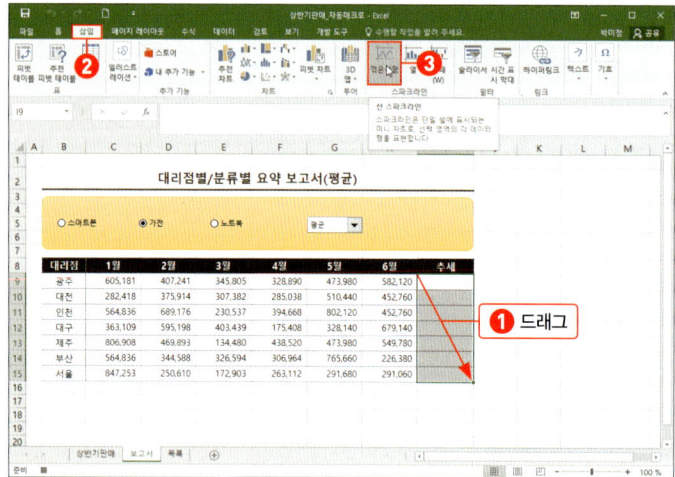

248

3 [스파크라인 만들기] 대화상자가 열리면 '데이터 범위'에 커서를 올려놓고 C9:H15 범위를 드래그하여 선택한 후 [확인]을 클릭하세요.

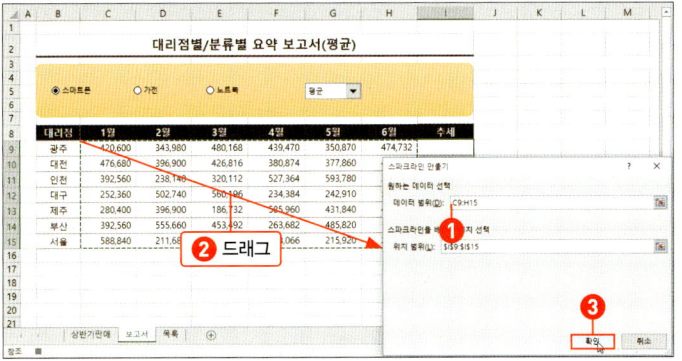

4 스파크라인이 삽입되면 [스파크라인 도구]의 [디자인] 탭-[표시] 그룹에서 [높은 점]에 체크하세요. [디자인] 탭-[스타일] 그룹에서 [자세히] 단추(▽)를 클릭하고 [스파크라인 스타일 어둡게 #3]을 선택하세요.

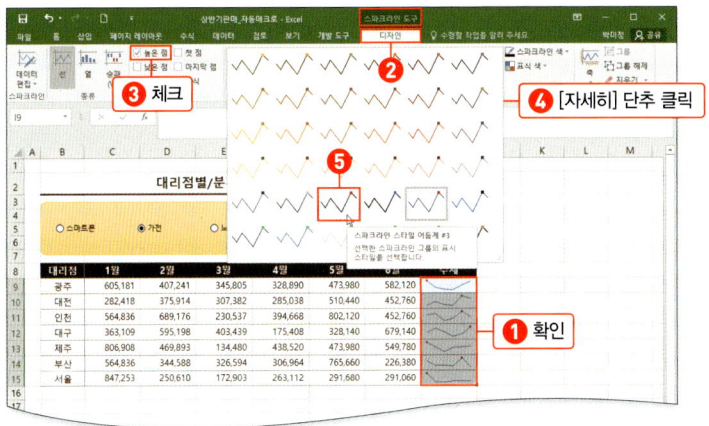

5 이제 매크로에 기록할 작업을 마쳤습니다. 기록을 중지하기 위해 [개발 도구] 탭-[코드] 그룹에서 [기록 중지]를 클릭하세요.

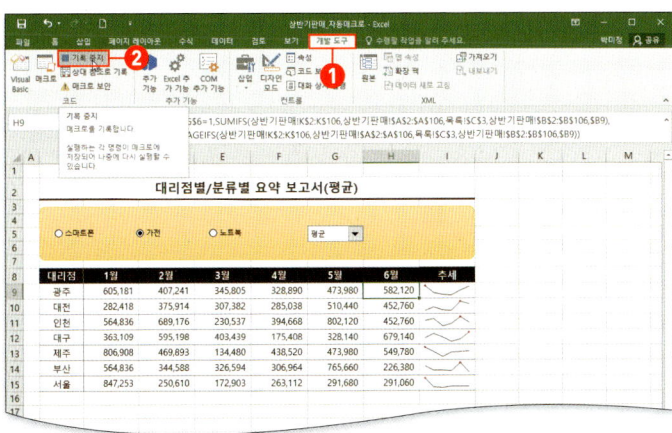

> 예제파일 : 앞의 예제(상반기판매_자동매크로.xlsx)를 이어서 사용하세요.

실무 예제 **04** 난이도 1 2 3 **4** 5

매크로 파일로 저장하고 실행하기

1 매크로 기록이 끝난 상태에서 매크로를 포함한 문서로 저장하기 위해 **[파일] 탭**-**[다른 이름으로 저장]**을 선택하고 **[이 PC]**를 선택하세요. 화면의 오른쪽 창에 원하는 폴더가 없으면 [찾아보기]를 클릭하세요.

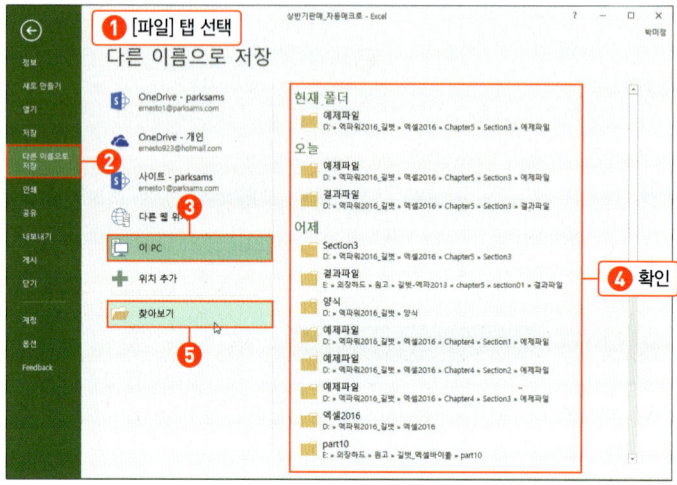

2 [다른 이름으로 저장] 대화상자가 열리면 '문서' 폴더를 선택하고 '파일 이름'에 『상반기판매_자동매크로』를 입력하세요. '파일 형식'에서 [Excel 매크로 사용 통합 문서]를 선택하고 [저장]을 클릭하세요.

> Tip
> 저장된 통합 문서는 매크로가 포함되어 있기 때문에 파일의 확장자는 xlsm입니다.

250

3 작성한 매크로를 다시 실행하기 위해 삽입된 스파크라인을 지워봅시다. [보고서] 시트에서 스파크라인이 삽입된 하나의 셀을 클릭하고 [스파크라인 도구]의 [디자인] 탭-[그룹] 그룹에서 [지우기]의 내림 단추(▼)를 클릭한 후 [선택한 스파크라인 그룹 지우기]를 선택하세요.

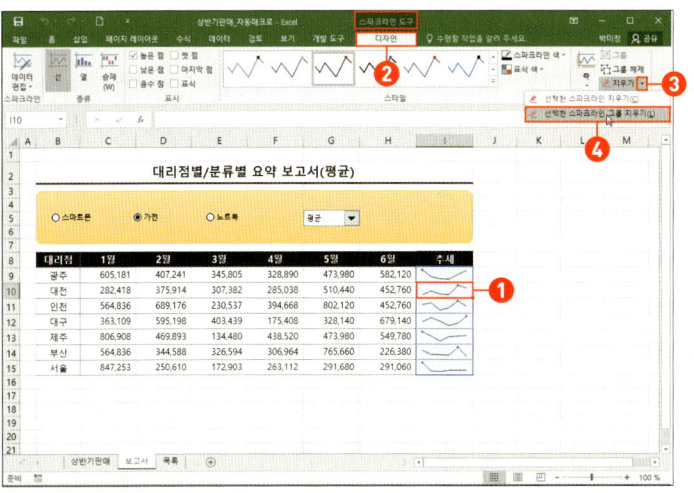

4 스파크라인이 지워지면 새로운 스파크라인을 매크로로 실행해 볼까요? [스마트폰] 옵션 단추를 선택하고 콤보 상자에서 [합계]를 선택한 후 [개발 도구] 탭-[코드] 그룹에서 [매크로]를 클릭하세요. [매크로] 대화상자가 열리면 '매크로 이름'에서 [분류별 요약]을 선택하고 [실행]을 클릭하세요.

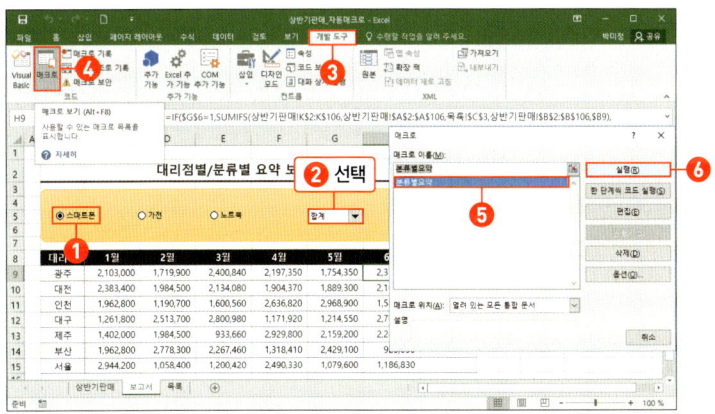

5 I9:I15 범위에 월별 요약에 따른 스파크라인이 삽입되었습니다.

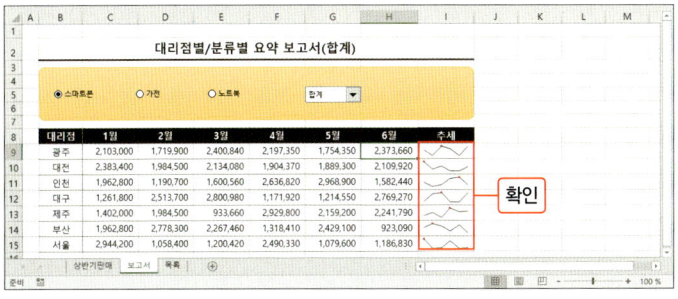

> **Tip**
> 매크로 파일을 실행했을 때 리본 메뉴 아래에 '보안 경고' 표시줄이 나타나면 [콘텐츠 사용]을 클릭하세요. 자세한 내용은 254쪽의 '잠깐만요'에서 설명합니다.

비주얼베이직 편집기로 매크로 편집하기

1 [보고서] 시트에 작성한 매크로를 VBA로 편집하기 위해 **[개발 도구] 탭-[코드] 그룹**에서 [Visual Basic]을 클릭하세요.

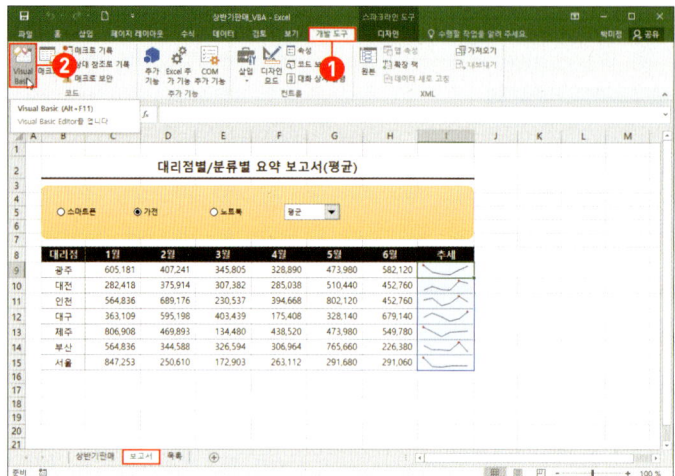

> **Tip**
> Alt + F11 을 눌러 비주얼베이직 편집기를 실행해도 됩니다.

2 [Microsoft Visual Basic for Applications] 창이 열리면 왼쪽 프로젝트 창에서 'Module1' 모듈을 클릭하고 오른쪽 코드 창에서 일부 코드를 수정하거나 필요 없는 코드를 삭제하세요.

- xlSpakLine → xlSparkColumn로 변경(꺾은선형 스파크라인에서 열 스파크라인으로 변경)
- 필요 없는 코드 삭제(기본값으로 정의된 코드)

```
Range("$I$9:$I$15").SparklineGroups.Add Type:=xlSparkColumn, SourceData:= _ "C9:H15"
    Selection.SparklineGroups.Item(1).SeriesColor.Color = 9592887
    Selection.SparklineGroups.Item(1).SeriesColor.TintAndShade = 0

    Selection.SparklineGroups.Item(1).Points.Negative.Color.Color = 208
    Selection.SparklineGroups.Item(1).Points.Negative.Color.TintAndShade = 0
                    ⋮
    Selection.SparklineGroups.Item(1).Points.Lastpoint.Color.Color = 208
    Selection.SparklineGroups.Item(1).Points.Lastpoint.Color.TintAndShade = 0

    Selection.SparklineGroups.Item(1).Points.Highpoint.Visible = True
```

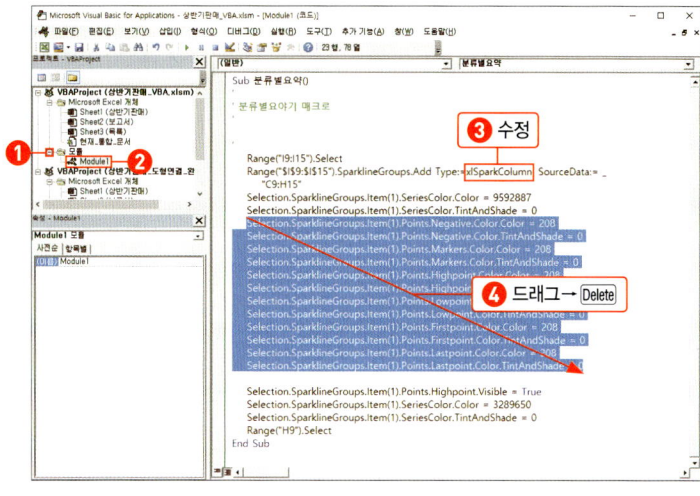

3 새로운 '스파크라인삭제' 매크로를 추가하기 위해 'End Sub'의 아래쪽에 커서를 올려놓고 다음과 같이 입력하세요. Alt + F11 을 누르거나 표준 도구 모음에서 [보기 Microsoft Excel Alt+F11] 도구(圖)를 클릭하세요.

```
Sub 스파크라인삭제()
    Range("I9").Select
    Selection.SparklineGroups.ClearGroups
End Sub
```

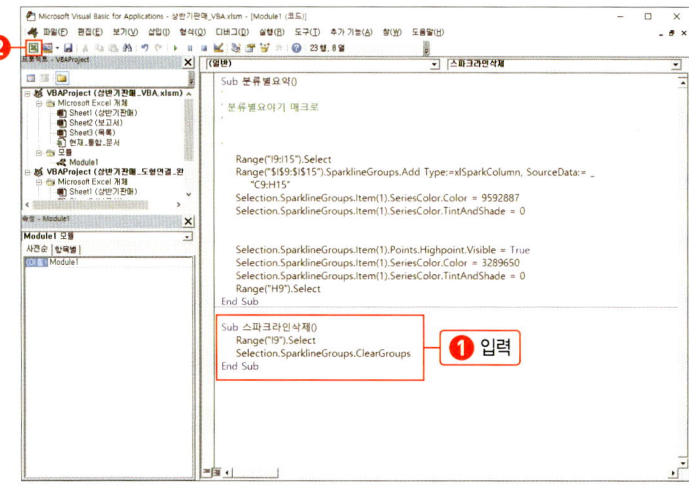

253

4 VBA 창에서 엑셀로 되돌아오면 새롭게 작성한 매크로를 확인하기 위해 [개발 도구] 탭-[코드] 그룹에서 [매크로]를 클릭하세요. [매크로] 대화상자가 열리면 '매크로 이름'에서 추가된 [스파크라인삭제] 매크로를 선택하고 [실행]을 클릭하세요. 그러면 '추세' 항목의 스파크라인이 삭제됩니다.

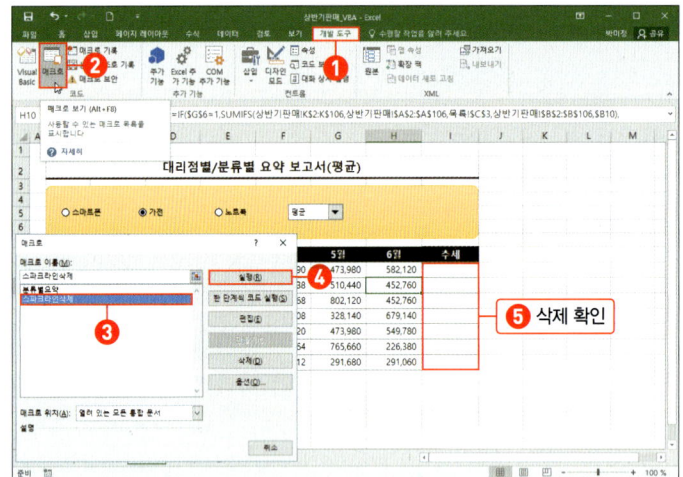

Tip
VBA 창을 완전히 닫아도 엑셀로 되돌아옵니다.

잠깐만요 　 매크로 문서 편집하기

매크로가 지정된 파일은 XLSM 형식으로 저장됩니다. XLSM 형식의 파일을 열면 수식 입력줄의 바로 위에 노란색 '보안 경고' 표시줄이 나타나는데, [콘텐츠 사용]을 클릭해야 문서를 편집할 수 있어요.

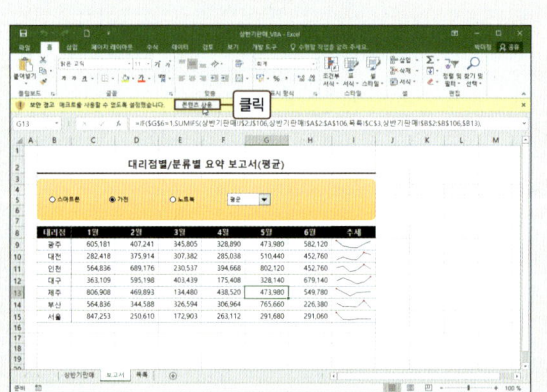

난이도 1 2 **3** 4 5

실무예제 **06** 도형에 매크로 설정하고 실행하기

> 예제파일 : 상반기판매_도형연결.xlsm 결과파일 : 상반기판매_도형연결_완성.xlsm

1 도형이 완성되면 각 도형에 매크로를 설정해 볼까요? [보고서] 시트의 '스파크라인' 도형에서 마우스 오른쪽 단추를 눌러 [매크로 지정]을 선택하세요.

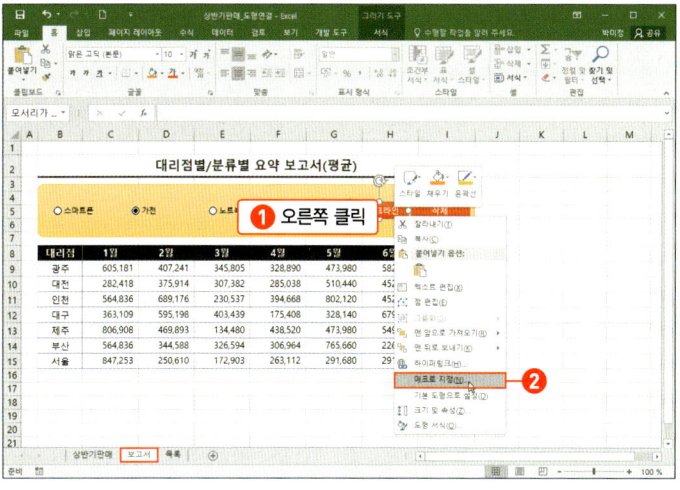

2 [매크로 지정] 대화상자가 열리면 '매크로 이름'에서 [분류별요약]을 선택하고 [확인]을 클릭하세요.

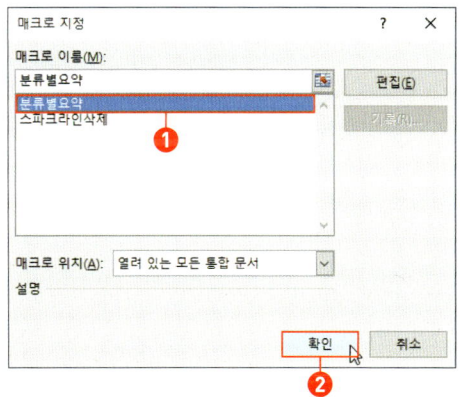

3 이와 같은 방법으로 '삭제' 도형에 '스파크라인삭제' 매크로를 지정해 보세요.

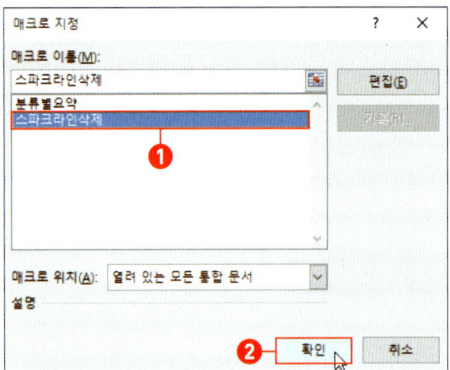

4 매크로가 제대로 실행되는지 도형을 클릭하여 실행해 보겠습니다. [스파크라인] 도형을 클릭하면 '분류별요약' 매크로가 실행되면서 '추세' 항목에 열 스파크라인이 삽입됩니다.

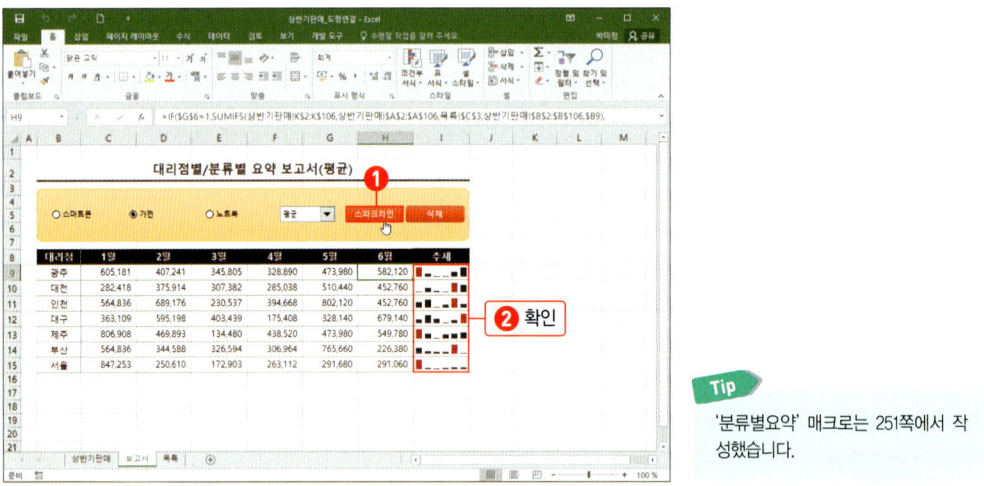

Tip
'분류별요약' 매크로는 251쪽에서 작성했습니다.

5 [삭제] 도형을 클릭하면 '스파크라인삭제' 매크로가 실행되면서 '추세' 항목의 스파크라인이 지워집니다.

Tip
'스파크라인삭제' 매크로는 253쪽에서 작성했습니다.

실무예제 07 | 필요 없는 매크로 삭제하기

예제파일 : 상반기판매_매크로삭제.xlsxm 결과파일 : 상반기판매_매크로삭제_완성.xlsx

1 [보고서] 시트에 작성한 매크로를 삭제하기 위해 [개발 도구] 탭-[코드] 그룹에서 [매크로]를 클릭하세요. [매크로] 대화상자가 열리면 '매크로 이름'에서 [분류별요약]을 선택하고 [삭제]를 클릭하세요. 선택한 매크로를 삭제하겠느냐고 묻는 메시지 창이 열리면 [예]를 클릭하세요.

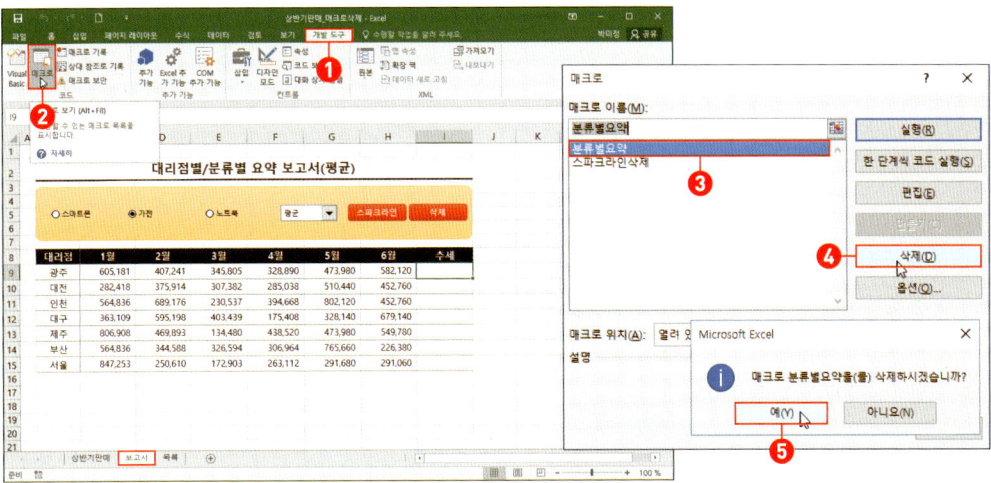

2 이번에는 VBA 편집 창에서 매크로를 삭제하기 위해 [개발 도구] 탭-[코드] 그룹에서 [Visual Basic]을 클릭하세요.

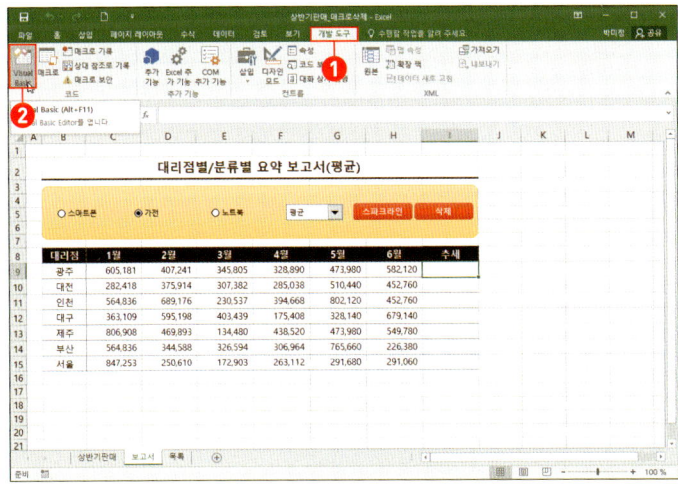

3 VBA 편집 창이 열리면 'Module1' 모듈을 클릭하고 오른쪽 코드 창에서 'Sub 스파크라인 ()~End Sub' 프로시저까지 드래그하여 모두 선택하세요. 선택 영역에서 마우스 오른쪽 단추를 눌러 [잘라내기]를 선택하거나 Delete 를 누르세요.

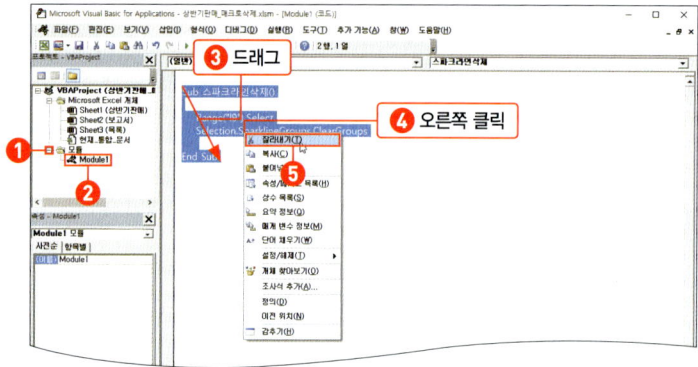

4 모듈(module)은 여러 개의 매크로가 저장되는 집합으로, 매크로를 삭제해도 모듈이 그대로 남아 있어서 매크로가 없는 경우 보안 메시지 창이 열리지 않게 하려면 모듈을 삭제해야 합니다. 프로젝트 창의 'Module1'에서 마우스 오른쪽 단추를 눌러 [Module1 제거]를 선택하세요. '제거하기 전에 Module1을(를) 내보내시겠습니까?'라고 묻는 메시지 창이 열리면 [아니요]를 클릭하세요.

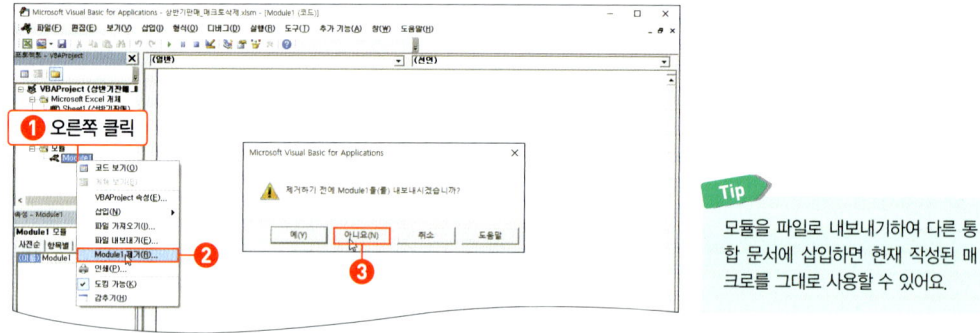

Tip
모듈을 파일로 내보내기하여 다른 통합 문서에 삽입하면 현재 작성된 매크로를 그대로 사용할 수 있어요.

5 모듈까지 깨끗하게 삭제했습니다. 매크로가 없는 통합 문서는 통합 문서(.xlsx)로 저장해야 합니다.

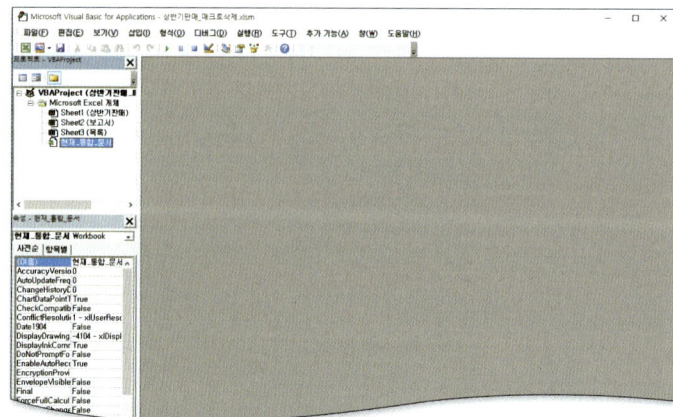

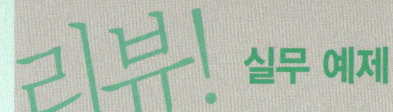

1 | 양식 컨트롤을 삽입하여 매출 요약 보고서 자동화하기

예제파일: 매출현황_양식컨트롤.xlsx **결과파일**: 매출현황_양식컨트롤_완성.xlsx

옵션 단추로 요약의 조건을 지정하고 COUNTIFS 함수와 SUMIFS 함수로 매출을 요약해 보세요.

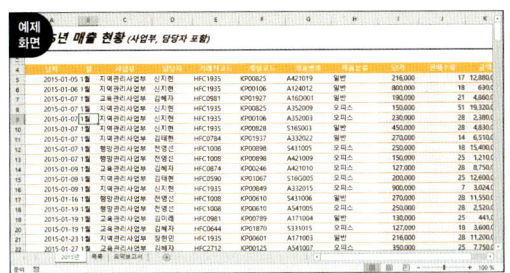
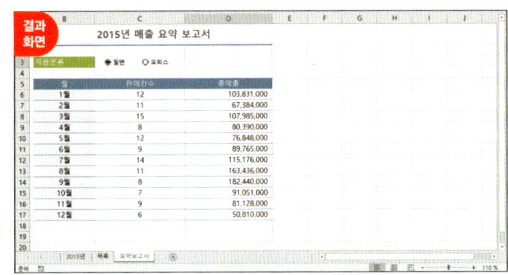

Hint
① [요약보고서] 시트에 [일반] 옵션 단추와 [오피스] 옵션 단추를 작성하고 셀 연결을 A3셀로 지정하세요.
② INDEX 함수로 연결된 셀이 어떤 제품인지 [목록] 시트의 A13셀에 계산하세요.
③ '판매건수' 항목에 월별, 제품분류별(A13) 판매건수를 계산하세요(COUNTIFS 함수).
④ '총매출' 항목에 월별, 제품분류별(A13) 총 매출을 계산하세요(SUMIFS 함수).

2 | 고급 필터와 삭제 매크로를 작성하고 도형에 연결하기

예제파일: 매출현황_필터매크로.xlsx **결과파일**: 매출현황_필터매크로_완성.xlsm

자동 매크로로 고급 필터와 필터 삭제 매크로를 작성하고 도형을 삽입하여 연결해 보세요.

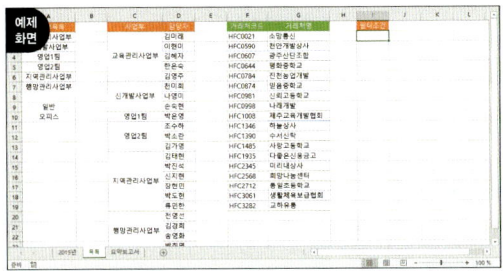
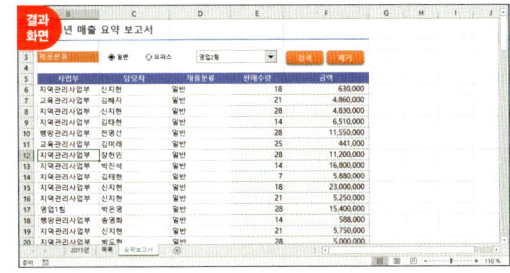

Hint
① [목록] 시트에서 I4:J5 범위에 제품 분류와 사업부별 필터 조건을 작성하세요. 이때 조건은 양식 컨트롤(제품 분류, 사업부)과 연결된 셀로 계산하세요(INDEX 함수).
② 작성한 조건에 맞게 '고급 필터' 매크로를 작성하고 '고급 필터' 필터를 삭제하는 '필터삭제' 매크로를 작성하세요.
③ '필터삭제' 매크로는 자동 매크로로 작성합니다. 매크로는 필터링된 작업을 지우는 작업을 기록하는 것으로 이는 먼저 범위를 데이터 부분만 [B6:F17]을 선택한 후 Delete를 누릅니다.
④ [검색]과 [제거] 도형을 작성하고 '고급 필터', 매크로와 '필터삭제' 매크로를 연결한 후 매크로 문서로 저장하세요.

찾아보기

EXCEL & POWERPOINT 2016

단축키

Ctrl + ;	33
Ctrl + :	33
Ctrl + A	46
Ctrl + Shift + 방향키	46

영어

AVERAGEIFS 함수	152, 159, 247
COLUMN 함수	151, 163, 166
CONCATENATE 함수	153, 163
COUNT 함수	132, 142
COUNTA 함수	127, 132
COUNTBLANK 함수	132
COUNTIFS 함수	152, 154
DATE 함수	134, 146
Excel Online	64
[Excel 옵션] 창	25
IF 함수	133, 142, 246
IFERROR 함수	152, 159
INDEX 함수	153, 167
LARGE 함수	132, 139
LEFT 함수	134, 146
MATCH 함수	153, 167
MAX 함수	128
OneDrive	20, 62, 64~66
OR 함수	134, 142
PDF 문서	62
RANK.AVG 함수	133
RANK.EQ 함수	133, 135
RIGHT 함수	134
ROUND 함수	132, 139
SMALL 함수	132
SUBTOTAL 함수	131, 135, 138
SUMIFS 함수	152, 154, 246
TEXT 함수	134, 146
VLOOKUP 함수	153, 163

한글

ㄱ~ㄹ

가상 분석	231
[개발 도구] 탭	241, 248
검색 입력 상자	24
고급 필터	194, 198
[기호] 대화상자	32
기호 데이터	30
날짜 데이터	30
데이터 막대	94
[데이터 원본 선택] 대화상자	103
도움말	19

ㅁ~ㅇ

매크로	251, 255~258
목표값 찾기	233
부분합	184, 188
[붙여넣기 옵션] 단추	43
비교 연산자	119
비주얼베이직 편집기	252
빠른 실행 도구 모음	23
빠른 채우기	222
산술 연산자	119
상대 참조	119
[새 서식 규칙] 대화상자	88, 91
[서식 규칙 편집] 대화상자	95
서식 복사	74~75
선버스트 차트	111
셀 강조 규칙	87
[셀 서식] 대화상자	73, 83
숫자 데이터	29
스마트 조회	20
스파크라인	107, 248
슬라이서	212
시간 데이터	30
[시간 표시 막대 삽입] 대화상자	213
[시나리오 관리자] 대화상자	235
시나리오 요약	238
시트 숨기기	50
[시트 전체 선택] 단추	46
[암호] 대화상자	61
양식 컨트롤	245
연결 연산자	119
요약 행	178
유효성 검사	225
[이동/복사] 대화상자	50
[이동 옵션] 대화상자	186
[이름 관리자] 대화상자	124
이름 정의	123
잉크 수식	35

ㅈ~ㅎ

[자동 채우기 옵션] 단추	36, 120
자동 필터	191
절대 참조	119
[정렬] 대화상자	182
조건부 서식	87
[조건부 서식 규칙 관리자] 대화상자	92
중첩 함수	170
[차트 스타일] 단추	101
[차트 요소] 단추	101
[차트 종류 변경] 대화상자	102
[차트 필터] 단추	104
참조 연산자	119
[찾기 및 바꾸기] 대화상자	39
추천 차트	100
추천 피벗 테이블	203
콤보 차트	109
테두리	76
텍스트 나누기	223
텍스트 데이터	30
통합	227
파레토 차트	114
페이지 나누기 미리 보기	55
[페이지 설정] 대화상자	54, 56
폭포 차트	114
표시 형식	81
피벗 테이블	205, 208, 216
피벗 차트	210
[한글/한자 변환] 대화상자	34
한자 데이터	30
함수 라이브러리	127
해 찾기	232
혼합 참조	119, 166

파워포인트편

엑셀 파워포인트 2016 무작정 따라하기

박미정, 박은진 지음

길벗

'검색보다 빠르고 동료보다 친절한'
엑셀&**파워포인트** 2016, 이렇게 **활용**하세요!

활용제안 1 일단, 『무작정』 따라해 보세요!

실제 업무에서 사용하는 핵심 기능만 쏙 뽑아 실무 예제로 찾기 쉬운 구성으로 중요도별로 배치했기 때문에 **'무작정 따라하기'**만 해도 파워포인트 사용 능력이 크게 향상됩니다. **'Tip'**과 **'잠깐만요'**는 예제를 따라하는 동안 주의해야 할 점과 추가 정보를 친절하게 알려줍니다. 또한 **'리뷰! 실무 예제'**로 자신의 실력을 점검해 보고 **'핵심! 실무 노트'**로 활용 능력을 업그레이드해 보세요.

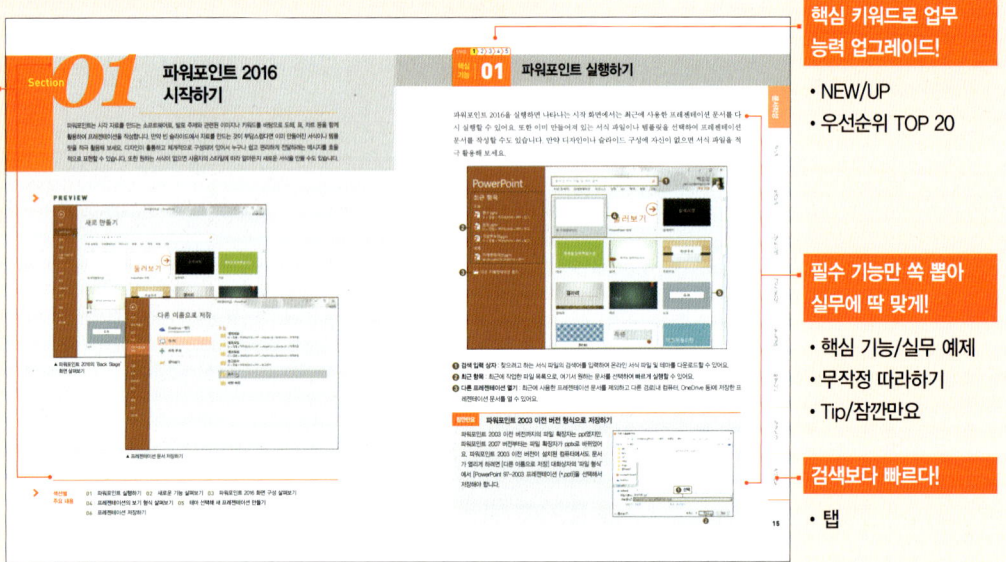

반드시 알고 넘어가야 할 주요 내용 소개!
- 학습안 제시
- 결과 미리 보기
- 섹션별 주요 기능 소개

핵심 키워드로 업무 능력 업그레이드!
- NEW/UP
- 우선순위 TOP 20

필수 기능만 쏙 뽑아 실무에 딱 맞게!
- 핵심 기능/실무 예제
- 무작정 따라하기
- Tip/잠깐만요

검색보다 빠르다!
- 탭

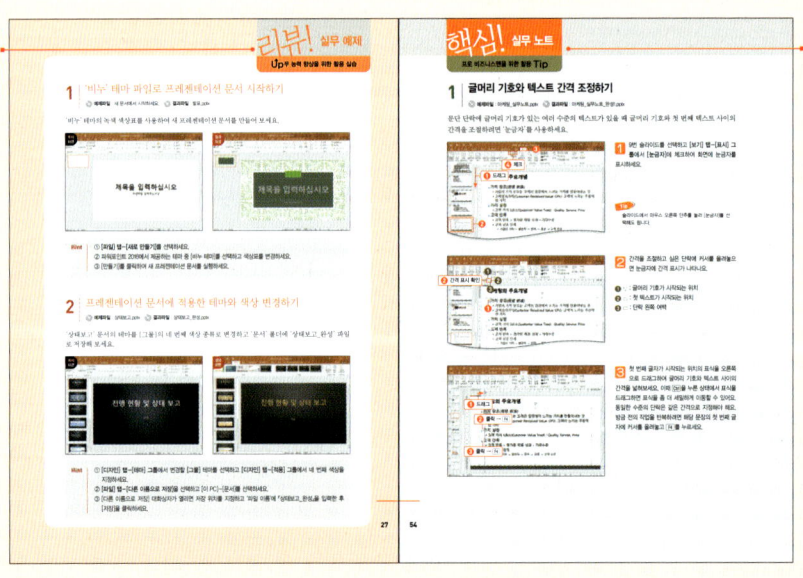

UP무 능력 향상을 위한 활용 실습
- 리뷰! 실무 예제

프로 비즈니스맨을 위한 활용 TIP!
- 핵심! 실무 노트

 **2 자신의 『레벨에 맞는 학습법』을 찾아보세요!**

파워포인트를 최대한 쉽고 친절하게 알려주기 때문에 **초보 사용자**도 단기간에 **중급 사용자**로 **도약**할 수 있어요. **중, 고급 사용자**라도 실무에서 다루는 현장감 넘치는 예제를 업무에 바로 적용할 수 있어서 **업무 활용 능력**을 높일 수 있어요! 자신의 단계에 맞는 **체계적인 학습법**을 찾아보세요.

'파워포인트' 사용 수준에 따른 학습 단계는?

기초 완성	실무 핵심	프로 비즈니스
Chapter 1과 Chapter 2에서 그래픽 개체를 이용한 비주얼 프레젠테이션 제작 방법을 익힙니다.	Chapter 3에서 멀티미디어 개체 활용 방법과 애니메이션 화면 전환 효과를 익힙니다.	Chapter 4에서 테마와 마스터를 활용한 효율적인 디자인 관리 방법과 문서 저장 및 인쇄 방법을 배웁니다.

단기간에 끝내는 맞춤 학습 계획

학습자 유형별로 계획을 세워 효율적으로 학습합니다. 목차 또는 인덱스를 통해 알고자 하는 기능을 찾아보고 'Tip'과 '잠깐만요'에서 설명한 부가적인 꿀팁도 놓치지 마세요. '리뷰! 실무 예제'를 통해 자신의 실력을 점검하고 '핵심! 실무 노트'로 활용 능력을 업그레이드하세요. 좀 더 빠른 학습을 원한다면 우선순위 TOP 20 위주로 예제를 따라해 보세요.

주	해당 장		주제	예습	과제
1주	워크숍				
2주	Chapter 1	Section 1~2	기본 문서 작성하기	Section 1~2	리뷰! 실무 예제
3주		Section 3	텍스트 슬라이드 만들기	Section 3	리뷰! 실무 예제, 핵심! 실무 노트
4주	Chapter 2	Section 1	도형을 이용해 도해 슬라이드 만들기	Section 1~2	리뷰! 실무 예제
5주		Section 2	스마트아트 그래픽으로 도해 슬라이드 디자인하기	Section 2~3	리뷰! 실무 예제
6주		Section 3	그림으로 프레젠테이션의 품격 높이기	Section 3~4	리뷰! 실무 예제
7주		Section 4	표와 차트를 이용해 읽기 쉬운 슬라이드 만들기	Section 4	리뷰! 실무 예제, 핵심! 실무 노트
8주	중간고사				
9주	Chapter 3	Section 1	오디오와 비디오로 멀티미디어 슬라이드 만들기	Section 1~2	리뷰! 실무 예제
10주		Section 2	애니메이션으로 개체에 생동감 불어넣기	Section 2~3	리뷰! 실무 예제
11주		Section 3	하이퍼링크로 슬라이드 이동하기	Section 3~4	리뷰! 실무 예제
12주		Section 4	화면 전환 효과로 슬라이드 쇼 폼나게 진행하기	Section 4	리뷰! 실무 예제, 핵심! 실무 노트
13주	Chapter 4	Section 1	테마와 마스터로 프레젠테이션 디자인 관리하기	Section 1~2	리뷰! 실무 예제
14주		Section 2~3	프레젠테이션을 다양한 형식으로 저장하고 인쇄하기	Section 2~3	리뷰! 실무 예제, 핵심! 실무 노트
15주	기말고사				

'검색보다 빠르고 동료보다 친절한' 엑셀&파워포인트 2016, 이렇게 활용하세요!

활용제안 3 『우선순위 TOP 20』과 『실무 중요도』를 적극 활용하세요!

파워포인트 사용자들이 네이버 지식iN, 오피스 실무 카페 및 블로그, 웹 문서, 뉴스 등에서 **가장 많이 검색하고 찾아본 키워드를 토대로** 우선순위 TOP 20을 선정했어요. 이 정도만 알고 있어도 파워포인트는 문제 없이 다룰 수 있답니다. 또한 각 예제마다 난이도를 표시하여 학습의 중요도를 살펴볼 수 있어요. 언제, 어디서든지 원하는 기능을 **금방 찾아 바로 적용**해 보세요!

순위 ▲	키워드	간단하게 살펴보기	빠른 페이지 찾기	
1 ▲	텍스트 입력, 서식	메시지 전달의 기본, 주요 텍스트 강조 필요	39~40	메시지 전달의 필수
2 ▲	그림 삽입	그림 삽입 후 [그림 도구]에서 다양하게 편집	79~80, 82, 87	필수 기능
3 ▲	도형 서식	크기 및 회전, 테두리, 채우기 색 등 도형 꾸미기	62~65	
4 ▲	슬라이드 쇼	F5 눌러 슬라이드 쇼 진행. 발표자 표시 도구 활용	165	기본 기능
5 ▲	도형 배치	겹쳐진 도형의 순서 변경. 맨 앞, 맨 뒤 등 설정 가능	60	
6 ▲	스마트 가이드	개체의 간격과 줄을 빠르고 쉽게 정렬	61	개체 정렬 기본
7 ▲	스마트아트 그래픽	텍스트를 단숨에 비주얼 도해로 표현	69, 72~73	디자인 활용
8 ▲	표 삽입	반복되는 텍스트를 일목요연하게 정리	78, 95	
9 ▲	차트 삽입	수치 데이터를 한눈에 보이는 메시지로 시각화	103, 105	
10	배경 음악 삽입	슬라이드 쇼가 진행되는 동안 음악 재생	115, 117	
11	비디오 파일 삽입	동영상을 삽입해 청중 이목 주목	119, 121	
12	비디오 원하는 구간 재생	비디오 트리밍으로 동영상 중 일부 구간만 재생	122	
13	슬라이드 번호	삽입할 번호 위치와 서식 지정 가능	183	
14	회사 로고 삽입	슬라이드 마스터로 일정 위치에 반복 삽입	179	현업 활용도!
15	그림 배경 제거	그림 테두리 투명하게 설정하여 배경 제거	82	
16	슬라이드 마스터	슬라이드 마스터로 디자인 및 업무 능력 향상	173~174	디자인 통일성
17	화면 전환 효과	커튼 효과, 줌 아웃 등 다양한 연출 가능	157~158	
18	애니메이션 효과	개체 나타내기, 강조, 이동 등 다양한 효과 적용	127, 129, 131	
19	PDF 파일 형식	장치에 상관 없이 파일 열기 가능	193	업무 꿀팁
20	회색조 인쇄	테스트용 인쇄, 컬러 잉크 절약 방법	206	

활용제안 4 직접 먼저 따라해 본 『베타테스터』의 경험담을 들어보세요!

책이 출간되기 전, **베타테스터들이 원고를 직접 따라해 보면서 이해되지 않는 내용을 수정**하고 **잘못된 부분을 고쳐**가면서 꼭 맞는 학습 방법을 제안해 주었습니다. 자신과 비슷한 연령, 작업 환경, 성별의 베타테스터들이 파워포인트를 어떻게 공부하고 활용하고 있는지 먼저 경험해 본 사람들의 이야기를 듣고 참고해 보세요!

취업 준비생
주희진

디자인 실력도 UP! 프레젠테이션 스킬도 UP!
대학교 발표 수업을 위해 자주 사용하던 파워포인트라 이미 잘 아는 프로그램이라고 생각했는데, 베타테스터로 참여하여 원고를 보면서 파워포인트에 담긴 많은 기능과 숨은 팁을 제대로 익힐 수 있었습니다. 예제를 따라하면서 헷갈리거나 이해되지 않았던 부분도 책에서 제공하는 '잠깐만요'와 'Tip'으로 충분히 해결할 수 있었습니다. 파워포인트 사용에 미숙하거나 포트폴리오 작성에 애를 먹고 있는 취업준비생들에게 이 책을 꼭 권하고 싶습니다.

직장인
한혜경

차근차근 익히지만 실력은 쑥쑥 늘어요!
처음 시작할 때는 생각보다 진도가 나가지 않아 실력이 정말 향상되고 있는지 의문이 들었지만, 한 섹션을 마치고 '리뷰! 실무 예제'를 풀어볼 때는 단숨에 해결하는 제 모습이 놀라웠습니다. 꼼꼼하게 예제를 따라하면 실제 업무에서 닥칠 수많은 상황도 어렵지 않게 해결할 수 있을 것 같습니다. 파워포인트는 디자인만 중요한 것이 아니라 내용의 전달도 중요한데, 이 책으로는 디자인과 핵심 내용 전달이라는 두 마리의 토끼를 모두 잡을 수 있었습니다.

교사·강사
백수진

동료의 도움이 더 이상 필요하지 않아요! 초보자도 쉽고 빠르게 익힐 수 있어요!
파워포인트에 익숙하지 않아 주변 동료들에게 도움을 요청하거나 인터넷에서 오랜 시간 검색한 끝에 원하는 답을 찾곤 했습니다. 하지만 이 책을 따라하고 난 후에는 더 이상 인터넷 검색도, 동료의 도움도 필요하지 않게 되었습니다. 언제든지 원하는 기능을 빠르게 찾을 수 있는 탭과 우선순위 기능만 모아놓은 우선순위 TOP 20으로 당장 업무에 필요한 기능을 순식간에 찾아 적용할 수 있어요. 아직 파워포인트의 모든 기능을 제대로 다루지는 못하지만, 우선순위 덕분에 업무에 대한 자신감은 한층 더 향상되었습니다.

무엇이든 물어보세요

책을 읽다 막히는 부분이 있으면 '길벗 홈페이지(www.gilbut.co.kr)' 회원으로 가입하고 '독자지원/자료실' → '자료/문의/요청' 게시판에 질문을 올리세요. 지은이와 길벗 독자지원센터에서 친절하게 답해 드립니다.

참여 방법

길벗 홈페이지(www.gilbut.co.kr) 회원 가입 후 로그인하기 독자지원/자료실-자료/문의/요청-베타테스터 질문 검색 또는 문의/요청하기

목차

NEW	파워포인트 2016의 새로운 기능
UP	파워포인트 2016의 업그레이드 기능
우선순위 TOP 20	실무 중요도에 따라 TOP01~TOP20까지 표시

CHAPTER 1 기본 프레젠테이션 문서 작성하기

문서작성

Section 01 파워포인트 2016 시작하기

- 01 파워포인트 실행하기 … 15
- **NEW** 02 새로운 기능 살펴보기 … 16
- **UP** 03 화면 구성 살펴보기 … 19
- 04 프레젠테이션의 보기 형식 살펴보기 … 20
- 05 테마 선택해 새 프레젠테이션 만들기 … 22
- 06 프레젠테이션 저장하기 … 24
- 리뷰 **실무 예제** / 테마 파일 선택 / 테마와 색상 변경 … 27

Section 02 슬라이드 자유자재로 다루기

- 01 새 슬라이드 삽입하기 … 29
- 02 슬라이드 선택하고 레이아웃 변경하기 … 30
- 03 슬라이드 복제하고 이동하기 … 31
- 04 슬라이드 삭제하고 서식 재지정하기 … 32
- 05 논리적 구역 설정해 슬라이드 관리하기 … 33
- 06 슬라이드 복사하기 … 35
- 리뷰 **실무 예제** / 슬라이드 레이아웃 변경 및 삭제 / 구역 나누기 및 축소 … 37

텍스트

Section 03 텍스트 슬라이드 만들기

- 우선순위 TOP 01 · 01 슬라이드에 텍스트 입력하기 … 39
- 02 한자와 특수 문자 입력하기 … 40
- 03 글꼴 서식 지정해 텍스트 꾸미기 … 43
- 04 단락의 목록 수준 조절하기 … 45
- 05 글머리 기호의 모양과 색상 변경하기 … 46
- 06 텍스트 사이의 줄 간격 조절하기 … 48
- 07 한글 단어가 잘리지 않게 줄 바꿈하기 … 49
- 08 워드아트 빠른 스타일 이용해 제목 꾸미기 … 50
- 09 텍스트에 반사 효과와 그림자 지정하기 … 51
- 리뷰 **실무 예제** / 줄 간격 변경 / 글머리 기호 모양 지정 … 53
- 핵심 **실무 노트** /
  - ① 글머리 기호와 텍스트 간격 조정하기 … 54
  - ② 문서의 글꼴 한 번에 변경하기 … 55

CHAPTER 2 도형과 그래픽 개체로 비주얼 프레젠테이션 만들기

도형도해

Section 01 도형 이용해 도해 슬라이드 만들기

	01 Shift 이용해 도형 그리고 정렬하기	59
우선순위 TOP 05	02 균형 있게 도형 배치하고 그룹화하기	60
우선순위 TOP 06	03 스마트 가이드로 정확하게 도형 배치하기	61
UP	04 빠른 스타일 이용해 도형 꾸미기	62
우선순위 TOP 03	05 도형에 색 채우고 윤곽선 변경하기	63
	06 도형의 모양 변경하기	64
	07 그림자 효과로 입체감과 원근감 표현하기	65
	08 도형에 그라데이션과 입체 효과 지정하기	66
	리뷰! 실무 예제 / 도형 그룹화 / 스마트 가이드 / 그림자 지정	67

Section 02 스마트아트 그래픽으로 도해 슬라이드 디자인하기

우선순위 TOP 07	01 스마트아트 그래픽 삽입하고 레이아웃 변경하기	69
	02 스마트아트 그래픽의 색과 스타일 변경하기	72
	03 텍스트를 스마트아트 그래픽으로 변경하기	73
	04 스마트아트 그래픽을 텍스트로 변경하기	74
	05 스마트아트 그래픽 이용해 조직도 작성하기	75
	리뷰! 실무 예제 / 스마트아트 그래픽 레이아웃과 스타일 변경	77

그림/표/차트

Section 03 이미지 이용해 고품질 프레젠테이션 작성하기

UP	01 슬라이드에 그림 삽입하기	79
우선순위 TOP 02	02 그림의 모양 변경하고 효과 지정하기	80
우선순위 TOP 15	03 투명하게 그림 배경 지정하기	82
	04 그림 서식 유지하면서 그림만 변경하기	85
	05 희미하고 어두운 그림 선명하게 보정하기	87
	06 그림에서 필요 없는 부분 자르고 꾸미기	88
	07 사진 앨범 만들고 사진 순서 조정하기	91
	리뷰! 실무 예제 / 그림 삽입 및 효과 지정 / 그림 복사 및 색 변경	93

목차

NEW	파워포인트 2016의 새로운 기능
UP	파워포인트 2016의 업그레이드 기능
우선순위 TOP 20	실무 중요도에 따라 TOP01~TOP20까지 표시

그림/표/차트

Section 04 표와 차트로 전달력 높은 슬라이드 만들기

우선순위 TOP 08	01 표 삽입하고 텍스트 입력하기	95
	02 표에 표 스타일 지정하기	97
	03 표의 레이아웃 변경하기	98
	04 표의 셀에 테두리와 그림자 효과 지정하기	100
우선순위 TOP 09	05 차트 삽입하고 행/열 전환하기	103
	06 차트 색 변경하고 빠른 레이아웃 지정하기	105
UP	07 차트의 종류 변경하고 스타일 지정하기	107
리뷰	실무 예제 / 표에 그림자와 반사 효과 지정 / 차트의 레이아웃 변경	109
핵심	실무 노트 / 도형 그라데이션 효과 지정해 이미지에 있는 텍스트 강조하기	110

CHAPTER 3 생동감 넘치는 멀티프레젠테이션 만들기

오디오/비디오

Section 01 오디오와 비디오로 멀티미디어 슬라이드 만들기

우선순위 TOP 10	01 오디오 파일 삽입하고 배경 음악 지정하기	115
	02 원하는 슬라이드에서 배경 음악 멈추기	117
우선순위 TOP 11	03 동영상 삽입하고 자동으로 실행하기	119
	04 동영상에 스타일과 비디오 효과 지정하기	121
우선순위 TOP 12	05 비디오 클립 트리밍하기	122
NEW	06 화면 녹화해서 영상으로 기록하기	123
리뷰	실무 예제 / 배경 음악 삽입 및 반복 실행 / 동영상 삽입 및 자동 실행	125

애니메이션

Section 02 애니메이션으로 개체에 동적 효과 연출하기

우선순위 TOP 18	01 '나타내기' 애니메이션 지정하고 방향 변경하기	127
	02 '강조' 애니메이션 지정하고 순서 변경하기	129
	03 '끝내기' 애니메이션 지정하고 재생 시간 변경하기	131
	04 '이동 경로' 애니메이션 지정하고 경로 수정하기	134
	05 차트에서 각 계열별로 애니메이션 지정하기	136
	06 텍스트에 추가 효과 애니메이션 지정하기	138
	07 애니메이션에 트리거 효과 지정하기	140
리뷰	실무 예제 / 애니메이션 적용 및 복사, 실행 순서 변경	143

슬라이드쇼

Section 03 | 하이퍼링크 이용해 한 번에 슬라이드 이동하기

01	목차 텍스트에 하이퍼링크 설정하기	145
02	목차 페이지로 이동하는 하이퍼링크 설정하기	146
03	그림에 하이퍼링크 설정하기	149
04	하이퍼링크 클릭해 다른 문서로 이동하기	151
05	슬라이드 쇼에서 계산기 실행하기	153
리뷰!	**실무 예제** / 하이퍼링크로 목차 완성 / 그림에 하이퍼링크 설정 및 제거	155

Section 04 | 슬라이드 쇼에 멋진 화면 전환 효과 지정하기

UP	**01**	'페이지 말아 넘기기' 화면 전환 효과 지정하기	157
우선순위 TOP 17	**02**	모든 슬라이드의 화면 전환 속도 변경하기	158
	03	읽기용 보기 이용해 슬라이드 쇼 다중 실행하기	159
	04	슬라이드 쇼 재구성하고 쇼 설정하기	161
	05	자동으로 실행하는 프레젠테이션 만들기	163
우선순위 TOP 04	**06**	발표자 도구로 전문가처럼 프레젠테이션 발표하기	165
리뷰!		**실무 예제** / 화면 전환 효과 설정 / 발표자 도구로 슬라이드 쇼 진행	167
핵심!		**실무 노트** / 자동으로 실행되는 행사용 프레젠테이션 만들기	168

CHAPTER 4 프레젠테이션의 문서 관리 기술 익히기

테마디자인

Section 01 | 테마와 마스터로 프레젠테이션 디자인 관리하기

	01	테마와 마스터 이해하기	173
우선순위 TOP 16	**02**	슬라이드 마스터 디자인하기	174
	03	모든 슬라이드에 같은 배경 그림 지정하기	177
우선순위 TOP 14	**04**	모든 슬라이드에 로고 삽입하기	179
	05	표지 슬라이드 디자인하기	180
우선순위 TOP 13	**06**	모든 슬라이드에 슬라이드 번호 삽입하기	183
	07	레이아웃 추가하고 삭제하기	186
	08	다중 마스터 활용해 레이아웃 지정하기	188
	09	프레젠테이션의 기본 글꼴 변경하기	190
리뷰!		**실무 예제** / 슬라이드 마스터 디자인 / 슬라이드 번호 표시	191

목차

NEW	파워포인트 2016의 새로운 기능
UP	파워포인트 2016의 업그레이드 기능
우선순위 TOP 20	실무 중요도에 따라 TOP01~TOP20까지 표시

저장/인쇄

Section 02 프레젠테이션 다양한 형식으로 저장하기

| 우선순위 TOP 19 |
| UP |

- 01 프레젠테이션을 PDF 문서로 저장하기 — 193
- 02 프레젠테이션을 비디오 파일로 저장하기 — 195
- 03 프레젠테이션을 CD용 패키지로 저장하기 — 198
- 04 프레젠테이션을 유인물로 저장하기 — 200
- 05 프레젠테이션을 그림 슬라이드로 저장하기 — 201

리뷰! **실무 예제** / PDF 형식으로 저장 / 파워포인트 쇼 형식으로 저장 — 203

Section 03 프레젠테이션의 인쇄 환경 설정하기

- 01 인쇄용지와 슬라이드의 방향 설정하기 — 205
- 02 필요한 슬라이드만 회색조로 인쇄하기 — 206 〔우선순위 TOP 20〕
- 03 3슬라이드 유인물로 인쇄하기 — 207
- 04 슬라이드 노트에 머리글/바닥글 인쇄하기 — 208
- 05 특정 구역만 선택해 세 장씩 인쇄하기 — 210

리뷰! **실무 예제** / 회색조 인쇄 / 2슬라이드 유인물로 인쇄 — 211

핵심! **실무 노트** /
① 마스터 이용해 목차 페이지로 되돌아가는 단추 만들기 — 212
② 오피스 2016 프로그램 설치하기 — 214

찾아보기 — 216

부록 CD 사용법

엑셀&파워포인트 2016 부록 CD 이렇게 사용하세요!

이 책의 부록 CD에는 실습을 따라할 수 있는 예제파일과 결과파일이 각 챕터와 섹션별로 나뉘어 수록되어 있습니다. 부록 CD의 예제파일 및 결과파일은 내 컴퓨터에 복사하여 사용할 것을 권장합니다.

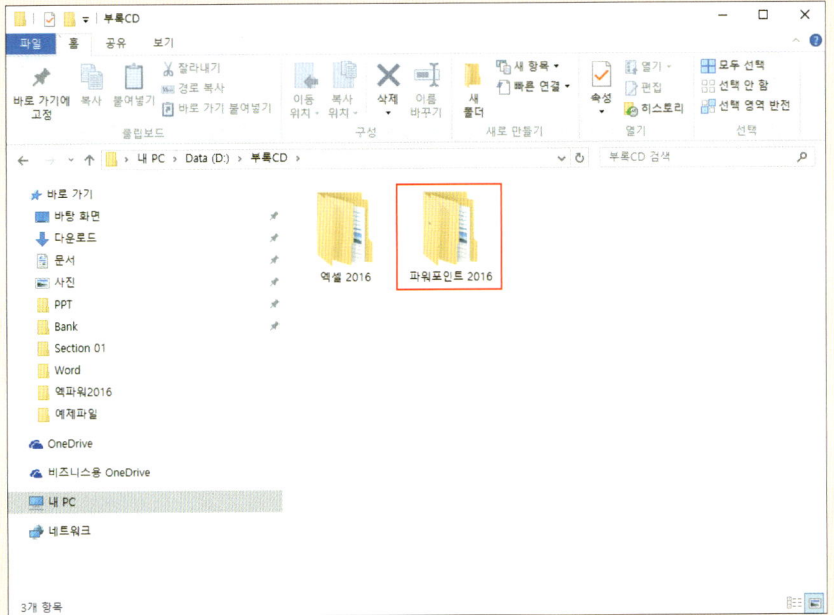

1 엑셀 2016
엑셀 2016에서 사용하는 예제파일과 결과파일이 각 챕터와 섹션별로 수록되어 있습니다. [핵심! 실무 노트]에 해당하는 예제파일 및 결과파일은 각 챕터의 '핵심실무노트' 폴더에 따로 담겨 있어요.

2 파워포인트 2016
파워포인트 2016에서 사용하는 예제파일과 결과파일이 각 챕터와 섹션별로 수록되어 있습니다. 실습에 필요한 사진과 음악도 섹션별로 나뉘어 담겨 있어요. [핵심! 실무 노트]의 예제파일 및 결과파일은 각 챕터의 '핵심실무노트' 폴더에서 찾으세요.

CHAPTER 1 기본 프레젠테이션 문서 작성하기

키노트, 프레지 등 발표를 도와주는 도구들이 많지만, 파워포인트가 가장 대중화된 발표용 프로그램으로, 누구나 쉽게 쓸 수 있어요. 대학 과제, 직장인 실무 보고서 작성부터 사업 제안과 기획안 발표까지 파워포인트는 여러 사람들 앞에서 발표해야 할 때 가장 많이 널리 사용되고 있습니다. 하지만 파워포인트의 기능을 효율적으로 다루지 못한다면 오랜 시간을 투자하고도 전달력이 떨어지는 결과물이 나오는 경우가 많습니다. 이번 챕터에서는 메시지를 효과적으로 전달하기 위해 가독성 높은 텍스트를 표현하는 방법과 슬라이드를 다루는 기본 기능에 대해 배워봅니다.

Excel & PowerPoint 2016

SECTION 01 파워포인트 2016 시작하기

SECTION 02 슬라이드 자유자재로 다루기

SECTION 03 텍스트 슬라이드 만들기

Section 01 파워포인트 2016 시작하기

파워포인트는 시각 자료를 만드는 소프트웨어로, 발표 주제와 관련된 이미지나 키워드를 바탕으로 도해, 표, 차트 등을 함께 활용하여 프레젠테이션을 작성합니다. 만약 빈 슬라이드에서 자료를 만드는 것이 부담스럽다면 이미 만들어진 서식이나 템플릿을 적극 활용해 보세요. 디자인이 훌륭하고 체계적으로 구성되어 있어서 누구나 쉽고 편리하게 전달하려는 메시지를 효율적으로 표현할 수 있습니다. 또한 원하는 서식이 없으면 사용자의 스타일에 따라 얼마든지 새로운 서식을 만들 수도 있습니다.

PREVIEW

▲ 파워포인트 2016의 'Back Stage' 화면 살펴보기

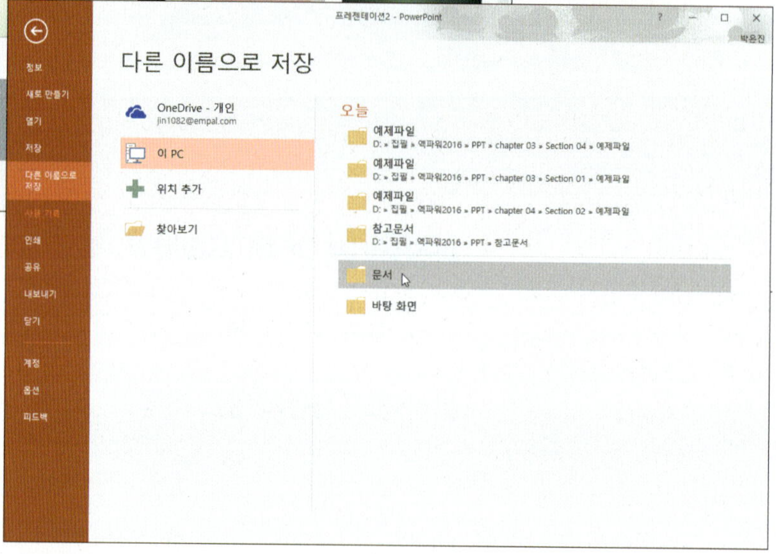

▲ 프레젠테이션 문서 저장하기

섹션별 주요 내용

01 | 파워포인트 실행하기   02 | 새로운 기능 살펴보기   03 | 파워포인트 2016 화면 구성 살펴보기
04 | 프레젠테이션의 보기 형식 살펴보기   05 | 테마 선택해 새 프레젠테이션 만들기
06 | 프레젠테이션 저장하기

01 파워포인트 실행하기

파워포인트 2016을 실행하면 나타나는 시작 화면에서는 최근에 사용한 프레젠테이션 문서를 다시 실행할 수 있어요. 또한 이미 만들어져 있는 서식 파일이나 템플릿을 선택하여 프레젠테이션 문서를 작성할 수도 있습니다. 만약 디자인이나 슬라이드 구성에 자신이 없으면 서식 파일을 적극 활용해 보세요.

1. **검색 입력 상자** : 찾으려고 하는 서식 파일의 검색어를 입력하여 온라인 서식 파일 및 테마를 다운로드할 수 있어요.
2. **최근 항목** : 최근에 작업한 파일 목록으로, 여기서 원하는 문서를 선택하여 빠르게 실행할 수 있어요.
3. **다른 프레젠테이션 열기** : 최근에 사용한 프레젠테이션 문서를 제외하고 다른 경로(내 컴퓨터, OneDrive 등)에 저장한 프레젠테이션 문서를 열 수 있어요.
4. **새 프레젠테이션** : 제목과 부제목을 입력할 수 있는 새 슬라이드를 열 수 있어요.
5. **서식 파일** : 파워포인트 2016에서 기본적으로 제공하는 서식 파일로, 목적과 필요에 따라 다양한 서식 파일을 선택할 수 있어요.

NEW

핵심 기능 02 새로운 기능 살펴보기

1 | 수행할 작업 빠르게 실행하기

리본 메뉴에 추가된 설명 상자에 원하는 작업 명령어의 일부를 입력하면 관련 기능 목록이 표시됩니다. 이렇게 하면 리본 메뉴에서 명령 단추를 일일이 찾을 필요 없이 원하는 작업을 빠르게 실행할 수 있어요. 설명 상자에 『Smart』를 입력해 보면 관련 목록이 표시되는데, [SmartArt 삽입]을 선택해 보세요. 그러면 관련 작업 창이 곧바로 나타납니다.

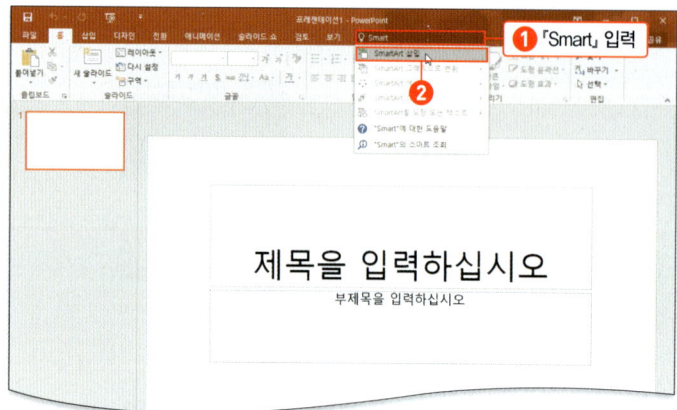

2 | 디자인 아이디어 기능 사용하기

슬라이드에 일정 크기(200×200픽셀) 이상의 그림을 삽입하면 화면의 오른쪽에 [디자인 아이디어] 창이 자동으로 나타나요. 여기서는 슬라이드를 멋지게 만들 수 있는 아이디어를 다양하게 제시하며, 원하는 디자인을 선택하면 즉시 적용되어 레이아웃을 바꿀 수 있어요. 만약 디자인 아이디어 기능을 무시하고 다음 작업을 진행하면 [디자인 아이디어] 창은 사라집니다.

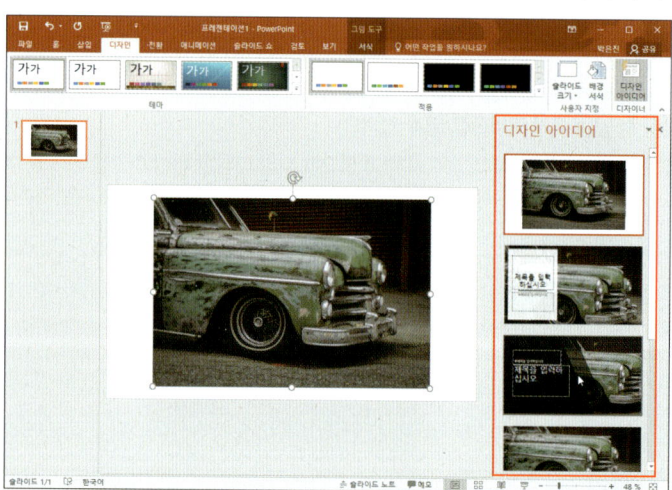

Tip

[디자인] 탭-[디자이너] 그룹에서 [디자인 아이디어]를 선택하면 언제든지 디자인 아이디어를 사용할 수 있어요. 이 기능은 인터넷에 연결된 상태에서 오피스 365 구독을 보유하고 있는 경우에만 사용할 수 있어요.

3 | 모핑 전환하기

모핑은 두 개 이상의 슬라이드에 공통된 개체들 간의 원활한 애니메이션 지정과 전환, 개체 이동을 손쉽게 만들 수 있는 새로운 화면 전환 유형입니다. 모핑 전환을 효과적으로 사용하려면 공통된 개체가 하나 이상 포함된 두 개의 슬라이드가 있는 상태에서 슬라이드를 복제하고 두 번째 슬라이드의 개체를 다른 위치로 이동한 후 두 번째 슬라이드에 모핑 전환을 적용해야 해요. 모핑 전환을 통해 두 개의 슬라이드에 있는 개체가 어떻게 애니메이션이 지정되고 이동 및 강조되는지 확인할 수 있어요.

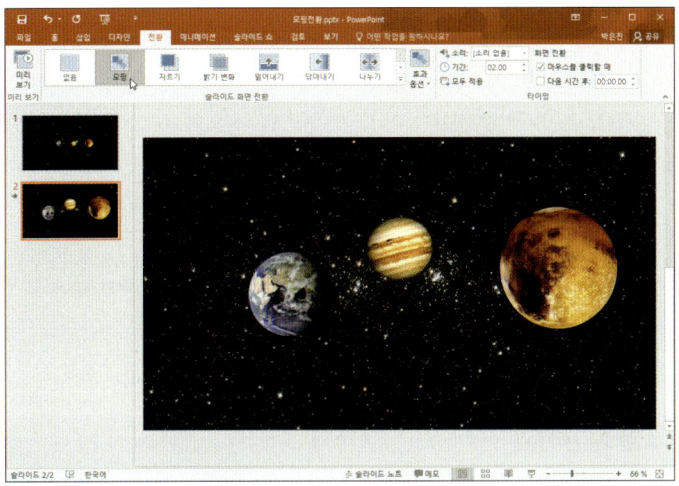

4 | 잉크 수식 실행해 직접 수식 입력하기

'잉크 수식' 기능을 사용하면 마우스나 터치펜으로도 수식을 입력할 수 있어요. [삽입] 탭-[기호] 그룹에서 [수식]의 을 클릭한 후 [잉크 수식]을 선택하면 필기체 수식이 자동으로 변환되어 표시됩니다.

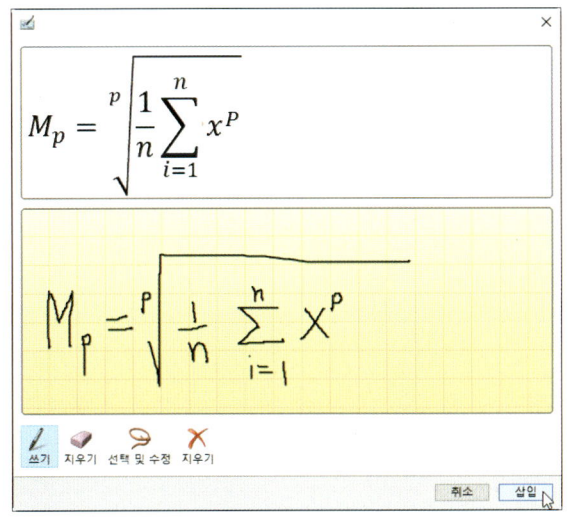

> **Tip**
> 마우스나 터치펜으로 입력할 때 가능한 크게 입력하고 원하는 모양으로 인식되지 않으면 [지우기] 또는 [선택 및 수정]을 클릭하여 잘못 인식된 부분을 지우고 다시 입력해 보세요.

5 | 화면 녹화하기

프레젠테이션 문서에서 영상으로 남기고 싶은 화면이 있다면 [삽입] 탭-[미디어] 그룹에서 [화면 녹화]를 클릭한 후 화면 영역을 지정하고 녹화해 보세요. 녹화한 영상은 슬라이드에 비디오로 삽입됩니다. 파워포인트가 아닌 화면도 녹화할 수 있어요.

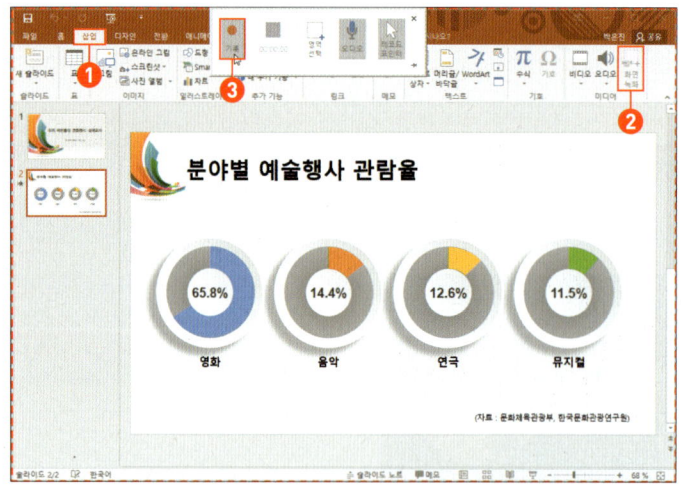

Tip
슬라이드 화면 녹화에 대한 자세한 내용은 123쪽을 참고하세요. 화면 기록 시작 단축키인 ■+Shift+R과 화면 기록 중지 단축키인 ■+Shift+Q를 이용하면 빠르게 영상 녹화를 할 수 있어요.

6 | 잉크 입력 실행해 텍스트와 그림 작성하기

'잉크 입력' 기능을 사용하면 파워포인트에서 제공하는 도형과 이미지 외에도 다양한 모양과 색상의 도형을 만들 수 있어요. [검토] 탭-[잉크] 그룹에서 [잉크 입력 시작]을 클릭해 보세요.

펜이나 손가락, 마우스를 사용하여 그림을 그리거나 텍스트를 써서 강조하여 표시할 수 있어요. 또한 손으로 그린 그림을 기하 도형으로 변환하고 그린 부분을 선택한 후 수정할 수도 있습니다.

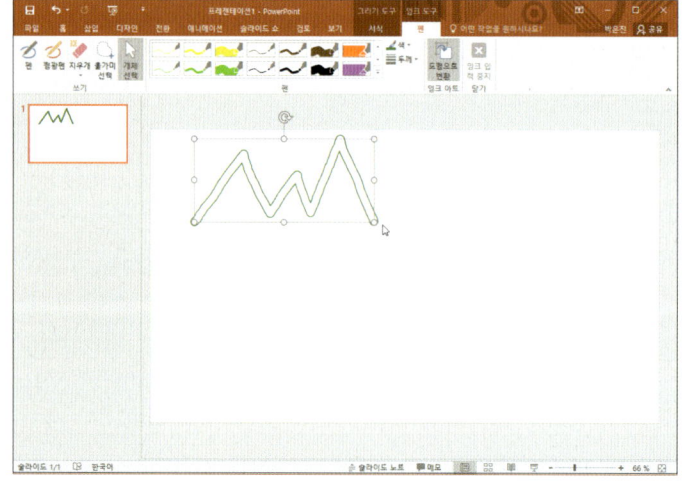

화면 구성 살펴보기

파워포인트 2016은 이전 버전과 구성이 크게 달라지지 않았지만 주요 메뉴의 위치는 제대로 알고 있어야 문서의 작업 속도를 크게 향상시킬 수 있어요.

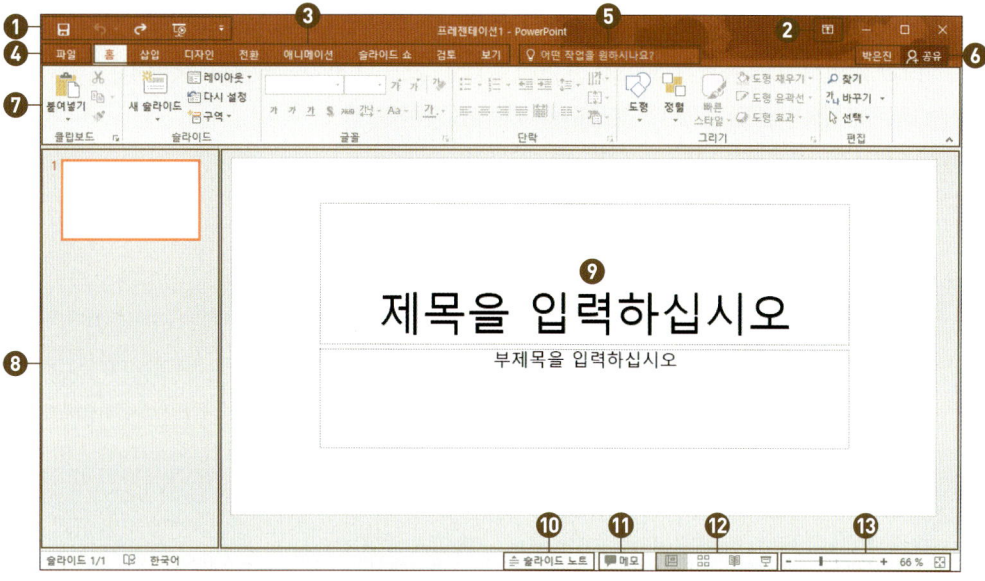

① **빠른 실행 도구 모음** : 자주 사용하는 도구를 모아놓은 곳으로, 사용자의 필요에 따라 도구를 추가 및 삭제할 수 있어요.

② **[리본 메뉴 표시 옵션] 단추( )** : 리본 메뉴의 탭과 명령 단추들을 모두 표시하거나 숨길 수 있어요.

③ **탭** : 클릭하면 기능에 맞는 도구 모음이 나타나요. 기본적으로 제공되는 탭 외에 그림, 도형, 차트 등을 선택하면 [그림 도구]나 [표 도구]와 같은 상황별 탭이 추가로 나타나요.

④ **[파일] 탭** : 파일을 열고 닫거나 저장 및 인쇄할 수 있으며 공유, 계정, 내보내기 등의 문서 관리도 가능해요. 또한 다양한 파워포인트 옵션도 지정할 수 있어요.

⑤ **설명 상자** : 파워포인트 2016에 대한 도움말을 실행할 수 있어요.

⑥ **사용자 계정과 공유** : 로그인한 사용자의 계정과 등록한 사진이 표시됩니다. 계정을 만들면 공유 기능을 이용해서 해당 문서를 작업하고 있는 사용자를 확인하고 공유 옵션을 지정할 창을 열 수 있어요.

⑦ **리본 메뉴** : 선택한 탭과 관련된 명령 단추들이 비슷한 기능별로 묶인 몇 개의 그룹으로 구성되어 있어요.

⑧ **슬라이드 축소판 그림 창** : 슬라이드의 축소판 그림이 나타나는 공간으로, 문서의 순서를 정하거나 여러 장의 슬라이드를 다룰 때 사용해요.

⑨ **슬라이드 창** : 파워포인트를 작업하는 기본 창으로, 개체를 삽입하거나 텍스트를 입력 및 편집할 때 사용해요.

⑩ **슬라이드 노트** : 클릭하면 [슬라이드 노트] 창이 열려요. 여기에 입력한 내용은 따로 인쇄하여 발표자용 서브 노트로 활용할 수 있어요.

⑪ **메모** : 클릭하면 공동 작업자 간의 의견을 좀 더 쉽게 교환할 수 있는 [메모] 창이 열려요.

⑫ **화면 보기 단추** : 원하는 문서 보기 상태로 변환할 수 있는 단추입니다. [기본] 보기( ), [여러 슬라이드] 보기( ), [읽기용 보기]( ), [슬라이드 쇼]( ) 등으로 화면 보기 상태를 선택할 수 있어요.

⑬ **확대/축소 슬라이드바** : 슬라이드바를 드래그하여 화면 보기 비율을 10~400%까지 확대 또는 축소할 수 있어요.

04 프레젠테이션의 보기 형식 살펴보기

1 | 기본 보기( )

기본 보기는 파워포인트를 실행했을 때 볼 수 있는 가장 기본적인 화면으로, 슬라이드 내용을 편집할 때 사용해요. 다른 보기 상태에서 기본 보기로 전환하려면 **[보기] 탭-[프레젠테이션 보기]** 그룹에서 **[기본]**을 클릭하거나 화면의 오른쪽 아래에 있는 [기본] 단추( )를 클릭하세요.

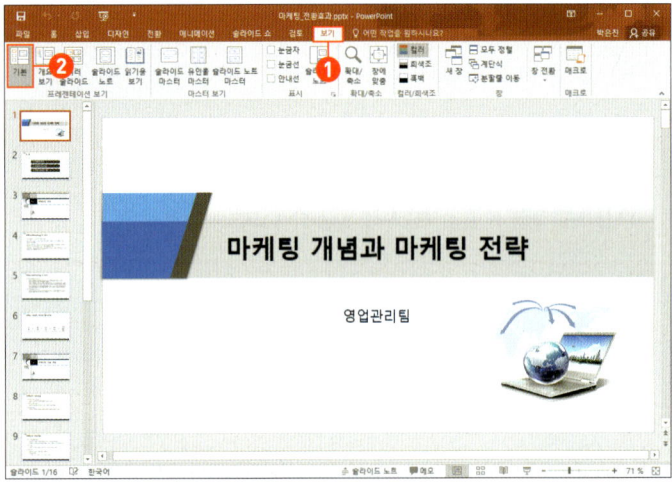

2 | 여러 슬라이드 보기( )

여러 슬라이드 보기는 한 화면에서 여러 슬라이드를 확인해 볼 수 있는 화면으로, 슬라이드의 전체 흐름을 파악하거나 슬라이드 간 이동 및 삭제 등의 작업이 필요할 때 사용해요. **[보기] 탭-[프레젠테이션 보기]** 그룹에서 **[여러 슬라이드]**를 클릭하거나 화면의 오른쪽 아래에 있는 [여러 슬라이드] 단추( )를 클릭하세요.

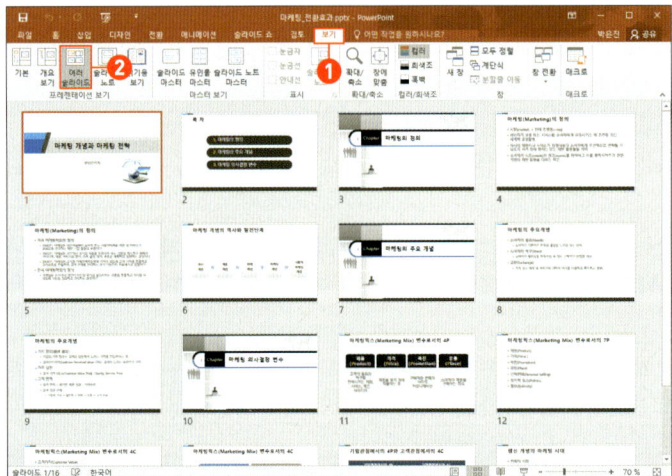

3 | 읽기용 보기(📖)

읽기용 보기는 파워포인트 문서에 적용한 애니메이션과 화면 전환 효과를 확인할 때 사용해요. [보기] 탭-[프레젠테이션 보기] 그룹에서 [읽기용 보기]를 클릭하거나 화면의 오른쪽 아래에 있는 [읽기용 보기] 단추(📖)를 클릭하세요.

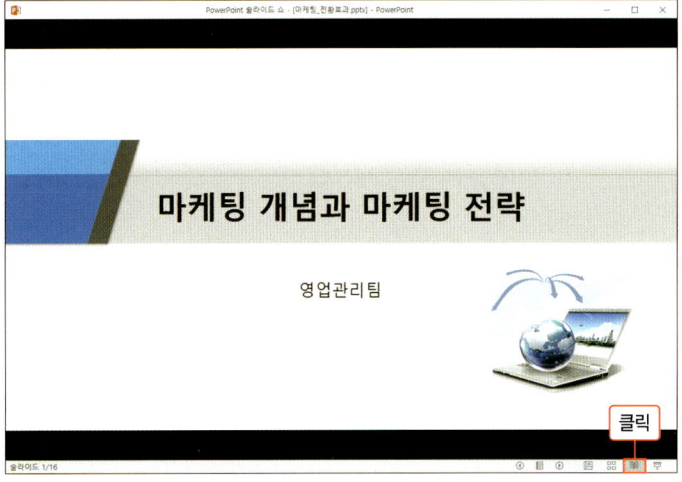

4 | 슬라이드 쇼(🖥)

슬라이드 쇼는 슬라이드 내용이 전체 화면에 가득 채워지면서 애니메이션, 화면 전환, 동영상, 소리 등의 효과가 모두 실행됩니다. [슬라이드 쇼] 탭-[슬라이드 쇼 시작] 그룹에서 [처음부터] 또는 [현재 슬라이드부터]를 클릭하거나 화면의 오른쪽 아래에 있는 [슬라이드 쇼] 단추(🖥)를 클릭하세요. 슬라이드 쇼를 종료하려면 Esc 를 누르세요.

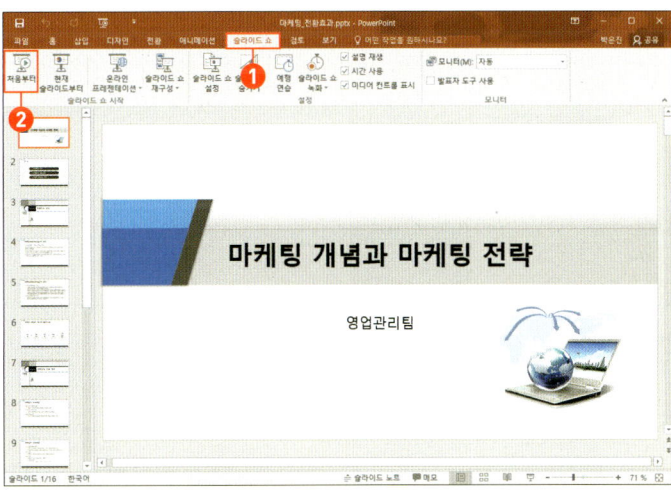

실무예제 05 | 테마 선택해 새 프레젠테이션 만들기

> 예제파일: 새 문서에서 시작하세요.

1 빈 프레젠테이션이 아닌 파워포인트 2016에서 제공하는 테마나 서식이 적용된 프레젠테이션으로 시작하려면 [파일] 탭을 클릭하세요.

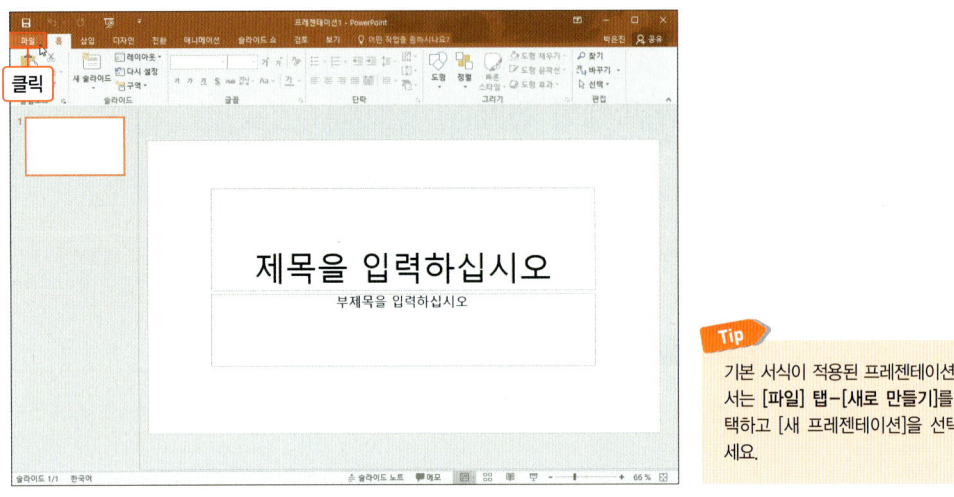

> **Tip**
> 기본 서식이 적용된 프레젠테이션 문서는 [파일] 탭-[새로 만들기]를 선택하고 [새 프레젠테이션]을 선택하세요.

2 'Back Stage' 화면이 열리면 [새로 만들기]를 선택하고 화면의 오른쪽 창에서 원하는 테마를 선택하세요. 여기서는 [전체]를 선택하세요.

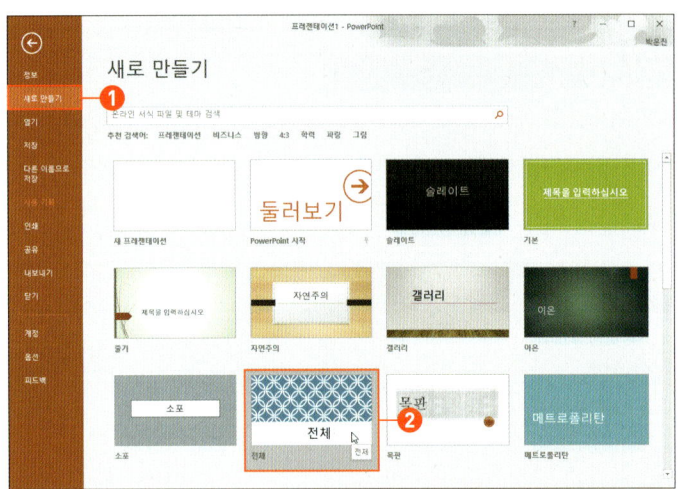

> **Tip**
> 테마(theme)는 서로 어울리는 색과 글꼴, 특수 효과 등을 포함하는 슬라이드 디자인이고 서식 파일은 테마에 내용까지 포함된 슬라이드 디자인입니다. 파워포인트 2016에서 기본적으로 제공하는 서식 파일이나 테마 외에도 검색 입력 상자에 키워드를 입력하면 온라인에서 서식 파일이나 테마를 다운로드하여 사용할 수 있어요.

3 선택한 테마를 변형할 수 있는 색상과 패턴이 표시되면 원하는 색상을 선택하고 [만들기]를 클릭하세요. 여기서는 스크롤바를 아래쪽으로 드래그하여 마지막 패턴을 선택하세요.

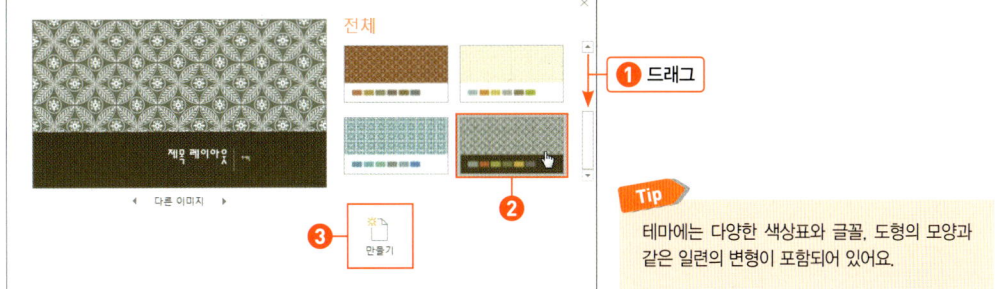

> **Tip**
> 테마에는 다양한 색상표와 글꼴, 도형의 모양과 같은 일련의 변형이 포함되어 있어요.

4 선택한 색상과 패턴이 적용된 새 프레젠테이션 문서가 만들어졌습니다.

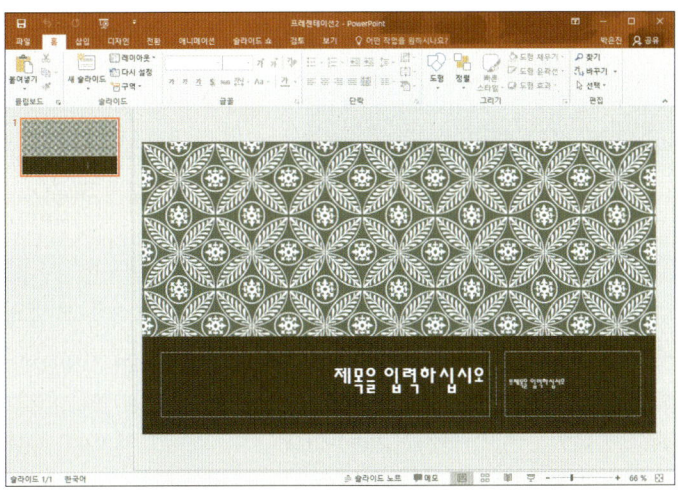

> **Tip**
> [디자인] 탭-[적용] 그룹에서도 테마의 색상과 글꼴, 효과 등을 변경할 수 있어요.

잠깐만요 문서에 적용된 테마의 종류 변경하기

[디자인] 탭-[테마] 그룹에서 [자세히] 단추(▽)를 클릭하고 변경할 테마를 선택하면 현재 문서에 적용된 테마를 바꿀 수 있어요. 직접 만들어 저장한 테마를 적용하려면 [테마 찾아보기]를 선택하여 테마를 선택해 보세요.

▲ 'Office' 테마에서 [메모 테마] 선택하기

실무예제 06 프레젠테이션 저장하기

1 프레젠테이션 문서를 저장하기 위해 **[파일] 탭**을 클릭하세요.

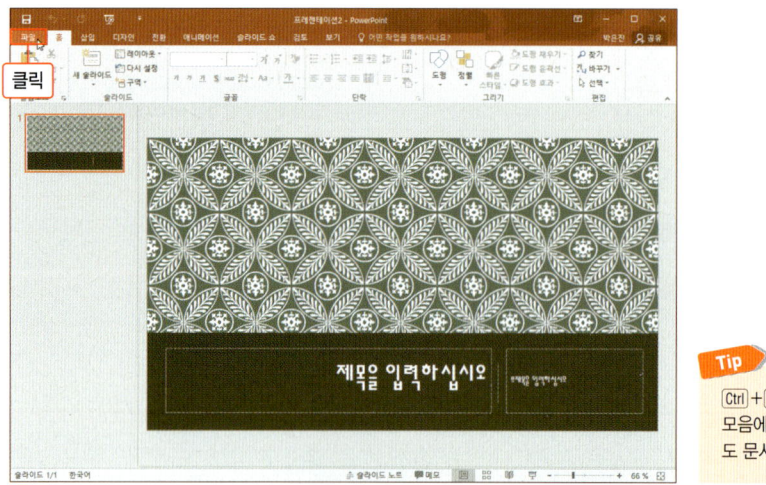

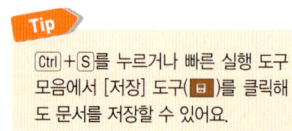

Tip
Ctrl + S 를 누르거나 빠른 실행 도구 모음에서 [저장] 도구( )를 클릭해도 문서를 저장할 수 있어요.

2 'Back Stage' 화면에서 [저장]을 선택하고 저장 위치를 [이 PC]-[문서]로 지정해 보세요. 프레젠테이션 문서를 처음 저장한다면 **[파일] 탭-[저장]**을 선택해도 [다른 이름으로 저장] 대화상자가 열려요.

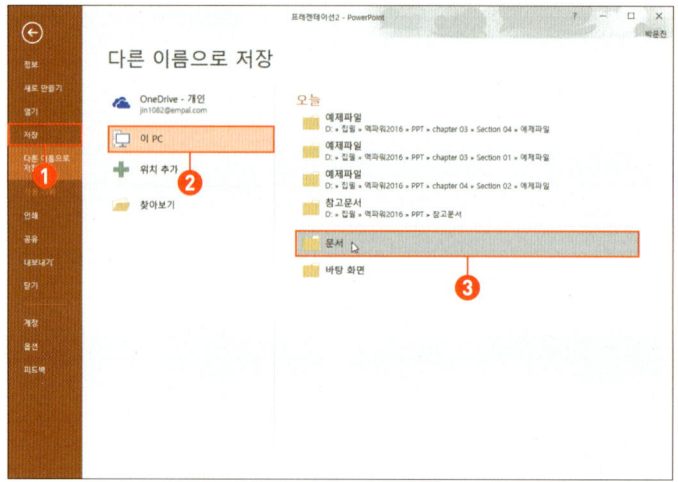

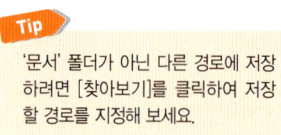

Tip
'문서' 폴더가 아닌 다른 경로에 저장하려면 [찾아보기]를 클릭하여 저장할 경로를 지정해 보세요.

3 [다른 이름으로 저장] 대화상자가 열리면 '파일 이름'에 『보고자료』를 입력하고 [저장]을 클릭하세요. 이때 '파일 형식'은 'PowerPoint 프레젠테이션'으로, 확장자는 'pptx'로 저장됩니다.

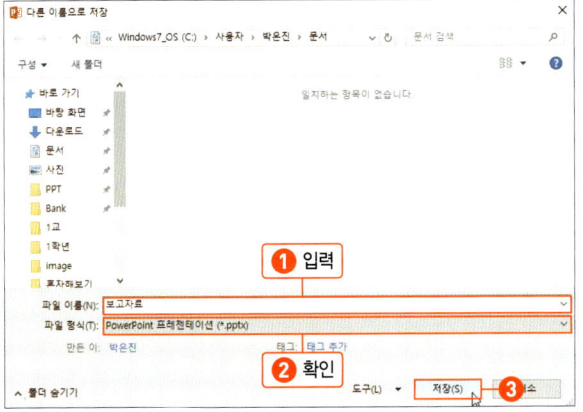

4 제목 표시줄에 3 과정에서 입력한 파일 이름이 표시되면 내 컴퓨터에 프레젠테이션 문서가 저장된 것입니다.

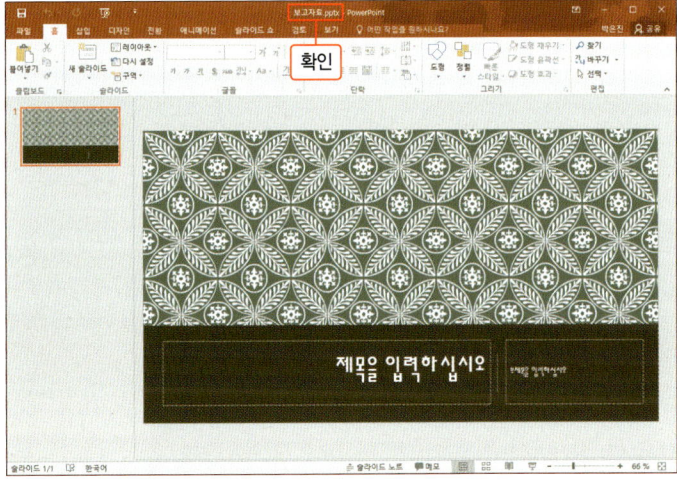

Tip
내 컴퓨터에 저장한 문서를 실행하려면 [파일] 탭-[열기]를 선택하고 [열기] 대화상자에서 해당 파일을 클릭하세요.

잠깐만요   파워포인트 2003 이전 버전 형식으로 저장하기

파워포인트 2003 이전 버전까지의 파일 확장자는 ppt였지만, 파워포인트 2007 버전부터는 파일 확장자가 pptx로 바뀌었어요. 파워포인트 2003 이전 버전이 설치된 컴퓨터에서도 문서가 열리게 하려면 [다른 이름으로 저장] 대화상자의 '파일 형식'에서 [PowerPoint 97-2003 프레젠테이션 (*.ppt)]을 선택해서 저장해야 합니다.

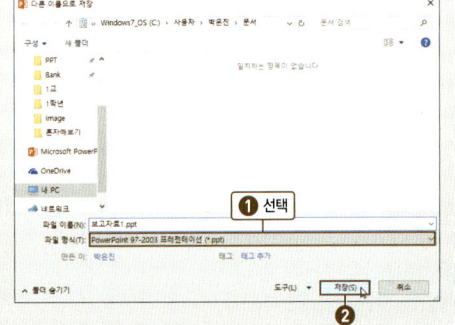

> **잠깐만요** 최근에 사용한 프레젠테이션 문서 빠르게 열기

'Back Stage' 화면에서 [열기]를 선택하고 [최근에 사용한 항목]에서 최근에 실행한 파일을 찾아 선택하면 프레젠테이션 문서를 빠르게 열 수 있어요.

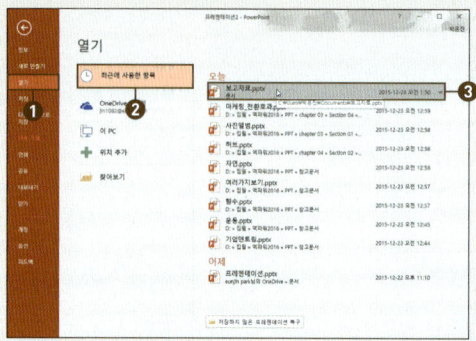

최근에 사용한 파일 목록에 나타나는 파일 수 변경하기

최근에 사용한 항목에 나타나는 파일 수를 변경하려면 **[파일] 탭-[옵션]**을 선택하세요. [PowerPoint 옵션] 창이 열리면 [고급] 범주를 선택하고 '표시'의 '표시할 최근 프레젠테이션 수'에 파일의 개수를 수정하세요. 만약 『0』을 입력하면 최근에 사용한 파일 목록에 파일이 표시되지 않습니다.

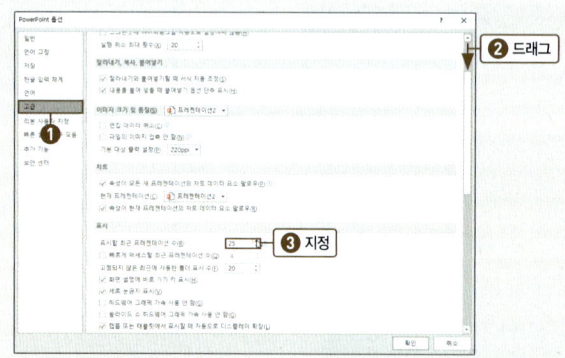

자주 사용하는 파일이나 폴더를 목록에 고정 또는 고정 해제하기

'Back Stage' 화면에서 [열기]를 선택하고 [최근에 사용한 항목]을 선택한 후 화면의 오른쪽 창에 나타난 목록에서 파일의 옆에 표시된 [이 항목을 목록에 고정] 단추( )를 클릭하거나 마우스 오른쪽 단추로 눌러 [목록에 고정]을 선택하면 해당 파일을 목록에 고정시킬 수 있어요. 이렇게 목록에 파일을 고정시키면 최근에 실행한 파일의 수가 많아도 항상 맨 위에 표시됩니다. 고정을 해제하려면 [이 항목을 목록에서 고정 해제] 단추( )를 클릭하거나 마우스 오른쪽 단추로 눌러 [목록에서 고정 해제]를 선택하세요.

▲ 목록에 파일 고정하기 　　　　　　　　　　　　　▲ 목록에서 파일 고정 해제하기

1 | '비누' 테마 파일로 프레젠테이션 문서 시작하기

예제파일 : 새 문서에서 시작하세요.   **결과파일** : 발표.pptx

'비누' 테마의 녹색 색상표를 사용하여 새 프레젠테이션 문서를 만들어 보세요.

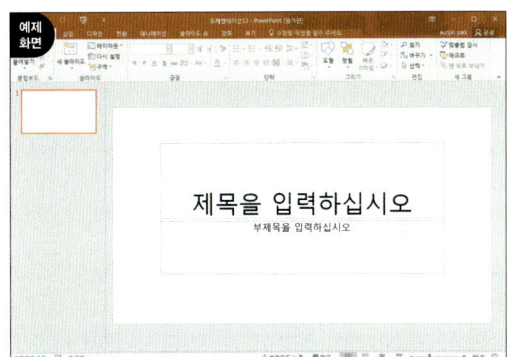
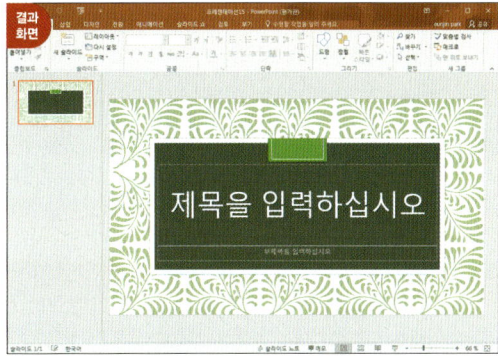

Hint
① [파일] 탭-[새로 만들기]를 선택하세요.
② 파워포인트 2016에서 제공하는 테마 중 [비누 테마]를 선택하고 색상표를 변경하세요.
③ [만들기]를 클릭하여 새 프레젠테이션 문서를 실행하세요.

2 | 프레젠테이션 문서에 적용한 테마와 색상 변경하기

예제파일 : 상태보고.pptx   **결과파일** : 상태보고_완성.pptx

'상태보고' 문서의 테마를 [그물]의 네 번째 색상 종류로 변경하고 '문서' 폴더에 '상태보고_완성' 파일로 저장해 보세요.

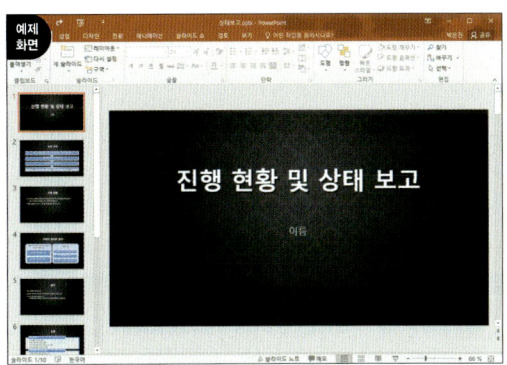
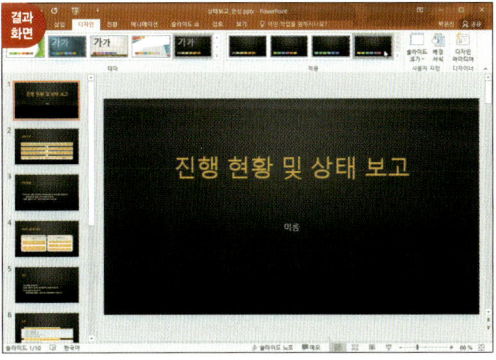

Hint
① [디자인] 탭-[테마] 그룹에서 변경할 [그물] 테마를 선택하고 [디자인] 탭-[적용] 그룹에서 네 번째 색상을 지정하세요.
② [파일] 탭-[다른 이름으로 저장]을 선택하고 [이 PC]-[문서]를 선택하세요.
③ [다른 이름으로 저장] 대화상자가 열리면 저장 위치를 지정하고 '파일 이름'에 『상태보고_완성』을 입력한 후 [저장]을 클릭하세요.

Section **02**

슬라이드 자유자재로 다루기

키노트, 프레지 등 발표 자료를 만들 수 있는 프로그램이 많지만, 파워포인트만큼 문서를 쉽게 작성하고 편집할 수 있는 친숙한 프로그램은 없어요. 이번 섹션에서는 프레젠테이션 문서를 만들기 위해 꼭 알아야 할 슬라이드 삽입 및 이동, 복사, 레이아웃 변경 등의 기본적인 슬라이드 편집 기능에 대해 배워봅니다. 여기서 알려주는 과정을 확실하게 알고 있어야 Chapter 2 이후에 다루는 예제를 쉽게 따라할 수 있으니 잘 익혀두세요.

PREVIEW

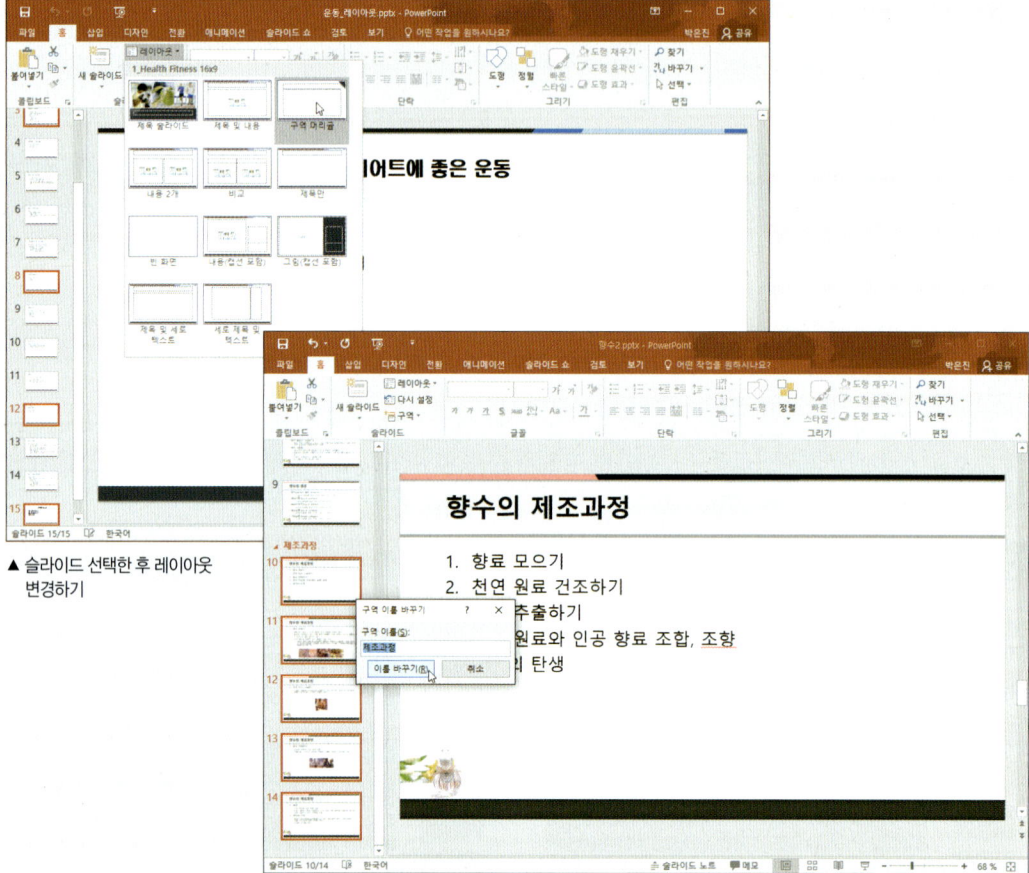

▲ 슬라이드 선택한 후 레이아웃 변경하기

▲ 슬라이드를 구역으로 나누기

섹션별 주요 내용

01 | 새 슬라이드 삽입하기　02 | 슬라이드 선택하고 레이아웃 변경하기
03 | 슬라이드 복제하고 이동하기　04 | 슬라이드 삭제하고 서식 재지정하기
05 | 논리적 구역 설정해 슬라이드 관리하기　06 | 슬라이드 복사하기

난이도 1 **2** 3 4 5

🔸 예제파일 : 운동.pptx 🔸 결과파일 : 운동_완성.pptx

실무예제 01 새 슬라이드 삽입하기

1 2번 슬라이드의 아래쪽에 새 슬라이드를 삽입해 보겠습니다. 2번 슬라이드를 선택하고 [홈] 탭-[슬라이드] 그룹에서 [새 슬라이드]의 ▼를 클릭한 후 [빈 화면]을 선택하세요.

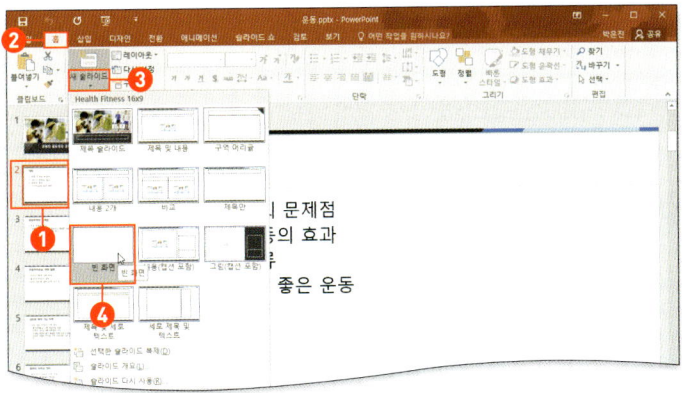

> **Tip**
> [새 슬라이드]의 ▼를 클릭하면 선택한 슬라이드와 같은 레이아웃의 슬라이드가 삽입됩니다. 단 '제목 슬라이드' 레이아웃의 다음에는 '제목 및 내용' 레이아웃 슬라이드가 삽입됩니다.

2 3번 슬라이드로 '빈 화면' 레이아웃이 추가되었습니다.

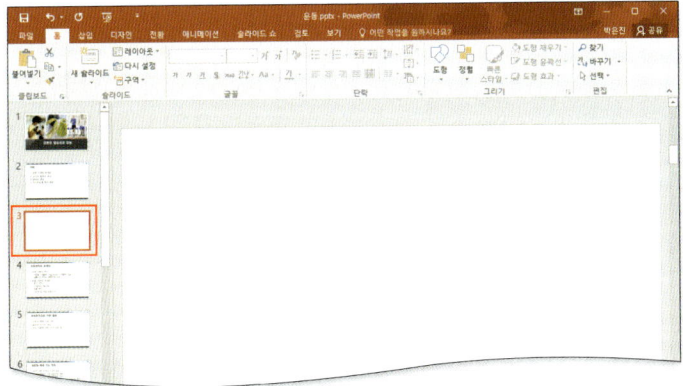

> **Tip**
> 새 슬라이드를 삽입할 수 있는 단축키는 Ctrl+M입니다.

잠깐만요 | **항상 빈 프레젠테이션 문서로 파워포인트 시작하기**

파워포인트를 시작할 때마다 시작 화면을 표시하지 않고 곧바로 새로운 프레젠테이션 문서를 열 수 있어요. [파일] 탭-[옵션]을 선택하여 [PowerPoint 옵션] 창을 열고 [일반] 범주의 '시작 옵션'에서 [이 응용 프로그램을 시작할 때 시작 화면 표시]의 체크를 해제한 후 [확인]을 클릭하세요. 이렇게 하면 제목과 부제목을 입력할 수 있는 새 프레젠테이션 문서가 곧바로 나타납니다.

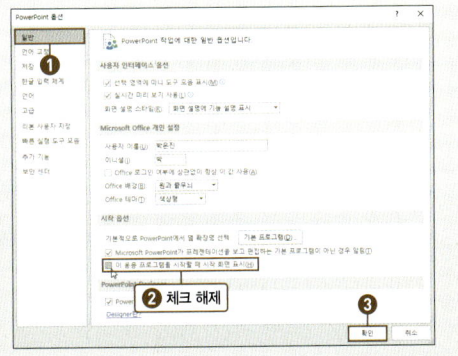

난이도 1 ② 3 4 5   예제파일 : 운동_레이아웃.pptx   결과파일 : 운동_레이아웃_완성.pptx

실무예제 **02 슬라이드 선택하고 레이아웃 변경하기**

1. 3번 슬라이드를 선택하고 Ctrl을 누른 상태에서 8번, 12번, 15번 슬라이드를 차례대로 모두 선택하세요. [홈] 탭-[슬라이드] 그룹에서 [레이아웃]을 클릭하고 [구역 머리글]을 선택하세요.

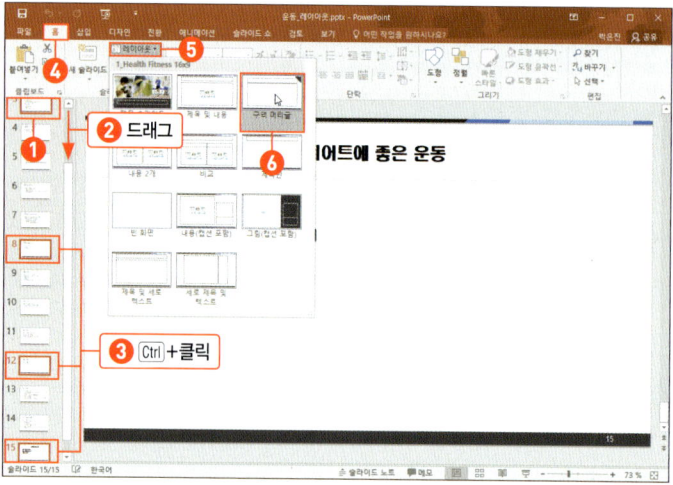

> **Tip**
> 슬라이드 창이나 슬라이드 축소판 그림 창에서 마우스 오른쪽 단추를 눌러 [레이아웃]을 선택해도 레이아웃을 선택할 수 있어요. 여러 개의 슬라이드는 다음과 같은 방법으로 선택할 수 있어요.
> - **선택한 슬라이드가 연속으로 배치된 경우** : 첫 번째 슬라이드를 선택하고 Shift를 누른 상태에서 마지막 슬라이드를 클릭해 한꺼번에 선택하세요.
> - **선택할 슬라이드가 떨어져 있는 경우** : 첫 번째 슬라이드를 선택하고 Ctrl을 누른 상태에서 선택할 슬라이드를 차례대로 클릭해 선택하세요.

2. 선택한 슬라이드의 레이아웃이 모두 '구역 머리글' 레이아웃으로 변경되었습니다.

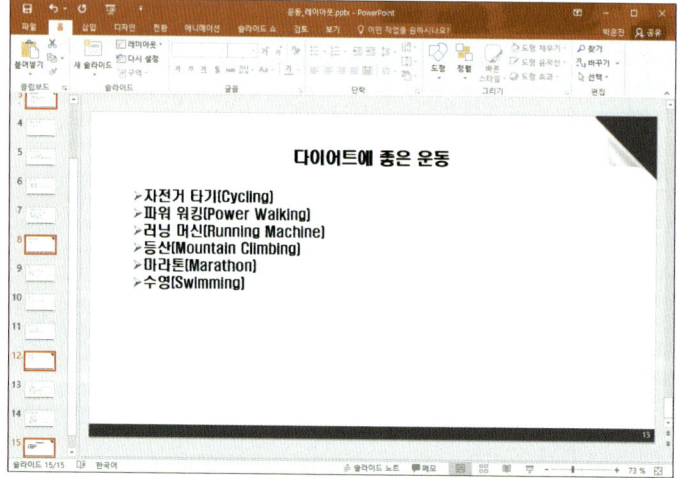

| 난이도 1 2 **3** 4 5 | 예제파일 : 운동_복제.pptx 결과파일 : 운동_복제_완성.pptx |

실무예제 03 슬라이드 복제하고 이동하기

1 슬라이드 축소판 그림 창에서 1번 슬라이드를 마우스 오른쪽 단추로 눌러 [슬라이드 복제]를 선택하세요.

> **Tip**
> '복사'와 '복제'는 의미가 조금 다릅니다. 슬라이드 복제는 선택한 슬라이드의 바로 다음에 같은 슬라이드가 삽입되는 것으로, 원본 슬라이드와 인접한 위치에 슬라이드를 복사해야 할 때는 '복제' 기능을 사용하는 것이 편리해요. 흔히 사용하는 복제 단축키인 Ctrl + D 를 눌러도 슬라이드를 복제할 수 있어요.

2 복제한 2번 슬라이드를 마지막 위치로 이동하기 위해 2번 슬라이드를 선택한 상태에서 맨 마지막 위치로 드래그하세요.

> **Tip**
> Ctrl 을 누른 상태에서 드래그하면 슬라이드를 복사할 수 있어요.

실무예제 04 슬라이드 삭제하고 서식 재지정하기

난이도 1 2 ③ 4 5

예제파일 : 운동_삭제.pptx 결과파일 : 운동_삭제_완성.pptx

1 슬라이드 축소판 그림 창에서 16번 슬라이드를 마우스 오른쪽 단추로 눌러 [슬라이드 삭제]를 선택하세요. 이 기능을 이용하면 불필요하게 작성된 슬라이드를 삭제할 수 있어요.

Tip
슬라이드를 삭제하는 가장 쉬운 방법은 Delete를 누르는 것입니다.

2 3번, 8번, 12번, 15번 슬라이드에 모두 '구역 머리글' 레이아웃이 적용되어 있는데, 현재 15번 슬라이드만 글꼴과 줄 간격 등의 모양이 좀 다르게 보이죠? 해당 모양을 통일하기 위해 슬라이드 축소판 그림에서 15번 슬라이드를 마우스 오른쪽 단추로 눌러 [슬라이드 원래대로]를 선택하면 '구역 머리글' 레이아웃의 기본 모양으로 다시 설정됩니다.

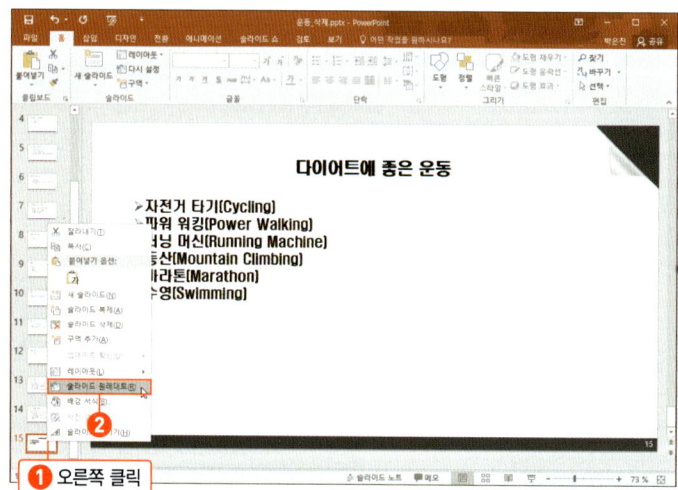

Tip
[홈] 탭-[슬라이드] 그룹에서 [다시 설정]을 클릭해도 슬라이드의 레이아웃을 원래대로 되돌릴 수 있어요.

실무예제 05 | 논리적 구역 설정해 슬라이드 관리하기

난이도 1 2 3 **4** 5

예제파일 : 운동_구역.pptx 결과파일 : 운동_구역_완성.pptx

1 슬라이드 축소판 그림 창에서 3번 슬라이드를 마우스 오른쪽 단추로 눌러 [구역 추가]를 선택하세요.

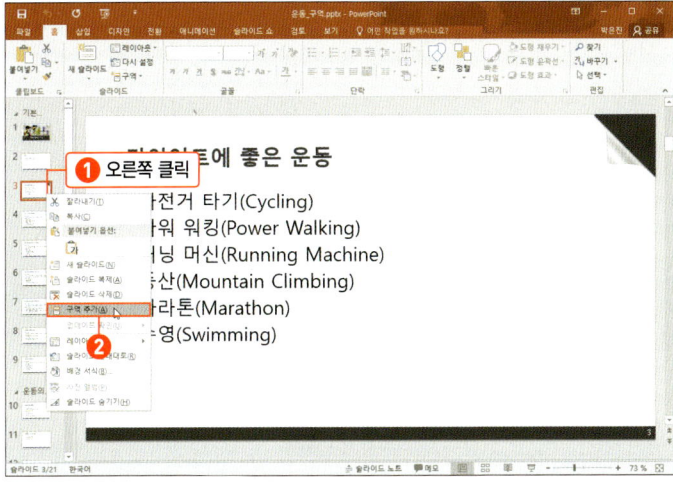

Tip
[홈] 탭-[슬라이드] 그룹에서 [구역]을 클릭하고 [구역 추가]를 선택해도 됩니다.

2 구역을 추가하면 1번 슬라이드와 2번 슬라이드는 '기본 구역'이 되고 3번 슬라이드부터 9번 슬라이드는 '제목 없는 구역'으로 설정됩니다. '제목 없는 구역'에서 마우스 오른쪽 단추를 눌러 [구역 이름 바꾸기]를 선택하세요. [구역 이름 바꾸기] 대화상자가 열리면 '구역 이름'에 『다이어트 운동』을 입력하고 [이름 바꾸기]를 클릭하세요.

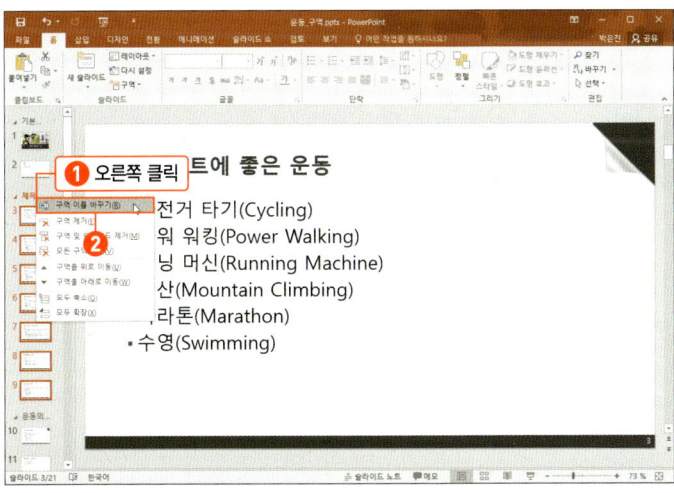

Tip
구역 이름 앞의 ▲ 단추를 클릭하면 특정 구역의 슬라이드가 모두 표시되도록 확장하거나 축소하여 감출 수 있어요.

3 지정한 구역의 이름에서 마우스 오른쪽 단추를 눌러 [모두 축소]를 선택하면 슬라이드가 축소되어 구역 이름만 표시됩니다.

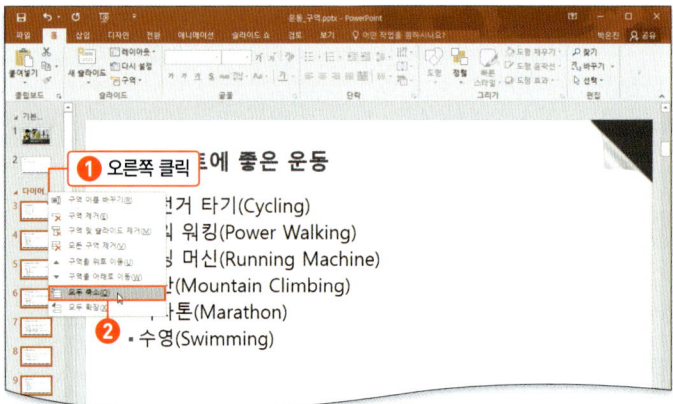

4 구역 이름 중에서 '다이어트 운동' 구역을 마우스 오른쪽 단추로 눌러 [구역을 아래로 이동]을 선택하세요. 이렇게 하면 여러 슬라이드로 구성된 구역의 순서를 위쪽이나 아래쪽으로 이동할 수 있어요.

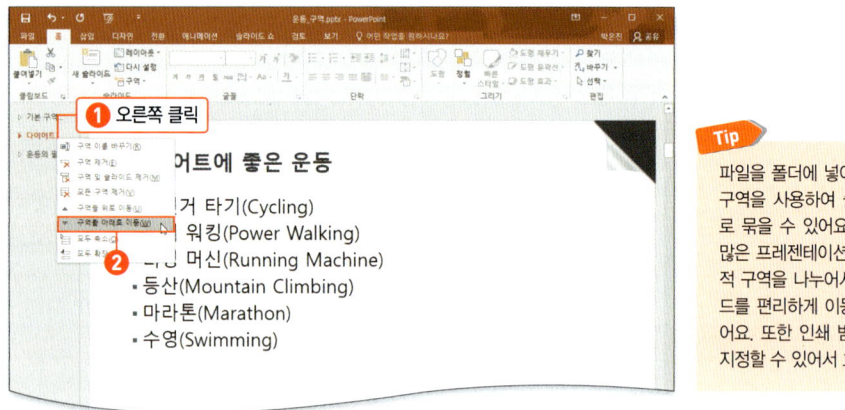

> **Tip**
>
> 파일을 폴더에 넣어 관리하는 것처럼 구역을 사용하여 슬라이드를 그룹으로 묶을 수 있어요. 슬라이드의 수가 많은 프레젠테이션 문서의 경우 논리적 구역을 나누어서 정리하면 슬라이드를 편리하게 이동 및 삭제할 수 있어요. 또한 인쇄 범위도 구역 단위로 지정할 수 있어서 효율적이에요.

5 '다이어트 운동' 구역 이름의 앞에 있는 ▶ 단추를 클릭하여 해당 구역을 확대하여 확인해 보세요.

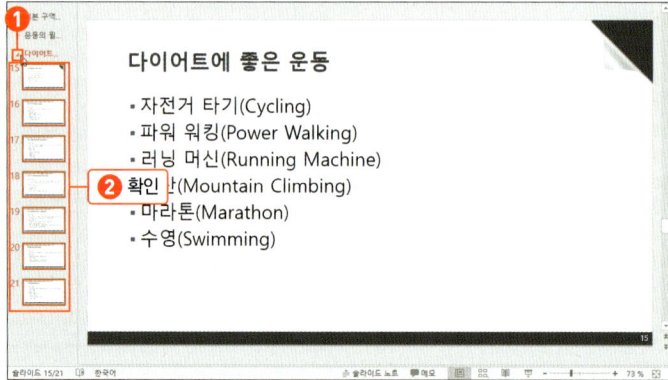

예제파일 : 운동_복사.pptx 결과파일 : 운동_복사_완성.pptx

실무예제 06 | 슬라이드 복사하기

1 슬라이드 축소판 그림 창에서 3번 슬라이드를 마우스 오른쪽 단추로 눌러 [복사]를 선택하세요.

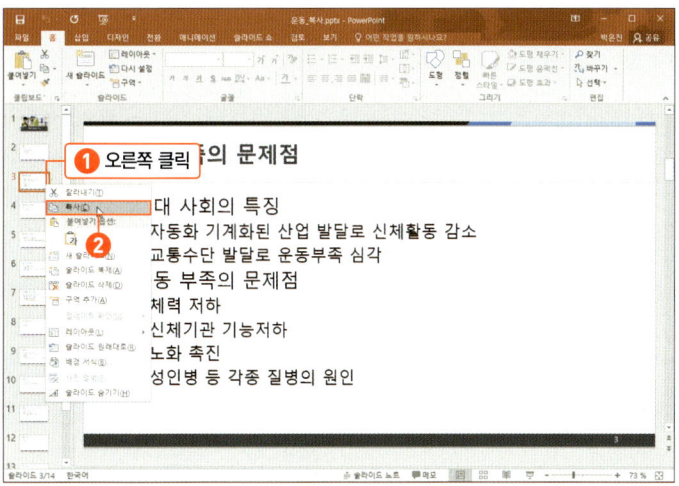

> Tip
> 단축키 Ctrl + C를 눌러도 슬라이드를 복사할 수 있어요.

2 7번 슬라이드와 8번 슬라이드 사이에서 마우스 오른쪽 단추를 눌러 '붙여넣기 옵션'의 [대상 테마 사용](🖼)을 클릭하여 복사한 슬라이드를 붙여넣으세요.

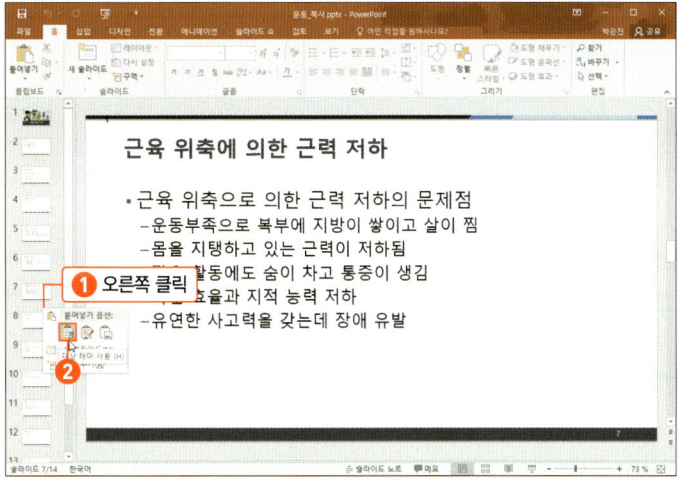

> Tip
> 단축키 Ctrl + V를 누르거나 [홈] 탭-[클립보드] 그룹에서 [붙여넣기]의 🖼를 선택해도 됩니다. 만약 복사하여 붙여넣을 슬라이드의 위치가 가까우면 31쪽의 '복제' 기능을 사용해 보세요.

3 Ctrl+N을 눌러 새 프레젠테이션을 만들어 보세요. 1번 슬라이드의 다음에서 마우스 오른쪽 단추를 눌러 '붙여넣기 옵션'의 [대상 테마 사용]( )을 클릭하여 2 과정에서 복사한 슬라이드를 붙여넣으세요.

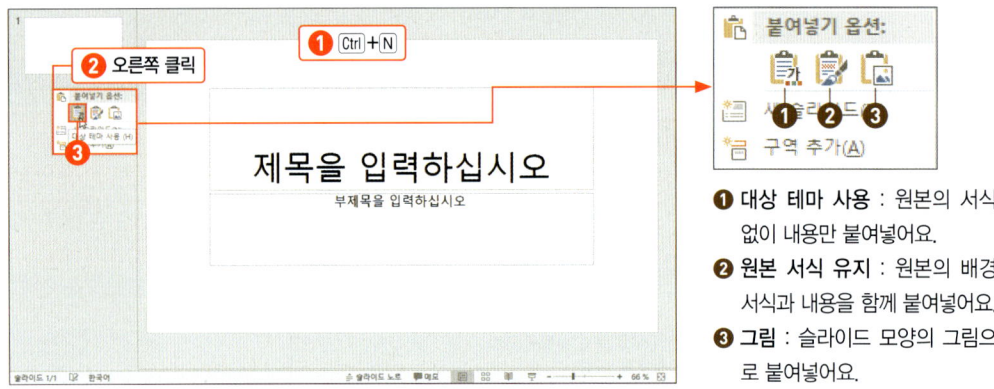

4 2번 슬라이드의 다음에서 마우스 오른쪽 단추를 눌러 '붙여넣기 옵션'의 [원본 서식 유지]( )를 클릭하세요.

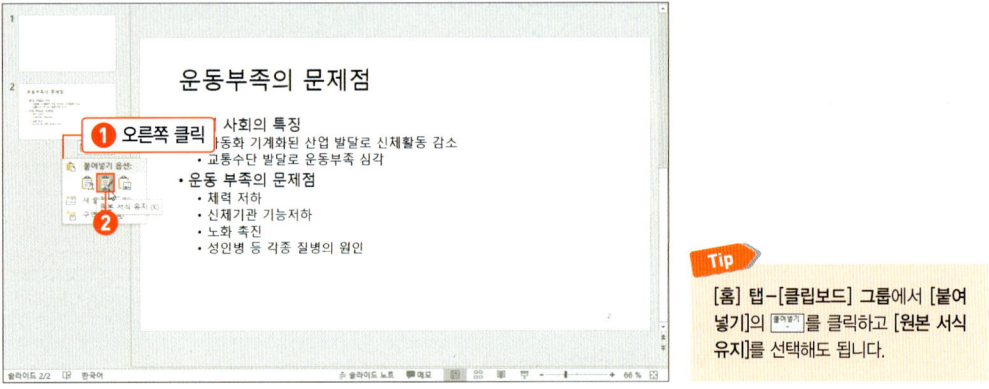

Tip

[홈] 탭-[클립보드] 그룹에서 [붙여넣기]의 를 클릭하고 [원본 서식 유지]를 선택해도 됩니다.

5 원본의 배경과 서식을 그대로 유지한 상태에서 슬라이드를 붙여넣었어요. 슬라이드를 복사할 때 내용만 복사하거나 내용과 함께 서식까지 복사할 수 있습니다.

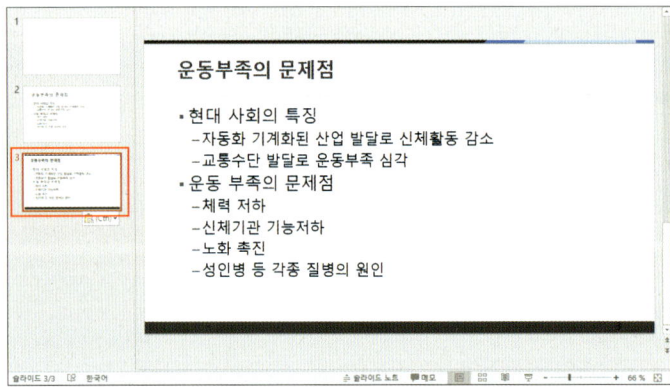

1 | 슬라이드 레이아웃 변경하고 빈 슬라이드 삭제하기

● 예제파일 : 향수_레이아웃.pptx   ● 결과파일 : 향수_레이아웃_완성.pptx

3번 슬라이드를 '제목 및 내용' 레이아웃으로 변경하고 7번, 9번, 10번 슬라이드를 함께 선택하여 삭제해 보세요.

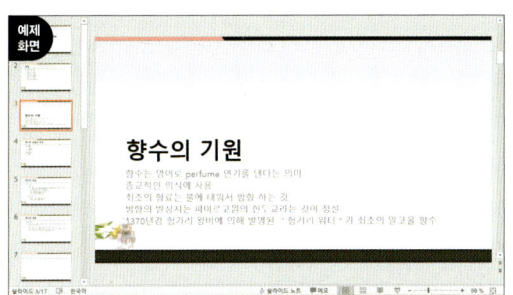
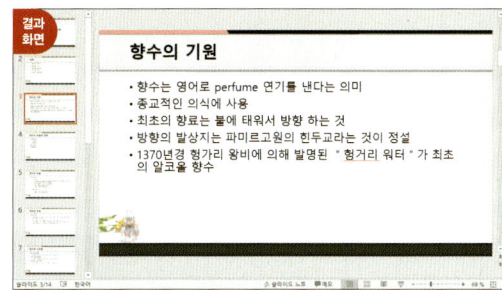

Hint
① 3번 슬라이드에서 마우스 오른쪽 단추를 눌러 [레이아웃]을 선택하고 'Office 테마'의 [제목 및 내용]을 선택하세요.
② 7번 슬라이드를 선택하고 [Ctrl]을 누른 상태에서 9번, 10번 슬라이드도 함께 선택하세요.
③ [Delete]를 눌러 선택한 슬라이드를 삭제하세요.

2 | 슬라이드를 구역으로 나누고 구역 축소하기

● 예제파일 : 향수_구역.pptx   ● 결과파일 : 향수_구역_완성.pptx

10~14번 슬라이드를 '제조과정' 구역으로 나누고 모든 구역을 축소하여 표시해 보세요.

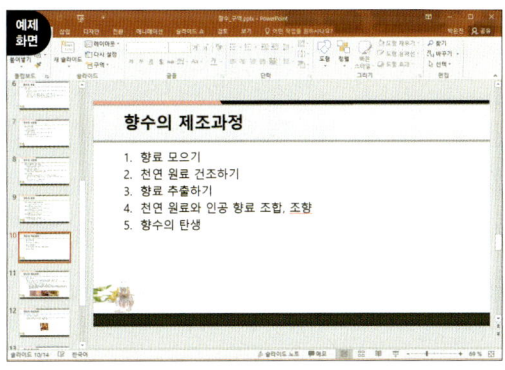
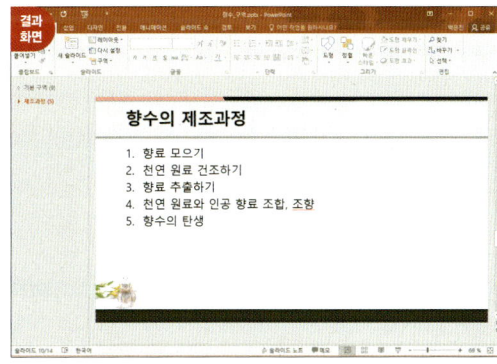

Hint
① 10번 슬라이드에서 마우스 오른쪽 단추를 눌러 [구역 추가]를 선택하고 '제목 없는 구역'에서 마우스 오른쪽 단추를 눌러 [구역 이름 바꾸기]를 선택하세요.
② [구역 이름 바꾸기] 대화상자에서 '구역 이름'에 『제조과정』을 입력한 후 설정한 구역 이름에서 마우스 오른쪽 단추를 눌러 [모두 축소]를 선택하세요.

Section 03 텍스트 슬라이드 만들기

프레젠테이션 디자인의 기본이면서 메시지를 전달하는 데 가장 중요한 요소는 바로 '텍스트'입니다. 입력한 글자에 다양한 모양의 글꼴, 색상, 글머리 기호를 지정하거나 적당한 줄 간격과 워드아트 서식을 적용하면 읽기도 쉽고 보기도 좋은 텍스트 디자인을 할 수 있어요. 이번 섹션에서는 슬라이드에 입력한 글자를 다양한 모양 및 글꼴로 변경해 보고 정확한 내용을 전달하기 위한 글꼴 크기와 색상에 대해 알아봅니다.

PREVIEW

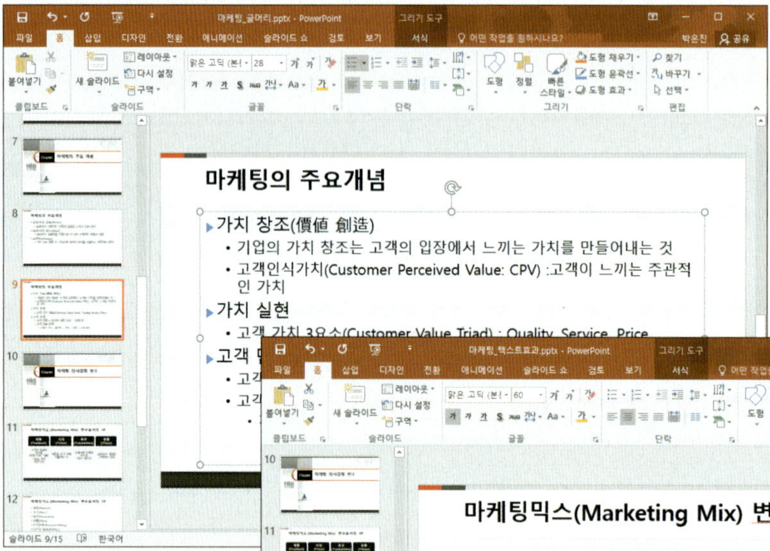

▲ 글꼴과 단락 서식 지정하기

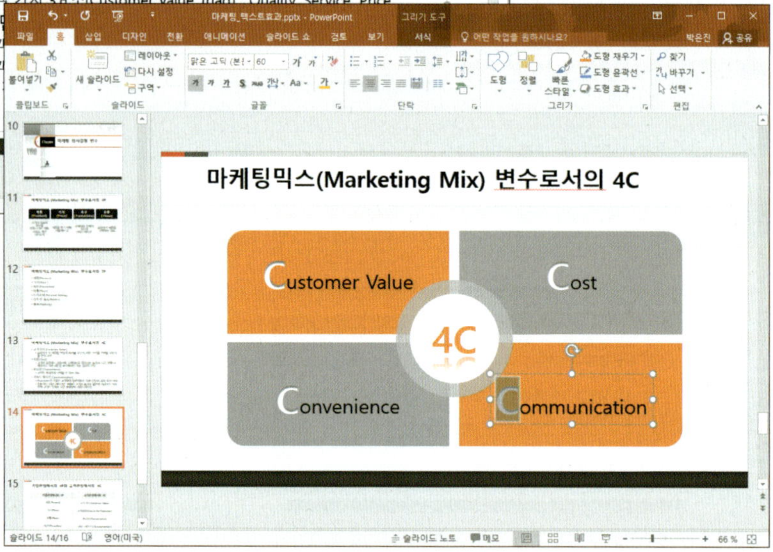

▲ 워드아트 서식으로 텍스트 꾸미기

> **섹션별 주요 내용**
> 01 | 슬라이드에 텍스트 입력하기   02 | 한자와 특수 문자 입력하기   03 | 글꼴 서식 지정해 텍스트 꾸미기
> 04 | 단락의 목록 수준 조절하기   05 | 글머리 기호의 모양과 색상 변경하기
> 06 | 텍스트 사이의 줄 간격 조절하기   07 | 한글 단어가 잘리지 않게 줄 바꾸기
> 08 | 워드아트 빠른 스타일 이용해 제목 꾸미기   09 | 텍스트에 반사 효과와 그림자 지정하기

슬라이드에 텍스트 입력하기

> 예제파일 : 마케팅.pptx 결과파일 : 마케팅_완성.pptx

1. 1번 슬라이드를 선택하고 제목에는 『마케팅 개념과 마케팅 전략』을, 부제목에는 『영업관리팀』을 입력하세요. 새 슬라이드를 삽입하기 위해 [홈] 탭-[슬라이드] 그룹에서 [새 슬라이드]의 를 클릭하세요.

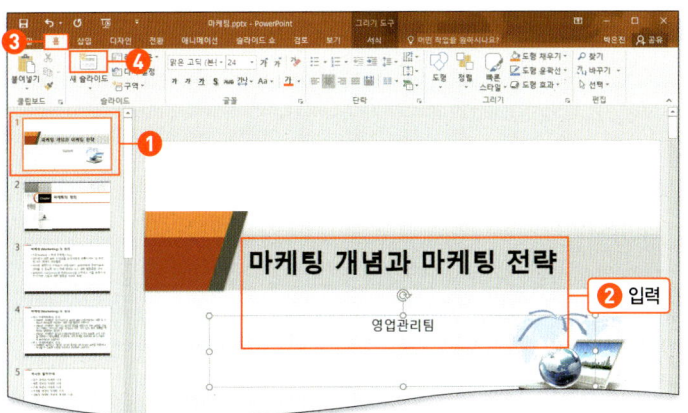

Tip
Ctrl + M 을 눌러도 새 슬라이드를 삽입할 수 있어요.

2. 1번 슬라이드의 아래쪽에 새 슬라이드가 삽입되면 제목에는 『목차』를, 내용에는 『마케팅의 정의』를 입력하고 Enter 를 눌러 줄을 변경한 후 『마케팅의 주요 개념』을 입력하세요. 이와 같은 방법으로 다음 줄에 『마케팅 의사결정 변수』를 입력하세요.

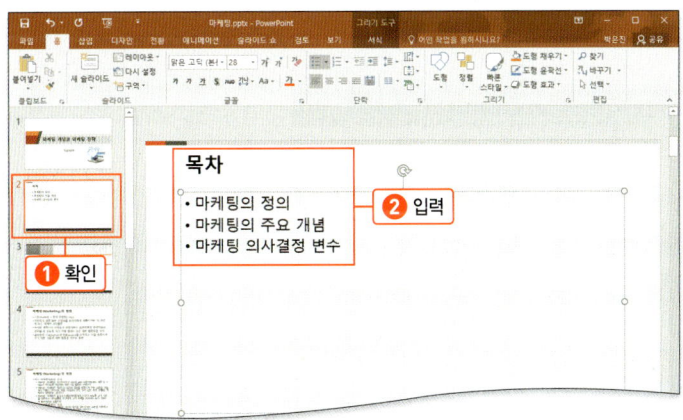

Tip
Enter 를 누르면 단락이 바뀌면서 새 글머리 기호가 생겨요. 하지만 단락을 나누지 않고 글머리 기호 없이 줄을 바꾸려면 Shift + Enter 를 누르세요.

잠깐만요 텍스트 개체 틀에서 다른 텍스트 개체 틀로 커서 이동하기

'제목을 입력하십시오'가 입력된 제목 개체 틀에 텍스트를 입력하고 Ctrl + Enter 를 누르면 '부제목을 입력하십시오'가 입력된 부제목 개체 틀로 커서가 이동합니다. 이와 같이 Ctrl + Enter 를 누르면 다음 텍스트 개체 틀로 쉽게 이동할 수 있어요. 또한 슬라이드에 삽입된 마지막 텍스트 개체 틀에서 Ctrl + Enter 를 누르면 현재 슬라이드 다음의 새 슬라이드에 텍스트 개체가 삽입됩니다. Ctrl + Enter 를 누르면 텍스트로 구성된 슬라이드에서 마우스를 사용하지 않고도 쉽고 빠르게 작업할 수 있어요.

난이도 1 2 3 **4** 5   예제파일 : 마케팅_한자.pptx   결과파일 : 마케팅_한자_완성.pptx

실무예제 02 한자와 특수 문자 입력하기

1 9번 슬라이드에서 괄호 안의 '가치'를 드래그하여 선택하고 [한자]를 누르세요. 한자사전에 등록된 단어가 목록으로 나타나면 해당 한자를 선택하여 한자로 변환하세요.

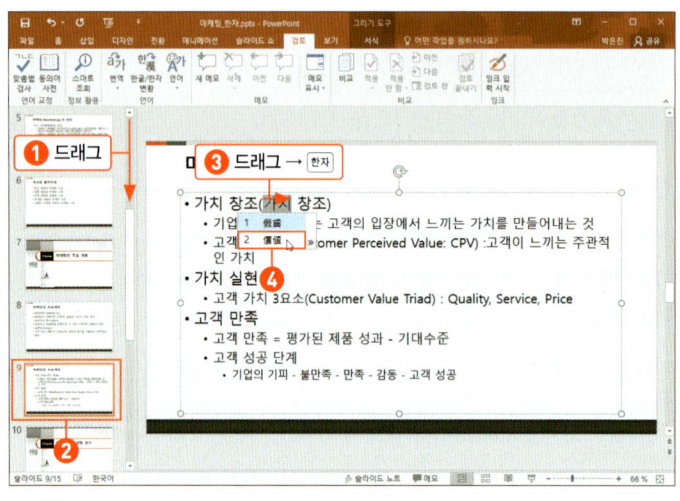

> **Tip**
> 한 글자씩 한자로 변환하려면 변환할 글자를 드래그하여 선택하거나 글자의 뒤를 클릭하여 커서를 올려놓은 상태에서 [한자]를 누르세요.

2 괄호 안에 입력된 '창조' 단어를 드래그하여 선택하고 **[검토] 탭-[언어] 그룹**에서 **[한글/한자 변환]**을 클릭하세요.

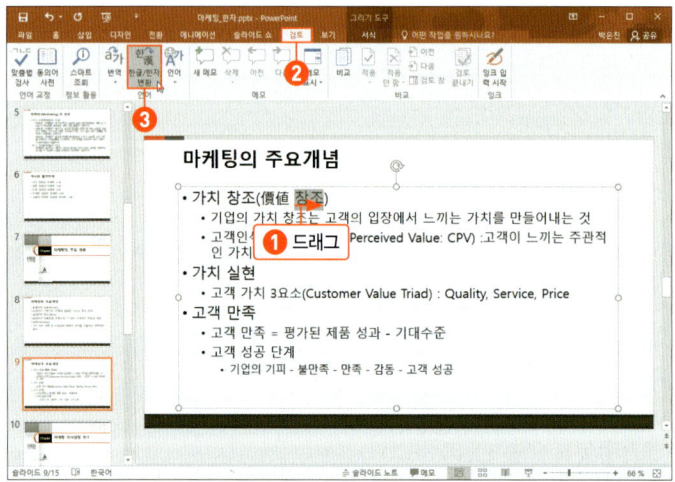

3 [한글/한자 변환] 대화상자가 열리면 '한자 선택'에서 변환할 한자를 선택하고 [변환]을 클릭하세요.

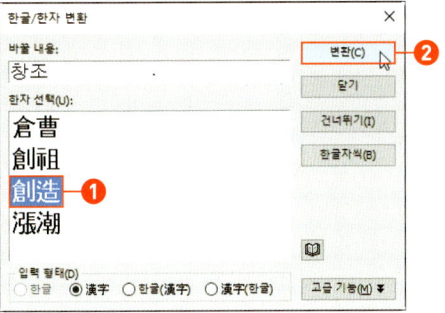

4 마지막 줄의 '기업의 기피'와 '불만족' 사이에 있는 '-'를 드래그하여 선택하세요. 특수 문자인 '→'로 변경하기 위해 [삽입] 탭-[기호] 그룹에서 [기호]를 클릭하세요.

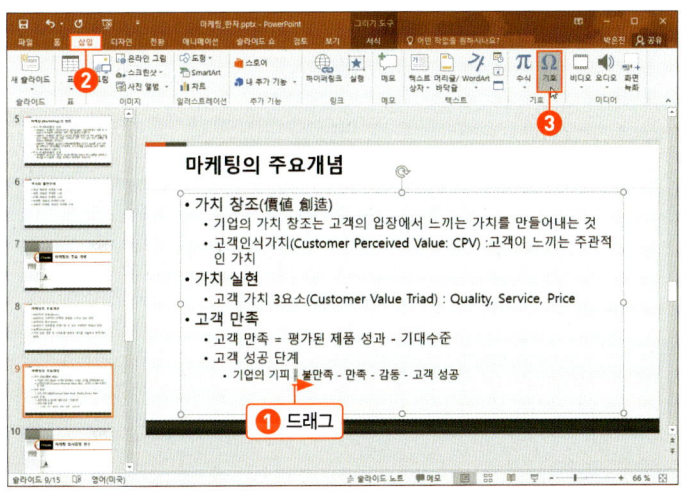

5 [기호] 대화상자가 열리면 '글꼴'에서는 [(현재 글꼴)]을, '하위 집합'에서는 [화살표]를 선택하세요. 기호 목록에서 [→]를 선택하고 [삽입]과 [닫기]를 차례대로 클릭하세요.

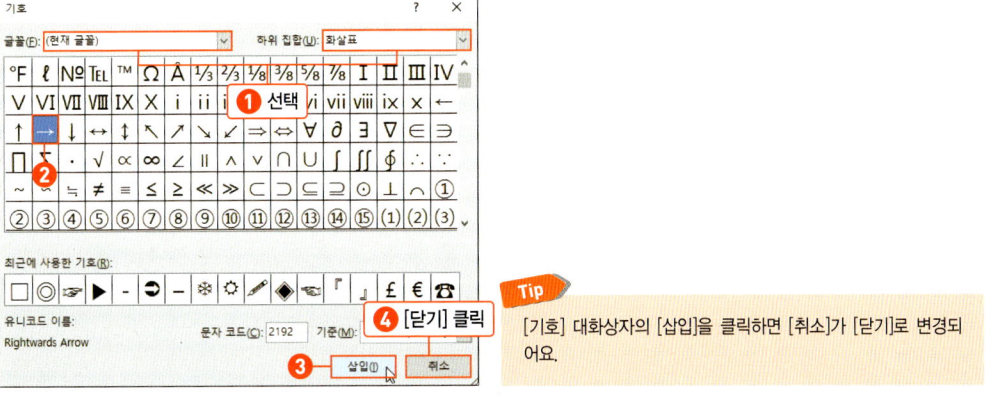

Tip

[기호] 대화상자의 [삽입]을 클릭하면 [취소]가 [닫기]로 변경되어요.

6 '-'가 '→'로 바뀌었습니다. '불만족'과 '만족' 사이의 '-'를 드래그하여 선택한 후 F4 를 누르면 [기호] 대화상자를 거치지 않고 바로 '→'로 변경됩니다.

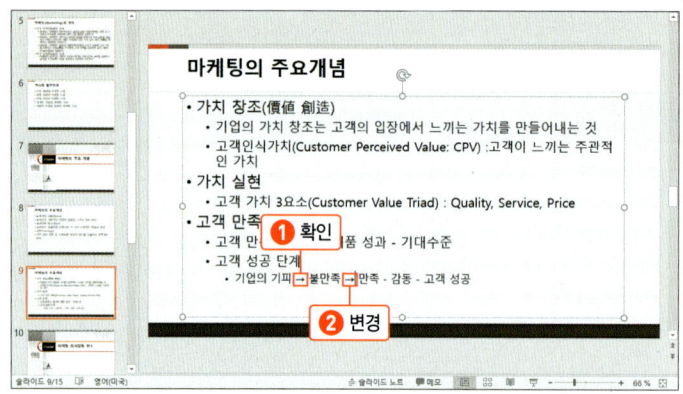

7 이와 같은 방법으로 마지막 문장의 '-'를 모두 '→'로 변경하세요.

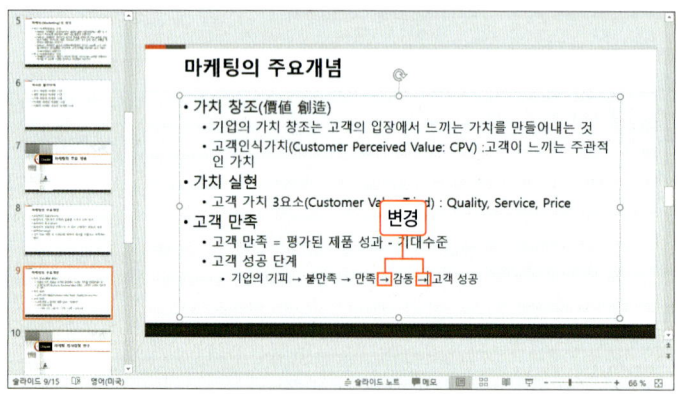

잠깐만요 ─ 한글 자음 이용해 특수 문자 입력하기

한글 자음을 입력한 상태에서 한자 를 누르면 특수 문자를 삽입할 수 있어요. 다음의 표를 참고하여 자주 사용하는 특수 문자의 입력 방법을 확인해 보세요. 이와 같은 방법으로 메모장, 인터넷 익스플로러, 엑셀, 파워포인트 등에도 특수 문자를 입력할 수 있어요.

한글 자음 + 한자	종류	특수 문자의 예
ㄱ + 한자	기호 및 구두점	!, ', ·, /
ㄴ + 한자	괄호 기호	「, 」, 『, 』
ㄷ + 한자	수학 기호	÷, ∞, ≥
ㄹ + 한자	단위 기호	mm^2, km^2, cm^3, μ
ㅁ + 한자	도형 기호	○, ※, ♣, ☏, ♥
ㅅ + 한자	원문자, 괄호 문자	㉠, ㉮, (ㄱ), (가)
ㅇ + 한자	원문자, 괄호 문자	ⓐ, ①, (a), (1)
ㅈ + 한자	숫자 기호	1, 2, i, ii, I, II

| 난이도 1 **2** 3 4 5 | 예제파일 : 마케팅_글꼴.pptx   결과파일 : 마케팅_글꼴_완성.pptx |

실무예제 03 글꼴 서식 지정해 텍스트 꾸미기

1 11번 슬라이드에서 첫 번째 검은색 도형을 선택하고 Shift를 누른 상태에서 나머지 검은 도형을 모두 선택하세요. [홈] 탭-[글꼴] 그룹에서 [글꼴 크기 크게]를 세 번 클릭하여 텍스트의 크기를 [28pt]로 지정하고 [굵게]를 클릭하세요.

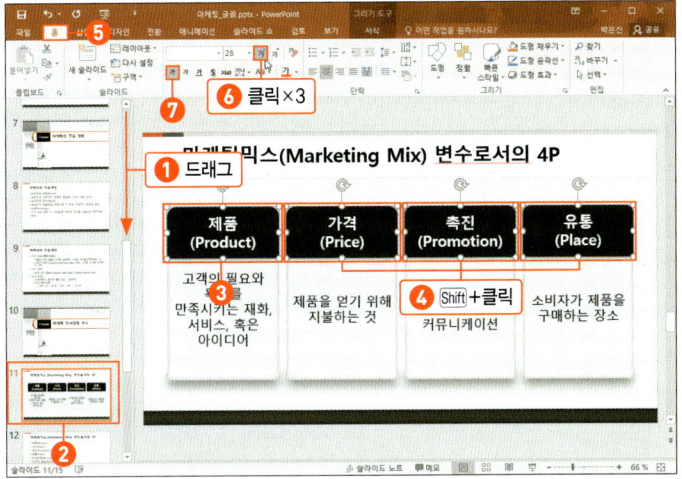

> **Tip**
> [글꼴 크기 크게]로 텍스트 크기를 조정하지 않고 '텍스트 크기'에서 직접 『28pt』를 입력해도 되어요. [홈] 탭-[글꼴] 그룹에서 [굵게], [기울임꼴], [밑줄], [텍스트 그림자], [취소선] 등은 한 번 클릭하면 기능이 적용되고 한 번 더 클릭하면 기능이 해제됩니다.

2 첫 번째 검은색 도형의 'Product'에서 'P' 부분만 드래그하여 범위로 지정하고 [홈] 탭-[글꼴] 그룹에서 [글꼴 색]의 내림 단추(▼)를 클릭한 후 '표준 색'의 [주황]을 선택하세요. 이와 같은 방법으로 나머지 검은색 도형의 'P'에도 같은 글꼴 색을 지정하세요.

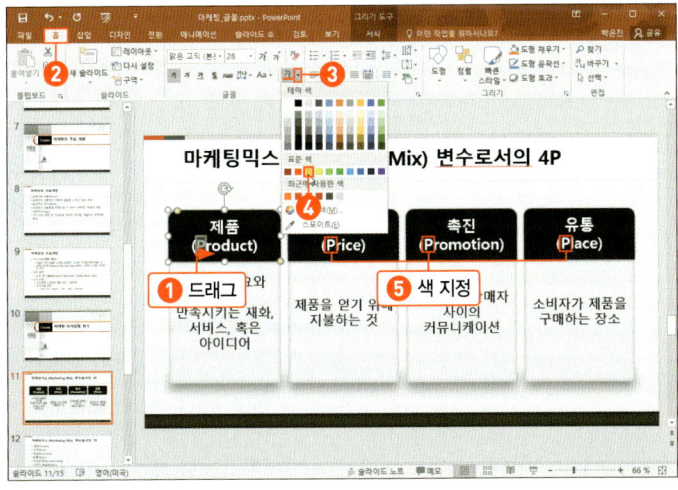

> **Tip**
> F4를 눌러 방금 전의 작업을 빠르게 다시 실행할 수 있어요.

3 글자 사이의 간격을 조정하기 위해 Shift를 누른 상태에서 네 개의 검은색 도형을 차례대로 클릭하여 모두 선택하세요. [홈] 탭-[글꼴] 그룹에서 [문자 간격]을 클릭하고 [넓게]를 선택하세요.

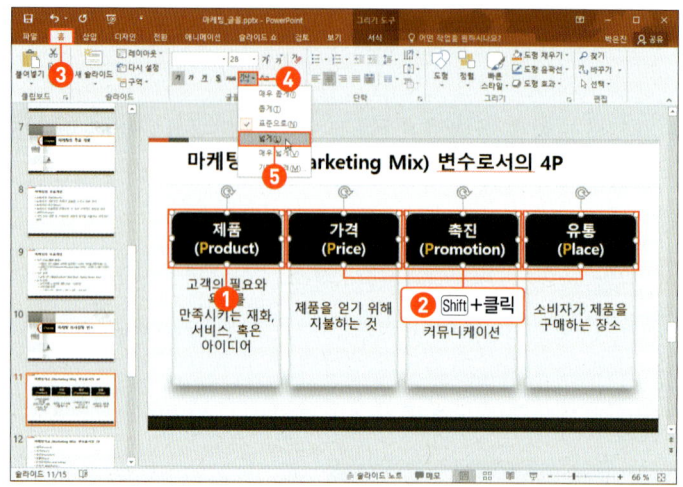

잠깐만요 단축키 사용해 글꼴 서식 지정하기

글꼴 서식 단축키를 익혀두면 리본 메뉴에서 해당 명령을 일일이 입력할 필요 없이 키보드 작업만으로도 빠르게 지정할 수 있어서 편리해요.

단축키	기능	단축키	기능
Ctrl + Shift + <	글꼴 크기 작게	Ctrl + I	기울임꼴
Ctrl + Shift + >	글꼴 크기 크게	Ctrl + U	밑줄
Ctrl + B	굵게		

상세하게 문자 옵션 지정하기

[홈] 탭-[글꼴] 그룹에서 [글꼴] 대화상자 표시 아이콘( )을 클릭하여 [글꼴] 대화상자의 [글꼴] 탭을 열고 고급 글꼴 및 문자 옵션을 좀 더 상세하게 설정할 수 있어요. 또한 한글과 영어 글꼴에 다른 서식을 지정하거나 첨자 및 밑줄, 문자 간격 설정도 가능해요.

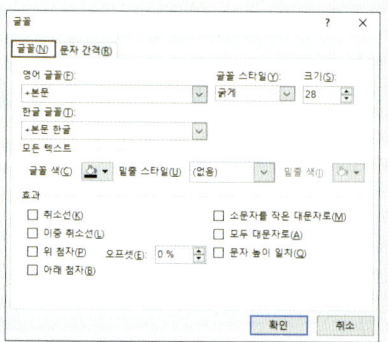

실무예제 04 | 단락의 목록 수준 조절하기

난이도 1 2 **3** 4 5

예제파일 : 마케팅_단락.pptx 결과파일 : 마케팅_단락_완성.pptx

1 8번 슬라이드의 본문 텍스트 개체 틀에서 두 번째 줄을 드래그하여 범위로 지정하세요. Ctrl을 누른 상태에서 네 번째 줄과 여섯 번째 줄을 드래그하여 모두 선택하고 [홈] 탭-[단락] 그룹에서 [목록 수준 늘림]을 클릭하세요.

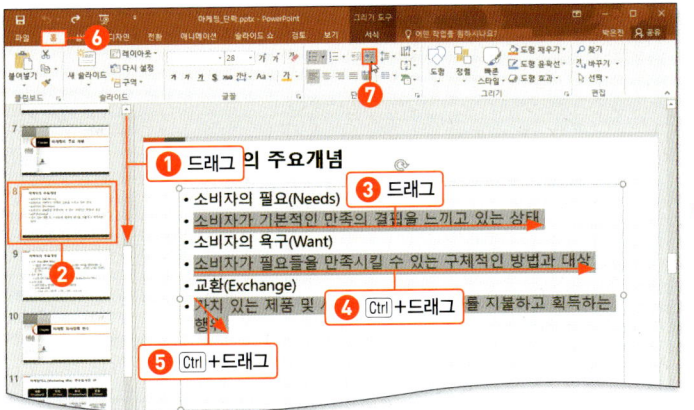

> **Tip**
> 선택 범위를 지정하려면 마우스 포인터의 모양이 I일 때 드래그해야 해요. Ctrl을 누른 상태에서 드래그하면 떨어진 영역의 범위도 함께 지정할 수 있어요.

2 1 과정에서 범위로 지정한 텍스트 목록이 들여쓰기되었습니다.

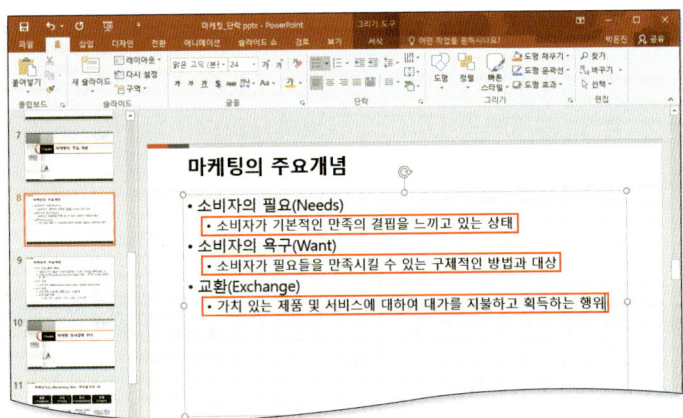

잠깐만요 | 단락의 목록 수준을 조절하는 간단한 방법 알아보기

목록 텍스트를 입력하기 전		목록 텍스트를 입력한 후	
문장의 맨 앞에 커서를 올려놓고 Tab 을 눌러 조절하는 것이 편리해요.		[홈] 탭-[단락] 그룹의 명령 단추를 이용하여 목록 수준을 조절하는 것이 편리해요.	
목록 수준 늘림	Tab	목록 수준 늘림	📄
목록 수준 줄임	Shift + Tab	목록 수준 줄임	📄

45

| 난이도 1 2 **3** 4 5 | 예제파일 : 마케팅_글머리.pptx　결과파일 : 마케팅_글머리_완성.pptx |

실무예제 05 글머리 기호의 모양과 색상 변경하기

1 9번 슬라이드의 본문 텍스트 중에서 첫 번째 줄의 '가치' 앞을 클릭하여 커서를 올려놓으세요. [홈] 탭-[단락] 그룹에서 [글머리 기호]의 내림 단추(▼)를 클릭하고 [글머리 기호 및 번호 매기기]를 선택하세요.

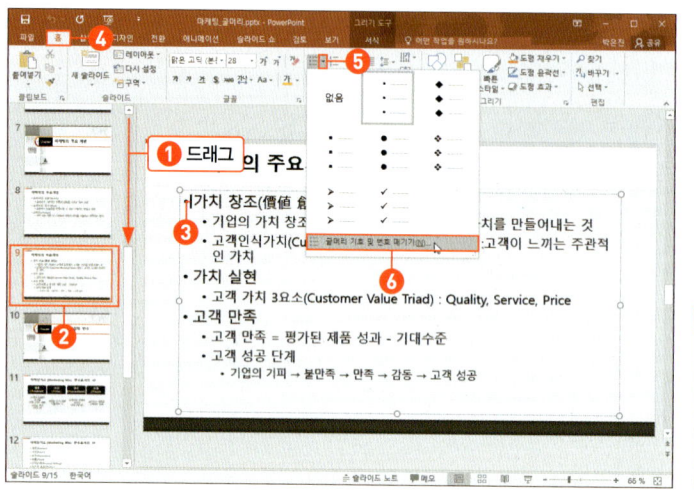

> **Tip**
> 글머리 기호를 없애려면 [홈] 탭-[단락] 그룹에서 [글머리 기호]의 내림 단추(▼)를 클릭하고 [없음]을 선택하거나 [글머리 기호]의 앞부분인 ▦을 클릭하세요.

2 [글머리 기호 및 번호 매기기] 대화상자의 [글머리 기호] 탭이 열리면 [사용자 지정]을 클릭하세요. [기호] 대화상자가 열리면 '글꼴'에서는 [(현재 글꼴)]을, '하위 집합'에서는 [도형 기호]를 선택하고 기호 목록에서 [▶]을 선택한 후 [확인]을 클릭하세요.

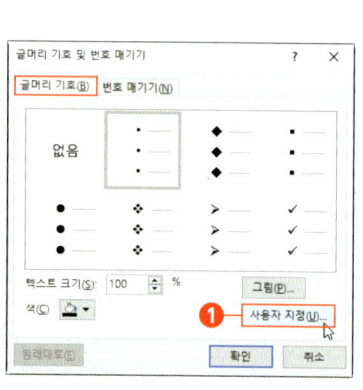 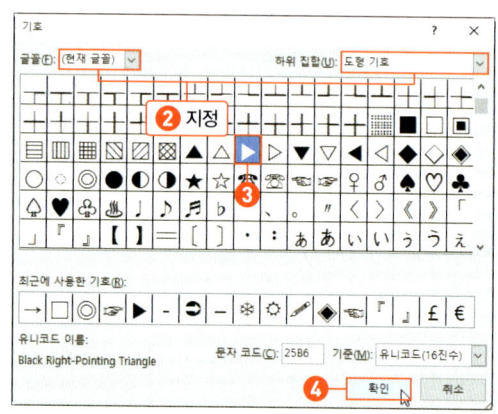

> **Tip**
> [사용자 지정] 대신 [그림]을 클릭하면 다양한 모양의 그림 글머리 기호를 선택할 수 있어요.

3 [글머리 기호 및 번호 매기기] 대화상자의 [글머리 기호] 탭으로 되돌아오면 '텍스트 크기'는 [70%]로, '색'은 '테마 색'의 [파랑, 강조 1]로 지정하고 [확인]을 클릭하세요.

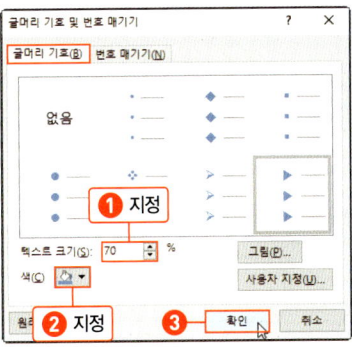

4 '가치 실현' 텍스트의 앞을 클릭하여 커서를 올려놓고 F4 를 누르면 앞의 과정에서 적용한 글머리 기호와 같은 모양이 삽입됩니다. 이와 같은 방법으로 '고객 만족' 텍스트 앞의 글머리 기호도 바꿔주세요.

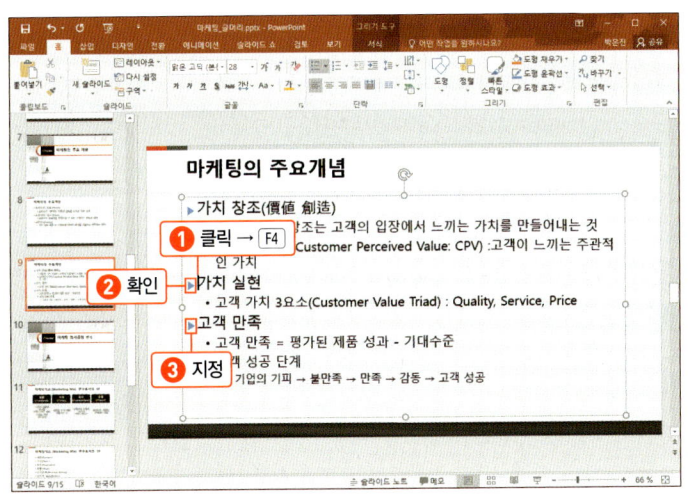

> **Tip**
> F4 는 마지막 작업을 한 번 더 반복하는 기능으로, 글머리 기호처럼 같은 기능을 반복해서 작업할 때 사용하면 편리해요.

잠깐만요 글머리 기호를 번호로 표시하기

텍스트 상자를 선택하거나 텍스트를 모두 드래그하여 범위로 지정하고 [홈] 탭-[단락] 그룹에서 [번호 매기기]의 내림 단추(▼)를 클릭하면 다양한 스타일의 번호 종류를 선택할 수 있어요.

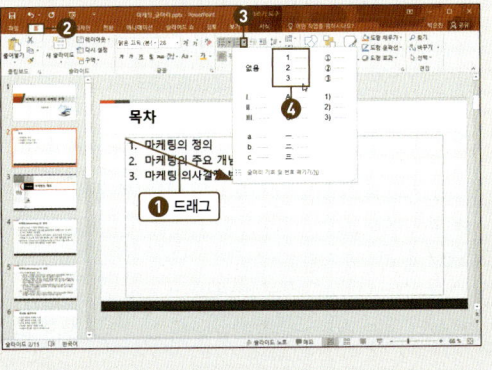

실무예제 06 텍스트 사이의 줄 간격 조절하기

1 5번 슬라이드에서 내용 개체 틀을 선택하고 [홈] 탭-[단락] 그룹에서 [줄 간격]을 클릭한 후 [줄 간격 옵션]을 선택하세요.

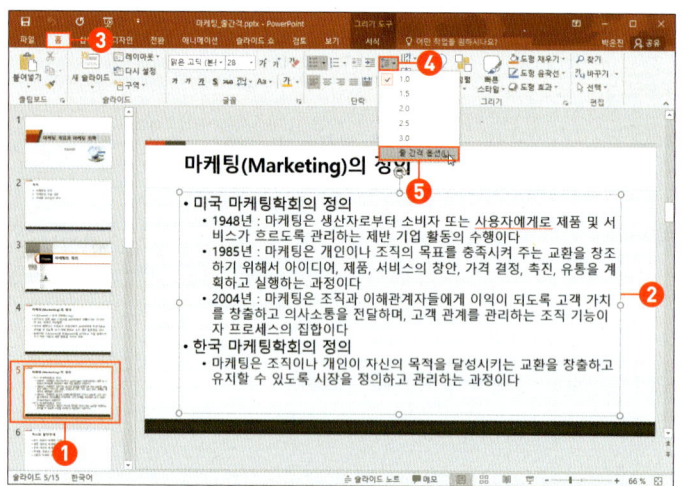

Tip
모든 줄을 같은 줄 간격으로 설정하려면 1.0, 1.5, 2.0 등의 값을 직접 선택하세요.

2 [단락] 대화상자의 [들여쓰기 및 간격] 탭이 열리면 '간격'의 '단락 앞'은 [0pt], '단락 뒤'는 [12pt], '줄 간격'은 [배수], '값'은 [0.9]로 지정하고 [확인]을 클릭하세요. 그러면 줄 간격이 보기 좋게 조절되어 내용을 편하게 읽을 수 있어요.

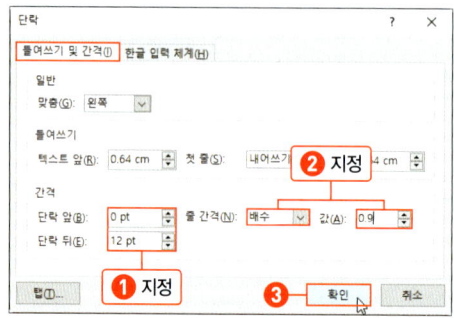

Tip
텍스트를 드래그하여 범위를 지정하는 것이 아니라 내용 개체 틀 전체를 선택하려면 Shift 를 누른 상태에서 텍스트의 위를 클릭하세요.

잠깐만요   단락 지정할 때 줄 간격의 단위 살펴보기

[단락] 대화상자의 [들여쓰기 및 간격] 탭에서 '간격'의 '줄 간격'을 이용하면 줄 간격의 단위를 적절하게 선택할 수 있어요.

❶ 줄 : 줄 간격의 기본 단위
❷ 고정 : 포인트(pt) 단위로 세밀하게 줄 간격을 지정할 수 있어요.
❸ 배수 : 1줄은 배수 1, 1.5줄은 배수 1.5, 1.7, 2.5와 같이 소수점 단위로 지정할 수 있어요.

실무예제 07 | 한글 단어가 잘리지 않게 줄 바꿈하기

예제파일 : 마케팅_줄바꿈.pptx　결과파일 : 마케팅_줄바꿈_완성.pptx

1 5번 슬라이드에서 내용 개체 틀을 선택하고 [홈] 탭-[단락] 그룹에서 [단락] 대화상자 표시 아이콘(□)을 클릭하세요. [단락] 대화상자가 열리면 [한글 입력 체계] 탭을 선택하고 '일반'의 [한글 단어 잘림 허용]의 체크를 해제한 후 [확인]을 클릭하세요.

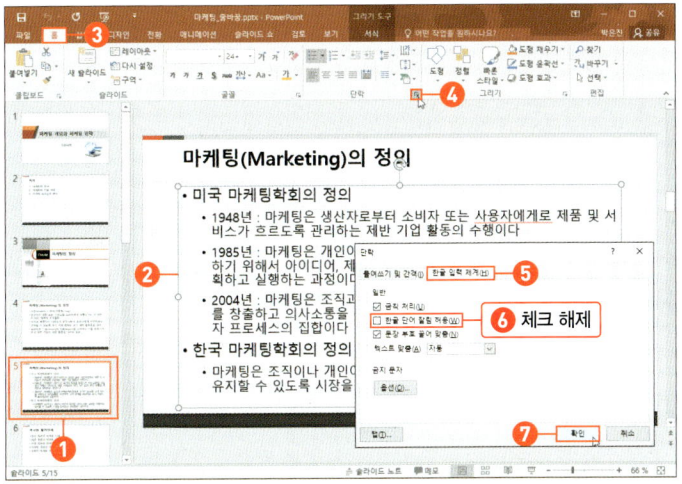

2 줄의 마지막에 위치한 한글 단어가 잘리지 않도록 줄 바꿈되었습니다.

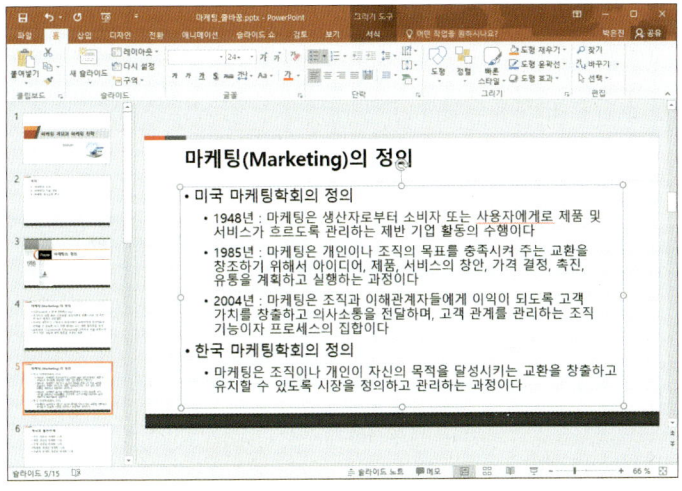

> **Tip**
> [홈] 탭-[단락] 그룹에서 [양쪽 맞춤]을 클릭하면 텍스트의 오른쪽 끝도 깔끔하게 줄을 맞출 수 있어요.

실무예제 08 워드아트 빠른 스타일 이용해 제목 꾸미기

예제파일: 마케팅_워드아트.pptx **결과파일**: 마케팅_워드아트_완성.pptx

1. 1번 슬라이드에서 제목 개체 틀을 선택하고 [그리기 도구]의 [서식] 탭-[WordArt 스타일] 그룹에서 [자세히] 단추(▼)를 클릭하세요. 다양한 스타일의 워드아트 목록이 나타나면 [채우기 – 흰색, 윤곽선 – 강조 2, 진한 그림자 – 강조 2]를 선택하세요. 이때 마음에 드는 다른 워드아트 스타일을 선택해도 됩니다.

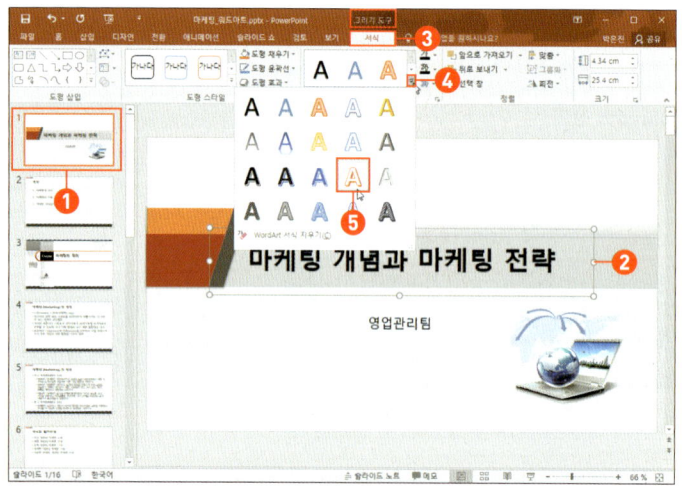

> **Tip**
> 파워포인트에서 제공하는 워드아트를 사용하면 텍스트의 색과 윤곽선, 그림자 등을 한 번에 바꿀 수 있어요.

2. 제목 텍스트에 워드아트 빠른 스타일이 적용되었습니다.

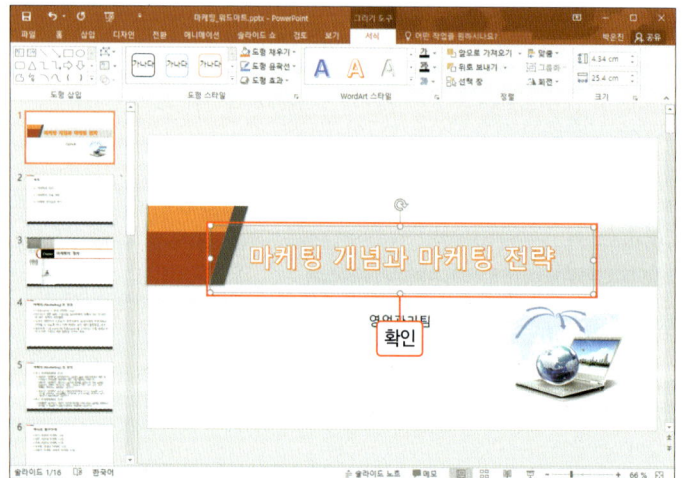

> **Tip**
> 텍스트에 적용한 워드아트 서식을 지우려면 [그리기 도구]의 [서식] 탭-[WordArt 스타일] 그룹에서 [자세히] 단추(▼)를 클릭하고 [WordArt 서식 지우기]를 선택하세요.

| 난이도 1 2 **3** 4 5 | 예제파일 : 마케팅_텍스트효과.pptx 결과파일 : 마케팅_텍스트효과_완성.pptx |

실무예제 09 텍스트에 반사 효과와 그림자 지정하기

1 14번 슬라이드에서 가운데 원 안에 있는 '4C'가 입력된 텍스트 상자를 선택하세요. [그리기 도구]의 [서식] 탭-[WordArt 스타일] 그룹에서 [텍스트 효과]를 클릭하고 [반사]를 선택한 후 '반사 변형'의 [근접 반사, 4pt 오프셋]을 선택하세요.

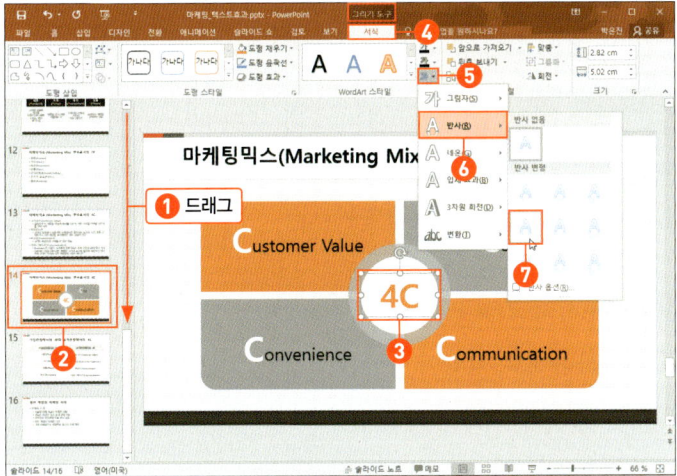

> **Tip**
> [그리기 도구]의 [서식] 탭에는 기능과 모양이 비슷한 [도형 스타일] 그룹과 [WordArt 스타일] 그룹이 있는데, 텍스트 효과는 반드시 [WordArt 스타일] 그룹에서 설정하세요.

2 '4C' 텍스트에 반사 효과가 적용되었으면 'Customer Value'가 입력된 텍스트 상자에서 'C'를 드래그하여 선택하세요. [그리기 도구]의 [서식] 탭-[WordArt 스타일] 그룹에서 [텍스트 효과]를 클릭하고 [그림자]를 선택한 후 '안쪽'의 [안쪽 대각선 왼쪽 위]를 선택하세요.

3 [그리기 도구]의 [서식] 탭-[WordArt 스타일] 그룹에서 [텍스트 효과]의 [그림자]를 선택하고 '안쪽'의 [그림자 옵션]을 선택하세요.

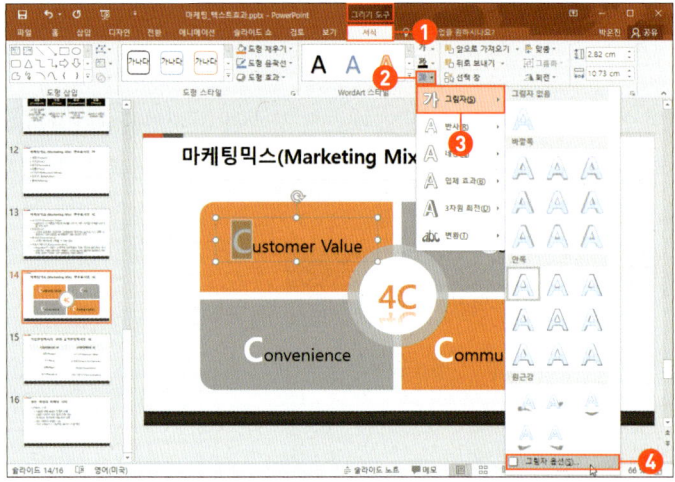

4 화면의 오른쪽에 [도형 서식] 창이 열리면 '각도'는 [270°], '간격'은 [7pt]로 지정하고 Ctrl + Shift + C를 눌러 텍스트 서식을 복사하세요. 작업이 끝난 후 [도형 서식] 창의 [닫기] 단추(×)를 클릭해서 닫아주세요.

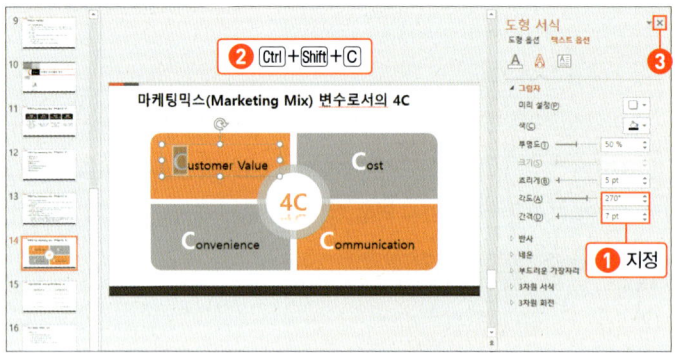

5 나머지 'C'를 각각 드래그하여 범위로 지정하고 Ctrl + Shift + V를 눌러 복사한 텍스트 서식을 적용하세요.

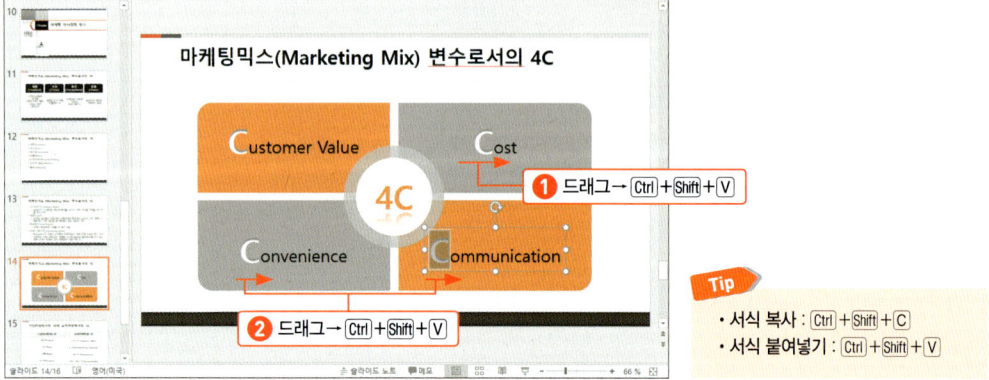

1 줄 간격 변경하고 단어가 잘리지 않게 줄 바꾸기

● 예제파일 : 허브_줄간격.pptx   ● 결과파일 : 허브_줄간격_완성.pptx

3번 슬라이드에서 '줄 간격'은 [1줄], '단락 뒤' 간격은 [12pt]로 지정하고 줄 끝의 한글 단어가 잘리지 않게 줄을 바꾸세요.

Hint
① 내용 개체 틀을 선택하고 [홈] 탭-[단락] 그룹에서 [줄 간격]을 클릭한 후 [줄 간격 옵션]을 선택하세요.
② [단락] 대화상자가 열리면 [들여쓰기 및 간격] 탭에서 '간격'의 '줄 간격'은 [1줄], '단락 뒤' 간격은 [12pt]로 지정하세요.
③ [단락] 대화상자의 [한글 입력 체계] 탭에서 [한글 단어 잘림 허용]의 체크를 해제하세요.

2 목록 수준에 따라 글머리 기호의 모양 다르게 지정하기

● 예제파일 : 허브_글머리.pptx   ● 결과파일 : 향수_글머리_완성.pptx

3번 슬라이드에서 글머리 기호를 목록 수준에 따라 각각 다음과 같은 모양으로 변경해보세요.

- 첫 번째 수준 : ☞, '파랑, 강조 1'
- 두 번째 수준 : –, '흰색, 배경 1, 50% 더 어둡게'

Hint
① '정의'를 범위로 지정하고 [홈] 탭-[단락] 그룹에서 [글머리 기호]의 내림 단추()를 클릭하고 [글머리 기호 및 번호 매기기]를 선택하세요.
② [글머리 기호 및 번호 매기기] 대화상자의 [글머리 기호] 탭에서 [사용자 지정]을 클릭하세요.
③ [기호] 대화상자가 열리면 '글꼴'의 [(현재 글꼴)]에서 '하위 집합'을 [도형기호], [기본 라틴 문자]로 선택하여 제시한 글머리 기호를 선택하세요. [글머리 기호 및 번호 매기기] 대화상자에서 색을 지정하고 [확인]을 클릭하여 적용하고 동일한 목록 수준에서는 F4 를 눌러 작업을 반복하세요.

핵심! 실무 노트

프로 비즈니스맨을 위한 활용 Tip

1 | 글머리 기호와 텍스트 간격 조정하기

● 예제파일 : 마케팅_실무노트.pptx　　● 결과파일 : 마케팅_실무노트_완성1.pptx

문단 단락에 글머리 기호가 있는 여러 수준의 텍스트가 있을 때 글머리 기호와 첫 번째 텍스트 사이의 간격을 조절하려면 '눈금자'를 사용하세요.

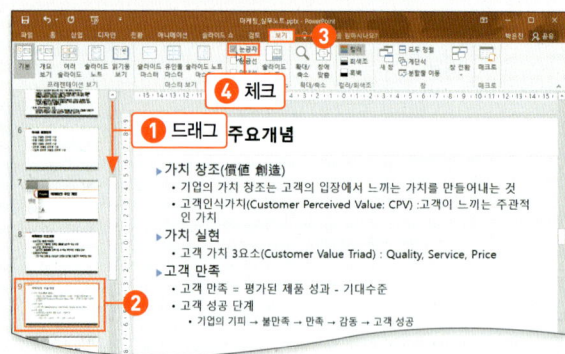

1 9번 슬라이드를 선택하고 [보기] 탭-[표시] 그룹에서 [눈금자]에 체크하여 화면에 눈금자를 표시하세요.

Tip

슬라이드에서 마우스 오른쪽 단추를 눌러 [눈금자]를 선택해도 됩니다.

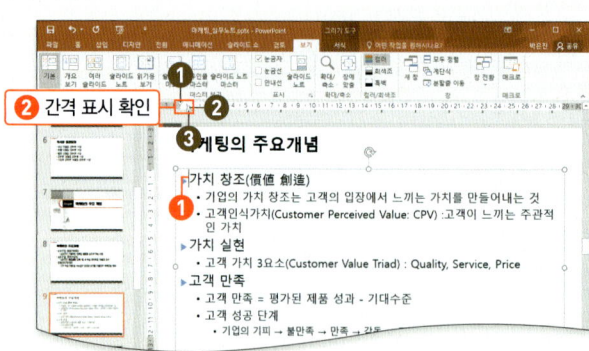

2 간격을 조절하고 싶은 단락에 커서를 올려놓으면 눈금자에 간격 표시가 나타나요.

❶ ▽ : 글머리 기호가 시작되는 위치
❷ △ : 첫 텍스트가 시작되는 위치
❸ □ : 단락 왼쪽 여백

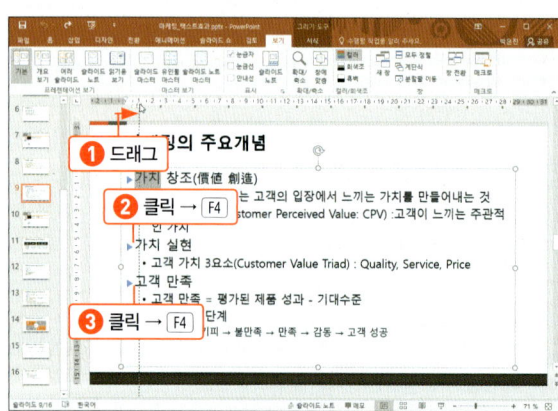

3 첫 번째 글자가 시작되는 위치의 표식을 오른쪽으로 드래그하여 글머리 기호와 텍스트 사이의 간격을 넓혀보세요. 이때 Ctrl을 누른 상태에서 표식을 드래그하면 표식을 좀 더 세밀하게 이동할 수 있어요. 동일한 수준의 단락은 같은 간격으로 지정해야 해요. 방금 전의 작업을 반복하려면 해당 문장의 첫 번째 글자에 커서를 올려놓고 F4를 누르세요.

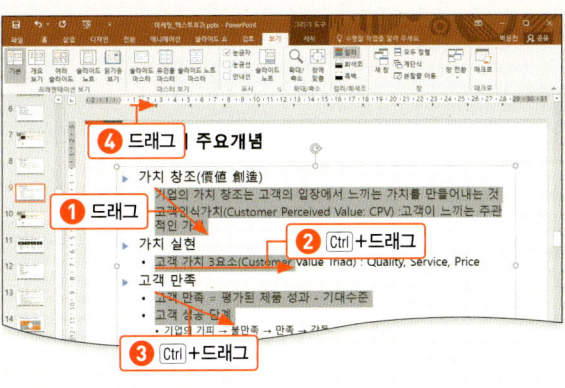

4 수준이 같은 단락의 간격을 동시에 조정하려면 Ctrl을 누른 상태에서 해당 단락을 드래그하여 모두 선택하고 눈금자의 표식을 이동해 보세요.

2 | 문서의 글꼴 한 번에 변경하기

예제파일 : 마케팅_실무노트.pptx 결과파일 : 마케팅_실무노트_완성2.pptx

'글꼴 바꾸기' 기능을 사용하면 문서에서 바꾸고 싶은 글꼴을 하나씩 선택할 필요 없이 한꺼번에 변경할 수 있어요. 또한 파워포인트 문서에 사용한 글꼴이 설치되지 않은 컴퓨터에서 프레젠테이션을 실행할 경우 글꼴이 깨진다면 긴급한 상황에서도 글꼴을 한 번에 바꾸어 사용할 수 있어요.

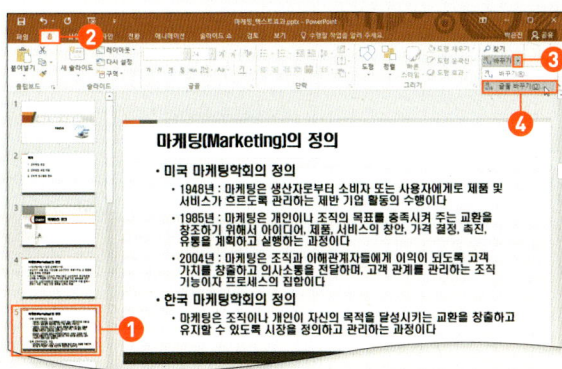

1 5번 슬라이드를 선택하고 [홈] 탭-[편집] 그룹에서 [바꾸기]의 내림 단추(▽)를 클릭한 후 [글꼴 바꾸기]를 선택하세요.

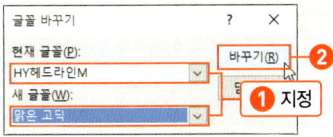

2 [글꼴 바꾸기] 대화상자가 열리면 '현재 글꼴'의 내림 단추(▽)를 클릭하고 해당 문서에서 사용된 모든 글꼴 목록 중에서 바꾸고 싶은 글꼴을 선택하세요. '새 글꼴'에 새로 변경할 글꼴을 선택하고 [바꾸기]를 클릭하세요.

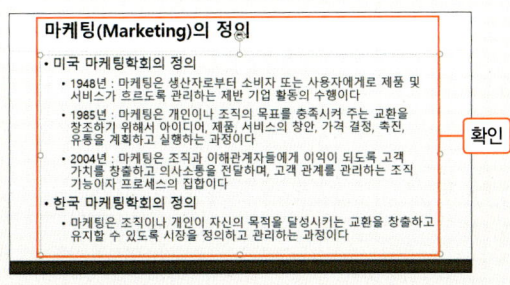

3 문서 내의 'HY헤드라인' 글꼴이 '맑은고딕' 글꼴로 모두 변경되었는지 다른 슬라이드를 선택하여 확인하세요.

CHAPTER 2 도형과 그래픽 개체로 비주얼 프레젠테이션 만들기

프레젠테이션의 슬라이드를 디자인할 때 텍스트보다 그림이나 도해를 사용하는 것이 메시지를 전달하는 데 훨씬 더 유리합니다. 청중에게 슬라이드의 텍스트를 읽게 하는 것보다 스마트아트 그래픽이나 그림, 표, 차트 등의 다양한 시각적 그래픽 개체를 활용하여 메시지의 근거를 뒷받침할 자료를 제시하는 것이 더욱 설득력 있기 때문이죠. 이번 챕터에서는 파워포인트 2016에서 제공하는 여러 가지 도형과 그래픽 개체를 이용해 초보자도 시각적 자료를 멋지게 만들 수 있는 디자인 노하우를 배워봅니다.

Excel & PowerPoint 2016

SECTION 01 도형 이용해 도해 슬라이드 만들기

SECTION 02 스마트아트 그래픽으로 도해 슬라이드 디자인하기

SECTION 03 이미지 이용해 고품질 프레젠테이션 작성하기

SECTION 04 표와 차트로 전달력 높은 슬라이드 만들기

Section

도형 이용해 도해 슬라이드 만들기

파워포인트에서는 도형에 핵심 키워드를 입력하여 표현하거나 도형으로 만든 도해를 이용해 전달하려는 내용을 쉽게 풀어서 설명하는 경우가 많아요. 그래서 파워포인트는 다른 프로그램보다 도형의 사용 빈도가 높은 편이죠. 이번 섹션에서는 내용에 적합한 도형을 그리고 다양한 서식을 적용하여 도해를 만들어본 후 균형있게 배치하고 정렬하여 보기도 좋고 읽기도 쉬운 도해 슬라이드를 만들어 보겠습니다.

> **PREVIEW**

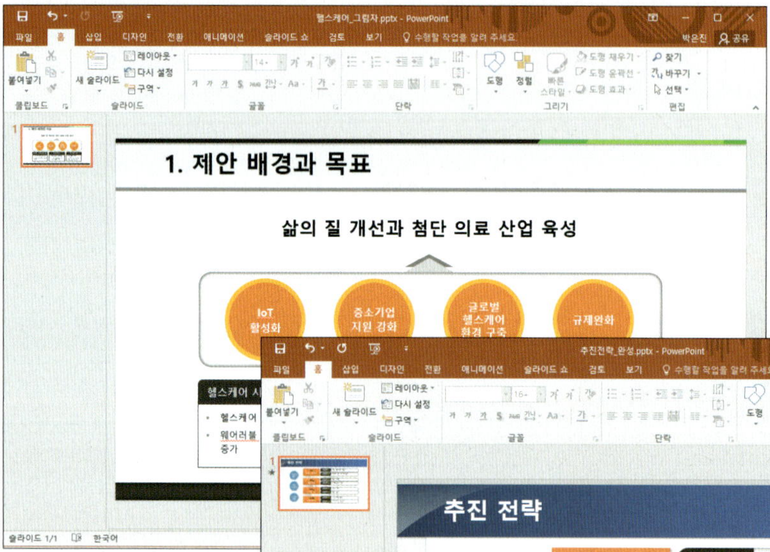

▲ 도형에 다양한 서식 설정하기

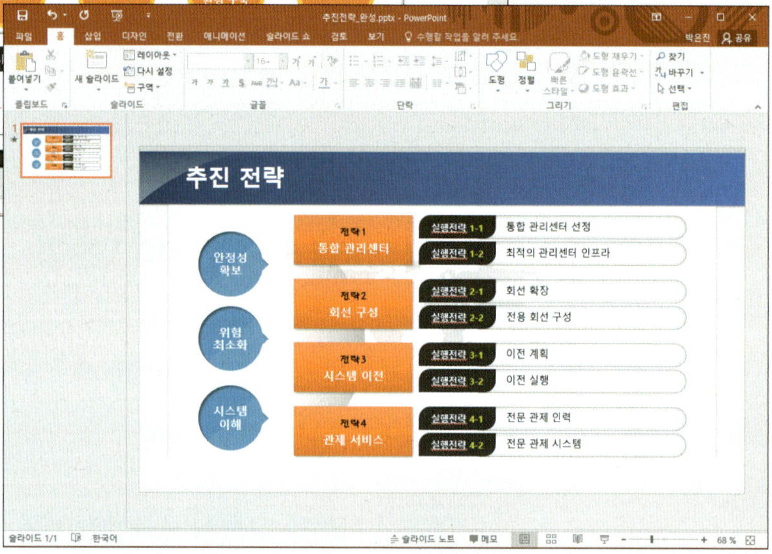

▲ 도형을 다양한 모양으로 변경하기

> 섹션별 주요 내용

01 | Shift 이용해 도형 그리고 정렬하기   02 | 균형 있게 도형 배치하고 그룹화하기
03 | 스마트 가이드로 정확하게 도형 배치하기   04 | 빠른 스타일 이용해 도형 꾸미기
05 | 도형에 색 채우고 윤곽선 변경하기   06 | 도형의 모양 변경하기
07 | 그림자 효과로 입체감과 원근감 표현하기   08 | 도형에 그라데이션과 입체 효과 지정하기

실무예제 01 Shift 이용해 도형 그리고 정렬하기

예제파일: 헬스케어_도형.pptx **결과파일**: 헬스케어_도형_완성.pptx

1 [홈] 탭-[그리기] 그룹에서 [도형]을 클릭하고 '기본 도형'의 [타원](○)을 클릭하세요.

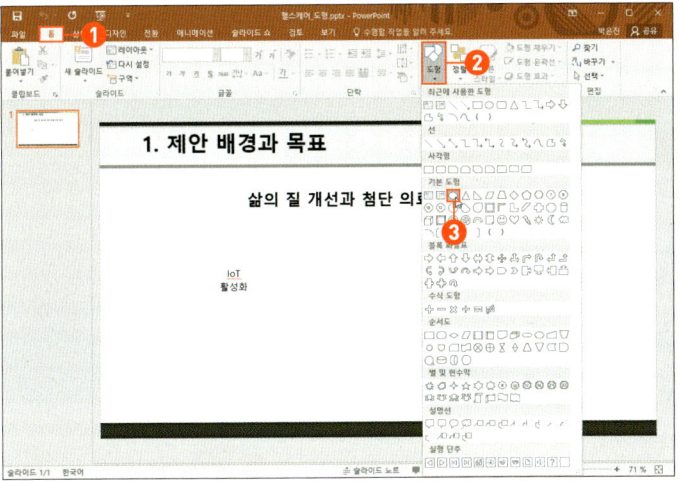

> **Tip**
> 컴퓨터 해상도에 따라 리본 메뉴에 [ ] 대신 [ ]와 같이 나타날 수 있어요. 이 경우에는 [자세히] 단추( )를 클릭하고 [타원](○)을 선택하세요.

2 마우스 포인터가 + 모양으로 바뀌면 Shift 를 누른 채 'IoT 활성화' 위에서 대각선으로 드래그하여 정원을 그리세요. [홈] 탭-[그리기] 그룹에서 [정렬]을 클릭하고 [맨 뒤로 보내기]를 선택하면 정원이 맨 뒤로 보내지면서 텍스트가 맨 앞으로 나옵니다.

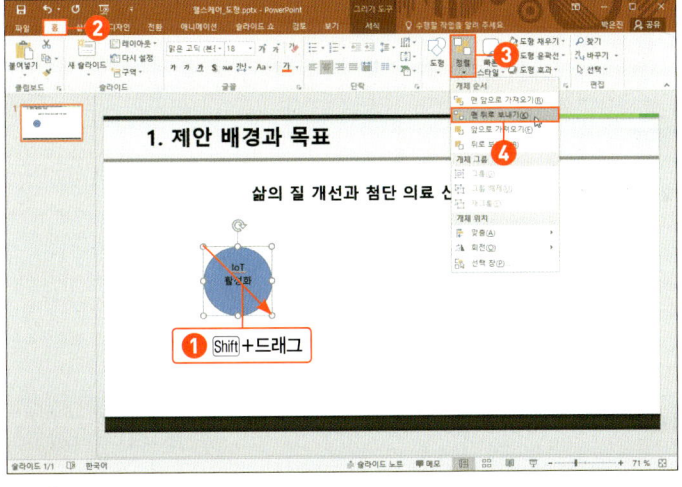

> **Tip**
> 도형을 그릴 때 Shift 를 누르면 정원, 정사각형, 정삼각형, 수평선, 수직선과 같이 정형 도형을 그릴 수 있어요.

예제파일 : 헬스케어_맞춤.pptx 결과파일 : 헬스케어_맞춤_완성.pptx

실무예제 02 균형 있게 도형 배치하고 그룹화하기

1. 원 안의 텍스트와 원이 모두 포함되도록 드래그하여 선택하고 [홈] 탭-[그리기] 그룹에서 [정렬]을 클릭한 후 [맞춤]-[가운데 맞춤]을 선택하세요. 원과 텍스트를 함께 선택한 상태에서 [홈] 탭-[그리기] 그룹의 [정렬]을 클릭하고 [맞춤]-[중간 맞춤]을 선택하면 텍스트 상자와 도형이 균형 있게 정렬됩니다.

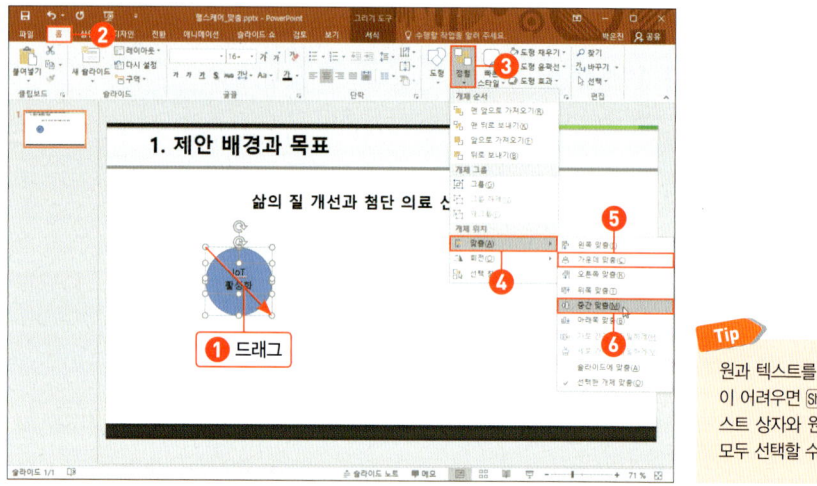

> **Tip**
> 원과 텍스트를 한꺼번에 선택하는 것이 어려우면 Shift를 누른 상태에서 텍스트 상자와 원을 차례대로 선택하여 모두 선택할 수 있어요.

2. 이번에는 원과 텍스트를 하나의 그룹으로 만들어 볼까요? 원과 텍스트를 함께 선택한 상태에서 [홈] 탭-[그리기] 그룹의 [정렬]을 클릭하고 [그룹]을 선택하여 따로 떨어진 두 개의 개체를 하나로 묶으세요.

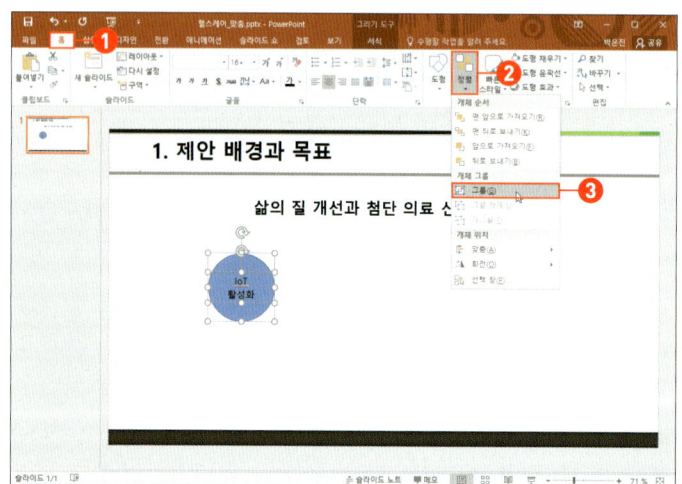

> **Tip**
> • 개체 그룹 : Ctrl + G
> • 개체 그룹 해제 : Ctrl + Shift + G

| 우선순위 TOP 06 |
| 난이도 1 2 ③ 4 5 |

실무예제 03 스마트 가이드로 정확하게 도형 배치하기

예제파일 : 헬스케어_복사.pptx   결과파일 : 헬스케어_복사_완성.pptx

1. 원을 선택하고 Ctrl + Shift 를 누른 상태에서 오른쪽으로 드래그하여 수평 복사하세요. Ctrl + Shift 를 누른 상태에서 오른쪽으로 한 번 더 드래그하면 개체가 균등한 간격으로 배치되었다는 것을 알려주는 화살표 모양의 스마트 가이드()가 나타납니다. 이 상태에서 마우스 포인터를 올려놓고 복사할 위치를 결정하세요.

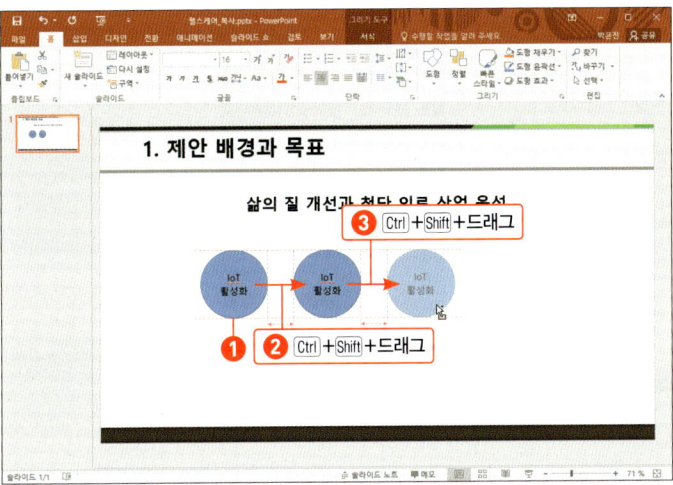

> **Tip**
> • 복사 : Ctrl + 드래그
> • 수평/수직 이동 : Shift + 드래그
> • 수평/수직 복사 : Ctrl + Shift + 드래그

2. 1 과정과 같은 방법으로 네 개의 원을 균등한 간격으로 복사하여 배치해 보세요.

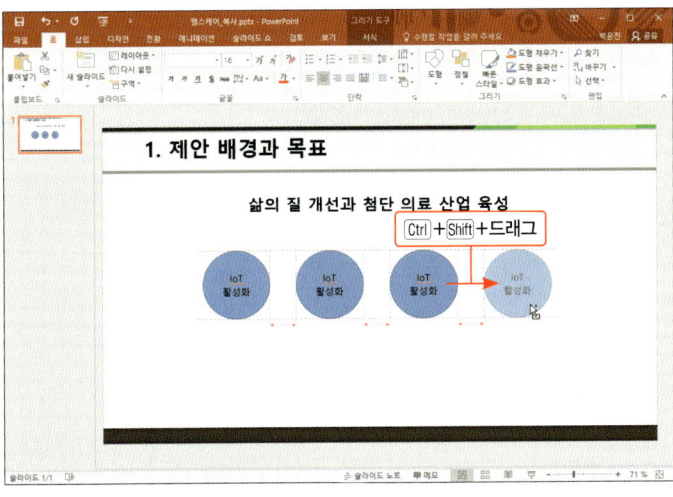

> **Tip**
> ◀----▶는 스마트 가이드로, 한 개의 슬라이드에 두 개 이상의 개체가 있을 때 개체를 선택하여 움직이면 점선 또는 점선 화살표 모양으로 나타납니다. 만약 화면에 스마트 가이드가 나타나지 않으면 슬라이드에서 마우스 오른쪽 단추를 눌러 [눈금 및 안내선]-[스마트 가이드]를 선택하세요.

UP

난이도 1 **2** 3 4 5

실무예제 **04**

예제파일 : 헬스케어_빠른스타일.pptx　　결과파일 : 헬스케어_빠른스타일_완성.pptx

빠른 스타일 이용해 도형 꾸미기

1 첫 번째 원을 선택하고 Shift를 누른 상태에서 나머지 세 개의 원을 차례대로 클릭하여 모두 선택하세요. [홈] 탭-[그리기] 그룹에서 [빠른 스타일]을 클릭하고 '테마 스타일'의 [보통 효과 – 녹색, 강조 6]을 선택하세요.

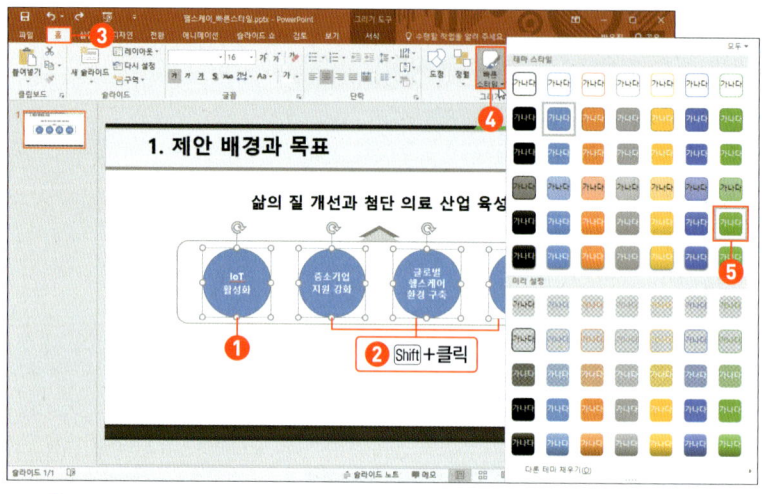

> **Tip**
> Shift를 이용하지 않고 드래그하여 네 개의 원을 한꺼번에 선택할 때는 드래그 영역에 다른 도형이 포함되지 않도록 주의하세요.

2 도형의 '빠른 스타일' 기능을 사용하면 도형 채우기와 윤곽선 등의 서식이 한꺼번에 적용되어 도형을 쉽게 꾸밀 수 있어요.

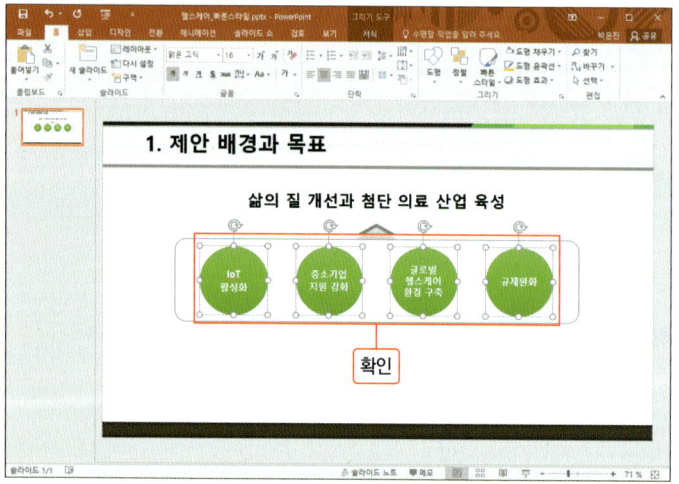

> **Tip**
> [홈] 탭-[그리기] 그룹에서 [빠른 스타일]을 클릭하면 나타나는 목록에서 다양한 도형 효과에 마우스 포인터를 올려놓으면 도형에 적용할 서식을 미리 확인할 수 있어요.

| 우선순위 |
| TOP 03 |

실무 예제 05 예제파일 : 헬스케어_채우기.pptx 결과파일 : 헬스케어_채우기_완성.pptx

도형에 색 채우고 윤곽선 변경하기

1 파워포인트에서 제공하는 도형의 빠른 스타일이 마음이 들지 않는다면 서식을 직접 적용해 볼 수 있어요. 첫 번째 원을 선택하고 Shift를 누른 상태에서 나머지 세 개의 원을 차례대로 클릭하여 모두 선택하세요. [홈] 탭-[그리기] 그룹에서 [도형 채우기]를 클릭하고 '테마 색'의 [주황, 강조 2]를 선택하세요.

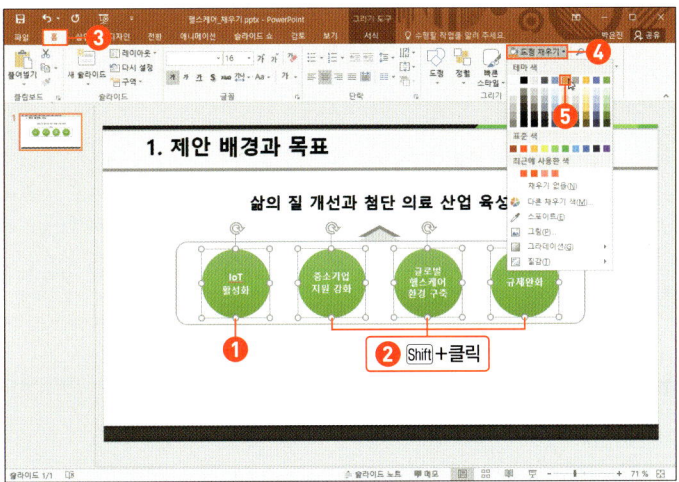

Tip
도형은 '테마 색'과 '표준 색' 외에 [다른 채우기 색], [스포이트], [그림], [그라데이션], [질감] 등으로 채울 수 있어요. 도형 채우기를 없애려면 [채우기 없음]을 선택하세요.

2 [홈] 탭-[그리기] 그룹에서 [도형 윤곽선]을 클릭하고 '테마 색'의 [황금색, 강조 4]를 선택하세요. 도형 윤곽선의 두께를 설정하기 위해 [홈] 탭-[그리기] 그룹에서 [도형 윤곽선]을 클릭하고 [두께]-[6pt]를 선택하세요.

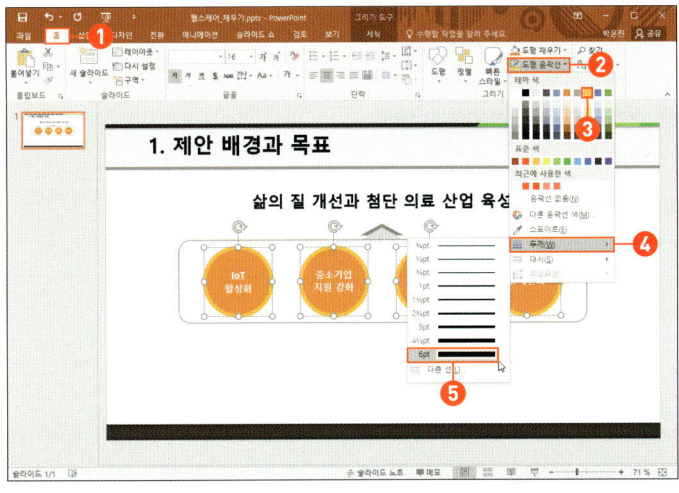

Tip
도형의 윤곽선에 점선이나 화살표를 설정하고 싶다면 [도형 윤곽선]에서 [대시] 또는 [화살표]를 선택하세요. 윤곽선을 없애려면 [윤곽선 없음]을 선택하세요.

실무예제 **06** 도형의 모양 변경하기

> 예제파일 : 헬스케어_모양.pptx 결과파일 : 헬스케어_모양_완성.pptx

1. Shift 를 이용해서 화면의 아래쪽에 있는 세 개의 검은색 사각형을 차례대로 클릭하여 모두 선택하세요. 리본 메뉴에 [그리기 도구]가 열리면 [서식] 탭-[도형 삽입] 그룹에서 [도형 편집]을 클릭하고 [도형 모양 변경]을 선택한 후 '사각형'의 [양쪽 모서리가 둥근 사각형](□)을 선택하세요.

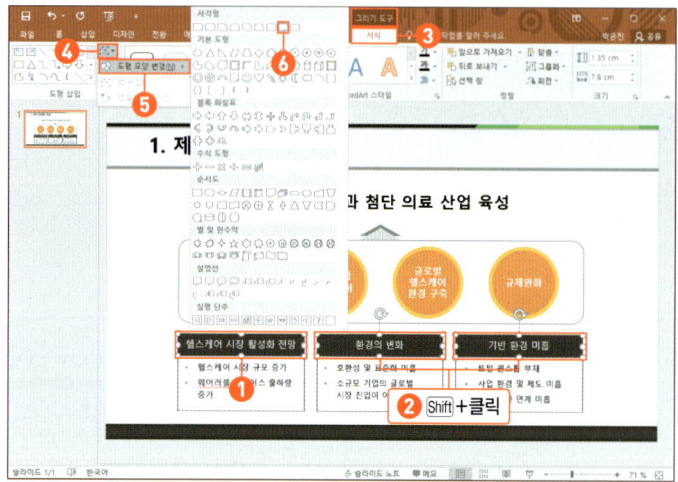

> **Tip**
> 슬라이드에 삽입된 도형을 선택하면 리본 메뉴에 새로운 [그리기 도구]가 나타납니다. 도형 개체의 서식은 [그리기 도구]의 [서식] 탭에서 설정하세요.

2. 검은색 사각형이 양쪽 모서리가 둥근 사각형으로 변경되었습니다.

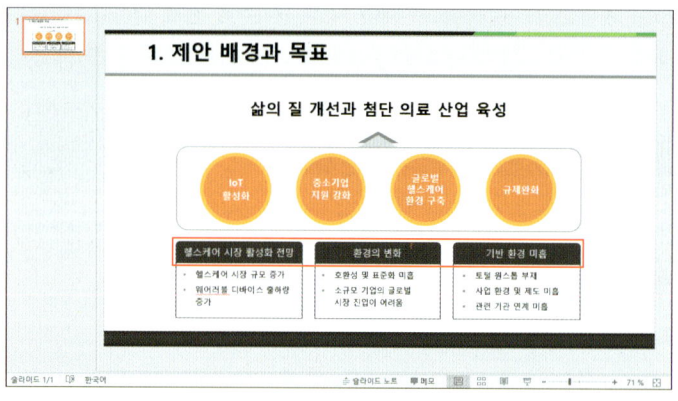

> **Tip**
> '도형 모양 변경'은 이미 입력한 텍스트를 그대로 유지하면서 도형의 모양만 변경하는 기능입니다. 이 기능은 슬라이드 내용의 틀을 흔들지 않으면서 빠르게 도형만 바꿀 수 있어서 매우 유용해요.

잠깐만요 도형의 크기, 회전, 모양 조정 핸들 살펴보기

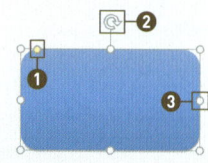

1. **모양 조정 핸들**(◇) : 도형의 모양을 변경할 수 있어요. '모서리가 둥근 사각형'의 경우 모서리를 둥글게 만들 수 있어요.
2. **회전 핸들**(⟳) : 도형을 회전시킬 수 있는 핸들이에요.
3. **크기 조정 핸들**(○) : 도형의 크기를 조절하는 핸들로, 도형마다 여덟 개씩 있어요.

실무예제 07 그림자 효과로 입체감과 원근감 표현하기

예제파일: 헬스케어_그림자.pptx **결과파일**: 헬스케어_그림자_완성.pptx

1. 그림자 효과를 적용할 흰색 모서리가 둥근 직사각형을 선택하세요. **[홈] 탭-[그리기]** 그룹에서 **[도형 효과]**를 클릭하고 **[그림자]**를 선택한 후 '**안쪽**'의 **[안쪽 가운데]**를 선택하세요.

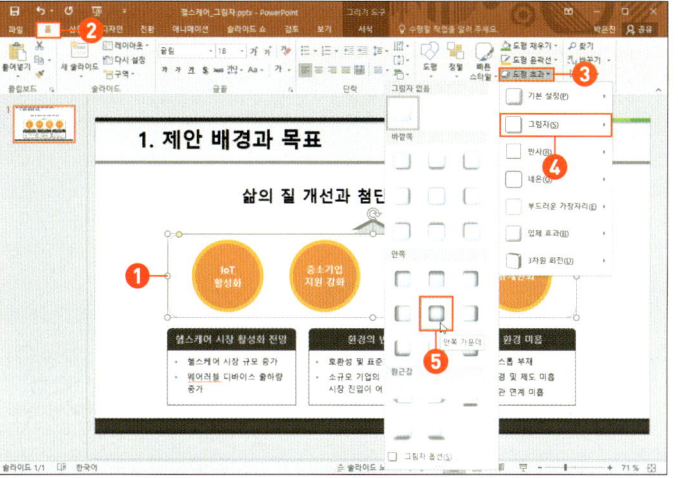

2. Shift 를 이용해서 화면의 아래쪽에 있는 세 개의 흰색 사각형을 차례대로 클릭하여 모두 선택하세요. **[홈] 탭-[그리기]** 그룹에서 **[도형 효과]**를 클릭하고 **[그림자]**를 선택한 후 '**원근감**'의 **[원근감 대각선 오른쪽 위]**를 선택하여 그림자의 위치를 지정해 보세요. 모서리가 둥근 직사각형과 화면의 아래쪽에 있는 세 개의 사각형에 모두 입체감과 원근감이 표현된 그림자가 적용되었어요.

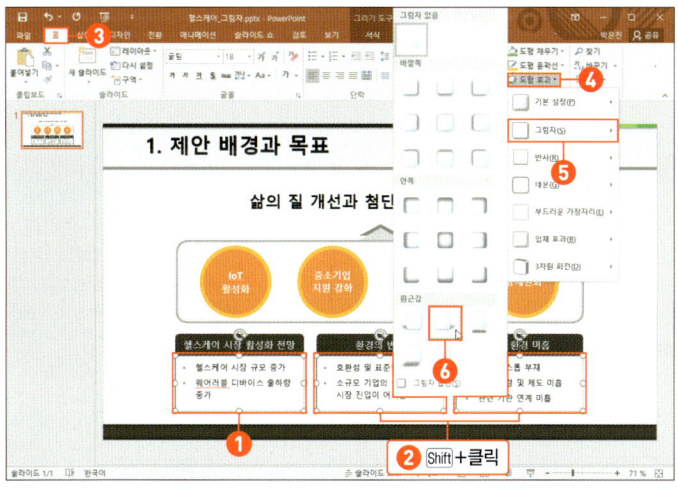

> **Tip**
> [홈] 탭-[그리기] 그룹에서 [도형 효과]를 클릭하고 [그림자]-[그림자 옵션]을 선택하면 사용자가 원하는 그림자를 직접 설정할 수 있어요.

실무예제 08 | 도형에 그라데이션과 입체 효과 지정하기

> 예제파일 : 헬스케어_입체.pptx   결과파일 : 헬스케어_입체_완성.pptx

1. Shift 를 이용해서 네 개의 파란색 육각형을 차례대로 클릭하여 모두 선택하고 [홈] 탭-[그리기] 그룹에서 [도형 채우기]를 클릭한 후 '테마 색'의 [흰색, 배경 1]을 선택하세요. [홈] 탭-[그리기] 그룹에서 [도형 채우기]를 클릭하고 [그라데이션]-[오른쪽 아래 모서리에서]를 선택하세요.

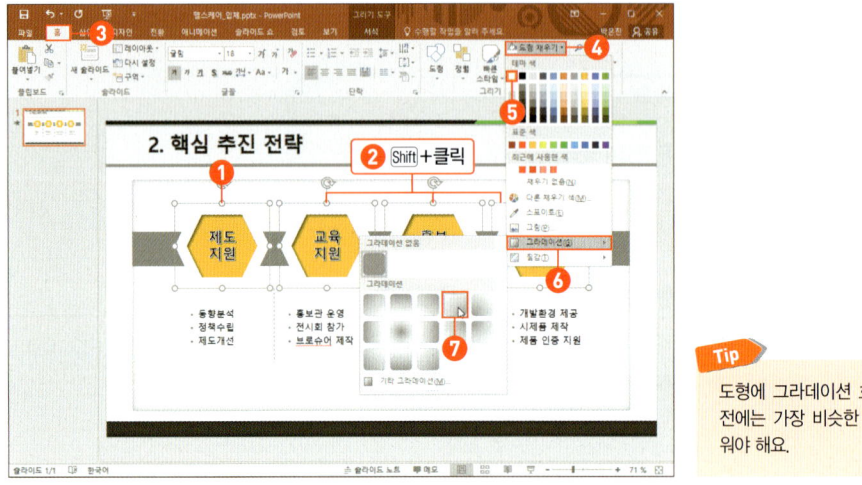

Tip
도형에 그라데이션 효과를 적용하기 전에는 가장 비슷한 색으로 색을 채워야 해요.

2. [홈] 탭-[그리기] 그룹에서 [도형 효과]를 클릭하고 [입체 효과]-[부드럽게 둥글리기]를 선택하세요.

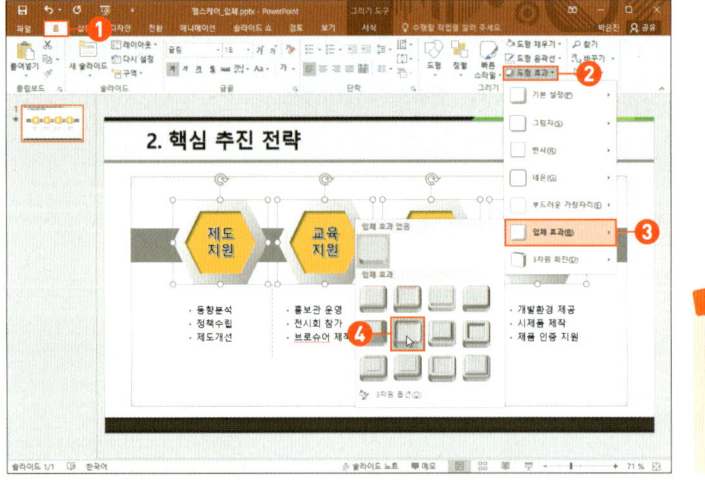

Tip
[홈] 탭-[그리기] 그룹에서 [도형 효과]를 클릭하고 [입체 효과]-[3차원 옵션]을 선택하면 화면의 오른쪽에 [도형 서식] 창이 열리면서 다양한 입체 효과를 설정할 수 있어요.

리뷰! 실무 예제

Up무 능력 향상을 위한 활용 실습

1 | 도형 그룹화하고 스마트 가이드로 균형 있게 배치하기

예제파일 : 실행전략.pptx   **결과파일** : 실행전략_완성.pptx

화면의 왼쪽 아래에 있는 도형들을 하나의 그룹으로 묶어보세요. 스마트 가이드를 활용하여 일정한 간격으로 수평 복사한 후 각 도형들의 내용을 수정해 보세요.

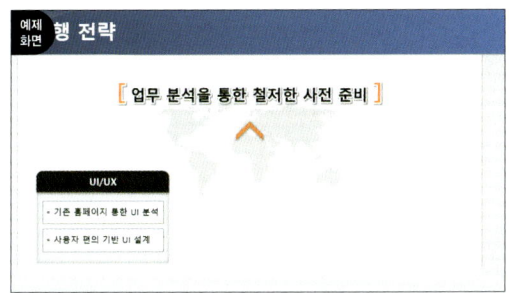

Hint
① 화면의 아래쪽에 있는 도형들을 모두 선택하고 Ctrl+G를 눌러 그룹화하세요.
② Ctrl+Shift를 누른 상태에서 오른쪽으로 드래그하여 도형을 수평으로 복사하세요.
③ 한 번 더 Ctrl+Shift를 누른 상태에서 오른쪽으로 드래그하여 도형을 수평으로 복사하고 스마트 가이드가 표시되면 왼쪽 도형과 같은 간격으로 간격을 띄워 배치하세요.
④ 복사한 도형에 적절한 내용을 수정하여 입력하세요.

2 | 도형에 그림자 지정하고 도형의 모양 변경하기

예제파일 : 추진전략.pptx   **결과파일** : 추진전략_완성.pptx

화면의 왼쪽에 있는 파란색 원에 '안쪽 대각선 왼쪽 위' 그림자를 적용하고 검은색 사각형은 대각선 방향의 '모서리가 둥근 사각형' 모양으로 변경해 보세요.

Hint
① 파란색 원들을 모두 선택하고 [홈] 탭-[그리기] 그룹에서 [도형 효과]를 클릭한 후 [그림자]를 설정하세요.
② 검은색 사각형들을 모두 선택하고 [그리기 도구]의 [서식] 탭-[도형 삽입] 그룹에서 [도형 편집]을 클릭한 후 [도형 모양 변경]을 선택하여 변경할 도형을 선택하세요.
③ 도형의 모양 조정 핸들(◉)을 이용하여 도형의 모서리를 둥글게 변경하세요.

Section 02 스마트아트 그래픽으로 도해 슬라이드 디자인하기

도형을 이용하여 도해를 만들면 텍스트보다 내용을 더욱 직관적으로 전달할 수 있어요. 하지만 파워포인트의 스마트아트 그래픽을 사용하면 도해보다 더 효율적으로 내용을 전달할 수 있습니다. 내용 전달 목적에 맞게 디자인된 스마트아트 그래픽을 사용자의 필요에 따라 선택하고 텍스트만 입력하면 전문가처럼 고품질 프레젠테이션을 만들 수 있어요. 이번 섹션에서는 자신의 메시지를 가장 잘 표현할 수 있는 스마트아트 그래픽을 찾기 위한 다양한 형식의 레이아웃을 적용하는 방법에 대해 배워봅니다.

PREVIEW

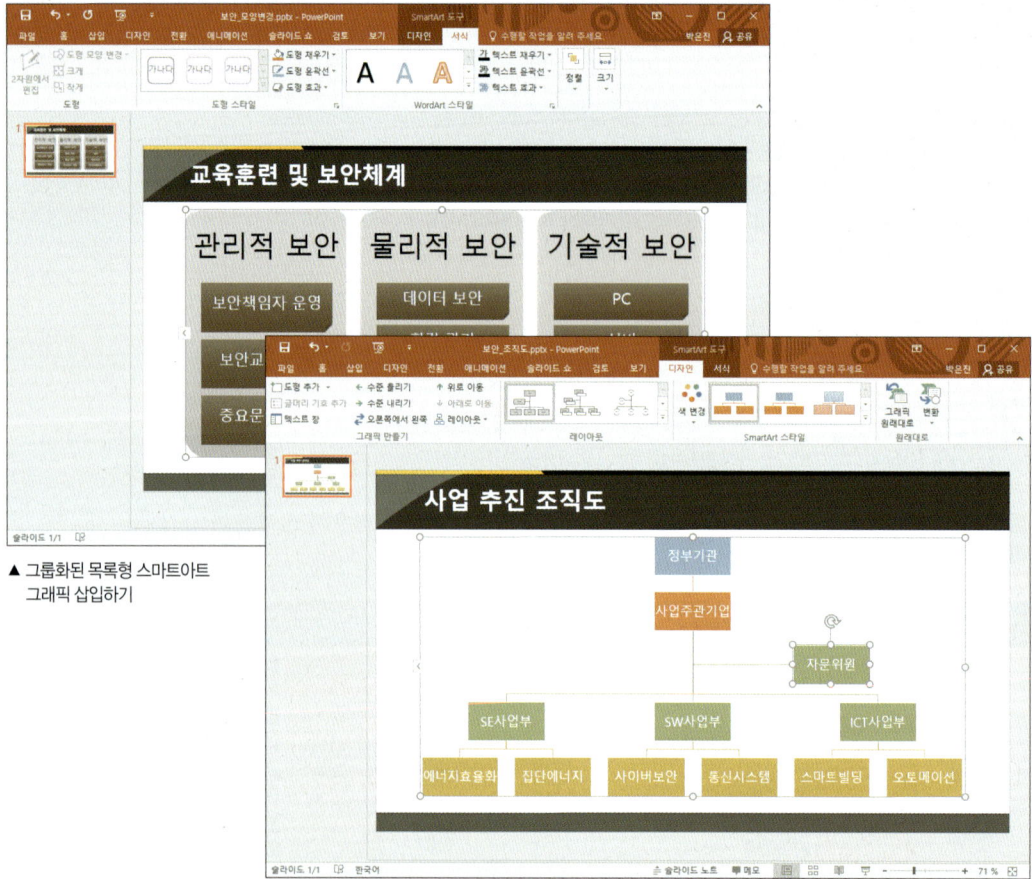

▲ 그룹화된 목록형 스마트아트 그래픽 삽입하기

▲ 조직도형 스마트아트 그래픽 삽입하기

> 섹션별 주요 내용
> 01 │ 스마트아트 그래픽 삽입하고 레이아웃 변경하기   02 │ 스마트아트 그래픽의 색과 스타일 변경하기
> 03 │ 텍스트를 스마트아트 그래픽으로 변경하기   04 │ 스마트아트 그래픽을 텍스트로 변경하기
> 05 │ 스마트아트 그래픽 이용해 조직도 작성하기

| 우선순위 TOP 07 |
| 난이도 1 2 ③ 4 5 |

예제파일 : 보안.pptx   결과파일 : 보안_완성.pptx

실무예제 01 스마트아트 그래픽 삽입하고 레이아웃 변경하기

1 스마트아트 그래픽을 삽입하기 위해 내용 개체 틀에서 [SmartArt 그래픽 삽입] 단추( )를 클릭해 보세요.

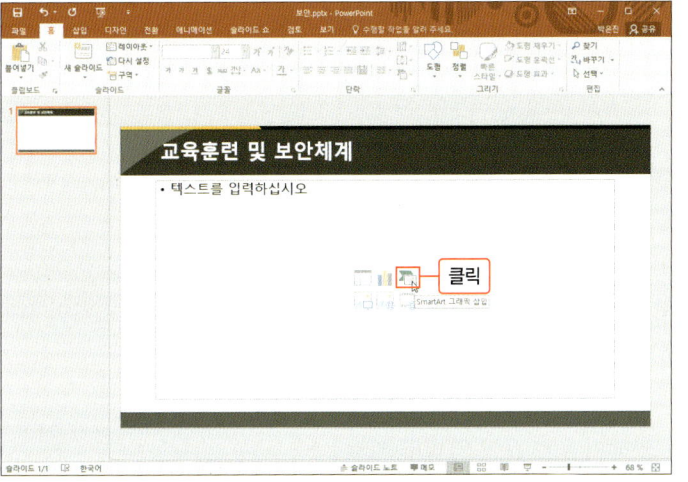

> Tip
> [삽입] 탭-[일러스트레이션] 그룹에서 [SmartArt]를 클릭해도 [SmartArt 그래픽 선택] 대화상자를 열 수 있어요.

2 [SmartArt 그래픽 선택] 대화상자가 열리면 [목록형]에서 [사각형 강조 목록형]을 선택하고 [확인]을 클릭하세요.

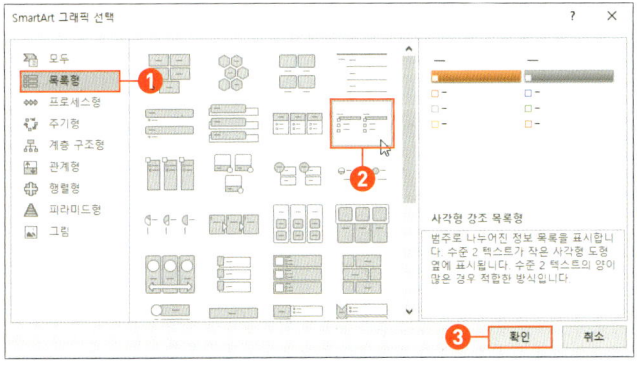

> Tip
> 슬라이드에 스마트아트 그래픽이 삽입되면 리본 메뉴에 [SmartArt 도구]의 [디자인] 탭과 [서식] 탭이 나타나요.

3 사각형 강조 목록형 모양의 스마트아트 그래픽이 삽입되었습니다.

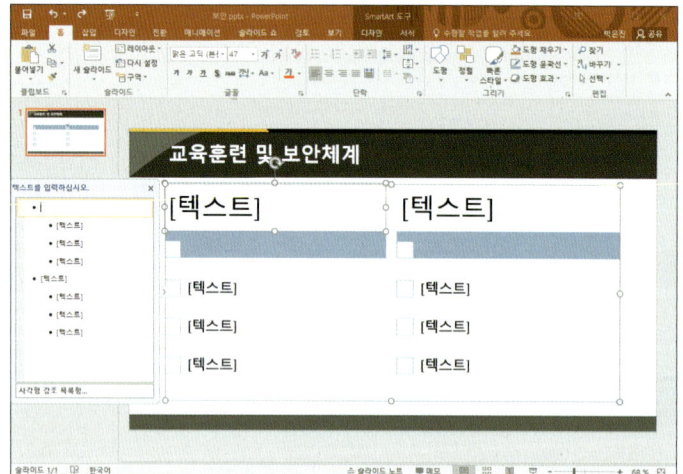

Tip
화면의 왼쪽에 텍스트 창이 열리지 않는다면 [SmartArt 도구]의 [디자인] 탭-[그래픽 만들기] 그룹에서 [텍스트 창]을 클릭하거나 스마트아트 그래픽의 왼쪽에 있는 단추를 클릭하세요.

4 화면의 왼쪽에 있는 텍스트 창에 다음과 같이 입력하세요.

> 관리적 보안, 보안책임자 운영, 보안교육 점검, 중요문서 관리
> 물리적 보안, 데이터 보안, 환경 관리, 출입 통제, 전산장비 관리

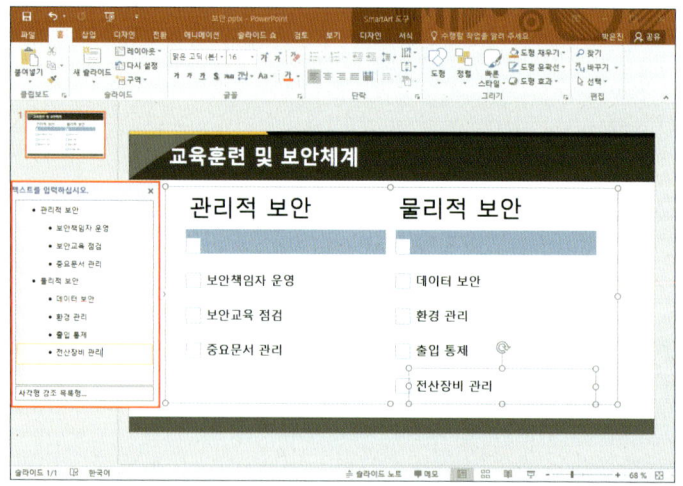

Tip
텍스트 창에 입력하지 않고 스마트아트 그래픽을 하나씩 선택한 후 직접 입력할 수도 있어요.

5 이번에는 삽입한 스마트아트 그래픽의 레이아웃을 다른 모양으로 변경해 볼게요. [SmartArt 도구]의 [디자인] 탭-[레이아웃] 그룹에서 [자세히] 단추(▼)를 클릭하고 [기타 레이아웃]을 선택하세요.

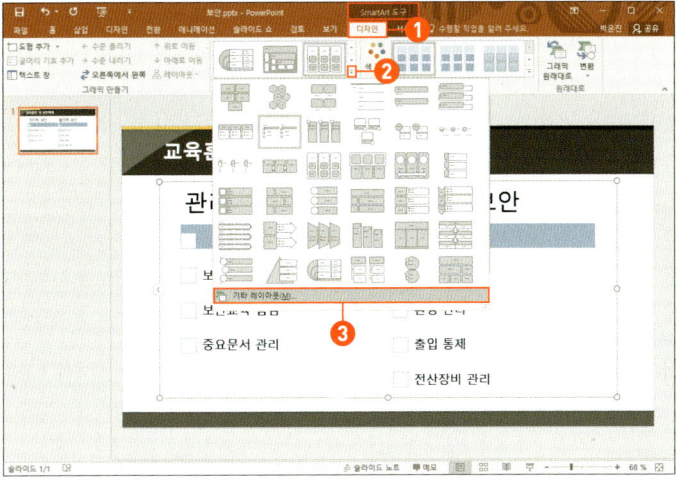

6 [SmartArt 그래픽 선택] 대화상자가 열리면 [관계형]에서 [그룹화된 목록형]을 선택하고 [확인]을 클릭하세요.

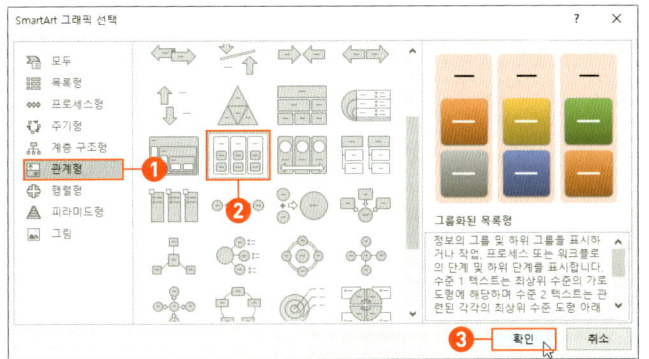

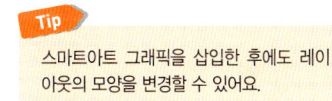

Tip
스마트아트 그래픽을 삽입한 후에도 레이아웃의 모양을 변경할 수 있어요.

7 그룹화된 목록형 모양의 스마트아트 그래픽으로 변경되었습니다.

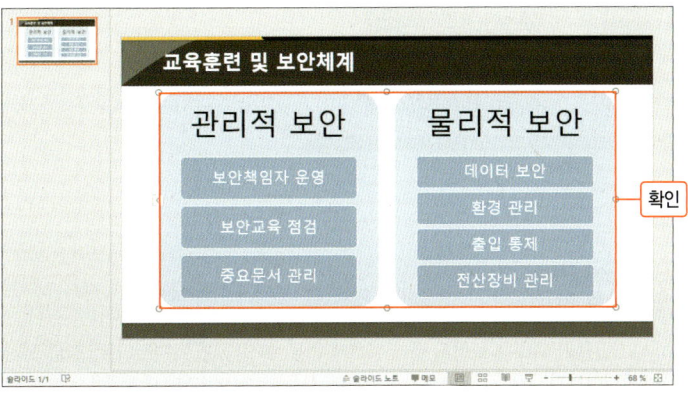

실무예제 02 | 스마트아트 그래픽의 색과 스타일 변경하기

1 색을 변경할 스마트아트 그래픽을 선택하세요. [SmartArt 도구]의 [디자인] 탭-[SmartArt 스타일] 그룹에서 [색 변경]을 클릭하고 '기본 테마 색'의 [어두운 색 2 채우기]를 선택하세요.

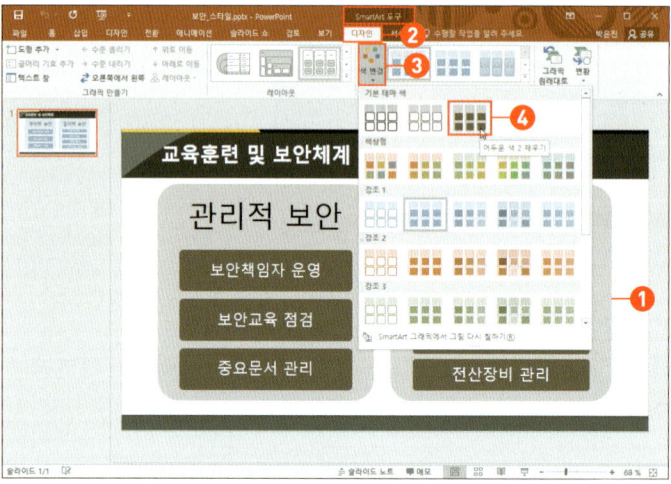

2 이번에는 스마트아트 그래픽의 스타일을 변경하기 위해 [SmartArt 도구]의 [디자인] 탭-[SmartArt 스타일] 그룹에서 [자세히] 단추(▼)를 클릭하고 '3차원'의 [광택 처리]를 선택하세요.

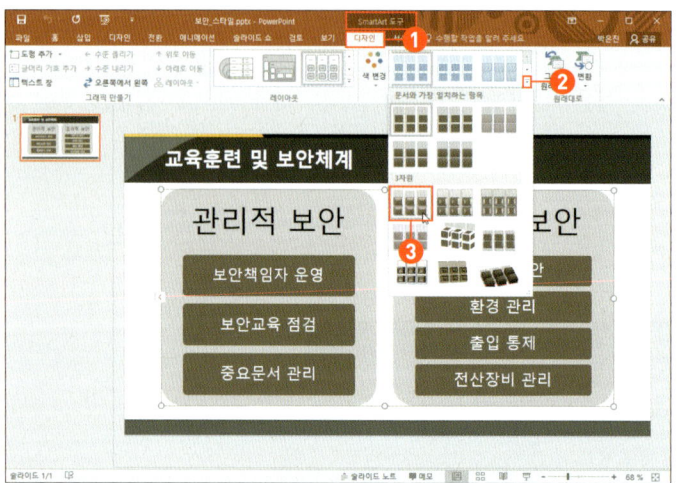

잠깐만요   스마트아트 그래픽을 도형으로 변경하기

스마트아트 그래픽을 이용하면 복잡하거나 만들기 어려운 도형도 쉽고 빠르게 만들 수 있어요. 스마트아트 그래픽을 선택하고 [SmartArt 도구]의 [디자인] 탭-[원래대로] 그룹에서 [변환]을 클릭한 후 [도형으로 변환]을 선택하면 스마트아트 그래픽이 곧바로 도형으로 변경됩니다.

| 난이도 1 2 **3** 4 5 | 예제파일 : 보안_변환.pptx 결과파일 : 보안_변환_완성.pptx |

실무예제 03 텍스트를 스마트아트 그래픽으로 변경하기

1 내용 개체 틀을 선택하고 [홈] 탭-[단락] 그룹에서 [SmartArt로 변환]을 클릭한 후 [기타 SmartArt 그래픽]을 선택하세요. [SmartArt 그래픽 선택] 대화상자가 열리면 [프로세스형]에서 [무작위 결과 프로세스형]을 선택하고 [확인]을 클릭하세요.

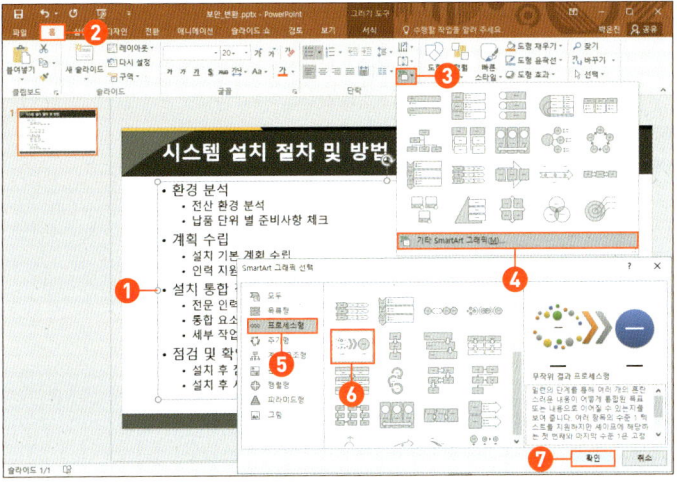

2 텍스트가 스마트아트 그래픽으로 변환되었습니다.

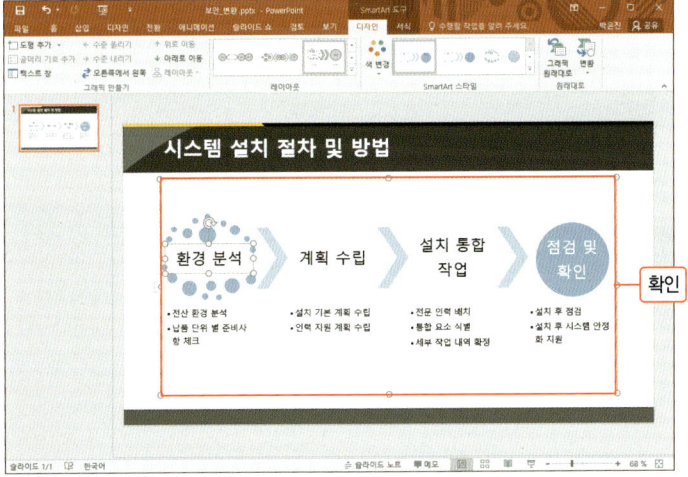

> **Tip**
> [SmartArt 도구]의 [디자인] 탭과 [서식] 탭을 활용하면 스마트아트 그래픽의 서식을 다양하게 변경할 수 있어요.

| 난이도 1 2 **3** 4 5 | 예제파일 : 보안_텍스트로변환.pptx 결과파일 : 보안_텍스트로변환_완성.pptx |

실무예제 04 | 스마트아트 그래픽을 텍스트로 변경하기

1 이미 입력한 텍스트도 스마트아트 그래픽으로 간단하게 변환할 수 있어요. 슬라이드에서 내용이 입력된 개체 틀을 선택하고 [SmartArt 도구]의 **[디자인]** 탭-**[원래대로]** 그룹에서 **[변환]**을 클릭한 후 **[텍스트로 변환]**을 선택하세요.

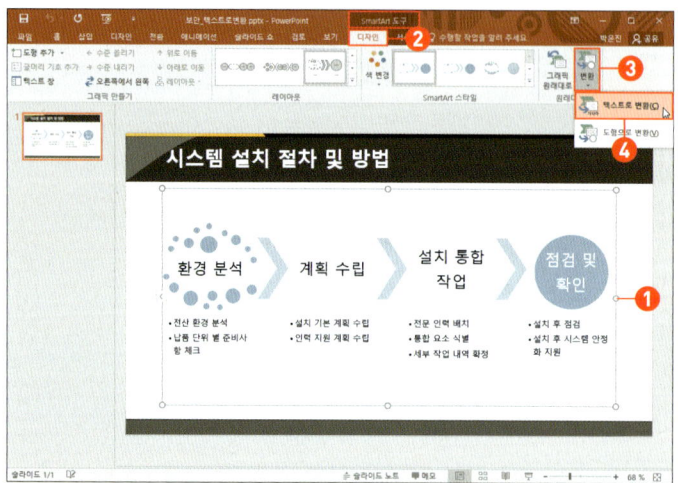

> **Tip**
> [도형으로 변환]을 선택하면 스마트 그래픽을 도형으로 변경할 수 있어요.

2 스마트아트 그래픽 개체가 텍스트로 변환되었습니다.

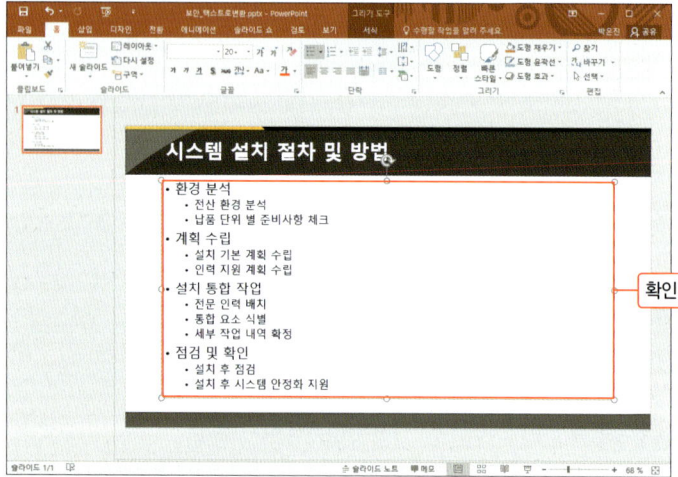

실무예제 05 스마트아트 그래픽 이용해 조직도 작성하기

1 스마트아트 그래픽에서 '사업주관기업'이 입력된 도형을 선택하세요. [SmartArt 도구]의 [디자인] 탭-[그래픽 만들기] 그룹에서 [도형 추가]를 클릭하고 [보조자 추가]를 선택하세요.

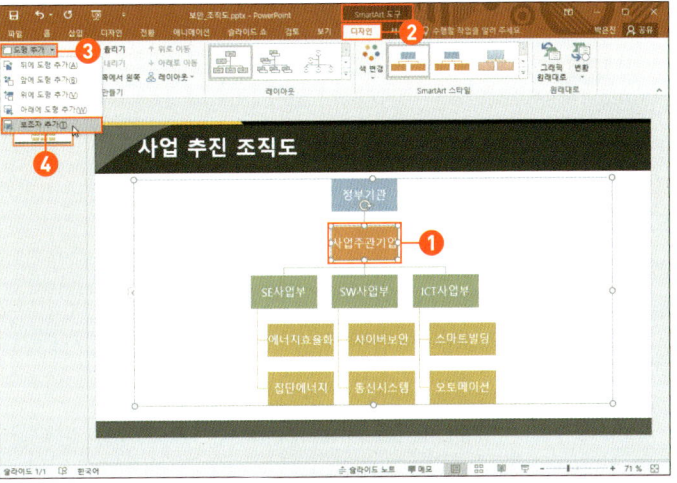

2 '사업주관기업' 도형의 아래쪽에 도형이 추가되면 『자문위원』을 입력하세요.

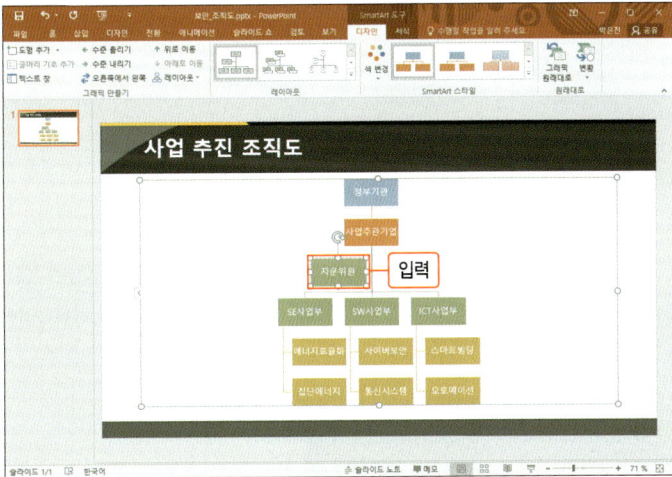

3 'SE사업부'를 선택하고 Shift를 누른 상태에서 'SW사업부', 'ICT사업부'가 입력된 도형을 차례대로 클릭하여 모두 선택하세요. [SmartArt 도구]의 [디자인] 탭-[그래픽 만들기] 그룹에서 [레이아웃]을 클릭하고 [표준]을 선택하세요.

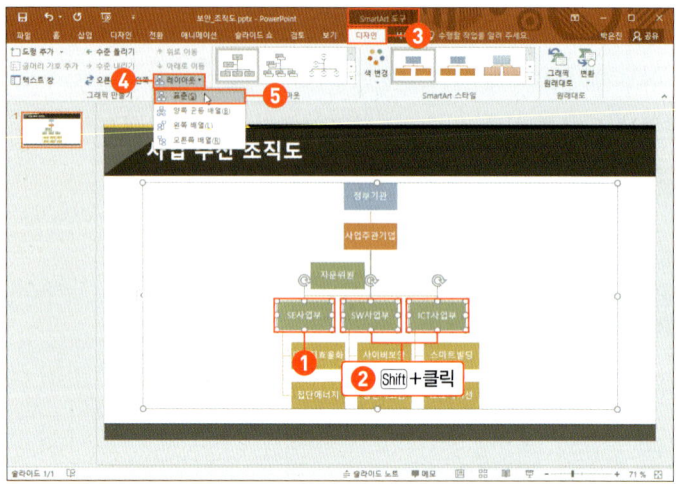

4 선택한 조직도 항목의 아래쪽에 수평으로 나열된 조직도가 나타납니다.

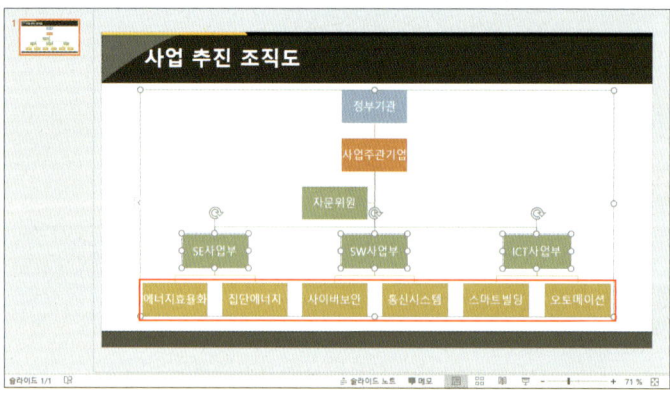

5 '자문위원'이 입력된 도형을 선택하고 오른쪽으로 드래그하여 조직도 요소의 위치를 원하는 곳으로 이동하세요.

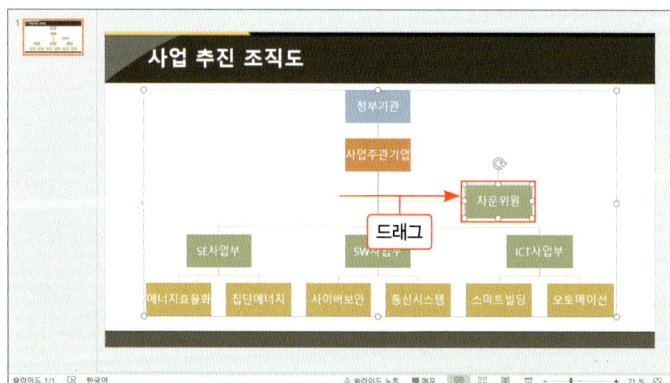

1 | 텍스트를 스마트아트 그래픽으로 변경하고 색 지정하기

예제파일 : 회사소개_인재상.pptx **결과파일** : 회사소개_인재상_완성.pptx

텍스트를 스마트아트 그래픽으로 변경하고 색을 지정하여 도해 슬라이드를 완성해 보세요.

- **종류** : 행렬형 – 기본 행렬형
- **색 변경** : 색상형 범위 – 강조색 5 또는 6

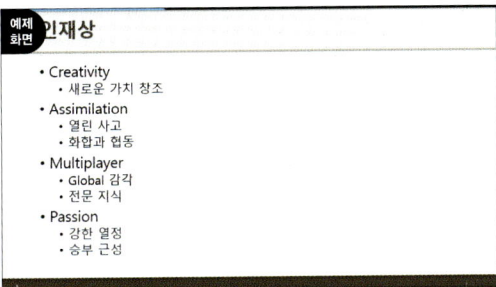
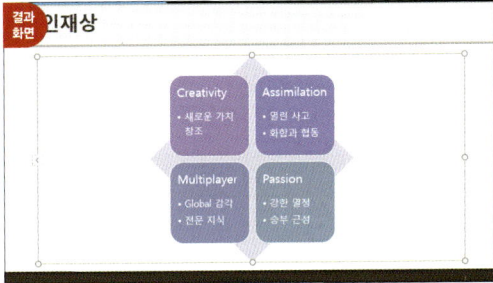

Hint
① 내용 개체 틀을 선택하고 [홈] 탭-[단락] 그룹에서 [SmartArt로 변환]을 클릭한 후 [기본 행렬형]을 선택하세요.
② [SmartArt 도구]의 [디자인] 탭-[SmartArt 스타일] 그룹에서 [색 변경]을 클릭하고 [색상형 범위 – 강조색 5 또는 6]을 선택하세요.

2 | 스마트아트 그래픽의 레이아웃과 스타일 변경하기

예제파일 : 회사소개_목차.pptx **결과파일** : 회사소개_목차_완성.pptx

'회사 소개' 문서의 목차 레이아웃과 스마트아트 그래픽의 스타일을 변경해 보세요.

- **레이아웃** : 세로 곡선 목록형
- **스타일** : 강한 효과

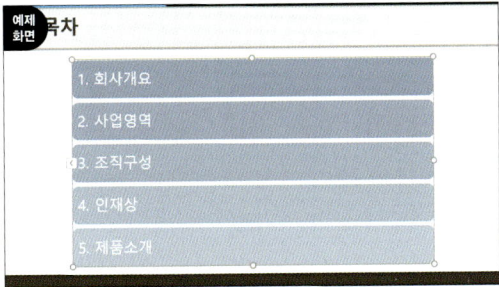
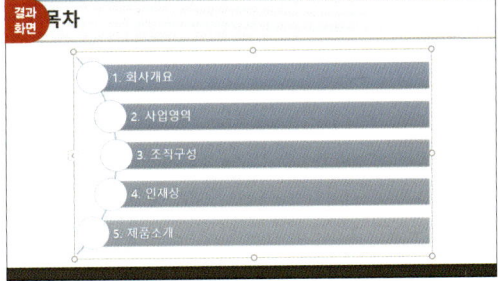

Hint
① 스마트아트 그래픽을 선택하고 [SmartArt 그래픽] 도구의 [디자인] 탭-[레이아웃] 그룹에서 [자세히] 단추(▼)를 클릭한 후 [기타 레이아웃]을 선택하세요.
② [SmartArt 그래픽 선택] 대화상자에서 [목록형]의 [세로 곡선 목록형]을 선택하세요.
③ [SmartArt 그래픽] 도구의 [디자인] 탭-[SmartArt 스타일] 그룹에서 [강한 효과]를 선택하세요.

Section 03 이미지 이용해 고품질 프레젠테이션 작성하기

프레젠테이션 주제와 연관된 이미지를 활용하면 내용을 표현할 때 매우 유용합니다. 특히 파워포인트 2016에서는 이미지에 적용할 수 있는 다양한 서식과 효과를 제공하기 때문에 별도의 그래픽 프로그램을 활용하지 않아도 이미지를 변환하고 수정할 수 있습니다. 이번 섹션에서는 이미지를 삽입하고 효과를 적용하는 다양한 방법에 대해 배워봅니다. 또한 스크린샷을 이용해 캡처한 화면을 삽입하고 앨범을 만드는 과정도 학습해 봅니다.

PREVIEW

▲ 그림 모양 변경하고 배경 제거하기

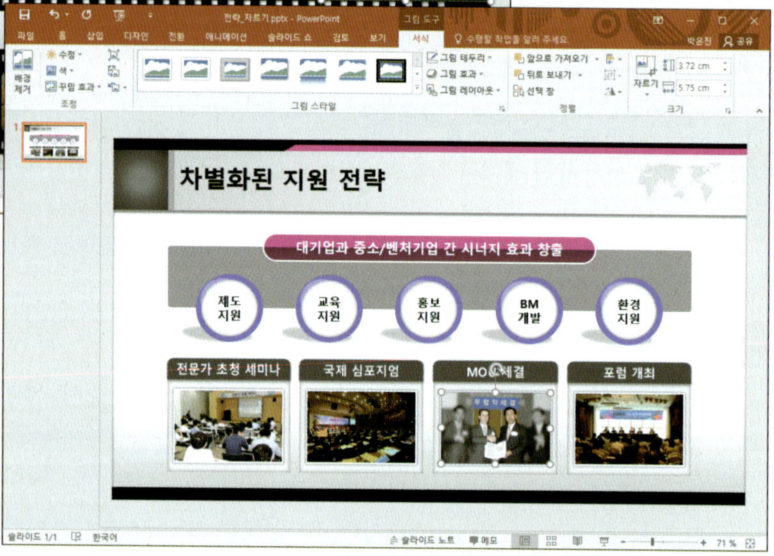

▲ 그림 보정하고 효과 적용하기

섹션별 주요 내용

01 | 슬라이드에 그림 삽입하기　02 | 그림의 모양 변경하고 효과 지정하기　03 | 투명하게 그림 배경 지정하기
04 | 그림 서식 유지하면서 그림만 변경하기　05 | 희미하고 어두운 그림 선명하게 보정하기
06 | 그림에서 필요 없는 부분 자르고 그림 꾸미기　07 | 사진 앨범 만들고 사진 순서 조정하기

UP

실무예제 01 슬라이드에 그림 삽입하기

> 예제파일 : 관광지_그림삽입.pptx   결과파일 : 관광지_그림삽입_완성.pptx

1. [삽입] 탭-[이미지] 그룹에서 [그림]을 클릭하세요. [그림 삽입] 대화상자가 열리면 Shift를 이용해서 부록 CD의 '그림1.jpg', '그림2.jpg', '그림3.jpg', '그림4.jpg' 파일들을 차례대로 클릭하여 모두 선택하고 [삽입]을 클릭하세요.

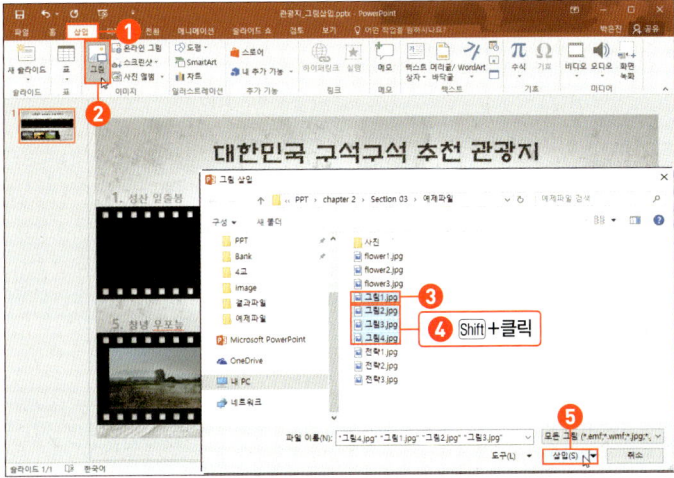

> **Tip**
> 삽입한 그림이 일정한 크기(200×200 픽셀)보다 큰 경우에는 화면의 오른쪽에 [디자인 아이디어] 창이 열려요. [디자인 아이디어] 창에 원하는 모양이 있다면 선택하여 빠르게 적용해 보세요.

2. 슬라이드의 필름의 위에 삽입한 그림을 간격과 줄을 맞춰서 배치해 보세요. 이때 61쪽에서 배운 '스마트 가이드' 기능을 활용하면 쉽게 그림의 간격과 줄을 맞출 수 있어요.

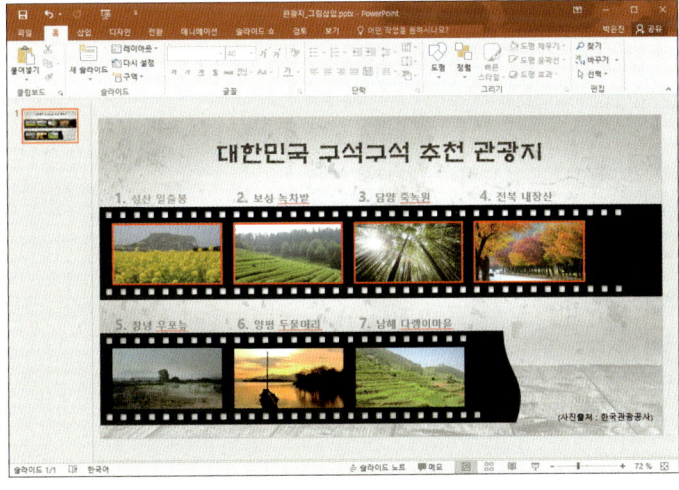

> **Tip**
> 삽입한 그림을 선택하면 리본 메뉴에 [그림 도구]가 나타나요. [삽입] 탭-[이미지] 그룹에서 [그림]은 내 컴퓨터나 로컬 네트워크에서 그림을 삽입할 때 선택하고 [온라인 그림]은 온라인 소스에서 그림을 삽입할 때 사용해요.

실무예제 02 그림의 모양 변경하고 효과 지정하기

> 예제파일 : 관광지_모양.pptx 결과파일 : 관광지_모양_완성.pptx

1 Shift를 이용해서 일곱 개의 그림을 차례대로 클릭하여 모두 선택하세요. [그림 도구]의 [서식] 탭-[크기] 그룹에서 [자르기]의 자르기을 클릭하고 [도형에 맞춰 자르기]를 선택한 후 '사각형'의 [모서리가 둥근 직사각형](□)을 선택하세요.

2 선택한 그림이 모서리가 둥근 직사각형 모양으로 변경되었습니다.

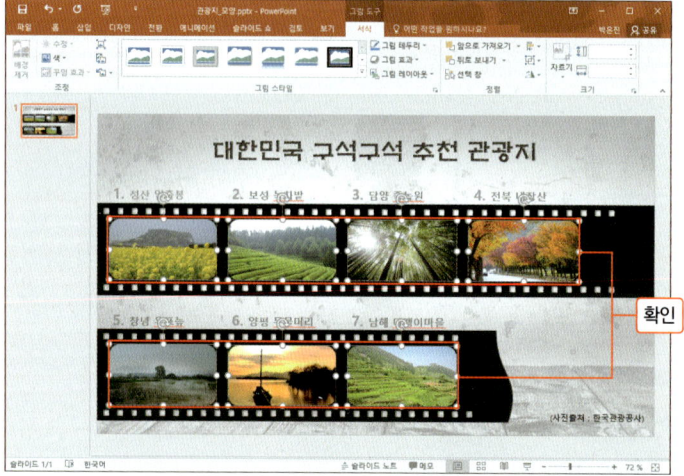

3 모든 그림을 선택한 상태에서 [그림 도구]의 [서식] 탭-[그림 스타일] 그룹에서 [그림 효과]를 클릭하고 [그림자]를 선택한 후 '안쪽'의 [안쪽 가운데]를 선택하세요. 그림의 안쪽에 그림자가 적용되었습니다.

잠깐만요 도형 안에 그림 넣고 모양 변경하기

도형 안에 그림을 채우거나 그림의 모양을 변경할 때는 다음의 방법을 이용할 수 있습니다.

방법 1 도형 그리고 그림으로 채우기

도형을 그리고 [홈] 탭-[그리기] 그룹에서 [도형 채우기]를 클릭한 후 [그림]을 선택하세요. 그러면 리본 메뉴에 [그리기 도구]와 [그림 도구]가 함께 나타납니다.

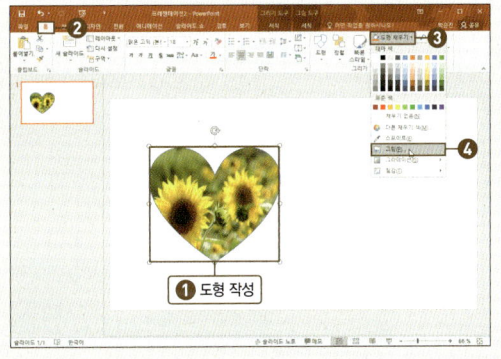

방법 2 그림 삽입하고 도형 모양으로 자르기

그림을 삽입하고 [그림 도구]의 [서식] 탭-[크기] 그룹에서 [자르기]의 자르기를 클릭한 후 [도형에 맞춰 자르기]를 선택하세요. 그러면 리본 메뉴에 [그림] 도구만 나타납니다.

예제파일 : 관광지_투명.pptx   결과파일 : 관광지_투명_완성.pptx

실무예제 03 투명하게 그림 배경 지정하기

1 화면의 오른쪽 위에 위치한 로고를 선택하세요. 로고의 배경을 투명하게 만들기 위해 [그림 도구]의 [서식] 탭-[조정] 그룹에서 [색]을 클릭하고 [투명한 색 설정]을 선택하세요.

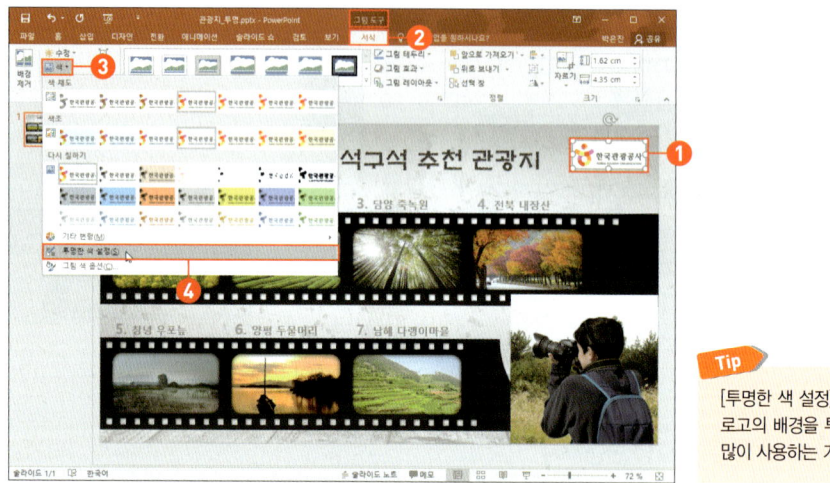

Tip

[투명한 색 설정]은 흰색 배경이 있는 로고의 배경을 투명하게 만들기 위해 많이 사용하는 기능이에요.

2 마우스 포인터가 모양으로 바뀌면 그림에서 흰색 부분을 클릭하여 투명하게 만들어 보세요.

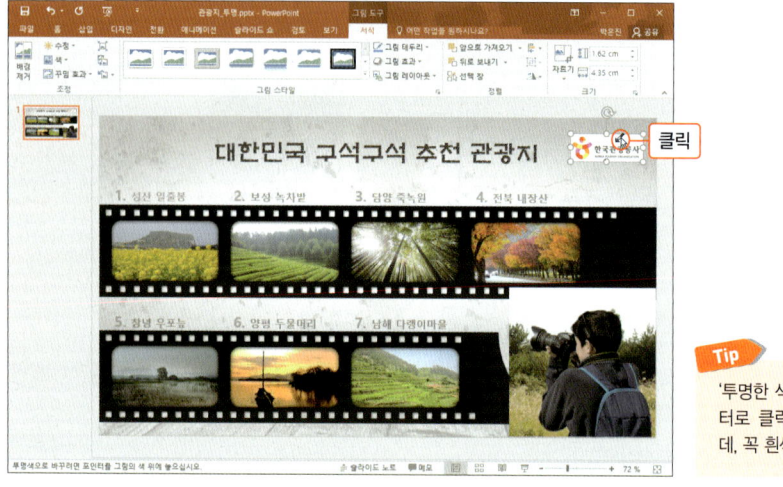

Tip

'투명한 색 설정' 기능은 마우스 포인터로 클릭한 색을 투명하게 바꾸는데, 꼭 흰색이 아니어도 가능해요.

3 배경색에 여러 가지 색이 섞여있는 경우에도 투명하게 만들 수 있어요. 화면의 오른쪽 아래에 있는 그림을 선택하고 [그림 도구]의 [서식] 탭-[조정] 그룹에서 [배경 제거]를 클릭하세요.

4 선택한 그림에서 진분홍색 부분은 투명하게 처리되므로 선택한 그림의 아래쪽의 가방 부분까지 크기를 조절하여 진분홍색 투명 영역에서 제외하세요. 이때 불필요한 영역이 포함되었다면 [그림 도구]의 [배경 제거] 탭-[고급 검색] 그룹에서 [제거할 영역 표시]를 클릭하세요.

Tip
[배경 제거] 탭-[고급 검색] 그룹에서 [제거할 영역 표시]를 클릭하면 투명하게 만들 영역이 됩니다.

5 마우스 포인터가 ✏ 모양으로 바뀌면 불필요하게 포함된 오른쪽의 나무 영역을 드래그하여 제거할 영역에 추가하세요.

Tip
보기 비율을 확대하면 좀 더 세밀하게 작업할 수 있어요. 추가로 투명하게 할 부분은 [배경 제거] 탭-[고급 검색] 그룹에서 삭제할 부분은 [제거할 영역 표시]를, 나타내야 할 부분은 [보관할 영역 표시]를 선택하세요.

6 투명하게 처리할 부분을 모두 설정했으면 그림의 바깥쪽 부분을 클릭하거나 [그림 도구]의 [배경 제거] 탭-[닫기] 그룹에서 [변경 내용 유지]를 클릭하세요.

7 화면의 오른쪽 아래에 있는 그림이 투명하게 처리되었습니다.

잠깐만요 **슬라이드의 그림을 별도의 그림 파일로 저장하기**

그림에 서식을 지정하거나 자른 후 별도의 그림 파일로 저장할 수 있어요. 그림을 선택하고 마우스 오른쪽 단추를 눌러 [그림으로 저장]을 선택하세요.

난이도 1 2 ③ 4 5

실무예제 04 **그림 서식 유지하면서 그림만 변경하기**

예제파일 : 전략_바꾸기.pptx 결과파일 : 전략_바꾸기_완성.pptx

1 화면의 왼쪽에서 두 번째 그림을 선택하고 [그림 도구]의 [서식] 탭-[조정] 그룹에서 [그림 바꾸기]를 클릭하세요.

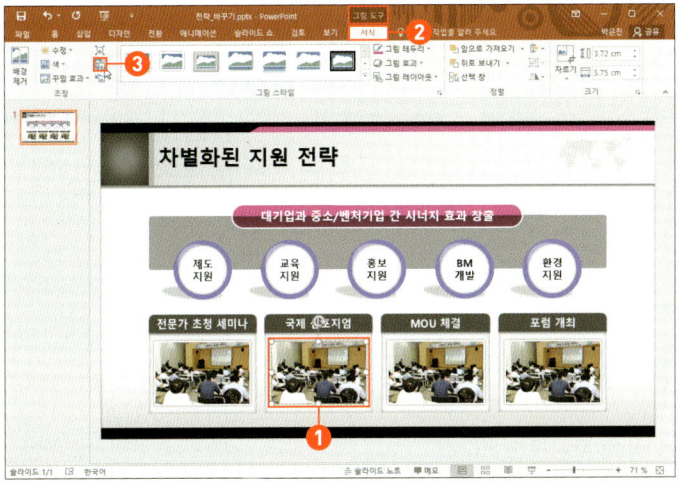

> **Tip**
> 새로운 이미지를 삽입하려면 [삽입] 탭-[이미지] 그룹에서 [그림] 또는 [온라인 그림]을 클릭하세요.

2 [그림 삽입] 창이 열리면 내 컴퓨터에 있는 그림을 사용하기 위해 [파일에서]의 [찾아보기]를 클릭하세요. [그림 삽입] 대화상자가 열리면 부록 CD의 '전략1.jpg' 파일을 선택하고 [삽입]을 클릭하세요.

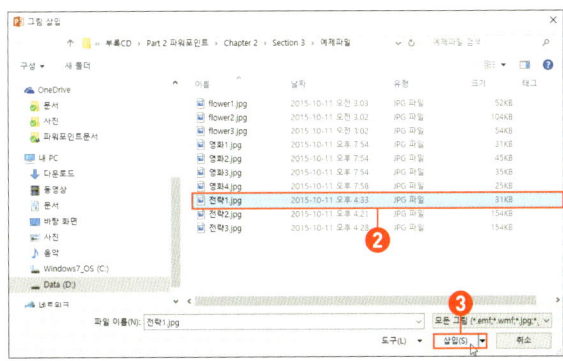

> **Tip**
> [Bing 이미지 검색]을 클릭하면 인터넷에서 이미지를 검색할 수 있어요. [그림 삽입] 창에서는 OneDrive나 온라인 소스에 있는 그림도 삽입할 수 있어요.

85

3 슬라이드에 삽입되어 있던 기존의 그림에 적용된 서식과 모양이 그대로 유지된 채 그림만 변경되었습니다. 이와 같은 방법으로 나머지 두 개의 그림도 각각 '전략2.jpg', '전략3.jpg' 파일로 변경해 보세요.

잠깐만요 '그림 삽입'과 '그림 바꾸기'의 차이점 살펴보기

슬라이드에 처음 그림을 삽입할 때는 '그림 삽입'을, 이미 삽입된 그림 서식을 유지하면서 그림만 바꿀 때는 '그림 바꾸기'를 사용하세요.

구분	그림 삽입	그림 바꾸기
리본 메뉴		
명령 단추	[삽입] 탭-[이미지] 그룹에서 [그림], [온라인 그림]	[그림 도구]의 [서식] 탭-[조정] 그룹에서 [그림 바꾸기]
기능	컴퓨터와 온라인에서 새로운 그림을 삽입할 때	이미 삽입된 그림에 적용된 서식과 모양을 유지하면서 그림만 교체할 때

파워포인트에서 자주 사용하는 이미지 파일 살펴보기

이미지 유형에 따른 특징을 이해하고 용도에 맞게 이미지 파일을 사용하세요.

파일 형식	특징	그림 삽입	투명 지원 여부
GIF	256색 지원	비교적 작은 수의 색을 사용한 외곽이 투명한 이미지 또는 움직이는 이미지에 사용	O
JPG	• 높은 압축률 • 해상도는 낮은 편	사진처럼 사각형 이미지에 사용	X
PNG	• 트루컬러 지원 • 높은 압축률 • 비교적 높은 해상도	여러 가지 색이 사용되었거나 외곽이 투명한 이미지에 사용	O
WMF	벡터 도형 파일 형식	• 도형으로 그린 이미지와 클립아트 이미지에 사용 • 그림을 그룹 해제할 수 있음	O

실무예제 05 희미하고 어두운 그림 선명하게 보정하기

예제파일 : 전략_보정.pptx   결과파일 : 전략_보정_완성.pptx

1 희미하고 어두워 보이는 두 번째 그림을 선택하고 [그림 도구]의 [서식] 탭-[조정] 그룹에서 [수정]을 클릭한 후 '밝기/대비'의 [밝기 : +40% 대비 : 0% (표준)]을 선택하세요. 다시 [수정]을 클릭하고 '선명도 조절'의 [선명하게 : 50%]를 선택하세요.

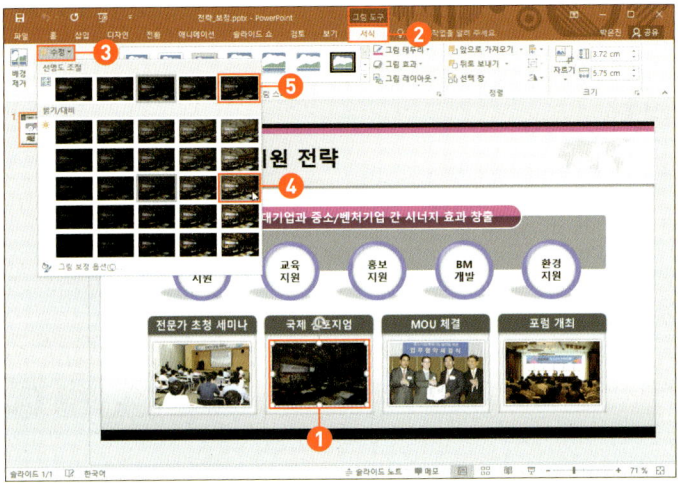

2 두 번째 그림을 선택한 상태에서 [그림 도구]의 [서식] 탭-[조정] 그룹에서 [색]을 클릭하고 '색 채도'의 [채도 : 200%]를 선택하여 선명하고 밝게 보정하세요.

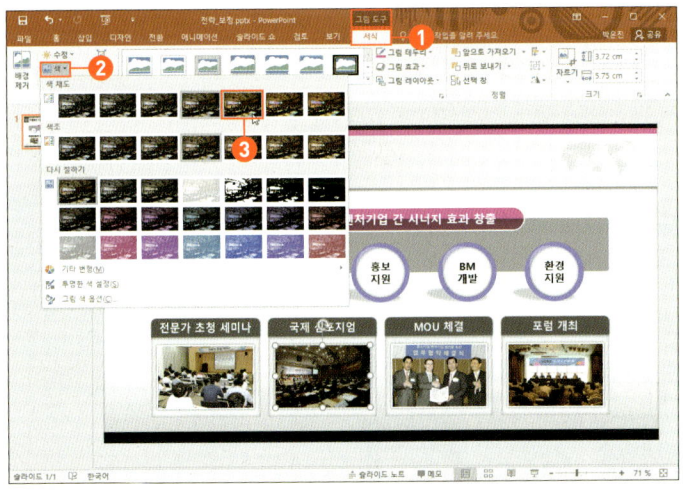

> **Tip**
> 그림을 좀 더 세밀하게 보정하고 싶다면 [그림 도구]의 [서식] 탭-[조정] 그룹에서 [수정]을 클릭하고 [그림 보정 옵션]을 선택하세요. 화면의 오른쪽에 [그림 서식] 창이 열리면 [그림]( )의 '그림 보정'에서 '선명도'와 '밝기', '대비' 등에 직접 수치값을 입력하여 보정하세요.

| 난이도 1 2 3 **4** 5 | 예제파일 : 전략_자르기.pptx　　결과파일 : 전략_자르기_완성.pptx |

실무예제 06 그림에서 필요 없는 부분 자르고 꾸미기

1 화면의 아래쪽에 복사된 그림을 선택하고 세 번째 그림 위로 드래그하세요. 스마트 가이드가 표시되면 이것을 이용하여 정확하게 포개지도록 겹쳐보세요.

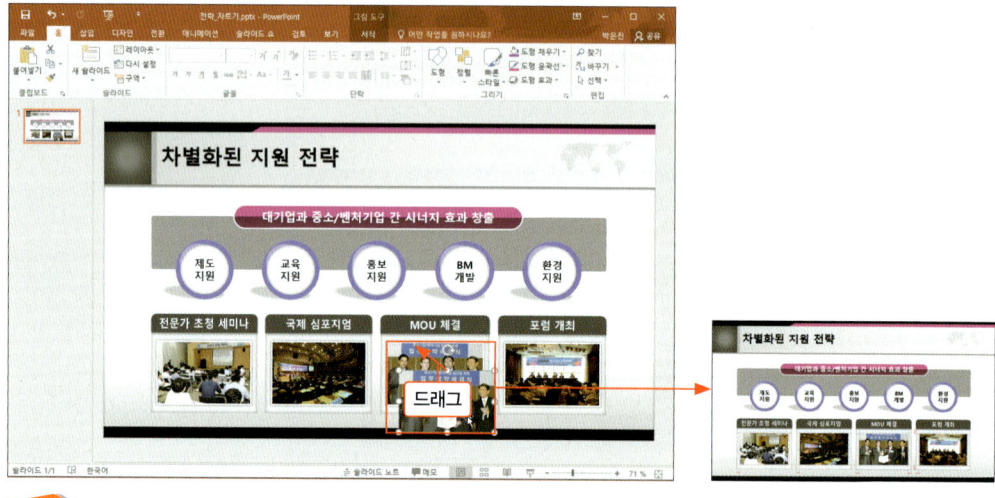

> **Tip**
> 스마트 가이드 대신 [홈] 탭-[그리기] 그룹에서 [정렬]을 클릭하고 [맞춤]을 선택하여 그림이 포개지도록 맞출 수도 있어요.

2 세 번째 그림은 똑같은 그림이 두 장 겹쳐진 상태가 되었습니다. 위쪽 그림을 선택하고 그림의 일부분을 잘라내기 위해 [그림 도구]의 **[서식] 탭-[크기] 그룹**에서 [자르기]의 아이콘을 클릭하세요.

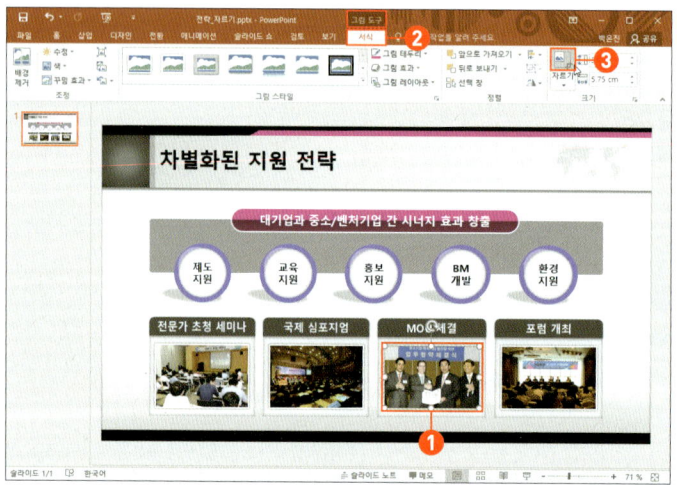

3 잘라낼 그림의 테두리가 ┐ 모양으로 변하면 대각선 아래로 드래그하여 잘라내세요. 이와 같은 방법으로 악수하는 두 사람만 남도록 나머지 부분을 모두 잘라내고 Esc 를 눌러 자르기 상태를 해제하세요.

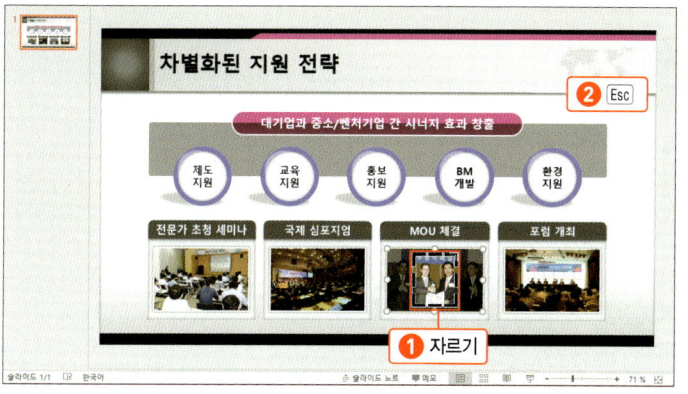

> **Tip**
> 그림을 자를 때 마우스 포인터의 모양이 ├이면 한쪽 방향으로만 자를 수 있어요. 단 꼭짓점에서는 가로와 세로를 동시에 자를 수 있어요.

4 이번에는 자르지 않은 아래쪽 그림을 선택하고 [그림 도구]의 **[서식] 탭-[조정] 그룹**에서 **[꾸밈 효과]**를 클릭한 후 **[흐리게]**를 선택하세요.

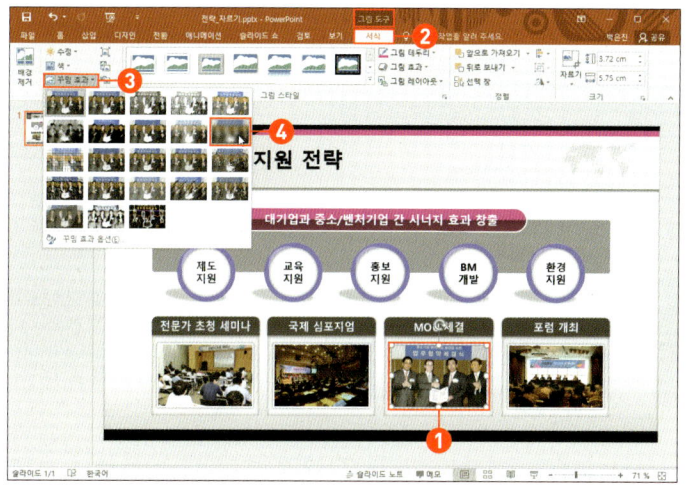

> **Tip**
> 두 개의 그림이 겹쳐져 있으므로 자른 후에도 잘 구분되지 않을 수 있어요. 이때 잘라낸 그림의 바깥쪽 부분을 클릭하면 아래쪽의 그림을 쉽게 선택할 수 있어요.

잠깐만요 그림 압축하기

프레젠테이션 문서를 저장할 때 그림에서 잘라낸 영역을 제외하고 저장하려면 [그림 도구]의 **[서식] 탭-[조정] 그룹**에서 **[그림 압축]**을 클릭하세요. [그림 압축] 대화상자가 열리면 '압축 옵션'의 [잘려진 그림 영역 삭제]에 체크하고 [확인]을 클릭하세요.

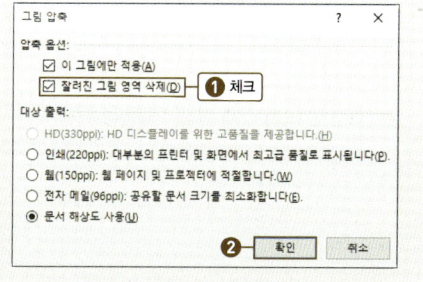

5 아래쪽 그림을 선택한 상태에서 [그림 도구]의 [서식] 탭-[조정] 그룹에서 [색]을 클릭하고 '다시 칠하기'의 [회색조]를 선택하세요.

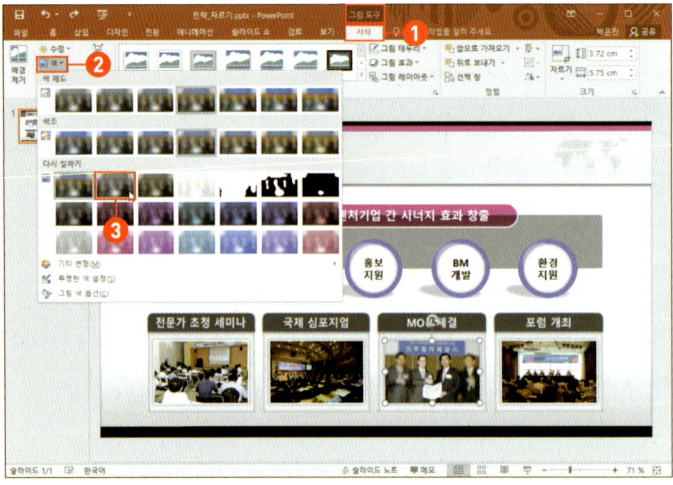

6 잘라낸 위쪽 그림에는 아무런 효과를 주지 않고 포개진 아래쪽 그림에만 '흐리게'와 '회색조' 효과를 적용하여 악수하는 사람이 훨씬 잘 보이게 그림을 꾸몄습니다.

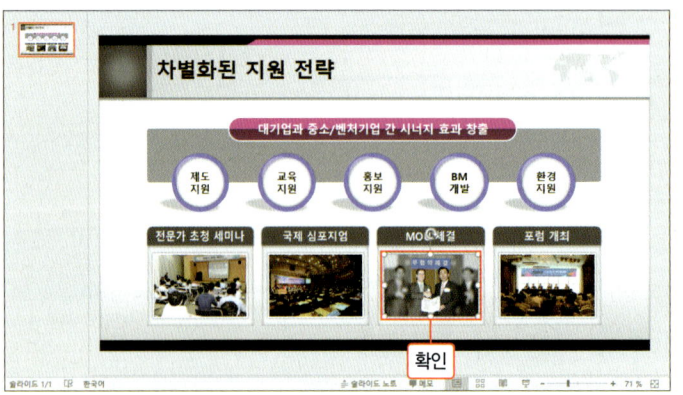

> **Tip**
> [그림 도구]의 [서식] 탭-[조정] 그룹에서 [그림 원래대로]를 클릭하고 [그림 및 크기 다시 설정]을 선택하면 잘라진 그림을 원래대로 복구할 수 있어요.

잠깐만요 그림 원래대로 되돌리기

그림에 적용한 여러 가지 효과와 설정을 원래대로 되돌리고 싶다면 [그림 도구]의 [서식] 탭-[조정] 그룹에서 [그림 원래대로]를 클릭하세요.

❶ [그림 원래대로] : 그림에 대해 변경한 서식을 모두 취소해요.
❷ [그림 및 크기 다시 설정] : 그림의 서식과 크기를 모두 원래의 상태로 되돌려요.

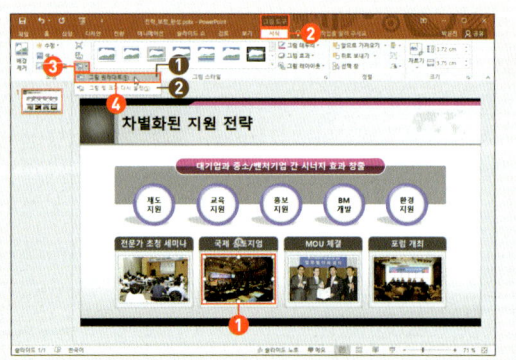

| 난이도 1 2 ③ 4 5 | 예제파일 : 새 문서에서 시작하세요. | 결과파일 : 사진앨범_완성.pptx |

실무예제 07 사진 앨범 만들고 사진 순서 조정하기

1 많은 양의 사진을 한꺼번에 슬라이드에 삽입하여 앨범으로 만들어 볼까요? **[삽입] 탭-[이미지] 그룹**에서 **[사진 앨범]**을 클릭하세요.

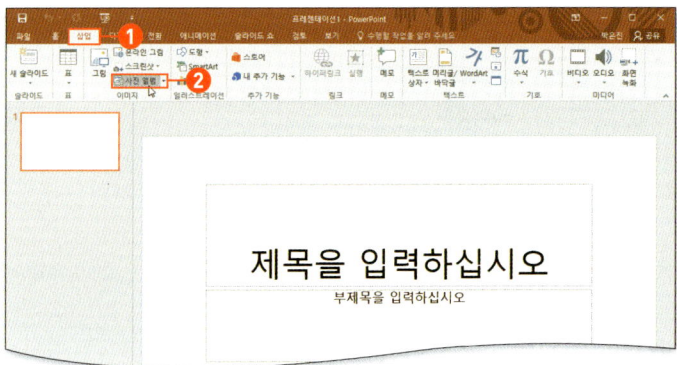

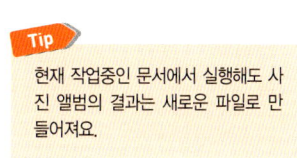

Tip
현재 작업중인 문서에서 실행해도 사진 앨범의 결과는 새로운 파일로 만들어져요.

2 [사진 앨범] 대화상자가 열리면 '그림 삽입'의 [파일/디스크]를 클릭하세요.

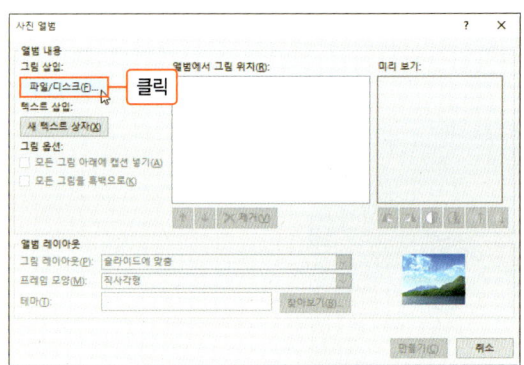

3 부록 CD의 '사진' 폴더에서 모든 사진 파일들을 선택하고 [삽입]을 클릭하세요.

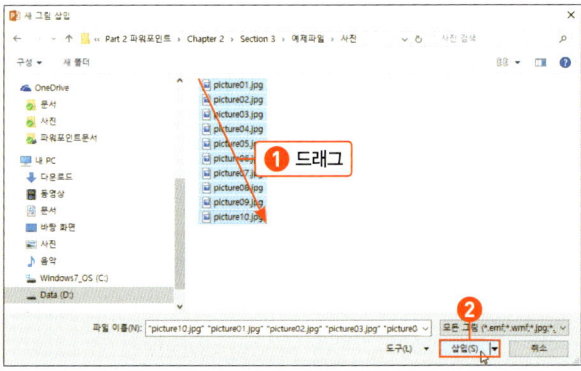

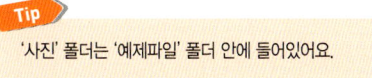

Tip
'사진' 폴더는 '예제파일' 폴더 안에 들어있어요.

4 [사진 앨범] 대화상자로 되돌아오면 [만들기]를 클릭하여 사진 앨범을 만들어봅니다. 이때 ↑ 단추와 ↓ 단추를 클릭하여 사진의 순서를 조정할 수 있어요.

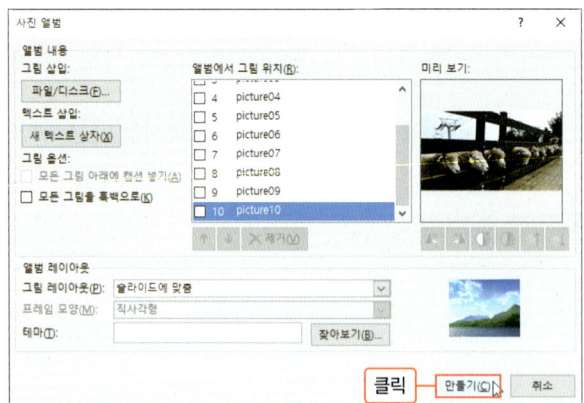

> **Tip**
> '앨범 레이아웃'의 '그림 레이아웃'을 이용하면 하나의 슬라이드에 들어가는 사진의 개수나 레이아웃을 모두 변경할 수 있어요. 또한 [모든 그림을 흑백으로]에 체크하면 흑백 사진으로 삽입할 수 있어요.

5 슬라이드에 선택한 사진들이 삽입되면서 사진 앨범으로 만들어졌습니다. 사진 앨범의 제목을 수정하여 사진 앨범 파일로 저장하거나 슬라이드를 복사하여 활용해 보세요.

1 | 슬라이드에 그림 삽입하고 효과 지정하기

예제파일 : 전시회.pptx   **결과파일** : 전시회_완성.pptx

액자에 각각 그림을 삽입하고 '안쪽 대각선 왼쪽 위' 그림자를 적용해 보세요. 1번 그림과 3번 그림에 각각 '원근감(오른쪽)', '원근감(왼쪽)' 3차원 회전 효과를 적용해 보세요.

Hint
① [삽입] 탭-[이미지] 그룹에서 [그림]을 클릭하여 그림을 삽입하고 액자에 맞게 배치하세요.
② [그림 도구]의 [서식] 탭-[그림 스타일] 그룹에서 [그림 효과]를 클릭하고 [그림자]-[안쪽 대각선 왼쪽 위]를 선택하세요.
③ 1번 그림과 3번 그림에 [그림 도구]의 [서식] 탭-[그림 스타일] 그룹에서 [그림 효과]를 클릭하고 [3차원 회전]에서 [원근감(오른쪽)], [원근감(왼쪽)]을 적용하세요.

2 | 그림 복사하고 색 변경한 후 자르기

예제파일 : 웹툰.pptx   **결과파일** : 웹툰_완성.pptx

마지막 그림들을 하나씩 복사하여 겹쳐놓은 상태에서 위쪽에 있는 그림의 크기는 자르고 아래쪽에 있는 그림에 [회색 - 25%, 배경색 2, 밝게] 색상을 적용해 보세요.

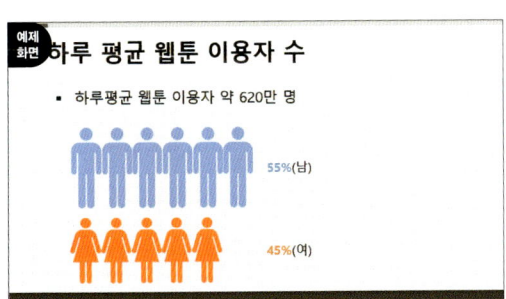 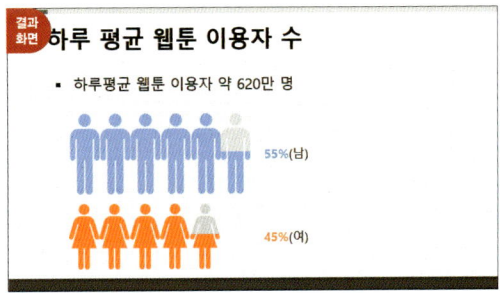

Hint
① 마지막 남자 그림을 선택하여 복사하고 두 개의 그림을 정확히 포개보세요.
② 포개진 두 개의 그림 중에서 위쪽 그림을 선택하고 [그림 도구]의 [서식] 탭-[크기] 그룹에서 [자르기]를 클릭하여 아래쪽만 남도록 자르세요.
③ 자르지 않은 아래쪽 그림을 선택하고 [그림 도구]의 [서식] 탭-[조정] 그룹에서 [색]을 클릭한 후 [회색 - 25%, 배경색 2, 밝게]로 변경하세요.
④ 남자 그림과 같은 방법으로 여자 그림을 복사하고 자른 후 색을 변경하세요.

Section **04**

표와 차트로 전달력 높은 슬라이드 만들기

규칙적인 패턴으로 반복되는 데이터의 경우 표로 정리하면 데이터를 한눈에 쉽게 볼 수 있도록 깔끔하게 표현할 수 있어요. 또한 숫자로 표현해야 하는 데이터의 경우 표보다는 수치의 변화를 보여주는 차트를 사용해야 메시지를 훨씬 더 효과적으로 전달할 수 있습니다. 이번 섹션에서는 표와 차트를 이용하여 더욱 전달력 높은 슬라이드를 만들 수 있는 아주 쉽고 간단한 방법에 대해 배워봅니다.

PREVIEW

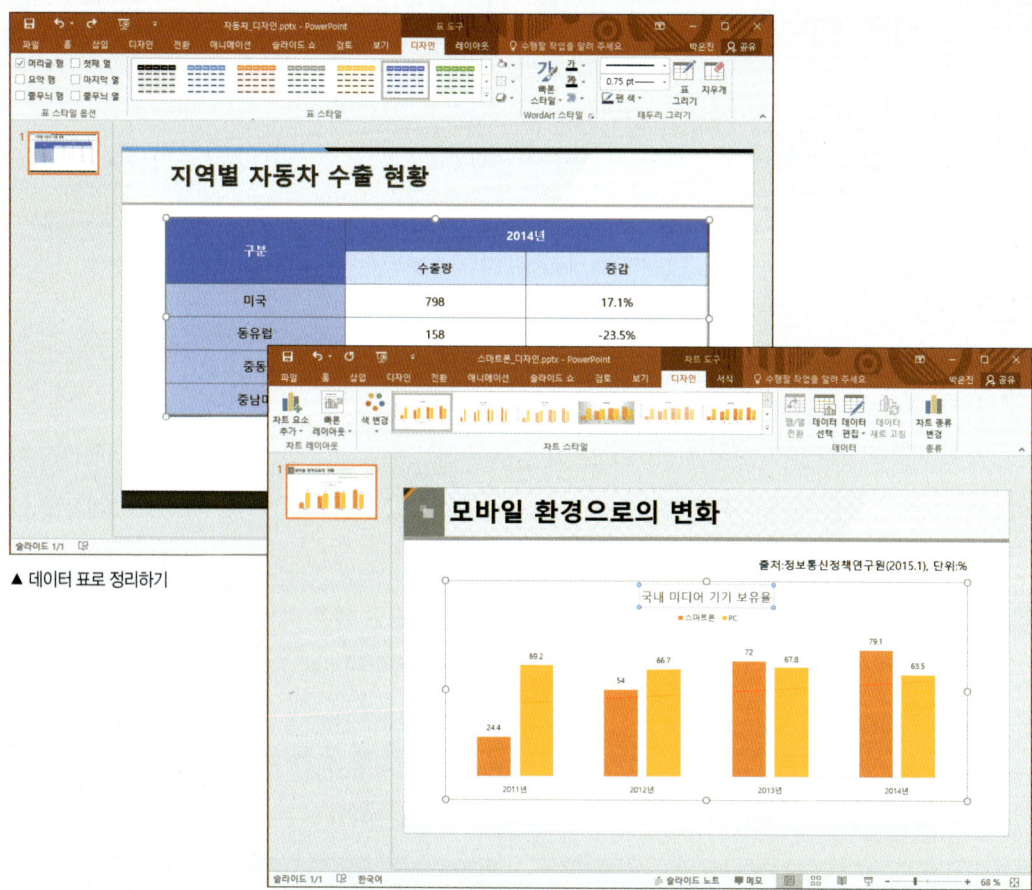

▲ 데이터 표로 정리하기

▲ 데이터를 비교해서 보여주는 차트 만들기

섹션별 주요 내용

01 | 표 삽입하고 텍스트 입력하기　02 | 표에 표 스타일 지정하기　03 | 표의 레이아웃 변경하기
04 | 표의 셀에 테두리와 그림자 효과 지정하기　05 | 차트 삽입하고 행/열 전환하기
06 | 차트 색 변경하고 빠른 레이아웃 지정하기　07 | 차트의 종류 변경하고 스타일 지정하기

|우선순위|
TOP 08

난이도 1 **2** 3 4 5

> 예제파일 : 자동차.pptx   결과파일 : 자동차_완성.pptx

실무예제 **01**

표 삽입하고 텍스트 입력하기

1 표를 삽입하기 위해 [삽입] 탭-[표] 그룹에서 [표]를 클릭하세요. 표의 행과 열을 의미하는 목록이 열리면 '3×6' 표 모양이 되도록 드래그하세요.

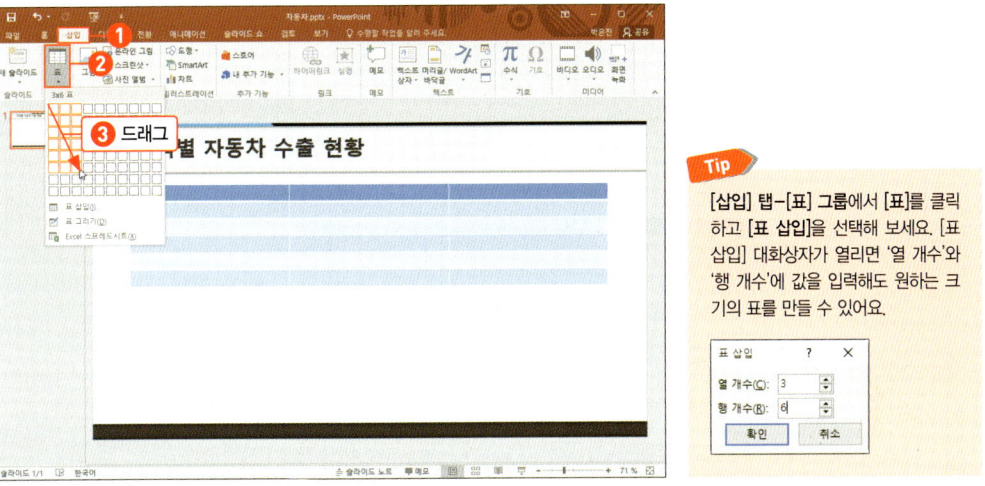

> **Tip**
> [삽입] 탭-[표] 그룹에서 [표]를 클릭하고 [표 삽입]을 선택해 보세요. [표 삽입] 대화상자가 열리면 '열 개수'와 '행 개수'에 값을 입력해도 원하는 크기의 표를 만들 수 있어요.

2 3열 6행의 표가 삽입되면 첫 번째 셀에 『구분』을 입력하고 Tab 이나 →를 눌러 다음 셀로 이동한 후 『2014년』을 입력하세요. 이와 같은 방법으로 다음의 그림과 같이 각 셀에 내용을 입력하세요.

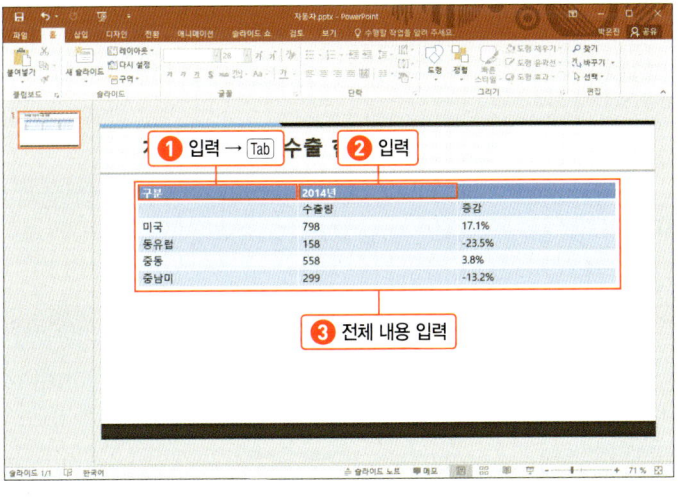

> **Tip**
> 아래쪽 방향에 내용을 입력하려면 ↓를 눌러 이동하세요. 만약 표의 맨 마지막 셀에서 한 행을 추가하고 싶다면 Tab 을 누르세요.

3 표를 선택하고 [홈] 탭-[단락] 그룹에서 [가운데 맞춤]을 클릭하여 표 안의 내용을 모두 가운데 맞춤으로 정렬하세요.

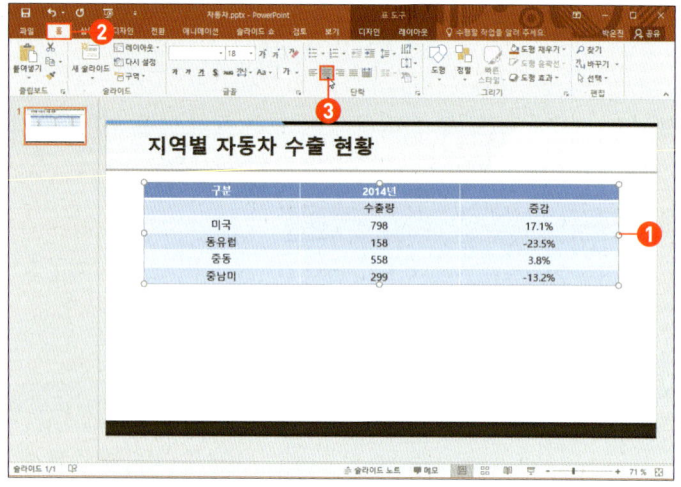

잠깐만요 　**표를 작성하는 방법 살펴보기**

많은 양의 데이터가 규칙적으로 반복되는 경우 표를 이용하면 내용을 깔끔하게 정리할 수 있어요. 표를 삽입하는 다음의 두 가지 방법 중 사용자 편의에 따라 선택해서 사용하세요.

방법 1 [삽입] 탭-[표] 그룹에서 [표]를 클릭하고 행과 열 목록에서 원하는 행과 열의 수만큼 선택
방법 2 '제목 및 내용' 슬라이드를 삽입하고 내용 개체 틀의 [표 삽입] 단추(▦) 클릭

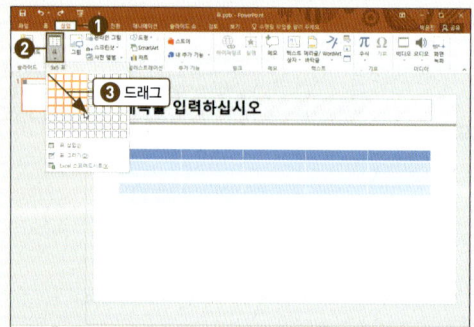
▲ [삽입] 탭 - [표] 그룹에서 [표] 클릭해 표 작성하기

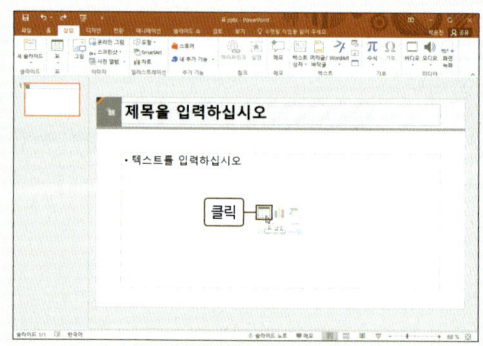
▲ [표 삽입] 단추 클릭해 표 작성하기

실무예제 02 표에 표 스타일 지정하기

1. 표를 선택하고 [표 도구]의 [디자인] 탭-[표 스타일 옵션] 그룹에서 [줄무늬 행]의 체크를 해제하세요. [디자인] 탭-[표 스타일] 그룹에서 [자세히] 단추(▼)를 클릭하고 '보통'의 [보통 스타일 2 - 강조 5]를 선택하세요.

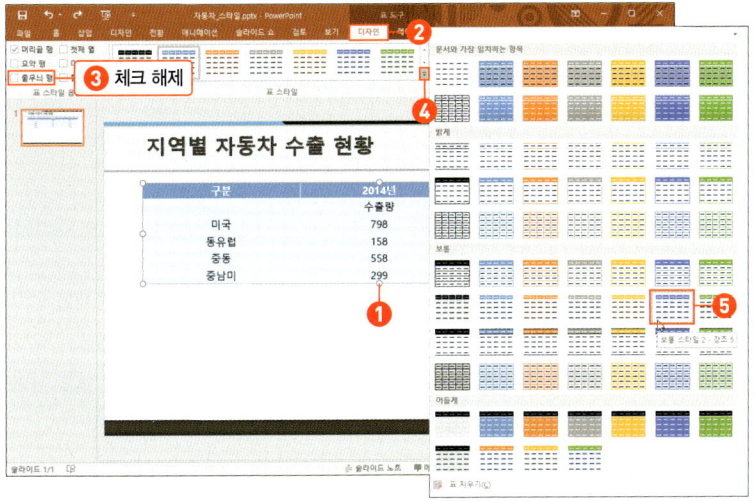

> **Tip**
> [표 도구]의 [디자인] 탭-[표 스타일 옵션] 그룹에서 체크하는 항목에 따라 [디자인] 탭-[표 스타일] 그룹에서 [자세히] 단추(▼)를 클릭했을 때 나타나는 미리 보기 서식이 달라집니다. 예를 들어 [줄무늬 행]의 체크를 해제하면 미리 보기 서식에서 줄무늬 모양의 서식이 모두 사라집니다.

2. 표에 '보통 스타일 2 - 강조 5' 스타일이 적용되었습니다.

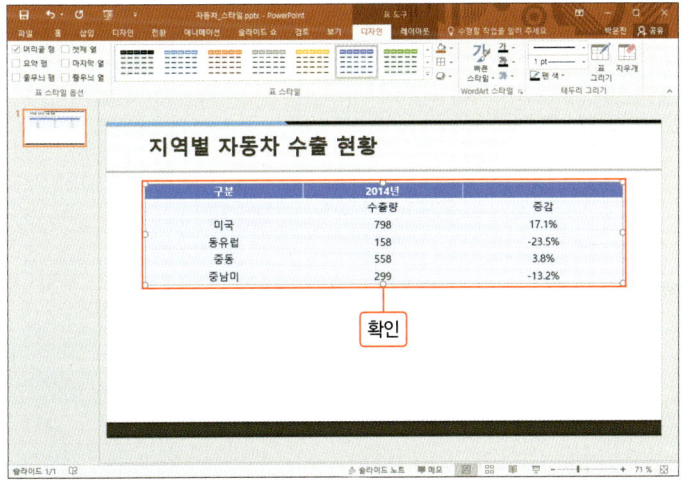

> **Tip**
> 표를 선택하면 리본 메뉴에 [표 도구]의 [디자인] 탭과 [레이아웃] 탭이 나타납니다.

| 난이도 1 2 **3** 4 5 | 예제파일 : 자동차_레이아웃.pptx 결과파일 : 자동차_레이아웃_완성.pptx |

실무예제 03 표의 레이아웃 변경하기

1 표의 1행 1열과 2행 1열을 드래그하여 범위로 지정하고 [표 도구]의 [레이아웃] 탭-[병합] 그룹에서 [셀 병합]을 클릭하세요.

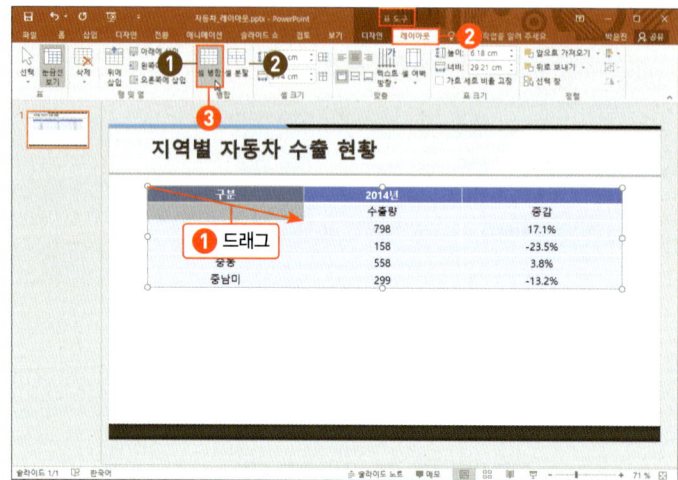

❶ **셀 병합** : 선택한 셀을 합쳐서 한 개의 셀로 병합

❷ **셀 분할** : 현재의 셀을 나눠서 여러 개의 셀로 분할

2 1 과정과 같은 방법으로 1행 2열과 1행 3열도 병합하세요. 표의 아래쪽에 있는 크기 조정 핸들(○) 위에 마우스 포인터를 올려놓고 ↕ 모양으로 바뀌면 아래쪽으로 드래그하여 표의 높이를 높게 조정해 보세요.

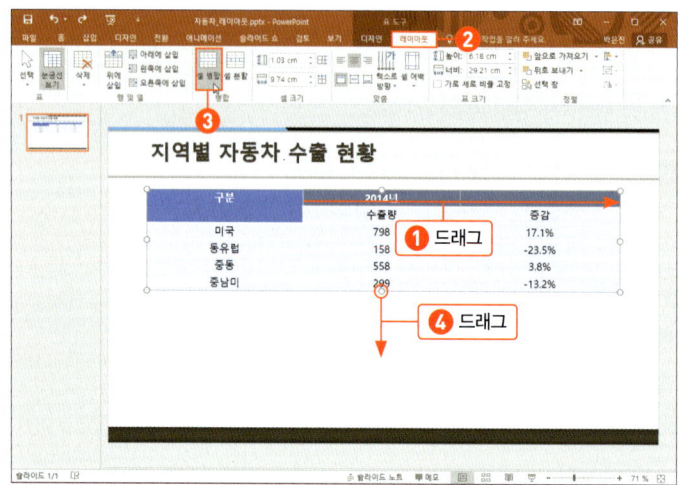

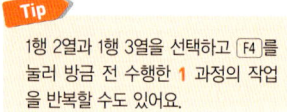

Tip

1행 2열과 1행 3열을 선택하고 F4 를 눌러 방금 전 수행한 1 과정의 작업을 반복할 수도 있어요.

4 표를 선택한 상태에서 [표 도구]의 [레이아웃] 탭-[맞춤] 그룹에서 [세로 가운데 맞춤]을 클릭하여 표 전체의 텍스트를 정렬하세요.

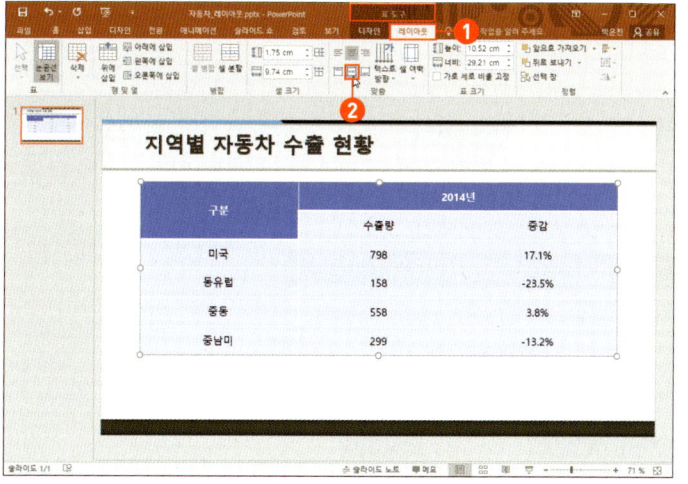

> **Tip**
> 표 전체가 아닌 일부 셀의 속성만 조절할 때는 셀을 드래그하여 범위로 지정한 후에 조절하세요.

잠깐만요 | 셀의 여백 설정하기

셀에 입력된 내용의 양에 따라 셀 여백을 조정해야 할 필요가 있어요. [표 도구]의 [레이아웃] 탭-[맞춤] 그룹에서 [셀 여백]을 클릭하면 [보통], [없음], [좁게], [넓게] 등의 미리 설정된 여백을 간편하게 설정할 수 있어요. 이때 [사용자 여백 지정]을 선택하면 사용자가 여백 값을 직접 설정할 수 있어요.

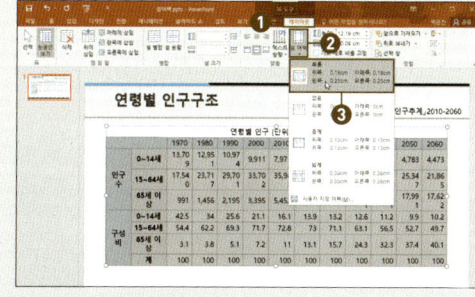
▲ 셀 여백을 [보통]으로 지정하기

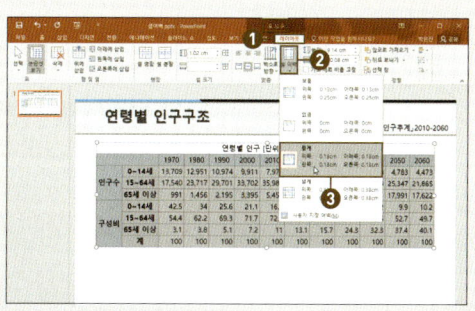
▲ 셀 여백을 [좁게] 지정하기

실무예제 04 표의 셀에 테두리와 그림자 효과 지정하기

1 셀의 색을 변경하기 위해 3행 1열부터 마지막 행까지 드래그하여 범위로 지정하세요. [표 도구]의 [디자인] 탭-[표 스타일] 그룹에서 [음영]을 클릭하고 '테마 색'의 [파랑, 강조 5, 60% 더 밝게]를 선택하세요.

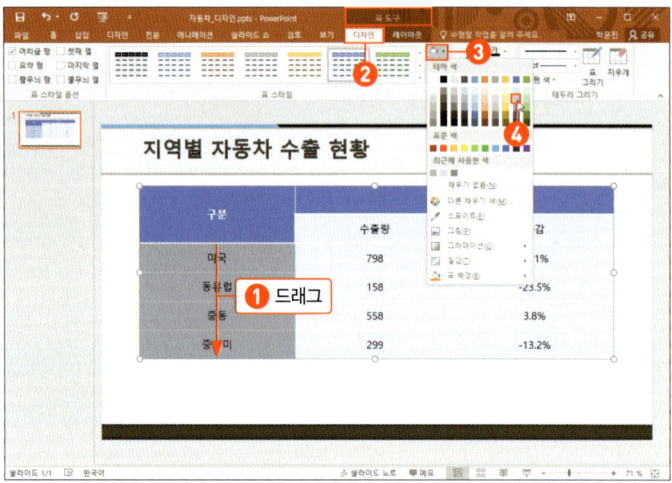

2 2행 2열과 2행 3열을 드래그하여 범위로 지정하세요. [표 도구]의 [디자인] 탭-[표 스타일] 그룹에서 [음영]을 클릭하고 '테마 색'의 [파랑, 강조 5, 80% 더 밝게]를 선택하세요.

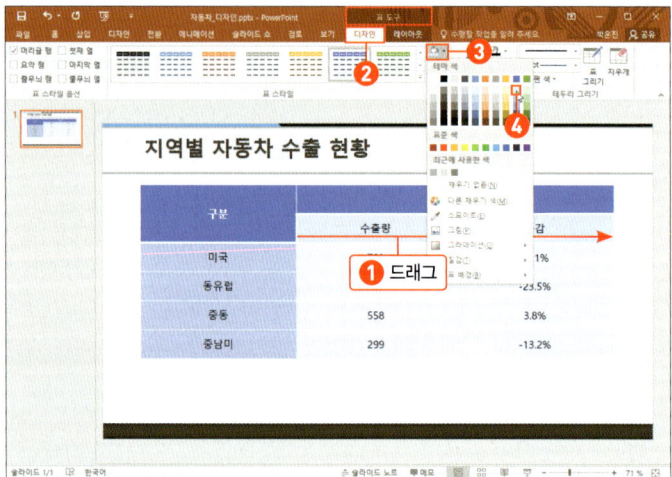

3 표에서 숫자가 입력된 부분을 모두 범위로 지정하세요. [표 도구]의 [디자인] 탭-[표 스타일] 그룹에서 [음영]을 클릭하고 '테마 색'의 [흰색, 배경 1]을 선택하세요.

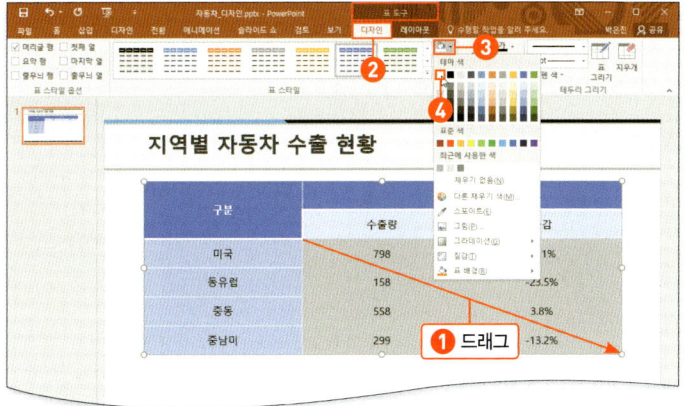

4 표의 셀 테두리를 변경하기 위해 표를 선택하고 [표 도구]의 [디자인] 탭-[테두리 그리기] 그룹에서 [펜 두께]를 [0.75pt]로 지정하세요.

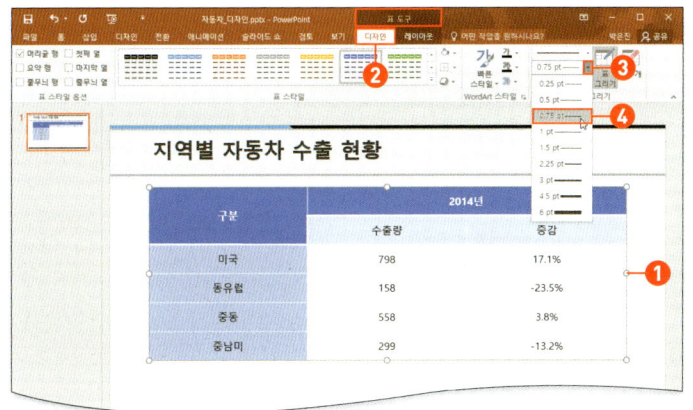

5 [표 도구]의 [디자인] 탭-[테두리 그리기] 그룹에서 [펜 색]을 클릭하고 '테마 색'의 [파랑, 강조 5, 50% 더 어둡게]를 선택하세요.

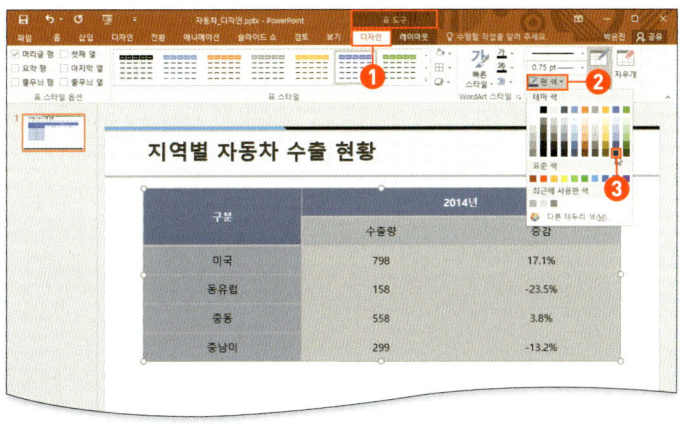

Tip
셀의 일부 테두리 속성만 변경할 때는 변경할 셀만 범위로 지정하고 작업하세요.

6 표를 선택한 상태에서 [표 도구]의 [디자인] 탭-[표 스타일] 그룹에서 [테두리]의 내림 단추(▼)를 클릭하고 [모든 테두리]를 선택하세요.

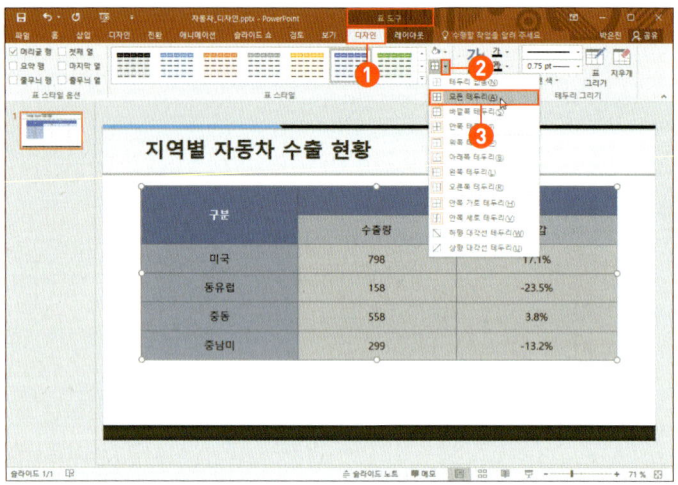

7 표를 선택한 상태에서 [표 도구]의 [디자인] 탭-[표 스타일] 그룹에서 [효과]를 클릭하고 [그림자]를 선택한 후 '안쪽'의 [안쪽 대각선 오른쪽 아래]를 선택하세요.

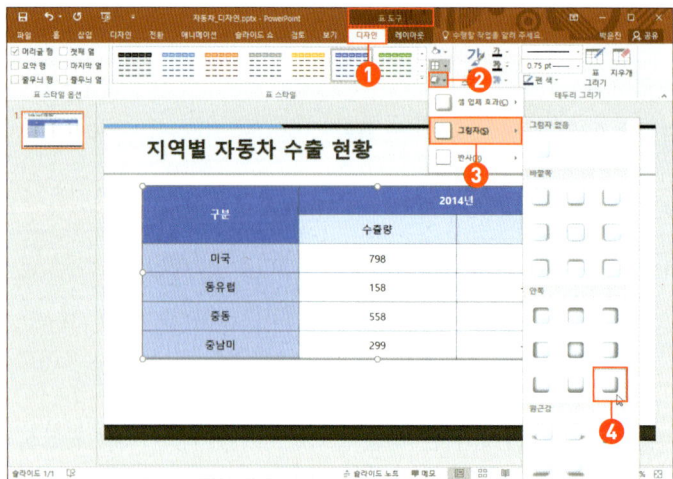

| 우선순위 |
| TOP 09 |

실무예제 05 차트 삽입하고 행/열 전환하기

> 예제파일 : 스마트폰.pptx 결과파일 : 스마트폰_완성.pptx

1. 내용 개체 틀에서 [차트 삽입] 단추(📊)를 클릭하세요. [차트 삽입] 대화상자가 열리면 [모든 차트] 탭의 [세로 막대형]에서 [묶은 세로 막대형]을 선택하고 [확인]을 클릭하세요.

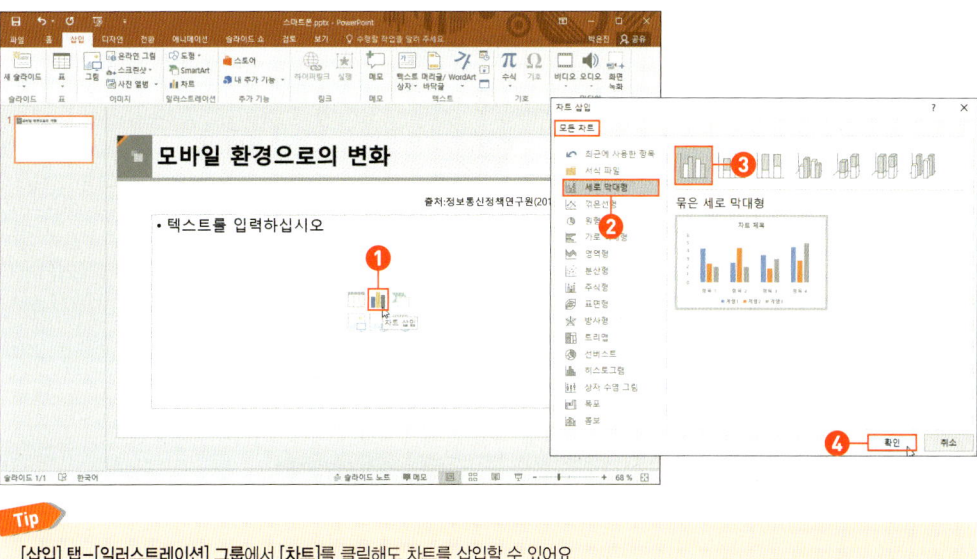

> **Tip**
> [삽입] 탭-[일러스트레이션] 그룹에서 [차트]를 클릭해도 차트를 삽입할 수 있어요.

2. 차트 데이터를 입력할 수 있는 창이 열리면 다음의 그림과 같이 내용을 입력하세요. 내용을 입력하지 않은 A4:E5 범위를 삭제하기 위해 4행 머리글부터 5행 머리글까지 드래그하여 범위로 지정하고 마우스 오른쪽 단추를 눌러 [삭제]를 선택하세요. 차트 데이터 창에서 [닫기] 단추(❌)를 클릭하여 종료하고 파워포인트로 되돌아오세요.

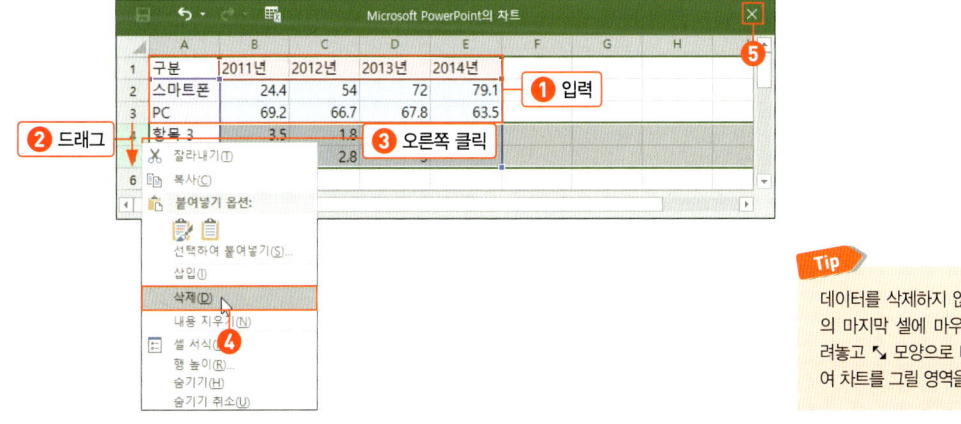

> **Tip**
> 데이터를 삭제하지 않고 차트 데이터의 마지막 셀에 마우스 포인터를 올려놓고 ↘ 모양으로 바뀌면 드래그하여 차트를 그릴 영역을 지정해도 돼요.

3 품목별 묶은 세로 막대형 차트가 삽입되면 연도별 차트로 바꾸기 위해 [차트 도구]의 **[디자인] 탭-[데이터] 그룹**에서 **[데이터 선택]**을 클릭하세요. [데이터 원본 선택] 창이 열리면 [행/열 전환]을 클릭하고 [확인]을 클릭하세요.

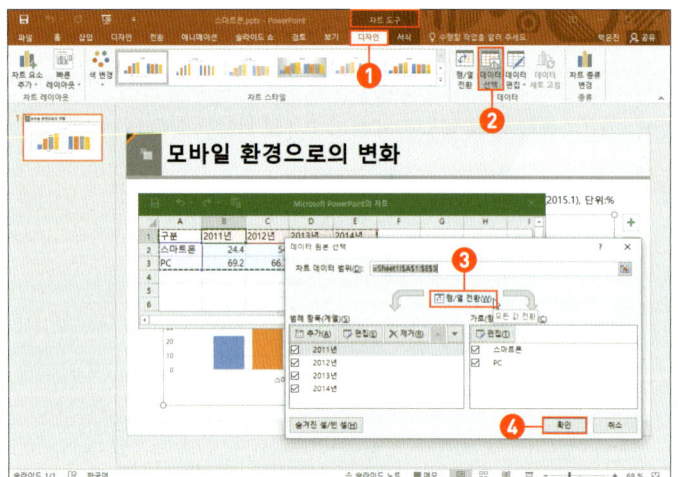

Tip
차트를 선택하면 리본 메뉴에 [차트 도구]가 나타나요. 입력된 데이터를 수정하려면 [차트 도구]의 **[디자인] 탭-[데이터] 그룹**에서 [데이터 편집]을 클릭하세요.

4 연도별 기준으로 묶은 세로 막대형 차트가 삽입되었습니다.

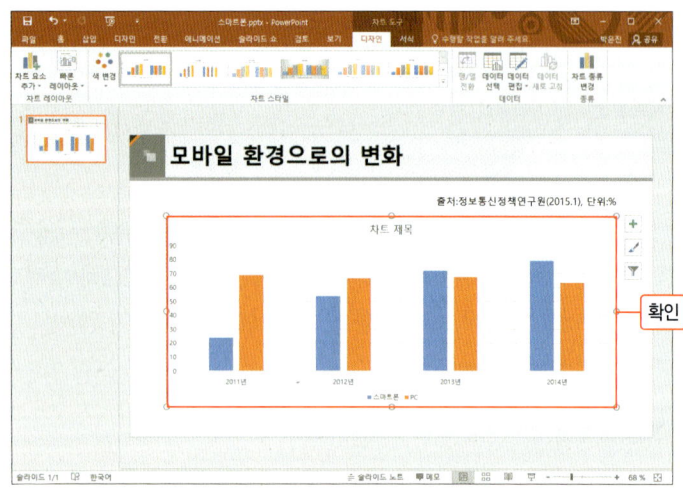

| 실무예제 **06** | 차트 색 변경하고 빠른 레이아웃 지정하기

> 예제파일 : 스마트폰_디자인.pptx 결과파일 : 스마트폰_디자인_완성.pptx

1. 차트를 선택하고 [차트 도구]의 [디자인] 탭-[차트 스타일] 그룹에서 [색 변경]을 클릭한 후 '색상형'의 [색 3]을 선택하면 차트의 색을 변경할 수 있어요.

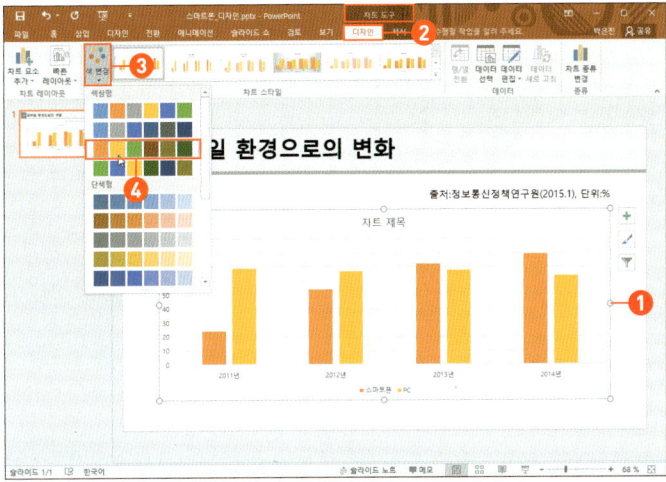

> **Tip**
> 차트의 오른쪽 위에 있는 [차트 스타일] 단추(🖌)를 클릭하고 [색]을 선택해도 쉽게 차트의 색 구성을 변경할 수 있어요.

2. [차트 도구]의 [디자인] 탭-[차트 레이아웃] 그룹에서 [빠른 레이아웃]을 클릭하고 [레이아웃 2]를 선택하세요. [빠른 레이아웃]을 이용하면 차트의 눈금선과 왼쪽 축을 없애고 막대의 위에 데이터 값을 쉽고 빠르게 표시할 수 있어요.

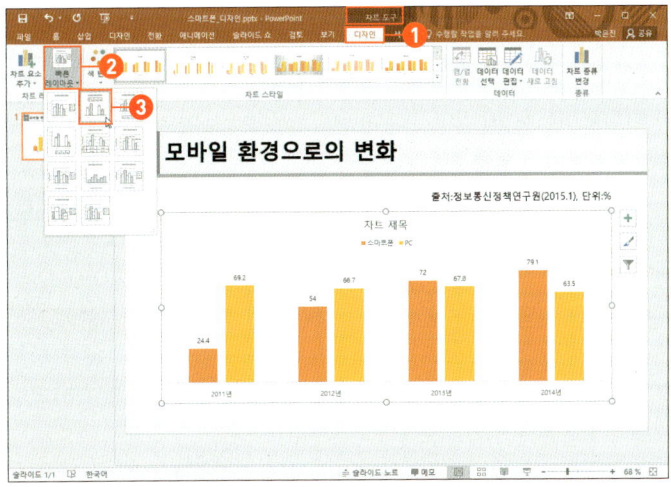

> **Tip**
> [빠른 레이아웃]에 원하는 모양이 없으면 [차트 도구]의 [디자인] 탭-[차트 레이아웃] 그룹에서 [차트 요소 추가]를 클릭하거나 차트의 오른쪽 위에 있는 [차트 요소] 단추(➕)를 클릭해도 됩니다.

3 차트 제목을 클릭하고 『국내 미디어 기기 보유율』을 입력하세요.

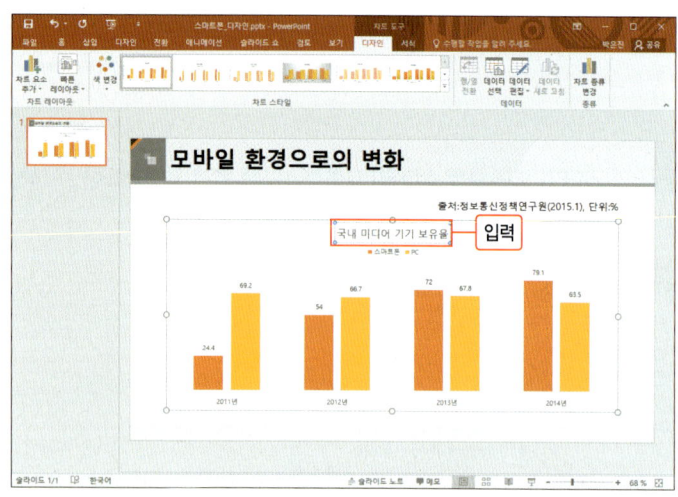

잠깐만요   차트를 작성하는 방법 살펴보기

차트는 많은 양의 숫자 데이터 및 데이터 계열 간의 관계를 좀 더 쉽게 이해할 수 있도록 그래픽 형식으로 표시하는 데 사용됩니다. 차트를 삽입하는 두 가지 방법 중 편리한 방법을 선택해서 사용하세요.

방법 1   [삽입] 탭-[일러스트레이션] 그룹에서 [차트] 클릭
방법 2   '제목 및 개체' 슬라이드의 내용 개체 틀에서 [차트 삽입] 단추(📊) 클릭

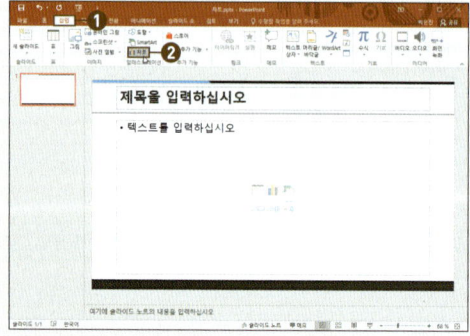

▲ [삽입] 탭-[일러스트레이션] 그룹에서 [차트] 클릭해 차트 작성하기

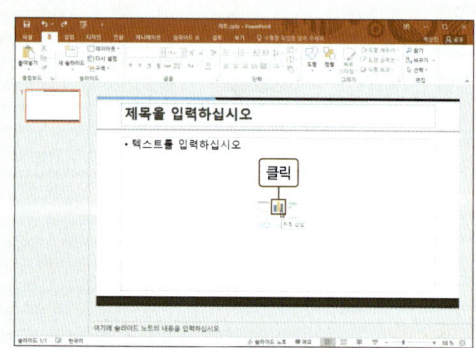

▲ [차트 삽입] 단추 클릭해 차트 작성하기

차트의 종류 변경하고 스타일 지정하기

예제파일 : 스마트폰_스타일.pptx   결과파일 : 스마트폰_스타일_완성.pptx

1 차트를 선택하고 [차트 도구]의 [디자인] 탭-[종류] 그룹에서 [차트 종류 변경]을 클릭하세요.

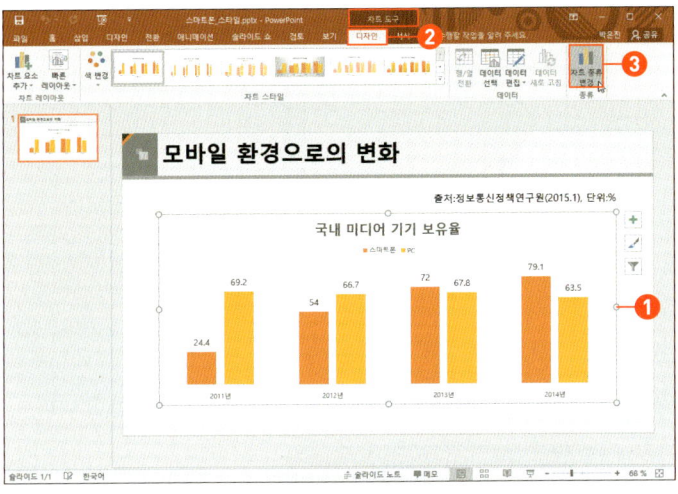

2 [차트 종류 변경] 대화상자가 열리면 [모든 차트] 탭의 [꺾은선형]에서 [표식이 있는 꺾은선형]을 선택하고 [확인]을 클릭하세요.

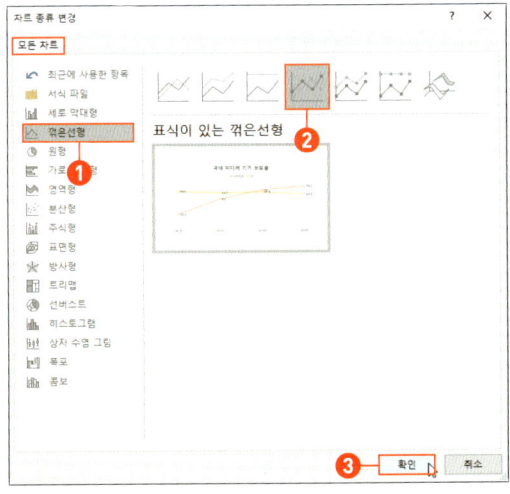

> **Tip**
> 파워포인트 2016에서는 데이터 시각화에 적합한 수염상자그림 차트, 트리맵 차트, 선버스트 차트, 히스토그램 차트 및 히스토그램 옵션 내 파레토 차트와 폭포 차트가 추가되었어요.

3 차트를 선택한 상태에서 [차트 도구]의 [디자인] 탭-[차트 스타일] 그룹에서 [자세히] 단추(▼)를 클릭하고 [스타일 8]을 선택하세요.

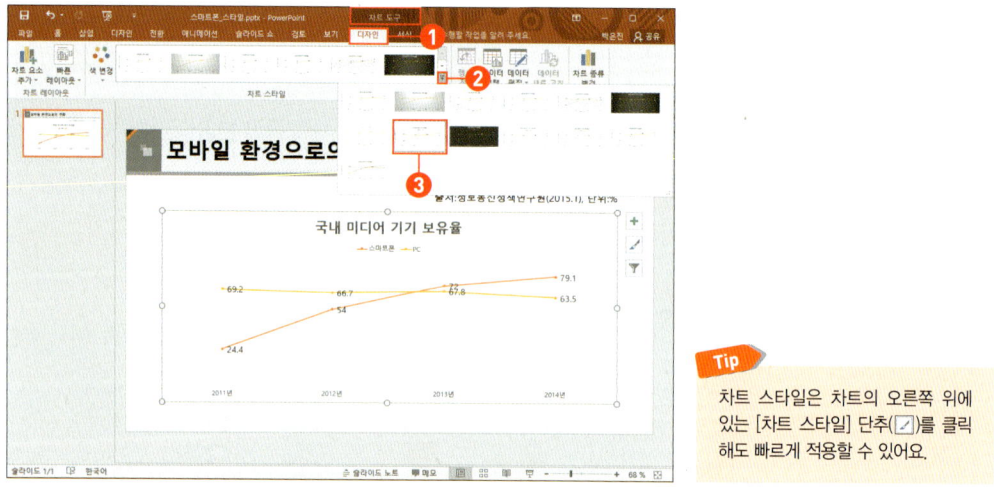

> **Tip**
> 차트 스타일은 차트의 오른쪽 위에 있는 [차트 스타일] 단추(✏)를 클릭해도 빠르게 적용할 수 있어요.

4 차트를 표식이 있는 꺾은선형 차트로 변경하고 [스타일 8] 차트 스타일을 적용했습니다.

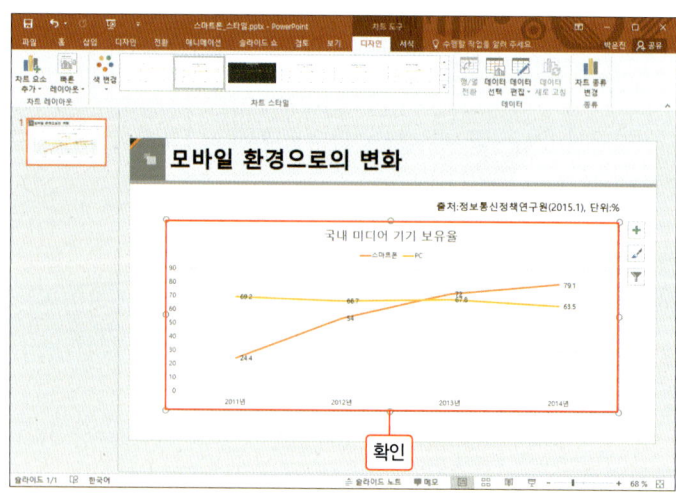

확인

1 | 셀 병합하고 표에 그림자와 반사 효과 지정하기

● 예제파일 : 사업비.pptx ● 결과파일 : 사업비_완성.pptx

표의 1~3행을 결과 화면과 같이 병합하고 셀 색과 그림자 및 반사 효과를 지정해 보세요.

- 셀 색 : 줄무늬 행 해제
- 그림자 : 안쪽 가운데
- 4~6행 색 채우기 : 흰색, 배경 1, 5% 더 어둡게
- 반사 : 근접 반사, 터치

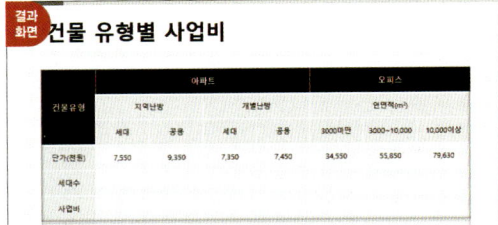

Hint
① 1행 1열부터 1행 3열까지 범위로 지정하고 [표 도구]의 [레이아웃] 탭-[병합] 그룹에서 [셀 병합]을 클릭하여 셀을 병합하세요. 나머지도 각각 범위로 지정하고 F4 를 눌러 반복해서 셀 병합하세요.
② 표를 선택하고 [표 도구]의 [디자인] 탭-[표 스타일 옵션] 그룹에서 [줄무늬 행]의 체크를 해제하고 1열을 제외한 4~6행에 [흰색, 배경 1, 5% 더 어둡게] 색으로 채우세요.
③ [표 도구]의 [디자인] 탭-[표 스타일] 그룹에서 [효과]를 클릭하고 그림자와 반사를 지정하세요.

2 | 차트의 행/열 전환 후 차트의 종류와 레이아웃 변경하기

● 예제파일 : 정보화.pptx ● 결과파일 : 정보화_완성.pptx

차트의 행/열을 전환하고 세로 막대형 차트를 표식이 있는 꺾은선형 차트로 변경한 후 빠른 레이아웃에서 [레이아웃 2]로 지정해 보세요.

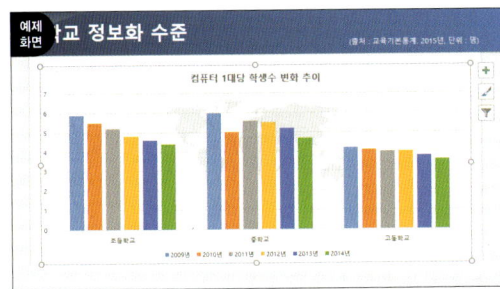 

Hint
① [차트 도구]의 [디자인] 탭-[데이터] 그룹에서 [데이터 선택]을 클릭하고 [행/열 전환]을 선택하세요.
② [차트 도구]의 [디자인] 탭-[종류] 그룹에서 [차트 종류 변경]을 클릭하고 표식이 있는 꺾은선형 차트로 변경하세요.
③ [차트 도구]의 [디자인] 탭-[차트 레이아웃] 그룹에서 [빠른 레이아웃]을 클릭하고 [레이아웃 2]를 선택하세요.

도형 그라데이션 효과 지정해 이미지에 있는 텍스트 강조하기

● 예제파일 : 그라데이션.pptx ● 결과파일 : 그라데이션_완성.pptx

슬라이드에 삽입한 이미지 위에 텍스트를 입력했는데 잘 보이지 않는다고요? 이때 도형에 그라데이션을 적용된 도형을 사용하면 이미지와 텍스트를 함께 효과적으로 표현할 수 있어요.

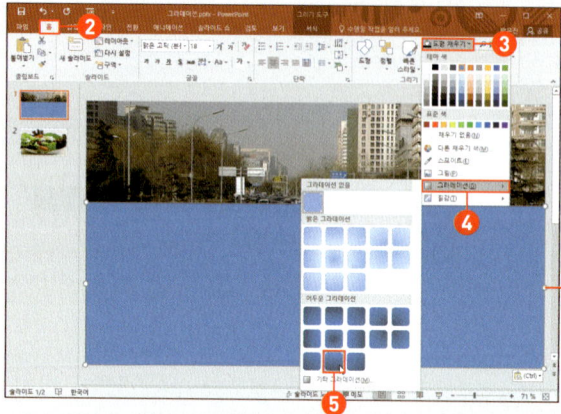

1 이미지의 위에 사각형을 그리세요. 도형이 선택된 상태에서 [홈] 탭-[그리기] 그룹의 [도형 채우기]를 클릭하고 [그라데이션]을 선택한 후 '어두운 그라데이션'의 [선형 위쪽]을 선택하세요.

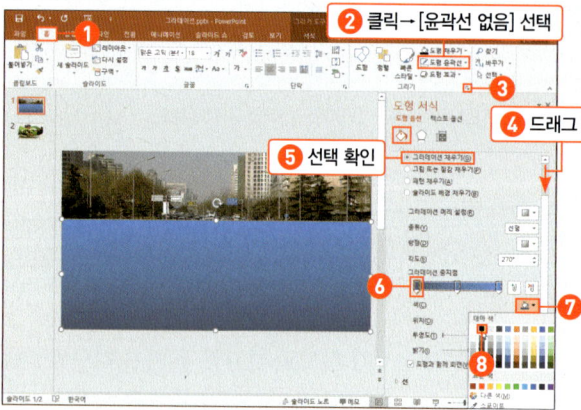

2 [홈] 탭-[그리기] 그룹에서 [도형 윤곽선]을 클릭하고 [윤곽선 없음]을 선택한 후 [도형 서식] 작업창 표시 아이콘(□)을 클릭하세요. 화면의 오른쪽에 [도형 서식] 창이 열리면 [채우기 및 선](◇)의 [채우기]에서 [그라데이션 채우기]가 선택되어 있는지 확인하세요. '그라데이션 중지점'에서 첫 번째 중지점을 클릭하고 '색'은 '테마 색'의 [검정, 텍스트 1]을 선택하세요.

3 두 번째 그라데이션 중지점을 클릭하고 '색'은 '테마 색'의 [검정, 텍스트 1], '위치'는 [70%], '투명도'는 [50%]로 지정하세요.

4 세 번째 그라데이션 중지점을 클릭하고 '색'은 '테마 색'의 [검정, 텍스트 1], '위치'는 [100%], '투명도'는 [100%]로 지정하세요.

5 그라데이션이 적용된 사각형을 선택한 상태에서 Shift를 누른 채 아래쪽에 있는 이미지를 함께 선택하세요. [홈] 탭-[그리기] 그룹에서 [정렬]을 클릭하고 '개체 순서'의 [맨 뒤로 보내기]를 선택하여 텍스트가 좀 더 잘 보이게 검은색 배경의 위로 이동하세요.

6 이미지의 아래쪽뿐만 아니라 위쪽, 왼쪽, 오른쪽에도 그라데이션 도형을 복사할 수 있어요. 그라데이션의 위치와 크기를 조금 다르게 변형할 수 있어요.

CHAPTER 3 생동감 넘치는 멀티 프레젠테이션 만들기

파워포인트 2016은 프레젠테이션에 생동감을 불어넣을 수 있는 다양한 멀티미디어 개체와 애니메이션 효과를 제공합니다. 따라서 오디오 파일이나 비디오 파일 등의 시청각 자료를 활용하여 실감나는 현장의 소리와 영상을 청중에게 보여줄 수 있어요. 또한 다른 프로그램의 도움 없이 애니메이션과 하이퍼링크를 유기적으로 연결하여 자연스럽게 고품질 프레젠테이션을 연출할 수도 있습니다. 이번 챕터에서는 배경 음악과 비디오를 삽입하여 멀티미디어 슬라이드를 애니메이션 효과로 슬라이드를 연출하는 쇼를 방법에 대해 배워봅니다.

Excel & PowerPoint 2016

SECTION 01	오디오와 비디오로 멀티미디어 슬라이드 만들기
SECTION 02	애니메이션으로 개체에 동적 효과 연출하기
SECTION 03	하이퍼링크 이용해 한 번에 슬라이드 이동하기
SECTION 04	슬라이드 쇼에 멋진 화면 전환 효과 지정하기

Section 01

오디오와 비디오로 멀티미디어 슬라이드 만들기

슬라이드에 동영상과 소리 파일, 플래시와 같은 멀티미디어를 삽입해서 볼거리가 풍부한 다이내믹한 프레젠테이션을 진행하면 청중의 관심을 유도하여 이목을 집중시킬 수 있어요. 특히 파워포인트 2016에서는 멀티미디어 개체를 슬라이드에 직접 삽입할 수 있기 때문에 경로 변경에 따른 실행 오류를 줄일 수 있어서 좀 더 안정적으로 프레젠테이션을 진행할 수 있어요. 이번 섹션에는 슬라이드에 배경 음악과 비디오를 삽입하고 편집하는 방법에 대해 배워봅니다.

> **PREVIEW**

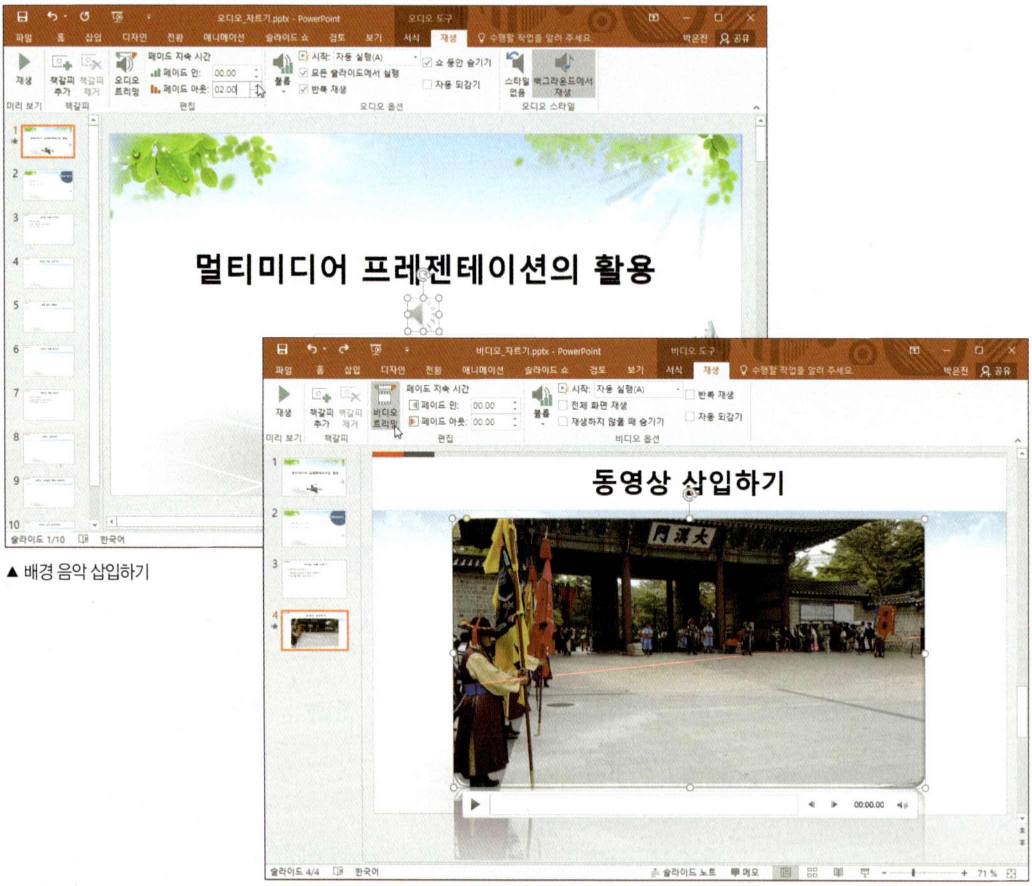

▲ 배경 음악 삽입하기

▲ 동영상 삽입하기

> **섹션별 주요 내용**

01 | 오디오 파일 삽입하고 배경 음악 지정하기　02 | 원하는 슬라이드에서 배경 음악 멈추기
03 | 동영상 삽입하고 자동으로 실행하기　04 | 동영상에 스타일과 비디오 효과 지정하기
05 | 비디오 클립 트리밍하기　06 | 화면 녹화해서 영상으로 기록하기

| 우선순위 TOP 10 |
| 난이도 1 ② 3 4 5 |

예제파일 : 오디오_삽입.pptx 결과파일 : 오디오_삽입_완성.pptx

실무예제 01 | 오디오 파일 삽입하고 배경 음악 지정하기

1 1번 슬라이드를 선택하고 [삽입] 탭-[미디어] 그룹에서 [오디오]를 클릭한 후 [내 PC의 오디오]를 선택하세요.

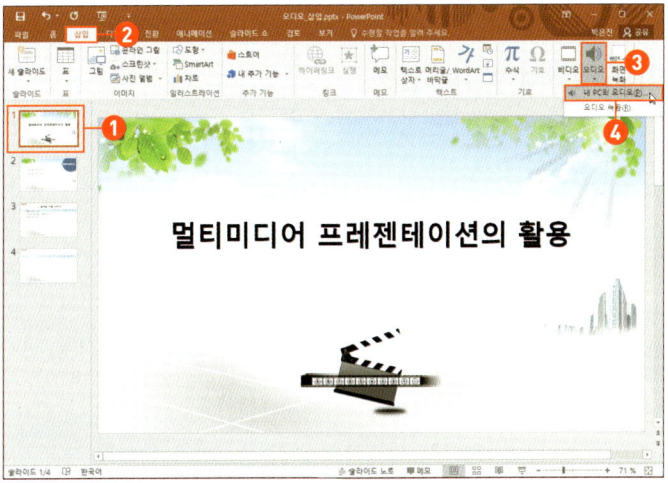

2 [오디오 삽입] 대화상자가 열리면 부록 CD의 'Run Amok.mp3' 파일을 선택하고 [삽입]을 클릭하세요.

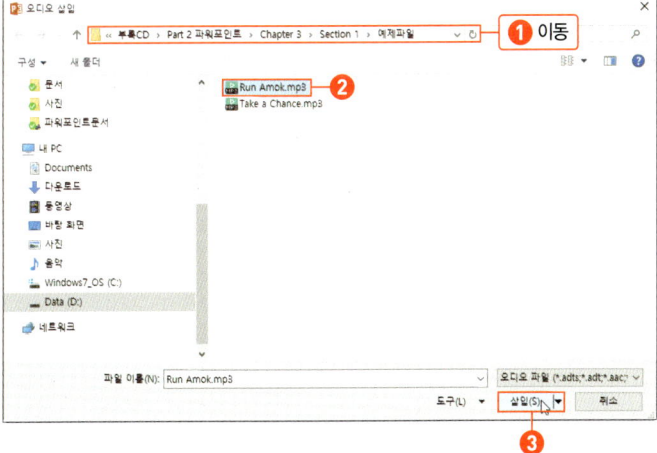

3 오디오 파일이 삽입되면 [오디오 도구]의 [재생] 탭-[오디오 스타일] 그룹에서 [백 그라운드에서 재생]을 클릭하여 배경 음악으로 설정하세요. F5 를 눌러 슬라이드 쇼를 진행하고 모든 슬라이드에서 음악이 재생되는지 확인하세요.

Tip
[백 그라운드에서 재생]을 클릭하면 [재생] 탭-[오디오 옵션] 그룹에서 '시작'의 [자동 실행]이 선택되고 [모든 슬라이드에서 실행], [반복 재생], [쇼 동안 숨기기]에 자동으로 체크됩니다.

잠깐만요 [오디오 삽입] 대화상자 살펴보기

[오디오 삽입] 대화상자에서 [삽입]의 내림 단추(▼)를 클릭하면 프레젠테이션 파일의 용량과 경로에 따라 [삽입]과 [파일에 연결] 중에서 선택할 수 있어요.

❶ **삽입** : PPT 문서에 오디오 파일이 포함되므로 문서 파일의 용량이 커져요.
❷ **파일에 연결** : 연결된 오디오 파일의 경로가 달라지면 오디오가 제대로 실행되지 않을 수 있어요.

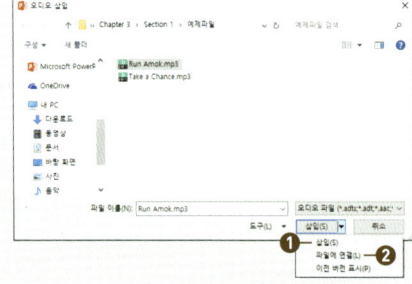

| 난이도 | 1 2 3 **4** 5 |

실무예제 02 원하는 슬라이드에서 배경 음악 멈추기

예제파일 : 오디오_멈추기.pptx 결과파일 : 오디오_멈추기_완성.pptx

1 1번 슬라이드에서 삽입된 오디오 클립을 선택하고 [애니메이션] 탭-[애니메이션] 그룹에서 [추가 효과 옵션 표시] 대화상자 표시 아이콘(□)을 클릭하세요.

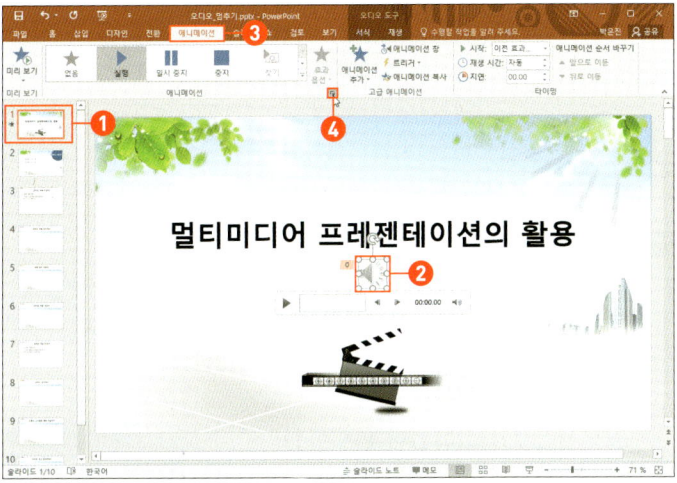

2 [오디오 재생] 대화상자가 열리면 [효과] 탭의 '재생 중지'에서 [지금부터]를 선택하고 『6』을 입력한 후 [확인]을 클릭하세요.

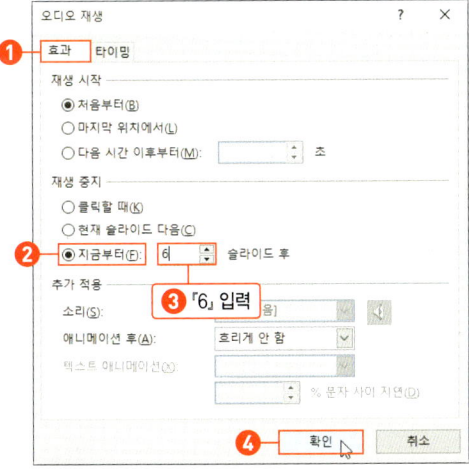

> **Tip**
> [오디오 도구]의 [재생] 탭-[오디오 옵션] 그룹에서 [모든 슬라이드에서 실행]에 체크하면 [재생 중지]의 값이 [999]로 자동 설정됩니다. 이 값을 중지하고 싶은 슬라이드의 위치로 수정하면 됩니다.

117

3 F5 를 눌러 슬라이드 쇼를 처음부터 실행하고 **2** 과정에서 설정한 대로 7번 슬라이드에서 배경 음악이 멈추는지 확인해 보세요.

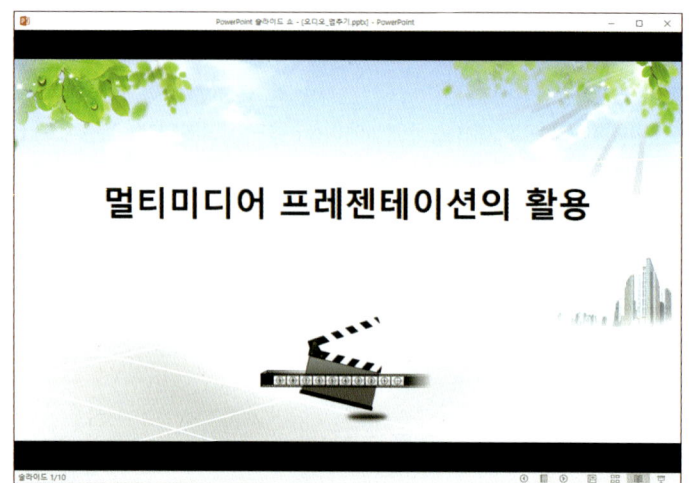

> **Tip**
> 오디오와 비디오의 설정을 확인하려면 F5 를 누르거나, 화면의 오른쪽 아래에 있는 [슬라이드 쇼] 단추(🖥)를 클릭하여 슬라이드 쇼를 실행하거나, [읽기용 보기] 단추(📖)를 클릭하세요.

잠깐만요 파워포인트 2016에서 지원하는 비디오/오디오 파일 형식 알아보기

파워포인트 2016에서는 다양한 비디오 및 오디오 파일 형식을 삽입하고 재생할 수 있어요. 최상의 비디오 재생 환경을 마련하려면 H.264 비디오('MPEG-4 AVC'라고도 함)와 AAC 오디오로 인코딩된 .mp4 비디오를 사용하는 것이 좋아요. 오디오의 경우에는 AAC 오디오로 인코딩된 .m4a 파일을 사용해야 해요.

만약 호환되는 형식의 오디오 파일이나 비디오 파일을 사용해도 올바른 버전의 코덱이 설치되어 있지 않거나 사용중인 마이크로소프트 윈도우 버전에서 인식할 수 있는 형식으로 파일이 인코딩되어 있지 않으면 오디오나 비디오가 제대로 재생되지 않을 수 있으니 주의하세요.

● 비디오 파일 형식

파일 형식	확장자	파일 형식	확장자
Windows Media 파일	asf	동영상 파일	mpg, mpeg
Windows 비디오 파일	avi	Adobe Flash Media	swf
MP4 비디오 파일	mp4, m4v, mov	Windows Media 비디오 파일	wmv

● 오디오 파일 형식

파일 형식	확장자	파일 형식	확장자
AIFF 오디오 파일	aiff	Advanced Audio Coding-MPEG-4 오디오 파일	m4a, mp4
AU 오디오 파일	au	Windows 오디오 파일	wav
MIDI 파일	mid, midi	Windows Media 오디오 파일	wma
MP3 오디오 파일	mp3		

| 우선순위 |
| TOP 11 |

실무예제 03 동영상 삽입하고 자동으로 실행하기

예제파일 : 비디오_삽입.pptx 결과파일 : 비디오_삽입_완성.pptx

1. 4번 슬라이드를 선택하고 [삽입] 탭-[미디어] 그룹에서 [비디오]를 클릭한 후 [내 PC의 비디오]를 선택하세요.

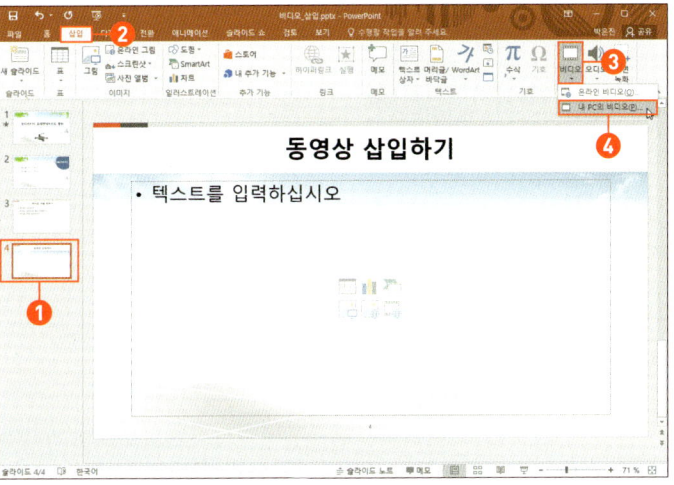

2. [비디오 삽입] 대화상자가 열리면 부록 CD의 '수문장.wmv' 파일을 선택하고 [삽입]을 클릭하세요.

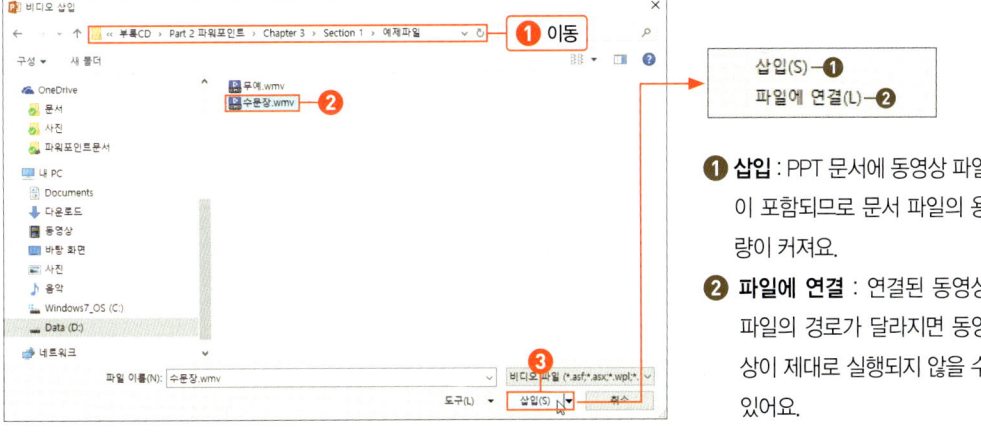

❶ **삽입** : PPT 문서에 동영상 파일이 포함되므로 문서 파일의 용량이 커져요.

❷ **파일에 연결** : 연결된 동영상 파일의 경로가 달라지면 동영상이 제대로 실행되지 않을 수 있어요.

3 동영상 파일이 삽입되면 [비디오 도구]의 [재생] 탭-[비디오 옵션] 그룹에서 '시작'의 내림 단추 (▼)를 클릭하고 [자동 실행]을 선택하세요. F5 를 누르거나 [읽기용 보기] 단추(📖)를 클릭하여 4번 슬라이드에서 비디오가 자동으로 실행되는지 확인하세요.

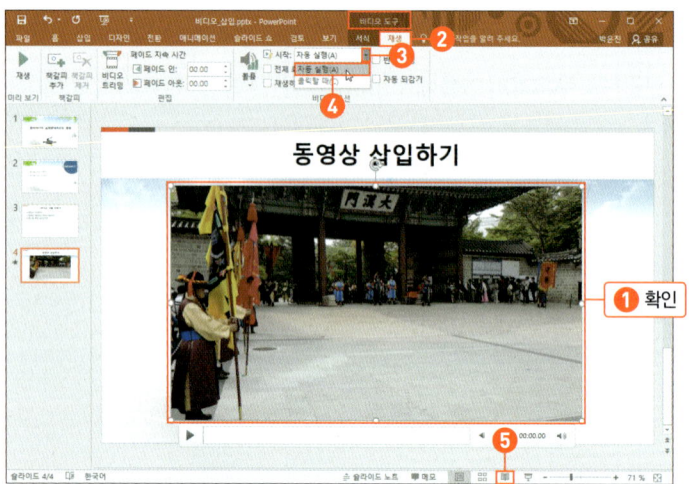

Tip

마우스를 클릭하여 비디오를 시작하려면 '시작'에서 [클릭할 때]를 선택하세요. 그러면 슬라이드 쇼에서 비디오를 재생할 준비가 되었을 때 비디오 프레임을 클릭하여 실행할 수 있어요.

잠깐만요 온라인 비디오 삽입하기

[삽입] 탭-[미디어] 그룹에서 [비디오]를 클릭하고 [온라인 비디오]를 선택하거나 내용 개체 틀에서 [비디오 삽입] 단추(🎞)를 클릭하여 비디오를 삽입할 수 있습니다. 오피스 계정에 로그인하면 [비디오 삽입] 창에서 내 컴퓨터의 [파일에서]뿐만 아니라 [SharePoint에서], [OneDrive - 개인], [YouTube] 등 다양한 온라인 소스에서 동영상을 삽입할 수 있어요.

실무예제 04 동영상에 스타일과 비디오 효과 지정하기

예제파일 : 비디오_효과.pptx   결과파일 : 비디오_효과_완성.pptx

1 4번 슬라이드에서 비디오 클립을 선택하고 [비디오 도구]의 [서식] 탭-[비디오 스타일] 그룹에서 [자세히] 단추(▼)를 클릭한 후 '일반'의 [모서리가 둥근 입체 사각형]을 선택하세요.

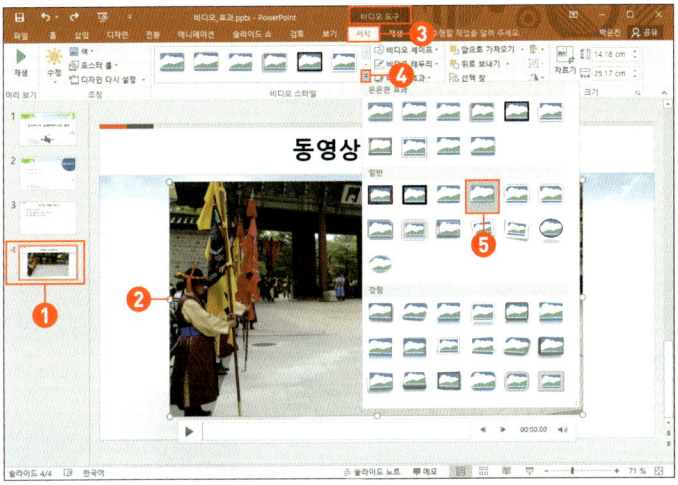

2 [비디오 도구]의 [서식] 탭-[비디오 스타일] 그룹에서 [비디오 효과]를 클릭하고 [반사]를 선택한 후 '반사 변형'의 [근접 반사, 터치]를 선택하세요. F5를 누르거나 [읽기용 보기] 단추(🖽)를 클릭하여 설정한 내용을 확인해 보세요.

> **Tip**
> 비디오에 설정한 스타일, 셰이프, 테두리, 효과 등의 서식을 원래의 기본값으로 되돌리려면 [비디오 도구]의 [서식] 탭-[조정] 그룹에서 [디자인 다시 설정]을 클릭하세요.

실무예제 05 비디오 클립 트리밍하기

> 예제파일 : 비디오_자르기.pptx　결과파일 : 비디오_자르기_완성.pptx

1 4번 슬라이드에서 비디오 클립을 선택하고 [비디오 도구]의 **[재생] 탭-[편집] 그룹**에서 **[비디오 트리밍]**을 클릭하세요. [비디오 맞추기] 대화상자가 열리면 '시작 시간'은 [00.08](초), '종료 시간'은 [01:08](초)로 지정하고 [확인]을 클릭하세요. [비디오 도구]의 **[재생] 탭-[편집] 그룹**에서 '**페이드 지속 시간**'의 '**페이드 아웃**'을 [02.00](초)로 지정하세요.

> **Tip**
> 시간 표시 막대에서 초록색 표식(▌)과 빨간색 표식(▌)을 드래그해도 시작 시간과 종료 시간을 설정할 수 있어요. '비디오 트리밍' 기능을 이용하면 동영상의 가운데 일정 부분만 실행되도록 설정하지만, 원래의 상태로 복원할 수 있고 파일 용량에는 변화가 없어요.

2 F5를 누르거나 [읽기용 보기] 단추(🔖)를 클릭하여 설정한 내용을 확인해 보세요.

> **Tip**
> • **페이드인(fade-in) 효과** : 소리나 영상이 점점 커지거나 밝아지면서 시작하는 효과로, 영상의 시작 부분에서 사용해요.
> • **페이드아웃(fade-out) 효과** : 소리나 영상이 점점 작아지거나 어두워지면서 끝나는 효과로, 영상의 마지막 부분에서 사용해요.

NEW

실무 예제 06 화면 녹화해서 영상으로 기록하기

> 예제파일 : 화면녹화1.pptx, 화면녹화2.pptx   결과파일 : 화면녹화2_완성.pptx

1. 부록 CD의 '화면녹화1.pptx'와 '화면녹화2.pptx' 파일을 차례대로 실행하세요. '화면녹화2.pptx' 파일에서 [삽입] 탭-[미디어] 그룹의 [화면 녹화]를 클릭하세요.

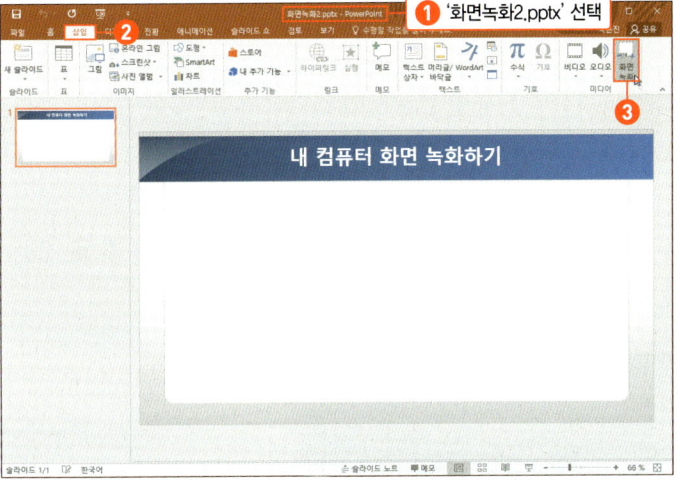

> **Tip**
> '화면녹화1.pptx' 파일에서 작업한 내용을 녹화한 영상이 '화면녹화2.pptx' 파일에 삽입됩니다.

2. 화면이 흐려지면서 '화면녹화2.pptx' 파일은 최소화되어 사라지고 [화면 녹화 도구]가 나타납니다. [영역 선택] 도구(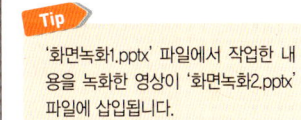)를 클릭하고 마우스 포인터가 + 모양으로 변경되면 녹화할 화면 영역인 '화면녹화1.pptx' 파일 창을 마우스로 드래그하세요. 녹화할 영역이 빨간 점선으로 설정되면 [화면 녹화 도구]에서 [기록] 도구( )를 클릭하세요.

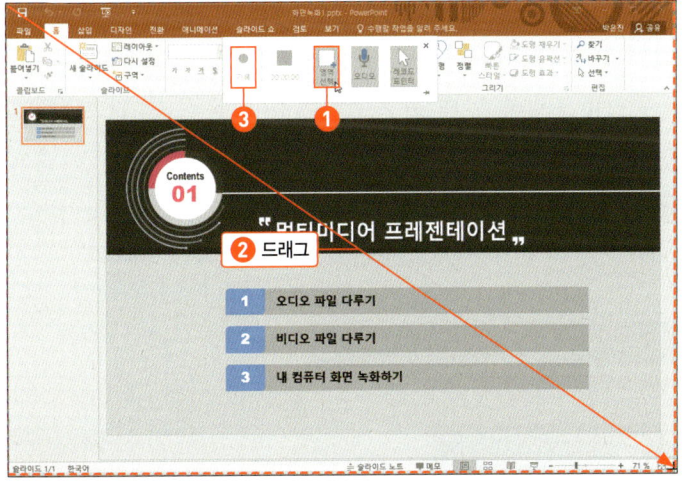

> **Tip**
> 화면 녹화할 영역은 내 컴퓨터의 모든 영역에서 가능하고 파워포인트가 아닌 다른 프로그램의 실행도 녹화할 수 있어요.

3 '기록을 중지하려면 Windows 로고 키 + Shift + Q를 함께 누르세요.'라는 알림 창이 나타났다가 사라지면 지금부터 빨간색 점선 영역 안에서 움직이는 마우스 동작은 모두 화면 녹화되어 영상으로 기록됩니다.

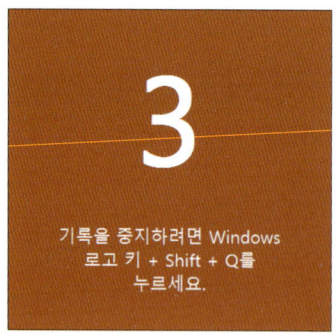

4 '화면녹화1.pptx' 파일에서 도형을 선택하고 몇 가지 서식을 자유롭게 변경한 후 ⊞+Shift+Q를 눌러 화면 녹화를 중지하세요.

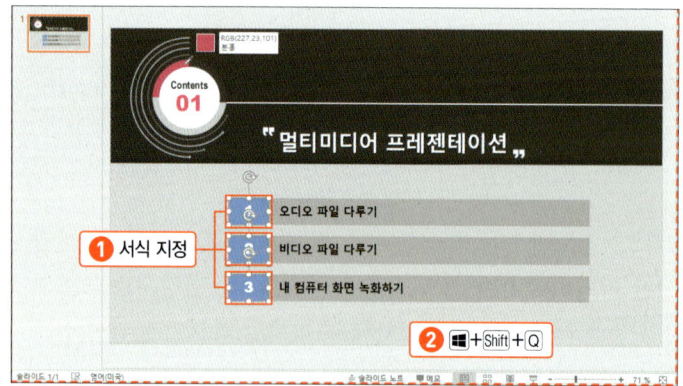

Tip
여기서는 '1', '2', '3'이 입력된 도형의 색과 모양을 변경해 보았어요.

5 선택한 영역에서 작업한 내용이 동영상으로 기록되어 '화면녹화2.pptx' 파일에 삽입되었습니다. 삽입된 동영상의 크기와 위치를 조정하고 F5를 누르거나 [읽기용 보기] 단추(📖)를 클릭하여 녹화된 내용을 확인해 보세요.

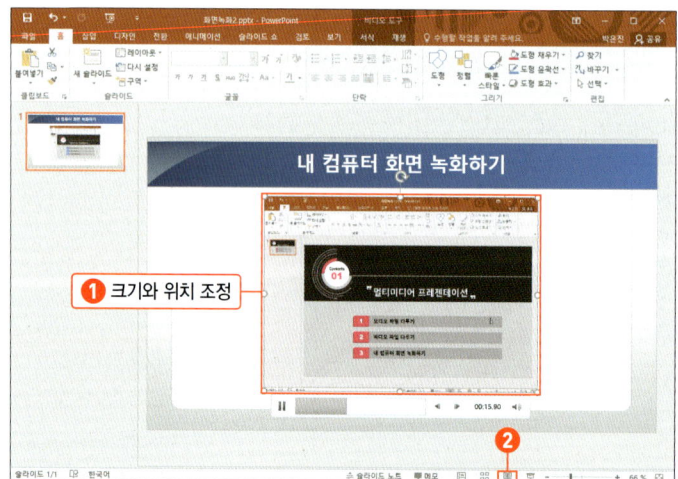

Tip
삽입된 영상은 일반 비디오 클립과 같은 방법으로 [비디오 도구]에서 서식과 재생 방법을 설정할 수 있어요.

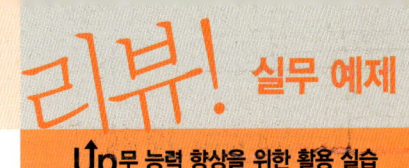

1 | 배경 음악 삽입하고 반복 실행하기

● **예제파일** : 사진앨범.pptx　　● **결과파일** : 사진앨범_완성.pptx

모든 슬라이드에서 음악이 반복 실행되도록 부록 CD의 'Take a Chance.mp3' 배경 음악 파일을 삽입해 보세요.

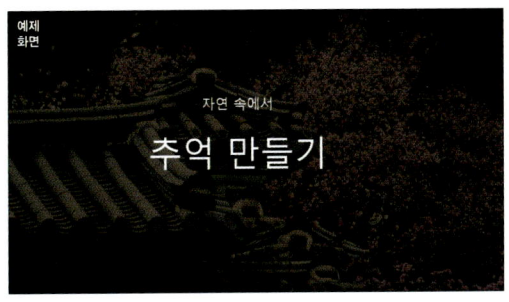

Hint
① [삽입] 탭-[미디어] 그룹에서 [오디오]를 클릭하고 [내 PC의 오디오]를 선택한 후 'Take a Chance.mp3' 음악 파일을 삽입하세요.
② 삽입한 음악을 선택하고 [오디오 도구]의 [재생] 탭-[오디오 스타일] 그룹에서 [백그라운드에서 재생]을 클릭하세요.
③ F5 를 눌러 프레젠테이션을 실행한 후 설정한 배경 음악을 확인하세요.

2 | 동영상 삽입하고 일부 화면만 자동 실행하기

● **예제파일** : 덕수궁.pptx　　● **결과파일** : 덕수궁_완성.pptx

3번 슬라이드에 부록 CD의 '무예.wmv' 동영상 파일을 삽입하고 49초부터 1:56초 부분만 자동 실행되도록 설정해 보세요.

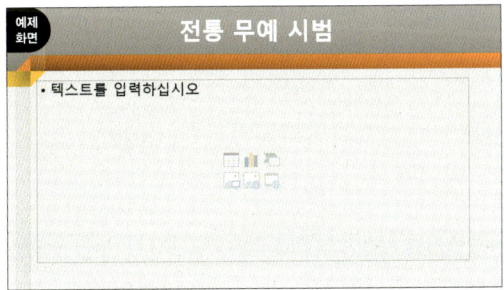

Hint
① [삽입] 탭-[미디어] 그룹에서 [비디오]를 클릭하고 [내 PC의 비디오]를 선택한 후 '무예.wmv' 동영상 파일을 삽입하세요.
② 삽입한 동영상을 선택하고 [비디오 도구]의 [재생] 탭-[비디오 옵션] 그룹에서 '시작'의 [자동 실행]을 선택하세요.
③ [재생] 탭-[편집] 그룹에서 [비디오 트리밍]을 클릭하여 재생할 부분의 시작 시간과 종료 시간을 설정하세요.

Section 02 애니메이션으로 개체에 동적 효과 연출하기

개체에 애니메이션을 지정하면 화면에서 개체가 나타나거나 사라지는 등의 효과를 설정하여 특정 개체를 강조할 수 있어요. 이것은 청중의 눈길을 끄는 아주 좋은 효과입니다. 하지만 애니메이션을 너무 많이 사용하면 오히려 청중의 집중을 방해하여 프레젠테이션을 산만하게 만들 수 있으니 주의해야 해요. 이번 섹션에서는 실무에서 자주 사용하는 애니메이션 효과뿐만 아니라 애니메이션을 필요한 곳에 적절하게 사용하여 프레젠테이션의 설득력을 높일 수 있는 방법에 대해 배워봅니다.

PREVIEW

▲ '나타내기' 애니메이션 효과 적용하기

▲ 애니메이션 트리거 적용하기

섹션별 주요 내용

01 | '나타내기' 애니메이션 지정하고 방향 변경하기　02 | '강조' 애니메이션 지정하고 순서 변경하기
03 | '끝내기' 애니메이션 지정하고 재생 시간 변경하기　04 | '이동 경로' 애니메이션 지정하고 경로 수정하기
05 | 차트에서 각 계열별로 애니메이션 지정하기　06 | 텍스트에 추가 효과 애니메이션 지정하기
07 | 애니메이션에 트리거 효과 지정하기

| 우선순위 TOP 18 | 난이도 1 2 **3** 4 5 |

예제파일 : 핵심전략.pptx　　결과파일 : 핵심전략_완성.pptx

실무예제 01 '나타내기' 애니메이션 지정하고 방향 변경하기

1 Shift 를 이용해서 5대 핵심 전략에 해당하는 도형을 차례대로 클릭하여 모두 선택하세요. [애니메이션] 탭-[애니메이션] 그룹에서 [자세히] 단추(▼)를 클릭하고 [추가 나타내기 효과]를 선택하세요.

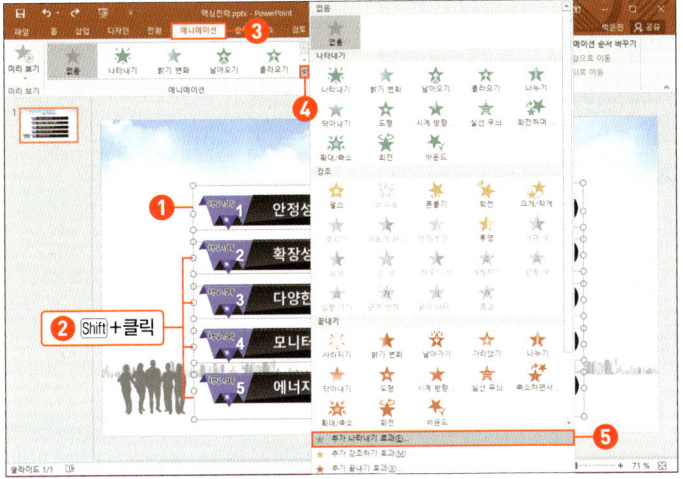

2 [나타내기 효과 변경] 대화상자가 열리면 '기본 효과'의 [닦아내기]를 선택하고 [확인]을 클릭하세요.

> **Tip**
> '나타내기' 애니메이션은 초록색 별 모양으로 표현됩니다. [자세히] 단추(▼)를 클릭했을 때 목록에 [닦아내기]가 있으면 곧바로 선택해도 되어요.

3 [애니메이션] 탭-[애니메이션] 그룹에서 [효과 옵션]을 클릭하고 [왼쪽에서]를 선택하세요. [애니메이션] 탭-[고급 애니메이션] 그룹에서 [애니메이션 창]을 클릭하세요.

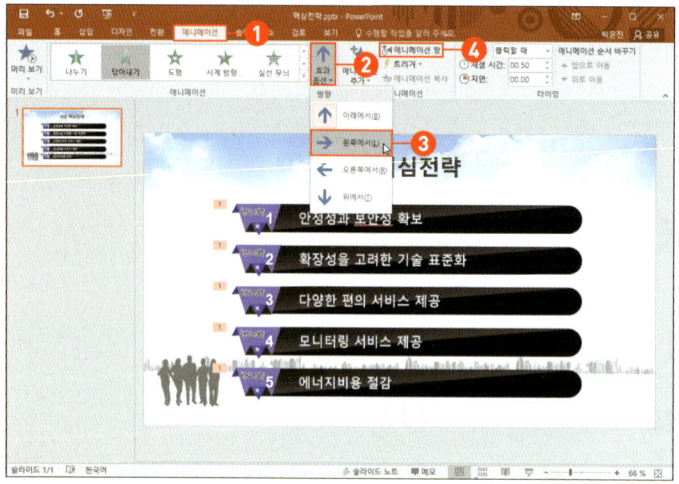

> **Tip**
> [애니메이션] 탭을 클릭할 때만 개체의 왼쪽에 애니메이션 실행 번호가 나타납니다.

4 화면의 오른쪽에 [애니메이션 창]이 열리면 모든 애니메이션이 선택된 상태에서 [애니메이션] 탭-[타이밍] 그룹에서 '시작'의 내림 단추(▼)를 클릭하고 [클릭할 때]를 선택하세요. [슬라이드 쇼] 단추(🖵)나 [읽기용 보기] 단추(📖)를 클릭하여 슬라이드 쇼를 실행한 후 적용한 애니메이션을 확인해 보세요.

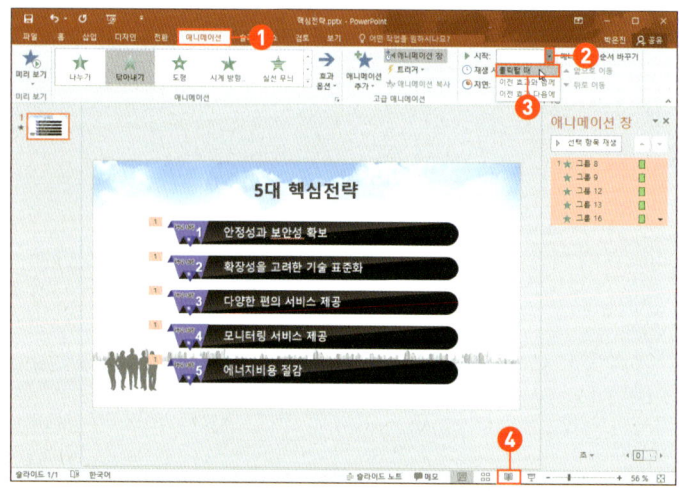

> **Tip**
> [애니메이션 창]에서 별 모양 앞에 있는 숫자(1★)는 마우스 클릭 횟수를 나타냅니다. 애니메이션의 시작 방법에는 [클릭할 때], [이전 효과와 함께], [이전 효과 다음에]가 있습니다. [클릭할 때]는 마우스를 클릭할 때마다 애니메이션이 한 단계씩 실행되는데, 여기서는 도형이 다섯 개이므로 다섯 번 클릭해야 애니메이션이 모두 실행됩니다.

| 난이도 1 2 3 **4** 5 | | 예제파일 : 산업단지.pptx　　결과파일 : 산업단지_완성.pptx |

실무예제 02 '강조' 애니메이션 지정하고 순서 변경하기

1 [슬라이드 쇼] 단추(🖵)를 클릭하여 설정되어 있는 애니메이션을 확인하세요. Esc 를 눌러 다시 슬라이드로 되돌아온 후 '성남'의 아래쪽에 있는 'picture1' 이미지를 선택하세요.

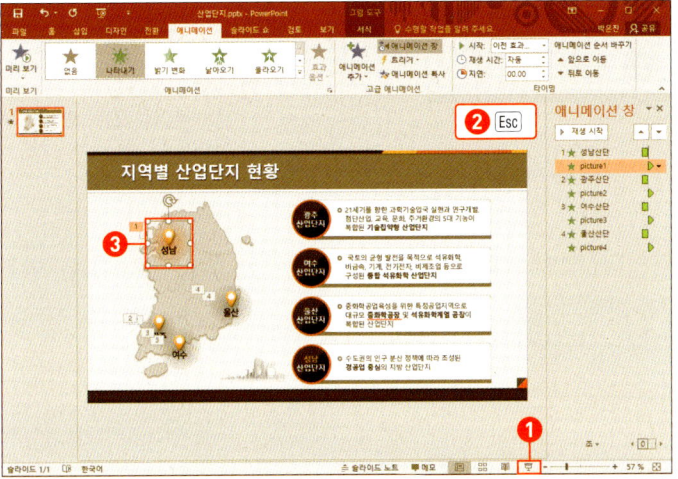

> **Tip**
> [애니메이션] 탭-[고급 애니메이션] 그룹에서 [애니메이션 창]을 클릭하여 화면의 오른쪽에 [애니메이션 창]을 열고 'picture1' 개체의 애니메이션을 선택해도 되어요.

2 'picture1' 이미지에는 '나타내기' 애니메이션이 적용되어 있는데, 한 번 더 강조하는 애니메이션을 추가해 볼까요? [애니메이션] 탭-[고급 애니메이션] 그룹에서 [애니메이션 추가]를 클릭하고 '강조'의 [크게/작게]를 선택하세요.

> **Tip**
> [애니메이션 추가]를 클릭했을 때 목록에 [크게/작게]가 없으면 아래쪽의 [추가 강조하기 효과]를 선택해도 됩니다. 한 개체에 두 개 이상의 애니메이션을 적용할 때는 반드시 [애니메이션 추가]에서 애니메이션을 설정해야 해요.

129

3 [애니메이션 창]에 추가된 마지막 'picture1' 애니메이션의 내림 단추(▼)를 클릭하고 [타이밍]을 선택하세요.

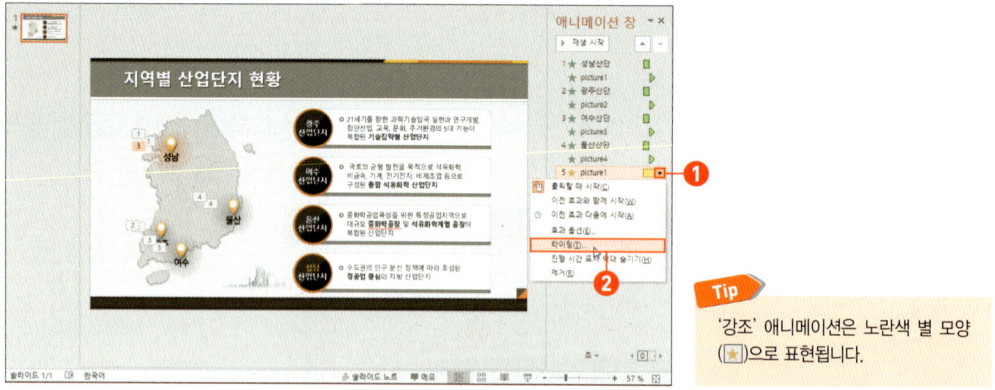

> Tip
> '강조' 애니메이션은 노란색 별 모양(★)으로 표현됩니다.

4 [크게/작게] 대화상자의 [타이밍] 탭이 열리면 '시작'에서는 [이전 효과 다음에]를, '반복'에서는 [2]를 선택하고 [확인]을 클릭하세요.

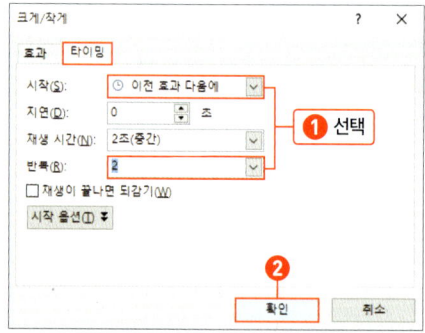

5 [애니메이션 창]에서 Shift 를 이용해서 '성남산단'과 'picture1'의 나타내기 애니메이션을 함께 선택하고 끝에서 두 번째 위치로 드래그하여 애니메이션의 순서를 이동하세요. [슬라이드 쇼] 단추(🖵)를 클릭하여 슬라이드 쇼를 실행한 후 적용한 애니메이션을 확인하세요.

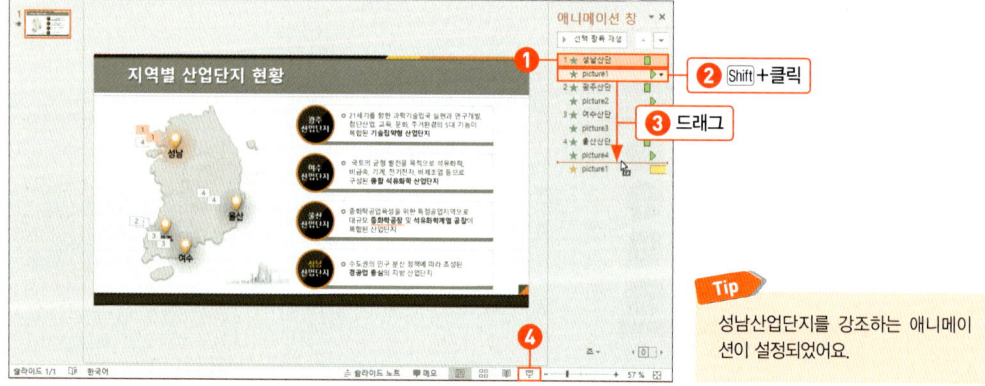

> Tip
> 성남산업단지를 강조하는 애니메이션이 설정되었어요.

실무예제 03 '끝내기' 애니메이션 지정하고 재생 시간 변경하기

1 아래쪽에 있는 좌우 커튼을 선택하기 위해 [홈] 탭-[편집] 그룹에서 [선택]을 클릭하고 [선택 창]을 선택하세요.

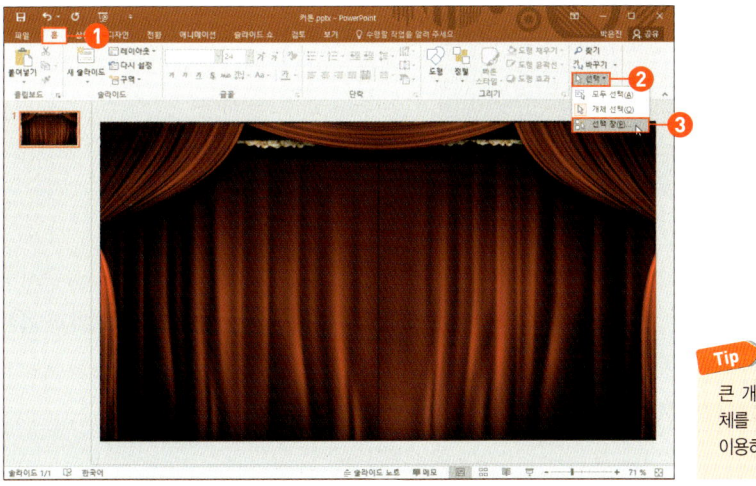

Tip
큰 개체의 아래쪽에 가려진 작은 개체를 선택하기 어려우면 [선택] 창을 이용하는 것이 편리해요.

2 화면의 오른쪽에 [선택] 창이 열리면 Ctrl을 누른 상태에서 [커튼_우]와 [커튼_좌]를 모두 선택하세요. [애니메이션] 탭-[애니메이션] 그룹에서 [자세히] 단추(▼)를 클릭하고 '끝내기'의 [날아가기]를 선택한 후 [선택] 창의 [닫기] 단추(×)를 클릭하세요.

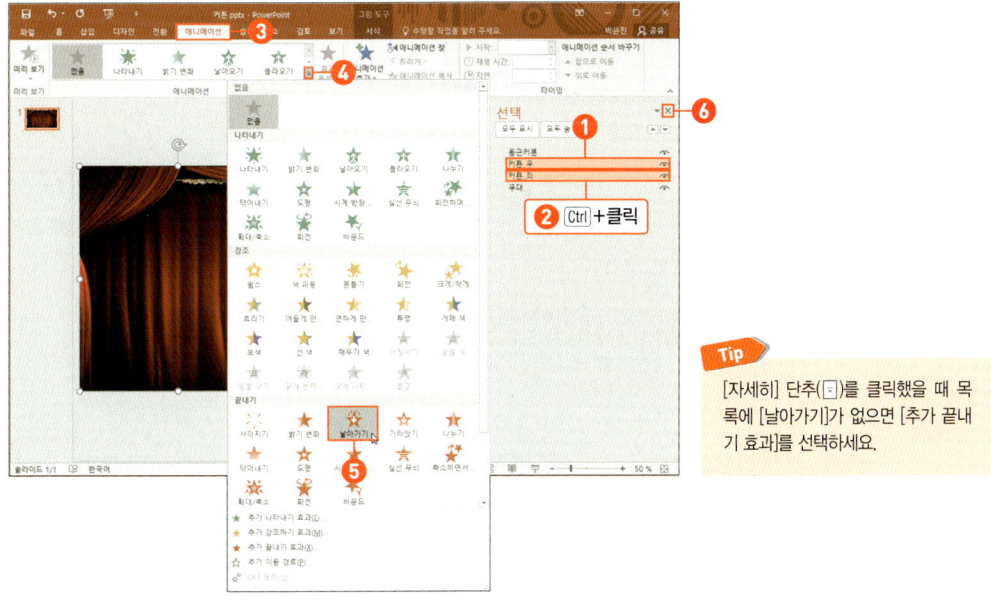

Tip
[자세히] 단추(▼)를 클릭했을 때 목록에 [날아가기]가 없으면 [추가 끝내기 효과]를 선택하세요.

3 [애니메이션] 탭-[고급 애니메이션] 그룹에서 [애니메이션 창]을 클릭하여 화면의 오른쪽에 [애니메이션 창]을 여세요.

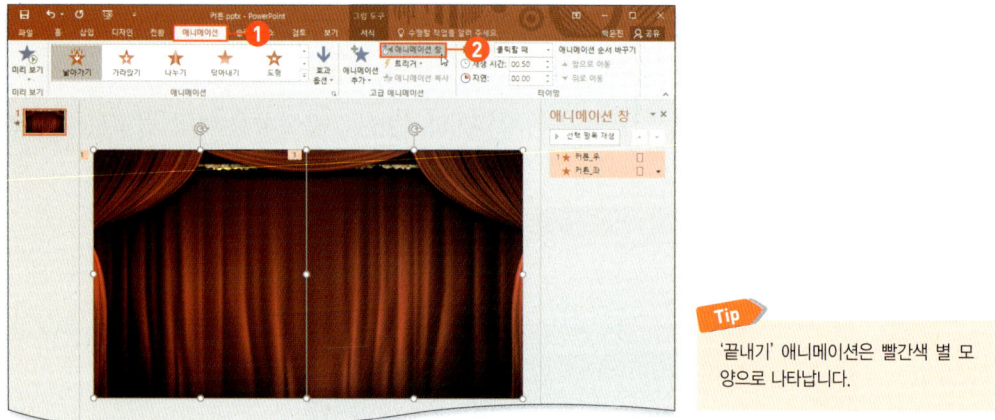

Tip
'끝내기' 애니메이션은 빨간색 별 모양으로 나타납니다.

4 [애니메이션 창]에서 [커튼_우]를 선택하고 [애니메이션] 탭-[애니메이션] 그룹에서 [효과 옵션]을 클릭한 후 [오른쪽으로]를 선택하세요.

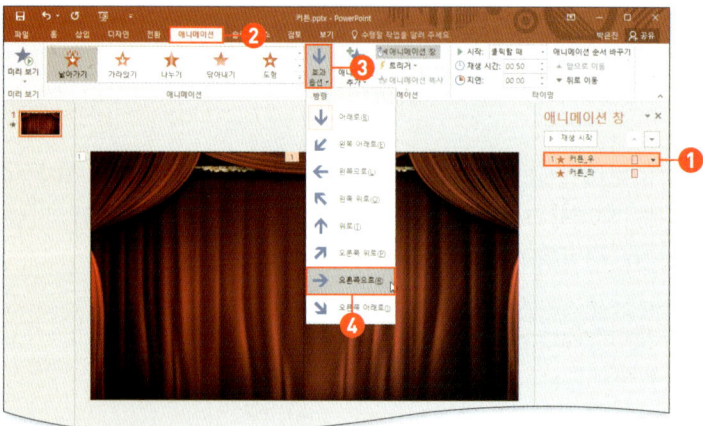

5 [애니메이션 창]에서 [커튼_좌]를 선택하고 [애니메이션] 탭-[애니메이션] 그룹에서 [효과 옵션]을 클릭한 후 [왼쪽으로]를 선택하세요.

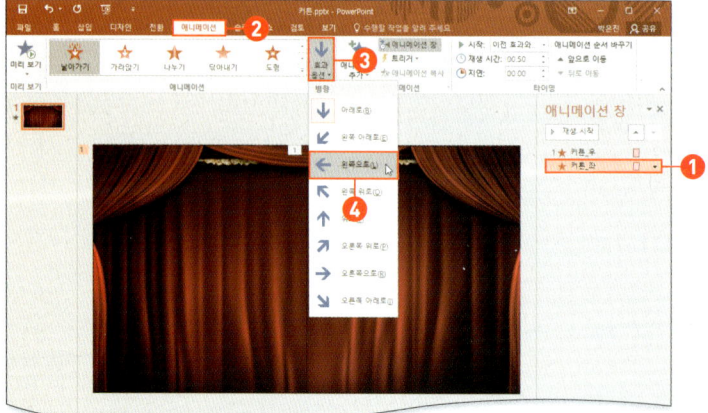

6 [애니메이션 창]에서 Ctrl을 누른 상태에서 [커튼_우]를 선택하여 [커튼_좌]와 함께 선택하세요. [애니메이션] 탭-[타이밍] 그룹에서 '재생 시간'을 [01.50]으로 지정하고 [슬라이드 쇼] 단추(🖳)를 클릭하세요.

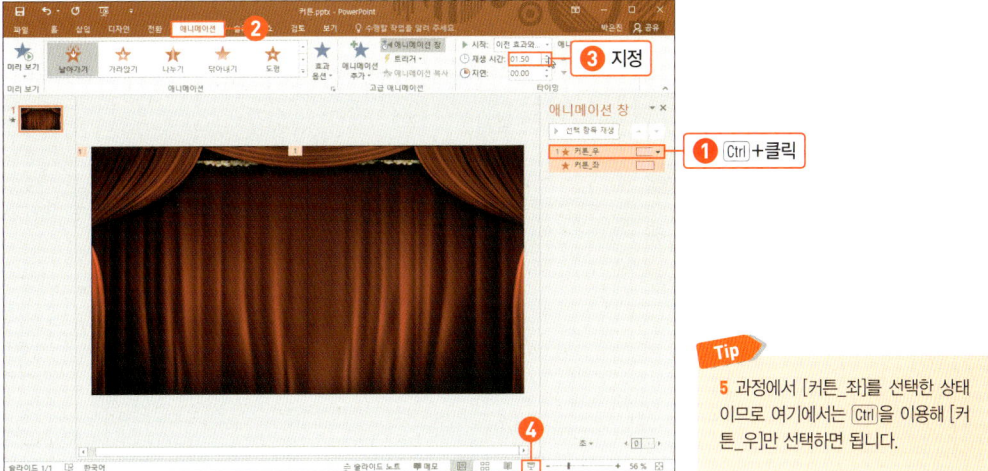

Tip

5 과정에서 [커튼_좌]를 선택한 상태이므로 여기에서는 Ctrl을 이용해 [커튼_우]만 선택하면 됩니다.

7 슬라이드 쇼가 실행되면 적용한 애니메이션을 확인하세요.

잠깐만요 애니메이션의 종류와 효과 살펴보기

애니메이션의 종류	표현 모양	효과
나타내기	★	화면에 없던 개체를 화면에 나타낼 때의 효과
강조	★	개체를 강조하는 효과
끝내기	★	화면에서 사라질 때의 효과
이동 경로	☆	특정 경로나 패턴을 따라 개체가 이동하는 효과

133

실무예제 04 '이동 경로' 애니메이션 지정하고 경로 수정하기

난이도 1 2 **3** 4 5
예제파일 : 비행기.pptx 결과파일 : 비행기_완성.pptx

1 화면의 왼쪽에 있는 비행기 그림을 선택하고 **[애니메이션] 탭-[애니메이션] 그룹**에서 **[자세히] 단추**(▼)를 클릭한 후 **[추가 이동 경로]**를 선택하세요.

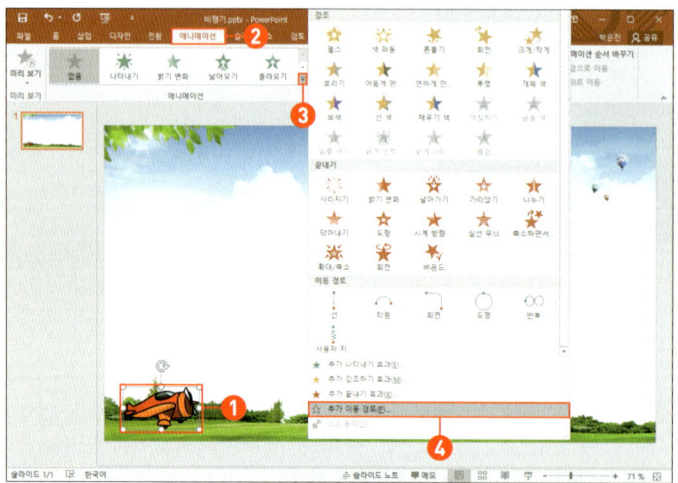

> **Tip**
> 파워포인트 2016에서는 다양한 추가 이동 경로가 제공되지만, [점 편집]을 통해 좀 더 다양한 모양으로 경로를 변경할 수 있어요. 점 편집은 이동 경로 애니메이션(직선 모양 이동 경로 제외)을 적용한 후 마우스 오른쪽 단추를 누르면 표시됩니다.

2 [이동 경로 변경] 대화상자가 열리면 '직선 및 곡선 경로'의 [오른쪽 위로]를 선택하고 [확인]을 클릭하세요.

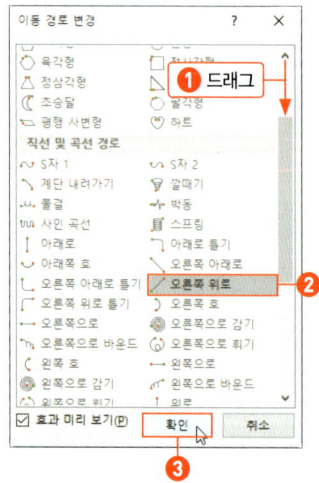

3 비행기의 위에 이동 경로 애니메이션의 경로가 나타나는지 확인하고 종료 지점의 붉은색 원형 표식(●)을 클릭한 후 화면의 오른쪽 위로 드래그하여 이동 경로를 수정하세요. [애니메이션] 탭-[애니메이션] 그룹에서 [추가 효과 옵션 표시] 대화상자 표시 아이콘(▣)을 클릭하세요.

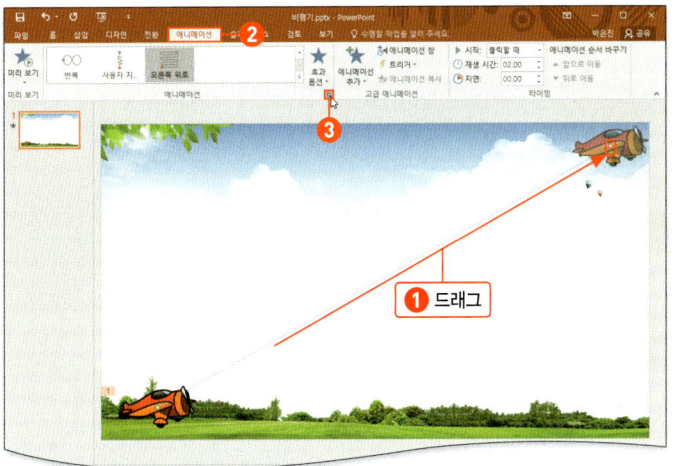

4 [오른쪽 위로] 대화상자의 [효과] 탭이 열리면 '부드럽게 시작'과 '부드럽게 종료'의 값을 [0초]로 지정하세요. [타이밍] 탭을 선택하고 '재생 시간'에서 [3초(느리게)]를 선택한 후 [확인]을 클릭하세요. [슬라이드 쇼] 단추(🖵)를 클릭하여 슬라이드 쇼를 실행한 후 적용한 애니메이션을 확인해 보세요.

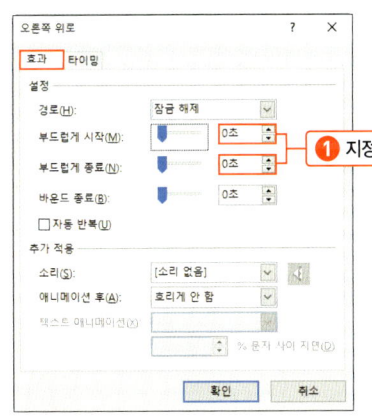 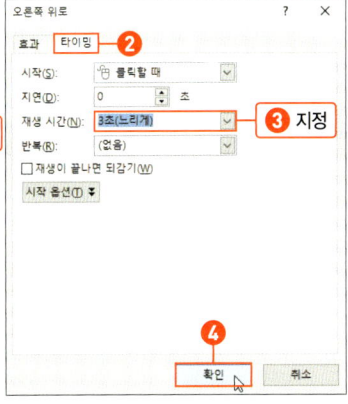

Tip
'부드럽게 시작'과 '부드럽게 종료' 시간을 설정하면 비행기가 비행을 시작하고 종료할 때 설정한 시간만큼 부드럽게 움직여요. 그리고 [애니메이션] 탭-[타이밍] 그룹에서도 재생 시간을 설정할 수 있어요.

잠깐만요 이동 경로 애니메이션의 위치 지정 방법 살펴보기

이동 경로 애니메이션을 적용하면 개체가 마지막 이동할 위치에 투명한 이미지(고스트 이미지)가 나타납니다. ▷은 시작 위치를, 점선은 애니메이션이 재생될 때 이동하는 경로를, ▶은 애니메이션이 끝나는 마지막 위치를 나타냅니다.

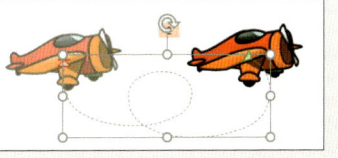

| 실무 예제 | **05** | 차트에서 각 계열별로 애니메이션 지정하기

예제파일 : 유네스코.pptx   **결과파일** : 유네스코_완성.pptx

1. 차트를 선택하고 [애니메이션] 탭-[애니메이션] 그룹에서 [자세히] 단추(▼)를 클릭한 후 '나타내기'의 [닦아내기]를 선택하세요. [슬라이드 쇼] 단추(🖵)를 클릭하여 애니메이션 효과를 확인해 보고 Esc를 누르세요.

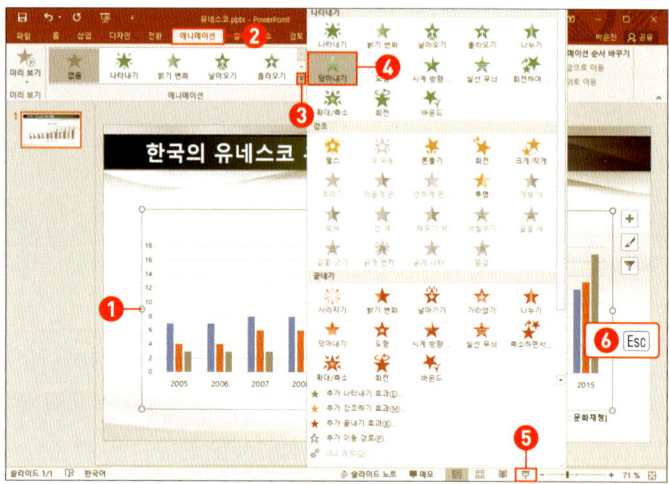

2. 슬라이드로 되돌아오면 [애니메이션] 탭-[애니메이션] 그룹에서 [효과 옵션]을 클릭하고 '시퀀스'의 [개열별로]를 선택한 후 [슬라이드 쇼] 단추(🖵)를 클릭하세요.

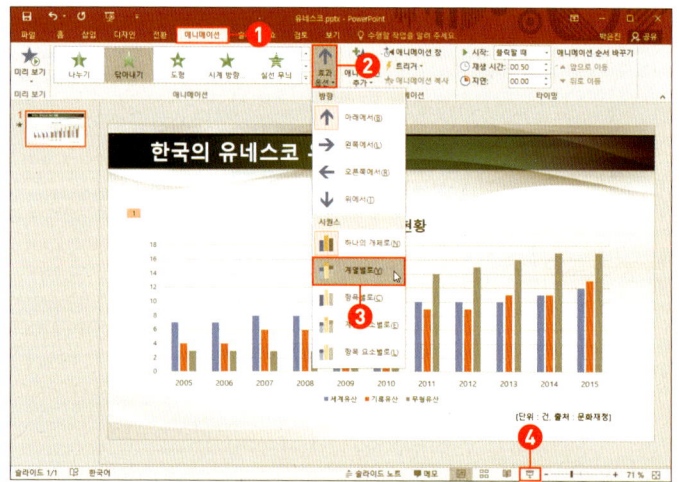

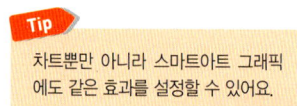

Tip
차트뿐만 아니라 스마트아트 그래픽에도 같은 효과를 설정할 수 있어요.

3 슬라이드 쇼가 실행되면 각 계열별로 변경한 애니메이션이 변경되었는지 확인해 보세요.

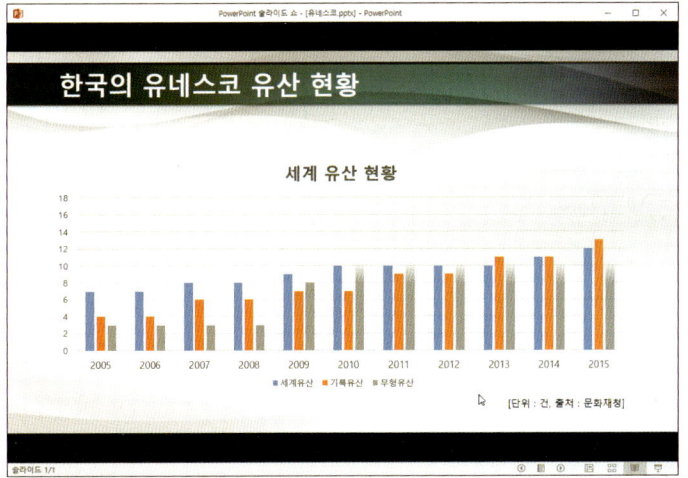

잠깐만요 슬라이드 쇼에 자주 사용하는 단축키 알아보기

슬라이드 쇼를 실행하는 도중에 F1 을 누르면 도움말을 확인할 수 있어요.

단축키	기능
마우스 왼쪽 단추 클릭, Spacebar, →, ↓, Enter 또는 PgDn	다음 슬라이드
Backspace, ←, ↑, PgUp	이전 슬라이드
숫자 입력 후 Enter	숫자에 해당하는 슬라이드로 이동
Esc	슬라이드 쇼 종료
Ctrl + S	[모든 슬라이드] 대화상자 표시
B	화면을 검은색으로 설정/취소
W	화면을 흰색으로 설정/취소
Ctrl + L 또는 Ctrl + 마우스 왼쪽 단추 클릭	마우스 포인터를 레이저 포인터로 변경
Home	첫 번째 슬라이드로 이동
End	마지막 슬라이드로 이동

실무예제 06 **텍스트에 추가 효과 애니메이션 지정하기**

예제파일 : 향수.pptx   결과파일 : 향수_완성.pptx

1 본문 텍스트 개체 틀을 선택하고 [애니메이션] 탭-[애니메이션] 그룹에서 [자세히] 단추(▼)를 클릭한 후 [**추가 나타내기 효과**]를 선택하세요.

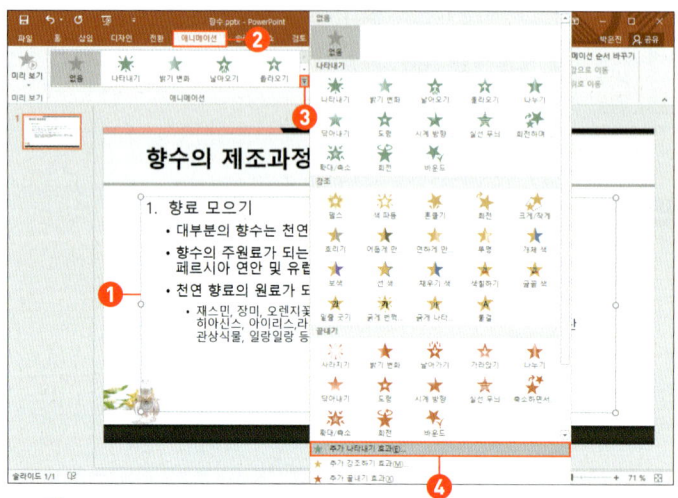

> **Tip**
> 나타내기 애니메이션 목록에 [내밀기]가 있으면 곧바로 선택하세요.

2 [나타내기 효과 변경] 대화상자가 열리면 '기본 효과'의 [내밀기]를 선택하고 [확인]을 클릭하세요.

138

3 [애니메이션] 탭-[애니메이션] 그룹에서 [추가 효과 옵션 표시] 대화상자 표시 아이콘(□)을 클릭하세요. [내밀기] 대화상자가 열리면 [텍스트 애니메이션] 탭에서 '텍스트 묶는 단위'의 내림 단추(▽)를 클릭하고 [둘째 수준까지]를 선택하세요.

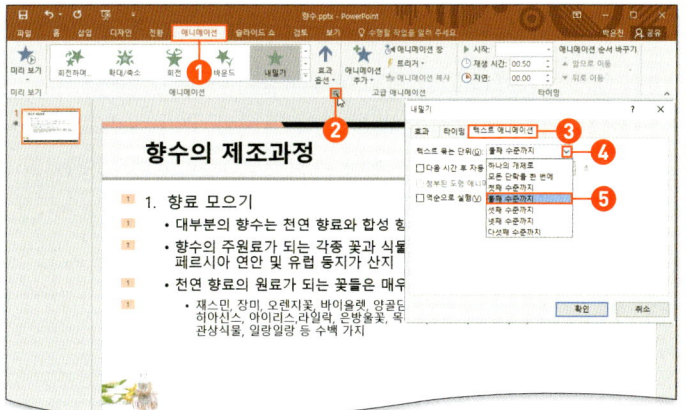

Tip
여러 수준으로 구분된 단락에서 효과를 확인할 수 있어요. '텍스트 묶는 단위'를 [둘째 수준까지]로 설정하면 둘째 수준 이하 내용은 둘째 수준과 함께 애니메이션으로 재생됩니다.

4 [내밀기] 대화상자에서 [효과] 탭을 선택하세요. '추가 적용'의 '애니메이션 후'에서 내림 단추(▽)를 클릭하고 [회색]을 선택한 후 [확인]을 클릭하세요.

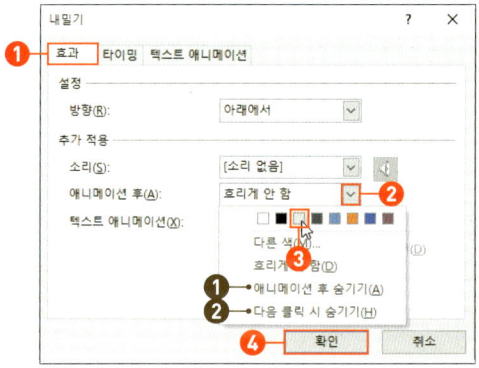

❶ 애니메이션 후 숨기기 : 애니메이션이 실행된 후에 자동으로 사라져요.
❷ 다음 클릭 시 숨기기 : 애니메이션이 실행된 후에 클릭하면 사라져요.

5 [슬라이드 쇼] 단추(☴)를 실행하여 슬라이드 쇼를 실행한 후 변경된 애니메이션을 확인해 보세요. 애니메이션이 재생된 후에는 회색으로 변경됩니다.

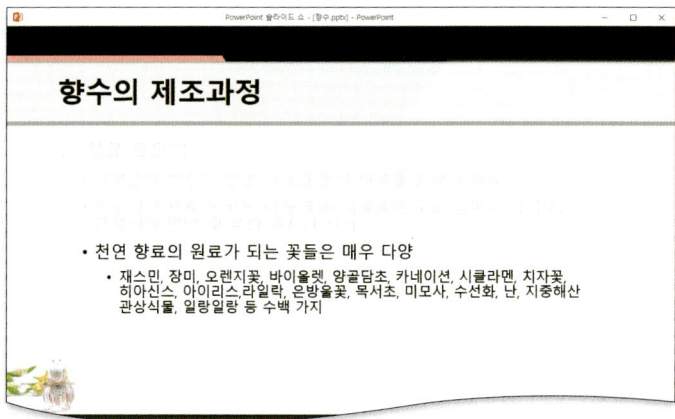

139

난이도 1 2 3 **4** 5

예제파일 : 관람율.pptx   결과파일 : 관람율_완성.pptx

실무예제 **07**

애니메이션에 트리거 효과 지정하기

1 슬라이드 쇼를 실행하여 설정된 애니메이션을 먼저 확인해 보고 Esc를 눌러 슬라이드로 되돌아오세요. Shift를 이용해서 누른 상태에서 첫 번째 파란색 파이 도형과 숫자 텍스트를 모두 선택하고 [애니메이션] 탭-[고급 애니메이션] 그룹에서 [트리거]를 클릭한 후 [클릭할 때]-[영화]를 선택하세요.

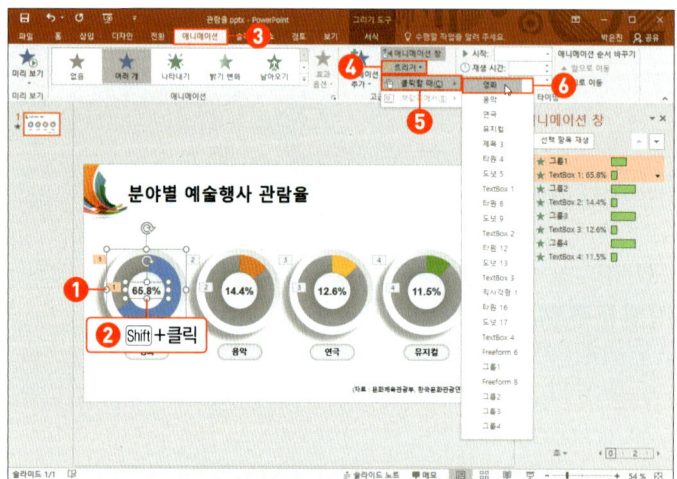

Tip
트리거(trigger)는 '방아쇠', '도화선', '촉발하다'는 뜻으로, 개체를 클릭하거나 책갈피에서 애니메이션이 실행되도록 설정하는 기능이에요.

2 Shift을 이용해서 두 번째 주황색 파이 도형과 숫자 텍스트를 함께 선택하고 [애니메이션] 탭-[고급 애니메이션] 그룹에서 [트리거]를 클릭한 후 [클릭할 때]-[음악]을 선택하세요.

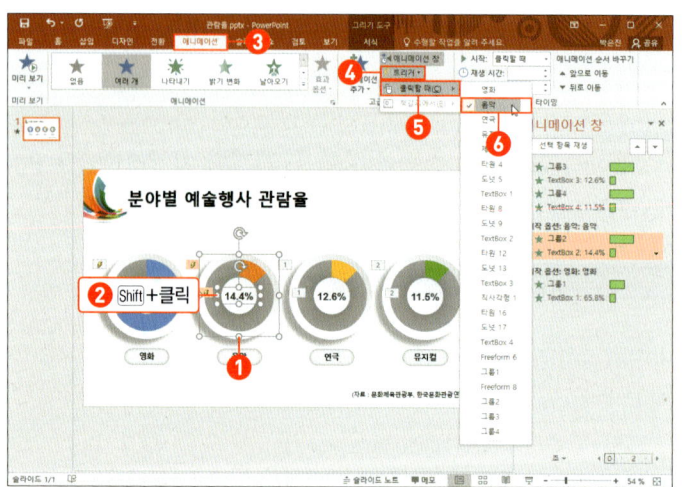

Tip
[홈] 탭-[편집] 그룹에서 [선택]을 클릭하고 [선택 창]을 선택하여 [선택] 창을 열면 해당 개체의 이름을 쉽게 변경할 수 있어요.

3 이와 같은 방법으로 세 번째 파이 도형과 숫자에는 '연극' 트리거를, 네 번째 파이 도형과 숫자에는 '뮤지컬' 트리거를 설정하세요.

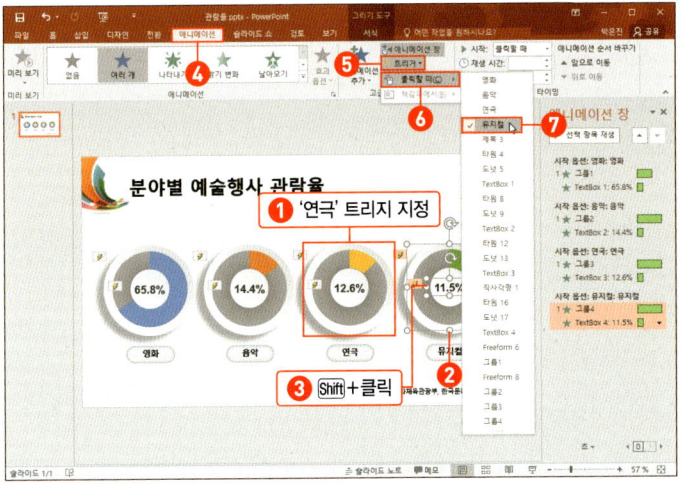

4 [슬라이드 쇼] 단추(🖵)를 클릭하여 슬라이드 쇼를 실행한 후 해당 분야를 클릭하여 지정한 애니메이션이 실행되는지 확인해 보세요.

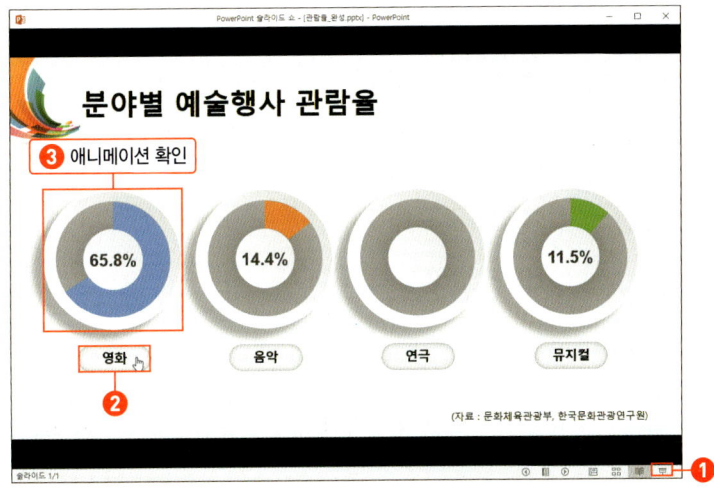

잠깐만요 | **하나의 개체에 두 개 이상의 애니메이션 효과 지정하기**

이미 애니메이션이 적용된 개체에 애니메이션을 추가로 설정할 때는 [애니메이션] 탭-[고급 애니메이션] 그룹에서 [애니메이션 추가]를 선택하여 애니메이션을 지정해야 합니다.

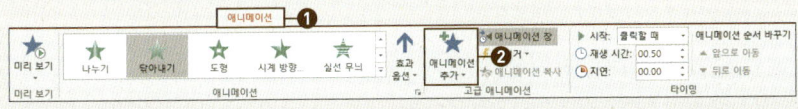

❶ 첫 번째 애니메이션 : [애니메이션] 탭-[애니메이션] 그룹에서 [자세히] 단추(▽)를 클릭해서 지정
❷ 두 번째 이상 애니메이션 : [애니메이션] 탭-[고급 애니메이션] 그룹에서 [애니메이션 추가]를 클릭하여 지정

> **잠깐만요** 애니메이션 반복하여 복사하기

애니메이션이 적용된 개체를 선택하고 [애니메이션] 탭-[고급 애니메이션] 그룹에서 [애니메이션 복사]를 클릭하세요. 마우스 포인터가 모양으로 바뀌었을 때 다른 개체를 클릭하면 애니메이션을 똑같이 복사할 수 있어요.

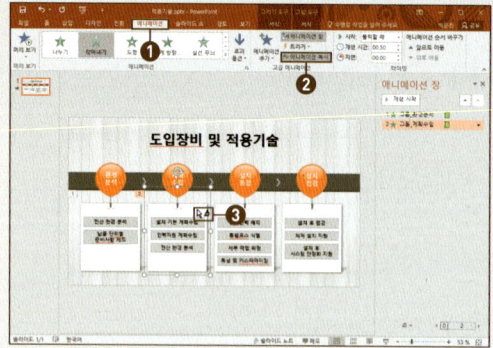

애니메이션 제거하기

[애니메이션] 탭-[고급 애니메이션] 그룹에서 [애니메이션 창]을 클릭하여 화면의 오른쪽에 [애니메이션 창]을 열고 제거할 애니메이션을 선택한 후 다음의 방법 중 하나를 이용해 제거할 수 있습니다.

방법 1 Delete 를 누르세요.
방법 2 [애니메이션] 탭-[애니메이션] 그룹에서 [자세히] 단추(▼)를 클릭하고 [없음]을 선택하세요.
방법 3 [애니메이션 창]에서 내림 단추(▼)를 클릭하고 [제거]를 선택하세요.

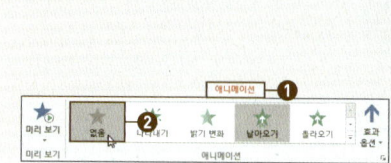

▲ [애니메이션] 그룹에서 애니메이션 제거하기

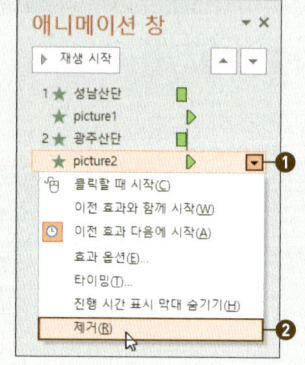

▲ [애니메이션] 창에서 애니메이션 제거하기

1 | 애니메이션 적용하고 효과 옵션과 시작 방법 변경하기

예제파일 : 전시회.pptx   **결과파일** : 전시회_완성.pptx

세 개의 꽃 사진에 다음의 애니메이션을 적용해 보세요.

- 종류 : 닦아내기
- 시작 : 클릭할 때
- 효과 옵션 : 위에서
- 재생 시간 : 00.25

Hint ① 세 개의 꽃 사진을 선택하고 [애니메이션] 탭-[애니메이션] 그룹에서 [닦아내기]를 선택한 후 '효과 옵션'의 [위에서]를 선택하세요.
② [애니메이션] 탭-[고급 애니메이션] 그룹에서 '시작'은 [클릭할 때], '재생 시간'은 [00.25]로 설정하세요.

2 | 애니메이션 복사하고 실행 순서 변경하기

예제파일 : 기대효과.pptx   **결과파일** : 기대효과_완성.pptx

첫 번째 팔각형 도형의 애니메이션을 복사하여 나머지 팔각형 도형에 적용 '위쪽 텍스트 → 팔각형 도형 → 아래쪽 도형' 그룹순으로 애니메이션이 실행되도록 애니메이션의 순서를 조정해 보세요.

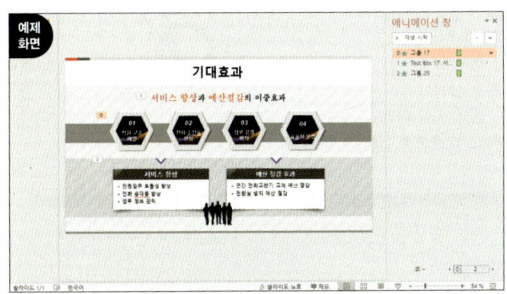
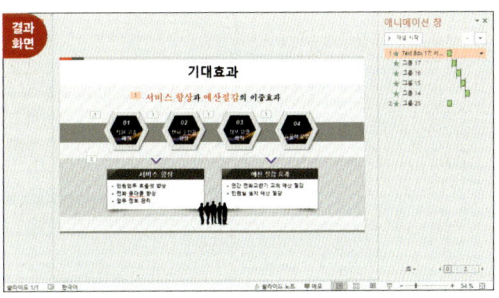

Hint ① 첫 번째 팔각형 도형을 선택하고 [애니메이션] 탭-[고급 애니메이션] 그룹에서 [애니메이션 복사]를 더블클릭한 후 나머지 팔각형 도형에 애니메이션을 복사하세요.
② [애니메이션 창]에서 맨 위쪽 텍스트는 맨 처음으로, 아래쪽 도형 그룹은 마지막에 실행되도록 애니메이션의 순서를 조정하세요.

143

Section 03 하이퍼링크 이용해 한 번에 슬라이드 이동하기

하이퍼링크를 이용하면 슬라이드 쇼에서 특정 텍스트나 객체를 클릭했을 때 다른 슬라이드나 파일로 이동하거나 인터넷 사이트로 연결할 수 있어요. 따라서 목차나 그림에 하이퍼링크를 설정해 놓으면 발표자가 프레젠테이션을 진행하면서 다른 프로그램이나 슬라이드로 쉽게 이동할 수 있어요. 이번 섹션에서는 하이퍼링크를 이용하여 화면을 이동하는 방법뿐만 아니라 슬라이드 쇼를 재생하는 도중에 다른 프로그램을 실행하는 방법에 대해 배워봅니다.

PREVIEW

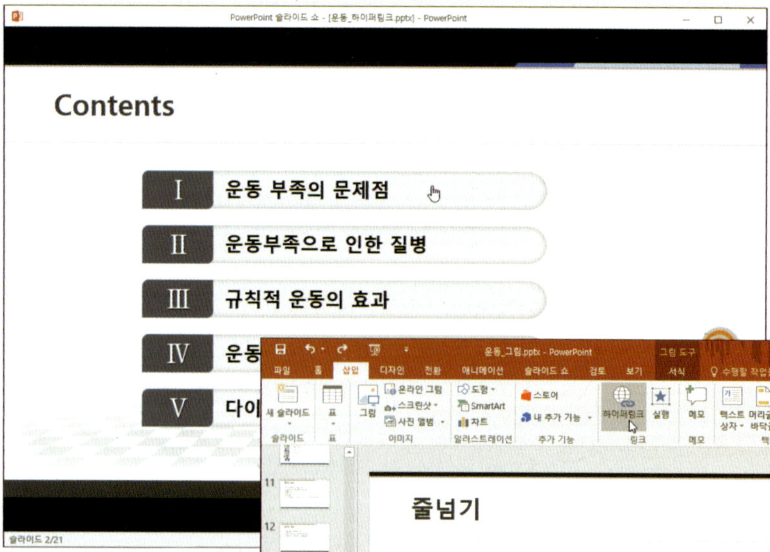

▲ 텍스트에 하이퍼링크 연결하기

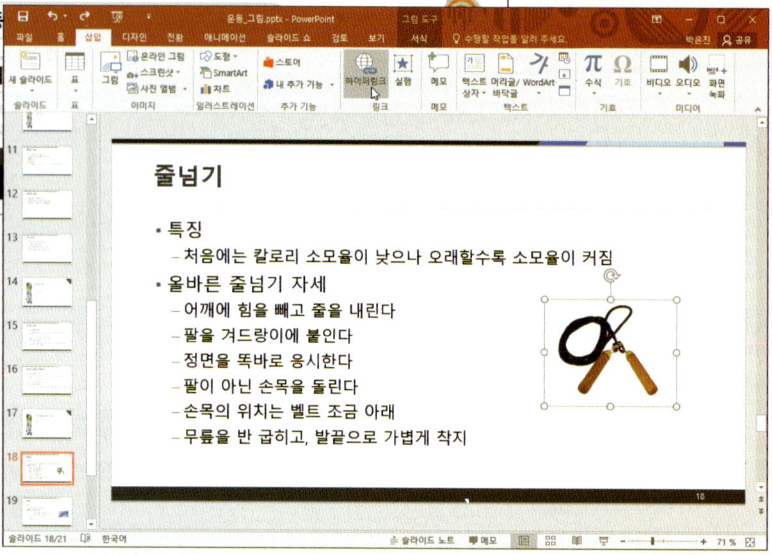

▲ 그림에 하이퍼링크 연결하기

섹션별 주요 내용
01 | 목차 텍스트에 하이퍼링크 설정하기　02 | 목차 페이지로 이동하는 하이퍼링크 설정하기
03 | 그림에 하이퍼링크 설정하기　04 | 하이퍼링크 클릭해 다른 문서로 이동하기
05 | 슬라이드 쇼에서 계산기 실행하기

난이도 1 **2** 3 4 5

실무예제 **01**

예제파일 : 운동_하이퍼링크.pptx 결과파일 : 운동_하이퍼링크_완성.pptx

목차 텍스트에 하이퍼링크 설정하기

1 2번 슬라이드에서 다섯 번째 목차 도형을 선택하고 [삽입] 탭-[링크] 그룹에서 [하이퍼링크]를 클릭하세요. [하이퍼링크 삽입] 대화상자가 열리면 '연결 대상'에서 [현재 문서]를 선택하고 '이 문서에서 위치 선택'에서 [17. 다이어트에 좋은 운동]을 선택한 후 [확인]을 클릭하세요.

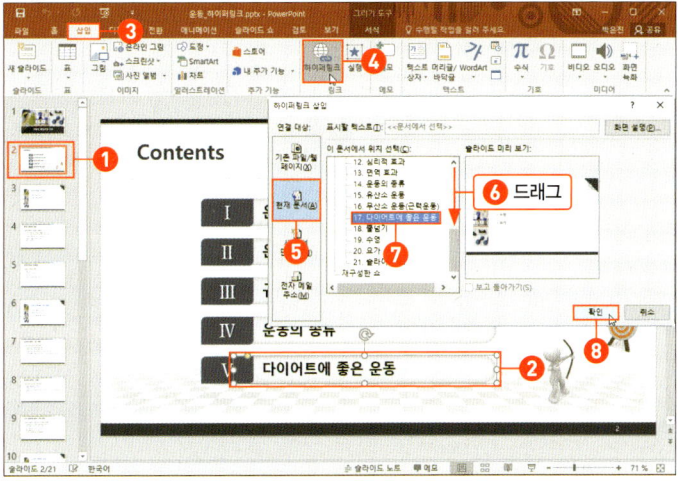

2 [슬라이드 쇼] 단추(🖵)나 [읽기용 보기] 단추(🗐)를 클릭하여 슬라이드 쇼를 실행해 보세요. 2번 목차 슬라이드에서 'Ⅴ. 다이어트에 좋은 운동' 항목에 마우스 포인터를 올려놓고 손 모양(🖑)으로 변경되면 클릭하여 지정한 17번 슬라이드로 이동하는지 확인하세요.

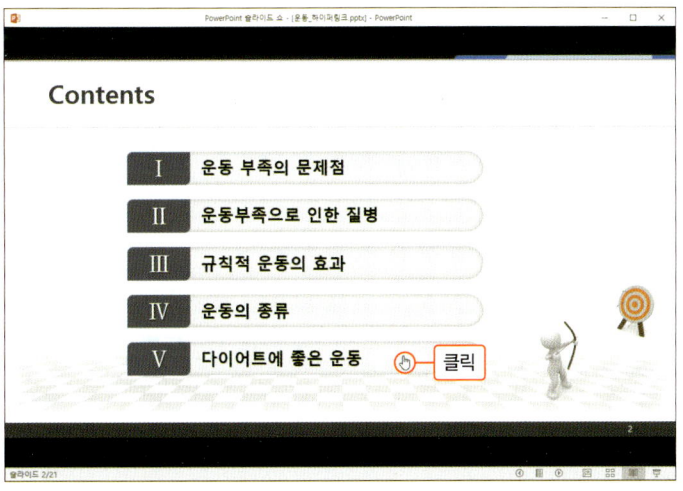

난이도 ①②③④⑤

예제파일 : 운동_목차.pptx 결과파일 : 운동_목차_완성.pptx

실무
예제 **02** # 목차 페이지로 이동하는 하이퍼링크 설정하기

1 3번 슬라이드를 선택하고 [홈] 탭-[그리기] 그룹에서 [도형]을 클릭한 후 '실행 단추'의 [실행 단추: 홈](⌂)을 클릭하세요. 화면의 오른쪽 위에 다음의 그림과 같이 드래그하여 실행 단추를 그리세요.

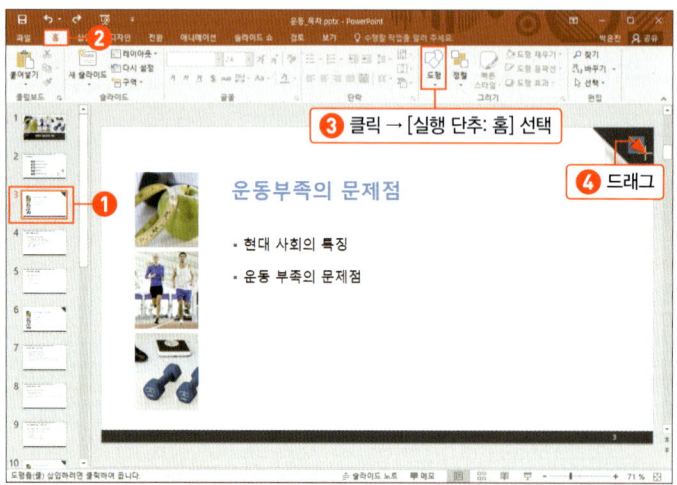

2 [실행 설정] 대화상자가 열리면 [마우스를 클릭할 때] 탭에서 [하이퍼링크]를 선택하고 내림 단추(▽)를 클릭해 [슬라이드]를 선택하세요. [슬라이드 하이퍼링크] 대화상자가 열리면 '슬라이드 제목'에서 [2. Contents]를 선택하고 [확인]을 클릭한 후 [실행 설정] 대화상자로 되돌아오면 [확인]을 클릭하세요.

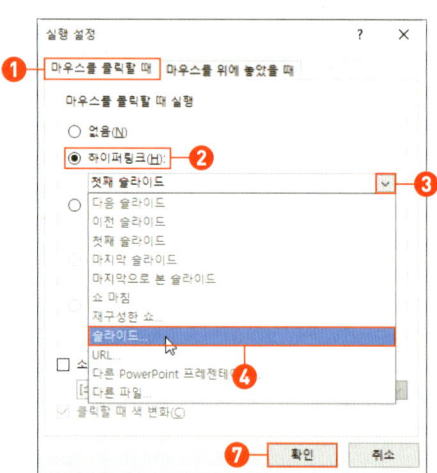
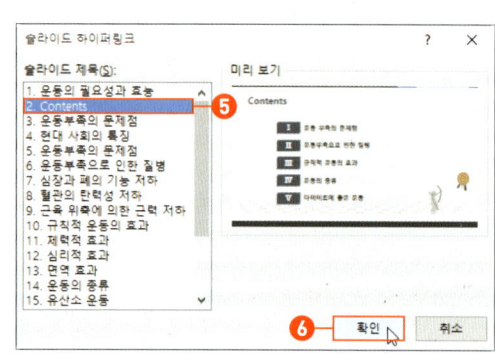

> **Tip**
> [실행 단추: 홈](⌂)은 기본적으로 첫 번째 슬라이드로 이동하도록 설정되어 있지만, 여기서는 목차 슬라이드인 두 번째 슬라이드로 이동하도록 변경했어요.

3 3번 슬라이드에서 [실행 단추: 홈] 이미지(🏠)를 복사(Ctrl+C)하고 같은 모양의 레이아웃인 6번, 10번, 14번, 17번 슬라이드에 각각 붙여넣기(Ctrl+V)하세요.

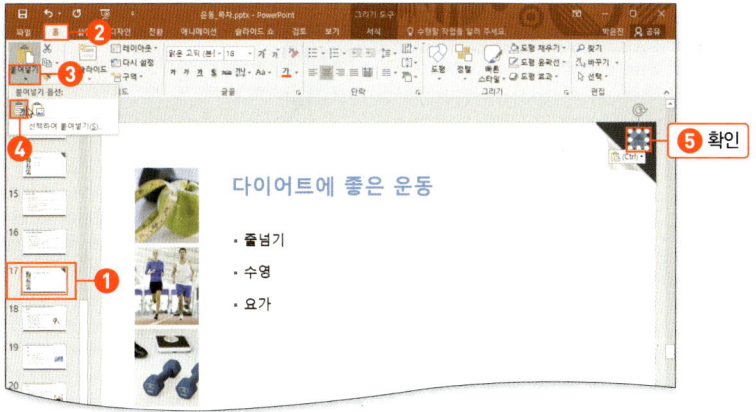

4 [슬라이드 쇼] 단추(🖳)나 [읽기용 보기] 단추(📖)를 클릭하여 슬라이드 쇼를 실행하고 3번 슬라이드의 오른쪽 위에 있는 [실행 단추: 홈](🏠)을 클릭하세요.

5 '목차' 슬라이드로 이동하는지 확인해 보세요.

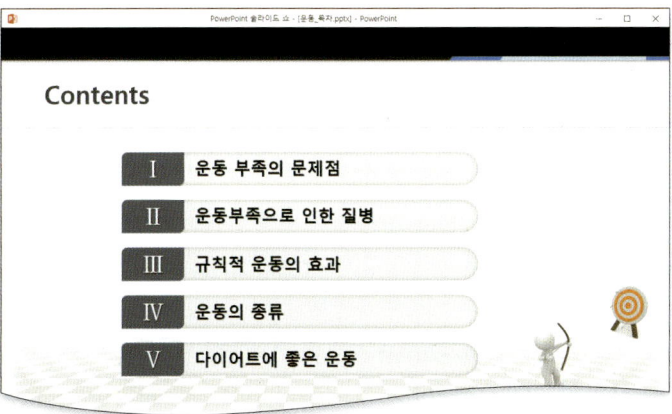

6 '목차' 슬라이드에서 각 항목을 클릭하여 해당 페이지로 이동하면 다시 슬라이드의 오른쪽 위에 있는 [실행 단추: 홈]()을 클릭하세요.

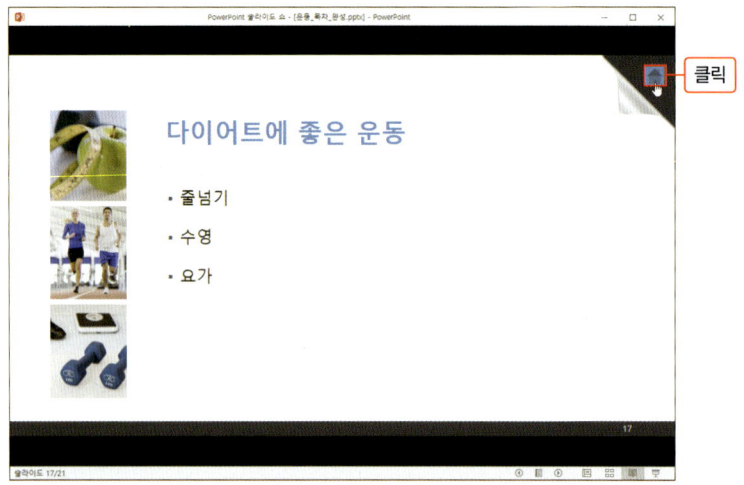

7 '목차' 슬라이드로 이동하는지 확인해 보세요.

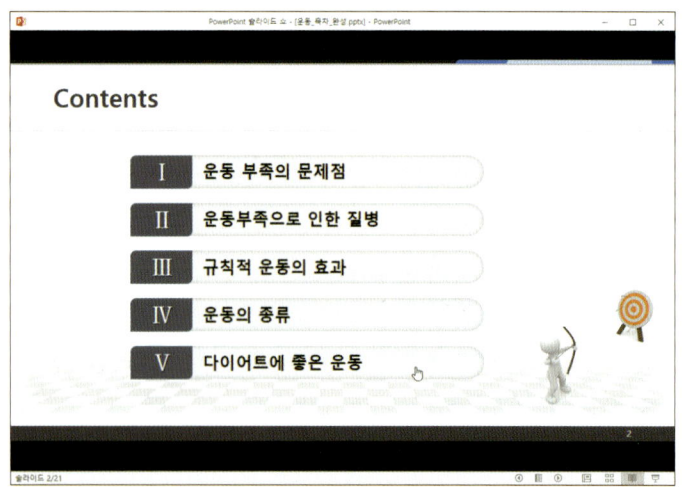

잠깐만요 하이퍼링크 제거하기

슬라이드에 지정한 하이퍼링크는 다음의 방법 중 하나를 이용해 제거할 수 있습니다.

방법 1 하이퍼링크가 설정된 개체를 선택하고 마우스 오른쪽 단추를 눌러 [하이퍼링크 제거]를 선택하세요.

방법 2 [하이퍼링크 편집] 대화상자에서 제거하려는 하이퍼링크가 연결된 슬라이드를 선택하고 [링크 제거]를 클릭하세요.

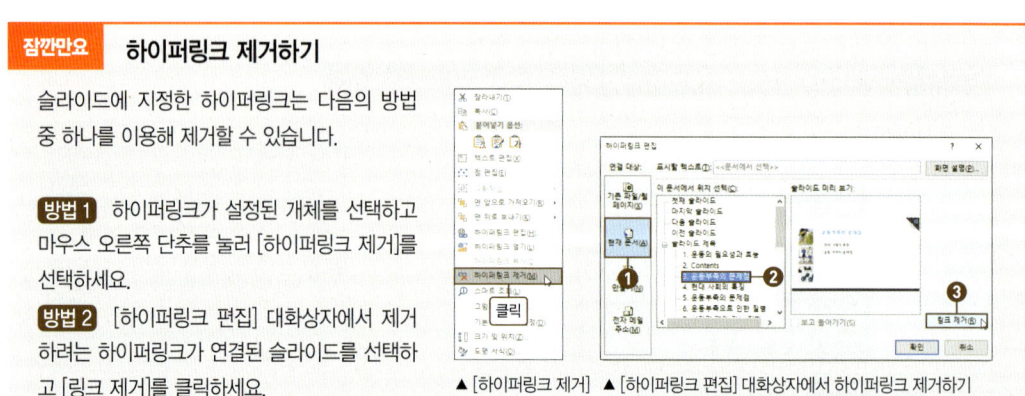

▲ [하이퍼링크 제거] 선택하기   ▲ [하이퍼링크 편집] 대화상자에서 하이퍼링크 제거하기

실무예제 03 그림에 하이퍼링크 설정하기

1 18번 슬라이드에서 그림을 선택하고 [삽입] 탭-[링크] 그룹에서 [하이퍼링크]를 클릭하세요.

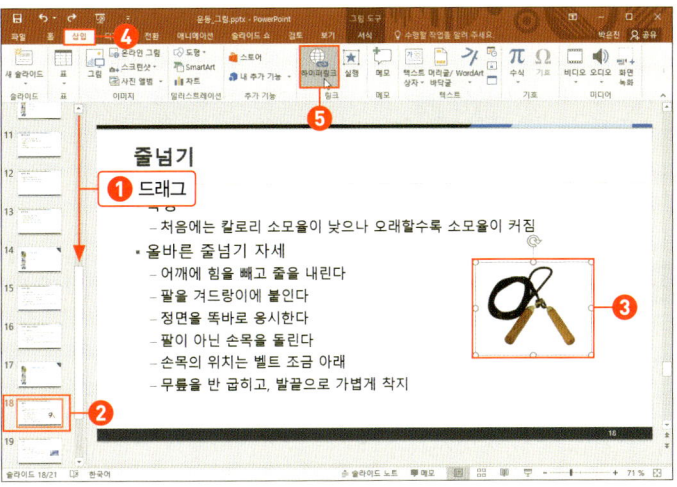

2 [하이퍼링크 삽입] 대화상자가 열리면 '연결 대상'에서 [기존 파일/웹 페이지]를 선택하고 '주소'에 『http://jumprope.co.kr/』을 입력한 후 [확인]을 클릭하세요.

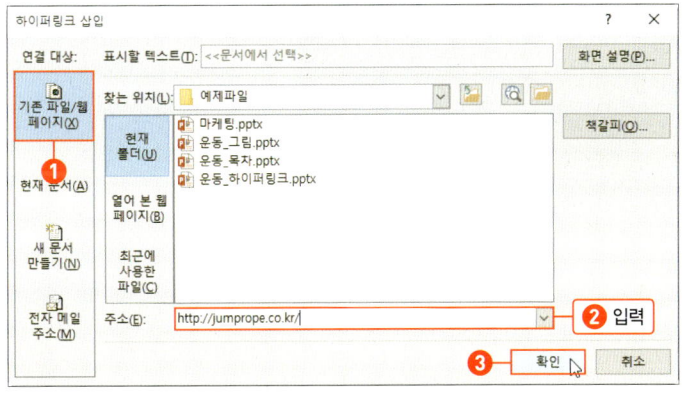

> **Tip**
> [하이퍼링크 삽입] 대화상자에서 웹 찾아보기(🔍)를 클릭하면 인터넷 브라우저를 바로 실행할 수 있어요.

3 [슬라이드 쇼] 단추(☰)를 클릭하여 슬라이드 쇼를 실행한 후 18번 슬라이드로 이동해서 그림을 클릭하세요.

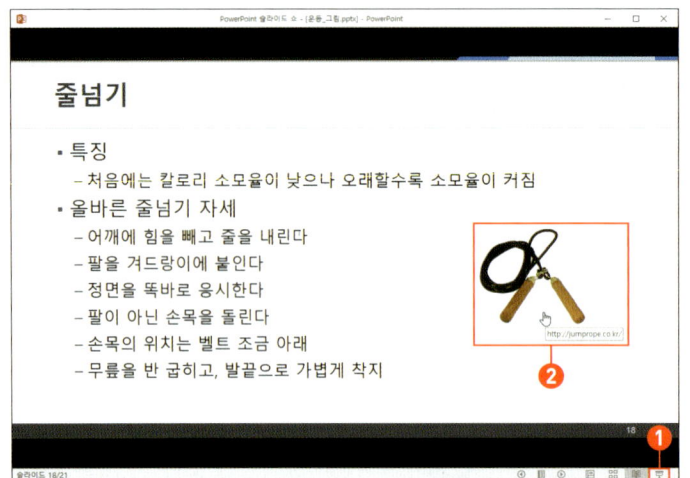

Tip
선택할 수 있는 개체에는 모두 하이퍼링크로 연결할 수 있어요.

4 인터넷 브라우저가 실행되면서 2 과정에서 입력한 주소로 이동하는지 확인해 보세요.

잠깐만요   텍스트의 아래쪽에 생긴 하이퍼링크 밑줄 없애기

텍스트를 범위로 지정한 후 하이퍼링크를 지정하면 텍스트에 자동으로 밑줄이 표시됩니다. 이때 밑줄을 없애려면 텍스트를 범위로 지정하는 대신 텍스트 상자나 도형을 선택하고 하이퍼링크를 지정하면 됩니다.

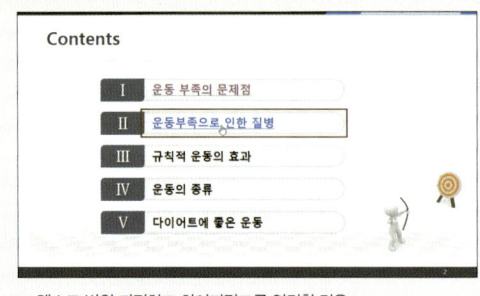
▲ 텍스트 범위 지정하고 하이퍼링크를 연결한 경우

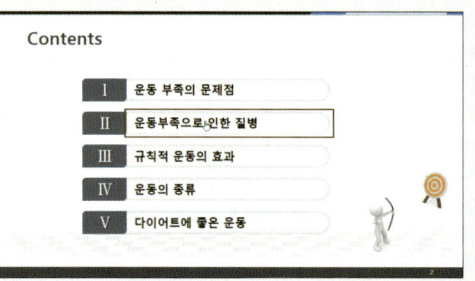
▲ 도형 선택하고 하이퍼링크를 연결한 경우

| 난이도 1 2 3 4 5 | 예제파일 : 운동_문서.pptx　결과파일 : 운동_문서_완성.pptx |

실무예제 **04 하이퍼링크 클릭해 다른 문서로 이동하기**

1 21번 슬라이드에서 [보러가기] 도형을 선택하고 [삽입] 탭-[링크] 그룹에서 [하이퍼링크]를 클릭하세요.

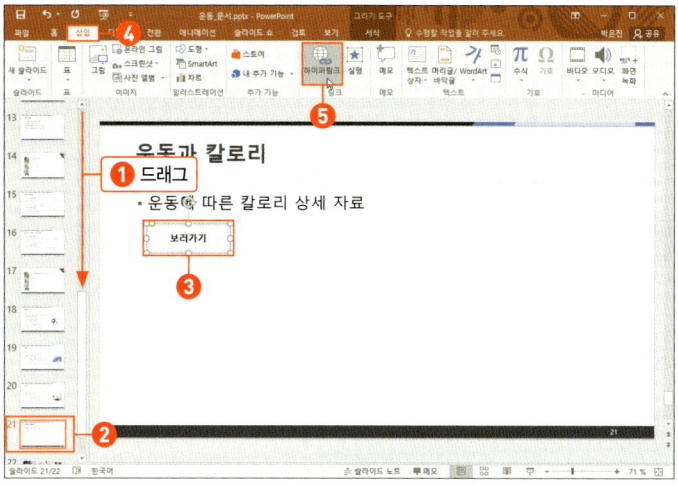

2 [하이퍼링크 삽입] 대화상자가 열리면 '연결 대상'에서 [기존 파일/웹 페이지]를 선택하고 부록 CD의 '운동과 칼로리.xlsx' 파일을 선택한 후 [확인]을 클릭하세요.

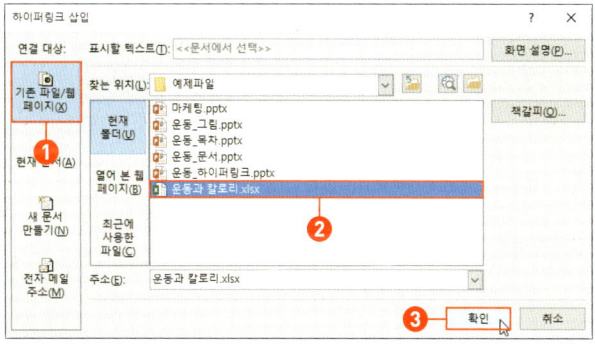

> **Tip**
> 하이퍼링크를 이용하여 다른 프레젠테이션 문서나 파일로 연결할 때 현재 작업 중인 문서와 동일한 폴더에 파일을 복사 한 후 연결하는 것이 좋아요. 이렇게 해야 폴더를 복사하거나 이동하더라도 연결이 올바르게 유지됩니다.

3 [슬라이드 쇼] 단추(🖵)를 클릭하여 슬라이드 쇼를 실행하세요. 21번 슬라이드의 [보러가기]에 마우스 포인터를 올려놓고 손 모양(✋)으로 변경되면 클릭하세요.

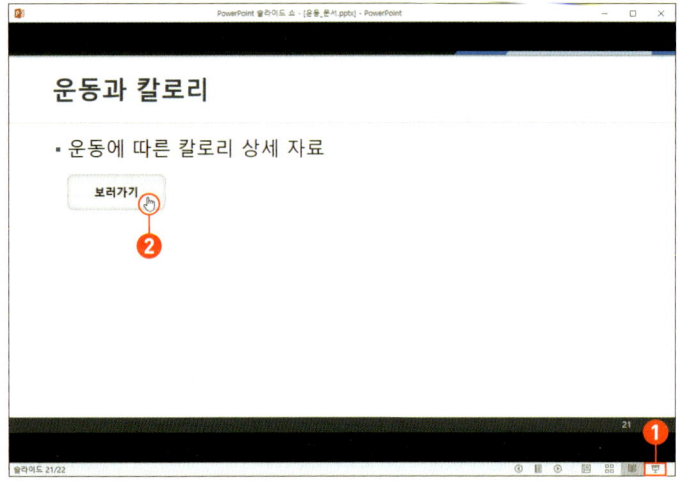

4 하이퍼링크로 연결된 엑셀 파일이 실행되었습니다.

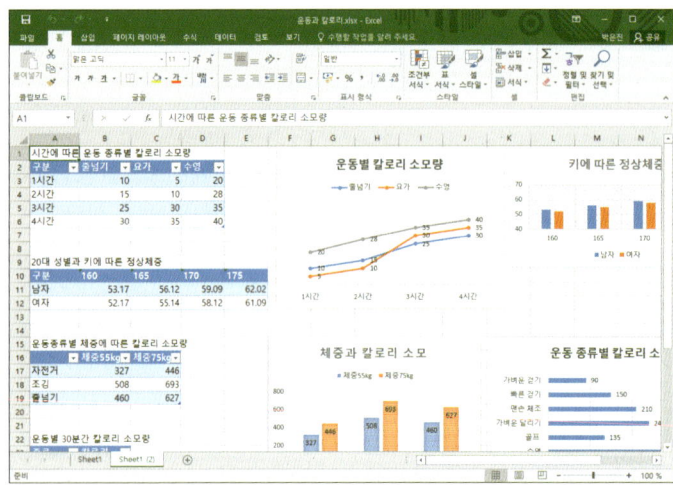

예제파일 : 운동_실행.pptx   결과파일 : 운동_실행_완성.pptx

실무예제 05   슬라이드 쇼에서 계산기 실행하기

1 21번 슬라이드에서 아래쪽에 있는 [계산기] 도형을 선택하고 **[삽입]** 탭-**[링크]** 그룹에서 **[실행]**을 클릭하세요.

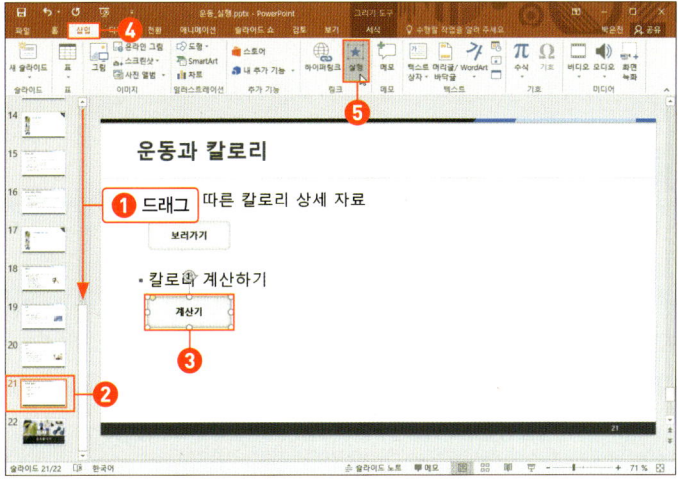

2 [실행 설정] 대화상자가 열리면 [마우스를 클릭할 때] 탭에서 [프로그램 실행]을 선택하고 [찾아보기]를 클릭하세요. [실행할 프로그램 선택] 대화상자가 열리면 C 드라이브의 'Windows\System32' 폴더에서 'calc.exe' 파일을 선택하고 [확인]을 클릭한 후 [실행 설정] 대화상자로 되돌아오면 [확인]을 클릭하세요.

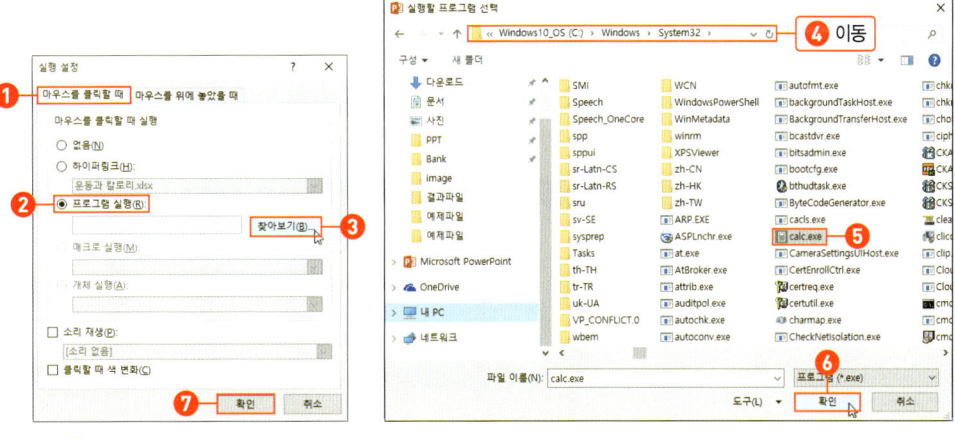

> **Tip**
> [실행 설정] 대화상자의 [마우스를 클릭할 때] 탭에서 [프로그램 실행] 대신 [하이퍼링크]를 선택하면 [하이퍼링크 삽입]과 같은 기능을 지정할 수 있어요. [마우스를 클릭할 때] 탭 대신 [마우스를 위에 올렸을 때] 탭을 선택하면 마우스를 선택한 개체 위에 올리기만 해도 기능이 실행됩니다.

3 [슬라이드 쇼] 단추(🖵)를 클릭하여 슬라이드 쇼를 실행한 후 21번 슬라이드에서 [계산기]를 클릭하세요.

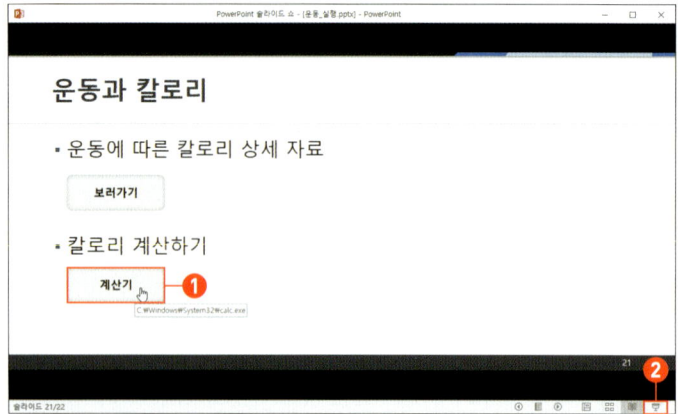

4 [Microsoft PowerPoint 보안 알림] 창이 열리면 [사용]을 클릭하세요.

5 프레젠테이션을 실행하는 도중에 계산기가 열리면 계산기를 사용하여 계산할 수 있습니다. 계산기 프로그램 사용이 끝나면 [닫기] 단추(✕)를 클릭하고 Esc 를 눌러 슬라이드 쇼를 끝내세요.

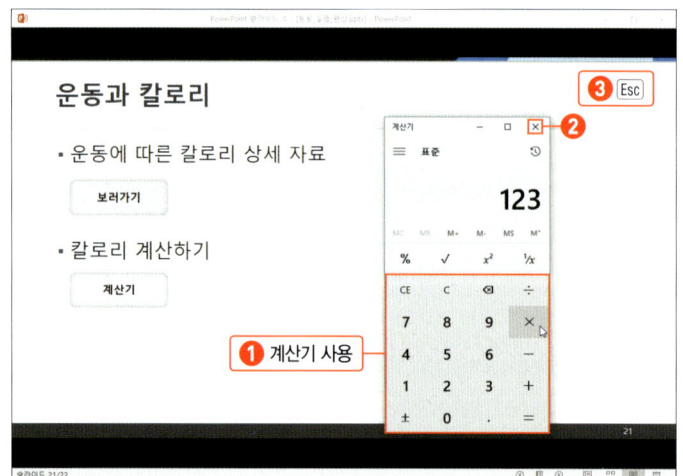

> **Tip**
> 계산기 프로그램 외에도 파일 확장자가 exe인 프로그램 파일을 실행하도록 설정할 수 있어요.

1 | 하이퍼링크로 텍스트 상자 연결해 목차 완성하기

● 예제파일 : 창의_목차.pptx   ● 결과파일 : 창의_목차_완성.pptx

2번 슬라이드의 목차를 클릭하면 해당 슬라이드로 이동하도록 하이퍼링크를 설정해 보세요. 이때 텍스트의 아래쪽에 하이퍼링크 밑줄이 나타나지 않게 설정해 보세요.

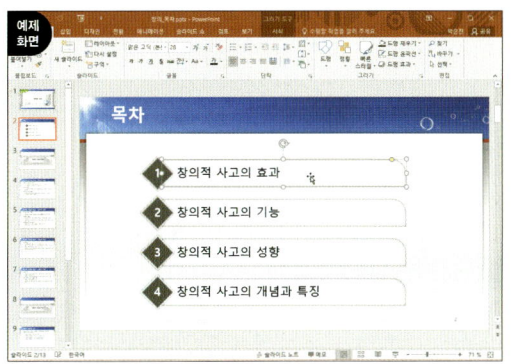
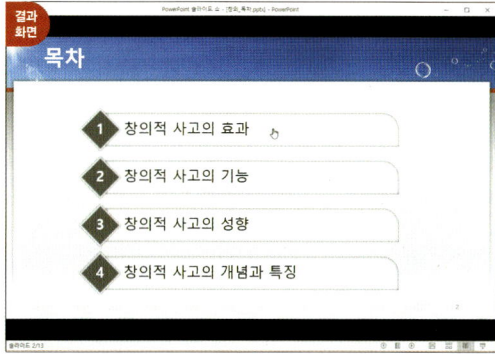

Hint ① 첫 번째 목차를 선택하고 [삽입] 탭-[링크] 그룹에서 [하이퍼링크]를 클릭하세요.
② [하이퍼링크 삽입] 대화상자가 열리면 [현재 문서]에서 목차의 해당 내용 슬라이드로 이동하도록 설정하세요.
③ 슬라이드 쇼를 실행한 후 목차를 클릭하면 해당 슬라이드로 이동하는지 확인하세요.

2 | 그림에 하이퍼링크 제거하고 설정하기

● 예제파일 : 창의_그림.pptx   ● 결과파일 : 창의_그림_완성.pptx

3번 슬라이드의 그림에 삽입된 하이퍼링크를 제거해 보세요. 8번 슬라이드의 그림을 클릭하면 'https://www.kofac.re.kr'로 연결되도록 하이퍼링크를 설정해 보세요.

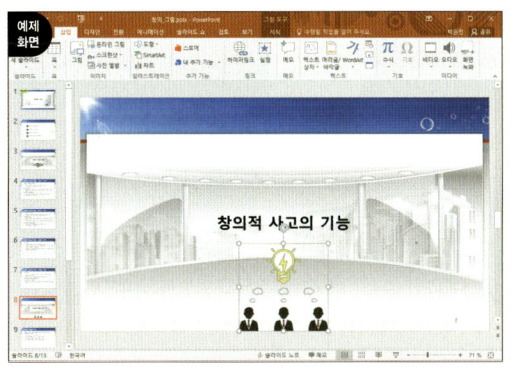

Hint ① 3번 슬라이드에서 그림을 선택하고 마우스 오른쪽 단추를 눌러 [하이퍼링크 제거]를 선택하세요.
② 8번 슬라이드에서 그림을 선택하고 [삽입] 탭-[링크] 그룹에서 [하이퍼링크]를 클릭하세요.
③ [하이퍼링크 삽입] 대화상자가 열리면 [기존 파일/웹 페이지]를 선택하고 '주소'에 연결할 URL을 입력한 후 슬라이드 쇼를 실행하여 확인하세요.

Section 04
슬라이드 쇼에 멋진 화면 전환 효과 지정하기

슬라이드와 슬라이드의 사이에 화면 전환 효과를 지정하면 좀 더 역동감 있는 프레젠테이션을 완성할 수 있어요. 파워포인트 2016에서는 발표자 도구를 비롯해서 다양한 슬라이드 쇼 기능을 활용하여 발표자가 더욱 매끄러운 슬라이드 쇼를 완성하여 진행할 수 있도록 도와줍니다. 이번 섹션에서는 다양한 화면 전환 효과를 지정해 보고 발표자의 프레젠테이션 진행을 돕는 발표자 도구 사용에 대해 배워봅니다.

> **PREVIEW**

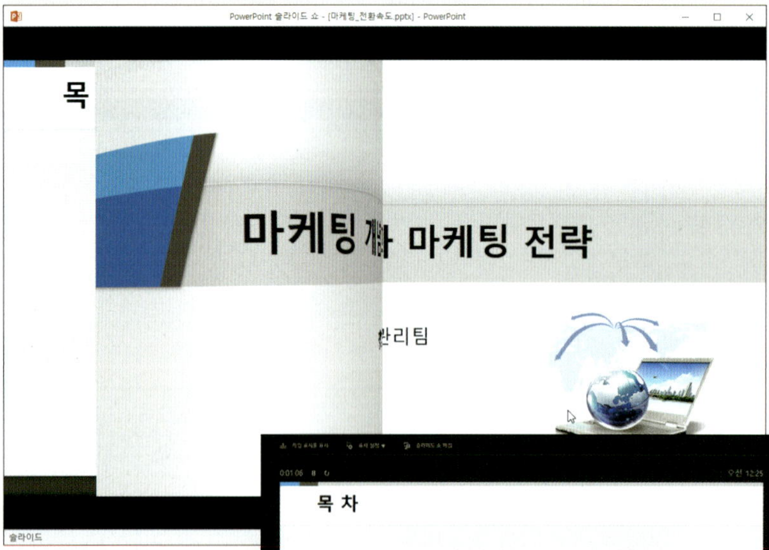

▲ 화면 전환 효과 설정하기

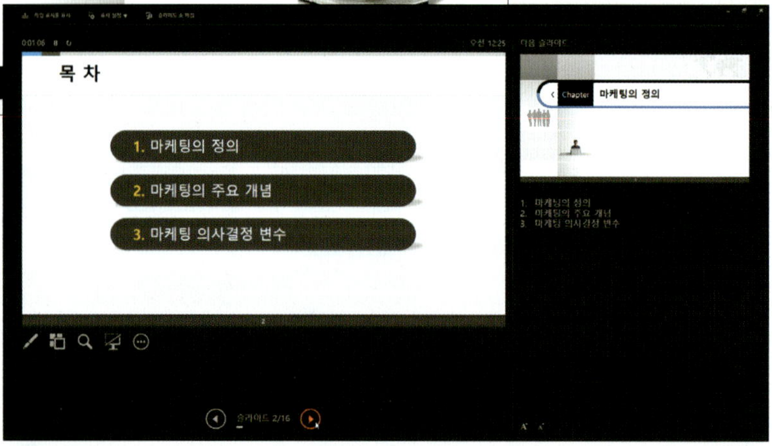

▲ 발표자 도구 보기

> **섹션별 주요 내용**
>
> 01 | '페이지 말아 넘기기' 화면 전환 효과 지정하기   02 | 모든 슬라이드의 화면 전환 속도 변경하기
> 03 | 읽기용 보기 이용해 슬라이드 쇼 다중 실행하기   04 | 슬라이드 쇼 재구성하고 쇼 설정하기
> 05 | 자동으로 실행하는 프레젠테이션 만들기   06 | 발표자 도구로 전문가처럼 프레젠테이션 발표하기

'페이지 말아 넘기기' 화면 전환 효과 지정하기

예제파일: 마케팅_전환효과.pptx **결과파일**: 마케팅_전환효과_완성.pptx

1. 1번 슬라이드를 선택하고 [전환] 탭-[슬라이드 화면 전환] 그룹에서 [자세히] 단추( )를 클릭한 후 '화려한 효과'의 [페이지 말아 넘기기]를 선택하세요.

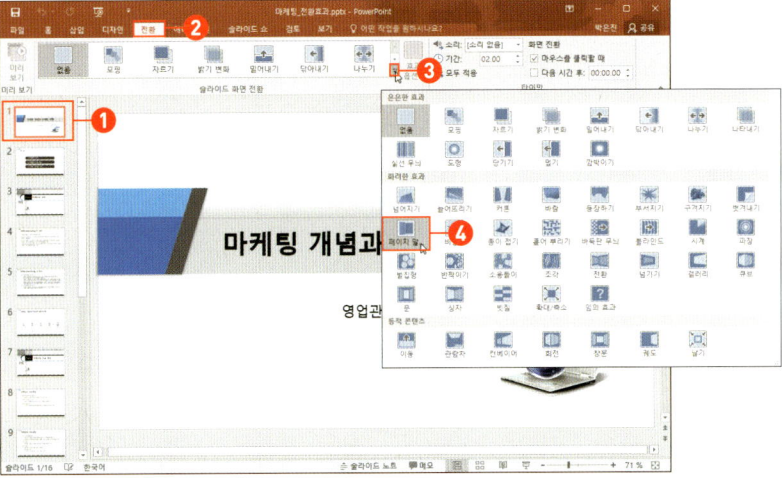

2. [전환] 탭-[슬라이드 화면 전환] 그룹에서 [효과 옵션]을 클릭하고 [이중 오른쪽]을 선택하세요.

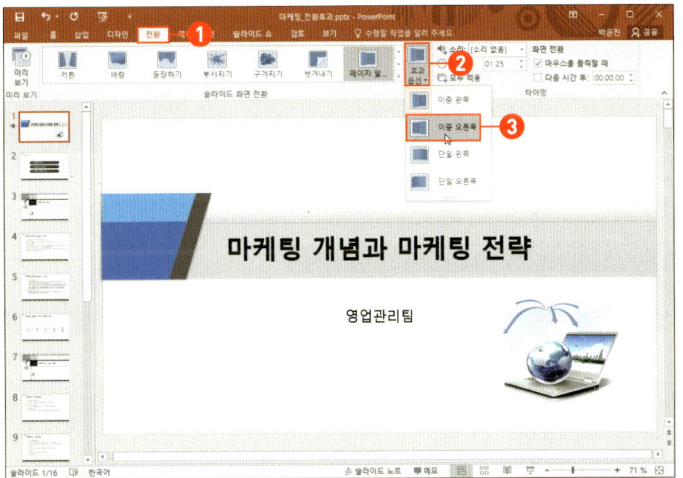

> **Tip**
> 화면 전환 효과의 종류에 따라 [효과 옵션]에서 선택할 수 있는 목록이 다르게 나타나요.

| 우선순위 | TOP 17 |
| 난이도 | 1 2 ③ 4 5 |

예제파일 : 마케팅_전환속도.pptx   결과파일 : 마케팅_전환속도_완성.pptx

실무예제 02 | 모든 슬라이드의 화면 전환 속도 변경하기

1 1번 슬라이드에서 슬라이드의 화면 전환 속도를 변경하기 위해 [전환] 탭-[타이밍] 그룹에서 '기간'에 『02.00』(초)을 입력하세요. 모든 슬라이드의 화면 전환 속도를 똑같이 적용하기 위해 [전환] 탭-[타이밍] 그룹에서 [모두 적용]을 클릭하세요.

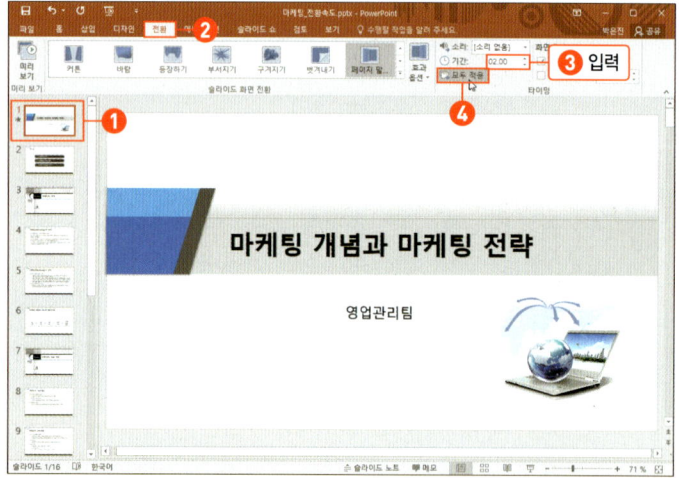

> **Tip**
> '기간'의 값이 짧아질수록 슬라이드의 전환 속도는 빨라져요. 그리고 슬라이드에 화면 전환 효과를 지정하면 화면의 왼쪽에 있는 슬라이드 축소판 그림 창에서 슬라이드 번호의 아래쪽에 ★ 모양이 나타납니다.

2 [슬라이드 쇼] 단추(🖳)나 [읽기용 보기] 단추(🖻)를 클릭하여 슬라이드 쇼를 실행한 후 화면 전환 효과를 확인해 보세요.

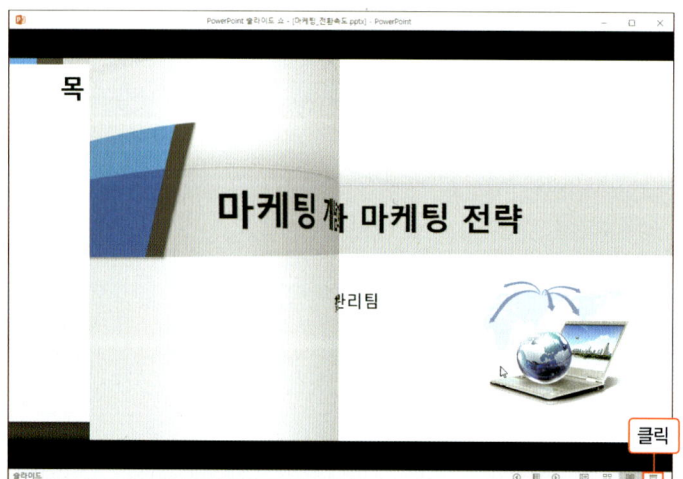

| 난이도 | 1 2 3 **4** 5 |

예제파일 : 마케팅.pptx, 향수.pptx

실무예제 03 읽기용 보기 이용해 슬라이드 쇼 다중 실행하기

1 '마케팅.pptx' 파일이 열려있는 상태에서 [파일] 탭-[열기]를 선택하고 부록 CD의 '향수.pptx' 파일을 선택하세요. 이제 총 두 개의 파일이 실행된 상태입니다. '향수.pptx' 파일의 [보기] 탭-[창] 그룹에서 [모두 정렬]을 클릭하세요.

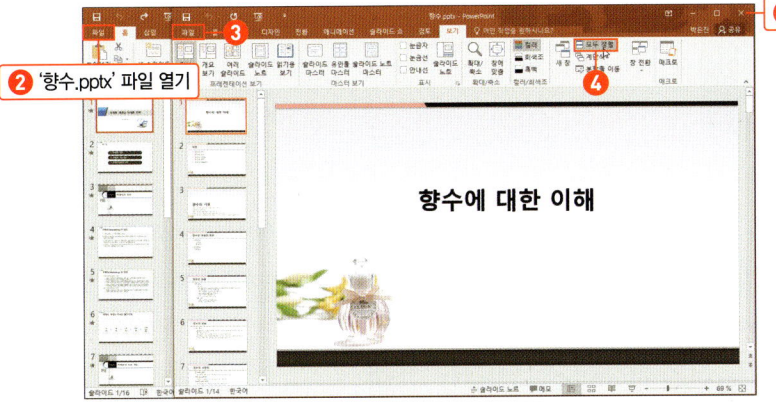

> **Tip**
> 현재 문서 보기가 '최대화' 상태이면 두 개의 파일이 위의 그림과 같이 계단식으로 보이지 않고 화면에 꽉 찬 상태로 하나의 파일만 보입니다.

2 두 개의 파일이 좌우로 배열됩니다. 이 때 마지막에 작업한 문서인 '향수.pptx'가 왼쪽에 먼저 배치되면 '향수.pptx' 파일을 선택한 상태에서 [읽기용 보기] 단추(📖)를 클릭하세요.

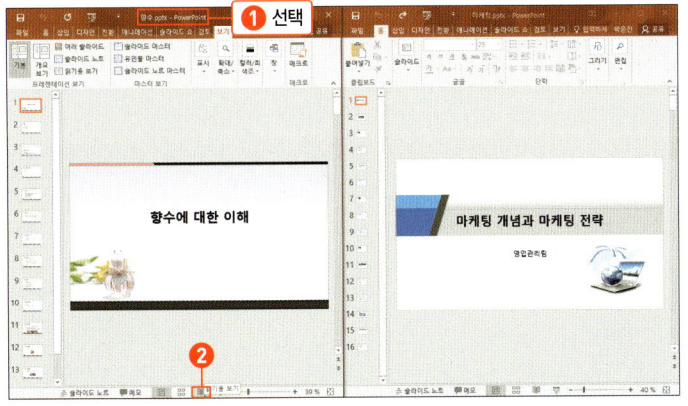

> **Tip**
> 이때 열려 있는 다른 문서가 있으면 창이 함께 배열됩니다. 작업에 필요한 두 개의 파일을 제외한 나머지 파일은 모두 닫아주세요.

3 '향수.pptx' 파일은 아래 그림의 왼쪽 창 크기만큼 보입니다. 슬라이드 쇼가 진행되면 파일에 설정된 화면 전환과 애니메이션을 확인할 수 있어요.

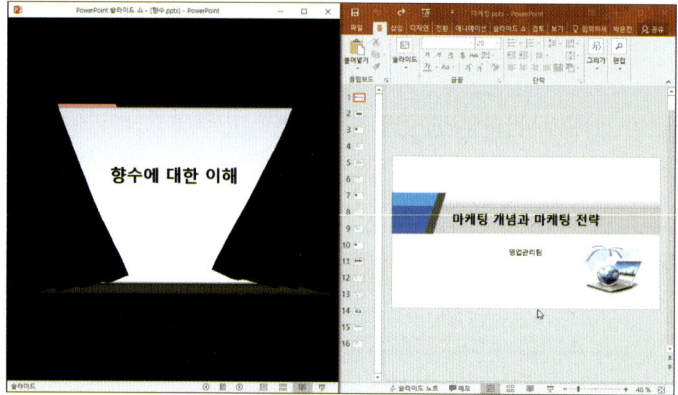

> **Tip**
> 현재 화면의 읽기용 보기를 원래 상태로 되돌리려면 Esc 를 누르거나 [기본] 단추(▭)를 클릭하세요.

4 오른쪽에 위치한 '마케팅.pptx' 파일 창에서는 일반적인 편집 작업이 가능합니다. 이처럼 읽기용 보기로 슬라이드 쇼를 실행하면 두 개 이상의 문서를 함께 열어놓고 한 문서의 슬라이드 쇼를 참고하면서 다른 문서에서 작업할 수 있습니다.

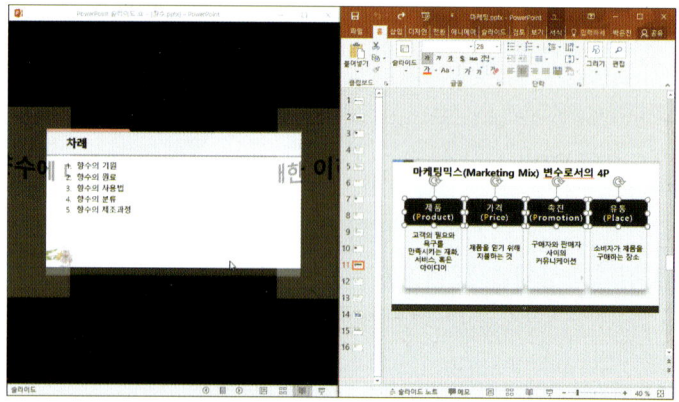

잠깐만요 '슬라이드 쇼'와 '읽기용 보기' 실행 형식 비교하기

프레젠테이션은 슬라이드 쇼와 읽기용 보기 형식으로 실행할 수 있습니다.

슬라이드 쇼	읽기용 보기
• 청중을 대상으로 프레젠테이션을 진행할 때 사용하는 보기 형식 • 슬라이드 쇼가 전체 컴퓨터 화면에 표시되므로 하나의 프레젠테이션만 슬라이드 쇼로 진행 가능	• 프레젠테이션을 검토하는 경우에 주로 사용하는 보기 형식 • 두 개 이상의 프레젠테이션을 동시에 슬라이드 쇼로 진행할 수 있어서 다른 문서의 애니메이션이나 화면 전환을 참고하여 작업할 때 편리하게 사용 가능

실무예제 04 슬라이드 쇼 재구성하고 쇼 설정하기

1 1번 슬라이드를 선택하고 [슬라이드 쇼] 탭-[슬라이드 쇼 시작] 그룹에서 [슬라이드 쇼 재구성]을 클릭한 후 [쇼 재구성]을 선택하세요. [쇼 재구성] 대화상자가 열리면 [새로 만들기]를 클릭하세요.

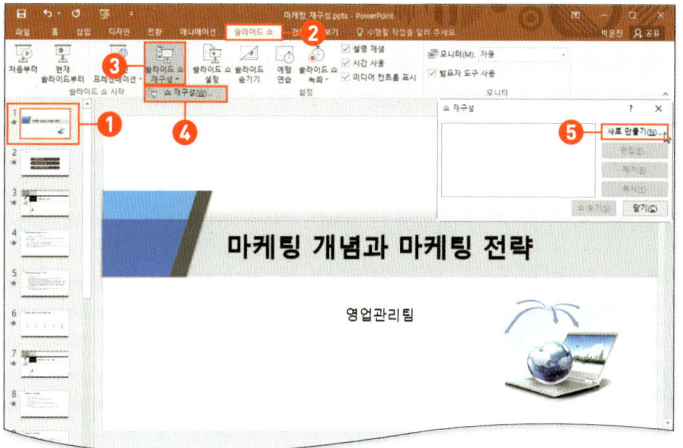

> **Tip**
> 발표 대상이나 시간 등 여러 가지 상황에 따라 발표 환경이 달라질 수 있어요. 그러므로 프레젠테이션 문서를 다양한 버전으로 재구성하면 필요에 따라 선택하여 슬라이드 쇼를 진행할 수 있어요.

2 [쇼 재구성하기] 대화상자가 열리면 '슬라이드 쇼 이름'에 『마케팅개념』을 입력하고 '프레젠테이션에 있는 슬라이드'에서 1~9번 슬라이드에 체크한 후 [추가]를 클릭하세요. '재구성한 쇼에 있는 슬라이드'에 체크한 슬라이드가 추가되면 [확인]을 클릭하세요.

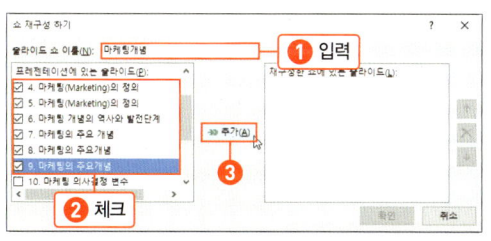 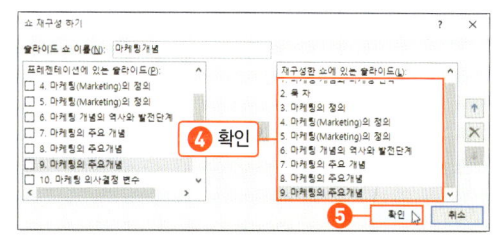

> **Tip**
> 마케팅 개념에 해당하는 부분만 슬라이드 쇼를 재구성하는 과정입니다.

3 [쇼 재구성] 대화상자로 되돌아오면 2 과정에서 입력한 슬라이드 쇼 이름을 확인하고 [닫기]를 클릭하세요.

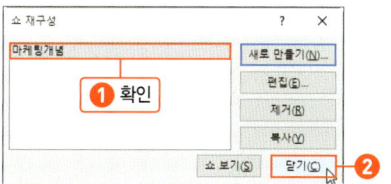

4 [슬라이드 쇼] 탭-[설정] 그룹에서 [슬라이드 쇼 설정]을 클릭하세요.

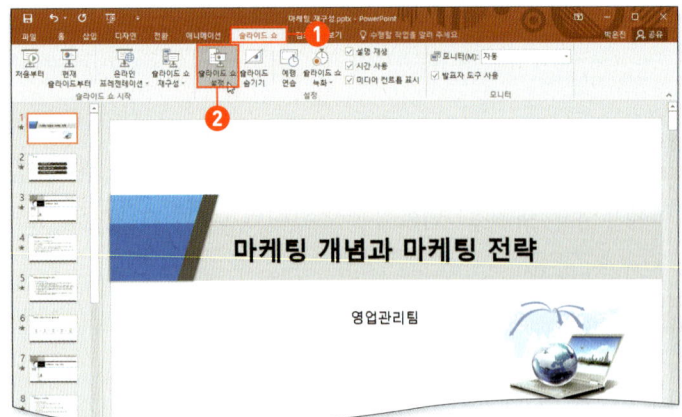

5 [쇼 설정] 대화상자가 열리면 '슬라이드 표시'의 [재구성한 쇼]를 선택하고 [마케팅개념]을 선택한 후 [확인]을 클릭하세요.

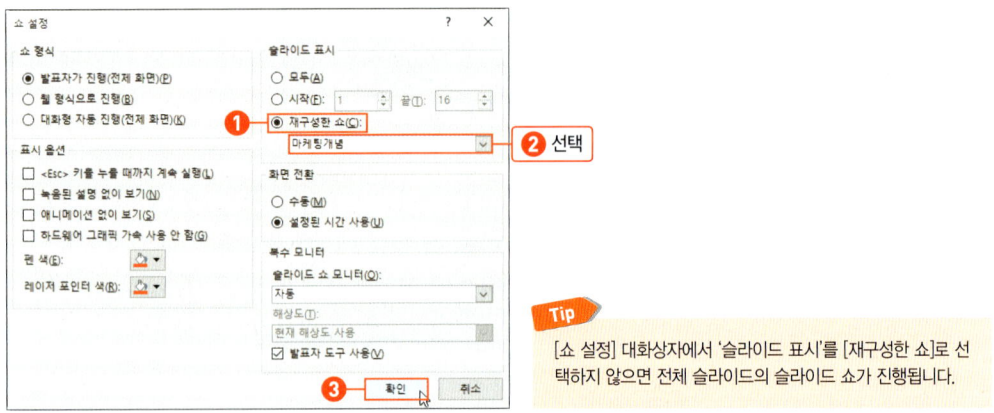

Tip
[쇼 설정] 대화상자에서 '슬라이드 표시'를 [재구성한 쇼]로 선택하지 않으면 전체 슬라이드의 슬라이드 쇼가 진행됩니다.

6 [슬라이드 쇼] 탭-[슬라이드 쇼 시작] 그룹에서 [처음부터]를 클릭하세요. 재구성한 슬라이드 쇼인 '마케팅개념'이 실행되면서 9번 슬라이드까지만 슬라이드 쇼가 진행되는지 확인해 보세요.

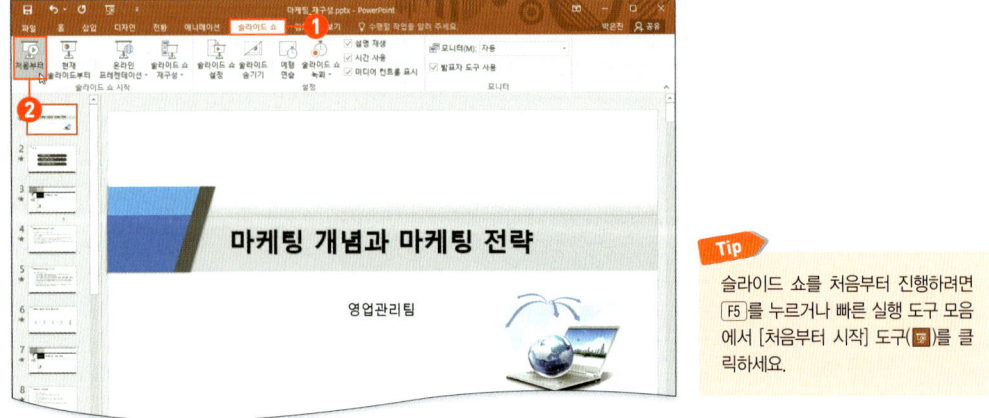

Tip
슬라이드 쇼를 처음부터 진행하려면 F5 를 누르거나 빠른 실행 도구 모음에서 [처음부터 시작] 도구( )를 클릭하세요.

난이도 1 2 3 4 **5**

예제파일 : 마케팅_자동.pptx　　결과파일 : 마케팅_자동_완성.pptx

실무예제 05 ## 자동으로 실행하는 프레젠테이션 만들기

1 1번 슬라이드를 선택하고 [**슬라이드 쇼**] 탭-[**설정**] 그룹에서 [**예행 연습**]을 클릭하여 프레젠테이션을 시작하세요.

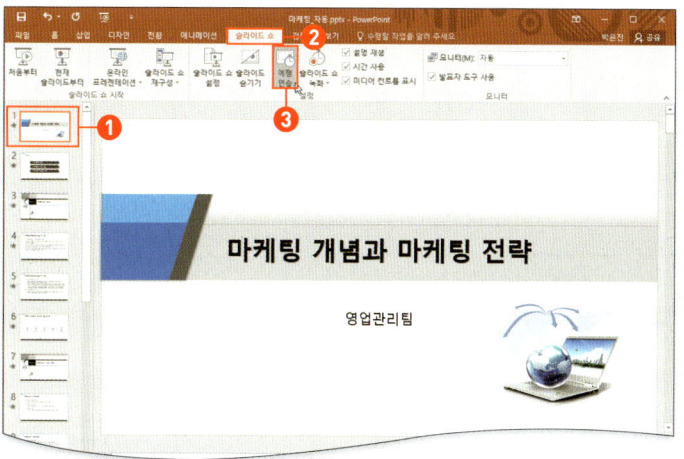

2 프레젠테이션이 진행되는 동안 화면의 왼쪽 위에 있는 슬라이드 시간 상자에 프레젠테이션 시간이 기록됩니다.

3 실제 프레젠테이션을 진행하는 것처럼 설명 시간을 고려하면서 마우스 왼쪽 단추를 눌러 마지막 슬라이드까지 이동해 보세요. 슬라이드 쇼에서 예행 연습으로 기록한 시간을 저장할 것인지를 묻는 메시지 창이 열리면 [**예**]를 클릭하세요.

4 [여러 슬라이드] 단추(🔲)를 클릭하여 여러 슬라이드 보기 화면으로 변경하면 각 슬라이드마다 오른쪽 아래에 시간이 표시됩니다. 슬라이드 쇼를 진행하던 중 마우스로 화면을 클릭하거나 각 슬라이드의 오른쪽 아래에 설정한 시간이 되면 화면이 전환됩니다.

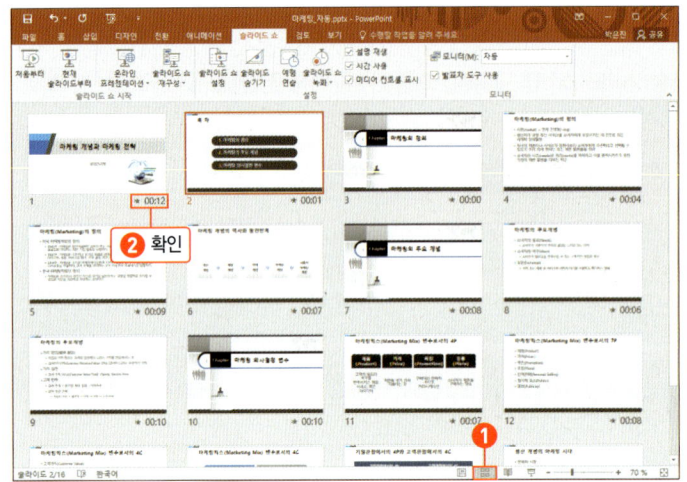

> **Tip**
> [전환] 탭-[타이밍] 그룹에서 [화면 전환]의 [다음 시간 후]에 체크되고 예행 연습에서 사용한 시간이 설정된 것을 확인할 수 있어요.

5 F5 를 눌러 슬라이드 쇼를 실행한 후 각 슬라이드가 설정한 시간만큼 자동으로 프레젠테이션으로 실행되는지 확인해 보세요.

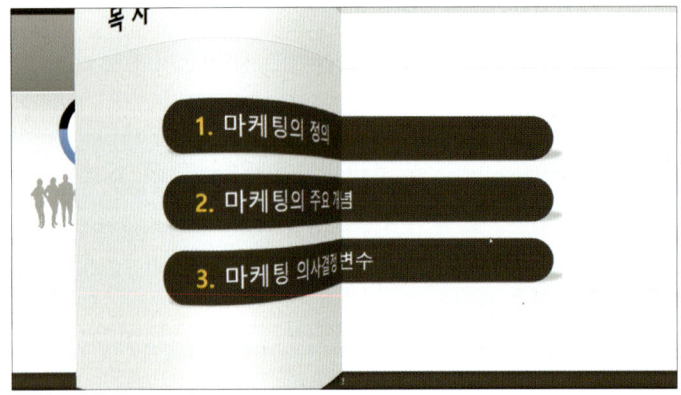

잠깐만요 슬라이드 숨기기

슬라이드 축소판 그림 창에서 마우스 오른쪽 단추를 눌러 [슬라이드 숨기기]를 선택하면 프레젠테이션을 진행하는 동안에는 슬라이드가 표시되지 않아요. 다시 한 번 마우스 오른쪽 단추를 눌러 [슬라이드 숨기기]를 선택하면 슬라이드 숨기기가 취소됩니다.

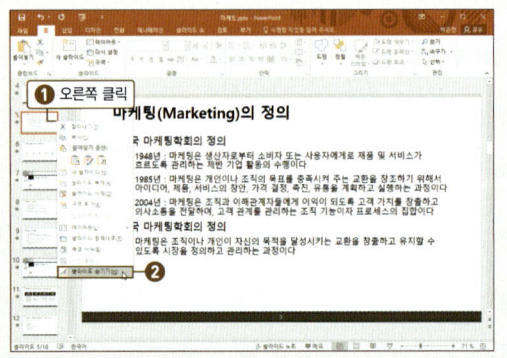

▲ 5번 슬라이드 숨기기

실무예제 06 발표자 도구로 전문가처럼 프레젠테이션 발표하기

예제파일 : 마케팅.pptx

1. 컴퓨터에 빔 프로젝트를 연결하면 복수 모니터가 자동으로 인식됩니다. 슬라이드 쇼를 진행할 때 발표자의 모니터 화면에서 발표자 도구를 보려면 [슬라이드 쇼] 탭-[모니터] 그룹에서 [발표자 도구 사용]에 체크되었는지 확인하고 '모니터'에는 슬라이드 쇼를 표시할 모니터로 [자동]을 지정하세요.

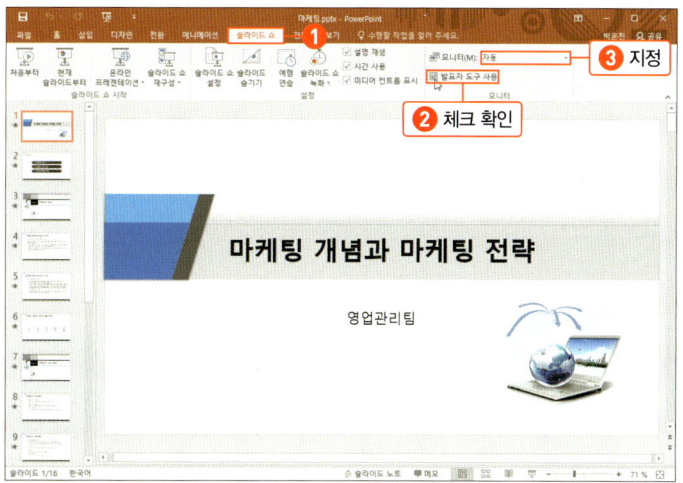

2. [슬라이드 쇼] 단추(🖵)를 클릭하거나 F5 를 눌러 슬라이드 쇼를 실행하면 청중에게는 슬라이드만 표시되지만, 발표자는 화면에 표시되는 발표자 도구를 이용해 슬라이드 노트를 볼 수 있어요. 단일 모니터에서 발표자 도구를 보려면 슬라이드 쇼에서 마우스 오른쪽 단추를 눌러 [발표자 도구 표시]를 선택하세요.

3 발표자 도구 화면의 왼쪽에는 타이머와 현재 슬라이드가, 오른쪽에는 다음 슬라이드와 함께 아래쪽에 슬라이드 노트가 표시됩니다.

잠깐만요 발표자 도구 살펴보기

발표자 도구를 사용하면 프레젠테이션을 전문가처럼 할 수 있어요. 발표자 도구의 화면 구성과 다양한 사용법을 미리 익혀보세요.

❶ 타이머 시간 표시(0:00:41), [타이머 일시 중지] 도구(▌▌), [타이머 다시 시작] 도구(↻)
❷ 현재 청중에게 보여주는 슬라이드
❸ 다음에 나올 슬라이드
❹ [펜 및 레이저 포인터 도구](✎)
❺ [모든 슬라이드 보기] 도구(▦)
❻ [슬라이드 확대] 도구(🔍)
❼ [슬라이드 쇼를 검정으로 설정/취소합니다.] 도구(■)
❽ [슬라이드 쇼 옵션 더 보기] 도구(⋯)
❾ [이전 슬라이드로 돌아갑니다.] 도구(◉), [모든 슬라이드 보기] 도구(슬라이드 2/16), [다음 슬라이드로 넘어갑니다.] 도구(◉)
❿ 현재 슬라이드의 슬라이드 노트

1 오른쪽으로 '벗겨내기' 화면 전환 효과 설정하기

◉ **예제파일** : 허브_화면전환.pptx   ◉ **결과파일** : 허브_화면전환_완성.pptx

다음과 같이 화면 전환 효과를 적용하고 5번 슬라이드를 숨겨보세요.

- 화면 전환 효과 : 벗겨내기
- 효과 옵션 : 오른쪽으로
- 기간 : 1.50
- 모든 슬라이드에 적용

Hint
① [전환] 탭-[슬라이드 화면 전환] 그룹에서 [자세히] 단추(⊡)를 클릭하고 '화려한 효과'의 [벗겨내기]를 선택한 후 '효과 옵션'에서 [오른쪽으로]를 선택하세요.
② [전환] 탭-[타이밍] 그룹에서 '기간'을 [1.50]으로 수정하고 [모두 적용]을 클릭하세요.
③ 슬라이드 축소판 그림 창에서 5번 슬라이드를 마우스 오른쪽 단추로 눌러 [슬라이드 숨기기]를 선택하세요.

2 발표자 도구로 슬라이드 쇼 진행하기

◉ **예제파일** : 허브_발표자도구.pptx

슬라이드 쇼를 실행하고 발표자 도구 화면에서 다음 작업을 실행하세요.

- 다음 슬라이드로 이동하기
- 3번 슬라이드의 슬라이드 노트 보기
- 5번 슬라이드로 곧바로 이동하기

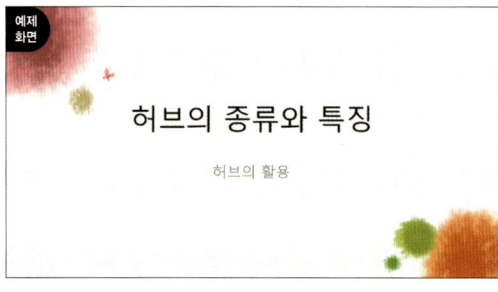
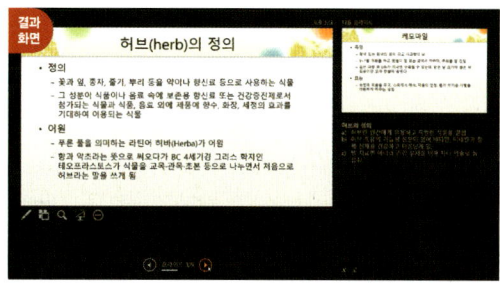

Hint
① F5 를 눌러 슬라이드 쇼를 실행한 후 마우스 오른쪽 단추를 눌러 [발표자 도구 표시]를 선택하세요.
② [다음 슬라이드로 넘어갑니다.] 도구(▶)를 클릭하여 다음 슬라이드로 이동하세요.
③ 3번 슬라이드로 이동하여 슬라이드 노트를 확인하고 『5』를 입력한 후 Enter 를 누르세요.

자동으로 실행되는 행사용 프레젠테이션 만들기

🔸 예제파일 : 여행앨범.pptx   🔸 결과파일 : 여행앨범_완성.pptx

모임이나 단체의 연말 행사 또는 결혼식, 돌잔치 등에서 수많은 사진에 화면 전환 효과를 적용하고 음악을 지정하여 동영상처럼 프레젠테이션을 진행하려면 이번에 실습하는 기능을 꼭 사용해 보세요. 이렇게 완성한 파워포인트 문서는 Esc를 누를 때까지 자동으로 재생됩니다.

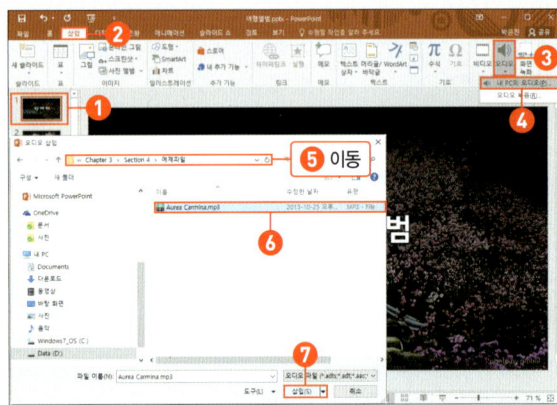

1 1번 슬라이드를 선택하고 [삽입] 탭-[미디어] 그룹에서 [오디오]를 클릭한 후 [내 PC의 오디오]를 선택하세요. [오디오 삽입] 대화상자가 열리면 배경으로 사용할 음악을 선택하고 [삽입]을 클릭하세요.

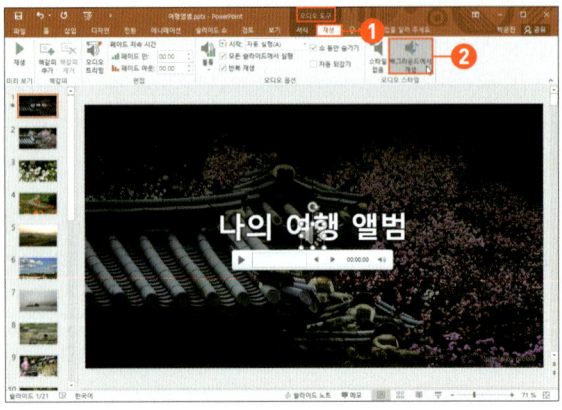

2 삽입한 오디오를 모든 슬라이드에서 실행되는 배경 음악으로 설정하기 위해 [오디오 도구]의 [재생] 탭-[오디오 스타일] 그룹에서 [백그라운드에서 재생]을 클릭하세요.

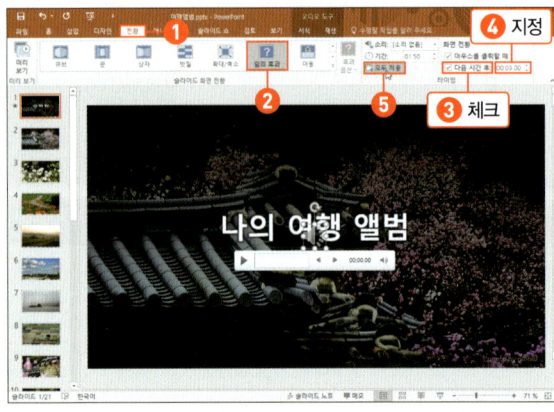

3 각 슬라이드가 3초 후에 자동으로 서로 다른 화면으로 전환되도록 [전환] 탭-[슬라이드 화면 전환] 그룹에서 '화려한 효과'의 [임의 효과]를 선택하세요. [전환] 탭-[타이밍] 그룹에서 [다음 시간 후]에 체크하고 '다음 시간'에 [00:03]을 지정한 후 [모두 적용]을 클릭하세요.

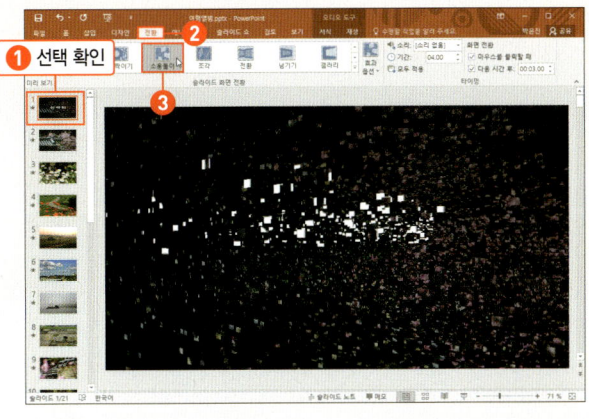

4 1번 슬라이드만 선택한 상태에서 [전환] 탭-[슬라이드 화면 전환] 그룹의 [소용돌이]를 선택하여 표지 슬라이드의 화면 전환 효과를 변경하세요.

5 [슬라이드 쇼] 탭-[설정] 그룹에서 [슬라이드 쇼 설정]을 클릭하세요. [쇼 설정] 대화상자가 열리면 '쇼 형식'의 [대화형 자동 진행(전체 화면)]을 선택하고 [확인]을 클릭하세요.

6 F5 를 눌러 슬라이드 쇼를 진행하면 Esc 를 누를 때까지 프레젠테이션이 반복되어 실행됩니다.

CHAPTER 4 프레젠테이션의 문서 관리 기술 익히기

파워포인트에서 제공하는 테마와 슬라이드 마스터를 활용하면 프레젠테이션 문서를 전문가 수준으로 세련되게 디자인할 수 있어요. 또한 수정 및 편집이나 문서 관리도 편리해서 업무의 효율성을 더욱 높일 수도 있죠. 파워포인트는 사용 목적 및 용도가 점차 다양해지면서 파일의 저장 형식과 인쇄 모양도 좀 더 다양하게 제공되고 있어요. 이번 챕터에서는 파워포인트의 기본인 슬라이드 마스터의 활용법과 다양한 인쇄 및 저장 기능에 대해 알아보겠습니다. 이번 챕터가 어렵게 느껴질 수도 있지만, 제대로 알면 문서를 디자인하고 관리하는 능력을 한층 업그레이드할 수 있으므로 잘 익혀보세요.

Excel & PowerPoint 2016

SECTION 01	테마와 마스터로 프레젠테이션 디자인 관리하기
SECTION 02	다양한 형식으로 프레젠테이션 저장하기
SECTION 03	프레젠테이션의 인쇄 환경 설정하기

Section 01 테마와 마스터로 프레젠테이션 디자인 관리하기

슬라이드 마스터는 배경과 색, 글꼴, 효과, 개체 틀의 크기와 위치뿐만 아니라 프레젠테이션의 테마 및 슬라이드 레이아웃 정보를 저장하는 슬라이드 계층 구조의 최상위 슬라이드입니다. 이것은 초보자에게 어려울 수 있지만, 제대로 사용할 줄 알면 여러 개의 슬라이드에 공통적으로 적용되는 요소를 통일하여 업무의 효율성이 크게 높일 수 있습니다. 이번 섹션에서는 슬라이드 마스터의 개념에 대해 이해하면서 슬라이드 마스터를 익숙하게 사용할 수 있는 필수 예제를 실습해 봅니다.

PREVIEW

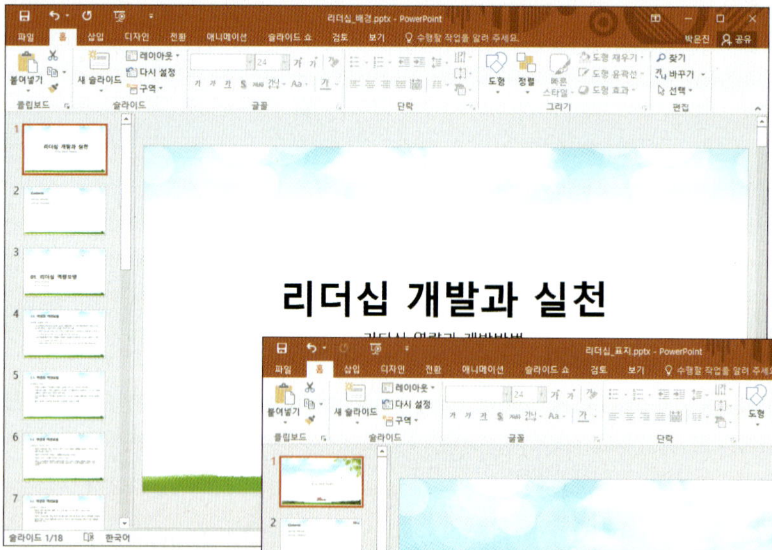

▲ 모든 슬라이드에 배경 디자인하기

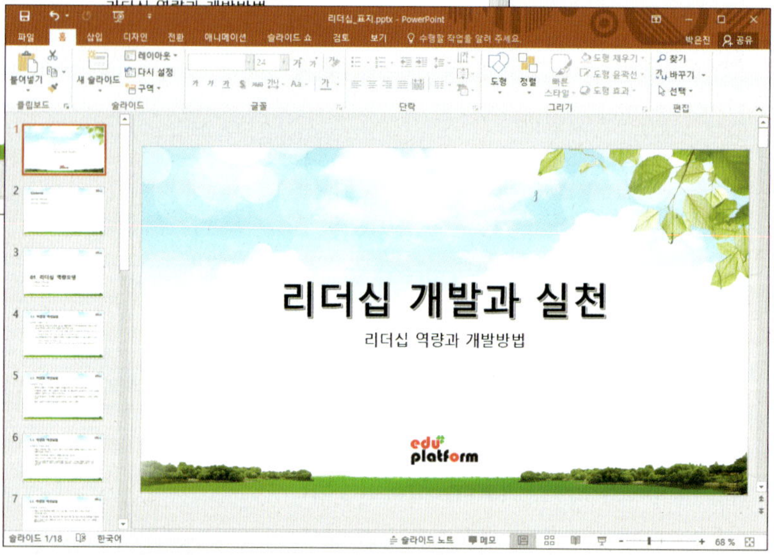

▲ 표지 슬라이드 디자인하기

섹션별 주요 내용

01 | 테마와 마스터 이해하기 02 | 슬라이드 마스터 디자인하기 03 | 모든 슬라이드에 같은 배경 그림 지정하기
04 | 모든 슬라이드에 로고 삽입하기 05 | 표지 슬라이드만 디자인하기
06 | 모든 슬라이드에 슬라이드 번호 삽입하기 07 | 레이아웃 추가하고 삭제하기
08 | 다중 마스터 활용해 레이아웃 지정하기 09 | 프레젠테이션의 기본 글꼴 변경하기

실무예제 01 | 테마와 마스터 이해하기

1 | 슬라이드 마스터와 슬라이드 레이아웃 이해하기

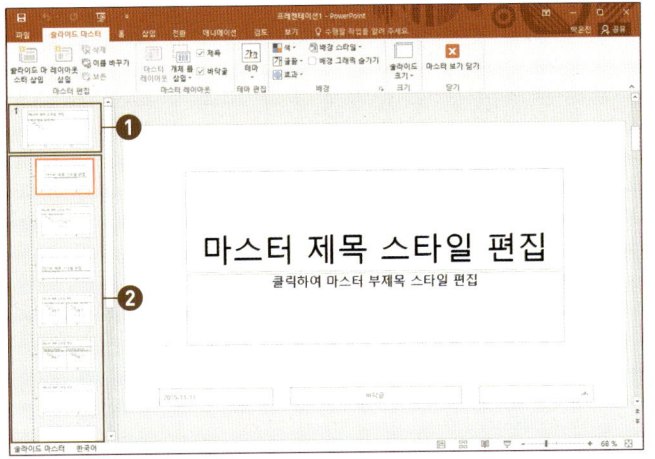

❶ **슬라이드 마스터** : 슬라이드 마스터는 단 몇 번의 마우스 클릭만으로 빠른 시간 안에 전문가 수준의 디자인을 만들 수 있도록 도와줍니다. 예를 들어 모든 슬라이드에 같은 글꼴이나 이미지(로고)를 삽입하려면 슬라이드 마스터를 사용하세요. 이렇게 삽입한 내용을 슬라이드 마스터에서 변경하면 나머지 슬라이드에도 똑같이 적용되어 매우 쉽게 수정 및 편집할 수 있어요.

❷ **슬라이드 레이아웃** : 각 슬라이드의 레이아웃은 레이아웃마다 다르게 설정되어 있어서 서로 다른 위치에 다른 유형의 개체 틀이 삽입되어 있죠. 파워포인트에서 제공하는 기본 레이아웃이 마음에 들지 않으면 사용자가 직접 레이아웃을 만들어서 등록할 수 있어요.

2 | 테마 이해하기

테마(thema)는 색, 글꼴, 그래픽 등 서식을 꾸밀 수 있는 모든 디자인 요소를 제공해요. 따라서 디자인 감각이 없어도 테마를 사용하면 전문 디자이너처럼 감각적인 프레젠테이션을 아주 쉽게 만들 수 있어요. 또한 테마는 파워포인트뿐만 아니라 엑셀, 워드, 아웃룩에서도 공통적으로 제공되는 기능으로, 파워포인트에서 적용한 테마를 오피스의 모든 프로그램에서 일관성 있는 형태로 유지할 수 있답니다. 파워포인트에 설정된 기본 테마는 'Office 테마'로, 슬라이드 마스터나 [디자인] 탭에서 원하는 테마로 바꿀 수 있어요.

▲ 슬라이드 마스터에서 테마 변경하기

▲ [디자인] 탭에서 테마 변경하기

02 슬라이드 마스터 디자인하기

> 예제파일: 리더십_마스터.pptx 결과파일: 리더십_마스터_완성.pptx

1 Shift를 누른 상태에서 화면의 아래쪽에 있는 [기본] 단추(▭)를 클릭하세요.

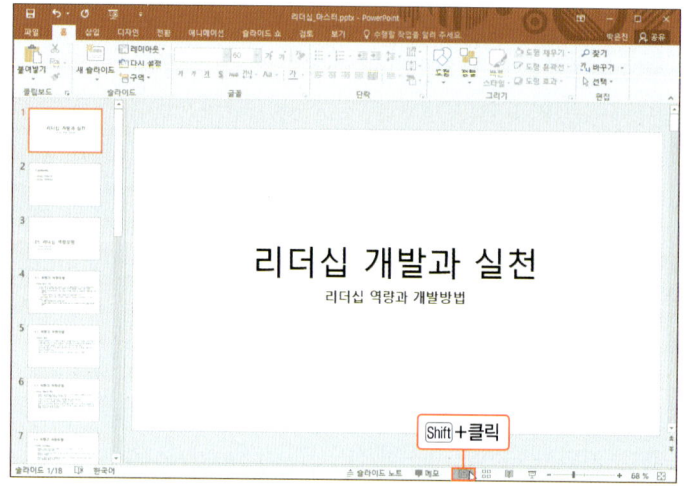

Tip
[보기] 탭-[마스터] 그룹에서 [슬라이드 마스터]를 클릭해도 됩니다.

2 슬라이드 마스터 보기로 이동하면 맨 위쪽에 있는 '슬라이드 마스터'의 제목 개체 틀을 선택하세요. [홈] 탭-[글꼴] 그룹에서 [글꼴 크기 작게]를 두 번 클릭하여 '글꼴 크기'를 [36]으로 지정하고 [굵게]를 클릭하세요. 제목 개체 틀의 크기 조정 핸들(○)을 위쪽으로 드래그하여 제목 영역의 크기를 작게 조절해 보세요.

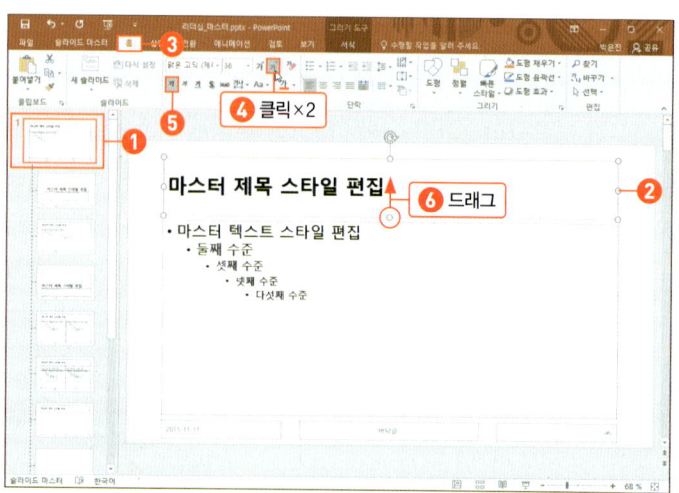

Tip
개별 슬라이드를 작성하기 전에 슬라이드 마스터를 먼저 디자인하는 것이 좋아요. 그리고 제목 영역을 줄이면 본문 공간이 넓어집니다.

3 이번에는 내용 개체 틀을 선택하고 [홈] 탭-[글꼴] 그룹에서 [글꼴 크기 작게]를 한 번 클릭하여 '글꼴 크기'를 [16+]로 지정하세요. 내용 개체 틀의 크기 조정 핸들(○)을 위쪽으로 드래그하여 크기를 크게 조정하면서 약간 위쪽으로 이동하세요.

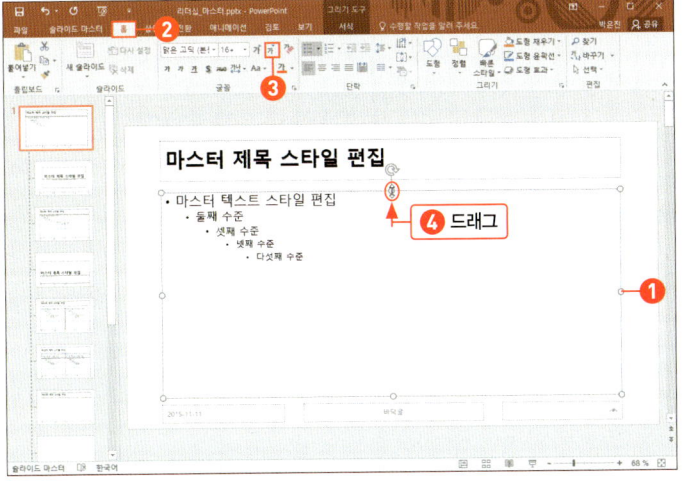

Tip
본문은 각 수준마다 글꼴 크기가 다르므로 직접 크기 값을 입력하지 않고 [글꼴 크기 작게]나 [글꼴 크기 크게]를 클릭하여 현재 지정된 값보다 작게 또는 크게 변경하세요.

4 46쪽의 '05. 글머리 기호의 모양과 색상 변경하기'를 참고하여 내용 개체 틀에 다음과 같이 글머리 기호의 모양과 색을 적용해 보세요. 내용 개체 틀을 선택하고 [홈] 탭-[단락] 그룹에서 [단락] 대화 상자 표시 아이콘()을 클릭하세요.

- 첫째 수준 : 도형 기호(◆), 색 : 테마 색 - 파랑, 강조 1
- 둘째 수준 : 속이 찬 정사각형 글머리 기호(■), 색 : 테마 색 - 주황, 강조 2
- 셋째 수준 : 속이 찬 둥근 글머리 기호(●), 색 : 테마 색 - 녹색, 강조 6

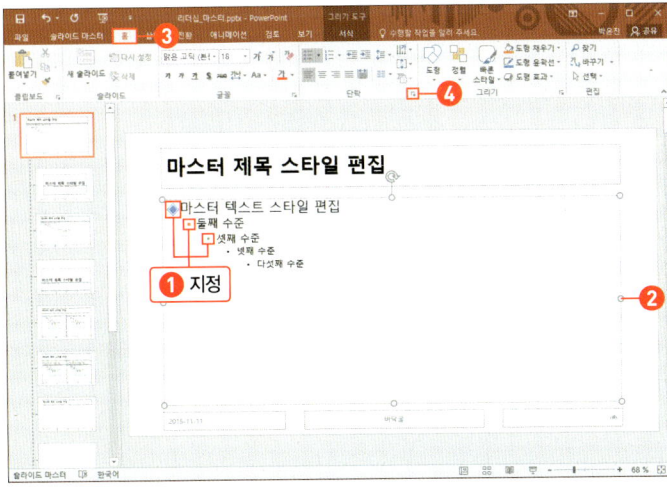

5 [단락] 대화상자가 열리면 [들여쓰기 및 간격] 탭의 '간격'에서 '단락 앞'은 [0pt], '단락 뒤'는 [12pt], '줄 간격'은 [1줄]로 지정하세요. [한글 입력 체계] 탭을 선택하고 [한글 단어 잘림 허용]의 체크를 해제한 후 [확인]을 클릭하세요.

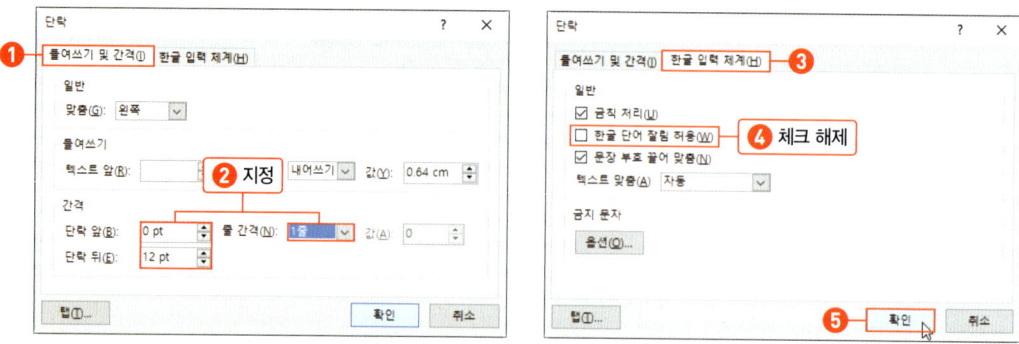

> **Tip**
> 슬라이드 마스터에서 글머리 기호, 줄 간격, 한글 단어 잘림 방지 등을 변경하면 모든 슬라이드에 자동으로 적용되어 슬라이드를 만들 때마다 다시 지정할 필요가 없어서 편리해요.

6 슬라이드 마스터에 입력한 내용에 서식이 잘 적용되었는지 확인하기 위해 [기본] 단추(▣)를 클릭하세요. 기본 보기 화면이 열리면 4번 슬라이드를 선택하여 제목과 글머리 기호를 확인해 보세요.

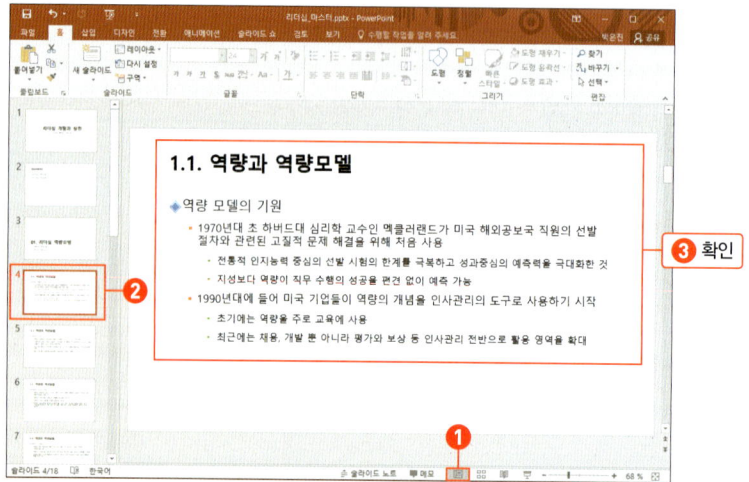

> **Tip**
> 슬라이드 마스터 보기에서 기본 보기 화면으로 전환할 때 [슬라이드 마스터] 탭-[닫기] 그룹에서 [마스터 보기 닫기]를 클릭해도 됩니다.

실무예제 03 | 모든 슬라이드에 같은 배경 그림 지정하기

난이도 1 2 3 **4** 5

예제파일 : 리더십_배경.pptx 결과파일 : 리더십_배경_완성.pptx

1 Shift를 누른 상태에서 [기본] 단추(□)를 클릭하여 슬라이드 마스터 보기로 이동하세요. '슬라이드 마스터'를 선택하고 [슬라이드 마스터] 탭-[배경] 그룹에서 [배경 스타일]을 클릭한 후 [배경 서식]을 선택하세요.

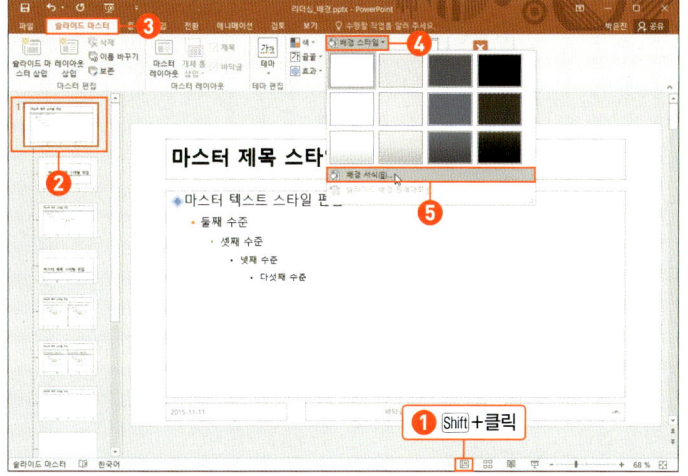

> **Tip**
> 슬라이드의 빈 공간에서 마우스 오른쪽 단추를 눌러 [배경 서식]을 선택해도 됩니다.

2 화면의 오른쪽에 [배경 서식] 창이 열리면 [채우기] 단추(◇)가 선택된 상태에서 '채우기'의 [그림 또는 질감 채우기]를 선택하고 [파일]을 클릭하세요.

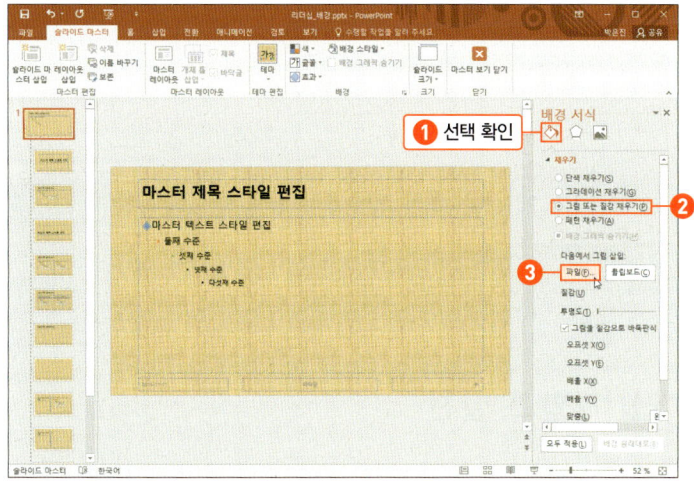

177

3 [그림 삽입] 대화상자가 열리면 부록 CD의 '배경1.png' 파일을 선택하고 [삽입]을 클릭하세요.

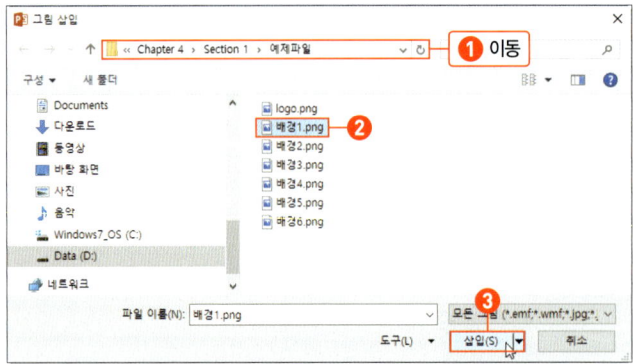

4 모든 슬라이드에 '슬라이드 마스터'와 같은 배경 그림이 삽입되면 [기본] 단추(□)를 클릭하세요.

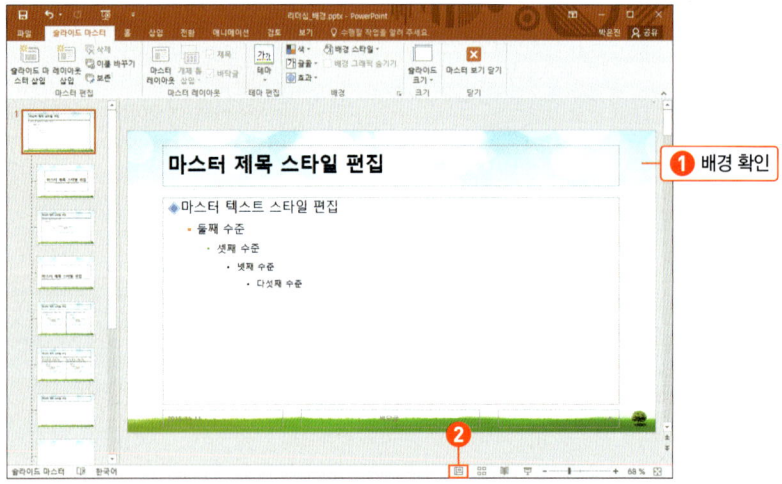

5 기본 보기 화면이 열리면 모든 슬라이드에 같은 배경 그림이 적용된 것을 확인할 수 있어요.

실무예제 04 | 모든 슬라이드에 로고 삽입하기

1 Shift를 누른 상태에서 [기본] 단추(□)를 클릭하여 슬라이드 마스터 보기로 이동하고 '슬라이드 마스터'를 선택한 후 **[삽입] 탭-[이미지] 그룹**에서 **[그림]**을 클릭하세요. [그림 삽입] 대화상자가 열리면 부록 CD의 'logo.png' 파일을 선택하고 [삽입]을 클릭하세요.

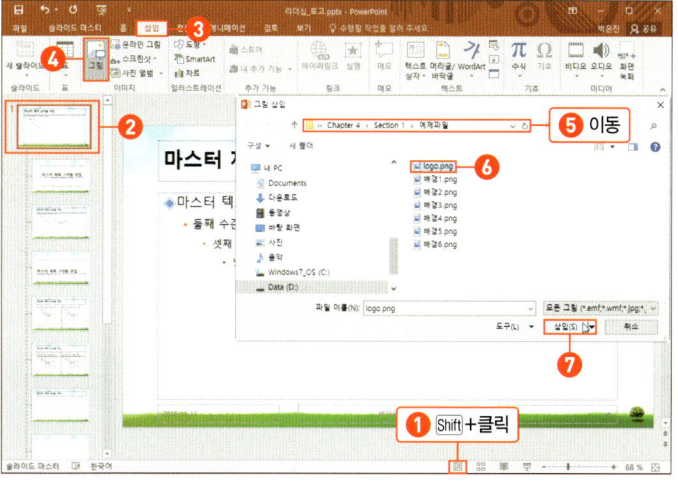

2 삽입한 로고의 크기를 조금 줄이고 화면의 오른쪽 위로 드래그하여 위치를 이동하세요. 나머지 레이아웃들을 차례대로 선택하면서 로고가 똑같은 위치에 제대로 적용되었는지 마스터 보기에서 확인해 보세요.

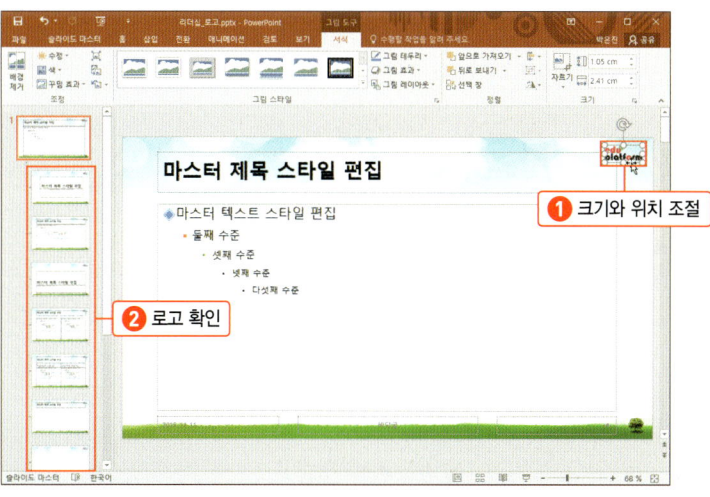

표지 슬라이드 디자인하기

1 Shift를 누른 상태에서 [기본] 단추(□)를 클릭하여 슬라이드 마스터 보기로 이동하세요. '제목 슬라이드 레이아웃'을 선택하고 [슬라이드 마스터] 탭-[배경] 그룹에서 [배경 스타일]을 클릭한 후 [배경 서식]을 선택하세요.

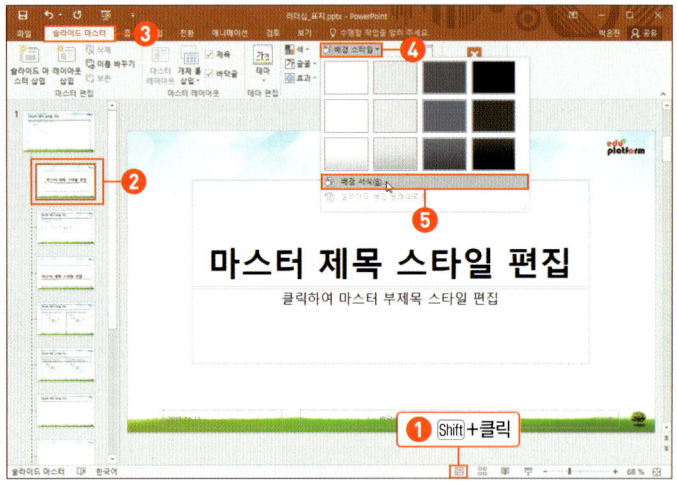

2 화면의 오른쪽에 [배경 서식] 창이 열리면 [채우기] 단추(♦)가 선택된 상태에서 '채우기'의 [그림 또는 질감 채우기]를 선택하고 [파일]을 클릭하세요. [그림 삽입] 대화상자가 열리면 부록 CD의 '배경2.png' 파일을 선택하고 [삽입]을 클릭하세요.

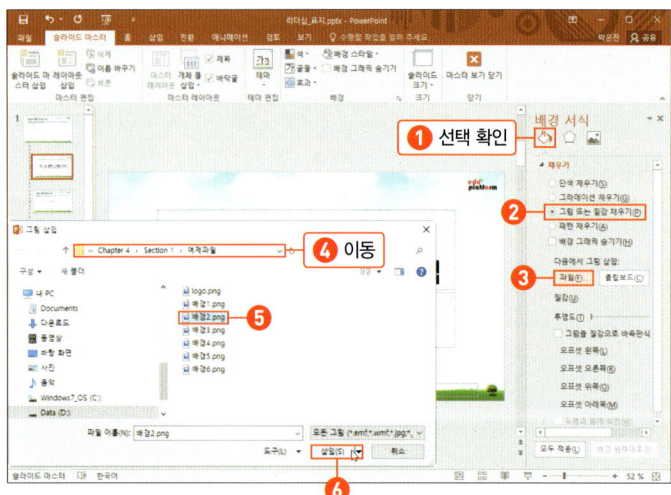

3 나머지 슬라이드는 디자인이 바뀌지 않고 '제목 슬라이드 레이아웃'의 배경 그림만 바뀐 것을 확인할 수 있어요.

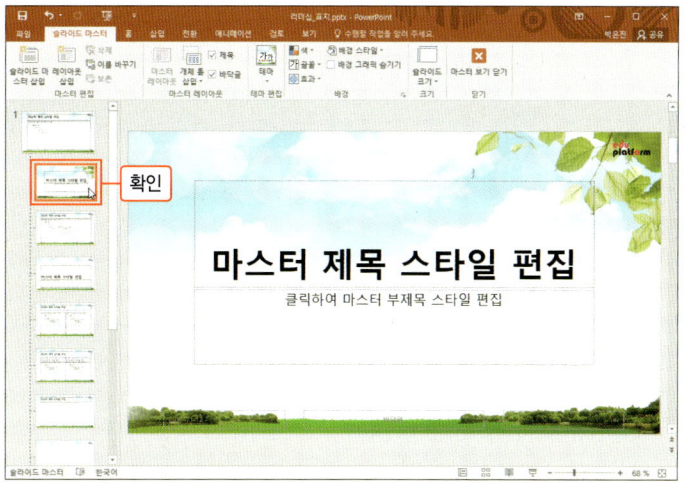

4 '제목 슬라이드 레이아웃'의 제목 개체 틀을 선택하세요. [그리기 도구]의 [서식] 탭-[WordArt 스타일] 그룹에서 [자세히] 단추(▽)를 클릭하고 [채우기 – 검정, 텍스트 1, 윤곽선 – 배경 1, 진한 그림자 – 배경 1]을 선택하세요.

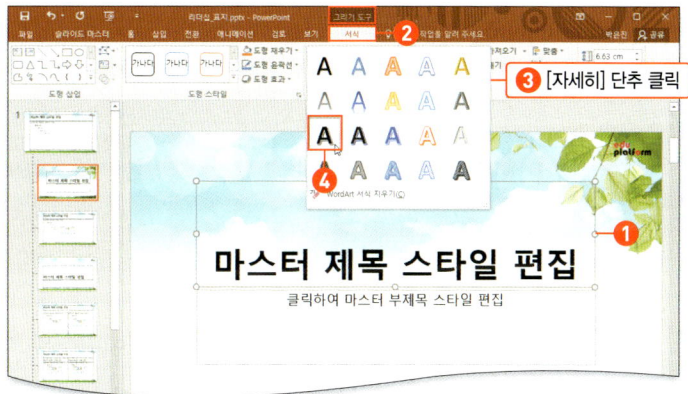

5 [슬라이드 마스터] 탭-[배경] 그룹에서 [배경 그래픽 숨기기]에 체크하세요.

Tip
[배경 그래픽 숨기기]에 체크하면 '슬라이드 마스터'에서 삽입했던 도형이나 그림과 같은 개체를 숨길 수 있어요.

6 [삽입] 탭-[이미지] 그룹에서 [그림]을 클릭하세요. [그림 삽입] 대화상자가 열리면 부록 CD의 'logo.png' 파일을 선택하고 [삽입]을 클릭하세요.

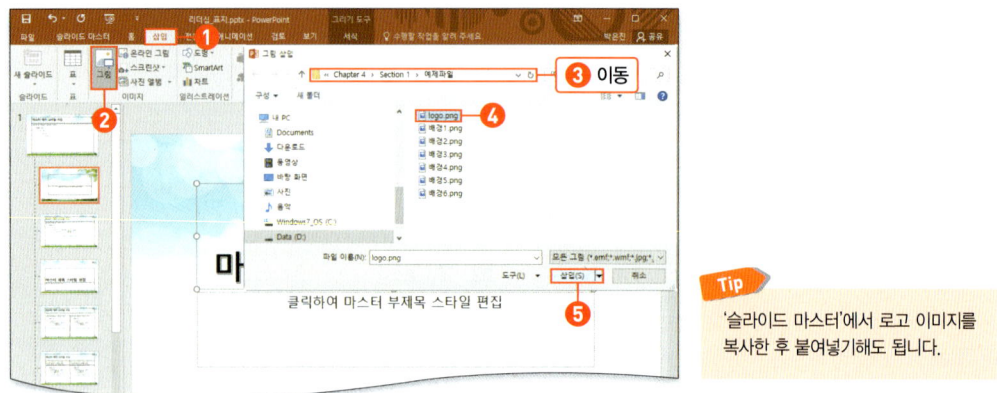

Tip
'슬라이드 마스터'에서 로고 이미지를 복사한 후 붙여넣기해도 됩니다.

7 삽입한 로고 이미지를 화면의 아래쪽으로 드래그하여 위치를 이동하고 [기본] 단추(□)를 클릭하세요.

Tip
로고 이미지를 선택하고 ↓를 눌러 이동하거나 Shift를 누른 상태로 아래쪽으로 드래그하면 이미지의 중심을 유지하면서 쉽게 위치를 움직일 수 있어요.

8 기본 보기 화면이 열리면 첫 번째 슬라이드의 배경과 로고가 다른 슬라이드 레이아웃과 다르게 설정되었는지 확인해 보세요.

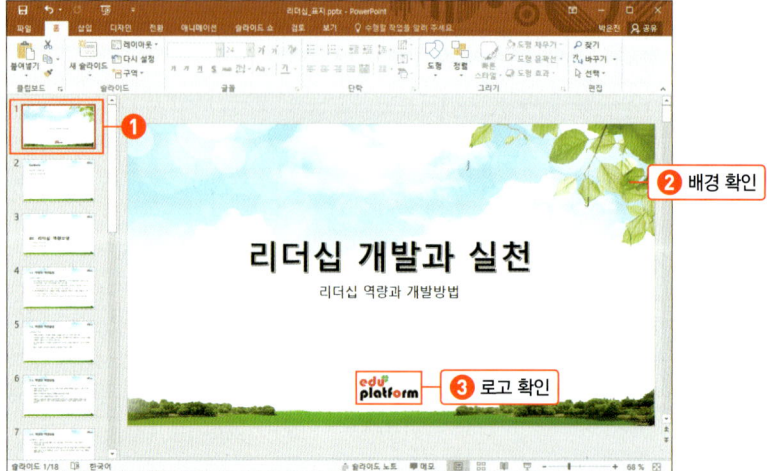

실무예제 06 | 모든 슬라이드에 슬라이드 번호 삽입하기

> 예제파일 : 리더십_바닥글.pptx 결과파일 : 리더십_바닥글_완성.pptx

1 [삽입] 탭-[텍스트] 그룹에서 [머리글/바닥글]을 클릭하세요. [머리글/바닥글] 대화상자가 열리면 [슬라이드] 탭에서 [슬라이드 번호]와 [제목 슬라이드에는 표시 안 함]에 체크하고 [모두 적용]을 클릭하세요.

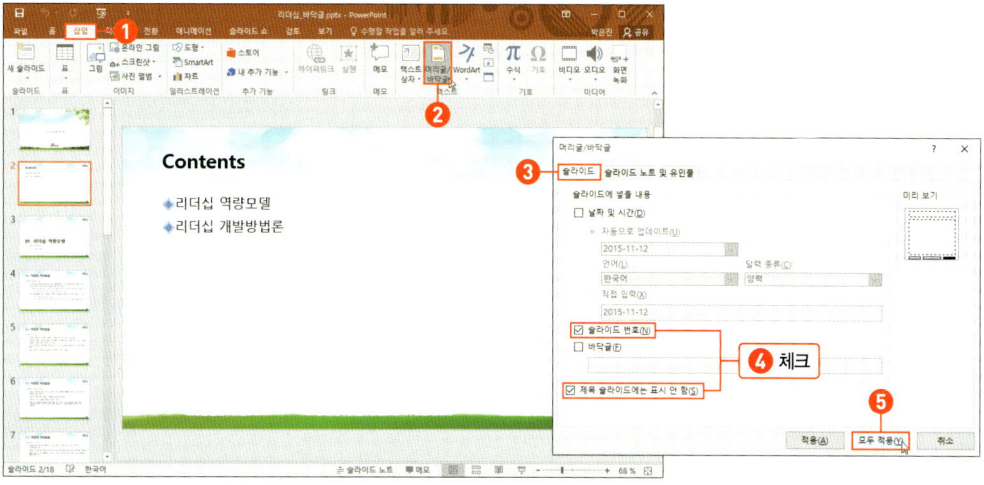

> **Tip**
> 바닥글을 삽입하려면 [바닥글]에 체크하고 바닥글 내용을 입력하세요.

2 모든 슬라이드에 슬라이드 번호가 적용되었는지 확인해 보세요. '제목 슬라이드 레이아웃'을 제외한 두 번째 슬라이드부터 슬라이드 번호가 나타납니다.

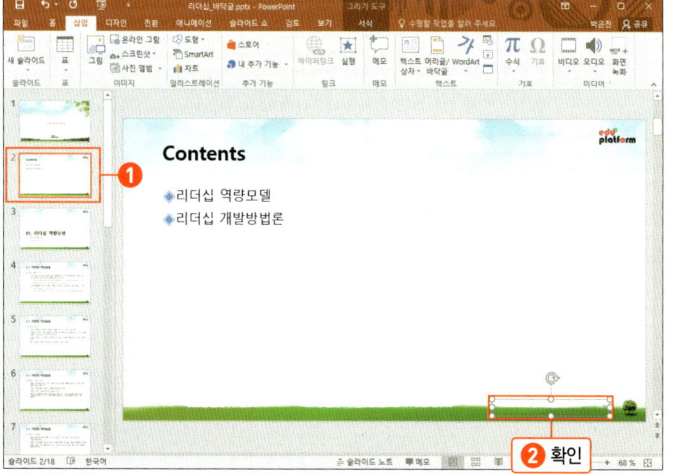

> **Tip**
> 슬라이드 번호는 기본 보기 화면에서도 설정할 수 있어요.

3 슬라이드 번호의 위치와 서식을 변경하려면 슬라이드 마스터 보기에서 작업해야 해요. Shift를 누른 상태에서 [기본] 단추(□)를 클릭하여 슬라이드 마스터 보기로 이동하세요. '슬라이드 마스터'를 선택하고 슬라이드 번호 텍스트 상자를 선택한 후 약간 아래쪽으로 드래그하여 위치를 옮겨주세요.

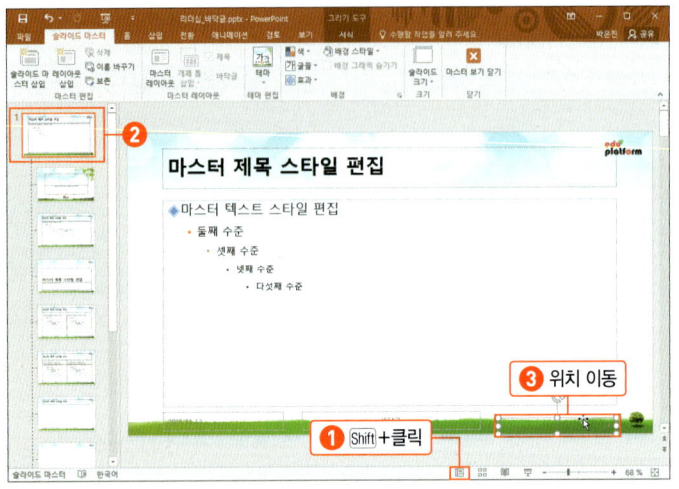

Tip
각각의 슬라이드에서 수정하면 슬라이드마다 번호의 위치와 서식이 달라지므로 슬라이드 마스터에서 작업해야 해요.

4 슬라이드 번호 텍스트 상자를 선택한 상태에서 [홈] 탭-[글꼴] 그룹의 [글꼴 크기]를 [14pt]로 지정하세요. [글꼴 색]을 '테마 색'의 [흰색, 배경 1]로 선택하고 [기본] 단추(□)를 클릭하세요.

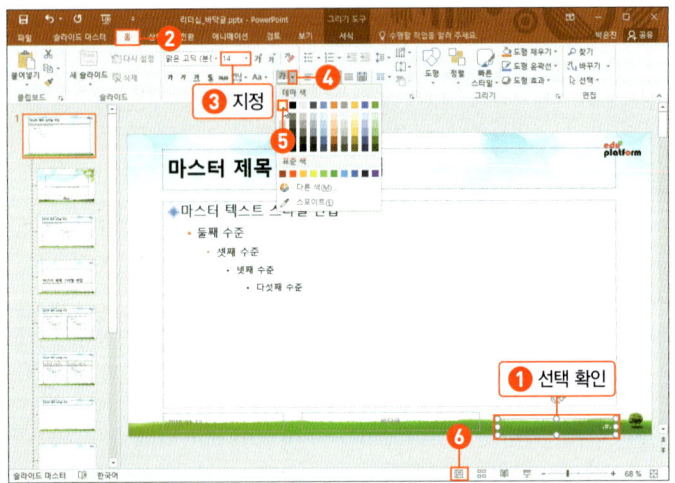

Tip
슬라이드 마스터에서 슬라이드 번호 서식을 변경하면 다른 슬라이드에도 똑같이 변경됩니다. 슬라이드 번호의 〈#〉 값은 시스템에서 표현하는 값이므로 지우면 안 됩니다.

5 기본 보기 화면이 열리면 나머지 슬라이드에도 슬라이드 번호의 위치와 서식이 제대로 변경 되었는지 확인해 보세요.

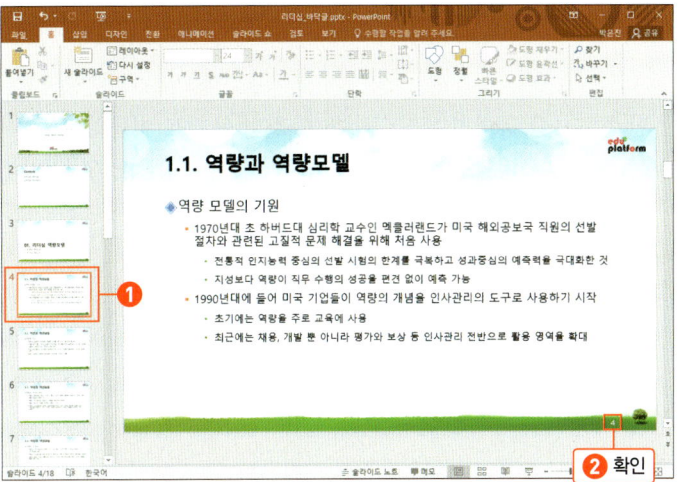

잠깐만요 | 두 번째 슬라이드의 페이지 번호를 1로 표시하기

[디자인] 탭-[사용자 지정] 그룹에서 [슬라이드 크기]를 클릭하고 [사용자 지정 슬라이드 크기]를 선택하세요. [슬라이드 크기] 대화상자가 열리면 '슬라이드 시작 번호'에 『0』을 입력하고 [확인]을 클릭하세요.

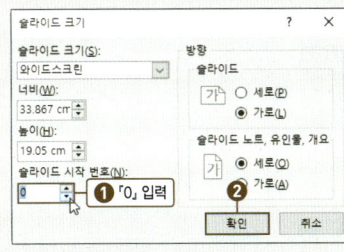

첫 번째 슬라이드는 '제목 슬라이드 레이아웃'이므로 설정에 따라 슬라이드 번호가 표시되지 않고 두 번째 슬라이드부터 1번으로 표시됩니다.

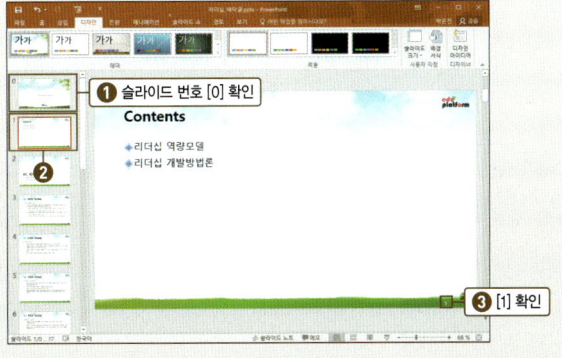

07 레이아웃 추가하고 삭제하기

예제파일 : 리더십_레이아웃.pptx **결과파일** : 리더십_레이아웃_완성.pptx

1 Shift 를 누른 상태에서 [기본] 단추(圖)를 클릭하여 슬라이드 마스터 보기로 이동하세요. '제목 및 내용 레이아웃'을 선택하고 [슬라이드 마스터] 탭-[마스터 편집] 그룹에서 [레이아웃 삽입]을 클릭하세요.

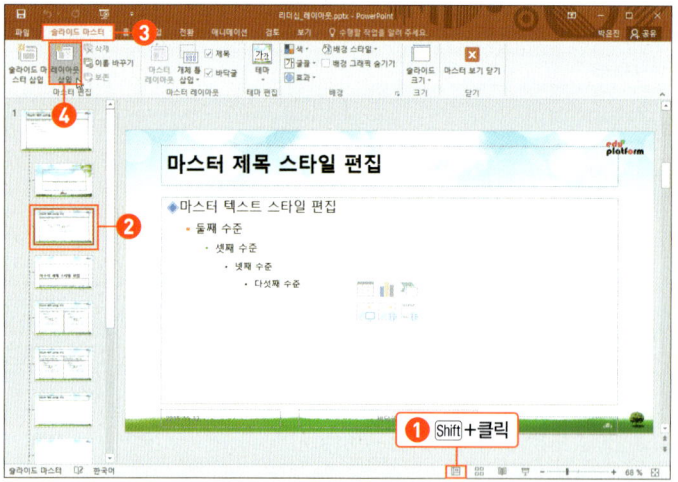

2 선택한 레이아웃의 다음에 새로운 레이아웃이 삽입되었습니다. [슬라이드 마스터] 탭-[배경] 그룹에서 [배경 스타일]을 클릭하고 [스타일 9]를 선택하세요.

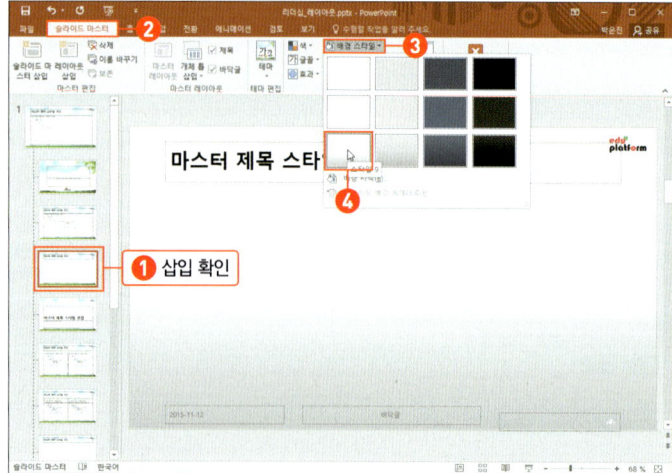

3 [슬라이드 마스터] 탭-[마스터 레이아웃] 그룹에서 [제목]과 [바닥글]의 체크를 해제하고 [슬라이드 마스터] 탭-[마스터 편집] 그룹에서 [이름 바꾸기]를 클릭하세요. [레이아웃 이름 바꾸기] 대화상자가 열리면 '레이아웃 이름'에 『빈화면2』를 입력하고 [이름 바꾸기]를 클릭하세요.

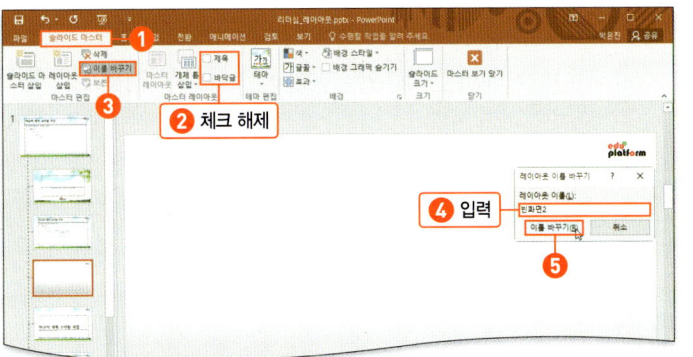

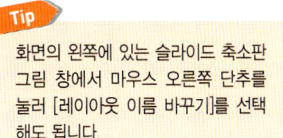

Tip
화면의 왼쪽에 있는 슬라이드 축소판 그림 창에서 마우스 오른쪽 단추를 눌러 [레이아웃 이름 바꾸기]를 선택해도 됩니다.

4 Shift를 이용해서 마지막 네 개의 슬라이드 레이아웃을 차례대로 클릭하여 모두 선택하세요. [슬라이드 마스터] 탭-[마스터 편집] 그룹에서 [삭제]를 클릭하여 슬라이드 레이아웃을 삭제하고 [기본] 단추(□)를 클릭하세요.

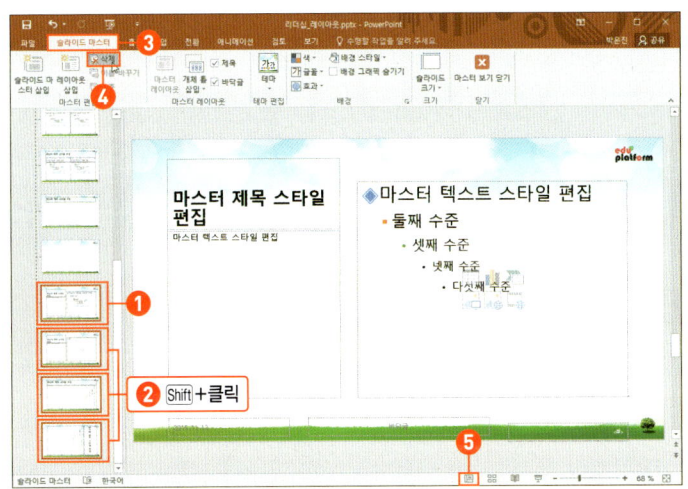

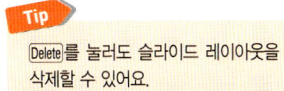

Tip
Delete를 눌러도 슬라이드 레이아웃을 삭제할 수 있어요.

5 기본 보기 화면이 열리면 [홈] 탭-[슬라이드] 그룹에서 [새 슬라이드]의 □를 클릭하여 삽입할 수 있는 슬라이드 레이아웃을 확인해 보세요.

Tip
'빈 화면 2' 레이아웃은 추가되고 마지막 네 개의 레이아웃은 삭제된 것을 확인할 수 있어요.

| 난이도 1 2 3 **4** 5 | | 예제파일 : 리더십_다중마스터.pptx　　결과파일 : 리더십_다중마스터_완성.pptx |

실무예제 08 다중 마스터 활용해 레이아웃 지정하기

1 다른 문서에서 사용할 4번 슬라이드를 선택하고 [홈] 탭-[클립보드] 그룹에서 [복사]를 클릭하세요.

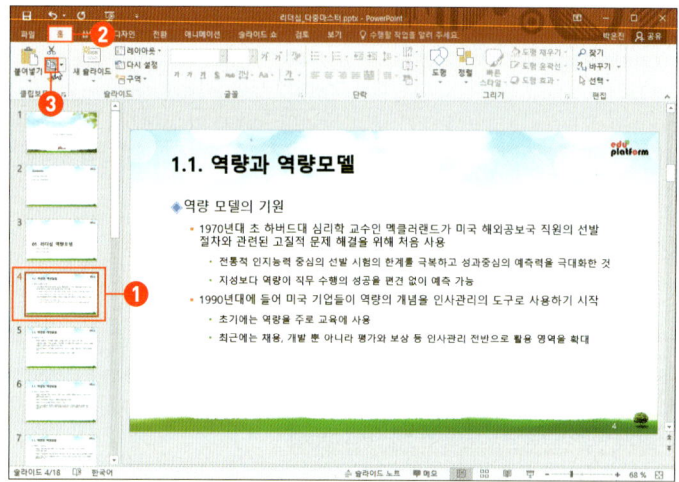

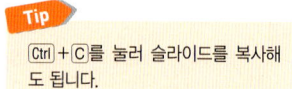

> **Tip**
> Ctrl + C를 눌러 슬라이드를 복사해도 됩니다.

2 Ctrl + N 을 눌러 새 프레젠테이션을 열어보세요. [홈] 탭-[클립보드] 그룹에서 [붙여넣기]의 붙여넣기를 클릭하고 '붙여넣기 옵션'의 [원본 서식 유지]( )를 선택하여 **1** 과정에서 복사한 슬라이드를 붙여넣으세요.

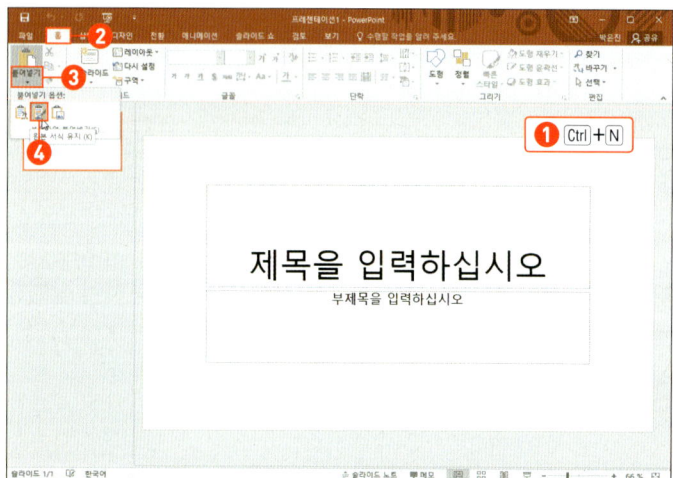

> **Tip**
> '붙여넣기 옵션'을 선택하지 않고 복사한 슬라이드를 그냥 붙여넣었다고 걱정하지 마세요. 마지막 슬라이드의 오른쪽 아래에 나타나는 [붙여넣기 옵션] 단추((Ctrl)-)를 클릭하고 [원본 서식 유지]( )를 선택할 수 있어요. 원본의 서식은 제외하고 내용만 복사하고 싶으면 [대상 테마 사용]( )을 선택하세요.

3 Shift 를 누른 상태에서 [기본] 단추(□)를 클릭하여 슬라이드 마스터 보기로 이동하고 '2번 슬라이드 마스터'가 삽입되었는지 확인해 보세요.

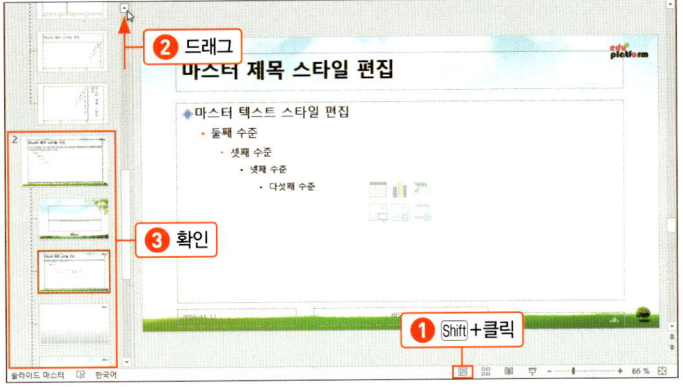

4 [기본] 단추(□)를 클릭하여 기본 보기 화면으로 이동하세요. [홈] 탭-[슬라이드] 그룹에서 [새 슬라이드]의 새슬라이드를 클릭하고 'Office 테마'의 [제목 및 내용]을 선택하세요.

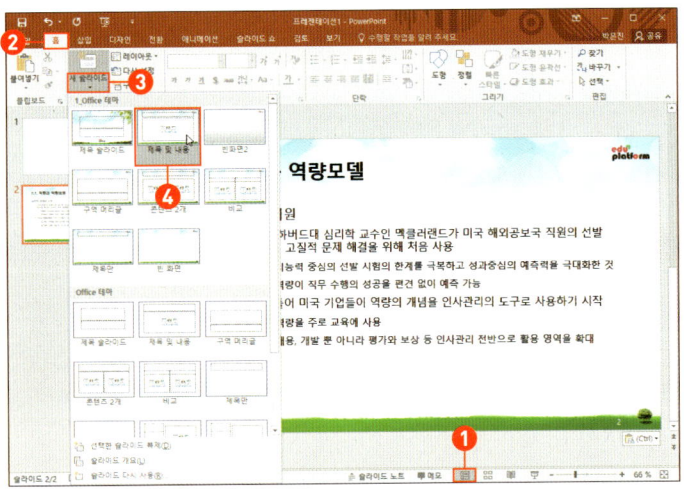

5 이와 같은 방법으로 두 종류의 슬라이드 마스터에 따른 다양한 레이아웃을 선택하여 삽입할 수 있어요.

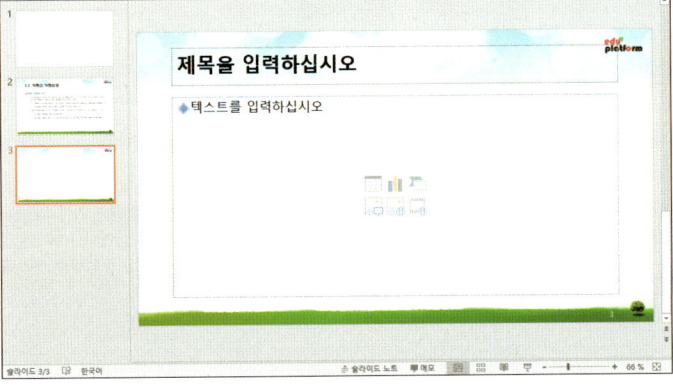

실무예제 09 프레젠테이션의 기본 글꼴 변경하기

> 예제파일 : 리더십_글꼴.pptx 결과파일 : 리더십_글꼴_완성.pptx

1 Shift를 누른 상태에서 [기본] 단추(□)를 클릭하여 슬라이드 마스터 보기로 이동하고 [슬라이드 마스터] 탭-[배경] 그룹에서 [글꼴]을 클릭한 후 [글꼴 사용자 지정]을 선택하세요. [새 테마 글꼴 만들기] 대화상자가 열리면 다음의 그림과 같이 지정하고 [저장]을 클릭하세요.

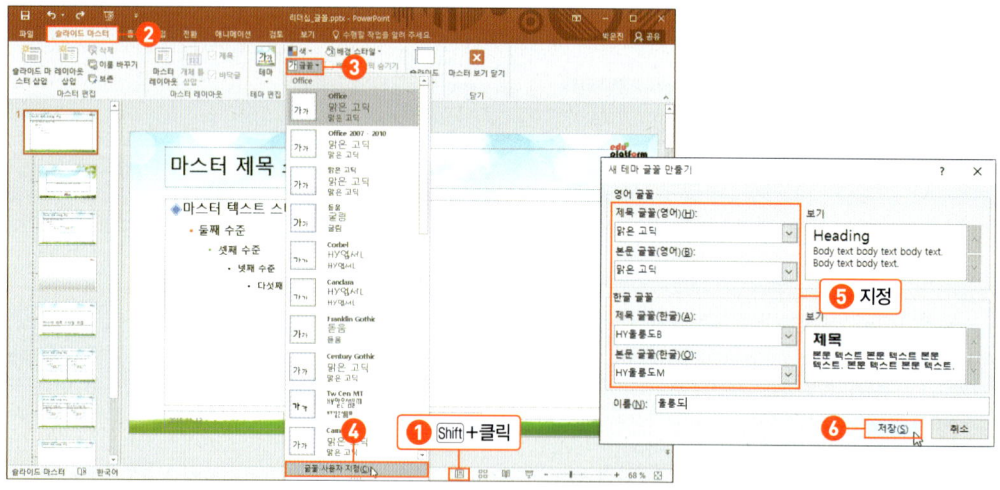

> **Tip**
> 기본 보기 화면에서 [디자인] 탭-[적용] 그룹의 [자세히] 단추(▽)를 클릭하고 [글꼴]을 선택해도 됩니다. 글꼴은 영문 글꼴과 한글 글꼴을 구분해서 설정할 수 있어요.

2 [기본] 단추(□)를 클릭하여 기본 보기 화면으로 이동하면 프레젠테이션 문서 전체의 기본 글꼴이 1 과정에서 지정한 서체로 변경된 것을 확인할 수 있어요.

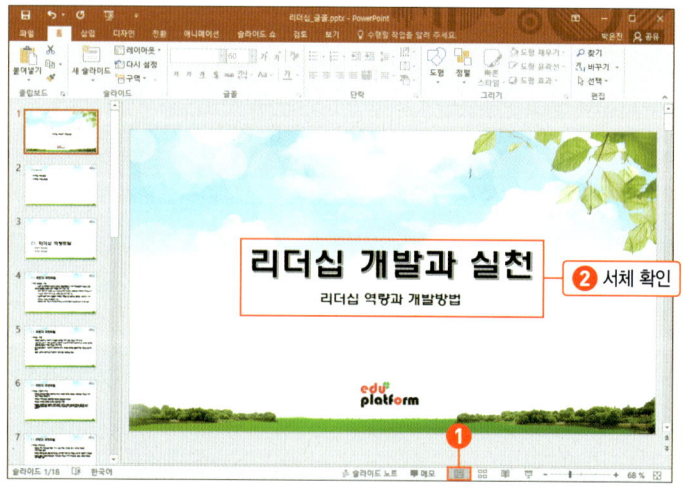

> **Tip**
> 슬라이드 마스터에서 기본 글꼴을 변경하면 각각의 슬라이드마다 일일이 글꼴을 바꿀 필요가 없어서 편리해요.

1 슬라이드 마스터에서 표지와 본문 디자인하기

예제파일 : 기획문서_배경.pptx　　**결과파일** : 기획문서_배경_완성.pptx

슬라이드 마스터를 사용하여 문서의 표지와 본문에 다음의 서식을 적용해 보세요.

- 슬라이드 마스터 – 배경 : 배경3.png, 텍스트 : 40pt, 굵게, 흰색, 배경에 맞게 위치 및 크기 조정
- 제목 슬라이드 레이아웃 – 배경 : 배경4.png, 텍스트 : 54pt, 굵게, 검은색

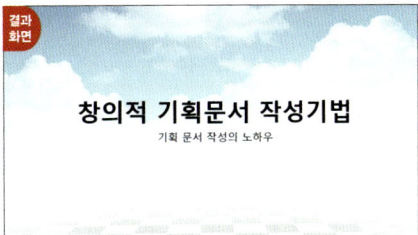

Hint
① 슬라이드 마스터 보기에서 '슬라이드 마스터'를 선택하고 [슬라이드 마스터] 탭-[배경] 그룹에서 [배경 스타일]을 클릭한 후 [배경 서식]을 선택하세요. [배경 서식] 창에서 [그림 또는 질감 채우기]를 선택하고 [파일]을 클릭하여 '배경3.png' 파일을 선택하세요.
② 제목 레이아웃에는 '배경4.png' 파일을 적용하세요. '슬라이드 마스터'의 제목 글꼴에 [40pt], [굵게], [흰색]을 적용하고 배경 그림에 맞게 위치와 크기를 조정한 후 '제목 슬라이드 레이아웃'의 제목 글꼴에 [54pt], [굵게], [검은색]을 적용하세요.

2 슬라이드 번호를 가운데 아래에 표시하기

예제파일 : 기획문서_바닥글.pptx　　**결과파일** : 기획문서_바닥글_완성.pptx

제목 슬라이드 레이아웃을 제외한 모든 슬라이드에 14pt, 검은색의 슬라이드 번호가 가운데 아래에 나타나게 설정해 보세요.

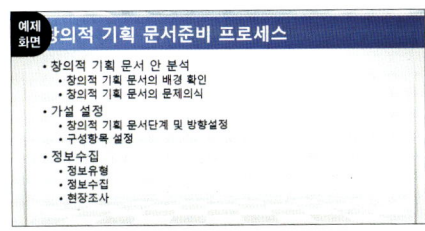 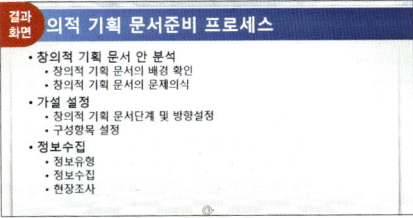

Hint
① [삽입] 탭-[텍스트] 그룹에서 [머리글/바닥글]을 클릭하세요. [머리글/바닥글] 대화상자의 [슬라이드] 탭에서 [슬라이드 번호]와 [제목 슬라이드에는 표시 안 함]에 체크하고 [모두 적용]을 클릭하세요.
② 슬라이드 마스터 보기로 이동하고 '슬라이드 마스터'에서 슬라이드 번호에 [14pt], [검은색]을 지정하세요. [홈] 탭-[단락] 그룹에서 [가운데 맞춤]을 클릭하고 [홈] 탭-[그리기] 그룹에서 [정렬]을 클릭한 후 [맞춤]-[가운데 맞춤]을 선택하세요.

Section 02 프레젠테이션 다양한 형식으로 저장하기

파워포인트 사용자가 늘어나면서 사용 목적 및 활용 범위도 더욱 넓어지고 다양해졌어요. 파워포인트 2016에서는 기존에 제공하던 파일 형식보다 더 많은 파일 형식을 제공하고 있습니다. 또한 파워포인트 문서를 저장할 때 내 컴퓨터뿐만 아니라 온라인(클라우드)에도 쉽게 저장하여 다른 사람들과 공유할 수 있도록 공동 작업에 대한 기능도 추가되었습니다. 이번 섹션에서는 파워포인트로 작업한 문서를 PDF 파일과 비디오 파일, 유인물, 그림 등의 다양한 형식으로 저장하는 방법에 대해 배워봅니다.

PREVIEW

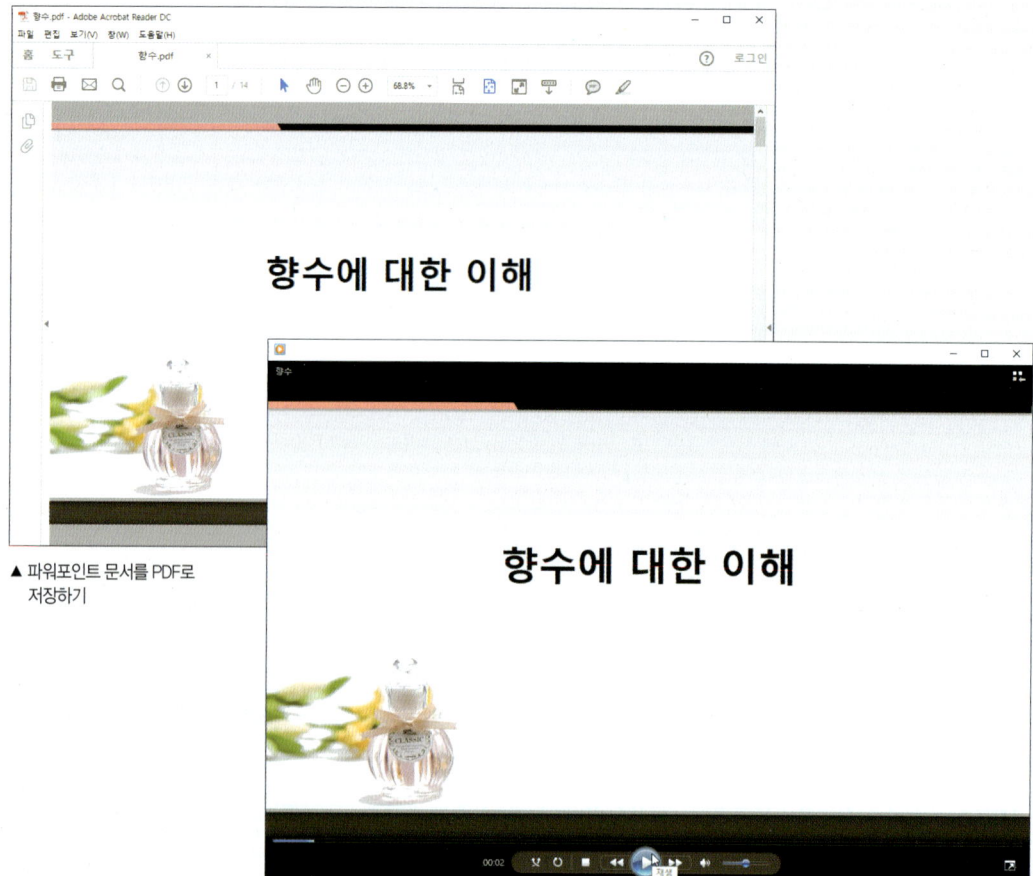

▲ 파워포인트 문서를 PDF로 저장하기

▲ 파워포인트 문서를 비디오 파일로 저장하기

섹션별 주요 내용

01 | 프레젠테이션을 PDF 문서로 저장하기   02 | 프레젠테이션을 비디오 파일로 저장하기
03 | 프레젠테이션을 CD용 패키지로 저장하기   04 | 프레젠테이션을 유인물로 저장하기
05 | 프레젠테이션을 그림 슬라이드로 저장하기

실무예제 01 프레젠테이션을 PDF 문서로 저장하기

예제파일 : 향수.pptx   결과파일 : 향수.pdf

1 [파일] 탭-[내보내기]를 선택하고 [PDF/XPS 문서 만들기]를 선택한 후 [PDF/XPS 만들기]를 클릭하세요.

2 [PDF 또는 XPS로 게시] 대화상자가 열리면 PDF 문서를 저장할 위치를 선택하고 '파일 이름'에 『향수.pdf』를 입력한 후 [게시]를 클릭하세요. 문서가 게시되기 시작하면 잠시 기다리세요.

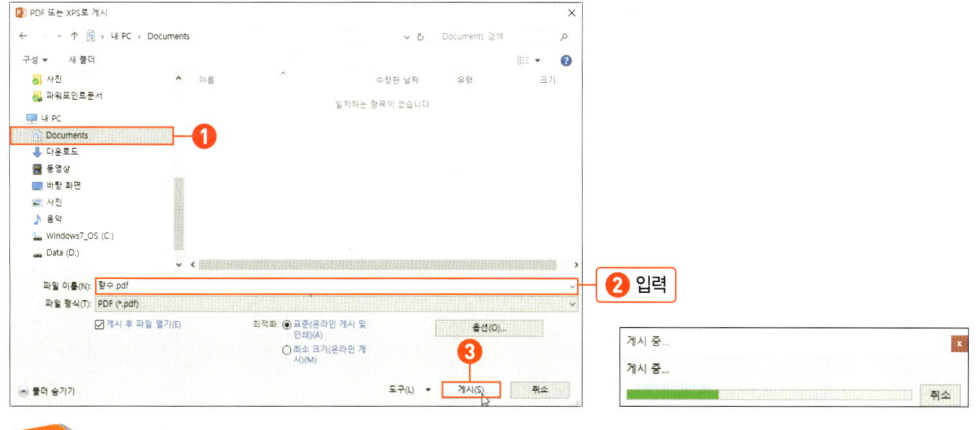

> **Tip**
> [게시 후 파일 열기]에 체크되어 있으면 문서가 PDF로 저장된 후 자동으로 실행됩니다.

3 게시가 완료되면 '향수.pdf' 파일이 곧바로 실행됩니다.

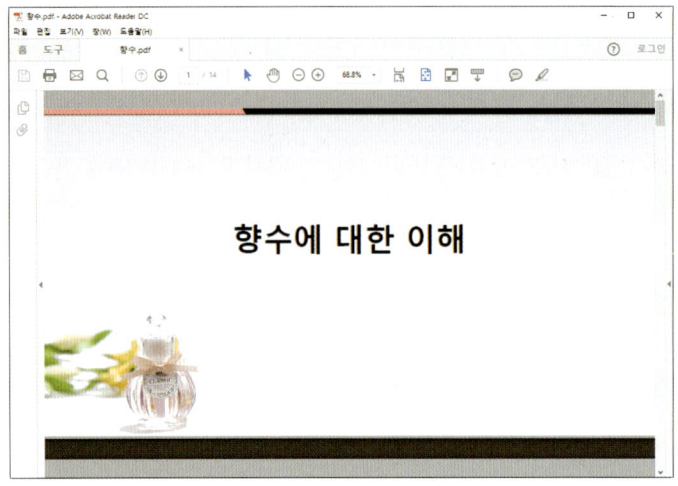

잠깐만요 PDF와 XPS 파일 형식 알아보기

파일을 수정할 수 없지만 쉽게 공유하고 인쇄할 수 있도록 만들고 싶은 경우 PDF 또는 XPS 파일로 저장하세요. 여기서는 PDF와 XPS 파일 형식의 특징에 대해 알아봅니다.

파일 형식	특징
PDF(Portable Document Format)	• 문서 서식을 유지하면서 파일을 공유할 수 있어요. • PDF 형식의 파일을 온라인으로 보거나 인쇄하면 사용자가 의도한 서식이 그대로 유지되어 있어요. 단 PDF 파일을 보려면 컴퓨터에 Acrobat Reader를 설치해야 해요.
XPS(XML Paper Specification)	• PDF 문서와 거의 비슷한 파일 형식으로, 마이크로소프트에서 제공하는 프로그램입니다. • XPS 파일은 인터넷 익스플로러만 있으면 볼 수 있어서 어디서든지 쉽게 파일을 열 수 있어요.

실무예제 02 | 프레젠테이션을 비디오 파일로 저장하기

예제파일 : 향수.pptx   결과파일 : 향수.mp4

1. [슬라이드 쇼] 탭-[설정] 그룹에서 [슬라이드 쇼 녹화]를 클릭하고 [처음부터 녹음 시작]을 선택하세요. [슬라이드 쇼 녹화] 대화상자가 열리면 [슬라이드 및 애니메이션 시간]에만 체크하고 [녹화 시작]을 클릭하세요.

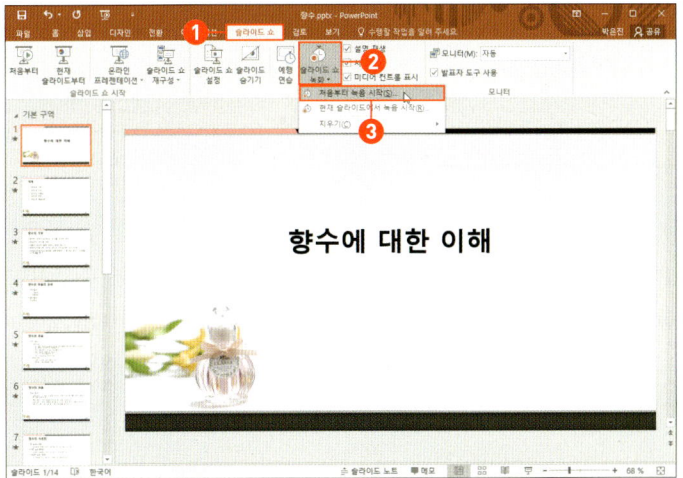

> **Tip**
> [파일] 탭-[내보내기]에서 [비디오 만들기]를 선택하고 [기록된 시간 및 설명 사용]을 클릭한 후 [시간 및 설명 기록]을 선택해도 비디오 녹화 시간을 설정할 수 있어요.

2. 슬라이드 쇼가 시작되면 녹화가 시작됩니다. 슬라이드를 클릭하면서 슬라이드 쇼를 끝까지 진행하면 이 과정이 모두 녹화됩니다. 녹화가 끝나고 시간을 저장할지 묻는 메시지 창이 열리면 [예]를 클릭하세요.

> **Tip**
> 슬라이드에 설정된 시간과 설명을 지우려면 [슬라이드 쇼] 탭-[설정] 그룹에서 [슬라이드 쇼 녹화]를 클릭하고 [지우기]를 선택하세요.

3 [여러 슬라이드] 단추(🔲)를 클릭하여 각 슬라이드마다 설정된 시간을 확인해 보세요.

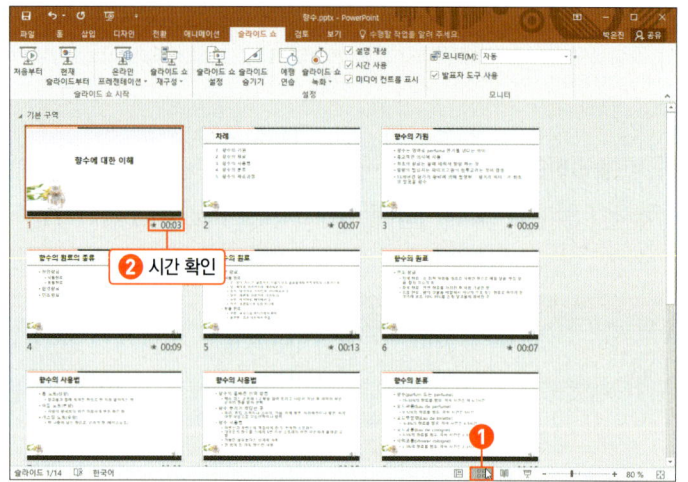

> **Tip**
> 설정된 시간 중에서 일부 슬라이드만 수정하려면 [전환] 탭-[타이밍] 그룹에서 [다음 시간 후]에 체크하고 시간을 직접 수정하면 됩니다.

4 [파일] 탭-[내보내기]를 선택하고 [비디오 만들기]를 선택한 후 [인터넷 품질]을 클릭하여 중간 정도의 해상도로 비디오를 만드세요. [기록된 시간 및 설명 사용]을 선택하고 [비디오 만들기]를 클릭하세요.

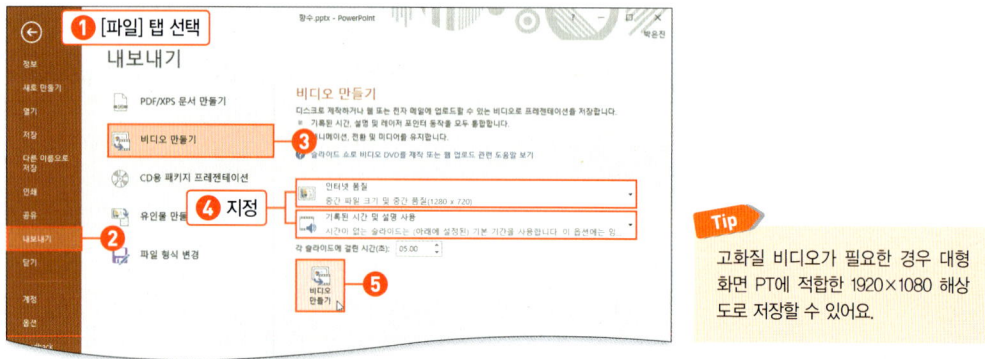

> **Tip**
> 고화질 비디오가 필요한 경우 대형 화면 PT에 적합한 1920×1080 해상도로 저장할 수 있어요.

5 [다른 이름으로 저장] 대화상자가 열리면 파일을 저장할 위치를 선택하고 '파일 이름'에 『향수.mp4』를 입력하세요. '파일 형식'에서 [MPEG-4 비디오 (*.mp4)]를 선택하고 [저장]을 클릭하세요.

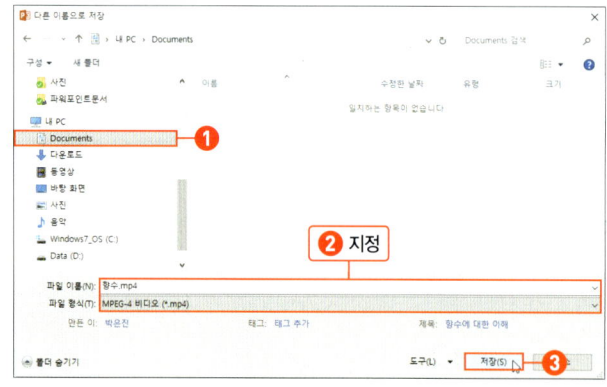

> **Tip**
> 파워포인트 문서는 'Documents' 폴더가 아니라 다른 폴더에 저장해도 상관없으므로 사용자가 쉽게 찾을 수 있는 폴더를 선택하세요.

6 프레젠테이션이 비디오로 저장되는 동안 화면의 아래쪽에 있는 상태 표시줄에 비디오의 저장 상태가 표시됩니다. 저장을 중지하려면 [취소] 단추(⊗)를 클릭하세요.

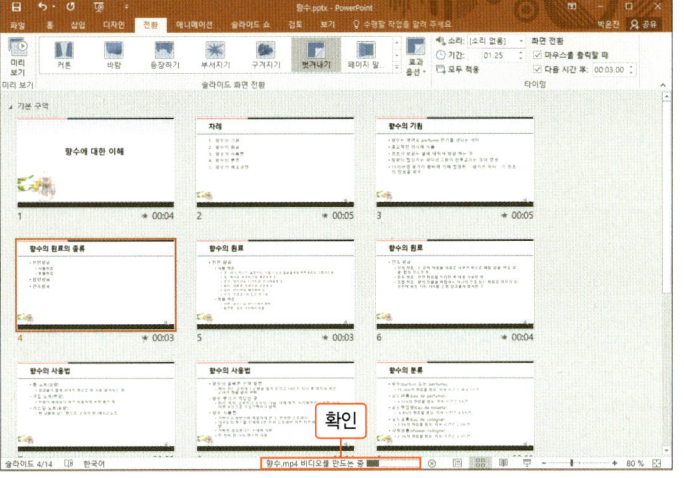

7 'Documents' 폴더에서 '향수.mp4' 파일을 실행하여 슬라이드 쇼가 비디오 파일로 녹화되었는지 확인해 보세요.

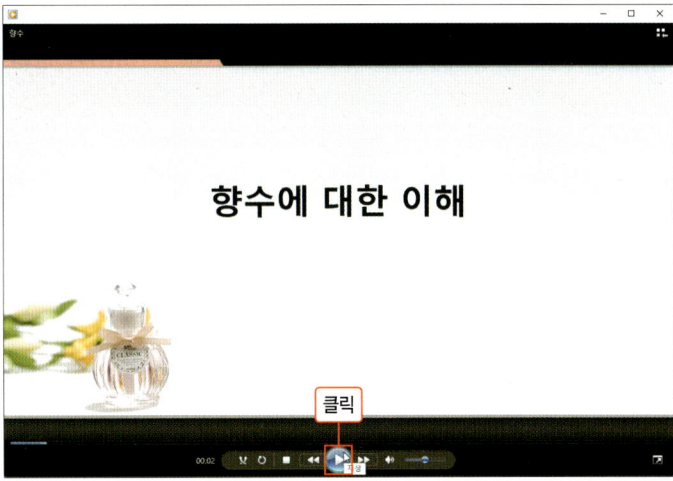

난이도 1 2 **3** 4 5

예제파일 : 향수.pptx

실무예제 03 프레젠테이션을 CD용 패키지로 저장하기

1 [파일] 탭–[내보내기]를 선택하고 [CD용 패키지 프레젠테이션]을 선택한 후 [CD용 패키지]를 클릭하세요.

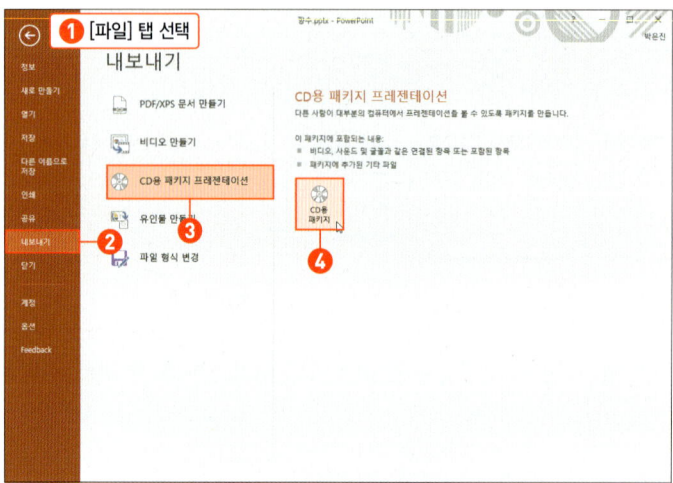

2 [CD용 패키지] 대화상자가 열리면 'CD 이름'에 『향수이해』를 입력하고 [옵션]을 클릭하세요. [옵션] 대화상자가 열리면 '다음 파일 포함'에서 [연결된 파일]과 [포함된 트루타입 글꼴]에 체크되어 있는지 확인하고 [확인]을 클릭하세요. [CD용 패키지] 대화상자로 되돌아오면 [폴더로 복사]를 클릭하세요.

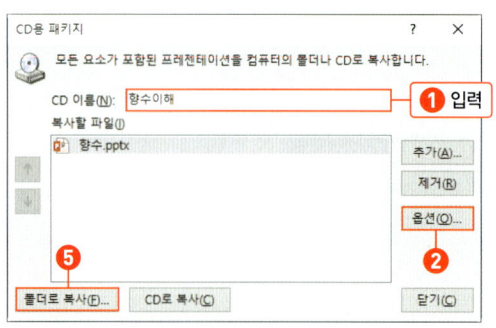 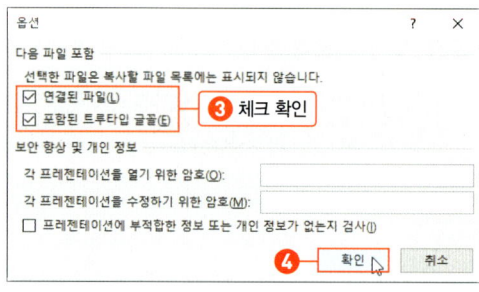

> **Tip**
> - 프레젠테이션 문서와 함께 저장할 파일이 있으면 [CD용 패키지] 대화상자에서 [추가]를 클릭하여 필요한 파일을 추가하세요. 이때 형식이 다른 여러 종류의 파일도 함께 추가할 수 있어요.
> - [옵션] 대화상자에서 [연결된 파일]에 체크하면 문서에서 연결된 동영상과 소리, 외부 파일이 포함되고 [포함된 트루타입 글꼴]에 체크하면 추가된 글꼴도 함께 저장됩니다.
> - [CD용 패키지] 대화상자의 [CD로 복사]는 빈 CD를 CD-RW에 삽입해야만 사용할 수 있어요.

3 [폴더에 복사] 대화상자가 열리면 '폴더 이름'과 '위치'를 확인하고 [확인]을 클릭하세요.

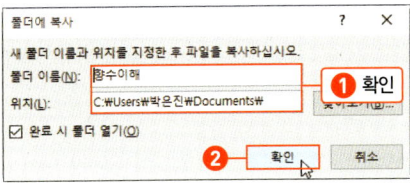

4 연결된 파일을 패키지에 포함하겠느냐고 묻는 메시지 창이 열리면 [예]를 클릭하세요.

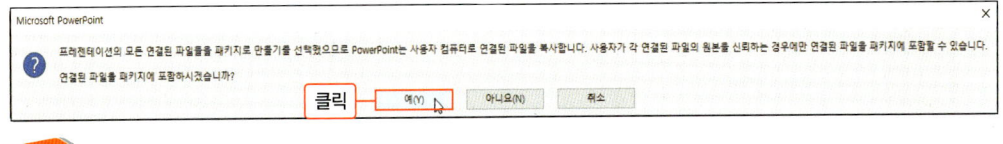

> **Tip**
> 연결된 파일을 패키지에 포함하면 문서에 삽입하지 않고 연결된 개체도 함께 저장됩니다. 일반적인 방법으로 삽입한 동영상과 음악 파일은 이미 문서에 포함되어 저장되므로 별도의 파일로 저장되지 않아요.

5 폴더에 복사되기 시작하면 잠시 기다리세요.

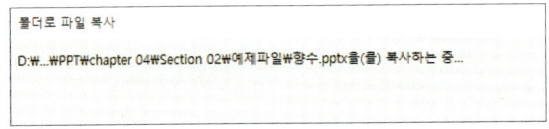

6 '향수이해' 폴더가 열리면서 함께 저장된 파일들을 확인할 수 있어요. 이제 USB와 같은 휴대용 저장 매체에 내용을 모두 복사해 두면 다른 컴퓨터에서도 오류가 발생하지 않으면서 안전하게 프레젠테이션을 실행할 수 있어요.

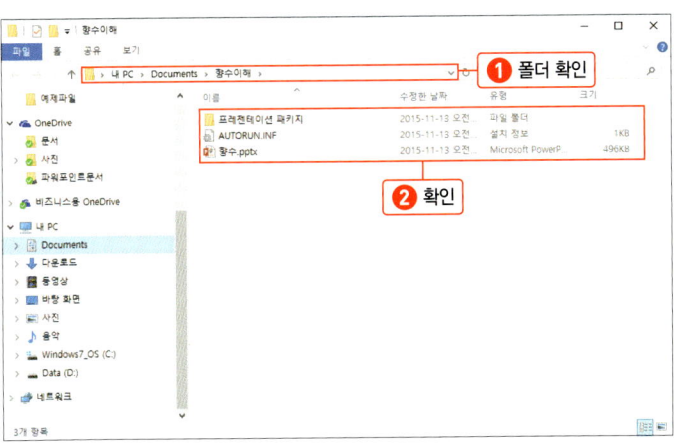

실무예제 04 | 프레젠테이션을 유인물로 저장하기

난이도 1 2 **3** 4 5
예제파일: 향수.pptx 결과파일: 향수.docx

1 [파일] 탭-[내보내기]를 선택하고 [유인물 만들기]를 선택한 후 [유인물 만들기]를 클릭하세요. [Microsoft Word로 보내기] 대화상자가 열리면 [슬라이드 옆에 여백]을 선택하고 [확인]을 클릭하세요.

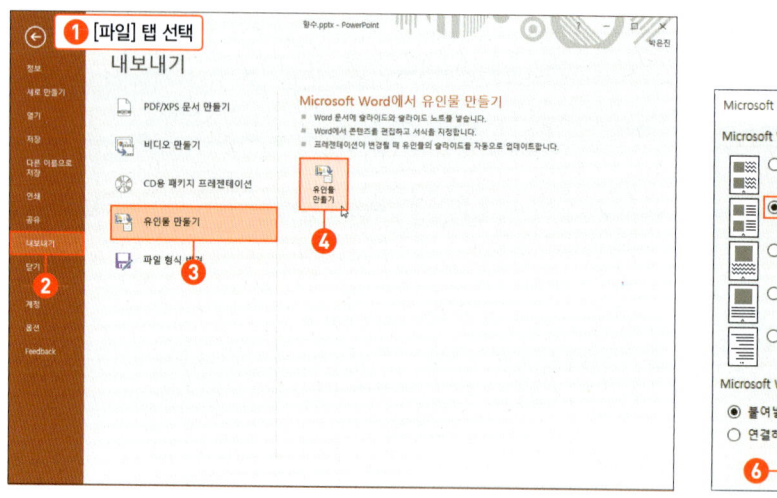
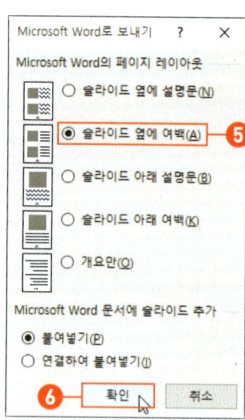

> **Tip**
> [슬라이드 옆에 설명문] 또는 [슬라이드 아래 설명문]을 선택하면 슬라이드 노트에 입력한 설명이 표시됩니다.

2 파워포인트 슬라이드가 워드 문서에서 그림으로 변환되면서 유인물이 만들어집니다.

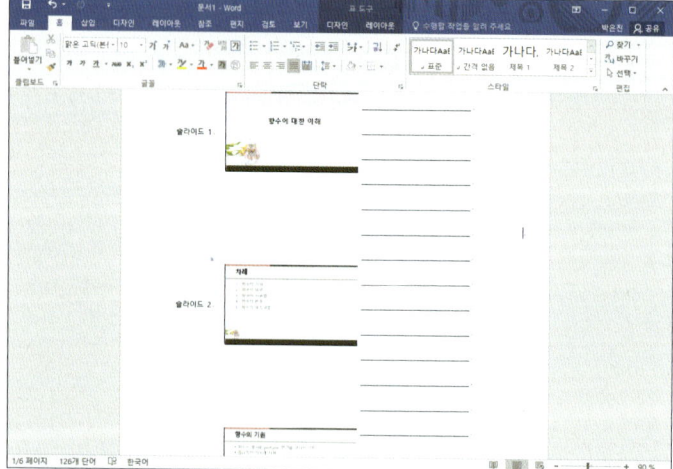

난이도 1 2 **3** 4 5

실무 예제 **05**

예제파일 : 향수.pptx 결과파일 : 향수_그림.pptx

프레젠테이션을 그림 슬라이드로 저장하기

1 [파일] 탭-[내보내기]를 선택하고 [파일 형식 변경]을 선택하세요. '프레젠테이션 파일 형식'에서 [PowerPoint 그림 프레젠테이션 (*.pptx)]을 선택하고 [다른 이름으로 저장]을 클릭하세요.

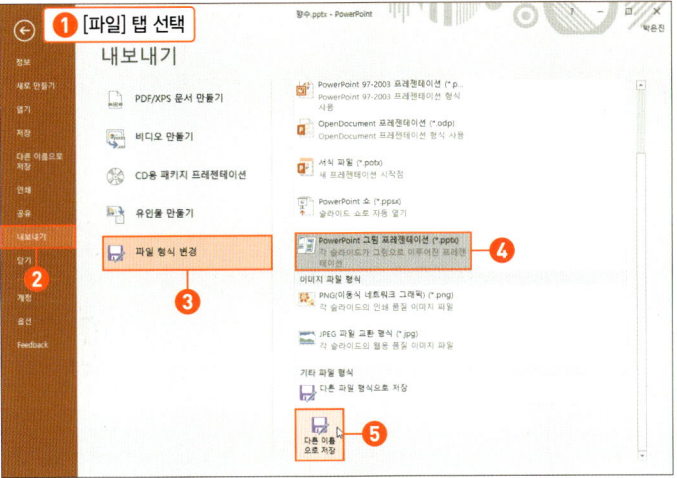

2 [다른 이름으로 저장] 대화상자가 열리면 그림 프레젠테이션을 저장할 위치를 'Documents' 폴더로 지정하고 '파일 이름'에 『향수_그림.pptx』를 입력한 후 [저장]을 클릭하세요.

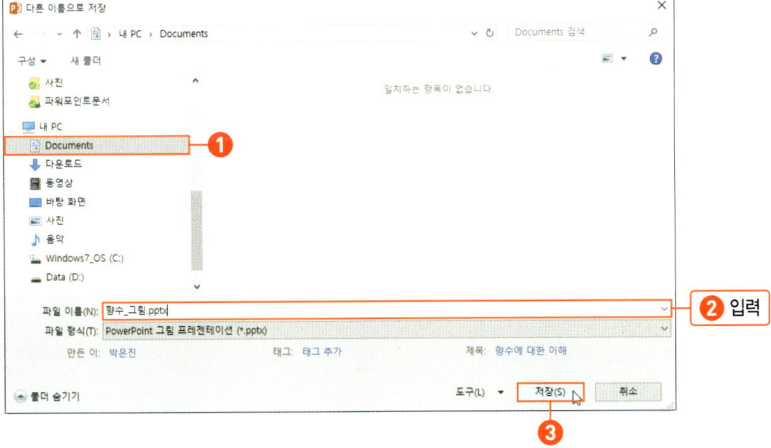

3 각 슬라이드가 그림으로 저장되었다는 메시지 창이 열리면 [확인]을 클릭하세요.

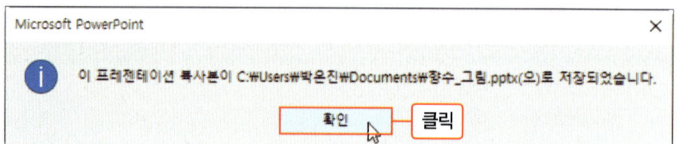

4 'Documents' 폴더의 '향수_그림.pptx' 파일을 실행하고 각 슬라이드가 그림으로 구성되었는지 확인해 보세요.

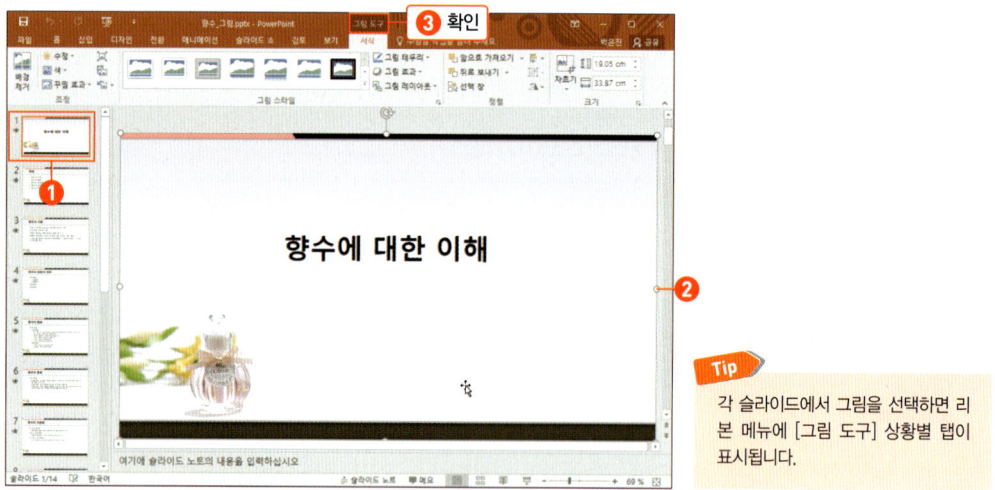

> Tip
> 각 슬라이드에서 그림을 선택하면 리본 메뉴에 [그림 도구] 상황별 탭이 표시됩니다.

잠깐만요 그림 프레젠테이션의 특징 알아보기

그림 프레젠테이션은 모든 슬라이드가 그림으로 이루어진 프레젠테이션으로, 원본 파일과는 차이가 있으니 특징을 알고 사용하세요.

❶ **화면 전환** : 원본과 동일
❷ **글꼴** : 원본과 동일, 글꼴이 없는 컴퓨터에서도 안전하게 표현
❸ **애니메이션** : 적용된 애니메이션은 모두 사라짐

1 PDF 형식으로 프레젠테이션 문서 저장하기

예제파일 : 허브.pptx **결과파일** : 허브.pdf

프레젠테이션 문서를 PDF 형식으로 변경하여 저장해 보세요.

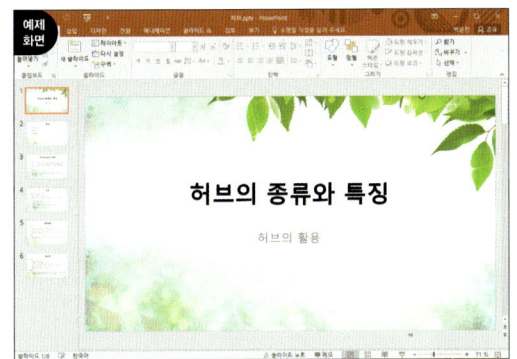
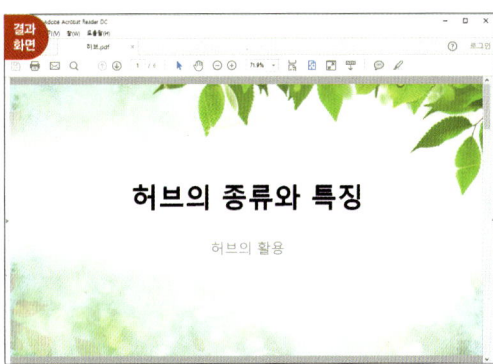

Hint
① [파일] 탭-[내보내기]를 선택하고 [PDF/XPS 문서 만들기]를 선택한 후 [PDF/XPS 만들기]를 클릭하세요.
② [PDF 또는 XPS로 게시] 대화상자가 열리면 파일을 저장할 위치를 지정하고 파일 이름을 입력한 후 [게시]를 클릭하세요.
③ 저장된 PDF 파일이 실행되는지 확인하세요.

2 파워포인트 쇼 형식으로 저장하기

예제파일 : 허브.pptx **결과파일** : 허브.ppsx

'파워포인트 쇼' 형식으로 저장하여 슬라이드 쇼가 자동으로 실행되도록 파일을 저장해 보세요.

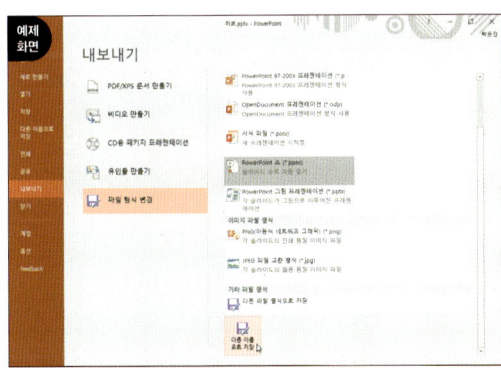

Hint
① [파일] 탭-[내보내기]를 선택하고 [파일 형식 변경]을 선택한 후 '프레젠테이션 파일 형식'에서 [PowerPoint 쇼]를 선택하고 [다른 이름으로 저장]을 클릭하세요.
② [다른 이름으로 저장] 대화상자가 열리면 파일을 저장할 위치를 지정하고 파일 이름을 입력한 후 [저장]을 클릭하세요. 윈도우 탐색기에서 저장한 ppsx 파일을 찾아 실행하세요.

Section 03
프레젠테이션의 인쇄 환경 설정하기

파워포인트의 기본 인쇄 설정 환경은 현재 프레젠테이션에 있는 모든 슬라이드를 컬러로 출력하는 것입니다. 하지만 인쇄 옵션에서 사용자가 원하는 인쇄 환경으로 맞춤 설정을 할 수도 있고 슬라이드 쇼에서 참고할 슬라이드 노트만 따로 인쇄하거나 배포할 자료를 유인물 형태로 인쇄할 수도 있어요. 이번 섹션에서는 파워포인트 문서를 흑백으로 인쇄하는 방법뿐만 아니라 다양한 용도에 따른 인쇄 설정 방법에 대해 배워봅니다.

> **PREVIEW**

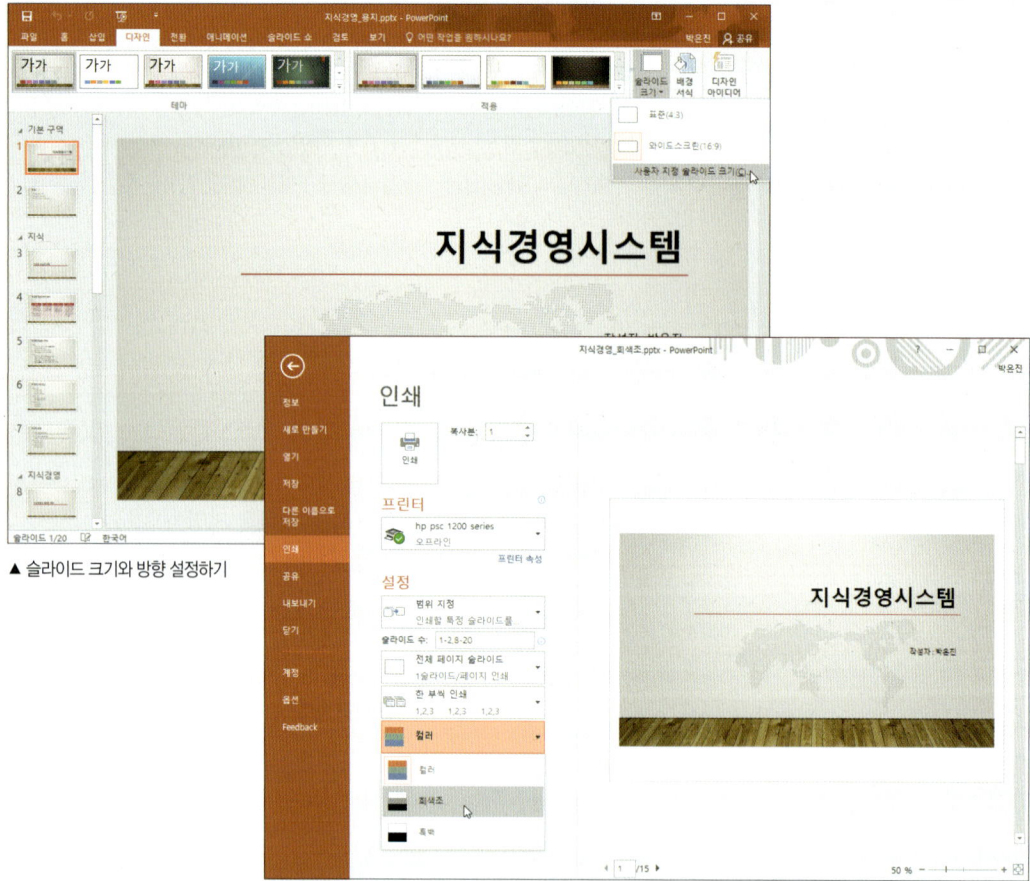

▲ 슬라이드 크기와 방향 설정하기

▲ 인쇄 대상과 모양 설정하기

섹션별 주요 내용

01 | 인쇄용지와 슬라이드의 방향 설정하기 02 | 필요한 슬라이드만 회색조로 인쇄하기
03 | 3슬라이드 유인물로 인쇄하기 04 | 슬라이드 노트에 머리글/바닥글 인쇄하기
05 | 특정 구역만 선택해 세 장씩 인쇄하기

인쇄용지와 슬라이드의 방향 설정하기

예제파일 : 지식경영_용지.pptx   결과파일 : 지식경영_용지_완성.pptx

1. [디자인] 탭-[사용자 지정] 그룹에서 [슬라이드 크기]를 클릭하고 [사용자 지정 슬라이드 크기]를 선택하세요.

2. [슬라이드 크기] 대화상자가 열리면 '슬라이드 크기'에서 [A4 용지(210×297mm)]를 선택하고 [확인]을 클릭하세요. 크기 조절을 묻는 대화상자가 열리면 [맞춤 확인]을 선택하세요. 그러면 슬라이드의 크기가 '와이드 스크린(16:9)'에서 'A4 용지(210×297mm)' 크기로 변경됩니다.

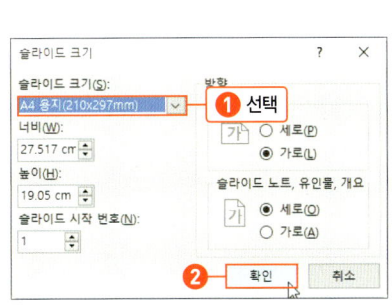
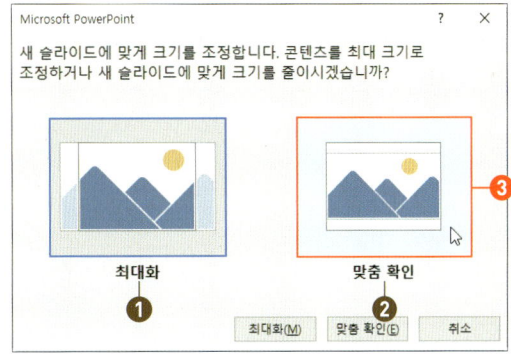

❶ 최대화 : 슬라이드 크기가 변해도 콘텐츠의 크기를 유지해요.
❷ 맞춤 확인 : 슬라이드 크기에 맞게 콘텐츠의 크기를 줄여요.

실무예제 02 필요한 슬라이드만 회색조로 인쇄하기

예제파일 : 지식경영_회색조.pptx

1 [파일] 탭-[인쇄]를 선택하세요. '설정'에서 [범위 지정]을 선택하고 '슬라이드 수'에 『1-2,8-20』을 입력한 후 [컬러]를 클릭하여 [회색조]를 선택하세요.

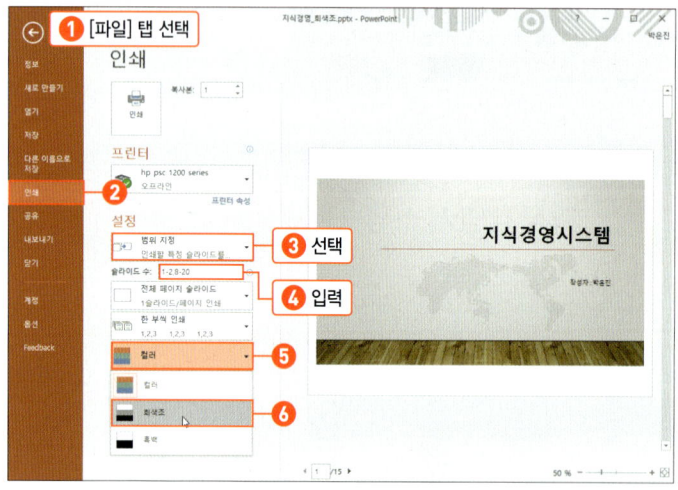

> **Tip**
> 떨어진 인쇄 범위는 쉼표(,)로 구분하고 연속 인쇄 범위는 하이픈(-)으로 연결합니다. 회색조로 인쇄하면 배경 그림은 인쇄되지 않고 삽입된 개체만 인쇄됩니다.

2 화면의 오른쪽에 인쇄 미리 보기 화면이 나타나면 인쇄할 페이지 수가 15페이지로 변경되었는지 확인하고 [인쇄]를 클릭하여 회색조로 인쇄하세요.

> **Tip**
> 인쇄 설정은 문서 내용과 함께 저장되지 않으므로 출력할 때마다 다시 설정해야 해요.

난이도 1 2 **3** 4 5

실무예제 **03**

3슬라이드 유인물로 인쇄하기

예제파일 : 지식경영_유인물.pptx

1 [파일] 탭-[인쇄]를 선택하세요. '설정'에서 [모든 슬라이드 인쇄]를 선택하고 [전체 페이지 슬라이드]를 클릭한 후 '유인물'의 [3슬라이드]를 선택하세요.

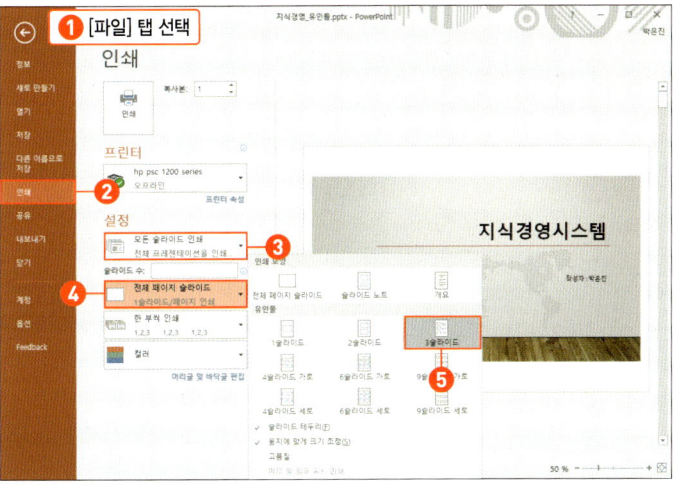

2 화면의 오른쪽에 인쇄 미리 보기 화면이 나타나면 세로 방향으로 '3슬라이드' 유인물이 인쇄되는지 확인해 보세요.

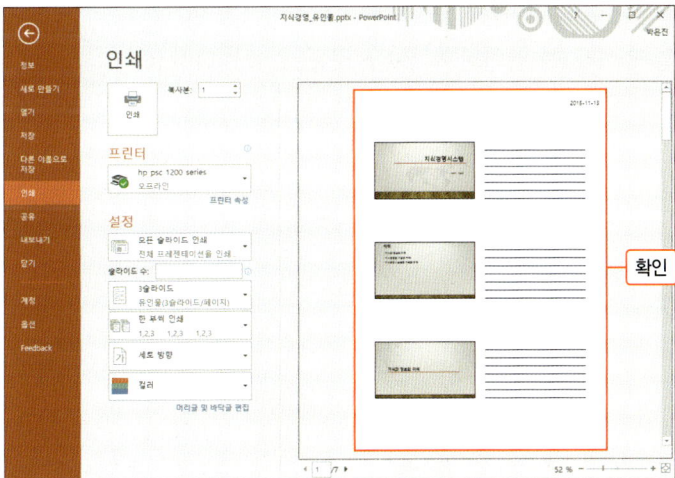

207

난이도 1 2 **3** 4 5

실무예제 **04**

슬라이드 노트에 머리글/바닥글 인쇄하기

예제파일 : 지식경영_노트.pptx

1 [파일] 탭-[인쇄]를 선택하고 '설정'에서 [모든 슬라이드 인쇄]를 선택하세요. [전체 페이지 슬라이드]를 클릭하고 '인쇄 모양'의 [슬라이드 노트]를 선택한 후 [머리글 및 바닥글 편집]을 클릭하세요.

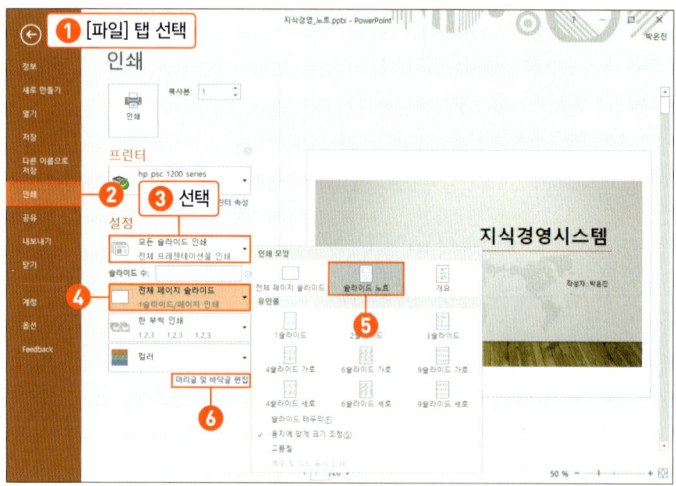

2 [머리글/바닥글] 대화상자가 열리면 [슬라이드 노트 및 유인물] 탭에서 [날짜 및 시간]에 체크되어 있는지 확인하고 [자동으로 업데이트]를 선택하세요. [페이지 번호]와 [바닥글]에 체크하고 '바닥글'에 『지식경영의 이해』를 입력한 후 [모두 적용]을 클릭하세요.

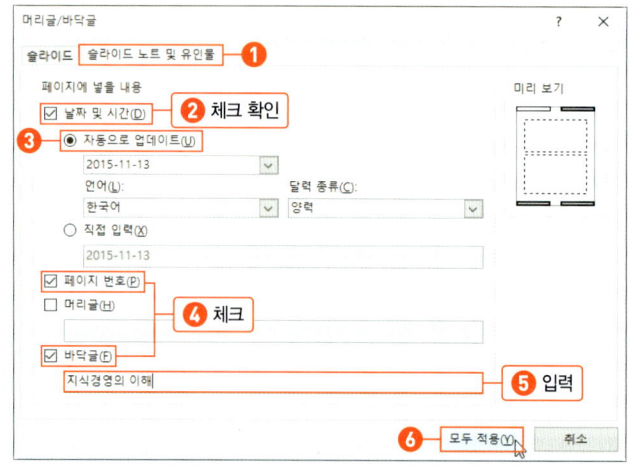

> **Tip**
> [날짜 및 시간]에서 [자동으로 업데이트]를 선택하면 오늘 날짜로 자동으로 변경됩니다. 항상 같은 날짜를 표현하려면 [직접 입력]을 선택하고 날짜를 입력하세요.

3 화면의 오른쪽에 슬라이드 노트의 인쇄 미리 보기 화면이 나타나면 화면의 오른쪽 위에는 오늘 날짜가, 왼쪽의 아래에는 '지식경영의 이해'가, 오른쪽 아래에는 슬라이드 번호가 제대로 표시되었는지 확인해 보세요.

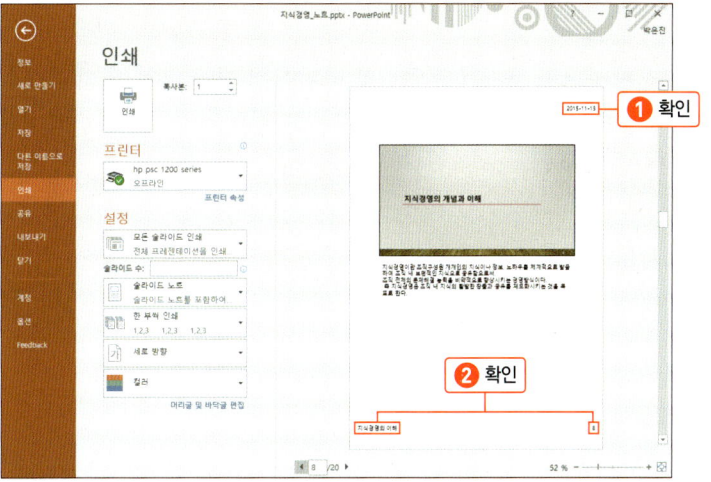

잠깐만요 슬라이드 노트 마스터 편집하기

[보기] 탭-[마스터] 그룹에서 [슬라이드 노트 마스터]를 클릭하여 슬라이드 노트 마스터 화면으로 이동하세요. 그러면 슬라이드 노트의 슬라이드 번호, 날짜, 머리글/바닥글의 위치나 서식을 변경할 수 있어요.

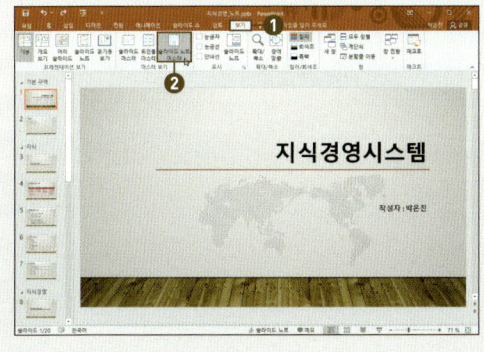
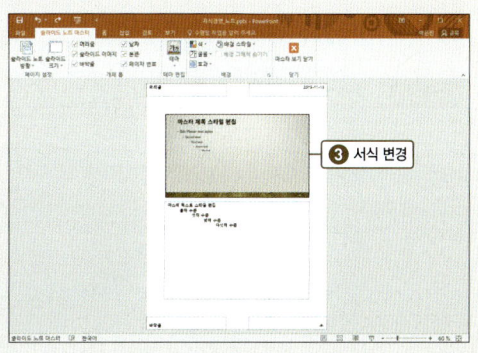

| 실무 예제 05 | 특정 구역만 선택해 세 장씩 인쇄하기 |

예제파일 : 지식경영_구역.pptx

난이도 1 2 3 4 5

1 인쇄 대상을 특정 구역으로 선택하려면 문서가 구역으로 나뉘어져 있어야 해요. 기본 보기 화면에서 프레젠테이션 문서가 구역으로 나뉘어져 있는지 확인하세요.

구역 확인

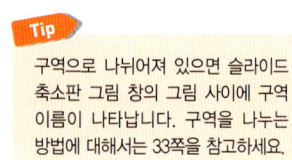

Tip
구역으로 나뉘어져 있으면 슬라이드 축소판 그림 창의 그림 사이에 구역 이름이 나타납니다. 구역을 나누는 방법에 대해서는 33쪽을 참고하세요.

2 [파일] 탭-[인쇄]를 선택하고 '설정'에서 [지식경영]을 선택하세요. '복사본'에 [3]을 지정하고 [인쇄]를 클릭하세요.

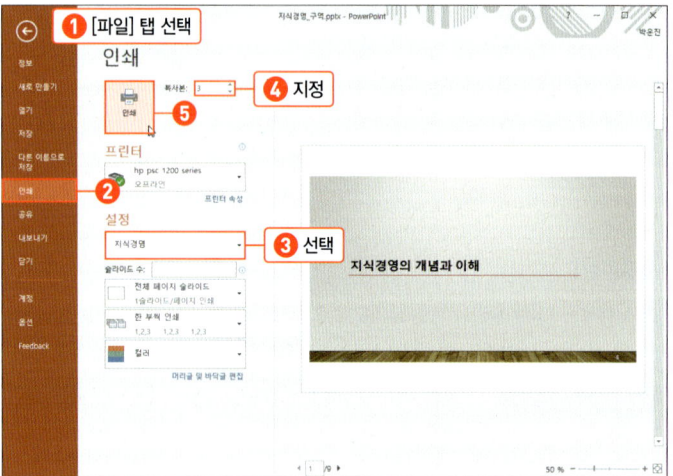

210

1 특정 범위만 회색조로 인쇄하기

● 예제파일 : 마케팅_회색조.pptx

다음 인쇄 범위의 슬라이드만 선택하여 회색조로 인쇄해 보세요.

인쇄할 범위 : 1,2,10-16

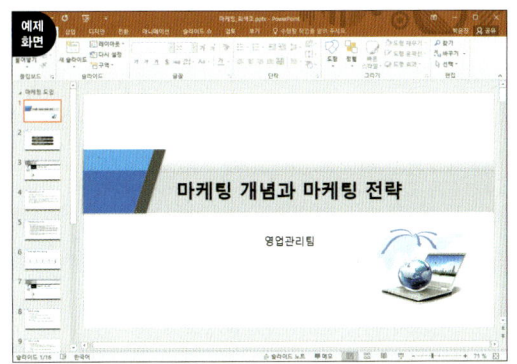

Hint
① [파일] 탭-[인쇄]를 선택하고 '설정'에서 [범위 지정]을 선택한 후 『1,2,10-16』을 입력하세요.
② '설정'의 [컬러]를 [회색조]로 선택하고 [인쇄]를 클릭하세요.

2 모든 슬라이드를 2슬라이드 유인물로 다섯 장씩 인쇄하기

● 예제파일 : 마케팅_유인물.pptx

한 장의 종이에 2슬라이드 유인물로 다섯 장씩 인쇄해 보세요.

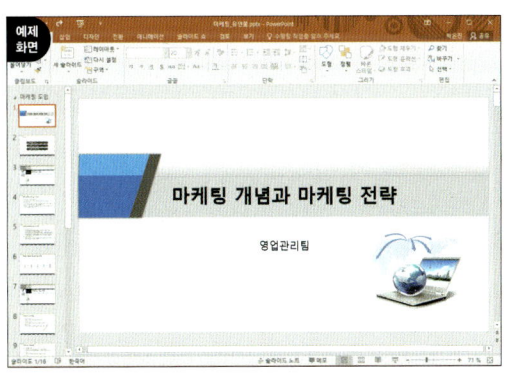
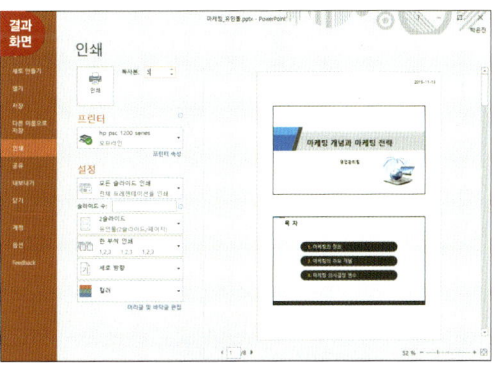

Hint
① [파일] 탭-[인쇄]를 선택하고 '설정'에서 [전체 페이지 슬라이드]를 클릭한 후 '유인물'의 [2슬라이드]를 선택하세요.
② '복사본'에 [5]를 지정하고 [인쇄]를 클릭하세요.

핵심! 실무 노트

프로 비즈니스맨을 위한 활용 Tip

1 | 마스터 이용해 목차 페이지로 되돌아가는 단추 만들기

예제파일 : 리더십.pptx   **결과파일** : 리더십_완성.pptx

하이퍼링크를 이용하여 목차 페이지로 이동하는 단추를 슬라이드 마스터에 삽입하면 모든 슬라이드에 자동으로 페이지 이동 단추가 나타납니다. 그러므로 페이지 이동 단추를 여러 번 복사할 필요 없이 쉽게 만들 수 있어요. 그리고 페이지 이동 단추가 필요 없는 페이지에서는 [배경 그래픽 숨기기]에만 체크하세요.

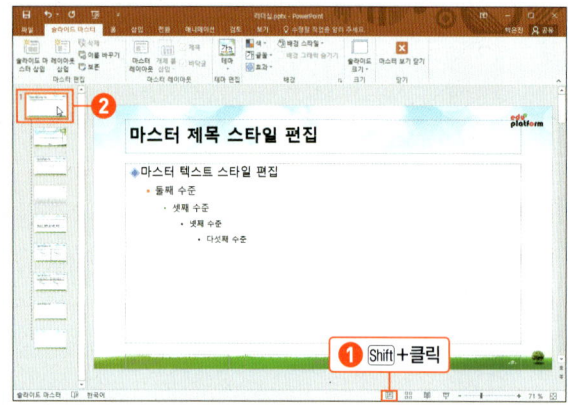

1 Shift를 누른 상태에서 [기본] 단추(□)를 클릭합니다. 슬라이드 마스터 보기로 이동하면 '슬라이드 마스터'를 선택하세요.

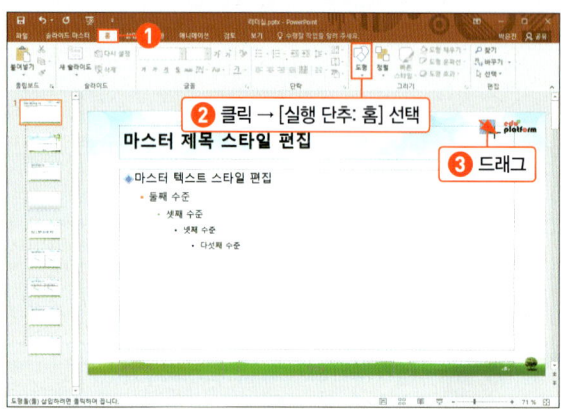

2 [홈] 탭-[그리기] 그룹에서 [도형]을 클릭하고 '실행 단추'의 [실행 단추: 홈](△)을 선택하세요. 슬라이드 마스터 화면의 오른쪽 위에서 드래그하여 [홈] 실행 단추를 그리세요.

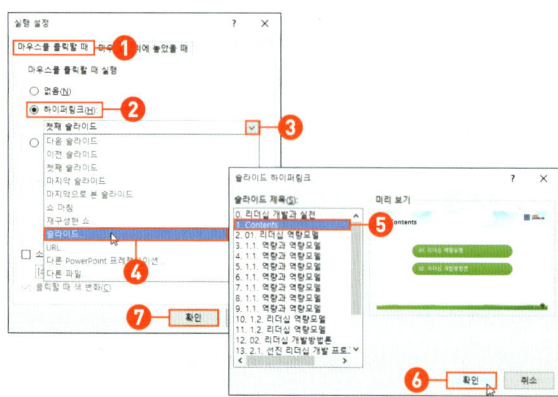

3 [실행 설정] 대화상자가 열리면 [마우스를 클릭할 때] 탭에서 '마우스를 클릭할 때 실행'의 [하이퍼링크]를 선택하고 내림 단추(▽)를 클릭한 후 [슬라이드]를 선택하세요. [슬라이드 하이퍼링크] 대화상자가 열리면 '슬라이드 제목'에서 목차인 두 번째 슬라이드를 선택하고 [확인]을 클릭하세요. [실행 설정] 대화상자로 되돌아오면 [확인]을 클릭하세요.

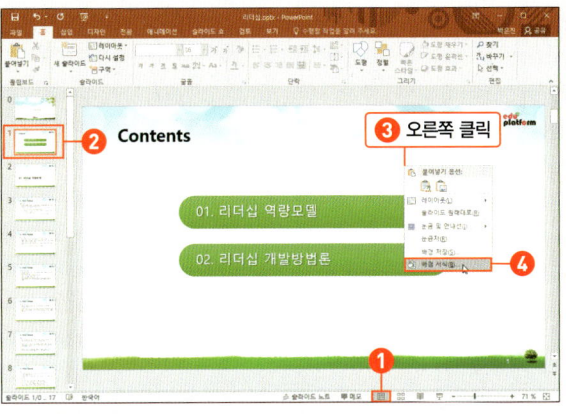

4 [기본] 단추(▭)를 클릭하여 기본 보기로 되돌아오세요. 두 번째 슬라이드인 목차 슬라이드에서는 [홈] 실행 단추(🏠)가 필요가 없으므로 슬라이드의 빈 공간에서 마우스 오른쪽 단추를 눌러 [배경 서식]을 선택하세요.

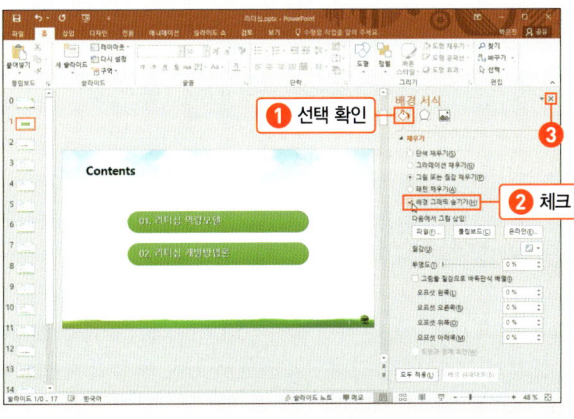

5 화면의 오른쪽에 [배경 서식] 창이 열리면 [채우기](🖌)에서 [배경 그래픽 숨기기]에 체크하세요. [닫기] 단추(×)를 클릭하여 [배경 서식] 창을 닫으세요.

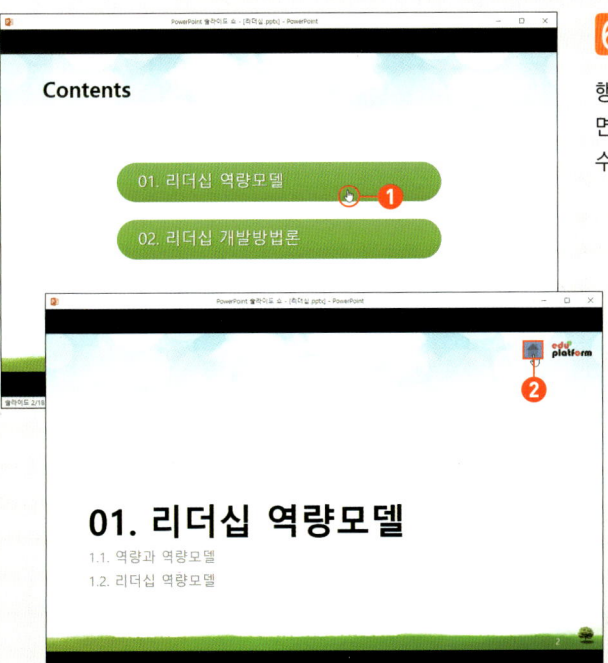

6 F5를 눌러 슬라이드 쇼를 실행하면 표지와 목차 슬라이드를 제외한 모든 슬라이드에 [홈] 실행 단추가 나타납니다. [홈] 실행 단추(🏠)를 클릭하면 언제든지 목차 슬라이드로 이동하는 것을 확인할 수 있어요.

2 | 오피스 2016 프로그램 설치하기

오피스 2016 프로그램을 설치하는 방법에는 두 가지가 있어요. 오피스 2016 프로그램 설치형 제품을 구매하는 방법과 오피스 365 홈페이지(https://products.office.com/ko-kr/home)에 방문해 나에게 맞는 서비스를 선택해 가입하는 방법이 있습니다.

설치형 오피스 2016과 오피스 365 서비스의 차이점 알아보기

	설치형 오피스 2016	오피스 365 서비스
서비스 구성	워드, 엑셀, 파워포인트, 원노트 등의 응용프로그램으로만 구성	• 설치형 오피스 2016 제품 모두 포함 • OneDrive 클라우드 저장소 1TB, Skype 통화 등 다양한 온·오프라인 서비스 제공
사용 가능한 장치	한 대의 PC에서만 설치 사용 가능	PC, 스마트폰, 태블릿 등 다양한 장치에서 사용 가능
자동 업그레이드	지원 안함	온라인으로 항상 최신 버전 업그레이드
이용료 및 구입 비용	1회성 구입	• 월간 또는 연간 단위로 이용료 지불 • 다양한 요금제 선택 가입 가능
제품/서비스 종류	Office Home & Student, Office Home & Business 등	Office 365 Home, Personal 및 University, Office Home & Business 2016 등

오피스 온라인(Office Online)은 뭐에요?

오피스 온라인은 프로그램을 구입하거나 설치할 필요 없이 온라인상에서 누구나 무료로 사용할 수 있는 서비스입니다. 오피스 2016으로 작성한 문서를 열어서 편집하고 OneDrive에 저장할 수 있지만, 정식 오피스 2016 제품에 비해서 일부 기능은 제한될 수 있어요.

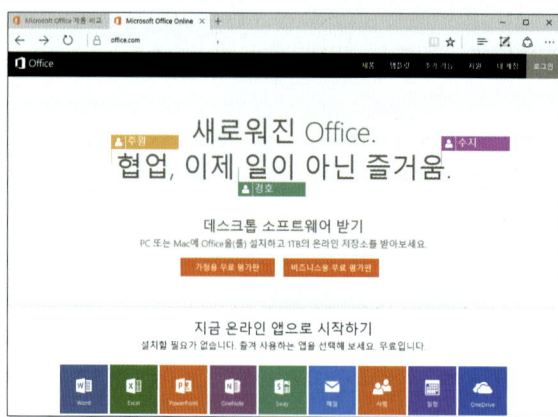

오피스 2016의 시스템 설치 요구 사항

필수 프로세서	1Ghz 이상 x86 또는 x64 비트 프로세서
필수 운영 체제	윈도우 7 이상, 윈도우 서버 2008 R2 또는 윈도우 서버 2012
필수 메모리 용량	1GB RAM(32비트), 2GB RAM(64비트)

오피스 2016 설치 따라하기

1 웹 브라우저의 주소 표시줄에 『www.office.com/myaccount』를 입력하여 사이트에 접속한 후 마이크로소프트 계정으로 로그인 하세요.

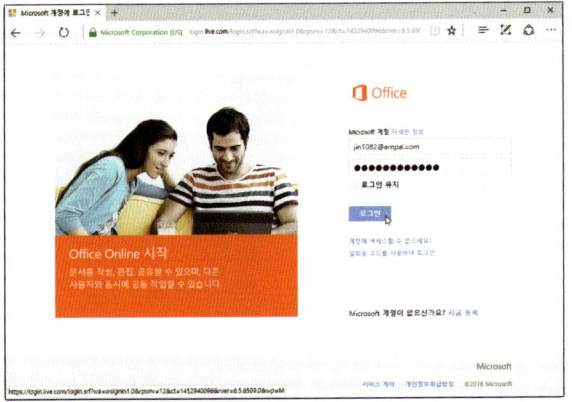

> **Tip**
> 오피스 365를 구입하기 위해서는 마이크로소프트 계정이 없다면 [지금 등록]을 클릭하여 아이디와 비밀번호를 만드세요.

2 [지금 구매]를 클릭하면 Office 스토어로 이동합니다.

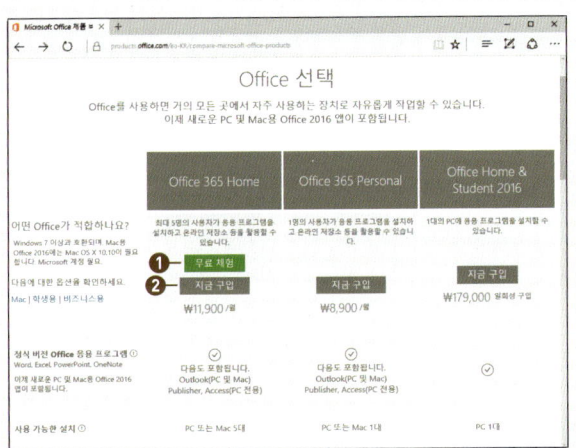

❶ **무료 체험** : [무료 체험]을 클릭하면 한 달간 무료로 평가판을 사용해 볼 수 있어요. 무료 체험이지만 신용카드가 필요합니다. 무료 체험 기간 이후 Office 365 Home의 월별 요금은 ₩11,900이고 언제든지 취소가 가능해요.

❷ **서비스 가입** : 각 서비스의 특징을 살펴보고 적합한 오피스 제품을 선택한 후 [지금 구입]을 클릭하면 서비스에 가입하거나 제품을 설치할 수 있어요.

> **Tip**
> 오피스 365 프로그램에 대한 질문은 마이크로소프트의 도움말에서 찾을 수 있어요. 오피스 2016 프로그램 설치에 관한 보다 자세한 내용은 마이크로소프트의 도움말(www.microsoftstore.com/store/mskr/ko_KR/DisplayHelpOfficeFAQPage)을 통해 확인해 보세요.
> 오피스 프로그램 설치 및 구독 방법부터 제품군별 차이점 등 프로그램에 대한 자세한 답변을 얻을 수 있어요.

찾아보기

EXCEL&POWERPOINT 2016

단축키

⊞+Shift+Q	124
Ctrl+드래그	61
Ctrl+B	44
Ctrl+G	60
Ctrl+I	44
Ctrl+L	137
Ctrl+M	29
Ctrl+N	36
Ctrl+S	137
Ctrl+Shift+[	44
Ctrl+Shift+]	44
Ctrl+Shift+G	60
Ctrl+Shift+V	52
Ctrl+Shift+드래그	61
Ctrl+U	44
F4	43, 47, 54
F5	124
Shift+드래그	61
Shift+Tab	45
Tab	45

영어

Back Stage 화면	22
CD용 패키지	198
Office 테마	173, 189
PDF 문서	193, 203
[PowerPoint 옵션] 창	26
ppt	25
pptx	25
[SmartArt 그래픽 삽입] 단추	69
[SmartArt 그래픽 선택] 대화상자	71
WordArt 스타일	51
XPS	194

한글

ㄱ~ㄹ

[구역 이름 바꾸기] 대화상자	33
구역 추가	33
그라데이션	66, 110
[그림 삽입] 대화상자	79
그림 압축	89
그림 원래대로	90
그림자	52, 65, 81
[글꼴 바꾸기] 대화상자	55
글꼴 크기 크게	43
글머리 기호	46
[기본] 단추	20, 174
[기호] 대화상자	41
내용 개체 틀	69
녹화	195
[도형 서식] 창	52
도형에 맞춰 자르기	80
도형 윤곽선	63
도형 채우기	63
레이아웃	30, 186

ㅁ~ㅇ

맨 뒤로 보내기	59
머리글/바닥글	183, 208
모양 조정 핸들	64
모핑	17
목록 수준 늘림	45
반사	51
발표자 도구	165~166
[배경 서식] 창	177
배경 제거	83
[비디오 삽입] 대화상자	119
비디오 트리밍	122
빠른 스타일	62
사진 앨범	91
[선택] 창	131
셀 병합	98
셀 여백	99
스마트 가이드	61, 67, 79, 88
스마트아트 그래픽	69
슬라이드 노트	19
슬라이드 노트 마스터	209
슬라이드 마스터	173
슬라이드 복제	31
[슬라이드 쇼] 단추	21, 129
슬라이드 쇼 재구성	161
슬라이드 원래대로	32
슬라이드 축소판 그림 창	19
슬라이드 창	19
애니메이션 복사	142
애니메이션 창	128
[여러 슬라이드] 단추	20, 164, 196
예행 연습	163
[오디오 삽입] 대화상자	115
[오디오 재생] 대화상자	117
워드아트	50
원본 서식 유지	36, 188
유인물	200, 207
음영	100
[이동 경로 변경] 대화상자	134
[이 항목을 목록에 고정] 단추	26
[이 항목을 목록에서 고정 해제] 단추	26
인쇄	210
[읽기용 보기] 단추	21, 122, 145
잉크 수식	17

ㅈ~ㅎ

자동 실행	120
자르기	88
줄 간격	48
[차트 삽입] 대화상자	103
[차트 스타일] 단추	105
[차트 요소] 단추	105
[차트 종류 변경] 대화상자	107
크기 조정 핸들	64, 175
테마	22, 173
텍스트 개체 틀	39
투명한 색 설정	82
트리거	140
특수 문자	42
펜 두께	101
펜 색	101
[표 삽입] 대화상자	95
하이퍼링크	145, 149~152
[한글/한자 변환] 대화상자	41
화면 녹화	18, 123
화면 전환 속도	158
화면 전환 효과	156
회색조	90, 206
회전 핸들	64

오피스 분야 베스트셀러 1위!
500만 독자가 선택한 길벗의 《무작정 따라하기》 시리즈

1. 두 가지 이상의 프로그램을 한 권으로 끝내고 싶을 때!

핵심 기능만 쏙! 실무를 단숨에!

2016 버전

   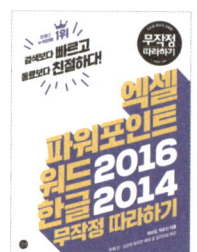 

2013 버전

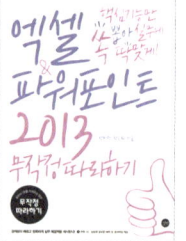 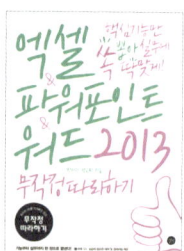 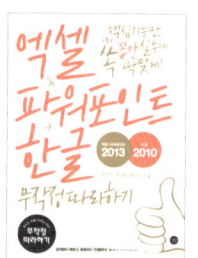 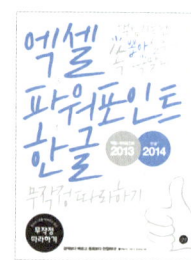 

2. A-Z, 프로그램의 기본과 활용을 제대로 익히고 싶을 때!

기초 탄탄! 실무 충실!

2016 버전

2013 버전
 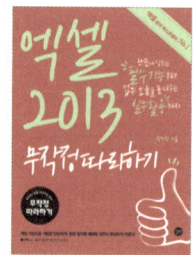 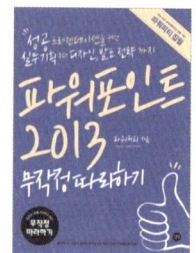

2013 버전
 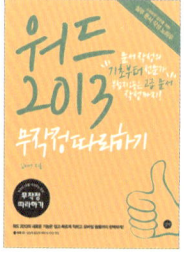 

2014 버전
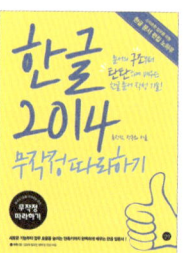

'독자의 1초를 아껴주는 정성' 검색보다 빠르고 동료보다 친절하다 :
길벗 출판사의 〈무작정 따라하기〉 시리즈는 개개인의 실력과 사용 목적(상황)에 따라 독자에게 꼭 맞는 책을 찾아 학습할 수 있도록 도와줍니다.

  현업에 꼭 필요한 실무 예제로 업무력을 강화하고 싶을 때!

버전 범용

직장인 업무 지침서! 현장 밀착 실무

  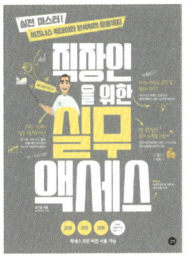 

2013 버전

효율적인 업무 정리부터 PPT 디자인까지 총망라!

프로 비즈니스맨 지침서

20년 이상 500만 독자에게 인정받은 길벗만의 노하우로, 독자의 1초를 아껴줄 수 있는 책을 한 권 한 권 정성들여 만들었습니다.